대한민국 역대 정부
주요 정책과 국정운영

대한민국 역대 정부
주요 정책과 국정운영

1. 이승만 / 장면 정부

한국행정연구원

도서출판 대영문화사

발 간 사

올해는 우리 민족이 일제로부터 해방된 지 70년이 된 해이며, 대한민국 초대 정부가 수립된 지 67년이 된 해입니다. 그동안 우리나라는 동북아의 작은 신생 국가에서 경제 규모 세계 13위권의 국가로 발전했습니다. 세계는 우리의 발전에 놀라워하고 있으며, 많은 개발도상국가들이 우리나라의 경험을 배우려 하고 있습니다.

이러한 놀라운 경제 성장의 배경에는 일차적으로 대한민국 역대 정부가 그 중심에 있었습니다. 1948년 이승만 정부가 수립된 이후 대한민국에서는 많은 정부가 들어섰으며, 이들 정부에 의해 다양한 정책과 국책사업이 추진됐습니다. 이들 정부의 정책과 국책사업으로 인해 대한민국은 전쟁의 상처를 극복하기도 했으며, 급속한 경제 성장과 민주화를 이루기도 했습니다.

물론 그동안 모든 정책이 크게 성공하여 국가 발전과 국민생활에 기여했던 것은 아닙니다. 일부 정책의 경우 기대한 성과에 미치지 못해 국민에게 실망을 안겨주기도 했습니다.

그러나 성공한 정책이든 혹은 실패한 정책이든 역대 정부의 정책들은 대한민국의 역사인 동시에 미래 정부의 정책결정과 집행에 반드시 참고해야 할 중요한 자료이기도 합니다. 따라서 과거 정부가 추진했던 정책과 국책사업들의 성공과 실패의 원인을 분석하고 미래 정책의 지표로 삼는 것은 당연하며 꼭 필요한 작업이라고 할 수 있습니다.

이에 한국행정연구원에서는 우리나라 역대 정부들이 어떤 정책을 어떤 배경에서 추진했으며, 어떤 성과를 냈는가를 재조명하기 위해 본 편찬사업을 계획하고 추진하여, 이번에 『대한민국 역대 정부: 주요 정책과 국정운영』이란 제목으로 전체 8권의 결과물을 발간하게 됐습니다.

2013년 말부터 계획 · 추진된 이 편찬사업에는 연구원 내외에서 총 78명의 학자가 참여하여 이승만 정부부터 이명박 정부까지 우리나라 역대 정부의 주요 정책과 국정운영의 현상들을 객관적이며 종합적인 안목에서 재조명하고 분석했습니다. 세부 주제는 한국행정연구원에서 선정했으나, 각 세부 주제의 집필 방향과 내용은 각 집필위원들의 분석 시각과 판단에 맡겼습니다.

한편 한국행정연구원은 이 편찬사업의 추진을 위해 7명의 전문가를 모시고 편집위원회를 구성했습니다. 2013년 말부터 활동했던 편집위원회에서는 연구에 담을 세부 주제를 선정해 주셨으며 그 주제에 적합한 집필자들도 추천해 주셨습니다. 또한 많은 집필자가 참여하는 사업인 만큼 연구의 통일성 유지 방안 등 여러 내용에 대해 논의, 결정했습니다. 특히 각 편집위원들께서는 연구의 중간 발표 및 최종 보고회 등 사업의 여러 과정을 주관해 주셨습니다.

편집위원회에 참여하여 수고를 아끼지 않으신 김성배 교수님(숭실대), 박양호 교수님(홍익대), 주재현 교수님(명지대), 이대희 교수님(광운대), 최흥석 교수님(고려대), 하미승 교수님(건국대), 한표환 교수님(충남대)께 깊은 감사를 드립니다.

또한 한국행정연구원은 편집위원회와는 별도로 자문위원회를 구성하여 이 편찬사업 전반에 대해 자문을 받았습니다. 자문위원회에서는 학술사업의 전반적 추진 방향을 비롯하여 국내외 편찬 사례, 연구 성과물 확산 방안 등 다양한 내용에 대해 자문을 해 주셨습니다. 자문위원의 역할을 기꺼이 맡아주신 정정길 울산대학교 재단이사장님(전 대통령실장), 안병만 전 교육과학부 장관님, 정형근 전 국회의원님, 김석준 안양대 총장님(전 국회의원), 이달곤 가천대 교수님(전 행정자치부 장관), 박영희 건국대 명예교수님, 윤정길 건국대 명예교수님께 깊은 감사의 말씀을 전합니다. 특히 안병만 전 장관님과 김석준 총장님께서는 본 연구사업의 서론과 결론 부분까지도 직접 집필해 주셨습니다.

이『대한민국 역대 정부 주요 정책 및 국정운영』은 제1권 이승만/장면 정부부터 제8권 이명박 정부까지 총 8권으로 구성되어 있습니다. 과도 정부였던 허정 내각과 최규하 대통령 재임기를 제외한 대한민국 역대 정부의 주요 정책과 국책사업 그리고 정부개혁의 내용이 모두 수록되어 있습니다. 본 연구사업의 서론은 제1권 앞부분에, 결론은 제8권 뒷부분에 수록되어 있습니다.

재임 기간이 짧았던 장면 정부를 제외한 각 정부의 내용은 크게 3편으로 구성되어 있는데, 제1편은 정부의 출범과 국정운영의 기초에 대한 내용으로 각 정부에 대한 개괄적 소개(제1장)와 각 국정운영의 목표와 방향(제2장)에 대해 분석하고 있습니다. 제2편의 내용은 각 정부에서 추진됐던 주요 정책 및 국책사업에 대한 분석으로 각 정부별로 5장 또는 6장으로 구성되어 있습니다. 각 정부 2편 내용의 선정은 편집위원들께서 담당했는데, 각 정부에서 추진됐던 정책 및 국책사업들을 검토하여 그중 정부가 가장 역점을 두어 추진했다고 판단되는 정책들과 당시 정부에서 국민적 논란이 됐던 정책 또는 국책사업 위주로 선정했습니다. 제3편은 정부개혁에 대한 내용이며 모두 3장으로 되어 있습니다.

이미 언급한 바와 같이 한국행정연구원에서는 이 연구 성과물의 발간에 앞서 여러 차례의 발표회를 가졌으며, 지난 해 12월 2일에는 대규모의 학술토론회도 개최했습니다. 발표회에서는 집필자 발표 내용에 대한 토론과 함께 내용의 중복성 방지를 위한 방안, 편집 방안 등을 논의했고, 학술토론회에서는 각 정부에 대한 연구 결과 발표 외에도 향후 정부의 정책 운영 방안에 관한 다양한 논의가 있었습니다.

한국행정연구원은 이 편찬사업에 그치지 않고 2015년에는 본 연구의 결과를 요약하여 영문으로 번역하여 출판할 예정입니다. 출판된 영문 책자는 한국행정연구원과 국제관계를 맺고 있는 외국 기관들은 물론 주요 외교 기관들에도 배포될 것입니다. 아울러 우리 연구원은 국제행정협력센터를 설치하여 ODA 관련 사업을 적극 추진하고 있는 바, 이 책자는 아주 유용하게 사용될 것으로 생각합니다.

끝으로 한국행정연구원 편찬사업에 참여해 주신 많은 집필진 여러분과 편집위원님 그리고 자문위원님께 다시 한 번 감사를 드립니다. 그리고 이 학술사업을 총괄·책임지고 수행한 양현모 선임연구위원과 이 사업을 총괄 지원한 장지원 전문연구원, 그리고 각 정부별 집필위원들과 소통하면서 간사의 역할을 수행한 김영록, 조세현, 오윤경, 임성근, 윤종설, 최순영, 황혜신, 허준영 박사와 이 사업을 행정적으로 지원한 김두진 행정원을 비롯한 연구원 직원들에게도 감사의 말씀을 드립니다. 아울러 원고를 정성껏 교정·편집해서 8권의 책으로 발간해준 대영문화사 임춘환 사장님께도 감사의 마음을 전합니다. 이외에도 이 책이 나오기까지 수많은 분의 노고와 정성이 있었으나 일일이 거론하지 못해 죄송한 마음입니다.

아무쪼록 이 책들의 내용이 향후 국민들의 학습과 연구 자료로 사용되는 것은 물론 우리나라 정부 정책 과정에 도움이 되는 정책 자료로도 널리 활용되기를 기대해 봅니다.

감사합니다.

2014년 12월

한국행정연구원 원장 **이은재**

총 목 차(1~8권)

제 2 권 박정희 정부

제 3 권 전두환 정부

제 4 권 노태우 정부

제5권 김영삼 정부

제6권 김대중 정부

제7권 노무현 정부

제 8 권 이명박 정부

제 1 권

이승만 / 장면 정부

목차

서 론

제1편 이승만 정부의 출범과 국정운영의 기초

제 2 편 이승만 정부의 주요 정책 및 국책사업

제 1 장 법체제 정립

제 2 장 군대, 경찰 체제 확립

서 론

대한민국 역대 정부 주요 정책과 국정운영

안병만
전 교육과학기술부 장관

제 1 절 의의와 목적

금년은 광복 70주년의 해다. 그동안 대한민국에는 10개의 정부가 세워졌고, 전쟁, 학생혁명, 군사정변, 민주항쟁 등을 거쳐 오늘에 이르렀다. 이처럼 짧은 기간 동안 엄청난 국가적 시련을 거쳐 오면서 그 중심에는 대한민국의 정부가 있었다. 한편으로는 건국 당시 농업국가로 세계의 최빈국이었던 우리나라가 짧은 기간 동안에 세계의 선진국 반열에 오르게 됐다. 이처럼 세계를 놀라게 한 초고속 성장의 중심에도 대한민국의 정부가 있었다. 우리의 정부는 많은 정책상의 시행착오 속에서도 오늘의 우리의 위상을 갖추는 데 결정적인 역할을 한 것이다.

한국행정연구원은 지난 수십 년간 각 정부가 수행했던 국정 운영에 관한 다양한 정책 가운데 주요 정책을 선정하여 분석 평가하기로 했다. 그리고 그 평가 결과를 미래를 위한 국정 자료로 삼고자 하는 데 목적을 두었다. 이는 물론 한국행정연구원의 사업으로 시의적절한 일이라 하겠고, 우리 정부의 역사 정립에도 큰 의미가 있는 일이라 하겠다.

서론에서는 이승만 정부에서 이명박 정부에 이르기까지 각 정부들이 어떤 역할을 하여 오늘의 대한민국을 이룩했는지에 대해 개관하고자 한다.

국가발전론적 시각에서 이승만 정부에 의한 건국, 박정희 정부를 중심으로 한 근대화, 1989년 민주시민 항쟁을 변곡점으로 하여 김영삼 정부 시기부터 본격적으로 추진해 오늘에 이른 민주화, 그리고 선진국으로 진입하는 데 과정에서 IMF 경제위기, 두 차례의 선진국발 재정위기 등의 어려움이 있었음에도 불구하고 이명박 정부로 연결된 선진화 과정을 검토하면서 이러한 발전 과정에서 각 정부의 역할을 살펴보고자 한다.

제 2 절 대한민국의 성립과 발전 단계

1. 건국

1948년에 탄생한 대한민국은 신생국으로서 건국(Nation Building)이 가장 큰 과제였다. 일제 강점기가 끝나면서 우리나라는 북쪽은 소련군이 남쪽은 미군이 각각 점령하는 형태로 해방을 맞이했다.

3년의 군정기간 중 남한 내에서는 좌익, 우익, 중도가 혼재한 가운데 정치적으로 극심한 혼란이 지속되는 상태에 있었다. 1945년 12월 모스크바 3상회의(미국, 소련, 영국의 외무장관 회의)에서는 미소 등에 의한 한반도의 신탁통치를 제안했다(Henderson, 1978: 131 참조)[1] 이에 따라 미소공동위원회가 설치되고 남한은 미군정이 장악해 임시 통치체제를 갖추게 됐다.

그러나 당시 가장 중심에 있던 민족지도자 이승만과 김구는 함께 신탁통치를 반대하고 조선의 자주 독립 국가로의 즉각 이행을 주장했다. 한편 북한 김일성 집단은 찬탁을 들고 나온 가운데, 미군정마저도 이승만 등의 반탁 주장을 탐탁치 않게 여겼다(Henderson, 1978: 121-136 참조). 그러나 이승만은 이에서 한 걸음 더 나아가 1946년 6월 단정(남한만의 단독정부)의 불가피성을 들고 나왔다.[2] 그의 단정 주장에는 당시 소련과

1) 모스크바 3상회의 결정으로 미소공동위원회가 설치되고, 미소공동위원회는 최대 5년 기한으로 조선임시정부와의 협의 하에 4개국(美, 英, 蘇, 中)의 신탁통치 협약을 작성하여 제출하도록 했다.

공산주의 추종자에 대한 불신이 바탕을 이뤘던 것이다. 또한 미국이 언젠가는 한반도를 떠날 것이라는 대미 불신도 내포되어 있었던 것이다.

물론 미군정은 이러한 이승만의 주장을 못마땅하게 보았고, 미소공동위원회를 통해 문제를 해결하고자 했다. 그러나 동 위원회에서는 아무런 결정도 끌어내지 못했고, 1947년 9월 17일 미국은 종국적으로 한반도 문제의 관할권을 UN 총회에 넘기게 됐다. 이에 동년 11월 14일 UN 총회는 UN 감시 하에 남북한 인구 비례에 의한 자유선거의 실시를 가결했다(Henderson, 1978: 134). 소련은 이를 전면 거부했고, 결과적으로 1948년 5월 남한지역에서만 선거가 실시됐다(Henderson, 1978: 134).

이승만의 단정 주장이 구체적으로 현실로 나타난 것이다. 여기에 정국의 주도권은 자연히 이승만을 중심으로 한 보수세력이 잡게 됐다. 그리고 그들에 의해 건국 과정이 진행됐다.

우선 국회의장으로 이승만이 절대 다수의 지지를 얻어 당선됐고 그의 주도 하에 헌법이 만들어졌다. 당시에 정한 국호 대한민국 그리고 대통령 중심 정부 체제의 기본 골격은 그동안 숱한 개헌이 있었음에도 불구하고 오늘로 이어지고 있다. 1948년 7월 17일에 자유 민주주의와 시장경제를 근간으로 하는 헌법이 선포되고 7월 20일 국회에서 초대 대통령으로 이승만을 선출했다. 그리고 8월 15일을 기해 대한민국 정부가 들어섰다.

그럼에도 불구하고 대한민국 정부의 출범은 그리 순탄치만은 않았다. 1948년 4월 3일 제주도에서 5・10총선을 반대하는 남노당 무장세력이 경찰지서 12군데를 습격한 것이 기폭제가 되어 이에 반격을 가한 군정 경찰과 서북청년단의 미숙한 진압이 양민 학살로 이어지고,[3] 한국전쟁 기간 동안에도 갈등이 계속됨으로써 종국적으로는 엄청난 수의 인명 피해를 가져왔다.

한편 정부 수립 후 2개월 만에 남로당 계열의 군인들과 반정부 군부세력이 합세해 여수・순천지역에서 일으킨 무장 봉기사건(임영태, 1998a: 130-132; 경향신문, 2008.10.21 참조)[4] 등 크고 작은 사건이 전국적으로 발생함으로써 이승만 정부는 극도의 체제 불안을

2) 1946년 6월 3일 남한 각지를 순회하는 도중 전북 정읍에서 '남한만이라도 임시정부 또는 위원회 같은 것을 조직할 것'을 강조했다. 이는 향후 이승만의 단정에 관한 정치 성향을 여실히 드러낸 발언이었다. 손세일, "이승만과 김구: 이승만의 정읍 발언과 민족통일총본부 설치," 「월간조선」, 통권 제376호(2011년 7월), pp. 516-539 참조.

3) 제주 4・3 사건의 인적 피해는 사망자만 14,032명(진압군에 의한 희생자 10,955명, 무장대에 의한 희생 1,764명)에 달한다. 제주 4・3 사건에 대한 정부 차원의 진상 규명과 희생자 명예회복을 골자로 한 「제주 4・3 사건 진상규명 및 희생자 명예회복에 관한 특별법」이 2000년 1월에 제정됐다. 이 법에 따라 제주 4・3 위령제, 제주 4・3 평화공원・평화기념관・평화재단 건립, 후유장애자 지원 등이 시행되고 있다. 제주 4・3사건 진상규명 및 희생자 명예회복위원회(http://www.jeju43.go.kr), 「주요 업무 추진 현황」 참조.

경험했다.

그러한 상황에서 미국은 정부 수립 후 개시했던 주한 미군 철수를 1949년 여수·순천 사건으로 잠시 중단했다가 급기야는 고문단만 남기고 완전히 철수했다. 이로써 경무장 상태의 한국군과 북한의 20만 대군은 심한 군사적 불균형 상태에 있게 됐고, 다음해의 한국 전쟁을 결과적으로 자초하고 말았다. 이승만 대통령은 건국의 필수 요건인 치안과 국방을 전혀 갖추지 못한 상태에서 북한군의 남침을 맞이하게 된 것이다.

한국전쟁은 3년간 계속됐고 엄청난 상처를 남긴 채 끝났다. 한민족 역사에 가장 큰 동족상잔의 치욕을 남긴 전쟁이었다(양영조·남정옥, 2005: 142-144 참조).[5] 전쟁 중 UN 16개국이 우리를 도왔고, 그 중심에는 미국이 있었다. 전쟁이 끝났어도 준비되지 않은 이승만 정부는 전쟁 복구 면에서 그리고 안보 면에서 미국의 계속적인 지원이 절대적으로 필요했다. 1953년 10월 한미상호방위조약을 맺는 데 성공했고, 익년 11월에 조약이 구체적으로 발효돼(성인기, 1954: 158-163 참조).[6] 그때부터 미국의 지원 하에 치안과 국방에서부터 전쟁 피해 복구, 경제부흥에 이르기까지 전반에 걸쳐 국정 운영을 해나갈 수 있게 됐다.

이승만 정부는 대한민국이 민주공화국임을 선포했지만 현실적으로는 민주주의 절차에 의해 정부를 운영해 나가지 못했다. 가장 큰 이유는 대통령 이승만이 당시 어느 누구보다 더 민주주의를 잘 알면서도 자신에게는 이를 적용하지 않았기 때문이다. 스스로의 권력을 유지하기 위해 사사오입 개헌을 포함해 두 번의 개헌을 강행했으며(임영태, 1998a: 177-181, 중앙선거관리위원회, 1973: 206-222 참조),[7] 북한을 견제하기 위해 만든 반공

---

4) 여수·순천 사건은 대한민국 정부 수립 2개월 뒤인 1948년 10월 19일 남로당 계열 장교들과 제주 4·3사건의 진압명령에 반대한 군부대가 주동해 2천여 명의 군인들이 전남 여수에서 봉기했다. 이 과정에서 반란군에 의해 경찰 74명, 우익 인사 16명을 포함해 약 150여명의 민간인이 학살됐고, 정부 진압 군경에 의해 최소 439명의 민간인이 학살됐다. 이 사건을 계기로 이승만은 철권통치와 반공주의 노선을 강화했다.

5) 한국전쟁은 한민족의 역사를 통해 치른 전란 중에서 가장 처참하고 엄청난 피해를 주었다. 역사상 가장 많은 국가인 25개국 약 150만 명의 군인들이 국제전쟁을 치렀다. 그 결과 한국군 약 62만 명, 유엔군 약 16만 명, 북한군 약 93만 명, 중공군 약 100만 명, 민간인 약 250만 명 등의 인명 피해(사상자, 포로·실종 등)가 나왔고, 이재민 약 370만 명, 전쟁미망인 약 30만 명, 전쟁고아 약 10만 명, 이산가족 약 1,000만 명 등이 나왔다.

6) 이 조약에 따라 한반도에 무력 충돌이 발생할 경우 미국은 국제연합의 토의와 결정을 거치지 않고도 즉각 개입할 수 있다.

7) 1952년 7월 7일에 공포된 제1차 개헌은 발췌개헌이다. 정부는 관제 데모를 일으켜 국회의원들을 협박함으로써 기립 투표 방식으로 대통령 직선제를 골자로 하는 헌법개헌안을 통과시켰다. 한편 1954년 11월 29일에 선포된 제2차 개헌은 사사오입(四捨五入) 개헌이다. 초대 대통령에 한해 중임 제한 철폐를 골자로 한 헌법개정안은 재적의원 203명 중 찬성 135명, 반대 60명, 기권 7명으로 개헌 정족수에 1표가 미달하여 부결됐다. 그러나 자유당 정권은 사사오입이라는 기묘한 논리(재적의원 203명의 3분의 2는 정확하게 135.333…인데 자연인을 소수점 이하까지 나눌 수 없으므로 4사 5입의 수학적 원리에 의해 가장 근사치의 정수인 135명이 맞으므로 개헌안은 가결된

법을 정적을 제거하는 데 활용했고(임영태, 1998a: 255-259; 심지연, 2013: 149-188 참조)[8] 부정선거를 통해 영구집권의 기반을 다져왔다. 결국은 3·15 정·부통령 선거에서의 부정선거(임영태, 1998a: 255-259; 중앙선거관리위원회, 1973: 227 참조)[9]로 4·19 학생혁명을 유발시켰고 권좌에서 물러났다.

이러한 관점에서 보면 한편으로는 이승만 정부는 건국 후 초대 정부이긴 하나 정부로서의 정통성이 취약한 정부였다. 특히 정권의 유지 및 운영 과정에서의 불법성, 탈법성, 독재화는 민주 체제 속에서 수용하기 어려운 선례를 남겼다.

다른 한편, 해방 이후 북한에서는 소련군의 체계적 지원에 의해 김일성 중심의 국가체제가 강력하게 등장하고 있는데도 불구하고 미군정은 이를 심각하게 보지 않고 소련과의 협상에만 관심을 집중하고 있는 가운데 남한 내는 사분오열된 상태에서 혼란만 거듭되고 있었다, 이때 일민주의(一民主義: 뭉치면 살고 흩어지면 죽는다는 사상)(김수자, 2004: 367-371)[10]를 부르짖으며 단독 정부를 새워서라도 남한만이라도 먼저 공산 체제가 아닌 자유 민주주의와 시장경제 체제를 갖춰야 한다고 했던 당시의 이승만의 주장은 오늘날의 대한만국 건설에 초석이 됐음을 부정할 수 없다.

이에 이 국정 연구에서는 건국에 관한 한 이승만 정부가 어떤 정책을 수행했던가를 집중적으로 검토하고 평가할 것이다.

2. 근대화

4·19 학생혁명의 결과로 이승만 정권은 무너지고 허정 임시정부 과정을 거쳐 1960년 7월 윤보선을 대통령으로 하고 장면을 국무총리로 하는 내각책임제 정부가 출범했다.

민주 정치와 경제 발전이라는 큰 국정 과제를 가지고 출발한 장면 내각은 여러가지

것이라고 주장)를 적용시켜 개헌안을 다시 통과시켰다.

8) 진보당의 조봉암이 대통령 선거 결과로 이승만의 정적(政敵)으로 등장하자 국가보안법 위반 혐의로 체포·구속하고, 1959년 2월 대법원 확정 판결로 사형을 선고하고 그해 7월 말에 사형됐다. 이 때문에 자유당 정권이 정적 제거를 위해 '사법살인'을 벌였다는 지적이 끊이지 않았다. 이 사건에 대해 대법원 전원합의체는 2011년 1월 20일 조봉암에 대한 재심에서 무죄를 선고했다(조선일보, 2011년 1월 21일자).

9) 자유당은 부통령 후보로 나선 이기붕의 당선을 위해 수단과 방법을 가리지 않았다. 불법선거자금 조달과 사전투표, 공개투표, 야당 참관인 축출, 매수·폭력을 동원한 부정 개표 등 온갖 부정을 저질렀다. 이어 마산시를 시발로 전국에서 부정선거 규탄대회와 독재정권 퇴진을 요구하는 시위가 일어났으며, 결국 4·19혁명을 촉발시킨 계기가 됐다.

10) 일민주의는 1949년 5월 이승만 대통령이 제창한 정치 이념으로 '하나의 백성'으로서 함께 민주주의를 지향하고, 공산주의를 배척하자는 것이다.

문제에 봉착했다. 우선 선거를 통해 집권했으나 그것은 4·19혁명의 결과였지, 집권 세력의 노력에 의한 성과가 아니었다는 점이 문제였다. 장면 내각은 집권 내내 학생 집단의 민주화와 통일에 대한 엄청난 요구를 정치적으로 처리하지 못하고 정치·사회적 혼란만 가중시키고 말았다(이형, 2005: 127-133, 임형태, 1998a: 286-293 참조). 이에 더해 민주당은 윤보선이 이끄는 구파와 장면 주도의 신파 사이에 갈등이 심화돼 어떤 정치적 타협점도 찾지 못하는 가운데 구파는 신민당으로 분당했다(이형, 2005: 26-65; 임형태, 1998a: 273-280).[11] 이러한 난세에 장면은 내각 수반으로서 청렴한 만주주의 옹호자라는 이미지를 부각시키는 데는 성공했으나 과감한 결단력으로 민주혁명 상황을 이끌어가는 데는 실패했다. 1960년 8월에 집권했고 익년 5월 16일 박정희가 주도한 군사 쿠데타에 의해 9개월 만에 정권을 내놓았다.

장면 정부의 민주화 노력은 군사정부에 연결되지 못했지만 짧은 집권 기간 동안에 만들었던 경제5개년계획은 군사정부가 '제1차 경제개발 5개년계획'을 세우는 데 중요한 지침이 됐다(이형, 2005: 151-158; 김기승, 2002: 459-513 참조).

박정희 정부는 군사 쿠데타의 명분을 조국 근대화로 삼았다. 그리고 근대화의 핵심을 경제 발전에 두었다. 당시 한국은 1인당 국민 소득 83달러 수준으로 거의 최빈국 상태였기 때문에 제1차 5개년계획(1962~1966)은 노동 집약적 경공업 중심으로 이뤄졌다. '잘살아 보세', '할 수 있다'는 슬로건을 내걸고 이에 매진했던 시기다. 제2차 경제계획(1967~1971)은 경공업에 철강, 기계공업 등을 가미하여 이뤄졌으며, 제3차 5개년계획(1972~1976)은 철강, 자동차, 조선, 화학중심의 중화학공업 육성에 주안점을 두었고, 제4차 5개년계획(1977~1981)에서는 중화학공업 정책에 더해 기술 혁신, 능률 향상 등을 강조하는 계획을 세웠다.

이러한 방대한 계획, 즉 농업국가에서 산업국가로 경제 체제를 바꾸는 데는 막대한 비용이 필요했다. 부존자원이 거의 없는 우리로서는 해외 자본에 의존하지 않을 수 없었다. 미국의 원조와 차관이 그 근간을 이뤘고, 1965년 한·일 협정에 따른 보상금 및 차관(한국행정연구소 편, 1965: 209-210),[12] 1967년 월남 파병에 따라서 부수적으로 발생한 경제 효과(최용호, 2004: 110-115),[13] 1973년 오일쇼크 이후의 중동 특수 등은 경제계획을

11) 민주당의 구파는 1960년 10월 13일 신당 창당을 선언하고 익년 2월 20일 창당대회를 열어 당명을 신민당으로 하여 제1야당으로 출범했다. 이로써 민주당과 완전히 결별하게 됐다.

12) 무상 3억 달러, 유상 2억 달러, 민간상업차관 1억 달러 이상으로 청구권문제를 일괄 타결했다.

13) 베트남전 파병에 따른 외화 수입을 미국의 군사 원조와 전쟁 특수 등까지 포함하면 대략 50억 달러 정도로 추정할 수 있다. 1963년 우리나라의 수출 총액이 1억 달러에도 미치지 못했다는 점에서 볼 때 50억 달러는 엄청난

현실화하는 데 주요 자원이 됐다.

또한 내적으로는 근면 자조 협동을 내세운 새마을운동을 1970년대에 전개함으로써 한편으로는 농촌사회의 계몽운동으로서 다른 한편으로는 빠르게 진행되는 도시화와 더불어 발생하는 도・농 간의 소득 격차를 줄이는 운동으로서 역할을 했다.

경제 성장의 드라이브는 성공적인 결과로 나타났다. 박정희 대통령의 정권 말기인 1979년 현재로 국민소득은 1,600달러를 상회했고, 도시화와 함께 이뤄진 경부 고속도로와 서울지하철, 그린벨트 및 산림녹화 등은 당시의 근대화를 상징적으로 보여주었다. 근대화(modernization)가 산업화, 도시화 및 다른 사회적 변화를 통해 개개인의 삶의 양식이 현대적인 모습으로 전환되는 과정을 의미한다면 박정희 정부에서는 상당 부분 이를 이룩했다고 볼 수 있다, 당시 OECD도 한국을 홍콩, 대만, 싱가포르 등과 함께 신흥공업국(Newly Industrialized Countries: NICs)의 하나로 분류하기에 이르렀다.

그러나 박정희 대통령의 근대화는 정치적 민주화를 제물로 이뤄진 것이었다. 소위 개발독재의 전형적인 경우에 해당된다. 그는 1967년 무리하게 3선 개헌을 통해 권력을 연장했고, 1972년 유신헌법을 만들어 영구 집권의 길을 마련했다. 그리고 그의 정책에 반대하는 세력은 긴급조치 등을 발동해 탄압했다. 결국은 1979년 박정희 정권에 반대하는 부마사태가 터졌고, 박정희 대통령은 그의 심복으로서 당시 중앙정보부장이었던 김재규에 의해 시해됐다.

뒤이은 전두환 정부는 12・12 군사반란을 통해 그리고 광주민주화운동의 진압을 바탕으로 해서 전두환 중심의 신군부가 세운 정부다. 1979년의 국내 정변, 제2차 오일 쇼크에 이은 세계 경제의 위축 등이 겹쳐 집권 초기인 1980년에는 엄청난 물가 상승에 유례없는 마이너스 성장을 경험했다(조선일보, 1980. 8. 19).[14] 여기에 전두환 정부는 경제계획을 성장 위주의 계획에서 안정 중심의 정책으로 변경하고, 계획 명칭도 제5차 경제사회개발계획(1982~1986)으로 바꿨다. 뒤이은 제6차 경제사회개발계획(1987~1991)도 같은 기조로 만들었다.

전두환 정부에서는 기존의 국가 주도의 경제 정책을 상당 부분 자유시장 경제에 맡겼다. 여기에 국제적으로 저금리, 저유가, 저달러라는 3저 현상이 나타나 엄청난 경제 호황을 누렸다(조선일보, 1986.11.16). 아시안게임과 올림픽게임 유치까지 이뤄져 국가 위

규모라고 하겠다.

14) 한국은행은 2분기 경제성장률이 마이너스 5.98%이고 상반기 전체로는 마이너스 4%의 성장률로 나타났다고 발표했다.

상을 높일 수 있는 계기를 만들었다.

그러나 전두한 정부는 근대화와 더불어 형성된 국민들의 높은 민주화 의식, 그리고 이와 함께 등장한 정치 참여에 대한 엄청난 욕구를 만족시키지 못한 채 오히려 이를 완전히 억누르고자 하는 철권정치를 펼쳐 나갔다. 이와 같은 노력은 모두 역사를 거스르는 무모한 행위에 불과했고, 결국 군부 소수에 의한 권력 독점 현상은 1987년 6월 민주시민 항쟁을 계기로 막을 내리게 됐다.

3. 민주화

1987년 6월 전두환 정권의 독재에 대한 강력한 저항운동으로 시작한 민주 시민의 항거는 독재 타도, 직선제 개헌이라는 구호로 압축되는 민주화 투쟁이었다.

6월 10일 '민주헌법쟁취 국민운동본부'의 개헌 투쟁 선포를 시발점으로 하여 전국적으로 시민 그리고 대학생들이 대거 시위에 참여했다(안병만, 2014: 139, 274; 중앙선거관리위원회, 2009: 446-449).[15] 급기야는 당시 정부당의 대표였던 노태우로부터 대통령 직선 개헌과 지방자치제의 실시 등을 내용으로 하는 6・29선언을 이끌어냈다.[16] 이것이 우리나라의 정치가 민주화되는 변곡점(inflection)이 됐다.

동년 12월 여야 합의에 의해 제정된 신헌법에 의거해서 대통령 선거가 있었고, 김영삼, 김대중의 후보 단일화가 실패로 돌아감에 따라 여당의 노태우 후보는 비교적 용이하게 당선됐다. 그러나 익년 4월의 국회의원 선거에서 역사상 최초로 여소 야대의 선거 결과가 나왔다. 이를 계기로 다수의 야당 의원이 중심이 되어 '제5공화국에 있어서의 정치권력형 비리조사 특별위원회'가 만들어졌고, 위원회 주도로 청문회가 실시됐다(임영태, 1998b: 256; 중앙선거관리위원회, 2009: 274-276).[17] 그 과정에서 전두환 전 대통령은 대

---

15) 김영삼, 김대중을 중심으로 하는 야당지도자와 재야세력은 1987년 5월 27일 '민주헌법쟁취 국민운동본부'를 결성해 결집했고, 때마침 발생한 박종철 군 고문치사와 은폐・조작사건은 정부에 대한 전 국민적인 분노를 불러 일으켰다. 뒤이어 학내 시위 도중 경찰의 최루탄을 맞은 이한열 군이 사망하자 학생들의 시위는 더욱 격화됐다. 6월 10일과 6월 26일에 있었던 민주화대행진에서는 전국 주요 도시 시민들이 동시에 시위에 가담하는 양상으로 변화됐다. 민주헌법쟁취 국민운동본부는 전국적으로 시위에 참여한 인원이 6・10국민대회 24만 명, 6・18최루탄 추방대회 50만 명, 6・26국민평화대행진 130만 명이라고 밝혔다.

16) 6・29 선언의 주요 내용은 ① 조속한 대통령 직선제로의 개헌, ② 대통령 선거법의 공정한 개정, ③ 김대중 씨의 사면・복권 및 시국 관련 사범의 대폭 석방, ④ 새 헌법의 국민기본권 강화, ⑤ 언론의 자율성 보장, ⑥ 지방자치 및 교육자치 실현, ⑦ 정당의 건전한 활동보장, ⑧ 사회정화조치 강구 등이다.

17) 제5공화국 청문회는 전두환 정권에서의 비리와 5・18 광주민주화운동의 진실을 규명하기 위해 설치한 '제5공화국비리 특별위원회'의 국회 청문회 활동이다. 청문회가 TV로 생중계되고 5공비리, 광주문제, 언론문제가 생생하

국민 사죄 담화문을 발표하고 백담사로 은둔했다. 그렇지만 청문회를 피하지는 못했다. 결국 증언대에 서서 준비해 온 발표문을 낭독하는 것으로서 증언을 마쳤지만 그 파장은 컸다. 군부의 세력이 서서히 쇠퇴하고 노태우 대통령은 권력 행사에 의한 정권 주도의 역할을 하기보다는 타협과 회유의 전략으로 국정 운영에 임할 수밖에 없게 되었다. 그 대표적인 예가 3당 합당이다. 정치적 뿌리가 전혀 다른 김영삼의 통일민주당과 김종필의 신공화당과의 합당으로 국회 의석의 과반수를 확보한 민주자유당을 만든 것이다.

결국 노태우 정부는 군정에서 민정으로, 권위주의 정치에서 민주주의 정치로 이행하는 징검다리 역할을 하게 된 것이다. 후계자도 군인 출신이 아닌 민간인 출신인 김영삼으로 확정됐다.

경제는 88 올림픽 특수와 계속되는 3저 현상에 힘입어 호황 경기를 유지하면서 주택 건설, 도로, 공항, 전철 등이 확충됐다. 선거 직전 우리 경제가 위축되는 일도 있었으나 안정 속의 개혁을 주장하는 여당의 김영삼 후보가 야당의 김대중 후보를 꺾고 대통령에 당선됐다.

민주화의 본격적 추진은 김영삼 정부에서부터 시작됐다. 김영삼 대통령은 정부의 명칭도 문민정부라 칭하고 역사 바로 세우기를 앞세워 5・18 광주민주화운동의 연장선상에 있는 정부임을 강조했다. 취임 후 11일째, 육군참모총장과 기무사령관의 교체를 신호로 하여 전두환, 노태우가 이끌던 군대 내 사조직 하나회를 숙정작업을 통해 전격 해체시켰다.

다른 한편, 집권하자마자 2월 27일을 기해 김영삼 대통령은 자신과 가족들의 재산을 공개하고, 뒤이어 삼부 요인과 차관급 이상의 고위 공직자들도 재산을 공개하도록 종용했다. 그리고 재산 공개가 마무리되자 동년 8월 12일 극비리에 진행돼 왔던 금융실명제를 대통령의 긴급 재정경제 명령으로써 즉각 실시하게 됐다(심익섭, 2014: 183; 대한민국정부, 1997: 136-154).[18] 이로써 지하 경제를 파헤치고, 정경유착에 의한 부정부패를 근절시킬 수 있는 계기를 마련함과 동시에 민주주의가 우리 생활에 정착할 수 있는 경제 질서를 만들어 나가게 된 것이다.

또한 이에 근거해 전직 대통령들의 불법 비자금을 밝혀낼 수 있었고 그들을 법정에

게 폭로되면서 여론은 더욱 격화됐다.

18) 김영삼 정부 초기의 경제개혁 중 가장 중요하고 과감한 조치가 금융실명제 추진이다. 금융실명제는 실명의에 의거한 금융거래를 의무화하는 단순한 조치임에도 불구하고 정치・경제 전반에 걸쳐 심대한 영향을 미친 문민정부의 핵심 개혁 중 하나로 인식되고 있다.

세울 수 있는 근거를 마련했다. 1995년 12월에 제정한 5・18 특별법에 의거해 전직 대통령 두 사람은 사법 처리됐다. 즉, 전두환은 무기징역 및 추징금 2,205억 원으로, 노태우는 징역 17년에 추징금 2,628억 원으로 각각 사법 처리됐다. 군사반란에 가담했던 자들 역시 모두 처벌됐다(안병만, 2014: 143). 이로써 앞으로 군에 의한 정치 개입은 사실상 불가능하게 된 것이다.

이 밖에도 지방자치단체장을 모두 국민 직선으로 선출하도록 함으로써 김영삼 정부는 문민정부로서의 소임을 다했다. 그러나 그의 경제 관리 능력은 그의 정치 능력에 크게 미치지 못했던 것 같다. 집권 말기 외환위기를 맞아 국가 경제가 부도 위기에 처하게 됨으로써 IMF에서 긴급 차관을 들여왔고, 이를 계기로 우리 경제는 IMF 관리 하에 운용되는 상황까지 가게 됐다.

1997년 말 대통령 선거에서 야당의 김대중 후보는 대통령에 당선됨으로써 선거를 통한 평화적 정권 교체라는 역사적 큰 획을 긋게 됐다. 이는 물론 우리의 민주주의를 한 단계 올려놓는 사건이기도 했다. 정부의 명칭도 국민의 정부라 칭했다.

김대중 대통령은 우리의 경제를 IMF 체제에서 벗어나 선진 경제로 새롭게 만들어야 하는 과제와 더욱 성숙한 민주주의 국가를 만들어야 하는 과업을 안고 출발했다.

외환 보유액 39억 달러, 외채 1,592억 달러라는 현실 속에서 외환위기 관리를 통한 우리 경제의 회복이 우선 과제였다. 시작은 금 모으기 운동에서 비롯됐다. 1998년 1월 5일에부터 4월 말까지 지속됐던 금 모으기 운동은 전 국민의 열광적인 호응 속에 진행되어 엄청난 양의 금이 모아졌다(한겨레 외, 1998.5.21)[19] 이에 힘입어 정부는 기업, 금융, 정부, 노동 등 4대 분야에 대한 강력한 구조조정을 실시했다.

정부는 기업 총수들과 함께 '기업 구조개혁 5대 원칙'을 발표하고 부당 내부거래 및 상호 출자 제한, 재벌의 금융산업 지배 규제, 변칙 상속 규제 등을 실시하고, 5대 그룹의 계열사를 크게 축소할 뿐만 아니라, 주력 업종별로 계열을 재편하는 사업 구조조정(빅딜)을 단행했다(산업자원부, 2001: 417-419).[20]

---

19) 금모으기 운동은 IMF 환란 당시 국민들이 자발적으로 참여한 범국민적 운동이다. 1998년 1월 초부터 4월 말까지 진행됐으며, 전국적으로 351만 명이 참여하여 227톤(2조 5천억 원)의 금이 모였다. 금을 수출해서 외화 22억 달러를 벌어들였다.

20) 자동차는 현대, 반도체는 삼성, 유화는 LG로 통합하기로 하고, 여타 사업에 대해서도 가장 우수한 경쟁력을 보유한 기업에게 업종을 몰아주었다. 주요 산업 간 사업.구조조정이 이뤄지면서 대우를 제외한 4대 재벌기업은 구조조정 이전과 비교해 구조조정의 효과가 극명히 나타났다. 2000년 말 기준으로 자산은 3조 2천억 원(15.1% 개선), 인력은 2천 6백 명(13.8% 개선), 부채는 7조 9천억 원(25.8% 개선), 통합법인 부채 비율에서 401% 개선효과가 나타났다.

한편 2002년 말까지 157조 원의 공적 자금을 투입해 부실 금융기관의 재무구조 건전화, 퇴출 금융기관의 예금자 보호 등에 활용함으로써 금융기관의 건전성 확보, 실물 경제 회복에 크게 기여했다. 또한 노사정위원회를 만들어 정리해고 등 노동시장의 구조조정을 단행했다. 동시에 정부조직을 개편하고 공기업을 민영화해 정부조직의 효율성을 높이고자 했다.

이러한 일련의 노력들은 좋은 결실로 이어져 1999년 투자 적격 국가로 전환되고, 2001년에는 기대했던 것보다 3년 앞당겨 IMF 관리 체제를 완전히 벗어났다. 그러나 이러한 구조개혁 과정에서 중산층과 서민들이 가장 큰 피해자로 등장했다. 이를 계기로 김대중 정부는 생산적 복지(대한민국정부, 2002: 19-23)[21] 개념을 도입해 건강보험 통합, 국민연금 도시 자영업자 확대 적용, 국민기초생활보장법 등의 실시를 통해 국민 복지를 대폭 향상시키는 일을 했다.

김대중 정부는 소위 햇볕정책을 통해 북한과의 화해와 협력의 시대를 열고자 노력했다. 결과로 금강산 관광사업, 개성공단사업 등을 성취하는 효과가 있었으나 북한의 도발, 핵실험 등을 막지는 못했다.

이 밖에도 인권법을 제정해 인권 후진국의 현실을 개선한다든지, 부패방지법을 제정해 국정의 투명성, 신뢰성을 높이고자 했다. 또한 국회의 자율성과 견제 기능을 진작시키는 데에도 힘을 써 우리나라의 민주주의를 내실화하는 데 일조했다. 그럼에도 불구하고 집권 말기에는 측근들에 의한 각종 비리가 드러났고, 급기야는 대통령의 차남, 삼남이 모두 사법 처리돼 형을 살게 되는 일도 벌어졌다. 다만 2002년의 월드컵 효과로 당시 정몽준 후보와 단일화를 이룬 여당의 노무현 후보가 무난히 정권을 승계하게 됐다.

노무현 대통령의 참여정부는 시민 참여에 의한 민주주의의 내실화, 국가의 균형 발전, 평화와 번영의 동북아 시대에 국정 목표의 중심을 두고 출발했다.

대통령 당선 직후 인수위원회에 국민참여센터를 설치해 수집된 여론을 정책화했고, 취임 후 청와대 비서실에 국민참여 수석실을 신설해 여론을 제도적으로 수렴함으로써 시민 참여를 통한 민주주의의 내실화를 추구했다.

2004년 3월에 국회에서는 공직선거 및 선거부정방지법을 개정해 선거공영제의 범위를 확대함으로써 유능한 인재가 선거 비용 때문에 출마하지 못하는 경우가 없게 했다. 또한 선거 시의 비용 지출을 투명화하고 심지어는 유권자도 향응을 받은 경우 그 금액

21) 생산적 복지는 국민의 기초생활을 보장하고 직업훈련과 평생교육을 통해 그에 맞는 일자리를 찾아주는 동시에 의료, 고용, 산재보험과 국민연금제도를 내실화하겠다는 것이 주요 골자다.

의 50배를 배상하도록 했다. 그리고 정치자금법을 개정해 법인이나 단체의 기부행위를 금지시켰고 소액 다수 후원회 제도를 활성화시켰다. 이로써 소위 금권, 관권선거를 퇴출시키는 신기원을 이룩했다.[22)]

한편 국가 균형 발전이라는 차원에서 신행정 수도 건설을 추진했다. 이는 지방과 수도권의 통합을 촉진시키는 차원에서 강력히 추진됐고, 2003년 12월 29일 「신행정수도 건설을 위한 특별조치법」이 국회를 통과함으로써 구체화됐다. 그러나 익년 헌법재판소의 위헌 판결로 행정수도 이전은 무산됐다. 이에 참여정부는 행정중심 복합도시를 그 후속 대책으로 내놓았고, 행정도시 특별법으로 국회를 통과하게 됐다(대한민국정부, 2008: 147-149; 안병만, 2014: 153-154). 그 후 이명박 정부에서 우여곡절 끝에 오늘의 세종시를 건설하게 된 것이다.

노무현 정부에서는 소위 동북아 균형자론을 표방하고 한반도 주변 4강 간의 갈등을 조정하는 균형자적 역할을 시도한 바 있다(대한민국정부, 2008: 17; 조선일보, 2005. 2. 26).[23)] 물론 이 정책을 현실화하기 위해서는 강대국에 대한 등거리 외교가 필요한데 한・미 간의 밀착외교를 뛰어넘기는 불가능한 일이었다. 북한을 포함한 6자회담에서는 일정한 역할을 했으나 주도권을 잡는 데는 한계가 있었다.

노무현 정부에서의 경제는 IMF 위기를 벗어난 상태에서 그리고 2008년의 국제적 금융위기가 도래하기 전 세계 경제가 호황인 시기에 비교적 순탄한 상승곡선을 타고 성장했다. 2007년에는 평균 국민소득이 20,000달러를 상회하는 성과를 거두기도 했다.

하지만 노무현 정부의 국정운영은 순탄치만은 않았다. 대통령의 튀는 말투는 헌정사상 최초로 대통령이 탄핵되는 결과를 낳았다. 물론 국정의 대혼란이 뒤를 따랐다. 참여정부라 국민의 정치 참여를 최고 가치로 했으나 지나친 참여로 국정에 차질이 생기는 일을 빈번히 경험했다. 정부가 추진하던 '주한미군 전력 증강계획 중단', '새만금사업 중단', '경인운하 사업 포기' 등의 사례들은 이익집단으로 하여금 정부를 압박하면 의견을 관철시킬 수 있다는 믿음을 심어주기에 충분했다.

또한 노무현 대통령 말기에도 최측근 인사들이 비리에 연루된 시실이 드러나고 퇴임

22) 노무현 정부 시절에 개정된 「공직선거 및 선거부정방지법」, 「정당법」, 「정치자금에 관한 법률」 등은 당시의 혼탁했던 선거 상황을 고치고자 하는 여야의 공통된 노력의 산물이라고 하겠고, 구체적인 개혁작업은 야당의 오세훈 의원 주도로 이뤄졌다.

23) 노무현 대통령은 2005년 2월 25일 취임 2주년 국회 국정연설에서 "우리 군대는 스스로 작전권을 가진 자주군대로서 동북아시아의 균형자로서 동북아 지역의 평화를 굳건히 지켜낼 것"이라고 말했다. '동북아 균형자론'은 한국이 동북아시아에서 균형추 역할을 해야 한다는 담론이다.

후에는 친인척 비리가 터지고 이와 관련해 노무현 대통령이 직접 수사를 받는 상황에서 스스로 목숨을 끊음으로써 비극적인 결말로 생을 마감했다.

4. 선진화

우리나라는 건국 후 소위 신생국, 개발도상국가 또는 저개발국 등으로 분류됐고, 실제로 세계에서 가장 못사는 나라 중의 하나였다. 박정희 정부 시절의 근대화 정책에 힘입어 가난을 벗어나는 계기가 됐고, 정권 말에는 아시아의 '네 마리의 용' 중의 하나라는 별칭과 함께 신흥공업국으로 분류되기도 했다.

1996년에는 우리나라가 1인당 국민소득 10,000달러가 넘어서면서 김영삼 정부는 대의제, 자유시장 체제를 갖추고 있으며 대부분이 선진국으로 구성된 OECD 회원국에 가입하는 쾌거를 이룩했다(임영태, 1998b: 432-435; 조선일보, 1996. 10. 12). 그러나 이것은 잠시, 그 뒤에 불어닥친 IMF 한파로 우리 경제는 곤두박질했고 선진국으로 가는 길은 멀어지기만 했다. 김대중 정부를 거치면서 경제위기가 극복된 가운데 세계 경제의 호황에 힘입어 노무현 정부 말에는 국민소득 20,000달러 시대를 열었다. 그러나 이것도 경제의 내실화나 국민의 삶의 질적인 면에서 선진국의 모습을 갖췄다고 하기에는 부족함이 많았다.

'선진화'를 핵심 선거공약으로 해서 출마한 야당 후보 이명박은 '민주화'를 내세운 정동영 후보를 대통령 선거사상 가장 큰 표차로 승리했다. 그러나 집권 초 불어닥친 미국발 금융위기는 세계의 경제를 크게 위축시켰고 우리의 경제도 크게 흔들렸다. 이에 더해 그 후에 나타난 소위 그리스발 글로벌 재정위기는 모든 선진국의 신용 등급을 일제히 하강시킬 만큼의 충격을 주었다.

'선진 일류국가의 건설'이라는 야심찬 국정 목표를 내걸었던 이명박 정부는 집권 초기 소고기 파동을 경험했고, 뒤이은 금융위기 극복에 전력을 다하지 않을 수 없었다. 이때부터 청와대의 지하 벙커에 설치된 비상경제상황실에서 대통령 주재로 거의 매주 위기관리회의를 하고 신속히 정책결정에 임했는데 이는 결국 집권 말기까지 계속됐다(안병만, 2014: 155-157; 대한민국정부, 2013: 267).[24] 기업인들 그리고 사회 각계각층에서도

24) 이명박 대통령은 2009년 1월 신년 국정연설에서 '비상경제정부'를 운영할 것을 선포하고, 퇴임할 때까지 145차례나 개최된 비상경제 대책회의에서는 198건에 달하는 경제 안건을 해결했고, 부처별 업무보고도 회계연도 개시 전에 마치고, 그 상반기에 60% 이상의 예산 집행이 이뤄지도록 했다. OECD 회원국 가운데 가장 큰 경기부양

빠르게 세계 변화에 대응했다.

이와 같은 범세계적 경제 위기에 대한 민첩하고도 치밀한 민관 대처는 결과적으로 우리나라를 빠르게 선진국으로 진입시키는 요인이 됐다. 2008년 금융위기로 모든 선진국이 마이너스 성장을 하고 있는 가운데 유독 플러스 경제 성장한 나라는 OECD 국가 중 한국을 포함한 3개국이 전부였다. 2012년에 발표된 세계의 각국에 대한 신용 등급에서는 미국을 포함한 대부분의 선진국이 하향 조정되는 것으로 나타났다. 이에 비해 우리나라는 세계에서 유일하게 평가 3사에서 모두 평가 등급을 상향 조정했고, 그 가운데 피치와 같은 평가기관은 우리나라를 일본보다도 한 단계 높여 평가하기도 했다(대한민국정부, 2008: 250-251; 455-465).

이러한 가운데 세계 속의 한국의 위상은 높아졌고 영향력 또한 커진 것이 사실이라 하겠다. 경제위기를 극복하고자 세계 경제 컨트롤 타워로서 G-20 회의가 조직됐는데, 2010년에는 의장국의 자격으로 우리나라가 이를 주최했다. 2년 후에는 제2차 핵안보 정상회의도 서울에서 개최했다(대한민국정부, 2008: 194-196; 241-243).

2010년에 우리나라는 OECD 개발원조위원회(DAC)에 24번째 회원국으로 가입해 원조 수혜국에서 원조 공여국으로 전환된 세계 최초의 국가가 됐다(대한민국정부, 2008: 237-238). 2012년에는 1인당 국민소득 20,000달러 이상에 인구 5천만 이상의 국가, 즉 큰 규모의 선진국을 의미하는 20-50 국가군에 세계 7번째로 포함됐다(조선일보, 2012. 6.22).

그런데 선진화란 경제 분야만으로 평가될 일이 아니다. 외형적으로 나타난 경제적인 면 외에도 국민생활 면에서의 선진화가 이뤄져야 한다. 이명박 정부에서는 집권 이전부터 등장한 기후 변화에 관심을 집중했다. 기후 온난화의 주범이라 알려진 석탄, 석유 등 에너지를 활용한 무분별한 각종 개발 사업, 그 후유증으로 나타난 공해문제 등이 환경을 파괴하고 인간생활을 어렵게 만든다는 사실을 중시했다. 또한 이와 더불어 야기되는 물 부족 현상 등에서 우리나라도 자유로울 수가 없다고 보았다. 집권 후 이의 해결책의 일환으로 내놓은 것이 4대강 사업과 저탄소 녹색성장 정책이라고 하겠다. 4대강 사업은 2년 동안에 완료됐고,[25] 녹색성장 정책은 이에 관한 법 제정(2009년의 「저탄소 녹색

패키지를 투입했으며, 선진 국가들과의 FTA 체결, 한미, 한일, 한중과의 통화 스와프를 체결해 국제 공조를 강화하는 등 경제위기 극복을 위한 민첩하고도 선제적인 조치를 했다.

25) 4대강 사업은 4대강에 보를 설치하고, 하천 주변을 정리해 가뭄과 홍수와 같은 기상이변에 대비하며 4대강 주변에 문화적 생활공간을 확보하자는 대규모의 사업이었다. 이명박 정부는 이를 강력하게 추진했고 22조가 넘는 예산을 들여 2년여 만에 사업을 완료했다. 사업에 대한 찬반론은 아직도 계속되고 있으나 치산치수(治山治水)라는 차원에서 우리나라가 물을 관리할 수 있는 나라가 됐다는 것은 긍정적인 면임이 분명하다.

성장 기본법」)과 함께 정책 기반을 마련했다. 양 정책의 효과는 시간을 두고 판별할 일이지만 특히 녹색성장 정책은 우리나라가 대부분의 선진국에 앞서 추진했다는 점에서 의의가 크다.

선진화는 문화를 포함한 국민생활과 국민 복지의 선진화, 기업 관행의 선진화, 국가경영에서의 선진화가 동시에 진행돼야 한다. 우리나라는 이들의 성숙도가 아직도 낮은 편이며, 긴 시간과 많은 노력이 요구되는 부문이기도 하다. 이를 위한 국가적 노력은 앞으로도 계속돼야 할 숙제로 남아 있다.

제 3 절 맺는 말

본문에서 분석할 우리나라 역대 정부의 주요 정책들은 이상에서 보았던 대한민국의 발전 과정에 없어서는 안 됐던 정책들의 집합이라 하겠다. 이들을 세밀히 검토, 정리함으로써 향후 우리나라를 통일된 선진 대국으로 키우는 데 중요한 자료로 삼아야 할 것이다.

참고 문헌

김기승 (2002). 제2공화국의 경제개발계획에 관한 연구: 군사정부의 경제개발계획과의 비교를 중심으로. 한국민족운동사연구, 제30집(2002.03). 한국민족운동사학회.

김수자 (2004). 이승만의 일민주의 제창과 논리. 한국사상사학, 제22집(2004.06). 한국사상사학회.

대한민국정부 (1997). 문민정부 5년 개혁백서. 서울: 공보처.

______(2002). 생산적 복지 패러다임의 대전환. 서울: 대통령비서실 삶의 질 향상기획단.

______(2008). 참여정부 국정운영백서. 서울: 국정홍보처.

______(2013). 이명박 정부 국정백서. 서울: 문화체육관광부.

산업자원부 (2001). 2000년 산업자원백서. 서울: 산업자원부.

성인기 (1954). 한미 상호방위조약 체결의 역사적 의의. 신천지, 제9권 제3호(1954. 03). 서울: 서울신문사.

손세일 (2011). 이승만과 김구: 이승만의 정읍 발언과 민족통일총본부 설치. 월간조선, 통권 제376호(2011. 07).

심지연 (2013). 해방정국의 정치 이념과 노선. 서울: 백산서당.
안병만 (2014). 한국정부론. 서울: 다산출판사.
양영조・남정옥 (2005). 6・25 전쟁사. 서울: 국방부 군사편찬연구소.
이 형 (2005). 장면정권과 민주당: 제2공화국의 재평가. 서울: 삼일서적.
임영태 (1998a). 대한민국 50년사(1). 서울: 들녘.
______(1998b). 대한민국 50년사(2). 서울: 들녘.
중앙선거관리위원회 (1973). 대한민국정당사(제1집).
______(1992). 대한민국정당사(제3집).
______(2009). 대한민국선거사(제4집).
최용호 (2004). 베트남전쟁과 한국군. 서울: 국방부 군사편찬연구소.
한국정경연구소 편 (1965). 한일협정전문. 정경연구, 제1권 6호(1965. 07). 한국정경연구소.

Gregory Henderson (1978). *Korea: The Politics of the Vortex*. Cambridge, Massachus etts: Harvard University Press.

경향신문. 2008년 10월 21일자.
조선일보. 1980년 8월 19일자.
조선일보. 1986년 11월 16일자.
조선일보. 1996년 10월 12일자
조선일보. 2005년 2월 26일자.
조선일보. 2011년 1월 21일자.
조선일보. 2012년 6월 22일자.
한겨레21. 1998년 5월 21일자.

제주 4・사건 진상규명 및 희생자 명예회복위원회 (http://www.jeju43.go.kr), 「주요 업무 추진 현황」

제 1 편

이승만 정부의 출범과 국정운영의 기초

제 1 장

이승만 정부의 출범 및 정부 소개

이서행
한국학중앙연구원

제 1 절 이승만 정부 출범에 대한 역사적 · 환경적 분석

1. 해방정국의 내외적 상황

일본제국주의에 의해 36년 동안 사회 · 경제 · 문화 전반에 걸쳐 수탈과 망국의 폐해를 겪은 우리나라는 1945년 8월 15일 일본의 패망과 동시에 광복을 맞게 된 것이 무엇보다도 역사적인 의의가 크다. 그러나 국내외의 독립운동이 전승 연합국 측에 의해 정당하게 인정받지 못한 상태에서 우리나라는 연합국의 제2차 세계대전 승전의 전리품처럼 광복을 맞게 된 결과로 나타났다.

미군과 소련군이 한반도에 진주해 마련한 일련의 정책은 해방군이라기보다는 점령군 성격을 나타내기 시작했다. 이것은 미소 양국이 한국을 일본이나 독일과 같은 제2차 세계대전의 패전국들과 동일시했음을 의미한다. 여기에서 우리나라와 미소 양국의 기본적인 인식의 차이가 나타나기 시작했다. 한반도 진주 당시의 미군의 한국에 대한 인식은 루스벨트(Franklin D. Roosevelt) 대통령에 의해 주도된 전후 처리의 구상에서 기인한다고 볼 수 있다. 미 국무장관 헐(Cordell Hull)의 증언에 의하면(Hull, 1948: 1596) 당시 루스벨트는 전후 탄생하게 될 한국을 포함한 신생독립국가들에 대해 신탁통치를 적용하려는 의도를 가지고 있었다.

여기에 소련이 태평양전쟁에 참전하게 되면서 상황이 변했고, 미국은 소련의 영향력 증대를 견제할 수 있는 뚜렷한 선이 필요하게 됐다. 소련의 경우도 그들이 지향하는 세계 공산화 전략상 제2차 세계대전 후의 신생 독립국가들에 대한 영향력 확대가 가장 급박한 관심사였다. 이에 대한 미소의 전후 대외전략의 일종의 타협선으로서 한반도에 38선이 설정됐고(Grey, Jr, 1951: 482-487), 그 후 남과 북에 각각 미군정과 소군정이 등장했다.

미소의 남북한 분점은 한국 산업구조의 기형적인 단면을 노출시켰던 바 공업지대인 북한과 농업지대인 남한과의 분리로 인해 한국 경제의 기반은 출발부터 저개발 농업국이었다. 더군다나 북한으로부터의 전력 및 석탄 동력원의 차단으로 일체의 생산 기능이 마비 상태에 빠졌고, 여기에 거대한 인구 유입이 파국적인 정치 경제 상황에다 중압을 가했다. 즉, 광복 후 만주, 일본, 중국 등지로부터의 귀환동포와 적화된 북한으로부터 월남한 인구는 1945년 1월부터 1948년 1월까지 803,000명에 달했다. 그것의 하나는 외세의 압제 하에서 시달려 온 피압박국가로부터 새로운 독립 국가를 수립해야겠다는 자주독립의 사상이었다.

1945년 8월 이래 이남에서는 3년 동안 미군정이 실시됐다. 미군정은 시행착오를 거듭하는 동안 민주적인 정치 이념과 경제적 자유 그리고 사회 정의를 실현하기 위한 일련의 조치를 시행했다. 또한 정치적으로 분단된 국토 위에서나마 국제연합의 확인을 얻어 자유 민주적인 헌정 하의 새로운 독립정부를 건립하는 데 산파역이 됐고, 파탄에 직면했던 한국 경제를 부흥시켜 국민의 생활 수준을 향상시킨다는 명목 하에 약 4억 달러의 무상원조를 투입했다. 이 원조는 대부분 식량류로서 구호를 필요로 했던 난민에게 공여됐다. 사회 정의를 구현하기 위해 일제의 전체주의적 식민지 교육정책을 불식하고 서구식 민주주의 이념을 기초로 한 교육정책의 채택, 제한 없는 언론자유정책을 실시했다. 그러나 산적한 행정 과제를 처리하기에 미군정 당국은 많은 한계성을 지니고 있었다.

2. 미군정기의 영향

미군정 시기는 3년 미만에 불과했지만 그것이 미친 영향은 정치경제와 사회문화 분야에서 시간적 개념으로 설명할 수 없을 정도로 크다고 할 수 있다. 1945년 9월 8일 주한 미육군사령관 하지(John R. Hodge) 중장은 미육군 24군단이 인천에 상륙, 서울로 들어와 9일 38선 이남 지역에 대한 군정을 포고한 데 이어, 아베 노부유키(阿部信行) 조선 총독으로부터 정식으로 항복문서를 접수했다. 이어 9월 12일 하지 중장은 아놀드(Archibald V. Arnold) 소장을 군정장관에 임명한 뒤, 20일 군정청의 성격・임무・기구 및 국・과장급 인사를 발표함으로써 본격적인 미군정 체제가 시작됐다(*Department of State Bulletin*, 1945: 435).

미군정은 14일 총독부의 일본인 관리들을 행정고문으로 두고 일본의 식민지 통치기구를 그대로 이용하기로 결정했다. 또 18일에는 미군 장교를 각 국장에 임명하고(진덕규, 1980: 49-63), 19일 '재조선 미육군사령부 군정청'이라는 정식 명칭으로 통치를 시작했다. 이는 곧 미군정이 정부로서의 기능을 수행하고 배타적인 권위와 강제력을 독점했다는 것을 의미한다. 미군정은 강제력과 권위를 배타적으로 확보하기 위해 ① 10월 10일 군정장관 아놀드의 성명을 통해 좌익이 주도하는 인민공화국을 부인하고, ② 1946년 1월 15일 8・15광복 이후 생겨난 사설군사단체, 특히 조선국군 준비대의 해산령을 발표, 국방경비대를 발족시켰으며, ③ 2월 23일 정당등록법을 제정하고, ④ 3월 29일 행정기구를 확대하는 한편 중앙집권화 등을 구체화했다.

한편, 관료기구에 한국인을 참여시키기 위한 조치로 ① 1945년 10월 5일 군정장관 고문관에 위원장 김성수를 비롯해 한국인 11명을 임명하고, 12월 한국인・미국인 양 국장제를 실시했으며, ② 1946년 2월 14일 주한미군 사령관 하지의 자문기구로 '남조선 대한민국 대표민주의원'을 출범시키고, ③ 19일 '남조선 과도입법의원'(의장 김규식)을 개원했으며, ④ 1947년 4월 5일 중앙정부를 13부 6처로 확대 개편하고, ⑤ 미 군정청 한국인 기관을 '남조선 과도정부'라고 개칭했다.

이 시기에는 수많은 정당과 사회단체가 결성돼 이념문제로 이합집산을 거듭했다(정영훈, 1995: 3-24). 그중 대표적인 정치 세력은 조선공산당-남로당으로 이어지는 좌익 세력과, 여운형이 이끌었던 인민당-근민당으로 이어지는 중도좌파 세력, 김규식을 중심으로 민족자주연맹을 결성했던 중도우파 세력, 우익진영으로서 한민당 세력, 김구가 중심이 됐던 한독당 세력, 독립촉성중앙협의회-독촉국민회로 이어지는 이승만을 중심으로 한 세력 등이다. 이들 각 세력은 자신의 계급적 기반과 이해관계 그리고 이데올로기에 따라 독자적인 정치활동을 전개했다. 우익진영은 초기에는 신탁통치를 반대하는 등 미군정과 마찰이 있기도 했으나, 제1차 미소공동위원회가 결렬된 이후에는 남한단독정부 수립을 주장했고, 결국 이를 실현시킴으로써 현실 정치에서 성공을 거뒀다. 그러나 이 과정에서 친일 세력을 청산하지 못한 채 좌우의 대립과 민족의 분열을 조장·격화시킴으로써 민족 정기를 흐려놓기도 했다.

이 같은 미군정기의 영향 하에 1948년 5월 10일 제헌국회의원선거가 실시돼 국회의원이 뽑혔고 의장으로는 이승만이 뽑혔다. 동년 7월 12일에 헌법이 제정되고 7월 17일 헌법 공포에 이어 8월 15일에 제1공화국이 공식적으로 출범해 1960년 4월 26일까지 유지됐다. 한마디로 제1공화국은 자유와 민주 이념을 국가 목표로 내건 반공 제일주의 노선이었으나, 북한의 무력 남침으로 발발된 6·25전쟁으로 인해 전 세계로부터 안보와 구호를 받아들이는 빈국의 처지였다. 이처럼 대한민국은 출발부터 분단국과 빈국으로서 북한의 위협과 강대국들 틈에 생존할 수밖에 없는 운명이었다. 그러나 이승만 초대 대통령이 미국과의 외교와 친분을 쌓았고 한미상호방위조약을 체결함으로써 국가의 안전을 보장시켜 그 안보의 틀이 지금까지 유지되고 있었다는 점은, 정권 말기에 리더십 부족으로 하야할 수밖에 없었던 측면과는 공과(功過)를 분리해 평가돼야 한다. 특히 농지개혁법 개정을 통해 6·25전쟁이 일어났을 때 국민들이 북한에 동조하는 것을 어느 정도 줄였다는 측면과 반공 척결이라는 명목에 많은 무고한 시민이 전쟁 전후 남북 대치와 이념 갈등으로 희생된 여순사건, 제주 4·3사건 등은 분리해 그 평가가 고려될 필요가 있다.

3. 한국전쟁과 사회 변화

1950년 6월에 돌발하여 3년 동안 한반도를 휩쓴 6·25동란은 한국 사회의 생태를 그 밑바닥으로부터 뒤흔들어 놓았다. 전쟁이란 재해가 사회제도상에 남긴 변화와 영향은 실로 거대한 것이었다. 즉, 물질적 생활은 그 전과는 판이해졌으며, 전통적 사회구조를 붕괴시키는 데 결정적인 계기가 됐다. 자유당 정부는 전쟁의 수행에 따른 당면 과제의 긴박한 처리 가운데서도 미증유의 국난에 대응해 확장된 군사정책이란 의미 있는 조치를 취했다. 그리하여 전쟁이 발발하기 전에 소규모의 경비대에 불과했던 한국군은 군사강화정책의 채택으로 전쟁 후 현대식 중장비를 갖춘 60만에 달하는 대군으로 성장했다.

이렇게 되자 사회적 비중에서 군대는 한국 사회사상 최대의 군부 소사회를 이루게 됐다.

군대사회의 급격한 팽창이 빚어낸 또 하나의 중요한 결과는 거대한 장교단이 형성돼 이것이 점차 중요한 하나의 사회집단으로 성장돼 간다는 것이다. 사회적 각도에서 본다면 이 장교집단이 가장 클 때의 상대적 규모는 우리나라의 교직원 총수와 거의 맞먹는 것이었고 교원을 제외한 공무원 총수의 반에 해당하는 것이었다. 이와 같은 사회적 전환이 갖는 정치적 의미는 어느 시기에 가서 표면화될 수밖에 없을 것이었다. 군대의 확장과 더불어 전쟁이 낳은 또 하나의 산물은 도시화 현상이었다. 도시화는 광복 이후 10년간 일어나 누적적 사회 변동을 거의 포괄적으로 나타내주는 하나의 현상이었다. 농지개혁이 시행되자 농토가 세분화돼서 농촌경제의 상대적 빈곤을 더욱 격화시켜, 이농집도(離農集都) 현상을 낳게 해서 도시화의 속도에 한층 더 박차를 가하게 됐다. 또한 전쟁 이후 사회적 후유증의 하나의 지표는 인플레이션이었다. 전쟁에 따른 인플레이션의 누적은 마치 광복 직후기와 다름없이 2배로 뛰었다. 이러한 인플레이션은 심리적으로 신뢰의 위기를 빚어냈으며 이와 같은 신뢰의 상실은 단순히 화폐나 상업상의 거러에 한하지 아니하고, 나아가서 정부에 대한 신뢰나 미래의 신뢰마저 없어지게 됐다. 이러한 전쟁의 후유증은 국민들의 위기의식으로 배태돼 1950년대 말까지 계속됐다. 전술한 바와 같이 계속 증강된 군사력으로 국가재정의 위기, 원조 도입의 시차에 따른 인플레이션 만연, 경제 회복의 지연 등으로 사회심리적인 갈등 관계로 진전됐다. 여기에 박차를 가한 것이 도시화 현상이 빚어낸 문자 해독 인구의 증대라는 사업이었다. 이는 사회적 의식의 발아를 의미하는바 매스컴의 발달이 중요한 매개가 됐다. 그중에서도 일간신문들은 처음에는 도시에서 보급되던 것이 점차 읍과 그 주변에까지도 침투해갔다. 이렇게 해서 교육, 도시화, 매스컴이 결합해 보편적 기반 위에선 공론 조성층이 계속 확대돼 갔다.

휴전이 성립되고나서 이승만 정부는 자유당의 조직을 통해 정치적 기반도 어느 정도 공고히 다져지자 정책 지향 면에서도 비교적 신축적인 태도를 보였다. 그러나 1958년을 고비로 하여 자유당 정부는 위기를 내포하고 있는 변동을 외면했고 경제와 사회의 장기적인 발전을 간과해 목전의 정권 유지에 급급했다. 퇴행적인 정치지도력과 관례답습적인 부패관료들은 국가의 정치·사회·경제적 발전을 위한 방향 감각을 상실했으며, 그 결과는 학생들의 4월혁명으로 이어지게 했다.

제2절 선거 과정 및 결과

1. 제헌국회의원 선거제도

한국 민주주의 시작인 최초의 선거가 시작된 것은 1948년 2월 6일 유엔 소총회에서 '가능지역 내의 선거 실시에 관한 권한'을 유엔 한국위원단에 부여하는 결의의 채택에 따라, 최초의 국회의원선거법이 1948년 3월 17일 미 군정법령 제175호로 공포됐다. 유엔 소총회의의 결의에 따라 실시된 제헌 국회의원 선거는 대한민국 국회에서 국회의원 선거법이 제정될 때까지의 잠정적인 군정법령에 의해 미 군정당국이 그 준비와 집행을 담당했으나, 이 선거법은 미군정 하의 남조선 과도입법의원에 의해 기초·제정돼 1947년 9월 3일에 공포된 남조선과도정부 법률 제5호인 「입법의원 의원선거법」을 골자로 해서 제정됐다. 전문 57조로 되어 있는 이 선거법의 주요 내용을 보면 다음과 같다.

먼저 선거권은 국민으로서 만 21세 이상으로서 금치산, 준금치산 선고를 받은 자, 형의 선고를 받고 집행 중에 있거나 집행을 받지 않기로 확정되지 아니한 자, 일본 정부로부터 작위를 받은 자, 일본 의회의 의원이었던 자를 제외하고는 성별, 재산, 교육, 종교의 차별 없이 부여됐다(제1조와 제2조). 또한 피선거권은 만 25세 이상의 국민으로서 선거권이 없는 자, 형의 선고를 받고 집행 종료 후 3년을 경과하지 아니한 자, 일제 시 판임관 이상, 경찰·헌병직 등에 재직했거나 또는 고급관리로 일제에 협력했던 자를 제외하고는 이를 인정했다(제1조와 제3조).

선거구는 각 선거구에서 1인의 국회의원을 선출하는 소선거구제도를 채택했고(제8조), 선거구의 획정은 부(府), 군 및 서울시의 구를 단위로 인구 15만 명 미만의 부는 1개구, 15만 명 이상 25만 명 미만은 비등한 인구로 2개구로 나누고, 35만 명 미만은 3개구, 35만 명 이상 45만 명 미만의 부는 4개구로 하되 동 법 부표 제1호에 의해 약 200개의 선거구를 획정함으로써 법정선거구 획정주의에 의했으며, 투표구는 읍·면 또는 동을 단위로 하여 인구 2,000명 이하로 획정하도록 했다(제12조). 그리고 선거인 명부는 선거구 선거위원회 위원장이 지정한 선거인 등록소에서 선거인의 자진 등록에 의해 작성함으로써 신고 작성 제도를 채택했으며(제15조), 선거관리기관은 중앙에 국회의원선거위원회를 위원 15인으로 구성하며, 대법관이 위원장이 되고(제18조), 각 도와 서울시

선거위원회를 구성하되(제19조), 각급 위원회는 동일 정당 소속자가 위원 또는 후보위원의 3분의 1을 초과하지 못하도록 했다.

2. 제헌국회의원 선거(1948년 5월 10일의 총선거)

한국 민주주의 시작인 최초의 선거가 시작된 것은 1948년 2월 6일 유엔 소총회에서 '가능지역 내의 선거 실시에 관한 권한'을 유엔 한국위원단에 부여하는 결의의 채택에 따라, 5월 1일부터 5월 10일 이내에 가능 지역인 남한에서 총선거를 실시한다는 선언문을 발표함으로써 제헌 국회의원선거의 기틀이 마련됐다. 이에 유엔 한국위원단은 5월 10일을 선거일로 정하고 선거의 자유로운 분위기를 보장하기 위해 부당한 법령의 폐지와 정치범 석방을 점령군 당국에 건의했다. 따라서 미군정의 관리 하에 실시된 1948년 5월 10일의 총선거는 한국 최초의 의회를 구성하기 위한 선거로서 그 의의가 크다. 이와 같이 대한민국의 정부 수립을 위해 유엔의 결의를 얻어 3분의 2의 인구가 거주하고 또 선거가 가능한 남한지역에서 우선 총선거를 실시하게 된 이면에는 이승만의 눈부신 대내외 활동의 영향이 컸다. 그러나 한편으로는 좌익계는 물론이고 중립계와 일부 민족진영의 불참운동도 만만치 않은 긴장된 분위기 속에서 선거는 진행됐다. 즉, 좌익계의 파괴적 방해공작과 남북협상파 및 중립계 정치인의 공식적인 불참 아래 선거가 진행됐고, 결국 제주도가 투표 방해로 제외된 가운데 선거가 치러졌다.

이승만을 중심으로 한 대한독립촉성국민회와 172개의 정당 사회단체들로 구성된 중앙협의회 등 민족진영의 단체들이 유엔의 결정을 적극 지지하는 가운데 한편에서는 한국독립당의 김구를 중심으로 이른바 남북협상이 기도됐다. 1948년 4월 19일부터 김구와 김규식은 민족자결주의 원칙에 입각한 북한 공산주의자들과의 협상을 통한 통일 방안을 모색했으나, 그들의 전술에 이용당함으로써 완전 실패로 돌아갔다. 이러한 남북협상과는 관계없이 1948년 3월 17일 미 군정법령 제175조로 공포된 전문 57조의 총선거법에 의해 미군정 당국이 순조롭게 선거의 준비와 진행을 담당했다.

의원정수 200명을 선출하는 제헌 국회의원선거에는 〈표 1-1-1〉에서 보는 바와 같이 모두 948명이 입후보해 평균 경쟁률은 4.7:1로 나타났다. 대한독립촉성국민회에서 235명이 입후보한 것을 비롯해 한국민주당이 91명, 대동청년단이 87명, 대한노동총연맹이 12명, 대한독립촉성농민총연맹이 10명의 입후보자를 내는 등 모두 48개의 정당·사회단체가 선거에 참여했다.

혼란과 유동적인 사회환경 속에서 구성된 제헌의회는 이승만을 국회의장으로 선출했고, 7월 12일에 「대한민국헌법」과, 10월 2일에 「국회법」을 제정했으며, 오늘날의 「국회의원선거법」의 모체가 되는 「선거법」을 제정했다.

표 1-1-1 제헌 국회의원선거 입후보 상황

정당 · 단체명	후보자 수	비율
무소속	417	44.0
대한독립촉성국민회	235	24.9
한국민주당	91	9.6
대동청년단	87	9.2
조선민족청년단	20	2.1
대한노동총연맹	12	1.3
대한독립촉성농민총연맹	10	1.1
43개 정당사회단체(10명 이하 후보)	76	7.8
총 합계	948명	100%

자료: 중앙선거관리위원회(1989: 6971).

그러나 위의 7개 정당 사회단체들을 제외한 나머지 43개 정당 사회단체들이 10명 이하의 입후보자를 냈는데(76명), 그나마 7명을 입후보시킨 대한독립촉성애국부인회, 5명을 입후보시킨 조선민주당, 4명을 입후보시킨 대한청년단과 조선불교교무원을 제외하고는 모두가 3명 이하의 입후보자를 냈고, 1명의 입후보자만을 낸 정당과 사회단체도 무려 26개나 됐다. 이에 반해 무소속 입후보자가 전체의 44%인 417명이나 됐다.

제헌 국회의원선거에서 선거구 수는 200개, 투표구 수는 13,272개였으며, 선거인 수는 자진등록제를 채택한 관계로 1946년 8월 30일 현재 조사 인구인 1천 919만 877명의 40.9%에 해당하는 784만 871명으로서 선거인의 인구에 대한 평균율 48% 내지 50%에 비해 그다지 좋은 등재율은 아니었으나, 투표자는 선거인 총수의 95.5%에 해당하는 748만 7천 649명이었다.

5 · 10총선에 의해 구성된 대한민국 최초의 국회에서 헌법을 제정했으므로 제헌국회라 하는데, 남한만의 선거에 의해 총입후보자 902명 중 198명이 당선돼 5월 31일 개원했다. 의장에 이승만, 부의장에 신익희 · 김동원(金東元)을 선출했다. 제헌국회의원 명단(보선 포함 209명)은 〈표 1-1-2〉와 같다.

표 1-1-2 제헌 국회의원 명단

윤치영(尹致暎)	이 인(李 仁)	이영준(李榮俊)	김상돈(金相敦)	이윤영(李允榮)
이승만(李承晩)	이청천(李靑天)	윤재욱(尹在旭)	장 면(張 勉)	홍성하(洪性夏)
김도연(金度演)	김동원(金東元)	곽상훈(郭尙勳)	조봉암(曺奉岩)	이성득(李聖得)
서성달(徐成達)	최국현(崔國鉉)	김덕열(金德烈)	이진수(李鎭洙)	서정희(徐廷禧)
홍익표(洪翼杓)	유래완(柳來琓)	원용한(元容漢)	송창식(宋昌植)	김영기(金英基)
최석화(崔錫和)	홍길선(洪吉善)	김웅진(金雄鎭)	이재형(李載瀅)	이유선(李裕善)
정 준(鄭 濬)	윤재근(尹在根)	김웅권(金雄權)	조중현(趙重顯)	신광균(申光均)
김경배(金庚培)	신현모(申鉉謨)	오택관(吳澤寬)	김인식(金仁湜)	신익희(申翼熙)
박기운(朴己云)	홍순옥(洪淳玉)	이만근(李萬根)	김교현(金敎賢)	정구삼(鄭求參)
박우경(朴愚京)	송필만(宋必滿)	연병호(延秉昊)	이의상(李宜相)	김기철(金基喆)
유홍렬(柳鴻烈)	조종승(趙鍾勝)	성낙서(成樂緖)	송진백(宋鎭百)	진헌식(陳憲植)
김명동(金明東)	신방현(申邦鉉)	유진홍(兪鎭洪)	최운교(崔雲敎)	남궁현(南宮炫)
김철수(金銕洙)	임석규(林奭奎)	이훈구(李勳求)	이종근(李鍾根)	손재학(孫在學)
윤병구(尹炳求)	이종린(李鍾麟)	김동준(金東準)	김용재(金用在)	서용길(徐容吉)
이병국(李炳國)	김용화(金鏞化)	이상돈(李相敦)	신성균(申性均)	윤석구(尹錫龜)
류준상(柳俊相)	이석주(李錫柱	오기열(吳其烈)	정해준(鄭海駿)	배 헌(裵 憲)
신현돈(申鉉燉)	김교중(金敎中)	김봉두(金奉斗)	진직현(晉直鉉)	이정기(李珵器)
노일환(盧鎰煥)	나용균(羅容均)	김종문(金鍾文)	김영동(金永東)	백관수(白寬洙)
조재면(趙在勉)	조한백(趙漢栢)	홍희종(洪憘種)	이요한(李要漢)	백형남(白亨南)
이문원(李文源)	정광호(鄭光好)	이남규(李南圭)	강선명(姜善明)	박종남(朴鍾南)
정균식(鄭均植)	서우석(徐禹錫)	김종선(金鍾善)	김옥주(金沃周)	김문평(金汶枰)
민경식(閔庚植)	황병규(黃炳珪)	황두연(黃斗淵)	조옥현(趙玉鉉)	오석주(吳錫柱)
유성갑(柳聖甲)	이정래(李晶來)	조국현(曺國鉉)	김중기(金仲基)	차경모(車庚模)
송봉해(宋鳳海)	이성학(李聖學)	김준연(金俊淵)	김용현(金用鉉)	장홍염(張洪琰)
이항발(李恒發)	김상호(金尙浩)	이성우(李成佑)	조영규(曺泳珪)	김상순(金相舜)
김장열(金長烈)	김병회(金秉會)	최윤동(崔允東)	서상일(徐相日)	백남채(白南埰)
김우식(金禹埴)	정우일(丁又一)	권병노(權炳魯)	김익기(金翼基)	정현모(鄭顯模)
임영신(任永信)	박 준(朴 峻)	김봉조(金鳳祚)	조헌영(趙憲泳)	오택렬(吳宅烈)
박순석(朴順碩)	김익노(金益魯)	정도영(鄭島榮)	김 철(金 喆)	박종환(朴鍾煥)
김상덕(金尙德)	이호석(李浩錫)	장병만(張炳晩)	이 석(李 錫)	권태희(權泰羲)
이병관(李炳瓘)	육홍균(陸洪均)	한암회(韓巖回)	전진한(錢鎭漢)	조병한(趙炳漢)
박상영(朴湘永)	최석홍(崔錫洪)	배중혁(裵重赫)	서이환(徐二煥)	문시환(文時煥)
허영호(許永鎬)	한석범(韓錫範)	허 정(許 政)	박찬현(朴瓚鉉)	권태욱(權泰郁)

이강우(李康雨)	황윤호(黃潤鎬)	안준상(安駿相)	강욱중(姜旭中)	구중회(具中會)
이주형(李周衡)	박해극(朴海克)	정진근(鄭鎭瑾)	최봉식(崔奉植)	김수선(金壽善)
김약수(金若水)	신상학(辛相學)	조규갑(曺奎甲)	김태수(金泰洙)	주기용(朱基瑢)
김재학(金載學)	서순영(徐淳永)	이구수(李龜洙)	최범술(崔凡述)	박윤원(朴允源)
강달수(姜達秀)	강기문(姜己文)	김경도(金景道)	표현태(表鉉台)	이원홍(李源弘)
김효석(金孝錫)	최창섭(崔昌燮)	최규옥(崔圭鈺)	이종순(李鍾淳)	이재학(李在鶴)
원용균(元容均)	홍범희(洪範憙)	장기영(張基永)	황호현(黃虎鉉)	최태규(崔泰奎)
원장길(元長吉)	최헌길(崔獻吉)	김진구(金振九)	김광준(金光俊)	오용국(吳龍國)
홍순녕(洪淳寧)	양병직(梁秉直)	이범교(李範教)	박해정(朴海楨)	

자료: 중앙선거관리위원회(1973).

이러한 제헌국회의원 선거는 ① 민족진영의 정치 엘리트들이 38선 이북의 소련 점령하에 있는 지역을 분리한 채 남한 국민들에게 단독정부 수립에 대한 찬부(贊否)를 물었다는 점, ② 한국 정치사상 처음으로 민주공화국의 헌법을 제정하고 공포(1948년 7월 17일)해 대한민국의 독립을 국내외에 선포하는 출발점이었다는 데 의의를 부여할 수 있을 것이다.

3. 제2대 국회의원 선거

헌법 제정의 임무를 마친 제헌국회가 2년의 임기를 끝내고, 1950년 5월 30일 대한민국 정부 수립 이후 첫 선거인 제2대 국회의원 선거가 실시됐다. 2대 국회의원 선거에 입후보한 사람의 숫자는 2,209명으로, 제헌국회 입후보자 948명보다 2.3배가 더 많았다.[1] 정당·단체의 숫자는 39개, 단 1명의 후보만을 내세운 정당·단체의 숫자는 18개로 제헌국회보다 다소 줄었지만, 무소속 후보자는 1,513명으로 제헌국회 417명보다 3.6배가 늘었다.

〈표 1-1-3〉을 보면, 총 입후보자 2,209명 가운데 제헌국회 선거에 출마했던 사람의 비율은 21.5%에 불과했고, 나머지 78.5%는 신규 입후보자들이었다. 그나마 제헌국회에서 이승만 대통령 계열 국회의원들이 만든 정당인 대한국민당과 한국민주당의 후신인

1) 한국전쟁 전후의 불안 상황이라 그런지 당시 선거 관련 통계에 대해서는 중앙선거관리위원회가 제공하는 공식 기록들도 출처에 따라 수치가 다르다. 『대한민국 선거사』 제1집에 따르면 2대 선거 출마 후보자는 총 2,209명이며, 중앙선관위 홈페이지 [역대 선거 정보시스템]에는 1,696명이다. [역대 선거 정보시스템] 자료는 『대한민국 선거사』 제1집 자료를 근거로 구성하는 과정에서 오류가 생겼다고 본다.

표 1-1-3 2대 국회의원 선거 후보자 소속 정당과 제헌국회 선거 입후보 경력 현황(1950.5.30)

	2대 총선 입후보자 수(명)	1대 입후보자 비율(%)	1대 입후보자 가운데 소속별 비율(%)				
			무소속	한국민주당	독촉	대동청년단	기타
총 출마자	2,209	21.5	52.6	11.4	21.8	6.8	7.4
대한국민당	165	50.0	56.5	3.3	33.7	4.3	2.2
민주국민당	154	48.0	31.0	39.4	14.1	7.0	8.5
무소속	1,513	15.5	65.5	7.7	14.9	4.7	7.2

자료: 한국선거학회(2010: 13-14).

민주국민당 소속 입후보자들은 50%, 48% 정도로 제헌국회 입후보자들 가운데 2대 국회 출마자를 내세웠다. 하지만 무소속 1,513명 가운데 단 15.5%만이 제헌국회 입후보자였을 뿐 나머지 84.5%는 2대 국회의원 선거에 새로 입후보한 사람들이었다.

선거 결과, 무소속이 126명으로 전체 의원 정수 210명 가운데 60%를 차지했으며, 대한국민당과 민주국민당이 각 24명, 국민회 14명, 대동청년단 10명, 대한노동총연맹 3명, 사회당 2명, 일민구락부 3명, 민족자주연맹과 대한부인회, 불교, 여자국민당이 각 1명의 당선자를 냈다. 당선자를 낸 대한국민당, 국민회, 대동청년단, 대한노동총연맹, 일민구락부, 대한부인회 등은 이승만 계열 의원들로 분류되며, 1951년 자유당의 창당 과정에 합류하게 된다.

2대 국회는 선거 후 한 달이 채 못 되어 개시된 전쟁과 함께 전시국회로 전환됐다. 6월 25일부터 9월 27일 서울이 수복될 때까지 총 210명의 의원 중 35명이 사망하거나 사라졌다. 중앙선관위 자료에 따르면, 이 시기에 사망자가 3명, 납치되거나 행방불명된 의원이 27명, 수복 후 사망한 의원이 5명이었다고 한다(중앙선관위, 1973: 460).

1950년 말 중공군의 개입으로 1951년 1월 서울을 다시 내어준 뒤 1953년 7월 휴전이 되고 8월 15일 다시 서울로 되돌아올 때까지, 2대 국회는 부산 임시수도에서 활동을 하게 된다. 임시수도에서 2대국회와 정부의 활동은 여러모로 한국 정치사의 획을 긋는다. 대한민국 최초의 헌법 개정이 이뤄졌고 그 결과로 최초의 대통령 직접선거가 있었으며, 최초의 지방선거도 이 시기 실시됐고, 한국의 첫 집권당도 이 시기 탄생했다. 그리고 이 모든 일의 시발점에는 예기치 못한 전쟁과 전쟁 수행 과정에서 일어난 한국 군대와 정부의 문제, 그리고 이를 수습하는 과정에서 대통령직선제 개헌을 관철시키기 위해 벌였던 부산정치파동이 있었다.

한편 전쟁 직전 구성된 2대 국회의 국회의원들은 이승만 정부의 실책을 낱낱이 드러내는 조사활동과 견제 조치를 취하고 있었다. 이에 대해 이승만 정부는 대통령직선제 개헌을 통해 국회에 대한 대통령 권력의 우위를 확보하고 동시에 국민들에 대해서도 전시 지도력을 확보하는 전략을 택하게 된다.

그 첫 조치로 1951년 말 대한민국 최초의 집권당인 자유당의 창설을 추진하면서, 대통령 직선제 개헌안을 국회에 제출했다. 2대 국회는 동 개헌안에 대해 1952년 1월 재석의원 163명 가운데 143표의 반대로 부결시켰고, 더 나아가 4월에는 의원 123명의 찬성으로 의회책임제 개헌안까지 제출하게 된다. 이승만 대통령은 개헌에 대한 국회의 반대를 계엄령 선포와 국회의원 체포 및 구금으로 탄압하고, 경찰과 군대를 동원한 폭력적인 과정으로 개헌안을 통과시키는 데 이것이 '발췌개헌' 사건이다.

4. 제3대 국회의원 선거(1954.5.20)

이 시기는 6·25전쟁으로 인한 사회적 혼란이 극심했지만 1953년 7월 27일 휴전협정 이후 최초의 선거는 1954년 5월 20일 제3대 국회의원 선거였다. 북한과 휴전협정으로 7개 선거구가 줄어들어 203명(당초 210명)을 뽑는 선거로 자유당이 공천자 99명 비공천자 15명으로 114명, 민주국민당이 15명, 무소속은 67명이 당선됐다. 특히 선거 역사상 최초로 입후보자 공천제를 실시해 정당정치의 기틀이 보이기 시작한 선거이기도 하다.

표 1-1-4 제3대 국회의원 선거 후보자 및 당선자 현황(1954.5.20)

	자유당	민주국민당	무소속	기타	합계
후보자 수	242(187)	77	797	91	1,207명
당선자 수	114	15	67	7	203명

자료: 한국선거학회(2010: 20).

특히 대통령이 속한 집권당이 있는 상태에서 실시된 최초의 국회의원 선거로서 의의가 크다. 2대 선거에서도 대한국민당 등은 이승만 대통령을 지지했지만 대통령이 특정 정당을 집권당으로 인정하지는 않았다는 점에서 3대 선거와는 달랐다. 집권당이 있는 선거가 이전과 다른 선거였던 것은, 대통령의 공식 지지와 공천 때문이었다. 3대 선거를 앞둔 4월 8일, 이승만 대통령은 한 선거구에 1명의 자유당 후보만을 공천할 것과, 공천의 조건으로 자신이 추진하게 될 개헌에 대한 동의를 명시한 담화문을 발표했다.

대통령의 입장에서는 1956년 3대 대통령 선거에 재출마를 하기 위해 또다시 개헌을 시도해야 했고, 헌법에 따라 개헌 정족수는 국회의원 정수의 2/3였으므로 136석이 필요했다.

3대 국회에서 자유당의 의석은 114석으로 제1당이긴 했지만 개헌 정족수인 136석에는 못 미쳤다. 선거 전 개헌과 공천을 연계했으므로, 개헌에 대한 국민적 동의를 확보하지 못했다고 해석될 수 있었다. 하지만 9월 8일 초대 대통령에 한해 중임 제한을 없애는 내용의 제2차 개헌안이 국회에 제출됐고, 11월 27일 표결에 부쳐졌다. 결과는 찬성 135표, 반대 60표, 기권 7표로, 개헌 정족수에 1표가 모자라 사회를 보던 국회부의장에 의해 부결이 선포됐으나, 이틀 후 '사사오입 개헌'이라는 반올림 논법을 적용해 결과가 가결로 번복됨으로써 이승만 대통령은 1956년 3대 대통령 선거에 출마할 수 있게 됐다.

5. 제4대 국회의원 선거(1958.5.2)

1958년 초 진보당의 등록이 취소되면서, 사실상 5월의 국회의원 선거에 조직적으로 대응할 수 있었던 야당은 민주당만이 남게 됐다. 민주당은 3대 선거 민국당과는 달리 전국적인 조직을 갖출 수 있었고, 233개 지역구 가운데 198개 지역구에 후보를 내세울 수 있었다. 3대 국회의원 선거가 이전 선거와 달랐던 점이 집권당이 있는 선거였다면, 4대 선거의 특징은 최초로 집권당과 야당도 있는 선거였으며, 비로소 전국적으로 후보를 내고 34.0%의 지지를 받을 수 있는 야당이 생긴 것이다. 또한 3대 총선에서 무소속 후보들은 50%에 육박하는 지지를 얻었으나 4대 선거에서는 절반 수준에도 못 미치는 21.7%를 얻어 정당정치에 기초한 선거로 변화해나가는 양상이 두드러졌다(한국선거학회, 2010: 24). 민주당이 4대 선거운동 과정에서 '정통야당', '보수야당'의 정체성을 강조해 비로소 보수여당과 더불어 우리나라 최초 정당정치의 면모를 갖추게 됐다.

6. 대통령과 부통령 선거

대통령과 부통령은 국회에서 무기명투표로써 헌법 제53조에 의거해 국회에서 간접선거로 실시됐다. 재적의원 3분의 2 이상의 출석과 출석의원 3분의 2이상의 찬성 투표로써 당선을 결정하게 됐는데, 단 3분의 2 이상의 득표자가 없는 때에는 2차 투표를 행한다. 2차 투표에도 3분의 2 이상의 득표자가 없는 때에는 최고득표자 2인에 대해 결선

투표를 행해 다수 득표자를 당선자로 한다.

1) 대통령 선거 결과(초대~3대)

대통령에 당선되기 위해서는 재적의원 200명에 134명 이상이 출석해야 하고, 출석의원의 3분의 2 이상의 찬성표를 얻어야 한다. 즉, 대통령 선거에는 196명이 출석했고 196명의 3분의 2인 131표 이상의 득표를 얻어야 한다. 〈표 1-1-5〉와 같이 이승만은 180표를 얻어 제1대 대통령에 당선됐다(국회보, 2014).

1952년 2대 대통령선거는 국회간접선거에 자신이 없었던 이승만 대통령이 한국전쟁으로 인해 정부가 부산으로 피난하는 와중에서 소위 말하는 발췌개헌안을 통과시켜 실시된 선거로 개헌에서 선거까지 신속한 일정(1952. 7.7 개정헌법 공포, 8.5 선거일)으로 진행됐다. 1952년 8월 5일 국민들의 직접선거에 의해 실시된 제2대 대통령 선거는 자유당 이승만, 무소속 조봉암, 민주국민당 이시영, 신흥우 무소속 후보 4명 가운데 이승만 후보가 유효 투표의 74.6%(5,238,769표)를 득표해 당선됐다. 1956년 대선에서도 이승만은 70%(5,046,437표) 득표해 3대 대통령에 당선됐다.

표 1-1-5 1~3대 대통령 득표 현황

<table>
<tr><th rowspan="2">번</th><th>대통령</th><th rowspan="2">대</th><th colspan="2">임기</th><th rowspan="2">득표율</th><th rowspan="2">정당</th></tr>
<tr><th>이름</th><th>취임일</th><th>퇴임일</th></tr>
<tr><td rowspan="5">1</td><td rowspan="5">이승만
李承晩
(1875년
~1965년)</td><td colspan="5">제1공화국의 대통령</td></tr>
<tr><td>1</td><td>1948.7.24</td><td>1952.8.14</td><td>1948년 대선: 91.8%
(국회 간선, 180표)</td><td rowspan="3">대한독립촉성
국민회
(자유당)</td></tr>
<tr><td>2</td><td>1952.8.15</td><td>1956.8.14</td><td>1952년 대선: 74.6%
(5,238,769표)</td></tr>
<tr><td>3</td><td>1956.8.15</td><td>1960.4.26</td><td>1956년 대선: 70.0%
(5,046,437표)</td></tr>
<tr><td colspan="5">4·19혁명으로 허정 외무부 장관이 대통령 권한대행 수행
(1960년 4월 27일~1960년 6월 15일)</td></tr>
</table>

3대 대통령선거는 지난 대선과는 달리 정・부통령 선거사상 최초로 여당과 야당이 후보 지명과 확고한 러닝메이트 시스템 속에 정당 대결로 진행됐다. 집권 자유당은 1955년 3월 6일 임시대의원대회에서 만장일치로 이승만 대통령과 이기붕 국회의장을 정・부통령 후보로 지명했다. 민주당은 1955년 3월 29일 전국대의원대회에서 신익희 전 국회의장과 장면 전 총리를 각각 정・부통령 후보로 지명하고 "못살겠다. 갈아 보자"라는 구호하에 자유당을 공격했다.

한편 진보당창당을 준비하던 진보당창당추진위원회는 3월 31일 진보당 전국추진위원대표자회의를 열고 만장일치로 조봉암 전 농림부 장관을 대통령 후보로 지명, 무소속으로 출마했다.

4월 25일 신익희와 조봉암은 비밀 회동을 가지고 신익희로 단일 후보를 내기로 했으나 선거운동 기간 중인 5월 5일 민주당의 대통령 후보 신익희가 전라남도, 전라북도 지방을 유세하는 도중에 뇌일혈로 졸도해 사망하는 사고가 발생해 선거운동의 양상은 급변했다. 제3대 대통령선거에서 민주당의 신익희 후보가 선거운동 기간 중 급사하게 되자 대통령 당선은 이승만이 따논 당상이었지만 민주당을 지지하고 자유당 정권에 비판적 의사를 표명했던 유권자들은 다른 방식으로 자신의 권리를 나타냈다. 그것은 무효표를 던지는 것이었다. 투표 수 9,067,063표 가운데 무효표가 무려 1,856,818표로 20.5%에 이르렀는데 대다수 신익희를 추모하기 위한 투표가 많았다.

이승만이 얻은 득표는 무효표를 포함한 전체 득표의 불과 55.66%였다(조봉암은 23.86%, 무효표가 20.48%). 그나마도 정확히 유효 득표에서 둘째자리까지 딱 떨어지는 지지율과 부산에서의 부정선거 의혹 등으로 빛이 바랬다.

2) 1960~제4대 대통령과 제5대 부통령 선거(무효된 선거)

선거운동 기간 중에 민주당 조병옥 후보가 병사해 단독 입후보한 이승만이 유효 투표 총수의 88.7%로 당선됐고, 부통령 선거는 이기붕 후보가 79.2%를 얻었으며, 정・부통령 모두 국민에 의한 직접선거였다. 그러나 자유당의 악명 높은 3・15부정선거로 4・19 민주혁명을 초래했으며, 대통령 및 부통령 선거 자체가 무효가 됐고 자유당 정권 붕괴의 원인이 된 선거였다.

제3절 대통령, 총리, 장관 등 주요 관료 소개

제1공화국은 1948년 7월 17일에 제정된 건국헌법에 의해 같은 해 8월 15일 대한민국 건국을 선포함과 동시에 수립돼 1960년 4·19혁명으로 붕괴되기 전까지의 시기로 대한민국 최초의 정부에서 행정부, 입법부, 사법부 분야에서 활동한 수장은 물론 독립운동과 정부 수립 과정, 제1공화국에서 중요한 역할을 한 정치인 및 관료 중심으로 제한하고자 한다.

1. 이승만 대통령

이승만(李承晩, 1875-1965)의 공적인 독립운동의 출발은 1895년 말 미국에서 돌아온 서재필(徐載弼)이 배재학당 내에 협성회(協成會)를 조직하자 이에 가담한 이후부터다. 이승만은 1898년 11월에 중추원(中樞院) 의관(議官 : 종9품)에 임명됐으나 독립협회 산하의 만민공동회를 통해 부패·무능한 정부를 비판하고 독립·민권사상을 고취하는 등 민중계몽에 앞장서 개혁운동을 벌이던 끝에 옥고를 치렀던 청년지도자였으며 옥중에서 국가는 의회와 같은 것이라고 언급하는 국민 중심의 민주주의 내용을 담은 『독립정신』을 저술하기도 했다. 석방 이후 도미해 프린스턴 대학에서 정치학 박사학위를 받았다(김학준, 2000: 185).[2] 그후 서재필과 함께 1919년 4월 14~16일간 필라델피아에서 '한인대표자대회(The First Korean Congress)'를 소집해 독립 방략을 논의하고 한국인의 독립 의지를 세계 여론에 호소했다. 그는 3월 21일에 선포된 노령(露領)임시정부에서 국무급(及) 외무총장으로, 4월 10일에 구성된 상하이(上海) 대한민국 임시정부에서 국무총리로, 그리고 4월 23일에 선포된 한성임시정부에서 집정관총재(執政官總裁)로 임명된 사실을 확인했다.

그리고 6월에 대한공화국 대통령(President of the Republic of Korea)의 명의로 각국 정부수반과 강화회의 의장에게 한국의 독립을 통고하는 한편, 8월 25일에는 워싱턴에 구미위원부(The Korean Commission to America and Europe)를 설치하고 외교활동과 독립자

2) 그의 학위논문은 "Neutrality as Influenced by the United States"로서 1911년 6월 역사 및 정치경제학부에서 받았기 때문에 철학박사로 알려진 것은 잘못된 것이며 한국인 최초 정치학박사인 셈이다.

금 모집운동에 전념했다.

1919년 9월 6일 상하이(上海) 임시정부(약칭 임정) 의정원으로부터 임시 대통령으로 추대된 그는 상하이로 건너가 1920년 12월부터 1921년 5월까지 대한민국 임시정부 대통령직을 수행했다.

1933년 초 그는 제네바에서 개최된 국제연맹회의에 참석해 열강 대표들에게 한국의 독립문제를 환기시켰다. 1941년 12월 진주만사건을 계기로 미·일 간에 태평양전쟁이 발발하자, 그는 충칭(重慶)에 위치한 대한민국 임시정부의 주미외고위원부 위원장 자격으로 미국 대통령 루스벨트(Franklin Delano Roosevelt)와 국무부를 상대로 대한민국 임시정부의 승인을 요구하는 외교활동을 전개했다.[3)]

1945년 8월 광복 후 10월에 귀국한 그는 독립촉성중앙위원회 총재, 대한국민대표민주의원 의장, 민족통일총본부 총재 등을 역임하면서 미·소 등의 신탁통치안 반대, 좌우합작 반대, 미소공동위원회 참가 거부, 김구(金九)·김규식(金奎植) 등의 남북협상 거부 등 반탁과 반공노선을 견지했다.

1947년 11월 유엔총회에서 총선거를 통해 한국을 독립시키기로 결의한 다음 유엔임시한국위원단(UNTCOK)의 감시 하에 1948년 5월 남한에서의 총선거가 실시된 다음 제헌국회가 구성되자, 그는 초대 국회의장에 선출됐다. 국회의장으로서 그는 대통령 중심제 헌법을 제정하는 데 결정적인 영향력을 발휘했다.

그리고 그 해 7월 20일 초대 대통령으로 선출돼 8월 15일 대한민국 정부 수립과 함께 대통령직에 취임했다. 초대 대통령으로 그는 농지개혁을 단행해 농민들의 불만을 해소하고, 의무교육제를 도입하고 각급 학교를 증설해 전 국민의 교육 수준을 높이는 한편, 국내의 공산주의운동을 분쇄하고, 일본에 대해서는 강경외교를 견지했다.

6·25전쟁이 발발하자 그는 대미외교를 통해 미군의 신속한 개입, 파병을 실현시키고 유엔군의 도움을 얻어 공산군을 격퇴했다. 전쟁중 무력통일을 실현시키려 했던 그는 국토가 분단된 상태에서의 휴전협상에 강력히 반대하다가 1953년 6월 남한 각지에 수용돼 있던 반공포로 2만 7,000여 명을 유엔군 측의 사전 양해 없이 석방했다.

같은해 7월 27일 휴전협정이 조인되자, 미국이 한국과 상호방위조약을 체결한다는

---

3) 일본이 1942년 12월 8일 하와이를 기습 공격하자 이승만은 육성방송을 통해 '2,300만 동포에게 고합니다'를 통해 "일본은 머지않아 미국의 벼락불(원자탄)로 멸망할 터이니 분투하라! 싸워라! 우리가 피를 흘려야 자손만대의 자유의 기초를 회복할 것이다. 나의 사랑하는 동포여 부디 이 말을 잊지 말고 전하여 준행하시오"라고 광복의 미래를 예측까지 했었다. 동영상 2014년 9월 2일 이승만 박사의 육성방송/해방 직전 1942년/우리 국민에 소식 전함 참조. http://www.vietnamwar.co.kr/technote6/board.php?board=gesipan13&page=4&command=body&no=582.

조건으로 이를 수락하고 10월에 그 조약을 실현시킴으로써 휴전 후 한국의 안보에 대한 미국의 군사 지원을 확약받았다.

1960년 3·15 정·부통령 선거에서는 민주당 대통령 후보 조병옥(趙炳玉)이 선거 전에 사망해 그의 4선이 확실시됐으나, 자유당은 부통령 후보 이기붕(李起鵬)을 당선시키기 위해 대대적인 선거 부정을 감행했다. 이를 계기로 4·19혁명이 일어나자, 그는 이 사태에 책임을 지고 4월 27일 대통령직을 사임했다. 같은 해 5월 휴양차 하와이로 떠난 그는 후속 정권에 의해 귀국을 허락받지 못하고 호놀루루에서 1965년 7월 19일에 서거했다. 유해는 하와이에서 국내로 옮겨와 가족장으로 국립묘지에 안장됐다.

2. 국무총리 및 각부 장관[4)]

1) 국무총리

표 1-1-6 이승만 정부 국무총리

직위	대수	이름	임기
국무총리	서리	이윤영(李允榮)	1948년 7월 22일~1948년 7월 31일
	초대	이범석(李範奭)	1948년 7월 31일~1950년 4월 20일
	서리	이윤영(李允榮)	1950년 4월 3일~1950년 4월 6일[33]
	서리	신성모(申性模)	1950년 4월 21일~1950년 11월 22일
	서리	백낙준(白樂濬)	1950년 11월 3일~1950년 11월 15일
	2대	장 면(張 勉)	1950년 11월 23일~1952년 4월 23일
	서리	허 정(許 政)	1951년 11월 6일~1952년 4월 9일
	서리	이윤영(李允榮)	1952년 4월 24일~1952년 5월 5일
	3대	장택상(張澤相)	1952년 5월 6일~1952년 10월 5일
	서리	이윤영(李允榮)	1952년 10월 5일~1952년 10월 17일
	서리	백두진(白斗鎭)	1952년 10월 9일~1953년 4월 23일
	임시	이갑성(李甲成)	1952년 10월 9일~1953년 7월 27일
	4대	백두진(白斗鎭)	1953년 4월 24일~1954년 6월 17일
	5대	변영태(卞榮泰)	1954년 6월 27일~1954년 11월 28일
	임시 서리	백한성(白漢成)	1954년 11월 18일~1954년 11월 29일

4) 이승만 정부의 국무총리 및 각부 장관 명단은 위키백과(http://ko.wikipedia.org)에서 발췌.

2) 각부 장관

표 1-1-7 이승만 정부 외무부 장관

직위	대수	이름	임기
외무부 장관	초대	장택상(張澤相)	1948년 8월 15일~1948년 12월 24일
	2대	임병직(林炳稷)	1949년 1월 31일~1951년 4월 15일
	3대	변영태(卞榮泰)	1951년 4월 16일~1955년 7월 28일
	서리	조정환(曺正煥)	1955년 7월 29일~1956년 12월 31일
	4대		1956년 12월 31일~1959년 12월 21일
	권한대행	최규하(崔圭夏)	1959년 12월 22일~1960년 4월 24일
	5대	허 정(許 政)	1960년 4월 25일~1960년 8월 19일

표 1-1-8 이승만 정부 내무부 장관

직위	대수	이름	임기
내무부 장관	초대	윤치영(尹致暎)	1948년 7월 27일~1948년 12월 24일
	2대	신성모(申性模)	1948년 12월 24일~1949년 3월 21일
	3대	김효석(金孝錫)	1949년 3월 21일~1950년 2월 7일
	4대	백성욱(白性郁)	1950년 2월 7일~1950년 7월
	5대	조병옥(趙炳玉)	1950년 7월~1951년 4월 24일
	서리	장택상(張澤相)	1951년 4월 25일~1951년 5월 13일
	6대	이순용(李淳鎔)	1951년 5월 14일~1952년 1월 12일
	서리	장석윤(張錫潤)	1952년 1월 12일~1952년 1월 17일
	7대		1952년 1월 18일~1952년 5월 24일
	8대	이범석(李範奭)	1952년 5월 24일~1952년 7월 22일
	9대	김태선(金泰善)	1952년 7월 24일~1952년 8월 29일
	10대	진헌식(陳憲植)	1952년 8월 29일~1953년 9월 19일
	서리	황호현(黃虎鉉)	1953년 9월 19일~1953년 9월 20일
	11대	백한성(白漢成)	1953년 9월 20일~1955년 4월 23일
	12대	김형근(金亨根)	1955년 4월 23일~1956년 5월 21일
	13대	이익흥(李益興)	1956년 5월 21일~1957년 2월 4일
	14대	장경근(張璟根)	1957년 2월 4일~1957년 9월 26일

	15대	이근직(李根直)	1957년 9월 26일~1958년 6월 17일
	16대	민병기(閔丙祺)	1958년 6월 17일~1958년 8월 27일
	17대	김일환(金一煥)	1958년 8월 27일~1959년 3월 20일
	18대	최인규(崔仁圭)	1959년 3월 20일~1960년 3월 23일
	19대	홍진기(洪璡基)	1960년 3월 23일~1960년 4월 24일
	20대	이 호(李 澔)	1960년 4월 25일~1960년 8월 19일

표 1-1-9 이승만 정부 재무부 장관

직위	대수	이름	임기
재무부 장관	초대	김도연(金度演)	1948년 8월 2일~1950년 4월 22일
	2대	최순주(崔淳周)	1950년 4월 25일~1951년 3월 5일
	3대	백두진(白斗鎭)	1951년 3월 5일~1953년 9월 9일
	4대	박희현(朴熙賢)	1953년 9월 9일~1954년 6월 30일
	5대	이중재(李重宰)	1954년 6월 30일~1955년 7월 11일
	6대	김현철(金顯哲)	1955년 7월 11일~1956년 5월 26일
	7대	인태식(印泰植)	1956년 5월 26일~1957년 6월 9일
	8대	김현철(金顯哲)	1957년 6월 9일~1959년 3월 20일
	9대	송인상(宋仁相)	1959년 3월 20일~1960년 4월 28일
	10대	윤호병(尹호炳)	1960년 4월 28일~1960년 8월 19일

표 1-1-10 이승만 정부 법무부 장관

직위	대수	이름	임기
법무부 장관	초대	이 인(李 仁)	1948년 8월 2일~1949년 6월 5일
	2대	권승렬(權承烈)	1949년 6월 6일~1950년 5월 21일
	3대	이우익(李愚益)	1950년 5월 22일~1950년 11월 22일
	4대	김준연(金俊淵)	1950년 11월 23일~1951년 5월 6일
	5대	조진만(趙鎭滿)	1951년 5월 7일~1952년 3월 4일
	6대	서상환(徐相懽)	1952년 3월 5일~1954년 6월 29일
	7대	조용순(趙容淳)	1954년 6월 30일~1955년 9월 15일
	8대	이 호(李 澔)	1955년 9월 16일~1958년 2월 19일
	9대	홍진기(洪璡基)	1958년 2월 20일~1960년 3월 23일
	10대	권승렬(權承烈)	1960년 4월 25일~1960년 8월 19일

표 1-1-11 이승만 정부 국방부 장관

직위	대수	이름	임기
국방부 장관	초대	이범석(李範奭)	1948년 8월 15일~1949년 3월 20일
	2대	신성모(申性模)	1949년 3월 20일~1951년 5월 5일
	3대	이기붕(李起鵬)	1951년 5월 7일~1952년 3월 29일
	4대	신태영(申泰英)	1952년 3월 29일~1953년 6월 30일
	5대	손원일(孫元一)	1953년 6월 30일~1956년 5월 26일
	6대	김용우(金用雨)	1956년 5월 26일~1957년 7월 6일
	7대	김정렬(金貞烈)	1957년 7월 6일~1960년 5월 2일
	8대	이종찬(李鐘贊)	1960년 5월 2일~1960년 8월 23일

표 1-1-12 이승만 정부 문교부 장관

직위	대수	이름	임기
문교부 장관	초대	안호상(安浩相)	1948년 8월 3일~1950년 5월 3일
	2대	백낙준(白樂濬)	1950년 5월 4일~1952년 10월 29일
	3대	김법린(金法麟)	1952년 10월 30일~1954년 4월 20일
	4대	이선근(李瑄根)	1954년 4월 21일~1956년 6월 7일
	5대	최규남(崔奎男)	1956년 6월 8일~1957년 11월 26일
	6대	최재유(崔在裕)	1957년 11월 27일~1960년 4월 27일
	7대	이병도(李丙燾)	1960년 4월 28일~1960년 8월 22일

표 1-1-13 이승만 정부 부흥부 장관

직위	대수	이름	임기
부흥부 장관	초대	유완창(兪莞昌)	1955년 2월 16일~1956년 5월 25일
	2대	김현철(金顯哲)	1956년 5월 26일~1957년 6월 9일
	3대	송인상(宋仁相)	1957년 6월 9일~1959년 3월 20일
	4대	신현확(申鉉碻)	1959년 3월 20일~1960년 4월 28일
	5대	전예용(全禮鎔)	1960년 4월 28일~1960년 8월 19일

표 1-1-14 이승만 정부 농림부 장관

직위	대수	이름	임기
농림부 장관	초대	조봉암(曺奉岩)	1948년 8월 15일~1949년 2월 22일
	2대	이종현(李宗鉉)	1949년 2월 23일~1950년 1월 20일
	3대	윤영선(尹永善)	1950년 1월 21일~1950년 11월 22일
	4대	공진항(孔鎭恒)	1950년 11월 23일~1951년 5월 6일
	5대	임문환(任文桓)	1951년 5월 7일~1952년 3월 5일
	6대	함인섭(咸仁燮)	1952년 3월 6일~1952년 8월 28일
	7대	신중목(愼重穆)	1952년 8월 29일~1953년 9월 9일
	서리	정재설(鄭在卨)	1953년 9월 10일~1953년 10월 6일
	8대	양성봉(梁聖奉)	1953년 10월 7일~1954년 5월 5일
	9대	윤건중(尹建重)	1954년 5월 6일~1954년 6월 29일
	10대	최규옥(崔圭鈺)	1954년 6월 30일~1955년 2월 15일
	11대	임철호(任哲鎬)	1955년 2월 16일~1955년 8월 29일
	12대	정낙훈(鄭樂勳)	1955년 8월 30일~1955년 11월 16일
	13대	정운갑(鄭雲甲)	1955년 11월 17일~1957년 6월 16일
	14대	정재설(鄭在卨)	1957년 6월 17일~1959년 3월 20일
	15대	이근직(李根直)	1959년 3월 21일~1960년 5월 1일
	16대	이해익(李海翼)	1960년 5월 2일~1960년 8월 22일

표 1-1-15 이승만 정부 상공부 장관

직위	대수	이름	임기
상공부 장관	초대	임영신(任永信)	1948년 8월 4일~1949년 6월 6일
	2대	윤보선(尹潽善)	1949년 6월 6일~1950년 5월 9일
	3대	김 훈(金 勳)	1950년 5월 9일~1952년 3월 27일
	4대	이교선(李敎善)	1952년 3월 27일~1952년 11월 6일
	5대	이재형(李載瀅)	1952년 11월 6일~1953년 10월 7일
	6대	안동혁(安東赫)	1953년 10월 7일~1953년 10월 7일
	7대	박희현(朴熙賢)	1954년 6월 30일~1954년 7월 5일
	8대	강성태(姜聲邰)	1954년 7월 5일~1955년 9월 19일
	9대	김일환(金一煥)	1955년 9월 16일~1958년 8월 27일
	10대	구용서(具鎔書)	1958년 8월 27일~1960년 4월 8일
	11대	김영찬(金永燦)	1960년 4월 8일~1960년 4월 28일
	12대	전택보(全澤珤)	1960년 4월 28일~1960년 6월 2일
	13대	오정수(吳禎洙)	1960년 6월 2일~1960년 7월 1일

표 1-1-16 이승만 정부 사회부 장관

명칭	대수	이름	임기
사회부 장관	초대	전진한(錢鎭漢)	1948년 8월 1일~1948년 12월 24일
	2대	이윤영(李允榮)	1948년 12월 24일~1950년 11월 23일
	3대	허 정(許 政)	1950년 11월 23일~1952년 1월 12일
	4대	최창순(崔昌順)	1952년 1월 12일~1952년 10월 9일
	5대	박술음(朴術音)	1952년 10월 9일~1955년 2월 16일

표 1-1-17 이승만 정부 보건부 장관

명칭	대수	이름	임기
보건부 장관	초대	구영숙(具永淑)	1948년 6월 4일~1950년 11월 26일
	2대	오한영(吳漢泳)	1950년 11월 26일~1952년 2월 5일
	3대	최재유(崔在裕)	1952년 2월 5일~1955년 2월 16일

표 1-1-18 이승만 정부 보건사회부 장관

명칭	대수	이름	임기
보건사회부 장관	초대	최재유(崔在裕)	1955년 2월 17일~1956년 5월 26일
	2대	정준모(鄭準謨)	1956년 5월 26일~1957년 6월 17일
	3대	손창환(孫昌煥)	1957년 6월 17일~1960년 4월 28일
	4대	김성진(金晟鎭)	1960년 4월 28일~1960년 8월 19일

표 1-1-19 이승만 정부 교통부 장관

명칭	대수	이름	임기
교통부 장관	초대	민희식(閔熙植)	1948년 8월 2일~1948년 10월 4일
	2대	허 정(許 政)	1948년 10월 4일~1950년 5월 10일
	3대	김석관(金錫寬)	1950년 5월 10일~1953년 2월 3일
	4대	윤성순(尹城淳)	1953년 2월 3일~1954년 2월 10일
	5대	이종림(李鍾林)	1954년 2월 10일~1957년 6월 9일
	6대	문봉제(文鳳濟)	1957년 6월 9일~1958년 9월 9일
	7대	최인규(崔仁圭)	1958년 9월 9일~1959년 3월 20일
	8대	김일환(金一煥)	1959년 3월 20일~1960년 4월 28일
	9대	석상옥(石常玉)	1960년 4월 28일~1960년 8월 19일

표 1-1-20 이승만 정부 체신부 장관

명칭	대수	이름	임기
체신부 장관	초대	윤석구(尹錫龜)	1948년 8월 4일~1949년 6월 13일
	2대	장기영(張基永)	1949년 6월 14일~1952년 1월 11일
	3대	이순용(李淳鎔)	1952년 1월 12일~1952년 3월 20일
	4대	조주영(趙柱泳)	1952년 3월 27일~1952년 10월 8일
	5대	강인택(姜仁澤)	1952년 10월 9일~1954년 6월 29일
	6대	이 광(李 光)	1954년 6월 30일~1955년 9월 15일
	7대	이응준(李應俊)	1955년 9월 16일~1958년 9월 8일
	8대	곽의영(郭意榮)	1958년 9월 9일~1960년 5월 1일
	9대	오정수(吳禎洙)	1960년 5월 2일~1960년 6월 1일
	10대	최용덕(崔用德)	1960년 6월 2일~1960년 8월 22일

제4절 정부조직 체계

1. 제1공화국 정부조직 체계(1948.8~1960)

1948년 제헌국회는 우리나라의 정치 체제를 결정하는 헌법 및 정부조직법 초안을 검토할 당시에는 의원내각제를 제1안으로 삼았으나, 검토 과정이 진행되면서 대통령중심제가 당시 제헌국회 의장이었던 이승만과 소수 야당에 의해 받아들여지게 되면서, 의원내각제의 형식을 띤 대통령중심제 정치 체제의 정부조직을 출범시켰다고 볼 수 있다.[5)] 따라서 제1공화국은 1954년 헌법 개정과 정부조직법 개정(법률 제354호 1955.2.7) 이전과 이후를 기준으로 하여 전반기와 후반기로 그 특징을 구분할 수 있다. 전반기의 정부조직 편제를 살펴보면([그림 1-1-1]) 실질적인 행정 권력은 국무총리에게 집중돼 있다. 즉, 국무총리가 정부정책의 방향을 정하는 국무회의의 의제를 결정했고, 각 행정부의 장을 지휘 감독하며 대국회 관계를 총괄했다. 반면에 대통령은 국무총리의 임명권을 가졌지

5) 이승만은 내각책임제를 강행한다면 자신은 미국으로 돌아가거나 민간에 남아서 국민운동을 하겠다고 되풀이해 내각책임제를 하면 한민당의 세상이 된다고 본 비(非)한민당계의 지지를 받아 초안은 하룻밤새 내각책임제에서 대통령중심제로 바뀌고 말았다(인촌 김성수전(1976), 인촌기념회 발행: 547-548).

만 국회의 승인을 받아야 했기 때문에 총리에 대한 통제력은 제한적이었다. [그림 1-1-2]에서처럼 헌법 개정 이후인 후반기에 대통령은 대부분의 행정 권력을 국무총리에게 위임하게 되어 있는 명목적인 행정수반에서, 실질적으로 행정 권력을 장악하고 직접적으로 정부조직을 통제할 수 있는 명실상부한 행정수반이 되는 대통령중심제 확립이다.[6] 한마디로 헌법 개정의 특징은 국무총리제가 폐지되고 행정 권력을 대통령이 직접 통제할 수 있도록 정부조직 편제를 대대적으로 개편한 대통령중심제가 강화됐음을 의미

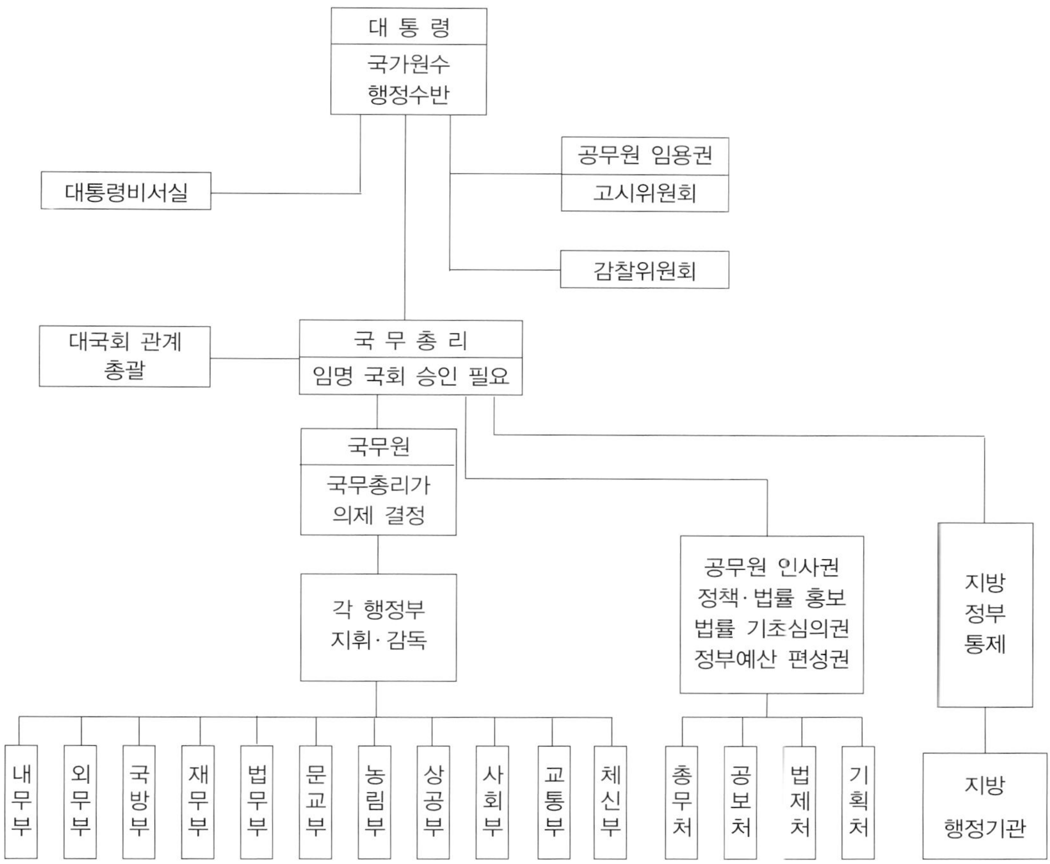

그림 1-1-1 제1공화국 전반기 행정 권력 조직도

자료: 박윤성 외(2010: 98-99).

6) 6·25전쟁을 거치면서 이승만 대통령은 대통령 권한을 제약하는 헌법과 정부조직법을 바꾸기 위해 초대 비서실장인 이기붕을 서울시장과 국방부 장관에 역임시키고, 자유당의 중앙위원회 의장, 국회의장으로 진출시켜 국무총리 제도를 폐지하고 대통령 중심제를 성공시킨다.

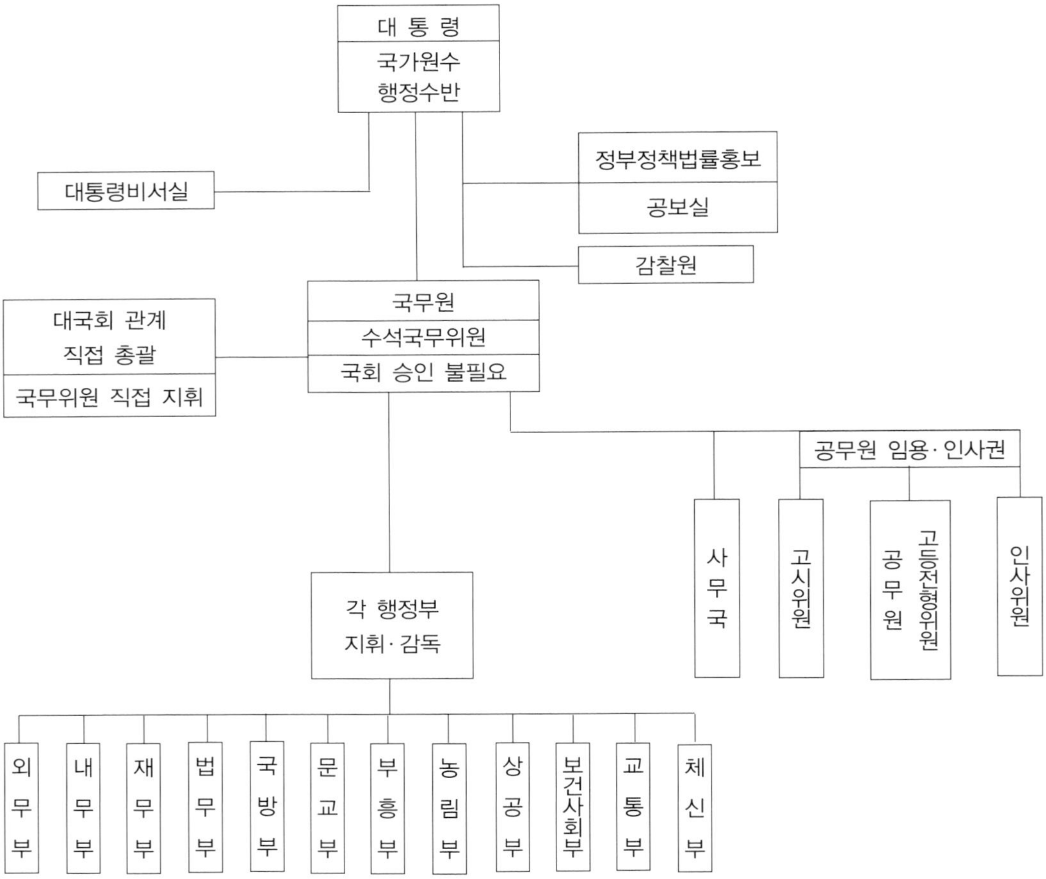

그림 1-1-2 **제1공화국 후반기 행정 권력 조직도**

자료: 박윤성 외(2010: 98-99).

한다.[7] 또한 전후 복구를 비롯한 경제 재건을 목적으로 부흥부가 신설되고 사회부가 보건사회부로 개명돼 전후 사회문제와 국민건강이 병행되어 그 중요성이 반영됐다고 분석된다.

2. 통치구조의 특색

제1공화국의 통치조직은 3권 분립에 의한 대통령중심제의 정부 형태라는 데 그 특징

7) 1948년 7월 17일 제정된 정부조직법 제9조에서는 총리중심의 내각책임제를 강화하고 있었으나 1955년 2월 7일 정부조직법 개정에서는 법률 제354호에 의해 제 9조가 폐지됐다.

이 있다. 본래의 헌법 초안은 내각책임제였으나, 이승만의 반대로 대통령중심제로 바뀌어 혼합형적 헌법이 됐다. 이것은 곧 개헌의 요인으로 남아 그 후 많은 정치파동과 정국 혼란을 초래했다. 1952년 이른바 발췌개헌(拔萃改憲)으로 내각책임제의 일부 요소가 가미되기도 했으나, 1954년에는 전례 없는 4사5입(四捨五入) 개헌으로 대통령의 권한을 더욱 강화해 이승만의 장기 집권을 가능하게 함으로써 결국 '신대통령제'로 전락했다. 행정부는 국무원과 국무총리를 두고, 외무・내무・법무・국방・재무・상공・농림・문교・사회・교통・체신 등 11개 부를 두었다. 국무총리 밑에 총무・공보・법제・기획의 4처를, 대통령 직속기관으로 고시위원회・감찰위원회(감찰원-심계원)를 두었다. 행정구역으로는 서울은 특별시, 지방은 도(道)로 구분, 도 밑에 시・군・읍・면을 두었다. 입법부는 제헌 당시의 단원제를 개헌을 통해 양원제로 바꿨으나 끝까지 단원제로 있었다. 의원 임기는 4년, 인구 15만 명을 기준으로 한 소선거구제에 의해 국민의 보통・평등・직접・비밀투표로 선출됐다. 사법부는 대법원・고등법원・지방법원의 3심제로 구성, 사법권의 독립성・자주성・전문성이 헌법에 보장됐다. 그러나 대법원장을 대통령이 임명, 국회 인준을 받도록 한 것은 행정・입법부의 인사 관여를 의미하는 것이었다.

3. 대통령비서실 조직

표 1-1-21 제1공화국 대통령비서실장 주요 경력

제1대 비서실(관)장 이기붕		제2대 비서실(관)장 고재봉	
1948~1949	대통령비서실(관)장	1949. 6	대통령비서실(관)장
1949~1951	서울시 (제3대 1949. 6~1949. 8) (제4대 1949. 8~1951. 5)	1953~1954	서울시 부시장
1951. 6	국방부장관	1956. 7~1957. 12	제7대 서울시장
1953. 12	자유당 중앙위원회 의장		
1954~1958	제3대 민의원 의장		
1958~1960	제4대 민의원 의장		
1960. 3	제4대 부통령		

자료: 박윤성 외(2010: 86); 동아닷컴인물정보(2010.11.20).

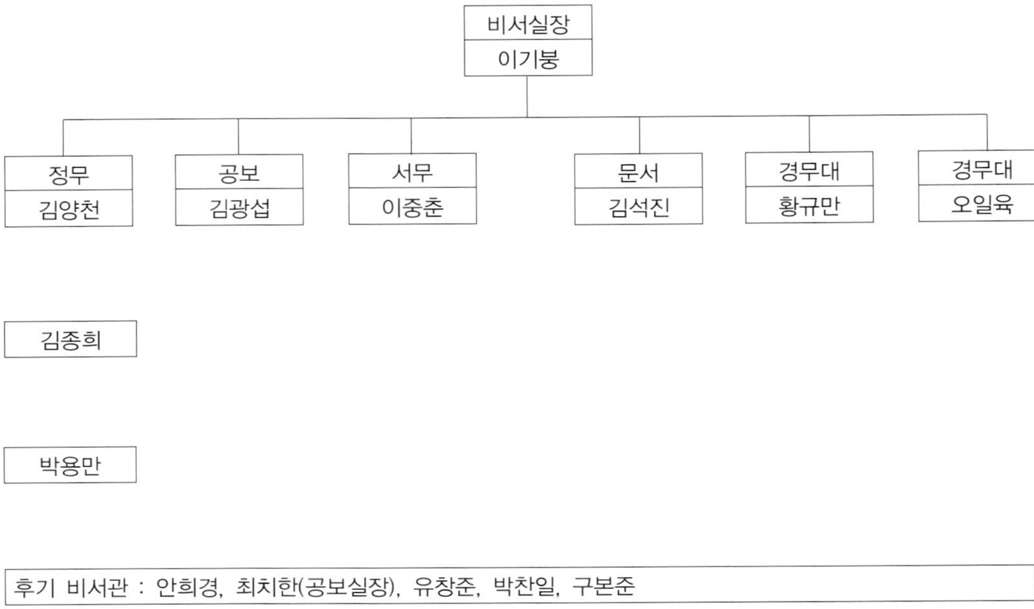

그림 1-1-3 **1948년 정부 발족 시 대통령비서실 조직도**

자료: 박윤성 외(2010: 86).

최초의 정부조직법은 대통령비서실을 행정조직이 아닌 행정보조기관으로 간주해 동법 3조에서 "행정기관의 종류와 명칭은 원·부·처·청 또는 위원회로 하지만, 그 보조기관의 종류와 명칭은 비서실·국·과로 한다"라고 규정하고 있다. 또한 "대통령비서실의 설치와 사무 범위는 법률이 아닌 대통령령으로 정한다"라고 하여 대통령비서실의 모든 업무와 직제는 대통령에게 위임된 권한과 책임에 의거해 직접 결정할 수 있게 됐다. 그러나 1955년 개정된 정부조직법에서는 대통령비서실을 직접적 법률에 의거해 설치하고 조직을 운영할 수 있도록 하여 실제적으로 법률적 근거를 갖추게 됐다.

1948년 7월에 발족한 초대 대통령비서실은 전체 인원이 비서실장인 이기붕(한국인물대사전, 1999)을 포함해 총 7명으로 출발한 소규모 조직이었다. 그러나 이승만 대통령은 비서관들을 대통령의 정치적 지원 세력으로 양성하고자 노력해 정무비서관을 지낸 김종희를 제2대 민의원으로, 김석진 문서비서관을 제4대 민의원으로, 박용만(한국민족문화대백과사전, 1991)을 9, 10, 12, 13대 국회의원으로 진출시켰다.

초대 대통령비서실장(비서실관장)은 이기붕이었지만 1949년 서울시장에 임명된 후에는 고재봉(네이버 콤)이 그 뒤를 이어서 임명됐다. 특히 초대 이기붕 비서실장은 대통령의 총애를 받아 서울시장과 국방부 장관, 자유당 중앙위원회의 의장, 국회의장직을 수행한 후 1960년 4·19혁명 직전에 제4대 부통령으로 선출됐다(동아 닷 콤 인물정보). 그러나 이기붕은 4·19혁명으로 인해 이승만 대통령의 하야 선언과 동시에 경무대 내에서 일가족 자살로 생을 마칠 때까지 제1공화국의 제2인자로 권력의 핵심을 누렸다.

제5절 입법부 및 사법부와의 관계

제1공화국은 대통령중심제이기는 하지만 입법권은 단원제 국회가, 행정권은 국회에서 무기명 투표로 선거하는 대통령이, 사법권은 법관으로 구성된 법원이 행하도록 돼 있다. 그러나 1948년 7월 제헌국회는 이승만 의장을 대통령으로 임명했고 1950년 6·25 한국전쟁으로 인해 제헌헌법이 규범력을 제대로 발휘할 수 없었으며, 반면에 대통령의 권한이 클 수밖에 없었던 상황이어서 사법부의 권한은 상대적으로 약화될 수밖에 없었다. 따라서 3권 분립이라기보다는 입법행정부와 사법부의 2권 분립 형태에 더 가깝다 할 수 있지만 대통령의 권력은 집중화되고 일당 독재의 문은 열려 있었던 것이다. 이러한 우려는 헌법 개정과 반민특위 무력화 과정, 발췌개헌 통과에서 나타났으며, 급기야는 1960년 3월 15일 대선 과정에서 부정투표가 드러나, 초법적인 대통령 중심의 권력은 4·19혁명으로 4월 26일 대통령이 사임함으로써 해방 후 민주주의 첫 실험기인 제1공화국은 12년 만에 막을 내렸다.

1. 제1공화국 입법부의 주요 기능과 개헌 과정

입법부와 사법부와의 관계는 제1공화국에서의 헌법 제정 및 개정, 특별법 제정 과정에서 나타난 대통령의 독주와 입법부와 사법부의 미약한 견제 기능과 갈등 관계로 요약하고자 한다.

1) 제헌헌법의 제정 및 개정

우리나라에서 헌법은 1948년 5월 10일의 총선거에 의해 선출된 임기 2년의 제헌국회에서 제정됐다. 5·10선거의 결과 선출된 198명의 국회의원이 1948년 5월 31일에 국회를 구성하고, 헌법과 정부조직법 등을 제정할 준비를 했다. 제헌국회는 좌익과 김구 및 김규식을 따르는 민족진영이 불참해 한국민주당과 독촉 계열에 의해 독점될 것으로 예상됐으나 91개 선거구에서 29명만이 당선되는 이변이 일어났다. 그러나 한국민주당은 무소속으로 당선된 의원들을 교섭해 80명을 결속시켜 제헌국회를 소집, 헌법을 제정하고 대한민국의 정부를 장악할 수 있었다.[8)]

6월 23일에는 헌법 초안이 국회 본회의에 상정돼 국회 본회의에서 상당히 활발한 토론이 진행됐고, 수많은 수정안이 나와 한때는 헌법의 조속한 제정이 곤란한 것처럼 보였다. 그러나 국내외의 여건으로 보아 8월 15일까지는 정부 수립을 세계에 선포해야 할 필요를 느껴 헌법안의 심의가 일사천리로 진행됐다. 이 헌법은 7월 17일 국회의장이 서명해 공포하고 즉일 시행했다. 이 제헌헌법은 자유권의 보장, 권력분립, 단원제 국회, 대통령중심(이원적 집행부)제, 통제경제정책 등을 그 내용으로 한 것이었다. 이 헌법이 이승만의 뜻에 따라 권력구조 면에서 대통령중심제를 채택한 것은 우리 헌정사의 장래에 암영을 던져주었다(심지연, 1987: 195).

2) 반민족 행위 처벌에 관한 특별법 제정 및 해제 과정

이 법은 본래 1948년 9월 일본 정부와 공모하여 한·일 병합에 협력한 자, 일본 정부로부터 작위를 받은 자, 독립운동가나 그 가족을 살상·박해한 자 등을 처벌하기 위해 만들었다. 이 법에 따라 국회의원 10명으로 반민특위가 구성됐고[9)] 아울러 특별재판부를 두어 반민족 행위자들을 재판하게 했다. 이에 앞서 광복 이후 미 군정청이 설립한 남조선 과도 입법의원은 1947년 7월 2일 친일잔재 청산을 위해 「민족반역자·부일협력자·전범·간상배에 대한 특별조례법률」을 제정했지만, 당시 미 군정청은 친일 경찰·관료들을 대거 고용하고 있었기 때문에 이 법안의 인준은 거부돼 미결됐던 것이다. 건국헌법에 친일파 처벌법 제정 근거가 다시 마련됨에 따라 8월 5일 반민족행위처벌특별법(약칭 반민법) 기초위원회가 구성됐다.

기초위원회는 남조선 과도 입법의원에서 만든 특별조례법률을 토대로 일본의 공직

8) 헌법기초위원 30명 중 14명과 전문위원 3명도 한민당과 관련된 자로서 한민당의 영수이자 제헌국회의 초대 의장인 이승만의 영향력은 막강했다고 볼 수 있어 사법권에 대해 입법권의 권한은 상대적으로 절대 우위에 있었다고 본다.

9) 위원장: 김상덕(金尙德, 경북)/부위원장: 김상돈(金相敦, 서울)/조사위원: 조중현(趙重顯, 경기), 박우경(朴愚京, 충북), 김명동(金明東, 충남), 오기열(吳基烈, 전북), 김준연(金俊淵, 전남), 김효석(金孝錫, 경남), 이종순(李鍾淳, 강원), 김경배(金庚培, 제주 및 황해).

자 추방령, 중국 장제스(蔣介石) 정부의 전범처리법안 등을 참고해 8월 16일 국회에 초안을 상정했고, 9월 7일 찬성 103명, 반대 6명으로 국회를 통과했다. 이승만 대통령은 "지금 국회에서 친일파 문제로 많은 사람이 선동되고 있는데 민심을 이산시킬 때가 아니다. 무한 언론으로 인신 공격을 일삼지 말고 조용하고 신속히 판결할 수 있는 제도를 마련해야 할 것이다"(김대상, 1990: 290)라는 담화를 발표해 그의 속내를 드러냈다.[10] 또한 반민법이 국회를 통과해 정부로 이송되자 "친일파 처단보다 나라의 토대를 튼튼히 하는 일이 더 중요하다"면서 당시에 친일파 처단 의사가 없음을 분명히 했다. 당시에 언론들은 친일 청산이 지연될 것을 염려해 "민족정기가 살아 있느냐! 죽었느냐를" 논하면서 정부 입장을 비판하고 나섰다(서울신문, 1949.2.2).

1948년 10월 23일 각 시·도 국회의원들의 추천을 받아 반민족행위 특별조사위원회(약칭 반민특위) 위원(임기 2년) 10명이 선출됐는데, 위원장에는 3·1운동의 모태가 된 2·8독립선언을 주도했다가 옥고를 치른 독립운동가 김상덕과 부위원장에는 김상돈이 뽑혔다.

반민특위에는 특별재판부와 특별검찰부, 특별경찰대가 설치돼 독자적인 조사권·사법권·경찰권을 갖췄다. 특별재판부 재판부장 김병로(金炳魯)는 특별검찰부에서 송치한 사건에 대한 재판을 담당했다. 그러나 1949년 8월 31일에 '반민족행위 특별조사위원 해체안'이 국회를 통과함으로써, 반민특위는 이렇다 할 성과 없이 해산돼 이승만 정부 아래 입법부 및 사법부와의 관계를 극명하게 드러낸 사례가 된다. 식민지 잔재 세력을 청산하려던 반민특위의 좌절은 결국 반공이라는 이름 아래 많은 친일분자가 소생, 자유당 세력이 되어 국민을 탄압하는 결과를 가져왔고 그것은 4월혁명의 한 원인이 됐다.

3) 제1차 헌법 개정(발췌개헌)

이승만 대통령의 발췌개헌은 재집권을 위해 지지해줄 정당의 결성을 추진하는 한편 정부로 하여금 대통령직선제 개헌안을 국회에 제출케 하고 국회에 압력을 가했으나 허정 국무총리의 다음과 같은 이유에 의해 일차 제동이 걸렸다. 첫째, 전쟁 중에 개헌파동으로 정치적 혼란이 야기돼서는 안 되며, 둘째, 국회 내 세력 분포로 보아 개헌안 통과가 무망하다는 이유로 반대했다.

---

10) 이 대통령의 첫 담화는 1949년 1월 10일 반민법 활동에 즈음하여에서 친일의 근본과 배경의 객관적 판단이 어려움을 들어 친일 청산에 소극성을 보였다. 이승만이 친일 청산에 적극적이지 못했던 이유는 새로운 국가 건설에 필요한 인력 부족 때문이었음이 당시 비서 임병직과의 대화 속에서 밝혀지고 있다(동아일보, 1948.9.4).

(1) 한민당의 의원내각제 개헌안 부결

이승만 대통령은 국회와 사법부를 경시하고 독주했기 때문에 한민당에서는 1950년 1월 28일 내각책임제로의 개헌안을 제출했다. 이 안은 3월 13일 정부와 여당계 의원들의 극렬한 반대와 백지투표로 재석 197명 중 가 79, 부 33, 기권 66, 무효 1로 헌법 개정에 필요한 재적의원 3분의 2 이상의 찬성 투표를 얻지 못해 부결됐다.

(2) 국회의원선거법 개정(1951년 6월 2일)

1950년 5월 30일에는 제2대 국회의원선거가 실시됐다. 5・30총선에는 1948년 5・10선거 때 총선을 거부했던 중도파들도 대거 참여해 많은 사람이 당선됐고, 이 박사의 지지 세력은 극소수에 불과했다. 5・30선거의 결과 210명의 국회의원이 당선돼 개원을 했는데, 며칠 되지 않아 6・25사변이 일어났다. 대통령은 비상계엄령을 선포하고 국회의원선거법을 개정해 국무위원의 피선거권을 인정해 국무위원도 국회의원이 될 수 있게 했다.

(3) 정부의 직선제 개헌안 부결(1952년 1월 18일)

대통령은 국회의원들이 간접선거로는 자기를 대통령으로 선출해주지 않을 것을 알고, 1951년 11월 30일에 정・부통령을 직선하고 국회를 상・하 양원제로 하는 헌법개정안을 국회에 제출했다. 정부의 이 직선제 개헌안은 1952년 1월 18일에 국회에서 표결됐는데, 출석위원 163명 중 가 19, 부 143, 기권 1로 부결됐다. 당시 여당인 자유당 소속의 의원들도 이승만의 직선제 개헌에 반대했다(손봉숙 외, 1987: 243).

(4) 발췌개헌 통과(1952년 7월 4일)

야당은 정부의 직선제 개헌안 부결에 편승해 1952년 4월 17일 국회의원 123명의 찬성으로 내각책임제 개헌안을 제출했다. 이승만 대통령은 이에 대항해 5월 14일 지난해에 부결된 것과 같은 내용의 정・부통령 직선제, 국회 양원제로의 헌법개정안을 제출하면서 장면 총리의 사표를 수리하고 국회부 의장이던 장택상을 총리로 지명했다. 원내 자유당의 부당수인 이범석을 내무 장관으로 임명하고 비밀투표로 밀어붙일 심사로 5월 25일 경남과 전북 일대의 공비 소탕 명목으로 계엄령을 선포한 후, 이른바 부산정치파동의 파장인 5월 26일부터 국회의원들을 강제 연행해 의사당에 연금하는 등 국회의원 소환운동을 전국적으로 벌였다(장병혜 외, 1992: 111). 정부는 이러한 공포 분위기를 조성한 다음에 7월 4일 정부 측의 직선제 개헌과 야당 측의 국무원 불신임제가 절충된 발췌개헌안을 심야국회에서 기립 투표로 통과시켰다.

4) 제2차 헌법 개정(사사오입개헌)의 목적과 경과

제1차 헌법 개정이 대통령의 선거 방법에 초점이 있었다고 하면, 제2차 헌법 개정은 대통령의 임기를 4년으로 하고, 거듭해서 대통령의 지위를 이어가는 것을 두 차례로 한 조항 때문에 이승만이 세 차례 거듭해서 대통령으로 될 수 없게 된 조항을 초대 대통령에 한해 적용하지 아니하도록 하게 하자는 것이었다. 1954년 5월 20일 선거에 의해 자유당이 원내 절대 다수를 차지하자 이승만 정권은 이 대통령의 3선을 가능하게 하기 위한 개헌안을 9월 8일에 제출했다. 11월 27일 민의원에서 표결한 결과 재적 203명 중 가 135표로서 헌법 개정에 필요한 3분의 2에 1표가 부족했다. 그래서 국회는 부결을 선포했으나, 4사5입론을 도입해 이틀 후에 자유당 의원만이 참석한 가운데 가결로 번복 결의했다.

2. 제1공화국 사법부의 위상과 그 역할

사법부는 삼권분립주의와 법치주의에 입각해 법을 해석하고 판단해 적용하는 헌법 기관인데 통치 균형이 깨지면 그만큼 사법부의 위상이 약할 수밖에 없다. 즉, 사법부는 재판을 통해 국가의 공권력에 의한 분쟁 해결과 질서 유지에 기여하는 것인데 전쟁 중이긴 했지만 사법부의 역할이 미약했다.

이승만 정부의 사법부 지위를 대법원을 통해 살펴보면, 법률이 헌법에 위반되는 여부가 재판의 전제로 되는 경우에는 대법원은 헌법위원회에 제청해 그 결정에 따라 심사하게 돼 있지만(헌법 제81조 제2항), 헌법위원회는 대법관 5인과 국회의원 5인으로 구성되는(헌법 제81조 제3항) 일종의 정치기관이어서 이승만 정부에서는 제대로 작동하지 못했다.[11] 대법원장인 법관은 대통령이 임명하되 국회의 승인을 얻게 됐기 때문이다.

헌법재판소는 법률의 위헌 심사뿐만 아니라 헌법에 관한 최종적 해석, 국가기관 간의 권한쟁의, 정당 해산 · 탄핵심판, 대통령 · 대법원장 · 대법관 선거에 관한 소송을 담

11) 헌법위원회에서 6건의 위헌법률심사가 있었다. 그중 1950년 3월에 개정된 「농지개혁법」이 최초로 위헌 결정이 내렸고(1952.9.9.4285헌위1, 법원행정처, 1995: 303), 1950년 6월 25일 북한의 남침이 있자 긴급명령 1호로 「비상사태하의 범죄처벌에 관한 특별조치령」이 공포됐는데 1952년 9월 9일 특별조치령 제9조의 단심제는 재판을 받을 권리에 반한다고 위헌 결정을 내렸다(1952.9.9.4285헌위2).

당하는 것이 주요 임무다. 그러나 반민족행위특별조사위원회 해체 과정에서 발생된 '국회프락치사건', 발췌개헌 통과 과정에서 야기된 불법 및 탈법, 제2차 헌법 개정(사사오입 개헌)에 대한 유권 해석 등의 갈등문제가 입법부와 행정부 간에 발생했지만 사법부의 견제 기능은 역부족이었다.

1) 헌법에 의한 사법부의 독립 보장

한국 헌법에서 사법권의 독립은 법원의 자치를 위한 법원의 독립과 또한 재판의 독립을 위한 법관의 독립을 그 내용으로 하고 있다. 현행 헌법은 제101조 1항에서 "사법권은 법관으로 구성된 법원에 속한다"(권력의 분립)고 하여, 입법부와 행정부로부터 법원을 독립시키고 있다. 그러나 이승만 정부 하에서는 건국 과정과 한국전쟁이라는 특수상황이 진행됐기 때문에 행정부의 독주로 입법부와 갈등은 물론 사법부의 독립적 기능이 제한적이었다.

2) 초대 김병로 대법원장의 사법부 독립을 위한 노력

법관의 독립에 관한 갈등은 헌법에 규정된 대통령의 대법원장 임명 권한에 관한 「법원조직법」안을 대통령이 국회에 환부하자[12] 이에 대해 사법부의 거부사건이 발생한 것이다. 이 사건은 정부 수립 후 최초의 사법부와 행정부(의회에서 선출된 대통령)의 날선 대립이었다. 김병로 대법원장은 대법원장의 임명에 관한 원칙적인 규정으로서 임명 자격이나 절차는 법률로 정하는 것이므로 「법원조직법」은 위헌이 아니라고 했다. 결국 국회에서 재의결되고 1949년 9월 26일 「법원조직법」이 공포됐다(법원행정처, 1995: 249-250).

이승만 대통령의 1949년 1월 10일 "반민족 행위 처벌에 관한 특별법 활동에 즈음하여에서 친일파 척결의 어려움이 있다"라는 첫 담화가 나온 직후, 1월 12일 대법원장인 김병로 특별재판장은 "반민특위 사업에 있어 민족 정기를 부식하는 동시에 전 민족의 분노를 일소하고 완전하고 순정한 민족 통합으로 민주국가 만년대계 수립에 매진해야 할 것이다"는 내용으로 대립각을 세웠다. 정부의 강한 견제 의사로 대통령은 2월 2일 두 번째 '반민특위법 실시'에 대해 발표했다. 이에 대해 반민특위는 신랄한 반박 성명을 발표하면서 김상덕 반민특위 위원장은 2월 12일 국회 본회의에 출석해 행정부가 사사건

---

12) 1949년 1월 국회에 제출된 「법원조직법안」 제37조는 "대법관의 임명과 대법원장의 보직은 대법원장, 대법관, 각 고등법원장으로 구성된 법관회의의 제청으로 대통령이 행한다"고 규정돼 있다.

건 특위활동에 참견하고 나서니 국회가 적절한 대책을 세워줄 것을 요청했다. 그러나 대통령은 2월 15일 반민특위법 개정의 필요성을 주장하는 3차 담화를 발표해 반민특위의 활동은 삼권분립에 위배된다고 하여 대통령령으로 특경대를 없애고 특위 조사위원의 체포 구금권을 제한했다. 이러한 담화 내용은 국회와 사법부 반민특위, 여론에 충격을 안겨줬다. 김상덕 반민특위 위원장은 "헌법을 무시하고 삼권을 독점하려는 의도"라고 강도 높게 경고했고, 김병로 부장도 2월 16일 담화를 내고 "반민특위법은 특별법이다. 반민특위법이 계속 존재하는 한 특위에서 반민특위법에 의해 행동하는 것은 불법이 아니다"라는 단호하고 원칙적인 입장을 밝혔다.

이에 대해 이 대통령은 신익희 국회의장과 김병로 대법원장을 불러 개정안의 국회 통과를 종용했지만 2월 24일 국회 본회의는 개정안을 폐기했고 언론들은 "민족 정기는 드디어 승리한다"를 보도해 3월 28일부터 특별재판부에서는 재판을 시작했다(김대상, 1990: 294).

김병로 대법원장 재임 9년 3개월 동안 그는 사법부 밖에서 오는 모든 압력과 간섭을 뿌리치고 사법권 독립의 기초를 다졌다. 그의 사법권 독립에 대한 신념이 얼마나 확고했던가는 이에 대한 견해차로 말미암아 일어난 이승만 대통령과의 마찰에서도 잘 알 수 있다. 1952년 부산정치파동 직후 대법관들에게 "폭군적인 집권자가, 마치 정당한 법에 의거한 행동인 것처럼 형식을 취해 입법기관을 강요하거나 국민의 의사에 따르는 것처럼 조작하는 수법은 민주 법치국가에서는 있을 수 없는 일이며, 이를 억제할 수 있는 길은 오직 사법부의 독립뿐이다"라고 강조했다. 그에게 사법권의 독립과 재판의 독립성은 한치도 양보할 수 없는 절대 명제였다. 그러나 실제로 법관연임법이 보장돼 있음에도 불구하고 대통령의 연임 발령은 이뤄지지 않았다(법원행정처, 1995: 268-276).

참고 문헌

국회사무처 (2014). 최단기 국회의장이자 의장 출신 대통령 이승만. 국회보 2014년 7월호. 국회사무처.

김대상 (1990). 해방직전사의 재조명. 서울: 해성.

김학준 (2000). 한말의 서양정치학 수용 연구: 유길준 안국선 이승만을 중심으로. 서울: 서울대출판부.

박윤성 · 이미애 (2010). 정부조직법에 근거한 강력한 행정부의 대두와 대통령비서실의 역할: 제1공화국을 중심으로. 한국행정사학지, 27.

법원행정처(1995). 법원조직법.
손봉숙 외(1987). 한국의 정당. 한국일보사.
심지연(1987). 한국의 정당. 한국일보사.
인촌 김성수전(1976). 인촌기념회 발행.
장병혜·장병초(1992). 창랑 장택상 자서전: 대한민국 건국과 나. 창랑 장택상기념사업회.
정병준(2005). 우남 이승만 연구. 서울: 역사비평사.
정영훈(1995). 광복 후의 정치세력: 중도파와 좌파. 한국정신문화연구원.
조선일보(1993). 월간조선 신년호: 秘錄 한국의 대통령.
중앙선거관리위원회(1973). 대한민국 선거사. 제1집〈표 3-6〉. 제헌 국회의원 선거시 정당·사회단체별 득표 현황〈표 3-5〉. 제헌 국회의원선거 투표 상황〈표 3-4〉 제헌 국회의원선거 입후보 상황.
______(1989). 역대 국회의원 선거 상황(제1~11대).
진덕규(1980). 미군정의 정치사적 인식: 해방전후사의 인식. 서울: 한길사.
한국국회인물사편찬회(1983). 역대국회의원총람. 서울: 조세공론사.
한국선거학회(2010). 대한민국 선거 60년: 이론과 실제. 중앙선거관리위원회 연구용역 보고서.
한국정신문화연구원(1991). 한국민족문화대백과사전.
______(1999). 한국인물대사전.
______(1998). 한국현대사의 재인식 4.

Grey, Jr., Arthur L.(1951). *The Thirty-Eighth Parallel*. Foreign Affairs. April.
Hull, Cordell(1948). *The Memories of Cordell Hull*. Vol.Ⅱ. New York.
Department of State Bulletin (1945). September 23.

동아일보. 1948.9.4.
서울신문. 1949.2.2.

http:www.donga.com/inmul/inmul_view.php3?biidx(2010.11.20 검색-이후 웹 폐쇄로 한국행정사학지 27호 인용.
http://hkkim5209.blog.me/10183668919. 2014.7.30.
http://news.naver.com/main/read.nhn?mode)2014.8.11.국사편찬위한국근현대인물자료(http://www.history.go.kr)2014.9.11.
http://www.vietnamwar.co.kr/technote6/board.php?board=gesipan13&page=4&command=body&no=582.

제 2 장

이승만 정부 국정운영의 목표 및 방향

박희봉
중앙대학교

제 1 절 국정운영의 비전 및 목표

1. 국민의 행복을 추구하는 민주국가

이승만 정부의 국정운영의 비전 및 목표의 첫 번째는 국민의 행복을 추구하는 국가 확립이다. 이것은 이승만 대통령이 1904년 저술한 『독립정신』과 이승만 주도로 필라델피아에 소집된 '대한인총대표회(제1차 한인회의)'의 결의문에 잘 나타난다. 『독립정신』에 나타나 있는 정부란 첫째 백성이 하는 것, 둘째 백성으로 된 것이오, 셋째 백성을 위해 세운 것 등 링컨(Abraham Lincoln)의 민주주의 3대 요소가 그대로 반영돼 있다. 또한 '제1차 한인회의'의 결의문에는 정부의 권력은 통치를 받는 자, 즉 백성으로부터 나온다는 것이며, 정부의 통치는 피치자인 국민의 이익을 위해 행해져야 한다는 것을 담고 있다.

이승만 대통령이 1948년 10월 출간한 『일민주의 개술』에도 국민의 행복을 추구하겠다는 네 가지 강령이 제시돼 있다. 첫째, 경제적으로 빈곤한 인민의 생활 정도를 부유하게 하여 누구나 같은 복리를 누리게 할 것, 둘째 정치적으로 대다수 민중의 지위를 높여 누구나 상등 계급의 대우를 받게 할 것, 셋째 지역의 구분을 타파해 대한국민은 모두 한 민족임을 표방할 것, 넷째 남녀 동등주의를 실천해 민족의 화복 안위의 책임을 3천만이 똑같이 분담하도록 할 것이었다. 곧 모든 국민의 행복을 추구하기 위한 동등한 경제 및 복리, 국민 지위 제고, 지역 구분 타파, 남녀동등주의라는 네 가지 강령 모두 모든 국민의 행복을 추구하기 위해 필요한 기본적인 비전과 목표를 제시하고 있다.

이 같은 국민 주권 및 행복 추구는 1948년 8월 15일 정부 수립 선포식에서 행한 대통령 치사에서도 잘 나타나 있다.

> 정부에서 가장 전력하는 바는 도시에서나 농촌에서나 근로하며 고생하는 동포들의 생활 정도를 개량하는 데 있는 것입니다. 기왕에는 정부나 사회에서 가장 귀중히 여기는 것은 양반들의 생활을 위했던 것입니다. 지금부터 이런 사상을 다 버리고 새 주의로 모든 사람의 균일한 기회와 권리를 주장하며 개인의 신분을 존중히 하며 조동을 우대하여 법률 앞에는 다 평등으로 보호할 것입니다. 이것이 곧 정부의 결심이므로 전에는 자기들의 형편을 개량할 수 없는 농민과 노동자들에게 특별히 주의하려는 것입니다(우남실록편찬회, 1984: 567).

2. 강력한 독립국가

이승만은 제2차 세계대전을 전후한 시기 아시아 각국의 백성들이 불행에 처한 이유를 각국의 정치적 혼란과 무정부 상태에 처해 있음을 지적했다. 그리고 그 원인을 의회나 정당과 같은 민주적 정치제도의 유무보다 현명한 통솔력의 결핍에서 찾았다(이종익, 1987: 241-244). 즉, 그는 강력한 국가와 정부, 그리고 행정 지도자 없이는 민주주의가 실현되기 어렵다는 것을 역설했다.

이승만은 1945년 10월 17일 서울로 돌아와서 '먼저 한데 뭉쳐야 할 것'을 강조했다(김혜수, 1995: 336). 이승만은 조국의 완전 독립이 최우선이기 때문에 좌우를 막론한 초당파적 무조건 단결을 주장했다. 실제로 그는 정부 수립 이후에도 초당파성 주장을 계속했다. 이러한 그의 주장은 한편으로는 자신을 중심으로 한 권력 집중이 필요하다는 것이기도 하고, 또 다른 한편으로는 국민 전체가 강력한 독립 국가를 건설하기 위해 통일된 목소리가 있어야만 미국과 소련으로부터 독립된 국가를 건설할 수 있고 일본 세력을 일소할 수 있다는 취지다. 이러한 그의 주장은 결과적으로 제헌헌법에 반영돼 대통령 중심제와 단원제로 권력 집중을 가져왔고, 국민에게는 농지개혁과 주요 기업의 국영화로 반영됐다.

이승만은 국가의 중요성을 강조했다. 한국인이 국가를 상실했기 때문에 행복을 추구할 수 없었다는 것이다. 따라서 이승만은 미국에서 개인들이 민주주의의 근본인 자유를 누리기 위해 많은 희생이 있었음을 상기시켰다(양승태 · 전재호, 2003: 255). 그리고 그는 강력한 독립국가를 실현하기 위해서는 당파성을 초월해야 한다는 점과 국민의 단기적 희생까지 요구했다.

당파성은 국가의 분열을 가져오기 때문에 독립 국가 건설에 방해가 된다는 것이다. 특히 해방정국에서의 당파성은 극도로 자제해야 할 것이며, 따라서 최소한 10년 동안 정당활동은 없는 것이 국익에 도움이 된다는 것을 강조했다. 이에 따라 그는 1945년 10월 29일 기자회견에서 그는 "개인은 3천만을 구성하는 한 분자라는 것을 알아야 하며, 한 분자는 전체를 위해서 희생해야 한다는 것을 현명한 우리는 인식"해야 한다고 주장했다.

이승만은 국민에게 법의 준수뿐만 아니라 일정한 희생을 강조했다. 12월 12일 서울중앙방송국 연설에서도 "법 없는 사회에는 자유가 있을 수 없다. 자유를 귀중히 하는 국민은 법을 준수한다. … 진실한 자유를 모르는 국민은 노예의 지위를 면치 못할 것이다. … 진실한 자유의 국민은 자기의 동포를 사랑하고 자기의 직책을 지키는 데 생명도 주저하지 않고 법률을 잘 지킨다"(우남실록편찬회, 1984; 322-348)고도 말했다. 통일된 국가에서 개인의 자유와 부귀를 위해 필요하다면 자기의 생명까지라도 국가의 이익을 위해 내놓을 수 있어야 한다고 했다(이종익, 1987: 239; 양승태 · 전재호, 2003: 255-256).

즉, 이승만은 국민의 권리 역시 국가의 안녕과 보존이라는 목적에 의해 제한돼야 한다고 보았다. 곧 자유에는 국가에 대한 책임이 따른다는 것이다. "정부 없이는 민주주의도 없을 것이고 민주주의 없이는 자유도 없을 것"(양승태 · 전재호, 2003: 255)이기 때문이다.

3. 평등한 자유민주주의 국가 수립

이승만의 통치 비전은 대의제와 3권 분립주의에 입각한 정부, 언론 · 출판 · 결사 · 종교 등의 자유가 완전히 보장된 자유민주주의를 수립하려고 했다(유영익, 2006a: 105). 이러한 이승만의 통치 비전은 그의 청년기 서구식 교육 영향에 의한 것이었다. 이승만은 만 20세가 되던 1895년에 배재학당에 입학해 2년 동안 미국 선교사들과 서재필에게 사사하면서 자유, 평등, 인권, 법치주의, 공화주의 등 서구의 민주주의 사상에 눈을 떴다

(유영익, 2006b: 106).

이승만이 추구한 최종 목표는 자유와 민주주의가 향유되는 자주독립국이었고, 그 모델은 미국식 민주주의다. 1904년 출간한『독립정신』에서 이승만은 미국을 자유와 평등, 민주주의에 기초한 이상적 기독교 국가로 보고(유영익, 2005: 155-157), 미국이 택한 민주정치가 가장 좋은 제도라고 언급했다. 또한 미국의 대통령중심제 정부를 모방한 공화국을 수립하기를 원했다.

이승만은 미국을 실현시켜야 할 모범적인 자유민주주의의 롤 모델 국가로 여겼다. 그가 자신의 옥중 저서『독립정신』에서 기술했듯이 모범적인 자유민주주의 사상과 정치제도를 실현하고 있는 미국을 미래에 세울 조국의 '롤 모델'로 삼고 이곳에서 독립운동을 전개했을 것이라는 점이다. 즉, 이승만은『독립정신』서문에서 밝혔듯이, 미국의 독립정신을 높이 평가하고 있었다(남정옥, 2011: 48). 그가 꿈꾸던 한국의 미래상은 자유민주주의를 채택하고 있는 미국이었던 것이다.

이승만은 자유민주주의제도를 채택하고 있는 미국이 가장 강한 국가가 되고 있는 현실적 측면을 감안한 것이다. 그는 1904년 쓴『독립정신』에서 유럽을 "세계에 제일 문명 부강한 대주"이지만 미국은 "설립된 지 오래지 않은 새 나라로 교화와 문명이 날마다 진보돼 불구에 장차 비교할 나라가 없을 것"(이승만, 1993: 67)이라고 보았다. 이러한 이승만의 우호적인 대미 인식은 미국 유학과 망명을 통해 더욱 공고화됐고, 그 결과 한국 독립도 미국에 의해서야 가능하다는 외교론과 독립된 한국의 정치 체제도 미국식 민주주의가 돼야 한다는 사고로 발전했다.

이승만이 미국식 민주주의를 롤 모델로 추구한 까닭은 미국이 제국주의적 야심을 갖지 않은 유일한 국가라는 점이 작용하기도 했다. 그는 미국이 새로운 정신력과 기풍을 통해 제국주의에 종말을 가져올 것이라고 생각했다. 이렇게 미국만이 전체주의에 대항해 민주주의를 수호할 수 있는 유일한 국가이기 때문에 미국은 세계 중심 국가로서의 역할을 해야 한다고 주장했다(양승태・전재호, 2003: 257-258).

반면 이승만은 러시아와 공산주의에 대해 일찍부터 선을 그었다. 그는 1903년 2월『제국신문』에 쓴 논설에서 러시아는 탐욕 있는 호랑이라 칭하며 "세계를 하나의 고깃덩어리로 본다"고 강조하고, "피요트르 황제(피터대제) 이후로 천하를 통합할 주의로 유명을 끼쳤으며 대대로 이 유명을 지켜 남의 토지도 많이 침탈"했다고 비난했다(홍용표, 2007: 56). 즉, 이승만은 러일전쟁 전후에 제정러시아에 대한 반감과 의구심을 가졌고, 그후 공산혁명을 거치면서 이러한 그의 생각은 더욱 심화됐다(김한교, 2005: 119).

결론적으로 이승만 정부의 비전과 목표는 국민의 행복을 추구하기 위해 강력한 독립국가를 건설해야 하며, 국가 건설의 방향은 미국식 자유민주주의라는 것이다. 자유민주주의만이 국가를 스스로 방어할 수 있고, 상대적으로 소련과 공산주의는 이 목표를 위협하기 때문이다.

제 2 절 국정기조 및 국정과제

1. 독립정부 수립

이승만 정부의 최우선적인 국정기조 및 과제는 독립정부의 수립이다. 이를 위해 이승만은 자신과 뜻을 함께하는 세력은 결집하고, 반면 반대 세력의 무력화를 시도했다. 하지 중장의 미군정과도 독립정부 수립에 뜻을 함께할 경우에는 협력을 했지만, 뜻을 함께하지 않을 경우에는 미군정과도 마찰을 보였다. 미군정이 신탁통치를 강행하려고 하자 하지를 공산주의자로 모는 등 철저하게 공격했다.

박헌영, 여운형, 조봉암 등 공산주의 계열 인사들과도 독립정부 수립을 위해 필요한 경우에는 일시적으로나마 협력을 했지만, 1946년 초부터 그는 철저한 반공노선을 고수하면서 남한만이라도 반공정부를 세워 통일의 토대로 삼을 것을 주장했다. 남로당이 찬탁에 들어서자 극단적인 대립을 보였고, 정부 수립 과정에서 하지 중장이 여운형 계열과 협력을 모색하자 이들과 선을 그었다. 대다수 국민을 구성하고 있던 농민의 협력이 필요할 때엔 조봉암을 농림부 장관에 임명하는 등 파격 인사를 단행했고, 조봉암이 대통령 선거에 나온 후부터는 철저하게 대립했고, 결국 조봉암에게 사형 선고를 내리기도 했다.

이승만은 독립정부를 위해 강력한 무력을 가지기를 희망했다. 따라서 임시정부가 무장을 하기 위해 미국 정부에게 원조를 요청했으며, 임시정부가 대일 선전포고 및 태평양전쟁 참여를 수행하기 위해 노력한 바 있다. 그렇지만 현실적으로 무력이 약한 현실을 감안해 무력만을 가지고서는 독립이 불가능하며 무력과 외교를 병행해야 한다는 전략을 추진했다(이철순, 2012: 190). 즉, 국제외교를 통한 독립정부의 수립, 국제사회로부터의 한반도 내 유일한 독립국가 인정받는 등 독립정부를 확립하기 위해 현실적인 노력을 한 것이다.

친미・반일・반소에 입각한 이승만의 외교론은 강대국의 힘에는 강대국의 힘으로밖에 맞설 수 없다는 현실주의적 시각이 반영돼 있다. 즉, 이승만의 외교론은 우리의 독립은 한민족의 실력이나 무장투쟁의 결과로 오는 것이 아니고 국익의 최대화를 노리는 강대국 간의 권력 투쟁과 이해 절충의 필요에서 결정되기 때문에 우리의 보잘것없는 힘은 독립에 별로 영향을 미칠 수 없다고 믿었다. 다시 말해, 이승만은 한국 독립의 상실과 회복은 약소한 한민족의 능력과는 상관없는 강대국 간 권력 투쟁의 부산물이라고 인식했던 것이다(이호재, 1994: 175; 홍용표, 2007: 59-60).

2. 구체제와 일제 청산 및 개혁

이승만 정부가 추구하는 자유민주주의 정부를 새롭게 수립하기 위해서는 구체제의 일소가 필요했다. 여기에서 구체제는 봉건적 신분 체제와 일제 체제를 의미한다. 봉건적 신분 체제의 청산 없이는 자유민주주의를 구현하기 어렵고, 일제 체제의 청산 없이는 독립국가를 수립하기 어렵기 때문이다.

봉건적 신분 체제의 일소는 이승만의 일민주의(一民主義) 4대 정강에 잘 반영돼 있다. 일민주의에서는 "문벌을 혁파해서 반상의 구별을 없이 하여 등급이나 계급은 물론하고 동등의 복지와 동등의 권리를 누리도록 하여, 한 나라 한 법률 밑에서 자유 평등의 인권을 누리도록 한다"는 것과 "남자와 여자의 차별을 철폐"하는 것이 주요 골자다. 즉, 양반과 상인의 철폐, 지역주의 철폐, 남녀 구별의 철폐를 통해 모두가 행복한 평등한 사회를 구현하겠다는 것이다.

이를 위한 구체적인 정책은 농지개혁, 경제민주화, 교육개혁, 사회풍속의 정화 등으로 나타난다. 첫째, 농지개혁으로 모든 몰수 토지는 농민의 경작 능력에 준해 재분배한다는 원칙에 따라 일본인 소유 토지는 몰수하고, 대지주의 토지는 보상을 통해 정부가 모아 경작자인 소작농에게 재분배했다. 이로써 전통적 양반 지주들의 경제적 기반을 붕괴시킴으로써 양반 우위의 체제를 붕괴시켰다. 둘째, 경제민주화를 위해 소작농에게 재분배된 토지에 관한 대가는 국가에 장기적으로 분납하게 하여 가난한 소작농의 경제력을 신장시켰고, 사영(私營) 전당포와 고리대금을 금했다. 셋째, 교육개혁을 통해 남성과 여성에게 평등한 교육 및 취업 기회를 보장함으로써 남녀 불평등을 해소했다. 넷째, 사회풍속의 정화는 축첩의 폐단을 엄금하고 일부일처주의에 입각한 건전한 사회 기풍을 확립하려 했다.

다음으로 이승만 정부는 일본을 극복하지 못하는 경우 한국을 포함한 아시아는 평화를 찾을 수 없다는 점을 명백히 하며 일제 청산을 국정과제의 중요한 부분으르 삼았다. 일제 청산을 위한 구체적인 정책으로는 법률과 사회, 교육 등 모든 기관에 침투해 있는 일제의 잔재 척결, 일본인 및 반역자들에게 속한 재산의 몰수 및 국유화, 일본의 미군정 해제 이후 부강에 따른 일본의 야심 경계 등이다(김한교, 2005: 121). 이를 위해 이승만 정부는 일본인 소유 토지에 대한 몰수와 일본으로부터의 경제 주권 회복을 위한 경제정책을 수행했다.

3. 자유민주주의적 법치주의 확립

자유민주주의 체제 확립을 위한 조치로 이승만 정부는 서구식 자유민주주의 체제를 도입했다. 정치적으로 남녀를 막론하고 18세 이상의 시민권자에게 투표권과 피선거권을 부여했고, 언론과 집회, 종교와 출판, 정치운동의 자유를 보호했으며, 개인의 신분 보호, 법원의 구인장 없는 구금을 금지하고, 법정의 명령 없이 개인의 가정에 대한 침범을 금지하는 등 헌법상 개인의 자유를 완전하게 보장하는 자유민주주의적 법치주의를 확립했다.

사회적으로는 법에 의한 평등사회를 구현하려 했다. 이를 위해서는 공정한 납세제도 확립, 상속세 도입, 농민 면세, 소작인 격외직수의 금지, 의무교육 실시, 모든 노동자와 고용자에게 직업 담보, 최소임금법 제정, 노동자, 농민의 의약과 의생 제공, 소아의 고용에 대한 법률 제한, 14세 이하의 노동 금지, 부녀와 16세 이하 연소자의 6시간 노동, 근로자의 8시간 노동, 임산부의 의약 및 사회상 보조 등을 헌법에 담고, 각종 법률을 통과시킴으로써 자유민주주의적 기본 체제를 정착시켰다.

경제민주화와 관련해서 이승만 정부는 기본적으로 개인의 자유와 기본권을 중시하는 미국식 경제민주주의를 수용했다. 그러나 그는 개인을 우선하는 미국식의 개인주의를 비판하고 개인의 자유에 앞서 국가의 자주독립을 더 강조했다. 또한 경제 부문에서도 미국식 자유주의와 달리 공익산업기관의 국유화와 상업의 정부 검열 등을 주장했다(양승태・전재호, 2003: 242). 즉, 경제적으로는 외국과의 통상 장려, 생계를 활동 보장, 자유경쟁 원리와 규칙 중시, 풍요로운 물적 토대에 기초한 절차와 과정을 중시하는 등의 기초적인 자유민주주의적 경제 체제를 헌법상 보장했다. 이와 동시에 경제 발전을 위해서는 경제정책의 제도화 및 경제와 공업의 회복, 발전, 일용필수품의 물산 산출, 중요한 공업과 광업, 산림, 은행, 철도, 통신, 운수 등 공익기관의 국유화, 상업과 공업의 규제로 소비자, 생산자, 무역자의 건전한 이익 담보, 고리대금의 폐지, 화폐제도 정착, 물가 상승 방지 등 자유경제적 기초 질서를 지키는 선에서 모든 국민이 평등한 복리를 추구할 수 있는 제도 정착을 위해 노력했다.

4. 반공주의 확립

이승만 정부의 또 다른 국정기조는 반공주의다. 이승만은 1941년 출간한『일본내막기』에서 소련의 위협을 강조했다. 그는 소련을 독일, 이태리, 일본과 함께 자유와 민주주의를 위협하는 전제주의 침략국가로 규정하고 미국에게 소련을 강력히 억제할 것을 촉구했다. 1942년에는 중경(重慶) 임시정부가 좌우 합작을 통해 임정을 강화하려는 시도를 반대했다. 그리고 1943년 2월 16일에는 헐 미 국무장관에게 편지를 보낸 미 국무부가 임시정부를 승인하지 않고 축출했기 때문에 러시아가 자신들이 후원하는 소비에트 한국공화국을 수립하려 했다고 주장했다. 또한 4월에는 주미외교위원부 통신을 통해 "전후 소련이 만주·한국에 소비에트공화독립국을 세우려 한다"고 주장했다. 곧 미국이 한국의 임시정부를 승인하지 않는다면 그것은 미국이 한국의 공산화, 소비에트화를 방임하는 것과 같다고 주장했다(정병준, 2005: 260). 이는 그가 반공주의를 주장하는 이유가 일단은 소련이 한반도에 공산주의 정부를 세우려 하기 때문이라는 사실을 보여준다(전재호, 2011: 129).

이승만은 1945년 11월 21일 "공산당에 대한 나의 관념"이라는 제목의 방송연설에서 "악독한 왜적의 압박 하에서 지하공작으로 백절불굴하고 배일 항전하던 공산당원들을 나는 공산당원으로 보지 않고, 애국자로 인정한다. 왜적이 침략한 후에 각국의 승인을 얻기 위해 인민공화국을 세운 것이 사욕이나 불의의 생각이 아닌 줄로 믿는다"고 언급했다. 이승만은 해방 직후부터 국내에서 자신의 이런 입장을 적극적으로 드러내지 않았다. 왜냐하면 당시에는 좌익이 대중들로부터 지지를 받고 있었기 때문이다.

단, 이승만은 공산주의를 두 가지로 분류하고, "경제 방면으로 근로 대중에게 복리를 줄 것이니 이것을 채용하자는 목적으로 공산주의를 주장하는 인사들"에게는 얼마만큼 찬성하지만, "경제정책의 이해는 어찌되던지 공산 정부만 수립하기 위해 무책임하게 각 방면으로 선동하는 중에서 분쟁이 생겨 국사에 손해를 끼치는 이들"과는 협력할 수 없다고 밝혔다(홍용표, 2007: 67). 그래서 그는 10월 21일 중앙방송국으로 발표된 '공산당에 대한 나의 관념'에서 다음과 같이 긍정, 부정의 양 측면을 모두 언급했다(우남실록편찬회, 1984: 314).

> 나는 공산당에 대해 호감을 가지고 있는 사람이다. 그 주의에 대해서도 찬성함으로써 우리나라의 경제대책을 세울 때 공산주의를 채용할 점이 많이 있다.… 경제정책의 이해에 염두에 두지 않고 공산정부의 수립만을 위해 각 방면으로 선동 소요를 일삼는 자는 한국의 독립에 방해를 가져오는 자이니 국민 각자가 자각하여 선동에 유혹되지 말기를 바란다.

이승만은 이와 같이 공산주의 자체를 배척하는 것이 아니라 그들 중 극렬파를 반대한다고 주장했다. 그는 일본이 항복을 선언하고 난 후 민족 단합에 의한 조속한 독립을 위해 막상 좌우 합작이 불가피한 상황이 전개되자 좌우 합작을 전략적으로 수용했을 뿐이다. 즉, 조선공산당이 1945년 9월 6일 조선인민공화국을 선포하고 그 주석에 이승만을 일방적으로 추대했을 때 이승만은 그런 추대를 거부하지 않았다(양동안, 2011: 44). 그러나 공산주의에 대한 이승만의 유화적 입장은 그리 오래가지는 않았다(홍용표, 2007: 68).

이승만은 1945년 12월 17일 "공산당에 대한 나의 입장"이라는 방송연설에서 "한국은 지금 우리 형편으로 공산당을 원치 않는 것을 우리는 세계 각국에 대해 선언"한다며 반공의 입장을 확고히 했다(홍용표, 2007: 68). 그는 철저한 반공주의자였으며, 이러한 그의 사고는 이승만 정부의 국정기조에 뿌리내려 있다. 그는 공산주의를 콜레라와 같은 전염병으로 간주하며, 공산주의와의 타협이나 공존은 불가능하다고 믿었다. 이승만은 반공을 앞세우며 통일국가 건설을 도모하던 해방정국에서 대내외의 비판을 감수하고 남한 단독정부의 수립을 주장했으며, 분단국가 수립 이후에는 북한 공산주의자를 뿌리 뽑아야 한다며 북진통일론을 외쳤다. 북한의 침공으로 전쟁이 발발하자 이승만의 반공의식은 더욱 강화됐고, 공산주의자들을 제거하지 못한 상태에서의 종전에 반발하며 반휴전운동을 펼쳤으며, 휴전협정이 체결된 이후에도 이승만은 북진 통일에 대한 의지를 지속적으로 표출했다(홍용표, 2007: 53).

이승만은 공산주의가 자유민주주의와 배치돼 있음을 분명히 했다. 공산주의의 추구하는 재산의 분배, 자본의 철폐, 지식계급의 철폐, 종교의 혁파, 정부의 철폐 등은 자유민주주의 및 국가의 발전에 저촉된다는 것이다. 그는 공산주의를 "원래 자유롭게 되기를 원하는 인간의 본성을 거역해가며 국민을 지배하려는 사상 체계"라고 간주하고 이 이념을 따르는 정치는 반드시 실패할 것이라고 장담했다(리인수, 1988: 131; 홍용표, 2007: 59).

미국에 대한 임시정부 승인운동 과정에서 표출된 이승만의 반공주의는 반소(反蘇) 의식에 기원을 두고 있다고 할 수 있다. 그에게 더 중요한 것은 국제정치의 현실이었다(홍용표, 2007: 65). 그는 소련과 연대하는 것이 바로 공산주의 사상을 받아들여 한국을 노예 국가화하는 것이라고 주장했다(정병준, 2005: 111; 홍용표, 2007: 59). 이승만에게 당시 아시아로 세력을 팽창하는 러시아는 한반도에 대한 큰 위협이었다(김한교, 2005: 122).

결론적으로 이승만 정부의 반공주의적 국정기조는 자유민주주의 체제에 의한 국가 발전과 외국의 위협으로부터의 국가를 보호하기 위한 조치다. 이승만은 전략적으로 공산주의자와 한때 타협을 하기는 했지만 근본적으로 반공주의를 국정의 기조로 삼았다.

제3절 이승만 정부 시기 정치적·사회적 이슈와 이에 대한 정부의 대응

1. 신탁통치에 대한 정부의 대응

1945년 9월 20일 인천에 처음 진주하기 시작한 미군은 38도선 이남지역에서 군정을 실시하면서 남한지역을 통치하면서 미군정이 시작됐다. 미군정을 또한 군정을 효율적으로 수행하기 위해 이승만을 입국하도록 도와주었고, 그는 이승만이 1945년 10월 중순 귀국했다. 미군정은 이승만이 충칭(重慶)의 대한민국 임시정부뿐만 아니라 국내 한국인에게 인기와 신망이 높음에 따라 그가 돌아와 미군정을 지지해주면 한국의 정치가 크게 안정될 것이라고 판단했기 때문이다(김용호, 2011: 116).

반면 북한으로 진격한 소련군은 1945년 8월 28일 38도선 이북을 완전히 점령해 일본군 무장을 해제하면서 군정을 시작했다. 10월 10일 김일성 외 60여 명의 한인이 소련 군함을 타고 원산으로 들어오면서(김용빈. 2013: 335), 소련 군정은 1946년 북조선 인민위원회가 조직되고 각 도와 시 · 군에도 인민위원회가 설치되면서 북한의 공산화를 바탕으로 통치 체제를 구축해갔다. 소련 군정은 북한을 "소련을 침공하는 대소 공격기지가 되지 않도록 하는 것이며, 이를 위해 동유럽 위성국과 같이 소련의 종속 정권을 수립하는 것이다"고 하면서(이기봉, 1989: 73; 김용빈, 2013: 335), 공산주의에 입각한 정부 수립을 공언했다.

1945년 12월 모스크바에서 열린 3개국(미국, 영국, 소련) 외상회의에서 신탁통치안이 발표됐고, 1946년 유엔총회에서 한반도를 유엔 신탁통치 아래 둘 것을 결의했다. 신탁통치안은 미국과 영국, 소련의 입장이었기에 미국 정부의 정책을 따라야 하는 미군정은 미군정의 최고책임자로서 이를 실행할 길을 모색했다(김용호, 2011: 117). 미국과 소련의 군정은 신탁통치를 위해 1946년 3월에 서울에서 제1차 미소공동위원회가 열렸다.

그러자 이승만은 자신이 조직한 대한독립촉성국민회의와 김구가 결성한 비상국민회의를 발족하고(유영익, 2006d: 67), 송진우・김성수의 한국민주당, 이윤영을 비롯한 월남민들의 조선민주당, 임영신이 조직한 여자국민당 등 여러 우익 세력을 규합해 반탁운동을 주도함으로써 미소 양국이 기도한 다자간 신탁통치계획을 좌절시켰다(유영익, 2006d: 67). 또한 전국학생총연맹(위원장 이철승)을 앞세워 대규모의 반탁 시위를 벌이는 등 격렬한 반탁, 미소공위 거부운동을 전개했다(유영익, 2006d: 68). 반면, 신탁통치안 발표가 나오자 처음 이를 맹렬히 반대했던 공산주의자들은 하루 만에 신탁통치를 지지했고, 우익은 이러한 끈질긴 반탁운동은 대대적으로 찬탁을 지지한 남로당 이외의 비좌익계 국민들을 단결시키는 결과를 가져왔다(유영익, 2006d: 68).

이승만은 신탁통치 반대를 한국의 자주독립을 막기 때문이기도 하지만, 소련의 한국 공산화를 견제함으로써 미국 내 반공산주의의 협력을 얻어내기 위한 전략적 행동이기도 했다. 그는 얄타 체제로 대표되는 자유주의적인 미국의 대소 정책에 대한 비판 여론을 의식하며 신탁통치를 반대한 것이었다. 이러한 그의 반공주의적인 사고는 맥아더(Douglas MacArthur)로 대표되는 미국의 국가주의・반공주의자들과 동일한 것이었고, 그의 이러한 태도 때문에 그는 그들의 주목을 받게 됐다(양승태・전재호, 2003: 259-260).

이승만은 해방 직후인 1945년 8월 27일 맥아더에게 보낸 전문에서 좀 더 강력한 반소 입장을 표명했다.

> 우리는 공동 점령이나 신탁에 반대한다. 만약 점령이 필요하다면 미국이 흘린 피값과 소모한 막대한 비용의 대가로 미군만의 단독 점령을 환영한다. 대일본전은 민주주의를 위한 세계 안보를 달성하기 위해 승리한 것이다. 왜 우리가 러시아로 하여금 한국에 들어와 공산주의 정부를 수립하고 한국에서 유혈내전의 씨앗을 뿌리도록 허락해야 하는가?(정병준, 2005: 429; 양승태・전재호, 2003: 262-263)

이러한 결과, 신탁통치를 위한 미소공동위원회의 회의가 결렬되고, 미국의 입장도 바뀌었다. 결국, 1948년 5월 10일 유엔의 감시 아래 남한지역에서 총선거를 통해 7월 14일 제헌의회가 구성돼 제헌헌법을 제정한 후, 8월 15일 해방 3년 만에 이승만 정부가 공식 출범했다. 이에 앞서 소련은 북한에서 공산주의 정권을 출범시킴으로써 신탁통치안은 남북 모두에서 실현되지 못했다.

2. 정부 수립 과정에서 정부의 대응

해방 직후 국내외 정치는 정부 수립에 우호적이지 않았다. 미국조차도 처음부터 남한에 친미정권을 수립하려고 했던 것이 아니라 국제관계의 변화에 따라 한반도정책이 바뀌었다. 미국의 대(對)한반도정책은 3단계로 변화를 보였다. 첫째, 미국은 소련과 협력해 신탁통치를 실시하려고 했으며, 둘째 남한에서 우파 세력의 결사적인 반대에 부딪치자 1946년 봄부터 좌우 합작을 통해 남북한 통일정부를 수립하려고 했고, 셋째 좌우 합작의 약세와 중국의 공산화로 한국의 전략적 가치가 줄어들자 1947년 미국이 유엔을 통해 남한 내 단독정부 수립을 인정하는 형태로 변화를 보였다. 이에 따라 이승만은 미국의 대한반도 정책이 유동적인 상황에서 자신의 구상을 펼치기 위해 미군정은 물론 미국 정부와 협력과 반목을 거듭했다.

그뿐만 아니라 국내 정치 상황도 정부 수립에 결코 우호적이지 않았다. 이승만이 귀국하기 전에 이미 다수의 정치 세력이 결성돼 한목소리를 내기 어려운 상황이었다. 사회주의 세력이 주축인 여운형의 건국준비위원회는 1945년 8월 17일 결성됐고, 보수적 지주층은 1945년 9월 16일 송진우가 주축이 되어 한국민주당을 조직했으며, 중간우파인 안재홍의 국민당은 1945년 9월 1일 결성됐다. 1945년 9월 12일 박헌영의 한국공산당도 조직화됐고, 김구가 이끄는 대한민국 임시정부도 중국에서 귀국을 서두르고 있었다. 이들 세력은 각자 이데올로기와 지향점이 달랐고, 참여자의 이해관계도 달랐으며, 어떤 세력도 국민의 광범위한 지지를 받고 있지도 못했다.

이승만은 이러한 입장에서 우리 민족의 모든 정치 세력이 하나가 되어 독립을 조속히 실현하기 위한 단체로서 조선독립촉성중앙협의회의 결성을 제안했다. 이승만은 독촉중협을 결성하기 위한 준비모임에서 친일파 숙청 문제와 임시정부 봉대 문제를 둘러싸고 좌우익이 대립하면 어느 한쪽을 편들지 않고 중재자의 입장에서 협력할 수 있는 모든 정치집단과 협력하자며 세력을 넓혀나갔다. 그 결과, 이승만 개인의 지도력에 의해 해방정국에서 좌우를 초월한 모든 정치 세력이 실질적으로 참여한 단체인 독촉중협이 결성됐다. 그는 좌익이 독촉중협에서 이탈하는 것을 방지하기 위해 여운형과 박헌영을 상대로 별도의 단독회담을 가지면서 그들의 참여를 설득했다(양동안, 2011: 45).

그러나 이승만의 정당에 대한 입장이 부정적이었음은 확실하다. 그는 1947년에 공개적으로 "미국식 민주주의는 한국 문제의 해결에 도움이 되지 못한다"(McDonald, 1992: 4; 정윤재, 2000: 226)고 말한 바 있는 등 정치 세력의 분립에 대해 비판적이었다. 그는 수백 개의 원자화된 정당과 정치집단이 난립해 파당적인 이해관계에 집착하고 있는 현실과 자유주의 전통과 자체적인 정치적 규율이 부재하는 토양은 자유민주주의의 발전에 저해 요인임을 지적했다(동아일보, 48.05.22). 심지어 한국 상황에서 정당조직이 아직 이르다고 주장하기도 했다(정윤재, 2000: 227). 그는 이미 민주주의 국가에서 정당들이 상호 협조 및 견제의 원칙 하에 존재하는 것이지만, 그렇다고 해서 정당들이 언제나 "국민 전체를 위한다는 공동 목표를 가지고 일치되는 활동"하도록 되어 있지 않다고 지적했다. 그는 "정당들은 그대로 방치하면 민주주의를 전복하고 독재권을 형성할지도 모르는 집단 권력이나 혹은 주위 권력을 약화하기 위해 반대 목적으로 작용하게 되어 있다"(정윤재, 2000: 227)고 했다. 정부 수립을 위해 각 정치 세력들이 함께 협력할 것을 호소하면서 그 중심에 자신의 리더십을 부각했다.

북한에서는 1945년 9월 20일 소련군이 북한에 진주하면서부터 이미 38선 이북 지역에 친소정권을 세우기로 마음먹고 1946년 2월 북한에 북조선 임시인민위원회(위원장 김일성)라는 사실상의 단독정권을 세웠다는 것이 유력하다. 1993년에 발견된 스탈린(Iosif V. Stalin)의 1945년 9월 20일의 지령에 따르면 스탈린은 이미 북한지역에 정부를 세우도록 소련군정에게 지시를 했던 것이다(이정식, 2006: 178-214; 김용호, 2011: 113). 북한에서 소련은 1945년 11월부터 인민군 양성을 시작했고, 1948년 2월 8일 조선인민군을 발족시키고 김일성으로 하여금 남조선에 단독정부가 수립되는 것을 기다렸다가 정부 수립을 했다.

1948년 유엔총회를 앞두고 평양방송이 발표한 5개 항을 살펴보면 북한에서 이미 단독정부 수립이 확고하다는 것을 알 수 있다(이도형, 1998: 172).

> 첫째, 민주주의조선인민공화국의 헌법은 전조선에 걸쳐 적용될 수 있을 때까지 북조선에서 실시될 것이다.
>
> 둘째, 최고인민회의 대표들을 선출하기 위한 총선거가 실시될 것이며 총선을 위해 필요한 제반 준비가 북조선인민위원회 상임위가 임명하는 중앙선거위원회에서 간행될 것이다.
>
> 셋째, 선거는 8월 25일 실시될 것이다.
>
> 넷째, 상임위는 선거 규정을 승인한다.
>
> 다섯째, 상임위원회는 선거를 준비하고 감시하기 위한 중앙선거위원회 위원 17명을 임명

한다.

이러한 목표에 따라 북한은 1945년 12월 말 신탁통치안에 대해 찬성했고, 소련 군정은 신탁통치를 반대한 조만식을 연금시켰으며, 소련 대표는 신탁통치를 반대하는 남한 내 모든 인사나 단체를 협의 대상에서 제외시켜야 한다는 입장을 보이며 미국을 압박했다(김용호, 2011: 117). 공산주의와 타협은 불가능하다는 점을 분명히 밝힌 이승만은 결국 남한단독정부 수립을 제기하기에 이르렀다. 이승만은 1946년 6월 "이제 우리는 무기 휴회된 (미소)공위가 재개될 기색도 보이지 않으며 통일정부를 고대하나 여의케 되지 않으니 남방만이라도 임시정부 혹은 위원회 같은 것을 조직하여 38 이북에서 소련이 철퇴하도록 세계 공론에 호소하여야 될 것이니 여러분도 결심하여야 될 것이다"라고 천명했다(우남실록편찬위원회, 1984: 350-351). 이어 1946년 12월 워싱턴을 방문 미 국무부에 단정론을 좀 더 구체적으로 제시했다. 이승만은 첫째, 한반도가 통일될 때까지 남한에 과도정부를 설치하고, 둘째, 소련을 북한으로부터 몰아내고, 셋째, 과도정부의 유엔 가입을 허용하며, 넷째, 한반도에서 소련의 침략을 막기 위해 남한에 미군을 계속 주둔시켜야 한다는 것을 주장했다(홍용표, 2007: 69-70).

신탁통치를 찬성하는 소련과 북한의 전략을 알아차린 미국은 이승만의 제안을 받아들여 1946년 5월에 열린 제1차 미소공위를 무기한 휴회시켰다. 1947년 3월 트루먼 독트린이 발표됨으로써 미소 간의 냉전이 공식화됐고, 8월 2차 미・소공동위원회 역시 결렬됐다. 즉, 한반도 내 정치 문제는 미소를 비롯한 연합국의 전후 처리문제에서 출발했지만(김용호, 2011: 112), 미국이 주선한 중국 국공합작의 실패와 중국 본토의 공산화, 폴란드를 비롯한 동구의 공산화, 마셜 플랜 등이 미국의 세계전략과 한반도 상황에 영향을 미쳐 미군정의 남한 통치정책을 직접 또는 간접적으로 변화시켜 나갔다. 이 과정에서 이승만의 남한 단독정부수립론은 더욱 힘을 얻게 됐으며, 미국도 단정 수립을 적극 추진하기 시작했다.

미소공위의 결렬 이후 한동안 이승만은 미군정의 하지 중장과 단독정부 수립 문제로 협력할 수 있을 것으로 보였다. 그러나 1946년 5월부터 1947년 8월까지 이승만은 하지와 극심한 갈등을 노출한다. 미군정은 1946년 2월부터 이승만 중심의 정부수립안이 아니라 다수의 지지 세력이 원하는 정부를 수립하려고 했다. 따라서 미군정은 이승만과 거리를 두는 대신 새로운 대안의 모색과 함께 새로운 지지 세력을 물색하기 시작했다(김용호, 2011: 117).

한편, 1946년 7월 좌우합작위원회가 발족해 10월경에 여운형과 김규식을 중심으로 한 합작위원회가 신탁통치문제, 토지개혁, 친일파 문제 등을 포함한 주요 정점을 해결할 수 있는 원칙에 합의했다(김용호, 2011: 118). 그리고 미군정은 1946년 12월 좌우합작위원회를 중심으로 과도입법회의를 출범시켰다(김용호, 2011: 118). 그러나 이승만은 미군정의 좌우합작운동에 참여하는 대신 자신이 조직한 대한독립촉성국민회의(독촉)를 중심으로 즉각적인 정부 수립을 끈질기게 주장했다(김용호, 2011: 118). 이승만은 여러 세력이 협력한 정부는 갈등만을 낳게 될 것이기 때문에 자신을 중심으로 정부가 수립돼야 강한 정부를 만들 수 있을 것으로 생각한 것이다.

이 과정에서 미군정은 여러 세력을 규합해 과도입법의원을 선출했다. 이승만은 과도입법회의원 입법의원 45명 중 2명을 제외한 이들이 이승만 지지자였기 때문에 이승만은 선거 결과에 대해 매우 만족하는 듯했다(김용호, 2011: 118). 그러나 이러한 미군정의 조치를 이승만은 역이용했다. 이승만은 그의 방미 직후 발표된 하지의 임명직 과도입법의원 명단에 너무 많은 좌파가 포함돼 있다고 러치 군정장관에게 항의하는 서한을 보냈다(한림대 아시아문화연구소, 1995: 216). 이승만은 한국 국민들이 임명직 의원들을 선출할 권리를 요구하고 있다고 지적하고, 하지 중장의 공산주의자와 협력은 반드시 실패할 것이라고 주장했다. 그가 국무부에 제출한 편지에서도 '45명의 임명직 입법의원 중 거의 절반이 좌파'라고 비판했다(김용호, 2011: 119). 이것은 하지의 미군정이 이승만 이외의 정치 세력까지 정부 수립에 참여하게 하려는 것을 차단하려는 이승만의 전략이었다. 이러한 전략은 냉전을 시작하고 있던 미국 내에서 일부 먹혀들였고, 하지의 의도는 좌절됐다.

이 결과 미국은 한반도 문제를 유엔에 이관했고, 유엔 소총회는 1947년 11월 14일 남북한에서 실시될 총선거를 감시하기 위해 9개국으로 구성된 유엔 한국임시위원회(유엔 한위)를 조직해 서울로 파견했다. 이 과정에서 김구와 김규식이 단독 선거 반대를 선언했고, 따라서 정부 수립 과정에서 김구 및 김규식 세력이 제거됐다. 이어 1948년 2월 26일 유엔 소총위는 남한에서의 총선거를 찬성 21표, 반대 2표, 기권 11표로 결의했고, 이에 따라 한국 정부가 수립되기 위한 선거가 집행됐다.

결국 한국 정부 수립은 1948년 8월 9일과 11일 이승만과 하지가 정권 이양에 관해 상호간의 협조를 구하는 각서를 교환함으로써 시작됐다. 9월 11일 양측은 '대한민국 정부와 미합중국 간의 재정 및 재산에 관한 최초협정'을 체결했다. 이에 따라 한국 정부는 미군정청과 남조선 과도정부가 보유했던 일체의 재산과 현금, 은행예금, 그리고 미국 정부로부터 도입된 구호 및 재건물자에 대한 권리와 명의를 이양받았다. 동시에 한국 정부의 일체의 채무도 인수받음으로써 미국 정부는 이에 관한 책임을 면할 수 있게 됐다(김일영, 1999: 245).

이승만 정부는 수립 직후 대한민국이 한반도에서 유일 합법정부임을 천명하고, 그것을 국제적으로 승인받기 위해 노력했다. 그것을 같은 해 12월 12일 제3차 국제연합 총회에서 결의 제195호(III)로 한국을 승인함으로써 어느 정도 결실을 맺었다. 대한민국 정부 수립 후 1948년 12월 유엔으로부터 대한민국을 선거가 가능했던 지역에서 수립된 한반도 내 유일한 합법정부로 인정받았고, 이어서 1949년 말까지 미국을 비롯한 약 30개 국가들로부터 승인을 획득함으로써 국제사회에서 대한민국의 정통성을 확립했다(유영익, 2006d: 87).

3. 친일파 청산과 정부의 대응

제헌국회는 헌법 101조에 "8·15 이전의 악질적인 민족반역행위를 처벌할 수 있다"는 조항을 설치하고, 이에 근거해 9월 7일 반민족특별처리법을 제정했다. 이어 8월 5일 김웅진 의원은 "민족반역자를 처벌함으로써 그들의 새 국가 건설에 참여할 기회를 박탈해야 한다"(정윤재, 2000: 232)고 주장하고 특별법 기초위원회의 구성을 긴급 동의해 반민특위가 구성되기에 이르렀다. 또한 국회가 이승만이 신정부에 임명한 국무위원들과 기타 고위직에 보임된 인사들 중에서 친일행동자가 있다고 판단해 8월 16일 김인식 의원 등 12명의 제안으로 '정부 내 친일파 숙청에 관한 건의안'을 가결(정윤재, 2000: 232)하면서 반민특위 문제가 전면으로 부상했다.

이승만은 두 가지 이유에서 친일파 숙청에 신중하려고 한 것으로 보인다. 이승만 정부는 미군정으로부터 이어지는 행정권의 연착륙을 원했으며, 이승만 정부정책을 지속적으로 반대해온 한민당 세력의 약화를 고민했다. 행정부의 연착륙을 위해서는 조선총독부의 행정조직과 인사를 그대로 계승한 미군정을 그대로 이어받을 필요가 있었다. 그런데 미군정은 상당수의 일제 관리를 그대로 존속시키고, 군정 각 부처에 한인 관리도 다수 채용하고 있었다. 이들은 행정관리로서는 유능하고 정권자에 대한 충실한 추종자였지만, 일제 시 통치에 순응해 비교적 안일한 생활을 영위하던 계층이 계속 한국을 지배하는 세력, 즉 민족반역자였던 것이다. 따라서 반민특위가 가동될 경우 이들의 대부분이 심판을 받게 될 것이며, 이것은 정부 행정권의 공백으로 이어지게 된다.

한민당과의 관계는 좀 더 복잡하다. 한민당 세력은 일제 시 지주계층을 이루는 세력으로 이승만과는 협력을 하기도 했지만 독자 세력을 구축하고 있었다. 이승만으로서는 한민당 세력은 이승만 정부의 통치력 강화에 도움이 되지 않는 세력이었던 것이다. 따라서 이승만과 한민당은 반민협과 시국수습대책에 관한 결의안 등 정치 관련 문제와 양곡매입법, 식량임시긴급조치법, 귀속재산임시조치법 등 경제 관련 문제에서 첨예화돼 있었다. 따라서 이승만 정부는 정치권 내 세력 확대가 시급했고, 절대 충성하고 있던 전문가 집단인 정부 내 친일파 숙청이 이승만 정부로서는 부담으로 작용했다.

따라서 이승만은 정부가 수립되자마자 국회가 반민특위를 조직해 친일파를 숙청하려고 하자 여러 차례에 걸쳐 신중할 것을 당부했다(이주영, 2005b: 54). 그리고 반민법이 국회를 통과해 정부로 이송되자 "친일파 처단보다 나라의 토대를 튼튼히 하는 일이 더욱 중요하다"면서 친일파 처단 의사가 없음을 분명히 했다(정윤재, 2000: 233-4). 이승만은 두 차례의 대국민 담화(1949년 1월 19일, 2월 2일)와 한 차례의 대국회 담화(1949년 2월 15일)를 발표해 국회의 반민특위 활동을 방해했다(정윤재, 2000: 234). 심지어는 사태가 진전되자 이승만은 국회의 정상적인 교섭 대신 경찰을 포함한 친일 교위관료 및 추종세력들을 동원, 폭력적이고 국회외적인 방법들을 통해 반민특위의 활동을 방해하기 시작했다(정윤재, 2000: 235). 1949년 5월 17일, 6월 21일 국회프락치사건 반민특위 주요 의원들을 국가보안법 위반으로 구속했고, 5월 31일 탑골공원에서 국민계몽협회라는 단체의 민중대회를 열어 국회프락치사건으로 구속된 의원들의 석방결의안에 찬성한 88명의 의원들을 공산당으로 매도했으며, 서울시경 산하 440여명의 사찰 경찰이 반민특위에 구속된 일제고등경찰 출신 경찰간부 2명의 석방을 요구하며 집단사임 등으로 협박했고, 무장경찰을 동원 반민특위의 직원 35명을 체포, 구금. 이렇게 이승만은 동원할 수 있는 행정력과 경찰력을 최대로 활용해 국회 반민특위의 무력화를 기도하는 등(정윤재, 2000: 235) 결국 반민특위를 무력화시켰다. 이로써 이승만 정부의 친일파 청산은 원점으로 돌아갔다.

4. 남북갈등과 정부의 대응

북한에 진주한 소련군은 북한지역에서 자생하고 있었던 각종 조직을 해산시키면서 정규군 창설을 위한 전 단계로 '보안대'를 창설했다. 최초의 보안대는 1945년 10월 21일 진남포에서 2,000여 명 규모로 창설됐고, 각 도에 보안대가 추가로 창설돼 치안 임무를 담당했으며, 후에 정규군을 창설하는 모체 부대 중의 하나가 됐다(김용빈, 2013: 336). 1947년 5월 17일 보안간부 훈련대대부는 '북조선 인민집단군 사령부'라는 정규군 명칭을 사용하기 시작했으며, 1948년 2월 8일 '조선인민군' 창설을 공식적으로 선언하면서 북한이 정규군 부대를 보유하고 있음을 공표했다(김용빈, 2013: 337).

남북에 각기 다른 정부가 수립되는 과정에서 남한 내 무력충돌 사건이 발생했다. 남북의 직접적인 무력 충돌 이전에 제주도 4·3사건(1948. 4. 3), 여수·순천 반란사건(1948. 10. 19), 대구 반란사건(1948. 11. 2) 등이 발생한 것이다. 이들 사건, 특히 여수·순천 반란사건이 발생하자 이승만은 계엄령을 선포하고 미군의 잔류 및 북한의 침략에 대한 억제책으로 육해군사절단의 파견을 요청하는 각서를 트루먼(Harry S. Truman) 대통령에게 보냈으며, 국회도 미군의 계속 주준을 요청하는 결의안을 채택했다(김일영, 1999: 247). 1948년 11월 국회는 여순사건에 대한 경위를 보고받고 곧바로 「내란행위특별처벌법」을 기초하기로 결정했고, '시국수습결의안'을 채택했으며, 정부안으로 제출된 「국군조직법」을 통과시켰다 또한 「국가보안법」을 상정해 폐기에 대한 논란이 거듭되는 가운데 1949년 12월 통과시켰다(김혜수, 1995: 334).

한반도에서 긴장이 강화되고 있는 가운데 미국은 한반도에서 예정된 미군 철수를 단행했다. 미국으로서는 소련 또는 중국과의 전쟁 발발 시 한반도에서 미군의 희생과 타격을 감수할 위험을 부담할 정도의 치명적 이익이 있는 것으로는 한반도의 가치를 인정하지 않았기 때문이다(장훈각, 2011: 133). 특히 미국이 중국에서 장제스(蔣介石) 정부와 공산당 간의 국공합작에 실패함으로써 미국은 한국의 전략적 가치를 저평가하게 됐다. 중국 대륙을 포기한 미국 정부로서는 한반도의 군사전략적 가치가 상실된 것이다. 동시에 미국은 유렵의 공산화를 저지하기 위해 마셜 플랜을 실시해 막대한 자원을 투입하게 됨으로써 한국같이 미국의 전략성 주변국가적 가치밖에 없는 곳에 투자할 수 없게 됐다. 미국이 한국의 독립을 추구한 이유는 극동지역에서 정치적 안정을 도모하려고 했다(김용호, 2011: 121).

미국의 이러한 결정은 이승만의 즉각 독립국가 수립이라는 정치적 목표를 달성할 수 있는 기회를 부여했다. 이승만은 이러한 기회를 잡아서 비록 반쪽만의 국가라도 건설하지 않으면 소련을 비롯한 강대국이 언제 또다시 우리의 독립국가 출현을 방해할지 모른다는 생각을 하고 있었기 때문에 남한 단독정부 수립에 적극적으로 나섰다(김용호, 2011: 121). 미국은 예정대로 1949년 6월 말까지 미군의 철수를 완료하고 한국군의 병력 규모를 육군 65,000명 해안경비대 4,000명, 경찰 35,000명으로 한국군의 증강을 제한하고 있다. 더욱이 부대에는 경무기만을 공급하고 해군은 창설 계획조차 존재하지 않았다(장훈각, 2011: 135). 더욱이 트루먼 행정부는 한국군의 군비 강화와 관련해서도 한국에 대한 경제 원조를 통한 경제 복구 과정을 거쳐 점진적 군비 증강을 꾀해야 한다는 원칙적이고 소극적 논리로 일관했다. 미국 육군성은 맥아더에게 한국에 1개 연대의 전투부대만 무기한 잔류시키되 7,500명을 넘지 않도록 하라고 명령했고(김일영, 1999: 247), 실질적으로 미군의 주력부대는 예정대로 철수했다.

이승만은 상비군 10만, 예비군 5만, 경찰 5만, 보충병 20만 등 40만여 명을 무장할 장비 목록을 만들고 1949년 8월 20일 미국에 서한을 보내 지원을 요청했다(육군대학, 2004: 59; 김용빈, 2013: 342). 그러나 미국은 이승만의 요구를 극히 일부만을 받아들였다. 그 결과는 1949년 5월 12일 6개 사단으로 개편하고 6월 10일에는 8사단과 수도경비사령부를 창설하는 등 8개 사단을 조직한 것으로 정리됐다(김용빈, 2013: 342). 이정도의 장비와 병력으로는 북한의 침략에 대비하기에는 턱없이 부족했다.

한편, 1949년 3월 3일 김일성은 소련을 방문해 스탈린에게 한반도 통일을 의해 무력을 사용할 것임을 밝혔다(김용빈, 2013: 337). 그리고 1949년 4월 중국을 비밀리에 방문한 김일성의 특사 김일은 마오쩌둥(毛澤東)을 만나 중국 인민해방군 소속 조선의용군을 북한에 인계받기로 하여 63,000여 명의 병력이 1949년 7월부터 다음해 5월까지 입북해 북한군의 전력을 강화시켰다(국방부 군사편찬연구소, 2004: 204-205). 김일성은 1950년 4월 재차 소련을 방문해 다시 한반도 통일을 위해 무력 남침을 하겠다고 했고, 마침내 스탈린은 중국의 동의를 전제로 조건부 남침에 동의했다(Levine, 2005: 39; 김용빈, 2013: 338). 이로써 1950년 6월 25일 한국전쟁이 발발했다.

6・25전쟁이 발발하자 남한 군대는 무력의 열세로 후퇴할 수밖에 없었다. 이승만 정부는 바로 트루먼 대통령과 미 극동사령과 맥아더 장군에게 즉각적인 군사 개입을 요청했고, 미군은 유엔군과 함께 참전했다. 이승만은 7월 14일에 맥아더 유엔군 총사령관에게 한국 육・해・공군에 대한 작전통제권을 이양해 한・미 군사 공조 체제를 구축함으로써 전쟁 수행의 효율성을 높였다(유영익, 2006e: 159). 그리고 그는 전정 초반 불리한 전세 속에서도 미국의 주도에 의한 UN의 참전에 고무된 듯 전쟁을 승리로 이끌어 자신의 주도 하에 통일을 이루려고 했다(홍용표. 1997: 241). 전쟁을 계기로 이승만은 공산주의자들을 무력으로 격퇴시키기를 원했다. 자력으로 국가의 목표를 달성할 수 없는 현실에도 불구하고 미국의 무력을 이용해 북진통일을 이루려고 했다.

미국은 통일이 아닌 현 전선에서의 휴전을 원했다. 중국군 참전 이후에는 중국군의 공세 정도와 소련의 개입에 따른 전쟁의 확대를 피하는 것을 전쟁의 최우선 목표로 어느 선에서 전쟁을 종결시키고 미국이 한반도로부터 퇴진할 것인가에 관심을 가지고 전쟁전략을 구상했다. 미국에게는 당시 한국의 통일문제는 핵심적인 고려 사항이 아니었으며, 세계적 차원에서의 공산 세력의 봉쇄를 염두에 둔 현상의 선에서의 전쟁의 종결이 중요했기 때문이다(장훈각, 2011: 137). 미국은 소련과 중국과의 관계를 해치지 않는 선에서 현재 수행 중인 전쟁의 군사적 행동을 지속하는 것과 한국군의 전력을 증강시켜 점차 유엔군을 대체할 수 있을 정도로 유지한다는 계획을 세우고 있었다(장훈각, 2011: 138).

그러나 1951년 휴전회담이 시작되자 이 대통령은 공산주의자들을 한반도에 남겨 두는 어떠한 휴전에도 반대했다. 분단과 전쟁을 거치며 좌익 세력과 주도 세력이 남한에서 설 자리를 잃어버렸고 대다수의 남한 주민이 이미 북한군의 만행을 경험했기 때문에 이승만 대통령은 상당한 국민적 지지를 받으며 휴전 반대 정책을 수행할 수 있었다(홍용표, 1997: 241).

하지만 미국은 군사적 지역통합전략에서 한국을 적극적 행위자로 보지 않았다. 미국은 일본을 재무장시켜 단기적으로는 일본이 스스로 자국안보를 책임질 수 있도록 하며, 장기적으로는 재무장한 일본이 극동 안보에 적극 기여하도록 하는 구상을 가지고 있었다. 이에 따라 미국은 미일안보조약 체결 교섭 과정에서부터 본격적으로 일본의 재무장을 요구하게 됐다. 하지만 일본은 재무장의 정도를 최소화하고, 그 용도를 자국 방위에 한정하는 입장을 고수했다(최희식, 2010: 130). 따라서 미국은 한국과 동맹관계를 맺는 데에 소극적이었다.

이승만은 이미 기정사실화된 휴전협정 이후 남한의 안전을 보장할 장치들을 마련하려고 노력했으며, 특히 그가 가장 중점을 둔 것이 미국과 상호방위조약을 체결하는 것이었다. 이를 위해 이승만은 단독 북진의 목소리를 높이는 한편 미국 관리들과의 접촉을 통해 만일 미국이 한국과 상호방위조약을 체결한다면 휴전을 받아들일 의향이 있음을 표시했다. 그러나 당시 미국 정부는 덜레스(John F. Dulles) 국무장관이 나중에 인정했듯이 한국과 방위조약을 맺음으로써 전쟁의 위험이 상존하고 있는 아시아 본토에 발이 묶이는 것을 꺼려했다. 따라서 워싱턴 관리들은 안보조약 대신 병력 증강을 포함한 지속적인 군사 원조를 통해 휴전 후 남한의 안보를 보장해 줄 것을 약속함으로써 이승만을 달래려고 했다. 하지만 이승만은 이에 만족하지 않고 미국이 상호방위조약을 체결하지 않는 한 휴전에 협조하지 않을 것임을 분명히 했다(홍용표, 1997: 242).

휴전협상 과정에서 이승만의 전략적 행동은 또다시 발휘된다. 1953년 6월 18일 새벽 유엔군사령부와의 협의 없이 북한으로의 송환을 원치 않던 반공포로들을 석방시켰다(홍용표, 1997: 243). 이승만의 기대했던 대로 반공포로 석방 문제로 인해 휴전회담은 중단됐으며 공산군 측은 한국이 휴전을 준수할 것이라는 보장이 있어야만 회담을 재개할 것이라고 UN 측에 통보했다. 따라서 미국 정부는 남한의 협조가 더욱 절실히 필요했으며 그만큼 이승만의 대미 협상력은 높아졌다(홍용표, 1997: 244). 이에 따라 미국 정부는 한국 정부가 휴전에 협조하는 것을 조건으로 한미상호방위조약을 체결할 것을 약속함과 동시에 한국의 독자적이고 돌발적인 행동을 통제할 수 있는 방법을 모색했다. 미국은 상호방위조약의 효력 발생 요건이었던 한미합의의사록에 한국군에 대한 작전통제권을 유엔사의 권한에 부속시키고 주한미군에게 공산군으로부터 한국을 보호함과 동시에 한국군의 북진도 막을 수 있는 전략을 찾은 것이다.

미국과의 동맹을 통해 한국은 공산 세력의 위협으로부터 전쟁 억지의 안보 체계를 구축했던 반면에 조국 통일을 위한 주도권을 상실하게 됐다. 역시 미국은 전쟁 발발 시 적에게 타격을 크게 입힐 수 있는 불리한 지역에 주둔하면서 남북한 양측의 직접적인 위협을 감당해야 했다. 한미 양국은 한미동맹으로 서로의 행위를 구속받게 되는 이상한 관계를 형성하기 시작한 것이다. 한미동맹은 당면한 공동의 적을 방어하는 것보다 양국의 자유로운 행위를 구속하는 성격이 중심이 되는 관계의 제도화였고, 양국 신뢰의 결과물이라기보다는 신뢰 관계를 구축하기 위한 출발점이었다(장훈각, 2011: 131).

결국 미국 정부는 한국 정부가 휴전협정을 준수한다는 전제 하에 한미 상호방위조약을 체결하며, 이에 대한 구체적인 논의를 위해 로버트슨(Walter S. Robertson) 국무부 차관보를 아이젠하워(Dwight Eisenhower) 대통령의 특사로 서울에 파견할 것을 결정했다(홍용표, 1997: 243). 1953년 7월 23일 휴전협정이 체결된 직후 덜레스 국무장관이 직접 한미 안보협상을 마무리하기 위해 서울을 방문했다. 이승만 대통령과 덜레스와의 회담을 통해 양측은 마침내 한미 상호방위조약의 원안을 확정했으며 10월 1일 이에 대한 정식 서명이 이뤄졌다(홍용표, 1997: 244).

1953년 7월 로버트슨 미국 특사가 한국을 방문했을 때 한미 양측은 한국 육군의 병력을 20개 사단으로 증강시키며 그에 비례해 해군 및 공군 전력을 강화하기로 합의했다. 그러나 같은 해 12월에 미국이 주한미군 2개 사단을 철수시키기로 결정하자 한국 정부는 더 많은 한국군 병력 증강을 요구했다. 미국 정부는 미군 2개 사단이 철수하더라도 20개 사단의 남한 병력과 미군의 공군력은 공산주의자들이 다시 공격을 하더라도 이를 막아내기에 충분하다고 생각했으며, 오히려 미군을 철수시킴으로써 남한이 전쟁을 일으킬 경우 미국은 이를 돕지 않을 것이라는 점을 이승만에게 분명히 인식시키려고 했다. 반면 이승만은 미군의 철수는 남한의 방위 수준을 약화시킴은 물론 북한의 재침략 의도를 자극할 것이므로 남한의 병력을 36 내지 40개 사단을 증강시켜야 한다고 주장했다. 아울러 이 대통령은 이 정도의 병력이면 미국의 도움 없이도 북침을 단행할 수도 있을 것이라는 점도 고려하고 있었다(홍용표, 1997: 246).

이승만은 남한의 병력 증강을 위한 미국의 원조를 더욱 많이 받기 위해 때마침 불거져 나온 제네바 정치회담 참석 여부 문제를 이용해 자신의 협상력을 강화하려고 했다(홍용표, 1997: 246). 이승만은 1954년 3월 아이젠하워 대통령에게 남한과 함께 전쟁을 재개하든지, 아니면 회담에 참여하는 대가로 현재 한미 간에 합의돼 있는 20개 사단으로의 병력 증강 계획에 덧붙여 15개 내지 20개 사단을 증설하고, 이들을 훈련시키기 위해 밴 플리트(James A. Van Fleet) 전 미8군 사령관을 한국에 파견해 줄 것을 요구했다. 미국 정부는 이승만의 전쟁 요구는 물론 병력 확대 제안을 받아들이기 힘들었다. 무엇보다도 미국 정부로서는 남한이 40여 사단 병력을 보유할 경우 북침을 개시할 수도 있다는 점을 간과할 수 없었다. 그러나 이승만은 같은 요구를 반복하자 그의 요구를 일부 받아들이기로 결정했다. 즉, 철수하는 미군의 장비를 한국 육군에 제공하고 해군과 공군을 확대, 재편하고 현대화시키며 예비사단을 창설하고 남한 병력의 가능한 규모를 조사하기 위해 밴 플리트 장군을 한국에 보내기로 했다(홍용표, 1997: 246-247). 위와 같은 한국군 군사력 증강에 관한 미국의 결정은 비록 이승만이 처음 제안했던 수준에는 못 미치지만 미국의 원안보다는 훨씬 증가된 군사 원조를 약속한 것이다. 이 대통령은 이에 만족을 표시하고, 제네바 회담에 남한 대표를 파견할 것임을 공식적으로 발표했다(홍용표, 1997: 247).

제4절 정부 정책기조 및 추진체계

1. 경제 분야

이승만 정부의 경제정책 방향은 기본적으로 자본주의 경제 체제의 건설이다. 이를 위한 정부의 최우선 과제는 경제재건과 부흥이라고 보았다. 이러한 한국 정부의 경제정책은 안정을 위주로 한 미군정 시 경제정책과 다른 것이었다. 이승만 정부의 본래 구상은 빠른 경제 발전을 통해 일본의 경제 침략으로부터 벗어나는 것이고, 따라서 미국의 원조재원을 사회기반 설비와 생산재 산업에 집중 투자하려고 했다(김일영, 2005: 277). 이를 위해 당면한 가장 큰 경제적 과제는 농업에서 반봉건적인 소우 관계를 철폐하는 한편, 일본 중심으로 편성됐던 생산・유통・소비 시스템을 한국 중심의 재생산구조로 바꾸는 작업이었다. 이는 앞으로 건설될 국가의 경제적 자주성을 확보하고, 산업 근대화의 기본적인 조건을 확보하는 것과 직결된다(정진아, 2008: 116).

또한 이승만 정부는 자본주의 경제 운영의 주축을 국가와 자본가로 상정하고, 국가가 물자와 자금 공급을 통해 자본가를 육성하려고 했다. 이에 따라 농업은 소농경제를 기반으로 한 자본주의 질서로 재편하고, 상공업은 귀속재산을 민영으로 전환해 자본가와 기업에 상당한 자율성을 보장하는 한편, 국가가 이들을 물자・자금계획을 통해 육성하도록 함으로써 자본가 중심의 생산력 증대를 달성하고자 했다.

그런데 대한 원조로 한국 경제를 통제하고 있는 미국의 한국 경제정책은 한국에서 경제재건보다 안정에 중점을 두었다. 이러한 미국의 한국 경제정책은 정치적 내지는 군사적 측면을 고려한 것이었다(김일영, 2005: 276). 이러한 미국의 정책은 트루먼 대통령이 하원 외교위원회에서 대한 경제 원조에 대한 심사에 앞서 의회에 보낸 1949년 6월 7일자 메시지에 잘 나타나 있다. 여기에는 첫째, 한반도가 한국이 실행하는 민주주의의 이상 및 원칙과 북한의 공산주의가 대결하는 실험장이 되어 있는 점, 둘째 한국의 생존과 자립적이고 안정된 경제를 향한 진보가 아시아의 민중에게 광범한 영향을 미친다는 점, 셋째 공산주의의 격심한 선전에 의해 국민들이 고무되고 있는 점 등이다. 결국 공산주의와 대결하고 있는 상황에서는 소비재 물자를 원활하게 공급함으로써 인플레이션을 잡고 민생 안정을 이룰 필요가 있기 때문이다(김일영, 2005: 276). 따라서 미국이 한국에 제공한 원조물자는 소비재와 원자재가 81%인데 반해 생산재와 시설재는 19%에 불과했다(김일영, 2005: 277).

또한 미국의 대아시아 경제정책은 일본을 중심으로 한 수직적 지역 분업을 지향하고 있었다. 이에 따라 미국은 한국에 대해서는 공업화 억제 방침이 취했을 뿐만 아니라, 한국 경제를 일본을 중심으로 한 지역적 분업 체계로 편입시키려고 함으로써 한국의 경제 발전정책과 역행하고 있었다(김일영, 2005: 273). 이러한 미국의 대(對)아시아 정책은 이승만 정부의 경제정책을 어렵게 했다.

1953년에서 1960년 사이 한국은 정부 총수입의 72.5%를 원조에 의존하고 있었고(김일영, 2005: 275), 그마저도 총재정의 34.8%를 국방비로 쓸 수밖에 없었다. 아울러 미국은 이 자금의 가급적 많은 부분을 일본으로부터의 물자 구입에 쓰라고 강권했다. 한국은 1차 생산품 생산에 주력하고 여타 부족한 물자는 스스로 생산하기보다 일본에서 구매해 쓰라는 것이었다(김일영, 2005: 277). 1955년 한국의 1인당 소득은 65달러였고, 1950년대 전체 인구의 60% 이상이 농촌에 거주하고 있었으며, 농업이 국민총생산에서 차지하는 비중이 35%라는 상황(이영훈, 2013: 109)에서 정부는 경제정책을 제대로 펼칠 여력이 부족했다.

원조 달러나 그로써 수입한 물자를 민간에 판매한 대금으로 한국은행에 예치되는 대충자금이 총재정수입에서 차지하는 비중은 1954년에서 1959년 사이에 평균 43%나 됐으며, 50%를 넘는 해도 있는 실정이었다(이영훈, 2013: 102). 해마다 대충자금의 30~40%는 정부재정의 일반회계로 편입돼 주로 부족한 국방비로 지출됐다. 나머지 40~50%는 경제부흥특별회계로 편입돼 도로, 항만, 수도, 전기 등 사회간접자본을 건설하기 위한 정부의 직접 투자에 쓰였다(이영훈, 2013: 102).

이 같은 어려움 속에서도 이승만 정부는 정부 수립 이후부터 지속적으로 경제계획을 추진했다. 1952년 전쟁 중에 기획된 이승만 정부의 대표적인 경제정책은 상공부 작성 상공생산종합계획, 기획처 물동계획국이 전쟁으로 파괴된 기간산업을 복구하기 위한 5개년 간의 부흥계획, 그리고 1954년 전후 재건을 목적으로 한 기획처 한국경제부흥계획 등이 있다. 또한 전쟁 후 1956년 부흥부에서 입안된 계획은 1955년에 계획된 농업증산 5개년계획, 1953년의 축산부흥 3개년계획, 1954년의 공업 부문 부흥재건계획, 1954년의 정원개발 5개년계획 등을 종합한 계획이었다(박태균, 2007: 221). 1956년의 경제계획은 국내 여론과 미국의 비판을 받으며 폐기됐다. 그렇지만 경제개발계획의 필요성은 계속 제기됐고(박태균, 2007: 224), 산업개발위원회의 경제개발 3개년계획이 1956년부터 준비돼 1960년 3월 국무회의를 통과했다(정진아, 2008: 114).

이승만 정부는 자체적으로 원조자금 운용계획을 수립했고, 이승만 정부의 경제정책은 투자 내용에서 수입대체산업의 육성에 중점을 두고 있었다. 투자계획에서 비료·시멘트·펄프·기계산업 등 기간산업 육성에 중심이 두어졌고, 농업 부문의 재건과 개발에도 상당한 비중을 두었다(박태균, 2007: 228). 한국은 이 계획에 따라 생산재 대 소비재가 7 대 3 정도로 구성된 원조물자를 제공해 줄 것을 미국에 요청했다. 이에 따라 양국은 상당한 갈등과 조정을 거쳐 1953년 10월 '종합부흥 3개년계획'을 수립한다(김일영, 2005: 278). 이러한 노력으로 이승만 대통령 집권기에 남한의 경제는 연평균 4.1%(1949~

1953년 3.5%, 1954~1961년간 4.7%)의 성장률을 보였고, 1인당 국민소득은 1953년에 67달러, 1961년에는 82달러 수준에 이르렀다(유영익, 2006e:163).

이승만 정부가 이뤄낸 경제 발전 기초가 되는 업적은 다음과 정리할 수 있다.

첫째, 전쟁 후 미국으로부터 22.8억 달러에 달하는 거액의 경제 원조를 받아내 전후 복구사업에 주력한 결과 1955년까지 전화로 파괴된 경제시설 및 기타 설비를 거의 완전히 복구하고, 철도・도로・항만・통신・전력 등의 사회간접자본을 확충할 수 있었다. 영암선, 태백선 등 수많은 철도의 건설로 산업 인프라가 구축됐다 또한 해방 후 지속된 만성적 악성 인플레이션을 1957년부터 수습함으로써 안정된 경제 기조를 조성했다.

둘째, 1954년 이후 정부로부터 귀속재산 및 기업체를 불하받은 민간인 기업가들로 하여금 수입대체산업에 투자하도록 독려하면서, 일제 공산품 수입을 억제하고 저환율정책에 근거해 원조물자를 민간기업에 값싸게 배분하며, 다른 한편으로는 수입대체산업에 대해 장기・저리의 외차대부와 저금리 금융 지원, 그리고 세제상의 우대 조치 등 여러 가지 혜택을 베푼 결과 1954년 이후 한국의 제조업은 11.5%의 고도 성장을 달성할 수 있었다. 이렇게 육성된 독점적 기업들의 비료, 시멘트 등 중화학공업은 물론 섬유, 고무, 목제품 등 경공업의 성장은 1962년 이후 한국의 공업화에 견인차 역할을 담당했다. 충주비료, 문경시멘트, 인천판유리공장의 건설로 중화학공업의 토대가 놓이고, 영암선, 태백선 등 수많은 철도의 건설로 산업 인프라가 구축됐다(이주영, 2005a: 41).

셋째, 이승만 정부는 1955년에 창설된 부흥부 내에 산업개발위원회를 설치하고(1958. 4), 이를 통해 장기경제개발계획을 수립하도록 조처했다. 이 위원회는 1959년 연평균 5%의 성장과 실업의 감소, 대외의존도의 축소 등을 목표한 3개년(1960~1962) 경제발전계획안을 국무회의에 제출했고, 1960년 4월 15일 국무회의 승인을 받았다. 이 경제발전계획은 4・19 혁명으로 인해 집행되지 못하다가 박정희 정부에서 경제개발 입안에 활용됐다(유영익, 2006e: 164-165).

2. 사회, 문화, 복지 분야

이승만 정부는 전통적인 신분주의와 차별주의를 배격하고 남성과 여성에게 평등한 교육 및 취업 기회를 보장함으로써 사민평등, 남녀평등의 사회를 구현하는 데 기여했다(유영익, 2005: 171). 1948년 헌법과 선거법을 통해 여성에게 참정권과 더블어 민의원 및 참의원 피선거권이 부여됐다. 또한 1953년에 공포된 신형법으로 인해 종래 유부녀에게

만 적용되던 간통죄를 남녀 모두에게 적용했다. 1958년 제정된 신민법은 여성 해방을 진일보시켰다. 1950년대에는 미군정기에 창설된 애국부인회, 여자기독청년회, 건국부녀동맹, 여자국민당 등 여성단체를 통해 여성의 정치활동과 권리신장운동이 활발해졌고, 1958년 제4대 선거에서는 6명이 입후보해 3명(박순천, 김철안, 박현숙)이 당선됐다. 그리고 제1차 내각에는 역사상 처음으로 여성 장관(임영신)이 임명되기도 했다.

1945년 한 명도 없었던 여자 대학생이 1960년에는 17,049명에 달했다(유영익, 2005: 172). 여성의 교육 기회가 확대되면서 여성의 사회적 진출이 두드러졌다. 저학력 여성들은 타자수, 교환수, 섬유 노동자, 직조공, 피복공 등 직종에 취업하는가 하면, 고학력 여성들은 교원, 의사, 약제사, 경찰관, 관리, 사무원 등 과거에 남성들이 독점했던 직업으로까지 영역을 넓혀갔다(유영익, 2006f: 104).

이승만 정부는 1948년 10월 9일 한글전용법을 제정·공포함으로써 한글 전용을 국책으로 추진했다(유영익, 2007: 126). 개천절을 국경일로 정하고 단군 연호를 서력과 더불어 병용케 했으며, 불교 정화에도 기여했다(유영익, 2007: 126). 1950년 국립국악원을 설립해 국악의 진흥과 보급을 도모하고, 1954년에는 1952년 제정된 문화보호법에 따라 학술문화의 창조와 학문 연구를 뒷받침하는 기구로서 학술원을, 그리고 예술활동의 자유와 보호 및 민족문화의 발전을 위해 예술원을 창설했다(유영익, 2007: 127). 1953년부터 1959년까지 정부는 총 3억 3천 5백여 만 환을 들여 393개의 문화재를 보수하기도 했다(유영익, 2007: 127).

3. 교육, 과학, 인적자원 분야

이승만 정부의 가장 큰 공로는 한국 교육 토대를 마련한 것이라 해도 과언이 아닐 만큼 획기적인 교육혁신을 이뤘다. 해방 당시 한국인의 80%는 문맹자였으며, 정규교육을 받은 한국인은 전체 인구의 14%에 불과했다(유영익, 2005: 168). 정규교육을 받은 한국인 중에서 전문학교 이상의 대학 졸업의 학력 소지자는 전체의 0.2% 미만이었다(유영익, 2005: 169).

이승만 정부는 1949년 1월 의무교육 6개년계획을 수립했고, 1950년 6월에 공포된 교육법에 모든 국민이 6년간 의무교육을 받도록 규정했다. 이승만 정부는 교육정책을 원활히 추진하기 위해 빈약한 재정 형편에도 불구하고 재정의 10% 이상을 교육에 투자했다. 또한 교육자치제를 실시함으로써 1952년 5월 24일 시·도교육위원회 위원이 선출되고 1953년 6월 5일 교육감이 추천한 위원들이 대통령의 임명을 받음으로써 교육자치제가 궤도에 오를 수 있었다(이영훈, 2013: 107). 교육자치제가 수립된 후에 교육행정 기구가 확충되고, 지역별로 독자적인 교육행정이 가능해지면서 교육재정이 종래와 같이 일반행정에 유용되지 않고 교육사업에만 지출하게 됐다.

그 결과 1959년에 대한민국은 취학 적령기 아동의 95%가 의무교육을 받게 됐으며, 문맹률이 22.1%로 낮아졌다. 이승만 정부 동안 각급 학교가 대폭 증설됐고, 학생 수도 비약적으로 증가됐다. 초등학교 학교 수는 2,834개에서 1960년에는 4,620개로 1.6배 증설됐고, 학생 수는 136만 6,024명에서 359만 9,627명으로 2.6배 증가했다. 중학교 학교 수는 97개에서 1960년 1,053개로 약 11배 증설됐고, 학생 수는 5만 343명에서 52만 8,614명으로 10배 이상 증가했다. 고등학교 학교 수는 224개에서 1960년 640개로 3배 증설됐고, 학생 수는 8만 4,363명에서 26만 3,563명으로 3.1배 증가했다(유영익, 2005: 169). 대학의 학교 수는 19개에서 1960년 63개로 3.3배 증설됐고, 학생 수는 7,819명에서 97,819명으로 12배 이상 증가했다(유영익, 2005: 170).

이승만 정부의 1950년대는 풍부한 인적자본을 축적한 기간이기도 하다. 전술한 1950년대 국민교육에서의 획기적인 진전뿐만 아니라, 학교 교육 이외의 여러 분야에서 축적됐다. 미군정기와 이승만 정부 기간 동안 다수의 젊은 관료들이 미국의 전문가들로부터 훈련을 받았다. 또한 군부에서도 엘리트 집단이 성장했다. 1950년대 1만 명 이상의 국군 장교와 하사관이 미국의 각종 군사학교에 파견돼 전문교육을 받고 귀국했으며, 이들은 1960년대 경제 발전에 일익을 담당했다(이영훈, 2013: 108).

4. 외교, 통일, 국방 분야

이승만 정부의 가장 강력한 외교정책 당사자는 역시 미국이었다. 해방 이후 미군정, 신탁통치, 미군 철수, 대한 경제원조 및 대한경제정책, 6・25전쟁 초기의 군사작전권 이양, 북진정책, 휴전회담, 한미상호방위조약, 군사 원조 등 수많은 이슈가 생성됐다. 그에 따라 이승만 정부는 미국과 협력을 위주로 하면서도 때로는 갈등과 충돌을 빚기도 했다. 미국이란 초강대국을 대상으로 이승만 정부는 외교에서 주도권을 뺏기지 않고 국가의 이익을 수호했다. 특히 미국의 막대한 원조를 받으면서도 경제정책과 안보정책에서 국가 발전과 안전을 추구했다는 점은 높게 평가받아야 할 것이다.

이승만 정부는 국가 발전 전반에서 미국과 입장을 공유했지만, 국가의 장기적인 발전과 국민의 행복을 위해 정부가 독립적인 행위를 해야 한다는 측면에서 미국의 국익을 우선적으로 고려하는 미국 정부와 다양한 마찰의 소지가 있었다. 미군정기뿐만 아니라 미군정이 폐지된 이후에도 미국은 경제적·군사적 원조를 앞세워 한국의 재정, 경제, 군사문제 등 광범위한 영역에 걸쳐 개입할 수 있는 통로를 확보하려고 노력했고, 이에 맞서 한국 정부는 한국의 이익을 위해 노력했다. 미국과의 차이에 따른 미국 정부의 압력에도 불구하고 이승만은 미국과의 밀접한 협의 속에 국가 전반의 운영을 해나갈 것에 동의하면서도 나름대로의 자율권을 행사했다.

미국과 소련이 신탁통치를 결정했음에도 불구하고 이승만은 독특한 집중력으로 미군정을 몰아붙여 미소공동위원회를 결렬시킴과 동시에 정부 수립을 이끌어냈다. 정부 수립 이후 미국의 대한(對韓)정책의 기본 방향은 한국 정부가 존속할 수 있도록 정신적·물질적 지원은 하되 군사적 개입은 가급적 하지 않겠다는 것이었고, 이에 따라 미군이 철수했으나, 전쟁의 발발 이후 미국 정부의 기본 방침을 변경시켜 전쟁 참여를 하는 과정에서도 이승만 정부는 북진정책을 밀어붙임으로써 대미 협상에서 유리한 고지를 점령해 한미상호방위조약 및 군사 원조를 이끌어냈다.

한일관계에서 이승만 정부는 북한과의 체제 경쟁을 우선하면서도 탈식민지화(반일)를 추구하며, 미국의 대한 방위공약을 확보함과 동시에 한반도에서 일본의 영향력을 배제하는 쉽지 않은 다각적 과제를 수행해야 했다(최희식, 2010: 121). 샌프란시스코 평화조약 이후 일본이 국제사회로 복귀한 이후에도 이승만은 일본을 배제한 동아시아 외교정책 수행을 멈추지 않았다(최희식, 2010: 138). 한국의 안전 보장을 위해 극동의 군소국가가 결속해 미국의 지원을 확보하려고 한 것이다. 이승만은 때로는 만약 미국이 아시아 그들에게 일본과의 협조를 강요해 일본의 주도 아래 놓인다고 믿게 되면 대부분의 아시아인은 일본의 통제 아래 강제로 처하기보다는 미국에게 등을 돌리고 공산주의자와 협력해 미국과 싸우게 될 수도 있다고 이야기하는 등 미국에 대한 협박도 서슴지 않았다(신욱희, 2005: 48). 이승만 정부의 반일정책은 북진정책과 함께 미국으로 하여금 한국의 전략적 가치를 높이는 수단으로서의 의미도 지녔다고 할 수 있다. 이승만 정부는 한반도의 긴장을 고조시킴으로써 미국의 대한 원조와 개입을 확대시키는 동시에 한국이 일본의 배후지 역할을 맡기를 거부하는 쉽지 않은 전략을 추진했다(김일영, 1999: 259).

미국식 자본주의 재편에서 한국에 적용된 방법은 기존 식민지 경제 체제를 최대한 반영한 지역경제 통합이었다. 이 정책은 미국이 지원하는 원조자금을 최대한 효율적으로 사용하기 위해 구상됐다. 정책 내용은 한일 양국 무역을 재개해 한·일 간 경제구조를 2차 세계대전 이전으로 복구시키는 데 있었다. 즉, 한국을 농업국, 일본을 공업국으로 육성하는 식민지 정책구조로의 회귀였다(차철욱, 2004: 33). 미국은 한국 정부로 하여금 미국이 제공한 원조의 상당 부분을 일본으로부터의 물자 구입에 돌리게 강제함으로써 동일한 액수의 원조로 한・일 양국을 동시에 부양한다는 것이었다. 그러나 이러한 미국 정책은 두 나라에 가져오는 결과가 차별적이었기 때문에 한국 정부는 수용할 수 없었다. 따라서 이승만 정부는 미국의 원조는 받되, 일본으로부터의 소비재 수입을 자재하고, 미국 원조기금을 국가재정으로 돌려 경제 발전을 위한 기간산업을 위해 사용하는 정책을 추진했다. 또한 일본과는 협력보다는 긴장 관계의 지속으로 일본 위주의 수직적 지역통합을 거부한 것이다.

이승만 정부는 미국이 한국의 반대에도 불구하고 휴전을 추진하자 한국군 단독으로 북진통일을 하겠다고 위협하는 동시에, 1953년 6월 16일 반공포로 27,000여 명을 유엔군 사령관의 동의 없이 이승만의 독단으로 석방했다. 이승만은 미국으로부터 최대한의 양보를 이끌어내기 위해 미리 계획한 특단의 조치를 진행한 것이다(유영익, 2006d: 90).

이에 따라 미국은 1953년 7월 9일 첫째, 휴전 후 한미상호방위조약을 체결, 둘째, 한국의 전후 복구를 위해 장기간 경제 원조를 제공, 셋째, 한국군의 병력을 육군 20개 사단으로 증강하며 해군과 공군의 장비를 제공, 넷째, 휴전협정에 따라 개최될 국제정치회담에서 90일이 지나도록 별로 진전이 없을 경우 한미 양국은 이 회담과는 별도로 한국의 통일 방안을 협의한다는 내용(유영익, 2006d: 91)의 조약을 체결하기로 한국 정부의 요구에 합의했다. 이에 따라 한국 정부는 북진 무력통일을 포기하는 대신 한미상호방위조약을 미국으로부터 얻어냈다. 또한 미국은 한국에 "유엔군 사령부가 대한민국의 방위를 위한 책임을 부담하는 동안 대한민국 국군을 유엔군 사령부의 작전 지휘권 하에 둔다" 조건을 두어 한국이 북한을 공격하지 못하게 하고, 한국은 미국으로부터 1955년 회계연도에 7억 달러 규모의 군사・경제 원조를 제공받고, 10개 예비사단의 신설과 79척의 군함과 약 100대의 제트전투기를 제공받게 됐다(유영익, 2006d: 94). 이로써 한국은 육군 661,000명, 해군 15,000명, 해병대 27,500명, 공군 16,500명으로 구성되는 총 72만 명의 군대를 보유할 수 있게 됐다.

또한 이승만 정부는 1958년 미군 2개 사단을 무기한 한국에 주둔시키고 미국이 한국군의 장비를 현대화하는 것을 조건으로 한국군 2개 사단을 감축하는 데 동의했다. 이에 따라 한국은 육군 56만 5,000명(18개 전투사단과 10개 예비사단), 해군 1만 6,000명(60척의 전투함정), 공군 2만 2,400명(6개의 전투폭격기를 포함한 10개 전투비행 대대), 해병대 1만

6,000명(1개 사단) 등 합계 총 62만 9,400명의 병력을 유지하게 됐다(유영익, 2006e: 161). 이러한 한미 간의 조약에 따라 이승만 정부는 한반도 평화를 구축하고, 미국의 군사적·경제적 원조에 의해 국방력을 증강시키는 동시에 경제 발전을 위한 재정도 확보했다.

참고 문헌

국방부 군사편찬연구소(2004). 6·25전쟁사(1): 전쟁의 배경과 원인. 서울: 서울인쇄정보협동조합.

권영달(1991). 역대 대통령의 민주주의관(1): 이승만의 민주주의관. 한국논단, 25권, 9월호: 62-68.

김성보(2004). 1950년대 이승만 정권의 농정과 농업문제의 성격. 인문학지, 29: 79-97.

김성호(2009). 우남 이승만 연구회 콜로퀴엄 중계: 이승만과 농지개혁. 한국논단, 239권, 9월호. 174-177.

김용빈(2013). 6·25 전쟁 전후 이승만 정부의 위기관리에 관한 연구: 정부 수립 이후부터 서울 피탈까지를 중심으로. 한국행정사학지, 33: 329-357.

김용호(2011). 대한민국 정부수립 과정에서 이승만의 역할에 대한 재평가. 한국정치연구, 20(2): 107-127.

김일영(1999). 이승만 정부에서의 외교정책과 국내정치: 북진·반일정책과 국내 정치경제와의 연계성. 국제정치논총, 39(3): 243-262.

______(2005). 이승만 정부의 외교정책에 대한 재평가: 반일정책을 중심으로. 한국동북아논총, 37: 267-285.

김학준(2008). 북한의 역사 제1권: 강대국 권력정치 아래서의 한반도 분할과 소련의 북한군정 개시 1863-1946년 1월. 서울: 서울대출판부.

김한교(2005). 이승만 대통령의 정치사상. 한국논단, 2005년 1월호: 114-133.

김혜수(1995). 정부 수립 직후 이승만 정권의 통치이념 정립 과정. 이대사원, 28: 317-352.

남정옥(2011). 독립·건국운동 시기 이승만과 좌익간의 관계. 한국논단, 2011년 8월: 47-53.

리인수(1988). 대한민국의 건국. 서울: 도서출판 촛불.

박태균(1998). 미국의 대한경제부흥정책의 성격(1948-1950). 역사와 현실, 27: 76-111.

______(2007). 한국전쟁 이후 이승만 정부의 경제부흥 전략. 세계정치 8, 28(2): 203-249.

백기인(2012). 대한민국 임시정부 지도자들의 국방·군사관: 김구와 이승만을 중심으로. 군사논단, 69: 205-233.

손세일(2012). 이승만의 자본주의 정신. 한국논단, 2012년 3월호: 90-107.

송혜경(2010). 국무회의록을 통해 살펴본 제1공화국 후기의 국가관리와 공무원 인사정책. 한국인사행정학회보, 19(1): 109-136.

신병식 (1992). 제1공화국 초기 국가성격 형성과 정치균열에 관한 연구. 한국과 국제정치, 8(1): 89-114.
신욱희 (2005). 이승만의 역할인식과 1950년대 후반의 한미관계. 한국정치외교사논총, 26(1): 37-61.
양동안 (2011). 독립 · 건국운동 시기 이승만과 좌익간의 관계. 한국논단, 2011년 8월호: 40-47.
양승태 · 전재호 (2003). 미군정기(1945-1948) 한국의 자유주의. 한국철학논집, 21: 241-66.
우남실록편찬회 (1984). 우남실록. 서울: 열화당.
유영익 (2005). 이승만 대통령의 업적. 한국논단, 2005-1월호: 154-181.
______(2006a). 이승만 대통령의 업적 재평가. 역사학보, 192: 395-410.
______(2006b). 이승만 국회의장과 대한민국 헌법 제정. 역사학보, 189: 101-137.
______(2006c). 이승만 대통령의 업적 1: 거시적 재평가. 한국논단, 202권: 86-107.
______(2006d). 이승만 대통령의 업적 2: 거시적 재평가. 한국논단, 203권: 64-95.
______(2006e). 이승만 대통령의 업적 3: 거시적 재평가. 한국논단, 205권: 156-169.
______(2006f). 이승만 대통령의 업적 4: 거시적 재평가. 한국논단, 206권: 94-106.
______(2007). 이승만 대통령의 업적 5: 거시적 재평가. 한국논단, 207권: 126-137.
육군대학 (2004). 한국전쟁사(상). 대전: 육군인쇄창.
이기봉 (1989). 증언: 전 북한 인민군 부참모장 이상조. 서울: 도서출판 원일정보.
이도형 (1998). 건국의 아버지 이승만. 한국논단, 10: 170-179.
이미애 (2013). 제1공화국의 재평가. 한국행정사학지, 32: 193-214.
이승만 (1904). 독립정신 실천 6대 강령. 독립정신(1904. 6. 29): 240-275.
______(1993). 독립정신, 서울: 정동출판사.
이영훈 (2013). 1950년대의 교육혁명이 1960년대 고도성장의 밑걸음 됐다. 한국논단, 288: 100-129.
이정식 (2006). 대한민국의 기원. 서울: 일조각.
이종익 (1987). 일본제국주의 군상. 서울: 나남출판.
이주영 (2005a). 이승만과 '48년 체제'. 한국논단, 266: 38-43.
______(2005b). 사회는 엘리트에 의해 사회에서만 육성된다는 '자유와 번영'의 토대 위에. 한국논단, 219: 52-57.
이철순 (2007). 제1공화국 초기(1948-1950) 미국의 대한경제정책 연구. 국제정치연구, 10(1) 197-217.
______(2012). 이승만의 대미외교를 통한 국가생존 전략(1895-1953). 한국정치연구, 21(3): 179-205.
이호재 (1972). 한국외교정책의 이상과 현실 - 이승만 외교와 미국. 서울: 법문사.
______(1994). 한국인의 국제정치관: 개항 후 100년의 외교논쟁과 반성. 서울: 법문사.
장훈각 (2011). 이승만 대통령과 한미동맹: 동맹의 형성요인에 관한 연구. 사회과학논집, 42(1): 131-162.
전재호 (2011). 한국 민주주의의 반공 국가주의적 성격에 관한 연구. 사회과학연구, 35(2): 117-143.

전현수 (1995). 소련군의 북한진주와 대북한정책. 한국독립운동사연구 9.
정병준 (2005). 우남 이승만 연구: 한국 근대국가의 형성과 우파의 길. 서울: 역사비평사.
정윤재 (2000). 집권전기 이승만 대통령의 정치리더십 연구. 한국정치외교사논총, 32(1): 217-253.
정진아 (2008). 분단체제하 남북한의 사회변동과 민족통일 전망: 이승만정권의 경제부흥계획. 동방학지, 142: 113-150.
조윤수 (2008). 평화선과 한일 어업협상. 일본연구논총, 28: 199-223.
진덕규 (1992). 다시 생각하여 읽는 현대사 9: 농촌 지지기반이 된 이승만의 농지개혁. 한국논단, 1992년 9월: 214-225.
차상철 (1991). 해방 전후 미국의 한반도정책. 서울: 지식산업사.
차철욱 (2004). 이승만정권기 한일통상협상과 무역구조. 역사와 경제, 50: 33-63.
최희식 (2009). 이승만 정부 시기의 한일관계: 한미일 냉전전략의 불협화음과 한일관계의 정체. 세계지역연구논총, 27(3): 121-146.
한림대 아시아문화연구소 (1995). 미군정기 정보자료집: 하지문집 1(1945.6~1948.8) 한국문화사.
홍용표 (1997). 국가안보와 정권안보: 이승만 대통령의 안보정책을 중심으로, 1953~1960. 국제정치논총, 36(3): 237-262.
______(2007). 현실주의 시각에서 본 이승만의 반공노선. 세계정치, 8: 51-80.

McDonald, Donald S. (1992). *U.S-Korea Relations from Libration to Self-Reliance, The Twenty-Year Record: An Interpretive Summary of the Archives of the U.S Department of State for the Period 1945 to 1965*. Boulder, Westview Co.
Rhee, Syngman (1941). *Japan Inside Out: The Challenge of Today*. Revell.

제 2 편

이승만 정부의 주요 정책 및 국책사업

제 1 장

법체제 정립

김종철
연세대학교

제 1 절 정책의 추진 배경

1. 법체제 정립의 특성

1) 법체제의 정의와 구성 요소

법체제는 법 이념이나 법 원리에 의해 개별법들이 통일돼 일체를 이루고 있는 법질서를 의미한다. 문명사회의 기본 원리로 승인된 법치주의(rule of law)나 입헌주의(constitutionalism)에 따를 때 법체제는 국가 운영의 기본틀이다. 국가의 조직과 운영은 법에 근거하고 법을 매개로 이행된다. 무엇보다 사회 현안을 해결하기 위한 국가정책을 만들고 집행하기 위한 조직은 법에 근거해 마련될 수밖에 없다. 국가기관의 활동 또한 국가와 사회의 구성원들이 원하는 사항을 법으로 정하고, 그 법이 정한 권한 범위 내에서, 그 법이 정한 절차에 따라 이뤄진다.

법체제는 정립의 기준이 되는 법 이념이나 법 원리를 기준으로 하거나 그 정립의 형식이나 법의 존재 형식인 법원(法源, source of law)을 기준으로 다양하게 구별된다. 통상 헌법에 의해 개인의 인권을 존중하고 구성원의 민주적 의사 형성 과정을 통해 국가가 운영되는 것, 즉 자유롭고 민주적인 법질서를 추구하는 입헌주의를 기본 이념으로 하게 될 때 입헌주의 법체제 혹은 자유민주주의 법체제로 분류되지만 개인을 국가의 구성 요소에 불과하고 그 자체를 목적적 존재로 인정하지 않는 이념에 의해 구성되는 법체제는 전체주의 법체제로 분류된다. 대한민국은 1948년 제정된 제헌헌법에서 민주공화국임을 선포하는 한편 국민의 기본적 권리를 구체적으로 보장해 오로지 질서 유지와 공공복리를 위해 법률에 의해서만 제한되는 체제를 갖추고 있으므로 입헌주의 법체제를 추구하고 있음이 분명하다.

한편 입법주의 법체제 하에서도 법체제는 법 정립 과정이나 법원의 차이에 의해 시민법 체제(civil law system)와 커먼로 체제(common law system)로 분류된다. 법의 일반 원칙을 입법권자가 성문법의 형태로 선언하는 것을 법 형성의 기본으로 삼으며 판례의 법원성을 원칙적으로 부인하는 시민법 체제[1]와 판례를 통한 법 형성을 기본으로 하면서 필요 시 입법권자에 의한 성문법제를 통해 법의 흠결을 보완하는 커먼로 체제[2]로 구별된다. 일제를 통해 시민법 체제에 기초한 근대법 체제를 수용한 한국의 법체제는 기본적으로 시민법 체제라고 할 수 있다.

시민법 체제는 최고법인 헌법을 정점으로 헌법을 구체화해 입법기관인 국회가 제정하는 법률, 법률을 구체화해 국민을 비롯한 적용 대상에게 적용하기 위해 행정적으로 제정되는 명령이나 규칙, 국내법에서 존중받는 조약 등 국제법규로 구성된다.[3] 즉, 시민법 체제는 헌법 · 법률 · 명령 및 규칙으로 수직으로 분화돼 있고, 법률은 입법기관인 국회에서 제정되고 명령 및 규칙 등 행정입법[4]은 행정권에 의해 형성되므로 법체제의 정립은 그 효력과 제정 주체를 고려하여 이해돼야 한다. 다만 각국의 특별한 역사적 · 정

---

1) 이 체제는 로마 유스티니아누스 법대전을 통해 정립된 시민법 체계를 계수해 발전했다는 의미에서 붙여진 명칭이며 유럽 대륙국가들의 법체제로 발전됐다는 의미에서 대륙법계(continental legal system) 혹은 성문법을 주요 법원으로 한다는 점에서 성문법 체제로 불리기도 한다.

2) 주로 영국법에 연원을 둔 영연방 출신국가나 미국에서 발전됐다는 의미에서 영미법 체제(Anglo-American legal system) 혹은 판례를 주요 법원으로 한다는 점에서 판례법 체제라고도 한다.

3) 제헌헌법 제7조에서 "비준 공포된 국제조약과 일반적으로 승인된 국제법규는 국내법과 동일한 효력을 가진다"고 선언한 이래 국제법규는 국내법적 효력을 가진다(현행 헌법 제6조 제1항).

4) 행정입법(administrative legislation)은 원칙적으로 법률의 위임에 의해 기본적으로 인정된다는 의미에서 위임입법(delegated legislation)이라고도 불린다.

치적 배경에 따라 입법의 과정, 특히 법률의 제정 과정에 행정부가 관여하는 것이 허용되는 경우가 있는데, 제헌헌법 이래 대한민국은 법률안 제출권을 국회의원 외에도 행정권을 담당하는 정부에도 부여하는 헌정사적 특징을 가지고 있다.[5] 특히 제헌헌법 이래 정부 제출 법률안의 중요성이 매우 높은 특성을 지니고 있어 행정 권력을 중심으로 정부 구분을 한 상황에서도 법체제 정립의 특색을 평가할 수 있는 조건을 갖추고 있다.

2) 법체제 정립의 특성: 다른 정책 분야와의 비교

법체제의 정립은 다른 정책 분야의 추진과 다른 고유의 특성을 가진다. 법체제는 크게 국가의 조직 및 그 작용의 요건 및 절차에 관한 조직법제와 국가의 작용 대상을 중심으로 한 생활 영역 법제로 크게 분류할 수 있다. 정부를 비롯해 핵심 헌법기관인 국회나 법원의 조직 및 작용에 관한 법제, 국가기관을 실질적으로 기능하게 하는 공무원 관련 법제나 지방자치법제 등이 대표적인 조직법제이며, 재산 및 경제활동에 관한 법제인 민법 및 상법 기타 경제영역 관련 특별법, 보건의료·노동·환경·복지 등 사회영역 법제, 교육 및 문화예술 영역 등 문화영역 법제 등이 생활영역 법제라고 할 수 있다.

조직법제는 헌정질서와 긴밀히 연계되는 것으로 특히 민주주의를 어떻게 실현하며 국가를 어떻게 효율적으로 운영할 것인지에 기준을 두고 제정되므로 일반 생활영역 법제와는 달리 정치적·이념적 속성을 강하게 띠게 된다. 또한 조직법제는 그 자체가 실체적 내용을 수반한다는 점에서 법이 정책의 단순한 반영으로서의 성격을 띠는 생활영역 법제와 구별된다. 반면 생활영역 법제는 경제·사회·문화 등 다양한 생활영역에 필요한 정책을 법의 형식으로 포섭하는 것이므로 법에 고유한 일반 원리적 한계－예컨대 헌법이 정한 생활영역 규제의 방법적·내용적 한계인 비례성 원칙이나 평등 원칙, 명확성 원칙, 소급입법 금지 원칙 등－을 어기지 않는 범위 내에서 법정립 자체가 독자적 의미를 가지기보다는 실체적 내용에 관한 정책적 결정이 중요한 의미를 가지게 된다. 따라서 정부별 법체제 정립의 내용과 특성 및 그에 대한 평가를 수행할 때 생활영역별 정책 수립 및 집행 과정과 중복성을 피하기 힘든 생활영역 법제보다는 국가 권력의 조직 및 작용 법제를 중심으로 하는 조직법제를 중심으로 하지 않을 수 없다.

물론 생활영역 법제의 경우에도 정부 수립 초기의 특성상 새로이 출범하는 국가공동체의 이념적 특성을 반영해야 할 필요가 긴요한 부분에 대해서는 근본적 변화가 있을

5) 제헌헌법 제39조 및 현행 헌법 제52조 참조.

수 있으므로 이 분야들에 주목할 만한 특색을 소홀히 해서는 안 될 것이다. 또한 언론 법제와 같이 생활영역 법제이지만 국가정치 과정에 중요한 영향을 미치는 법제의 경우 조직법제와 마찬가지로 정부별 평가의 주요한 내용을 이룰 수 있음도 간과해서는 안 된다.

2. 이승만 정부기 법체제 정립의 추진 배경

법체제가 국가조직 및 운영의 기본 틀이므로 대한민국 초대 정부인 이승만 정부의 국정과제 또한 그 어떤 정책보다 새로이 탄생한 국가의 기본 체제를 법으로 정립하는 데에서 출발하지 않을 수 없었다. 또한 처음 형성하는 것이므로 시행착오가 없을 수 없어 새로이 제정된 법제라도 시행 후의 문제점을 시정해 개정하는 일이 잦을 가능성이 안정화된 근대 법제를 오랜 기간 형성해온 후속 정부기보다 높다고 할 것이다.

그러나 새로운 국가라고 하더라도 전혀 새로운 체제를 수립하는 것이라기보다는 기존의 정치질서와 사회질서를 사실상 전제하지 않을 수 없기 때문에 체제의 성격과 무관한 일상적 법제는 기성의 법제를 일단 계승하는 것이 자연스럽고 효율적이다. 이승만 정부는 결국 36년에 걸친 일제의 지배 체제상 정립된 법제와 짧았지만 일제의 법체제와는 지향하는 가치와 그 실현 방법에서 다른 점이 많았던 미군정기 동안 새로이 성립한 법제를 상당 부분 계수한 상태에서 법체제 정립을 추진할 수밖에 없었다. 즉, 새로운 체제의 성격에 부합해야 할 새로운 정부조직에 대한 큰 틀에 대한 입법, 예컨대 국가기본법인 헌법은 물론 그 헌법상의 제도를 구현하기 위해 직접적으로 필요한 국가조직법제의 제정은 불가피했지만 일상생활과 연계된 법제는 최소한 한시적으로라도 기존 법제를 수용하게 되었다. 특히 국민의 일상생활과 직결된 민사상 법률 관계를 규율하는 법제는 현존하는 법제에 의해 형성된 권리 의무 관계를 훼손시킬 위험성도 크고 향후 한번 제정된 후에는 그러한 생활밀착형 성격 때문에 함부로 개정하기로 힘든 사정이 있어 신중하게 만들어질 필요성이 매우 커서 정부 수립기에 곧바로 제정되기에는 힘든 현실적 한계가 있다. 그러나 다른 한편으로 새로운 국가 수립 특히 한민족을 구성원으로 하는 국가의 복원이라는 점에서 식민 지배체인 일제의 잔재를 청산해야 하는 과제 또한 역으로 요청된다는 점이 초대 정부에 특유한 외적 환경을 제공한다.

새로운 국가의 법체제 정립이 가지는 제한적 성격은 역사 사회적 조건이나 법문화적인 요인에 의해서도 영향을 받는다. 법에 의해 국가가 조직되고 운영되는 이념이 항상 철저하게 구현되는 것은 아니어서 이념은 별론으로 하고 사회경제적 현실이 법에 의한 지배를 생활 속에 제대로 반영하고 있지 못할 때 현실이 앞서고 법은 장식으로 기능하게 되는 경우가 허다하다. 특히 정치를 법보다는 유교라는 도덕구범 혹은 철학에 기초했던 조선왕조 500년의 배경에서 완전히 자유로울 수 없는 신생공화국인 대한민국의 상황에서 법제의 정비는 이념적으로는 최우선 과제였을지 모르겠으나 현실적으로는 새로운 국가의 실체적 과제인 사회경제의 현안 해결보다 우선순위에 있기 힘들었을 것으로 어렵지 않게 추정될 수 있다. 특히나 정부 수립 후 얼마 지나지 않아 전쟁의 참화를 겪는 상황에서 법제 정비를 통한 법치국가 구현은 당장 현실적으로 실현되기에는 힘들었을 목표라는 점이 고려돼야 할 것이다.

한편 분단국가로서의 운명을 맞고 그 현실적 결과로 6・25전정을 겪은 결과 법제 정비 면에서 이데올로기적 한계가 설정되는 특수한 상황도 무시할 수 없다. 나아가 전쟁은 독립국가로서의 체제를 수립하는 과정에 현실적 장애를 제공함으로써 법제 수립을 지연시키는 결과를 낳기도 했지만 비상사태와 전쟁 관련 법제의 수립을 촉진하는 계기가 되기도 했다.

제2절 정책의 추진체계

1. 법체제 정립의 기본 원리

1) 국민주권주의와 대의제 원리의 실현으로서 의회민주주의

입헌주의를 기본 이념으로 하는 국가에서 법체제는 주권자인 국민의 의사에 궁극적으로 기초한다. 다만 구체적인 국민의 의사의 확정을 국민이 직접 참여하는 방식으로 실행할 것인지 그 대표를 통해 간접적으로 실행할지는 다를 수 있다. 국가의 규모나 정치적 의사 확정의 효율성을 고려할 때 대표를 통하는 대의제 방식이 일반적이다. 대한민국의 경우에도 예외는 아니어서 제헌헌법 이래 입법권은 국회에 속한다.[6] 즉, 국정현안의 정책을 국민대표기관인 국회가 법률의 형식으로 정립하고 그 집행을 담당하는 행정권과 사법권이 법률을 제대로 실현할 수 있도록 통제하는 것이 국민주권주의와 대

6) 제헌헌법 제31조 및 현행 헌법 제40조 참조.

의제 실현의 근본을 이루며 이를 통상 의회민주주의라고 부른다. 의회민주주의의 요체는 입법권을 통해 국정의 시발을 삼는 데 있다. 다만 법률안의 최종적인 확정은 국회의 권한이라고 하더라도 법률안을 제안하는 것은 국회의원뿐만 아니라 행정권을 담당하는 정부가 맡기도 하고, 실제로 한국의 헌정사는 유달리 그런 경향이 도드라지므로 행정권의 역할도 무시할 수 없다. 행정권이 입법 과정에 관여하더라도 국민주권주의에 반한다고 단정할 수는 없다. 행정권의 수반도 정부 형태에 따라 다르기는 하지만 국민대표성을 직접 혹은 간접으로 확보하는 것이 일반이기 때문이다. 이승만 정부기의 여러 헌법하에서 대통령은 국민대표기관인 국회에서 선출되거나 국민이 직접 선출했기 때문에 대통령이 수반인 정부가 법률안을 제안하는 것은 국민주권주의나 그 실현 형태로서 대의제의 원리에 부합한다.

한편 법제 정비의 일상적인 경우에 해당되지는 않지만 국가최고법인 헌법의 개정도 법제 정비의 근간을 이룬다. 헌법의 개정은 통상의 입법권과는 달리 국민이 직접 참여하는 경우가 많은데 대한민국 헌정사에서는 제5차 개정헌법인 1962년 헌법부터 헌법 개정에 관한 국민투표제가 도입되어 헌법개정안의 최종 확정은 국민이 하도록 했으며, 이승만 정부기부터 장면 정부기까지는 국회가 헌법개정권을 맡고 있어[7] 헌법 개정의 경우에도 의회민주주의에 철저한 특색이 있었다. 국민투표를 헌법 개정의 요건으로 한 경우에도 그 개정안의 발의는 국민대표기관인 국회와 대통령이 하도록 되어 있고, 일차적인 국민투표안의 결정도 국회가 담당하는 것이 통상적이었기 때문에 의회민주주의에 따른 법제 정비가 헌법 개정의 경우에도 근간을 이루고 있다고 할 수 있다.

2) 의회민주주의와 법치주의의 실현 요소로서 행정입법

의회민주주의는 또한 법률에 의해 국민의 기본적 권리가 보장되는 법치주의(the rule of law)와 동전의 양면을 이룬다. 그러나 법치주의는 법률을 민주적으로 제정하는 것에 그치지 아니하고 그 집행에서도 입법이 기본 정신에 부합하도록 요구한다. 따라서 법률의 집행인 행정작용과 사법작용은 법률의 적정한 집행을 위해 낮은 단계의 별도의 실질적 입법 과정을 요청하게 된다. 즉, 법체제의 중심이 국민대표기관인 입법권자가 제정하는 법률이라고 하더라도 국가의 기능이 국민의 일반적인 사회 및 경제생활까지 확대된 현대 국가는 법률만으로 법체제를 완성할 수 없기 때문에 개별적 생활 영역들의 구체적

7) 제헌헌법 제98조, 제3차 개정헌법(1960년 헌법) 제98조 제4항 참조.

인 상황에 맞는 법률의 실현은 상황과 조건에 부합하는 법률의 구체화를 요구하고 그 구체화는 법률을 집행하는 행정권이 전문적이고 효율적으로 수행할 수밖에 없다. 이처럼 의회가 제정하는 법률을 직접 국민들에게 적용하기에 앞서 좀 더 구체화된 법규범으로 정립하는 것을 행정입법(administrative legislation)이라 한다. 행정입법은 제정권자에 따라 대통령령과 총리령, 부령 등으로 분류되며, 총리령과 부령은 대통령령이 위임하거나 그 구체화를 위해 필요한 경우에 제정되므로 법률과 대통령령의 범위 안에서 제정돼야 하는 한계를 가진다. 통상 대통령령은 시행령, 총리령과 부령은 시행규칙으로 불리지만 개별 상황에 따라 달리 불리는 경우도 적지 않다. 제헌헌법 이래로 정부의 기관으로 집행을 담당하는 대통령, 국무총리와 행정 각부의 장이 대통령령이나 총리령, 부령 등의 형식으로 법률 집행의 전제를 마련하도록 헌법에 규정하고 있었다.[8]

2. 입법절차

1) 헌법

제헌헌법은 따로 헌법제정회의나 국민투표제도를 두지 않고 국회에서 헌법을 제정하는 방식을 택했고 헌법 개정도 국회의 권한 범위에 속하도록 했다는 특색이 있다.[9] 이 방식이 변경된 것은 제5차 개정헌법인 1962년 헌법에 의해 헌법 개정에 관한 국민투표제가 도입되면서부터였다.[10] 이후 국민투표에 의한 헌법 개정은 한국 헌정의 중요한 특징으로 자리 잡았다. 결국 헌법에 관한 한 이승만 정부기의 추진체계상의 특색은 국회 중심의 추진체계라는 점이다. 물론 대통령이 헌법개정안 발의권을 가지고 있고 또 이 권한을 실제로 행사했다는 점에서 행정부의 역할을 무시해서는 안 될 것이다. 특히 제1차(소위 발췌개헌), 제2차 헌법 개정(소위 사사오입[四捨五入] 개헌)이 이승만 대통령과 국회의 야당 세력 간 헌법 투쟁을 통한 정치 투쟁으로서의 성격이 있었음을 간과해서는

8) 제헌헌법 제58조와 제74조 참조. 이 조항들은 현행 헌법 제75조와 제95조에 의해 기본적으로 계승되고 있다.
9) 제헌헌법 전문 및 제98조.
10) 이승만 정부기에 이뤄졌던 제3차 개정헌법인 1954년 헌법(일명 사사오입개헌 헌법)에서 아주 제한적인 의미의 헌법 개정에 관한 국민투표제가 도입되기는 했다. 1954년 헌법 제7조의2는 "대한민국의 주권의 제약 또는 영토의 변경을 가져올 국가 안위에 관한 중대 사항은 국회의 가결을 거친 후에 국민투표에 부하여 민의원의원선거권자 3분지 2 이상의 투표와 유효투표 3분지 2 이상의 찬성을 얻어야 한다"는 규정을 두어 최초로 국민투표제를 도입했는데 그 제98조 제5항의 단서 조항에서 "제7조의 2의 경우에 국민투표로써 헌법 개정이 부결되었을 때에는 그 결과가 판명된 즉시 소급하여 효력을 상실한 뜻을 공포한다"고 규정함으로써 이때 도입된 국민투표가 헌법 개정 사항까지 포괄하는 것으로 규정하고 있기 때문이다.

안 된다.

2) 법률

법률의 기본적인 제정절차는 제헌헌법 이래 일관된다. 국회의원과 정부에 의해 법률안이 제안되면 의장이 국회에 보고한 후 원칙적으로 소관 상임위원회에 회부해 심사보고하게 한 후 독회와 토의 절차를 거쳐 다수결 원칙으로 제정된다. 이승만 정부기의 법률안 의결 과정은 오늘날과는 달리 사전에 법제사법위원회의 심사를 받지 않고 본회의에서 원칙적으로 세 차례의 독회(讀會)를 거쳐 제정된 특색이 있다(초대 국회법 제38조). 물론 이 절차는 국회의 결의에 의해 생략될 수 있었지만 본회의 중심적 운용을 엿볼 수 있는 과정이라고 할 수 있다. 제3독회를 마친 법률안은 수정 결의의 조항과 자구(字句)의 정리를 위해 법제사법위원회나 의장이 위임을 받아 최종안을 확정하도록 했다(초대 국회법 제41조).

특별한 사전절차적 심의 과정이 없는 국회의원 제안 법률안의 경우와는 달리 정부가 제안하는 법률안은 정부 내 심의 절차가 존재한다. 정부제출법률안은 제헌헌법 이래 소관 부처의 장관이 법률안 초안을 관계 부처 등의 협의를 거쳐 국정의결기관 혹은 심의기관인 국무원이나 국무회의에 상정해 의결을 받아야 국회에 정부제출 법률안으로 제안되는 방식이 지속됐다.[11] 또한 정부제출 법률안의 경우 정부 내 법제 업무를 소관하는 국무총리 소속의 법제처의 사전 검토를 거쳐 성안된다. 법제처는 남조선 과도정부 사법부의 법률기초국, 법률조사국과 서무처의 도서관 조직을 인수해 초대 정부조직법상 국무총리 소속으로 설치돼 국무회의에 제출되는 법률·명령안의 기초·심의에 관한 사무를 담당했다(초대 정부조직법 제30조 및 제33조). 1948.11.4. 대통령령 제16호로 제정돼 시행된 법제처직제는 법제사무를 총괄하는 법제처의 기본 조직을 1실 3국 10과와 도서관으로 구성하는 한편 각 조직의 업무 분장에 관해 정했다.

3) 행정입법

행정권에 의해 제정되는 행정입법도 대통령령과 총리령 및 부령은 상하 관계에 있고 그 제정 절차도 구별된다. 법률을 일차적으로 구체화하는 대통령령은 대통령의 권위에 기댄 명령이지만 실무적으로는 각 소관 부처에서 초안을 마련해 헌법과 법률이 정하는

---

11) 제헌헌법 제72조 제3항 및 현행 헌법 제89조 제3호, 초대 정부조직법 제28조 및 제33조 참조.

절차에 따라 제정된다. 대통령령은 제헌헌법 이래 행정권 내의 의결기관 혹은 심의기관으로서의 지위를 가져온 국무원 혹은 국무회의의 심의 혹은 의결 절차를 거치도록 돼 있었기 때문에 사전에 행정 각부 간의 협의가 필수적이다. 반면 총리령과 부령은 헌법과 법률상 국무원 혹은 국무회의의 심의 및 의결 대상이 아니고 소관 부처별로 법제처의 심사를 거쳐 총리 또는 장관이 공포해왔다. 어떤 경우이든 전문기관인 법제처의 심의를 거치므로 행정입법의 체계상의 정합성은 법제처를 통해 확보되는 체계를 갖췄다.

제3절 정책의 추진 과정 및 내용

1. 이승만 정부기 법제 정립의 추진 과정 및 내용의 개관

1) 범위와 서술의 원칙

1948년부터 1960년까지 12년간 유지된 이승만 정부기의 법체제 정립은 식민 체제로부터 독립된 새로운 국가의 최초 정부라는 특색에 더해 세 차례 연이은 정부 구성이라는 점에서 일정한 시대 구분이 불가피하다. 법제 정립의 추이를 보여줄 수 있어야 하기 때문이다. 편의상 법제 정립의 핵심 기관인 국회의 임기를 기준으로 시기 구분을 하는 것으로 하되 기존 주요 법제의 개정 사항을 선별하고 해당 영역에서 새로이 중요 법제로 등장하게 된 사항을 중심으로 서술하도록 한다.

한편 앞서 법제의 종류를 조직법제와 생활영역 법제로 구분한 바 있지만 초대 정부인 이승만 정부의 특색에 비춰 조직법제는 체제전환기 과거 청산 및 신체제 기본 질서 수립을 위한 법제의 경우를 따로 독립해 논할 실익이 있다. 나아가 조직법제 중 헌법기관 조직 및 작용법제는 헌법 및 헌법에 준하는 규범적 의미를 가진다는 점에서 일반국가기관 조직법제와 별도로 분류해 살필 실익이 있다. 생활영역 법제의 경우 모든 법제를 목록화해서 망라하는 것은 다른 장에서의 정책 중심의 서술과 중복될 뿐만 아니라 지면의 한계 때문에 실질적 의미가 크지 않으므로 실제로 입법된 법제의 성격을 기준으로 당시의 상황과의 연계성을 중심으로 선별해 살핀다.

또한 가급적 법제의 중심인 법률을 중심으로 살피되 필요한 경우 각 분류 영역별로 헌법, 법률, 행정입법의 구분을 통해 법제의 입체적 정립 상황을 조망할 수 있도록 하는 것도 필요하다고 판단된다.

2) 대상법제 개관

통상 이승만 정부의 법제 정립 활동은 1948.7.17. 제헌헌법과 법률 제1호인 정부조직법의 제정으로부터 1960.4.4. 법률 제547호로 민사소송법을 공포하는 것으로 마무리된 것으로 정리된다.

헌법기관 조직 및 작용법제로는 헌법상 헌법기관 조직 및 작용법제와 법률상 헌법기관 조직 및 작용법제로 구별될 수 있다. 전자에서는 헌법 규정 자체가 국가조직의 큰 틀을 어떻게 형성하고 있는지를 살피게 되며, 후자는 권력 분립에 따른 헌법기관인 정부, 국회, 법원 및 관련 부속법제를 다룬다. 일반 조직 및 작용법제로는 국군조직법, 세법, 국유재산법, 한국은행법 외에 일반 행정작용법제로 소원법(訴願法), 행정소송법, 국가배상법 등이 주목된다. 한편 새로운 국가 창설 및 정부 수립에 따른 특별한 법제 현안으로 체제전환기 과거 청산 및 신체제 기본 질서 수립을 위한 법제를 따로 살필 수 있다. 마지막으로 생활영역 법제에서는 생활 영역의 기본 법제인 민사법과 형사법, 기타 특별법제로 구분해 서술한다.

2. 헌법기관 조직 및 작용법제

1) 관련 법제 정립의 추진체계

새나라 건설로 민주공화국에 기초한 정부가 최초로 성립돼야 했기에 국가기본법인 헌법과 정부조직의 기초를 이루는 정부조직법, 헌법과 입법권을 가지는 국회법과 그 세부 운영규범인 국회규칙의 제정은 국회가 주도해 이뤄질 수밖에 없었다. 제헌국회는 국가 권력 조직상 국회의원의 임기를 4년으로 하면서도 제헌국회에 한해 임기를 2년으로 제한하는 부칙을 둠으로써 국가 창설이라는 특수한 상황을 고려한 한시적이고 특별한 임무에 집중한다는 취지를 분명히 했다. 또한 정부 형태 등 권력구조와 연계해 이 시기에 두 차례의 헌법 개정(1952년 헌법 및 1954년 헌법)이 있었다는 점도 헌법기관 조직 및 작용법제에 직접적 영향을 준다는 점에서 주목해야 한다. 그러나 헌법과 법률에 의해 대강이 정해진 정부조직의 세부 사항은 행정입법을 통해 구체화됐다.

2) 헌법상 헌법기관 조직 및 작용법제의 구축

우선 국가조직법제의 전제를 이루는 헌법상 헌법기관 조직 및 작용법제의 특색을 개관할 필요가 있다. 1948.5.10. 총선거로 구성되어 5월 31일 개원한 제헌국회는 6월 1일 헌법기초위원회를 도(道)별로 한 명씩 선출된 10명의 전형위원이 30인의 기초위원을 선임하는 방식으로 구성했다. 이후 6월 3일부터 6월 22일까지 16차의 회의를 거쳐 초안을 마련해 6월 23일 본회의에 제출했고, 본회의는 3차의 독회를 거쳐 7월 12일 헌법안을 확정했다. 제헌헌법의 핵심적인 헌법기관 조직 형태는 초안과 독회 과정에서의 결정 내용에 결정적인 차이가 있었다. 이러한 차이는 기본적으로 유력한 대통령 후보였던 이승만 당시 국회의장의 강한 의견 때문이라는 것이 일반적인 이해다(김철수, 1988: 75; 김영수, 2000: 409-411). 첫째로 정부 형태는 초안상 의원내각제였으나 대통령제를 중심으로 하는 정부 형태로 바뀌었다. 이러한 세간의 인식에 대해 정황상 이견이 있기는 힘들지만 실제 성안된 제도의 성격을 보면 부통령을 두면서도 국무총리제[12]를 두었다거나 국무원을 '심의'기관이 아니라 국정 주요 현안에 대한 '의결'기관[13]으로 두었다는 점에서 단순히 대통령제로 보기는 어려운 점이 있다.[14] 문제는 헌법상의 제도와는 달리 실제 운용이 대통령의 강한 리더십에 의해 대통령중심제로 운영되고 이후 이승만 대통령 주도의 개헌에 의해 국무총리제가 없어지기도 하는 등[15] 그러한 경향이 더욱 강화됐다는 데 있다. 둘째로 국회는 원래 초안에 양원제로 돼 있었으나 토의 과정에서 단원제로 수정됐다. 셋째로 위헌심사제도로 원래의 초안에 채택됐던 대법원의 사법심사제가 헌법위원회제로 수정됐다.

제헌헌법 제정 과정상의 권력구조를 둘러싼 정치적 갈등은 이후 이승만 대통령과 국회 다수파를 구성하고 있던 한민당과의 헌법 투쟁으로 진화돼 계속되는 개헌 파동을 낳았다. 제헌 후 불과 1년여 만인 1950.1.28. 한민당이 의원내각제 개헌안을 발의했고, 이 개헌안은 같은 해 3월 13일 이승만 지지 세력의 격렬한 반대 끝에 부결됐다. 그러나 이후 실시된 1950.5.30. 제2대 국회의원 선거에서 반(反)이승만 세력이 압승하면서 지속적

12) 제헌헌법 제69조.

13) 제헌헌법 제68조.

14) 한태연(2002: 17-20)은 애당초 헌법기초위원회 전문위원이었던 유진오 박사가 실무적으로 기여한 초안 자체가 미국식 대통령제의 영향을 받아 대통령을 행정부수반으로 했고, 다만 국무원을 의결기관으로 하고 국무원의 내각불신임권을 인정하는 등 내각제적 요소를 동시에 가지고 있었기 때문에 사실상 이원정부제 혹은 준대통령제적 헌법이었다는 독특한 해석론을 제기한다.

15) 제2차 개정헌법(1954년 헌법)은 이승만 대통령의 강력한 의사가 반영돼 의원내각제적 요소가 상당 부분 후퇴했고, 그 상징적 조치로 국무총리제의 폐지된 특색이 있다.

으로 정치적 수세에 직면한 이승만 대통령은 급기야 1951.1.18. 대통령 국회간선제를 직선제로 바꾸는 개헌안을 발의했다. 이 개헌안도 1952.1.18. 국회에서 부결되자 야당이 1952.4.17. 재차 의원내각제 개헌안을 발의했으나 이 대통령은 5월 14일 연초에 부결된 것과 같은 내용의 개헌안을 다시 제출해 맞불을 놓았다. 이후 정치파동 끝에 두 개헌안에서 대통령직선제와 국무원책임제가 일정 부분씩 발췌된 수정개헌안을 1952.7.7. 통과시켰다. 이 개헌안에는 국회를 민의원과 참의원으로 구성되는 양원제로 전환하는 안도 포함됐다.[16] 훗날 소위 '발췌개헌'으로 불리게 된 이 제1차 개정헌법은 2년 후인 1954.11.17. 소위 '사사오입개헌'을 통해 순수 대통령제가 채택하고 국무총리제가 폐지되는 방향으로 개정됐다.

한편 제헌헌법은 탄핵사건을 심판하기 위해 부통령을 재판장으로 하고 대법관 5인과 국회의원 5인이 심판관이 되는[17] 탄핵심판소를 설치하도록 했다.[18]

이 밖에도 제헌헌법 이래 향후 헌법상 조직법제에 지속적 영향을 미친 헌법상의 제도나 요소를 정리하면 다음과 같다. 첫째, 대통령은 공공의 안녕 질서를 유지하기 위해 긴급한 조치가 필요한 때에 법률의 효력을 가지는 명령이나 재정상 필요한 처분을 할 수 있다.[19] 의회민주주의의 예외에 해당하는 대통령의 긴급권을 인정해 대통령의 헌법상의 지위를 강화하고 있는데 실제로 행사된 경우가 드물다고 하더라도 권위주의 시기의 대통령의 강력한 이미지와 겹쳐서 권력 구조상 대통령의 강력한 상징성을 부각시키는 제도다. 둘째, 대통령의 국법상의 행위는 문서로 하고 관계 국무위원이 부서가 있어야 한다.[20] 국가긴급권과는 반대로 대통령의 권한 행사를 절차적으로 통제해 행정권 내부의 견제와 균형의 원리를 구현한 것으로 실질적으로 대통령을 통제하는 효과를 가지지 못하지만 분권적 대통령제를 지향하는 상징성이 크고 향후 정치문화의 성숙과 더불어 실질화될 수 있는 가능성을 함축하고 있다.[21] 셋째, 국무총리와 국무위원은 현역을

16) 다만 부칙 조항을 통해 참의원의 구성을 불확정적인 상태로 남겨두었고 결국에는 이승만 정부기에 참의원은 구성되지 못했다.

17) 다만 대통령과 부통령이 탄핵 대상이 된 경우 대법원장이 재판장이 되도록 했다. 제헌헌법 제47조 참조.

18) 탄핵심판소는 이승만 정부기 개헌에 의해서는 영향을 받지 않다가 4·19민주혁명에 의한 제3차 개정헌법(1960년 헌법)에 의해 새로이 설치된 헌법재판기관인 헌법재판소가 탄핵재판권을 가짐으로써 폐지됐다.

19) 제헌헌법 제57조 및 현행 헌법 제76조.

20) 제헌헌법 제66조 및 현행 헌법 제82조.

21) 이러한 행정권 내 대통령에 대한 절차적 통제권과 더불어 현행 헌법상 행정권을 대통령 일인이 아니라 정부라는 집단적 조직체에 부여하고 있는 점(제66조 제4항), 국무총리를 정부의 제2인자로 삼아 행정 각부의 통할권을 기능적으로 분할하고 있는 점(제86조 제2항) 등을 들어 현행 헌법상 권력구조가 지극히 분권적이어서 제왕적 대통령제로 인식하는 세간의 태도를 비판하는 견해로는 김종철·이지문(2014) 참조.

면하지 아니한 군인의 취임을 금한다.[22] 국군의 정치적 중립성 수호 의무를 실질화해 우회적으로 문민정부의 원칙을 훼손할 수 있는 위험성을 명시적으로 금지시킨 제도다. 넷째, 행정각부 장관은 국무위원 중에서 임명한다.[23] 대통령 보좌기관인 국무위원이 행정 각부의 장을 맡아 중앙행정기관이 됨으로써 국정과 행정의 일체성과 정치적 책임성을 확보해 의원내각제적 운용이 가능하도록 제도화한 것이다. 다섯째, 사법권을 행사하는 법원은 법관으로써 구성된다.[24] 이 요소는 전문성을 바탕으로 사법권의 독립성을 확보하는 신분적 요소를 헌법화한 것이어서 권위주의 시기에 나름의 의미를 가졌으나 민주화 이후 역설적으로 배심제와 같은 국민의 사법 참여를 오히려 제어하는 의미로 왜곡되기도 했다.[25]

2) 법령상 헌법기관 조직 및 작용법제의 구축

(1) 정부조직법과 관련 법제

제헌국회는 헌법안 외에 8월 15일로 예정된 정부 수립의 근간이 될 정부조직법 또한 기초위원회에서 마련하도록 추진해 역시 3회의 독회를 거쳐 7월 16일 확정하고 7월 17일 공포됐다(국회사무처 1948, 국회속기록 제1회 제28호; 제1회 제31호). 이로써 제헌헌법은 헌법 제1호로, 초대 정부조직법은 법률 제1호로 기록되게 됐다. 정부조직법은 행정부를 11부로 구성하고 대통령 소속하에 고시위원회와 감찰위원회를 두었다.[26] 정부조직법은 이승만 정부기에 제헌국회와 제3대 국회에서 네 차례 개정됐다. 제헌국회에서는 1949. 4.15. 법률 제22호로 사회부의 일국인 보건국을 보건부로 격상하는 것으로 개정됐다. 제3대 국회에서 법률 제354호로 1955.2.7. 전부 개정된 내용은 두 차례의 헌법 개정의 내용을 반영하면서 특히 산업경제의 부흥에 관한 종합적 계획 업무 등을 담당하도록 부흥부를 신설하고 제1차 개정 시 신설된 사회부를 보건사회부로 개칭했다. 또한 감찰위원회를 폐지하고 공무원의 직무상 비위를 감찰하기 위해 대통령 직속 하에 감찰원[27]을 두

22) 제헌헌법 제69조 및 현행 헌법 제86조 제3항, 제87조 제4항.
23) 제헌헌법 제73조 및 현행 헌법 제94조.
24) 제헌헌법 제76조 및 현행 헌법 제101조.
25) 이 요소와 더불어 헌법 제27조 제1항에 기본권으로 '법관'에 의한 재판을 받을 권리 규정이 있고 헌법 제105조와 제106조에 법관의 신분 보장에 관한 규정을 두고 있는 것을 배심제나 참심제와 같은 국민참여재판제도의 도입을 위헌으로 주장하는 논거가 됐다(권영설, 2004). 이런 해석론에 대한 비판적 태도로는 이종수(2003), 황성기(2004) 참조.
26) 김철수(1988: 76)는 이러한 대통령 소속하의 두 위원회 설치를 중국식 오권(五權)헌법의 영향이라고 보았다.
27) 이 감찰원은 법률에 의해 별도로 구성되도록 정부조직법상 규정됐으나 국회가 이 법률을 제정하지 않았고 결과적으로 감찰원도 설치되지 않았다. 대신 이승만 정부는 감찰원에 대신해 1955.3.7. 대통령령 제1017호로 사정위

는 한편 대통령은 행정 각부 장관의 명령이나 처분이 위법 또는 부당하다고 인정할 때에는 그것을 중지 또는 취소할 수 있도록 대통령의 행정통제력을 강화했다. 법률 제384호로 1956.2.1. 일부 개정 시에는 신문·잡지에 관한 업무를 문교부에서 대통령 소속 공보실로 이관하고, 문교부 및 내무부의 관장 업무를 조정함과 동시에 외무부의 기구를 강화하는 내용이었다.

한편 1948년 정부조직법의 제정과 더불어 헌법에 의해 헌법과 법률의 공포권을 가지는 대통령의 직무 수행에 관한 사항과 법률을 뒷받침할 행정입법의 형식 및 요건과 관련한 사항은 국가작용을 위한 핵심 사항이어서 정부 수립 후 최초의 행정입법인 대통령령 제1호로 공포식령(公布式令)이 제정됐다.[28] 한편 정부조직의 세부 사항을 정하는 각 부처직제 통칙이 대통령령 제5호로 1948.9.22. 제정되는 등 직제에 관한 사항이 행정입법의 형식으로 형성됐다.

또한 행정권의 수반인 대통령을 국회에서 간선하도록 한 제헌헌법이 제2대 국회임기 중이던 1952.7.7. 제1차 개헌을 통해 개정돼 대통령직선제가 도입됨에 따라 대통령선거법의 제정이 필요하게 됐다. 제2대 국회는 1952.7.18. 법률 제247호로 대통령·부통령선거법을 제정했다. 대통령 피선 자격을 만 40세로 정하는 한편 대통령 및 부통령선거쟁송의 관할을 대법원으로 하는 것이 골자였다.

제헌헌법이 명시적으로 규정하지는 않았으나 결과적으로 정부에 소속된 헌법기관으로 정부조직법의 적용을 받지 않고 제헌헌법 제95조에 의해 설치되는 심계원이 있다. 제헌헌법 제95조는 국가의 수입지출의 결산에 대한 회계검사 권한을 심계원에 부여하면서 그 조직과 권한을 법률에 위임했다. 제헌국회는 1948.12.4. 심계원을 대통령 직속으로 하고 국무원에 대해 직무상 독립의 지위를 가지는 기관으로 규정했다(초대 심계원법 제1조). 심계원법은 헌법상 소속이 분명하지 아니한 심계원을 대통령 직속기관으로 하면서 국정 의결기관인 국무원에 대해서는 직무상 독립기관으로 함으로써 예산집행의 적정성과 합법성을 검사하는 심계원의 직무상 독립성을 확보하려 했지만 정작 정부수반

원회를 설치해 운용했다. 감찰위원회는 공무원징계권을 직접 의결할 수 있었으나 사정위원회는 조사보고권만을 가져서 기능은 약화되었을 뿐만 아니라 법률상 근거가 없고 국회가 예산을 배정하지 아니하는 국가기관이 집행권을 행사함으로써 기관의 위상이 약화된 것으로 평가된다. 대통령령에 의해 설치된 사정위원회는 이후 4·19민주혁명 이후 출범한 새 정부 출범 하인 1961.1.14. 감찰위원회법이 제정되면서 법률상 국가기관으로 의원내각제 정부 형태 하의 국무총리소속인 감찰위원회로 격상됐다가 제5차 개정헌법에 의해 심계원과 통합되어 직무감찰권을 가지는 헌법기관인 감사원으로 귀속됐다.

28) 공포식령이 법률의 형식으로 격상된 것은 1963.12.16. 법률 제1539호로 「법령 등 공포에 관한 법률」이 제정되면서부터다.

인 대통령의 직속 하에 둠과 동시에 국무원으로부터 독립되게 함으로써 준헌법적 법률에 해당하는 내용을 가진 법률이 됐으며 향후 심계원 및 그 후속기관인 감사원의 독립성과 관련한 해묵은 논란을 잉태하는 시발점이 됐다.[29] 또한 심계원법은 국가는 물론 국가재정이 날로 복잡다기해지고, 그 규모도 방대해진 현실을 내세워 국영사업 · 공영사업 기타 국가에서 관리하는 재산 및 지방자치단체의 재정까지도 직접 사전 · 사후감사를 할 수 있도록 했다는 점에서도 특별한 의미를 가지는 준헌법적 법률의 성격을 가진다. 심계원법은 1957.7.25. 법률 제442호로 일부 개정돼 회계관계 공무원 등에 대한 징계처분 요구에 관한 사항을 보완하고 징계 규정의 적용을 받지 아니하는 단체 등의 직원에 대해서는 문책을 요구해 징계의 실효성을 높이도록 하는 한편, 출납공무원 외의 회계 관계 직원의 변상책임을 확보할 수 있도록 소속장관 또는 감독기관이 변상에 이르지 못했을 경우 관계 세무서장에게 위탁해 국세징수법상의 체납처분의 예에 따라 집행할 수 있도록 하는 등 회계검사의 실효성을 강화하는 개정을 했다. 이 역시 대통령 소속기관의 권한을 강화하는 효과를 낳은 입법이었다.

(2) 국회법 및 관련 법제

국회는 헌법 및 정부조직법 기초위원회와 별도로 국회법 및 국회규칙기초위원회를 구성하여 입법 준비에 착수해 1948.10.2. 법률 제5호로 국회법을 제정했다(국회사무처, 1948, 국회속기록 제1회 제2호: 7-9, 13-17). 국회법은 의장단을 의장 1인, 부의장 2인으로 하는 한편 18개의 상임위원회와 의원 전원으로 구성되는 전원위원회, 특별한 필요가 있을 때 설치되는 특별위원회를 두었다(초대 국회법 제14조부터 제16조). 국회법은 제헌국회 성립 후 1년이 지난 1949.7.29. 법률 제38호로 교섭단체제도에 해당하는 단체교섭회제도[30]를 두어 국회 운영상 국회의원 개인보다 우선한 지위를 부여하고, 기타 의안 처리과정을 효율화하는 개정을 했다.

국회법은 제2대 국회에서도 수차례 개정됐다. 1951.3.15. 법률 제179호로 개정하면서는 국회의장과 부의장의 임기를 2년으로 단축하는 한편 각 상임위에서 입안 또는 심사한 법률안을 반드시 법제사법위원회의 심사를 경유하도록 의무화했다. 법제사법위원회의 임무를 법률안의 체계와 형식에 대한 심사로 한정했으나 이후 법제사법위원회의

29) 심계원은 5 · 16 이후 제정된 제5차 개정헌법(1962년 헌법)에서 직전헌법상 법률상의 기관이었던 감찰위원회와 통합되어 감사원으로 개명됐고 그 소속도 대통령 직속으로 헌법화됐다(제5차 개정헌법 제92조). 감사원의 헌법상 지위와 소속의 문제에 대한 헌법적 쟁점에 대한 논의는 김종철(2002) 참조.

30) 제1차 국회법 개정법률 제14조 참조.

위상이 강화된 것으로 볼 수 있다. 1952.9.28. 법률 제251호 개정의 경우에는 의장이 필요하다고 인정한 경우에만 무기명투표에 의해 표결하게 하던 것을 헌법개정안, 대통령으로부터 환부된 법률안과 국무총리임명에 관한 승인, 국무원불신임 결의 기타 인사관계 결의안에 대해서는 무기명투표로써 표결할 수 있도록 개정했다. 인사관계결의안의 경우 무기명으로 할 필요성이 어느 정도 인정된다고 하더라도 헌법개정안과 대통령이 거부한 법률안에 대한 표결도 무기명으로 하도록 한 것은 국회의원들의 국민대표성을 확인해야 할 주요 사안에 대해 오히려 무책임성을 증대시킨 것으로 정당성이 약한 것으로 그 정치적 의도가 의혹을 불러일으킬 수 있다. 법률 제275호로 1953.1.22. 일부 개정된 국회법은 예산결산위원회를 상임위원회로 신설하여 예산심의를 강화한 것이 특기할 만하다.

제3대 국회에서 국회법은 세 차례 개정됐는데 특별한 헌정적 의미를 가지기보다는 기술적으로 국회의 회기 소집과 관련한 내용이었다. 앞서 두 차례의 개정은 개헌 등으로 인한 정기국회 집회일과 관련한 내용으로 1954.12.31.의 법률 제352호 개정 법률은 헌법 개정으로 인해 국회의 정기회를 매년 1회 2월 20일에 집회하도록 개정했으나 1957.2.12. 법률 제434호 개정법률은 회계연도를 역년으로 변경하면서 매년 9월 1일에 집회하도록 개정하는 내용이었다. 1958.2.22.의 법률 제472호 개정 법률은 총선거 후 최초의 임시회 집회의 소집권을 사무총장이 의장의 직무를 대리해 행사할 수 있도록 하는 내용이었다.

제1차 개정헌법(1952년 헌법)은 국회를 민의원과 참의원으로 구성되는 양원제로 하면서 그 시행 시기를 불확적인 상태로 두었다. 제3대 국회 말인 1958.1.25.에야 법률 제470호로 기존의 국회의원선거법을 폐지하고 하원인 민의원을 선출하기 위한 민의원선거법을 제정했다. 기존의 국회의원 선거제도의 큰 틀을 계승했고 선거운동 규제를 더욱 강화하면서 기탁금제도를 도입한 것이 특색이다. 같은 날 참의원선거법도 법률 제469호로 제정됐는데 피선거권을 만 35세로 한 것이 민의원선거법과 크게 다른 점이었다. 특기할 것은 참의원선거법은 부칙 조항에서 법의 공포 후 1년 이내에 참의원선거를 실시하도록 규정했으나 이승만 정부는 민의원 선거만 1958.5.2. 실시했고 이 민의원선거에서 압승한 이승만 대통령 소속 자유당은 야당지 경향신문을 폐간하고 진보당을 등록 취소해 사실상 강제 해산하고 그 대표 조봉암을 사형시키는 등 독재화 경향을 노골화하는 계기가 됐다.

한편 국회의 구성에 관한 선거법은 법정주의[31]를 채택했고 제헌국회에 한해 임기를

2년으로 특별히 규정[32]하고 있었으므로 국회의원선거법이 헌법기관 조직 및 작용법제의 핵심 사항이었기에 1948.12.23. 법률 제17호로 비교적 이른 시기에 제정됐다. 초대 국회의원선거법은 인구 15만을 기준으로 구성되는 선거구별로 1인을 국회의원으로 선출하는 소선거구제를 기본으로 관공리와 지방자치단체 의원의 국회의원 겸직 금지, 선거비용 국고 부담 원칙을 채택했다. 선거관리는 위원 15인으로 조직되며 대법관이 위원장이 되는 국회선거위원회가 관장하도록 하는 한편 선거쟁송을 행정수반이 임명한 대법관 2인, 국회에서 선거된 위원 2인, 대법원장이 지명한 위원장 1인 등 5인으로 구성되는 선거심사위원회에서 관장하도록 했다. 한편 선거 연령을 선거일 현재 21세로, 피선거 연령을 25세로 했다. 제헌국회는 1949.8.3. 「국회의원 보궐선거 임시조치법」을 법률 제40호로 제정해 국회의원선거법 제48조에 규정된 보궐선거는 그 보궐선거에 의해 당선될 의원의 임기가 6개월 미만이 될 경우에 실시하지 않는 규정을 두었다. 국회의원선거법과 「국회의원 보궐선거 임시조치법」은 제헌국회 임기 종료 직전인 1950.4.12. 폐지 제정의 방식으로 전면 개정됐다. 신국회의원선거법은 선거구 획정 기준을 10만으로 낮춰 선거구 수를 늘리고 대통령이 위촉하는 9인으로 구성되는 중앙선거위원회[33]를 새로이 설치하는 한편 구국회의원선거법과는 달리 그 위원장을 대법관으로 하는 조항을 없앴다. 또한 선거쟁송을 대법원 관할로 개정했다. 국회의원선거법은 1951.6.2.의 법률 제204호에 의한 일부 개정을 통해 국회의원이 국무위원을 겸직할 수 있도록 허용하는 한편 선거운동 방식에서 선거인 개별 방문을 불허하는 등 선거운동 규제를 강화했다.

제헌국회 이후 이승만 정부기에 국회와 관련해 제정한 법제 중 가장 주목할 것은 국정감사법이다. 제헌헌법은 제43조에 국정 감사에 관한 근거 규정을 두었으나 국정 전반에 관한 감사를 통해 국정을 의회민주주의에 입각해 통제하기 위해 1953.2.4. 법률 제276호로 국정감사법을 제정해 국정감사에 관한 세부 사항을 법제화했다. 이 법은 국정감사는 반드시 국회의 승인을 받아 행하도록 하고 그 종류를 일반감사와 특별감사로 구별하는 한편, 감사를 의원 2인 이상으로 구성되는 위원회나 반이 의하도록 하고 감사시 사무보조자를 사용할 수 있는 근거를 두었다.

---

31) 제헌헌법 제32조. 이 체제는 현행 헌법까지 일관되게 유지되고 있다(현행 헌법 제41조 제3항 참조).

32) 제헌헌법 제102조는 "이 헌법을 제정한 국회는 이 헌법에 의한 국회로서의 권한을 행하며 그 의원의 임기는 국회 개회일로부터 2년으로 한다"고 규정하여 제헌국회는 1950.5.30을 임기 만료일로 했다.

33) 이승만 정부기 선거관리는 법률상 기관에 의해 관리됐으나 3·15 부정선거와 4·19 민주혁명의 결과 탄생한 제3차 개정헌법(1960년헌법)은 위원장을 대법관인 위원 중에서 호선하도록 하는 중앙선거위원회를 헌법화해 선거부정에 대한 엄단 의지를 분명히 했다(1960년 헌법 제75조의2).

(3) 법원조직법 및 관련 법제

입헌민주국가에서 권력분립의 마지막 축인 사법조직은 1949. 9. 26. 법원의 조직에 관한 법원조직법이 법률 제51호로 제정되면서 법적 기반을 갖췄다. 법원을 최고법원인 대법원 외에 고등법원과 지방법원으로 구성하고 지방법원에 지원을 둘 수 있도록 했다. 9인 이내 대법관으로 구성되는 대법원은 5인대법관 합의부를 원칙으로 하고 필요 시 대법관 전원의 연합부가 심판권을 행사하도록 했다.

전통적 3권 가운데 사법 권력의 조직에 관한 법원조직법은 정부 수립 이후에도 무려 1년이 도과된 1949년 9일에야 제정됐다는 점은 특기할 만하다. 일제 강점기부터 법원이 사실상 조직돼 있었고 헌법 제정 직전 군정법률 제192호로 1948.5.4. 제정되고 6.1. 시행된 (과도)법원조직법에 의해 법원조직이 임시로 법제화돼 있었을 뿐만 아니라 정치적 변혁에 의해 조직 구성에 큰 변화가 생기기 힘든 특성도 고려된 것으로 볼 수 있다. 하지만 오히려 그러한 특성상 용이하게 입법될 수 있었음에도 지연된 것은 특기할 만하다. 더구나 제헌헌법에서 위헌법률심사기관으로 법원의 장에서 별도로 설치하도록 규정[34] 됐던 헌법위원회는 무려 3년이 지난 1950.2.21. 법률 제100호로 헌법위원회법이 제정됨으로써 성립됐다는 점도 법원조직법의 입법 지연과 그 맥을 같이한다. 법치주의와 입헌주의에 따라 국법 질서의 민주적이며 인권친화적 운용은 독립된 사법권에 의한 입법권과 행정권에 대한 통제를 전제로 함을 고려한다면 새로운 국가 수립 이후에도 사법조직에 관한 법제 정비가 그만큼 늦어졌다는 것은 사법 권력의 중요성을 소홀히 했다는 하나의 중요한 증거가 될 수도 있다.

제2대 국회에서 법원조직법은 한 차례 개정됐으나 제1심 민사사건 합의부의 관할을 정하는 소송물 가격 기준을 1천만 원으로 인상하는 내용에 국한됐다.

법원조직법은 제3대 국회에서 모두 세 차례 개정됐다. 1956.1.6. 법률 제378호 개정 법률은 제1심 민사사건 관할을 정하는 소송물 기준가격금을 50만 환으로 조정하고 일부 형사사건의 제1심관할 조정하는 데 그쳤다. 1957.1.1. 법률 제409호 개정 법률은 순회심판제를 신설하고 주재판사제를 폐지했다. 특기할 것은 세 번째 개정인데 1957. 12.23. 법률 제461호 개정 법률은 대법원장의 자격 요건을 10년 이상 판사・검사・변호사 등의 직에 있던 자 중에서 임명하도록 하고 대법원장으로 임명되면 대법관의 지위를 가지는 규정을 신설해 대법원장인 대법관과 일반대법관으로 신분을 이원화하는 내용이었다. 이

34) 제헌헌법 제81조.

러한 개정은 김병로 초대 대법원장의 퇴임으로 후임 대법원장을 선임하는 과정에서 법률적 제청권을 가진 법관회의가 제청한 김동현 전 대법관을 최종 임명권자인 이승만 대통령이 마땅치 않아 한데서 비롯됐다. 당시 법원조직법 제15조는 대법원장은 대법관으로 보(補)한다고 규정하고 있어 대법원장은 대법관 자격을 먼저 구비해야 하는 것으로 해석할 때 이미 정년으로 퇴임한 대법관은 대법원장으로 임명할 수 없다는 주장이 대통령의 임명 거부의 논거가 됐다. 대법원장은 정년이 70세로 돼 있는 등 대법관과는 법적 지위를 달리하고 있는 법제에서 정년퇴직한 대법관이라도 대법원장으로 임명되는 데 문제가 없다는 해석론만으로는 사태를 수습하기 힘들게 되자 국회가 문제의 법원조직법 제15조상의 규정을 "대법원장은 대법관이 된다"는 규정으로 개정함으로써 해소한 것이다. 그러나 이 개정에도 불구하고 이승만 대통령은 1958.1.16. 임명 거부권을 행사했고, 그 후 약 6개월간 대법원장 공백 사태를 빚은 끝에 1958.6.16. 조용순 전 대법관[35]에 대한 임명동의안이 국회에서 통과됨으로써 사태가 종결됐다.

한편 제4대 국회에서 법원조직법은 대법원의 조직과 운영에 중대한 변화를 주는 개정을 단행했다. 1959.1.13. 법률 제516호 개정 법률은 대법원에 대법관이 아닌 판사 11명을 두어 경미한 사건을 대법관 1명을 포함한 판사 5인으로 구성된 합의부에서 재판하도록 하는 내용을 담고 있었다. 이 개정은 대법원 재판부의 이원화를 시도한 것이었으나 오래 지속되지 못하고 1961.8.12. 법률 제679호 개정 법률에 의해 재판에 직접 관여하는 대법원 소속 비대법관 판사제도를 폐지하고 원상 회복됐다.

사법제도와 관련해 법원에 못지않게 중요한 요소가 공소권을 가지는 검찰제도와 법률사무를 대리하는 변호사제도다. 검찰제도는 형사에 관해 공익의 대표자인 검사를 통해 범죄 수사 및 기소 업무를 당담하게 함으로써 법질서를 유지하는 제도로 사법제도의 한 축이라고 할 수 있다. 정부 수립 직전인 1948.8.2. 군정법령 제213호로 제정된 (과도) 검찰청법을 통해 검찰제도를 임시로 도입된 상태가 지속되다가 정부 수립 후 1년여가 지난 1949.12.20. 법률 제81호로 검찰청법을 제정해 검찰의 조직 및 직무와 권한을 정식으로 법제화했다. 변호사제도는 법률전문가가 국민의 재판청구권 등 사법적 권리를 효과적으로 변호하도록 하여 법치주의를 실질화하는 제도다. 특히 제헌국회는 변호사를 "정부기관의 준법 여부를 민간의 입장에서 감시 또는 보좌"하는 제도로 변호사제도를 인식하고 변호사의 자격을 엄격히 통제하는 제도를 1949.11.7. 법률 제63호인 변호사법

35) 조용순 대법관은 대법관 퇴임 후 대법원장으로 임명되기 전 이승만 정부 하에서 제7대 법무부 장관과 사정위원회 위원장을 지내는 등 이승만 대통령의 신임을 받은 법조인이었다.

을 통해 마련했다.[36)]

(4) 지방자치법제 및 관련 법제

한편 중앙정부와 구별되는 지방행정과 관련해 제헌헌법은 제8장에 지방자치제도를 도입하고 지방자치단체에 지방의회를 필수적으로 설치함과 동시에 조례제정권을 보장하는 외에 지방자치제도의 구체화는 법률에 위임했다. 이 헌법적 위임에 대응해 일단 1948.11.17. 법률 제8호로「지방행정에 관한 임시조처법」이 제정됨으로써 지방행정단위의 대강이 마련됐다. 이 법은 임시적으로 지방행정 단위의 대강을 정해 지방행정에서의 법적 공백을 면하기 위해 제정됐고 부칙 제19조를 통해 유효 기간을 그 시행일로부터 6개월 이내로 정한 한시법이었다. 그러나 부칙상 기간 내에 정식입법이 이뤄지지 못하고 지방자치제도의 법제화를 위한 지방자치법은 1949.7.4. 법률 제32호로 제정돼 그해 8월 15일부터 시행됐다. 지방자치법은 지방자치단체의 종류를 정부직할 도와 서울특별시, 도의 관할 내에 시·읍·면으로 했다. 지방자치단체에 법인격을 부여하는 한편 조례나 규칙에는 법률의 특별한 위임이 있을 때에 한해 형벌을 과하는 규정을 제정할 수 있게 했다. 지방자치단체의 의회의 선거, 조직 및 운영 관한 규정이 지방자치법의 주요 내용이었다.

지방자치법은 제정 후 반년도 못된 1949.12.15. 법률 제75호로 일부 개정돼 지방의회의원 수를 조정하고, 비상사태 하에서 대통령에게 지방의회의원선거를 연기 또는 정지할 권한을 부여하는 한편, 도지사에게 관내 시, 읍, 면장이 법령에 위반되는 행위를 했을 때에는 법률이 정하는 바에 따라 탄핵재판소에 그 파면의 소추를 할 수 있도록 했다.

제3대와 제4대 국회에서 지방자치법도 일정 부분 개정됐다. 1956.2.13. 법률 제385호 개정 법률은 지방의회의원의 정원을 감축하는 등 지방의회 운영에 관한 조정을 하는 한편 시·읍·면장의 직선제를 채택하면서도 자치단체의 장에 대한 불신임결의제도와 자치단체의 장의 의회해산제를 폐지했다. 1956.7.8.의 법률 제388호는 도 및 서울특별시의 의회의원선거구를 변경했고, 1958.12.26.의 법률 제501호는 시·읍·면장 및 동리장의 선거제를 폐지하고 임명제로 전환함과 동시에 지방의회의원의 임기를 3년에서 4년으로 연장했다.

---

36) 이처럼 전문직역의 하나인 변호사의 공적 성격을 과도하게 강조하고 자격 제한을 엄격히 함으로써 변호사 수를 엄격히 통제하고 다양한 배경을 가진 변호사 가운데 판사와 검사를 임용하는 것이 아니라 오히려 퇴직한 판사와 검사가 변호사직을 수행하는 것이 원칙이 되어 전관예우 논란을 만성화시키는 기형적 변호사제도를 고착화시키는 계기가 됐다.

(5) 기타 법제

법령상 헌법기관 조직 및 작용법제와 관련해 특기할 것은 제2차 개정헌법(1954년 헌법)에서 국민투표제를 도입했음에도 불구하고 실제로 국민투표법이 제정되지는 않았다는 점이다. 초대 대통령 3선 허용이라는 정치적 쟁점이 강했던 당시의 헌법개정운동에서 국민투표제 도입을 명분으로 국민 주권을 강화한다는 선전활동이 활발했음에 비춰 후속 입법의 미비는 시사하는 바가 크다.[37]

표 2-1-1 이승만 정부기 정립된 주요 헌법기관 조직 및 작용법제

구분	해당 법령
국회	국회법, 국회의원선거법
행정부	정부조직법, 심계원법, 검찰청법, 대통령·부통령선거법, 사정위원회규정(대통령령)
법원	법원조직법, 반민족행위재판기관임시조직법, 검찰청법,* 변호사법*
지방자치단체	지방자치법, 지방행정에 관한 임시조처법

*: 사법절차와 관련된 법제로 법원 관련 법령으로 분류함.

3. 일반 조직 및 작용법제

헌법기관을 제외하고 국가 운영의 기초를 이루는 다양한 국가기관의 구성 및 그 기본 작용에 관한 법률의 제정도 꾸준히 이뤄졌다.

1) 국군조직법과 병역법

우선 국가의 창설은 국가의 존립과 국토의 방위를 전제로 하므로 군사제드의 창설 또한 기본적인 요청이었다. 제헌헌법에 의해 국토방위의 신성한 의무를 수행함을 사명으로 하여 대통령을 통수권자로 하여 설립되는 국군의 조직과 편성은 법률로 정하도록 돼 있었다.[38] 이에 근거해 국군조직법이 국군을 육군과 해군을 기본으로 편성되는 것을 내용으로 하여 1948.11.30. 법률 제9호로 비교적 빠른 시기에 제정됐다.

국군의 구성을 위해 필수적인 병역의 충원에 관한 법률은 1949.8.6. 법률 제41호로

37) 한편 국회를 우회해 국회의 결정을 국민투표로 번복하기 위해 이승만 대통령이 국민투표제에 집착했다는 분석이 있다(정재현, 2013: 65-66).

38) 제헌헌법 제6조 및 제61조.

제정됐다. 이 법은 국군조직법 제정 이후 긴급한 필요에 의해 1949.1.20. 대통령령 제52호로 제정돼 병역 충원에 관한 사항에 관한 법적 임시조치로 기능했던 「병역임시조치령」의 법 형식적 흠결을 치유했다. 병역법은 1951.5.25. 일부 개정을 통해 병역의 역종에서 호국 병역을 삭제하고, 청년에 대한 군사훈련제도를 폐지하는 일부 개정이 있었다.

제3대와 제4대 국회에서 병역법의 전부 개정이 있었다. 1957.8.15. 법률 제444호는 병역의 종류를 전면적으로 개편해 현역·예비역 및 국민병역으로 구분하며, 예비역과 국민병역은 다시 제1·제2로 구분하고, 현역의 복무 연한을 육군 2년, 해군 3년(해병대는 2년), 공군 3년으로 했다. 또한 재학생에 대한 군사훈련을 실시할 수 있게 하고 우대책을 마련했다. 또한 전시·사변 기타 국방상 필요한 때에는 예비병 및 국민병을 소집하도록 하는 등 전체적으로 국군의 조직과 영향력을 강화하는 방향으로 병역법의 개정이 이뤄졌다.

2) 국가재정 관련 법제

국가의 운영은 국가재정에 의해 실질적으로 뒷받침된다. 국가재정은 세제의 정비에 의해 이뤄지며 근대국가의 발전은 "대표 없는 과세 없다(No taxation without representation)"는 원칙에 따라 이뤄진 세제의 합리화와 더불어 가능했다고 해도 지나치지 않다. 제헌헌법은 제38조에서 국민에게 납세의 의무를 부과하는 한편 제59조에서 "조세의 종목과 세율은 법률로 정한다"고 규정해 조세법률주의를 채택함으로써 재정민주주의를 확인했다. 각종 세법은 이러한 국가재정의 근간을 확보하는 법제로서의 중요성을 가지기 때문에 제헌헌법은 과도기적으로 적용되던 일제 법제인 조선소득세령을 폐지하는 소득세법을 1949.7.15. 법률 제39호로 제정했고, 역시 조선소득세령의 적용을 받던 법인에 대한 과세를 분리해 1949.11.7. 법률 제62호로 법인세법을 제정했다.

제헌국회에서 제정됐던 소득세법과 법인세법은 세법으로서의 특성상 사회 변화에 수시로 대응해야 하는 상황을 반영하여 수차례 지엽적인 과세 범위와 조세범 처벌 규정의 개정을 거쳤다. 특기할 것은 소득세법을 전면적으로 개편한 일인데, 제3대 국회 막바지에 구소득세법을 폐지하고 신법이 제정됐다(1954.3.31. 법률 제319호). 전후 복구와 산업 부흥을 세제 면에서 뒷받침하기 위한 개편을 명분으로 했으며 전시의 조세징수법이나 조세특례법을 통합 정리하는 것이 목적이었다.

국가재정의 한 축인 통화 발행과 관리를 위한 국고은행으로 한국은행을 설치하는 한국은행법은 제헌국회의 임기 종료 직전인 1950.5.26. 법률 제138호로 제정됐다. 한국은

행법은 일제 강점기 국고은행으로 기능했던 조선은행의 지위를 승계하는 경과 규정을 두었다.[39]

국가의 운영을 위한 재정작용은 그 기반을 형성하는 국유재산의 운용을 전제로 한다. 따라서 국유재산을 보호하고 그 관리에 적정을 기하는 것은 국가 운용의 기초라고 할 수 있다. 국회는 1950.4.8. 법률 제122호로 국유재산법을 제정해 국유재산의 범위, 구분과 종류·관리기관과 처분기관 등을 정하는 법적 근거를 마련했다. 국유재산법은 제3대 국회에서 전면 개편됐다. 1956.11.28. 폐지 제정의 방식으로 확정된 법률 제405호는 1년 뒤인 1957.11.14. 시행됐는데 신법의 전면 제정을 통해 국유재산의 범위를 조정하고 국유재산의 분류를 종전의 행정재산과 보통재산에서 행정재산·보존재산 및 잡종재산으로 세분하며, 보존재산의 운용·처분은 행정재산에 준하도록 하고 국유재산의 무단 사용·수익행위 등에 대한 벌칙을 강화했다.

3) 일반행정작용법제

한편 국가기관의 조직은 행정 집행을 목적으로 하는 것이므로 행정작용법을 필요로 한다. 개별행정작용법과는 별도로 일반행정작용법을 통해 행정의 실효성을 확보하는 한편 불법적 행정작용에 대한 사후구제법제를 마련할 필요가 있다. 예컨대 행정 의무의 이행 확보를 위해 행정대집행법이 1954.3.18. 법률 제314호로 제정됐고, 불법행정에 대한 구제를 위해 1951.8.3. 법률 제211호로 소원법(訴願法)이, 1951.8.24. 법률 제213호로 행정소송법이 제정됐다. 또한 불법적 행정작용에 의한 손해배상법제인 국가배상법은 1951.9.8. 법률 제231호로 제정됐다.

4. 체제전환기 과거 청산 및 신체제 기본 질서 수립을 위한 법제

기본적 조직법제는 아니지만 국가성립기에 서둘러 제정된 법률의 면목을 보면 법제 정립을 위한 태도를 간접적으로 엿볼 수 있다. 대체로 국가 성립기에는 구체제 청산과 신체제 기본 질서 수립을 위한 법제가 당연히 뒤따르게 되고 초대 정부인 이승만 정부기에도 이러한 경향은 필연적이었다.

---

39) 제정 한국은행법(법률 제138호) 제117조부터 제119조 참조.

1) 과거 청산 법제

헌법과 동시에 공포된 정부조직법에 뒤이어 법률 제5호로 국회법을 제정하기 전 세 가지 법률이 새로운 국가의 최초 정부의 기초로 제정됐는데, 사면법(법률 제2호), 반민족행위처벌법(법률 제3호), 연호에 관한 법률(법률 제4호)이 그에 해당된다. 이들 법률은 식민 체제라는 과거를 청산하기 위한 핵심적 현안에 대한 대응이었다. 사면법의 경우 새로운 국가 창설로 기성 체제인 식민 체제의 형벌 체계에 의해 수형된 국민들의 법적 지위를 회복하기 위해 시급한 법률이었다. 국회는 1948.8.30. 법률 제2호로 "조국의 광복과 정부 수립에 맞추어 현재 각 감옥에 수감되어 있는 2만여 명의 죄수를 사면함으로써 조국 광복의 기쁨을 같이 하고 이들에게 재생의 기회를 부여하기 위하여 사면 · 감형 및 복권에 관한 사항을 정하려는 것"임을 입법 취지로 밝히고 있다.

역시 같은 이유로 일제 식민 체제에 부역함으로써 한민족의 정치적 가치를 근본적으로 훼손한 반민족행위처벌법 또한 새로운 국가의 정기를 바로 세우는 데 필수적인 법률이었기에 같은 해 9.22. 법률 제3호로 제정됐다.[40] 이 법은 해방 이전의 악질적인 반민족행위를 처벌하되, "국민의 기본권을 최대한 보장하도록 하기 위하여 그 죄질과 처벌 절차를 정함으로써 선량한 국민의 기본권이 침해되는 일이 없도록 하려는 것"이라고 선언함으로써 과거 청산에 있어 법치주의와 입헌주의의 기본 이념을 준수해 새로운 민주공화국의 기본 정신을 실천하고자 하는 의지를 보였다는 점에 그 의의가 있다. 이 법률은 제정된 후 두 달여 만에 조사 업무의 실효성을 확보하기 위해 특별조사위원에게 사법경찰관리를 지휘하고 명령할 수 있는 권한을 부여하는 한편, 검찰관의 부당한 불기소 처분을 통제하기 위해 재결정을 위한 특별절차를 보완했다(1948.12.7. 법률 제13호). 그러나 정치 현실에서는 친일 세력의 저항 때문에 반민족행위 처벌을 통한 일제 청산이 지지부진한 상황이 지속됐다. 이러한 현실은 법제적으로도 반영됐는데 1949. 7.20. 법률 제34호는 반민족행위처벌법상 공소시효를 법률 공포일부터 2년으로 하던 것을 1949.8.31.로 확정적으로 단축시키는 개정을 했다. 뒤이어 공소시효 만료로 사실상 사무가 종료된 특별조사위원회, 특별검찰부, 특별재판부는 더 이상 존속되기 여지가 없게 돼 이를 반영하는 법률 개정이 1949.10.4. 있었다(법률 제54호). 특히 이 개정법률은 잔여 사건의 처리를 대법원에서 처리하도록 했고 이 법률을 구체적으로 집행하기 위해 대법원에 임시특별부를 두도록 하는 「반민족행위 재판기관 임시조직법」이 제정됐다(1949.12.

40) 이 법은 제헌헌법 부칙 제101호에 의해 헌법적 근거를 특별히 인정받고 있다.

19. 법률 제78호). 이 법은 대법원 임시특별부를 대법원장의 상신에 의해 대통령이 임명하는 5인의 재판관으로 구성하되 대법관과 동일한 지위를 가지는 것으로 하고 경우에 따라서는 대법관 또는 고등법원판사가 그 직무를 대리하게 할 수 있는 체제를 두었다. 재판부의 동일성을 훼손하면서도 과거 청산사법 체제의 효율성을 위한 변칙적 재판기관 구성을 허용하는 법률이라고 할 수 있다. 1949년 하반기의 공소시효의 단축과 특별조사위의 해체는 반민족행위를 처벌해 민족 정기를 세우는 작업이 원려의 의도와는 달리 지지부진하게 된 현실을 여실히 보여주는 것이었다. 반민족행위처벌법은 6·25전쟁이 한창이던 1951.2.14. 법률 제176호에 의해 폐지됐다.

2) 신체제 기본 질서 형성을 위한 법제

또한 과거 청산과 더불어 새로운 국가의 근본 질서와 기강을 바로 세우는 데 필요한 법률도 시급한 법제 현안이었다. 1948.9.25. 법률 제4호로 제정된「연호(年號)에 관한 법률」은 대한민국의 공용 연호를 단군 기원으로 선언함으로써 독립자주국의 위상을 확고히 하기 위한 것[41]으로 국가형성기의 기본적 법제로서의 성격을 갖춘 것이라는 점에서 역시 시급성을 띤 법률이었다.

1948.10.9. 법률 제6호로 제정된「한글 전용에 관한 법률」은 대한민국의 공용문서를 한글로 선언해 독립자주국의 문화적 기초를 분명히 했다는 점에서 역시 체제 수립기의 핵심적 법제라고 할 수 있다. 연호나 한글 전용 정도에 이르지는 않지만 독립국으로서의 위상을 드러내고 국민들이 그 정체성을 공유하도록 하는 방법으로는 국가의 경사스러운 날을 국경일로 정해 기념하는 방법이 있는데, 제헌국회는 1949.10.1. 법률 제53호로「국경일에 관한 법률」을 제정해 독립국으로서의 위상과 관련된 독립운동의 상징인 3·1운동을 기념하는 3·1절, 헌법기념일인 제헌절(7.17), 독립기념일인 광복절(8.15), 역사적 개국일인 개천절(10.3) 등 4일을 국경일로 지정했다. 같은 취지로 건국 등 국가유공자에 상훈으로 포상하는 법령도 제정됐는데 대표적으로 1949.4.27. 대통령령 제82호로 제정된 건국공로훈장령이 있다.[42]

한편 대한민국을 구성하는 국민의 자격 요건을 법률로 정하도록 제헌헌법 제3조가

41) 그러나 이 연호는 외교관계는 물론 일반행정에 많은 비효율성을 초래한다는 이유로 1961.12.2. 법률 제775호로「연호에 관한 법률」을 개정해 서기 연호로 바뀌었다.

42) 건국공로훈장령 등 각종 훈장령을 통합해 법률로 격상된 통합을 추진한 것이 1963.12.14. 법률 제1519호로 제정된 상훈법이다.

규정하고 있어 국적에 관한 법률의 제정이 시급히 요청된 바 1948.12.20. 법률 제16호로 국적법이 제정됐다. 국적법은 부계혈통주의와 단일국적주의를 원칙으로 했다.

5. 생활영역 법제

1) 개관

제헌헌법 부칙 제100조는 "현행 법령은 이 헌법에 저촉되지 아니하는 한 효력을 가진다"고 규정해 헌법에 합치하는 기성 법령의 지속적 적용을 허용하고 있었다. 국가 건설의 중요성을 감안할 때 우선 국가조직 체제 중심의 법제 정비에 우선할 수밖에 없는 사정을 충분히 인정할 수 있기에 이러한 기성 법령의 지속은 불가피한 것이었다. 그러나 일제나 군정기는 엄연히 대한국민이 자주적으로 법제를 정비했다고 보기에 어려움이 있고 그 근본 가치나 이념에 차이가 있으므로 새로운 국가 이념에 충실하면서 새로운 사회적 · 경제적 여건의 변화를 수용하는 생활영역 법제를 정비하는 것은 새로운 국가의 중요한 과제이기도 했다. 특히 일상적인 법률생활의 기초를 이루는 민사법제와 형사법제는 생활영역 법제의 근간을 이루는 것으로 왕조 시대의 봉건적 유산과 식민통치기의 억압적이고도 차별적 요소를 극복해 명실상부하게 근대적인 기본 법제를 마련해 자유롭고 민주적인 국가 체제에 부합하는 생활영역 법제의 기틀을 마련할 필요성이 있다.

이러한 필요성은 비교적 일찍 인정돼 정부 수립 직후인 1948.9.15. 대통령령 제4호로 법전편찬위원회 직제가 공포돼 "민사, 상사 및 형사의 기초 법전과 기타 소송, 행형 등 사법법규의 자료를 수집 조사하며 그 초안을 기초, 심의"하는 법전편찬위원회가 설치됐다. 법률전문가가 태부족이어서 제대로 된 법제 정비에 한계가 있을 뿐만 아니라 신생국의 특성상 부족한대로 기성 법률의 의용이 가능했던 생활영역 법제의 기본법제 정비는 국가정책의 우선순위에서도 후순위로 간주돼 이승만 정부기에는 제대로 성사되지 못하고 일본 식민 시대의 법제를 상당 부분 의용하는 임시 체제가 지속됐다.

2) 민사법제

민사법제의 일제 의용 체제는 이승만 정부기의 특징을 이룬다. 다만 독립 및 전쟁으로 인한 특수 상황을 해결하기 위한 민사부속법령이 민사기본법의 일제 청산보다 앞당겨 제정됐을 뿐이다. 예컨대, 「법원재난에 기(基)한 민형사사건 임시조치법」(1950.3.22. 제정 법률 제113호), 「민사소송비용법」(1954.9.9.제정 법률 제336호), 「민사소송인지법」

(1954.9.9. 제정 법률 제337호) 등이 그에 해당된다.

시민생활의 기본법인 민사법제가 일본 민법전의 의용 체제를 형식적으로나마 청산한 것은 1958.2.22. 법률 제471호로 민법이 제정되고 2년 후인 1960.1.1. 시행되면서부터다. 정부 수립 후 무려 10년이 흐른 후 시민생활의 기본법이 일제법의 굴레를 형식적으로나마 벗어던진 것이다.[43] 민법은 총칙·물권·채권·친족·상속의 5편으로 구성됐으며, 프랑스 민법의 영향이 강했던 일본 의용민법에 비해 독일법의 영향이 강화된 것으로 평가된다(법제처, 1999). 민법의 제정과 더불어 주요 민사부속법령인 호적법(1960.1.1. 제정 법률 제535호)과 부동산등기법(1960.1.1. 제정 법률 제536호)이 이승만 정부 말기인 1960. 연초 같은 날에 제정되고, 민법상 법률 쟁송의 사법적 해결의 전제가 되는 민사소송법[44]은 1960.4.4. 법률 제547호로 제정됐는데 이 법률이 이승만 정부기 마지막 법률이 됐다.[45]

3) 형사법제

일반생활 법제였던 민사법과는 달리 체제의 성격에 따라 억압적으로 악용될 여지가 큰 형사법제는 일제의 비민주적 성격에 비춰 시급히 개정될 것이었음에도 불구하고 정부 수립 후 3년의 세월이 흐른 후 제2대 국회기인 1951.4.13. 국회에 제출됐다가 역시 2년여의 심의 끝에 1953.9.18. 법률 제293호로 제정돼 10.3.부터 시행됐다. 제헌헌법 제정과 그에 따른 정부 수립 이후 5년 만에 식민 형법에서 독립된 형법이 제정된 셈이다. 더구나 적법절차가 중요한 형사절차상의 특수한 요청에도 불구하고 또 다른 형사기본법인 형사소송법은 법률안 거부권 행사 등 우여곡절 끝에 1954.3.19. 국회 재의결에 의한 법률로 확정돼 5.30. 시행돼야 했으나 정부가 위헌적으로 공포를 9.23.까지 미뤄 공포일이 시행일보다 늦는 홍역을 치러야 했다. 반면 체제수호특별형법인 국가보안법은 1948.12.1. 법률 제10호로 제정됐으며, 그 이후 죄형을 더욱 강화해 실효성을 제고하기

---

43) 민사법제 등 사법 관련 법제의 제1차적인 정상화는 1962년 소위 제3공화국의 출범과 더불어 본격화되 이뤄졌다. 특히 생활영역 법제의 기본법인 민사법 체계의 정비는 1961.7.15.「구법령 정리에 관한 특별조치법」을 법률 제659호로 제정하고, 그에 따라 법제처에 구법령정비위원회가 설치된 후 이뤄졌다(법제처, 1999: 일본 법제의 의용 및 극복).

44) 이 민사소송법이 제정되기 전까지는 일제하인 1912년에 공포된 조선민사령 제16조 내지 제72조에 의해 일본민사소송법이 부분적으로 의용되어 왔다. 이러한 상태는 미군정시에는 미군정 법령 제21조로, 대한민국 정부 수립 이후에는 제헌헌법 제100조에 의해 그 효력을 승인받았다.

45) 시민생활 중 경제생활 관련 핵심 법제의 하나인 상법은 4·19민주혁명에 의한 소위 제2공화국에서도 일본법의 용체제를 청산하지 못하고 5·16에 의해 설치된 국가재건최고회의에서 1962.1.20. 법률 제1000호로 제정돼 1963.1.1.부터 시행했다.

위해 이승만 정부기 동안 모두 세 차례[46]나 개정됐다. 새로운 국가질서 형성기의 분주한 상황 속에서 일반형법의 정비에 앞서 특별형법으로 국가보안법이 가장 먼저 제정된 입법군에 포함된 것은 분단 체제가 일반국법 질서를 압박하는 정도를 가늠할 수 있는 법제 형성 과정이라고 할 수 있다.

형사법과 형사소송법이 정권 유지의 수단으로 활용될 수 있는 가능성 때문에 국회에서의 입법 과정은 정치관계법 못지않은 긴장 속에 이뤄졌다. 형사법의 부속법령 또한 현실적 집행의 필요성 때문에 일부 민사법 부속법령의 경우와 마찬가지로 형사기본법제의 적절한 제정 이전에 이뤄졌다. 예컨대 죄수를 수형시키는 데 전제가 되는 행형법(行刑法)은 1950.3.2. 법률 제105호로 제정됐다. 이 밖에도 1950.4.21. 법률 제130호로「군정법령 폐지에 관한 법률」, 1951.9.8. 법률 제216호로「벌금 등 임시조치법」등이 제정됐다.

4) 사회법제 등 기타 법제

한편 새로운 국가 수립의 특수 상황상 사회경제적 안정을 위해 필요한 사항에 대해서는 적극적 입법이 불가피했다. 예컨대 생활필수품의 안정을 위한 정부의 적극적 역할을 위한 법적 근거를 마련하기 위해 생활 관련 법제의 제정은 비교적 신속히 제정됐다. 대표적으로 다른 핵심적 국가조직법제와 더불어 1948.10.9. 법률 제7호로 제정된 양곡매입법은 국민의 균등한 식생활의 보장 및 국민경제의 안정을 도모하기 위해 정부의 주요 양곡 매입에 관한 기본 사항을 정하기 위해 제정됐다.

나아가 제헌헌법은 사회경제 영역에서 국가의 적극적 조성 및 유도 기능을 명문화하고 있어 수정자본주의적 성향이 짙었다. 따라서 사회경제 영역과 같은 생활 영역에 국가로 하여금 국민의 권리 보호를 위해 적극적 개입을 하고 환경을 조성하도록 입법 의무를 부과했다. 따라서 헌법이 입법 의무를 부여한 생활 영역, 예컨대 교육을 받을 권리를 보장하기 위한 교육제도(제헌헌법 제16조), 근로의 권리를 보장하기 위한 근로조건(제헌헌법 제17조), 근로3권(제헌헌법 제18조), 노령, 질병 기타 근로 능력의 상실로 인해 생활유지의 능력이 없는 자의 보호(제헌헌법 제19조), 혼인의 순결과 가족의 건강에 대한 특별한 보호(제헌헌법 제20조), 농지의 분배(제헌헌법 제86조)를 위한 입법은 헌법적 명령이었기에 순차적으로 제정되지 않을 수 없었다. 교육법, 노동법, 농지개혁법 등이 대표적이다.

---

46) 1950년과 1959년 각각 두 차례와 한 차례씩 개정됐다.

제헌국회는 1949.12.31. 법률 제86호로 교육법을 제정해 헌법 규정에 따라 교육에 관한 기본적인 사항을 규정했다. 홍익인간 이념에 입각한 교육의 목적과 기본 방침을 분명히 함과 동시에 교육은 그 본래의 목적 이외의 정치적·파당적 목적으로 이용될 수 없도록 했다. 국·공립학교는 특정 종교를 위한 종교교육을 할 수 없도록 금지하고 민주국민으로서의 기본 자질을 갖추도록 하기 위해 초등교육을 의무교육으로 하는 한편 교육의 충실을 기하고 양질의 교원 확보를 위해 교원의 신분을 보장하도록 했다. 1950.3.10.의 법률 제118호와 1951.3.20.의 법률 제178호에 의한 교육법 개정 법률은 학제를 현재와 같이 국민학교 6년, 중학교 3년, 고등학교 3년의 체제로 정립했다. 1951.12.1.의 법률 제228호 교육법 개정법률은 국고에서 의무교육비의 재원이 부족한 교육구, 시 또는 특별시에 대해 부족 전액을 보조하도록 의무화함으로써 의무교육을 정상화하고자 했다.

제헌헌법상 노동관계에 관한 입법 의무가 있음에도 불구하고 이승만 정부기 노동 분야 입법은 지지부진했다. 군정법령 제121호 최고노동시간법, 군정법령과도정부법령 제4호 미성년자노동보호법 등이 존재했고, 제2대 국회기에 이들 군정기 법령을 대체하는 근로기준법과 노동조합법이 제정되기는 했으나 명목적인 수준에 그치고 엄격히 적용되지는 못했다. 법률 제286호로 1953.5.10. 제정된 근로기준법은 근로계약 체결 시 사용자가 근로자에 대해 임금, 근로시간 기타의 근로조건을 명시하도록 하고 사회부는 일정한 사업 또는 직업에 종사하는 근로자를 위해 노동위원회의 동의를 얻어 최저임금을 정할 수 있도록 했다. 근로시간은 1일에 8시간, 1주일에 48시간을 기준으로 하나 당사자의 합의가 있을 경우에는 1주일에 60시간까지 할 수 있도록 하고, 특별한 사정이 있어 사회부의 인가를 얻은 경우에는 근로시간을 연장할 수 있도록 했다. 근로조건의 기준을 확보하기 위해 사회부, 특별시, 도, 시 및 군에 근로감독관을 두도록 했다. 1953.3.8.의 법률 제280호로 제정된 노동조합법도 근로자의 자주적 단결권, 단체교섭권과 단체행동자유권을 보장하는 법률이었으나 현실적 운용 면에서 근로자의 권리를 보장하는 데는 미흡했던 것으로 평가될 수 있다.

한편 농지개혁은 해방 이후 남북분단 체제에서 사회적 안정과 체제 경쟁에서의 우위를 정하기 위한 핵심적인 현안이었다. 남조선과도정부법령 제173호를 통한 해방 후 정부 수립 전의 농지개혁은 제대로 실현되지 못했다. 해방 후 최대 현안인 농지개혁을 위해 농림부에서 초안이 마련된 농지개혁법안이 국무회의를 거쳐 수정된 후 국회에 이송됐으나 제헌국회에서는 산업위원회에서 독자적으로 마련한 농지개혁법안을 중심으로 입법 과정을 진행했다. 지가문제 및 소유 상한 등에 대한 논란 끝에 1949.4.29. 국회를 통과한 농지개혁법안은 정부에 의해 환부 거부됐고 국회는 1949.6.15. 이를 재의결했다. 결국 정부가 이 법률을 1949.6.21.에 공포하고 이 날부터 시행됐다. 이 법에 의거해 농지위원회가 설치되고 경자유전(耕者有田)의 원칙에 따라 정부가 농지를 매수하고 이를 유상분배하는 방식으로 농지개혁이 진행됐다. 1950.3.10. 법률 제108호 농지법 개정법률은 지가보상제를 철폐하고 분배 농지에 대한 상환제도를 정비했다.

제 4 절 성과 및 평가

1948년부터 12년 여간 지속된 이승만 정부기의 법제 정립은 역대 어느 정부에서의 법제 정립과도 다른 역사적 특수성을 배경으로 하고 있다. 일제의 식민 지배로부터 해방된 후에도 미군정의 통치를 받은 후 민주공화국으로서 새로이 출범한 대한민국의 초대정부였기 때문에 국가 건설(state-building)의 과제를 특별히 부담하고 있었기 때문이다. 국가 건설의 과제는 인류 역사의 산물인 입헌주의와 법치국가의 이념에 따라 법제화를 필연적으로 요구하게 된다. 새로운 헌법의 제정, 헌법의 이념과 제도를 구체적으로 실현하기 위한 하위 법제의 형성이 이 시기 법제 정립의 주요한 내용을 이루게 된다. 이승만 정부기의 국회와 정부는 제헌헌법을 제정하고 이를 바탕으로 정부조직법, 국회법, 법원조직법 등 주요 3권에 대한 조직 및 작용법제를 정립했다. 또한 이들 기본 질서를 뒷받침하는 일반 국가기관 및 제도의 조직 및 작용법제 또한 꾸준히 정립했다. 국군조직법, 병역법, 각종 세법, 한국은행법, 국유재산법, 소원법, 행정소송법, 국가배상법 등 국가의 기본적 운영에 관한 기본 사항을 뒷받침하는 법률들이 속속 형성됐다.

한편 새로운 국가 건설에 필연적인 과거 청산과 미래 지향적 질서 정립에 필요한 과제를 법제화하는 것도 초대 정부기에 해결돼야 할 현안이었다. 구체제에 형사적 탄압을 받았던 국민들을 새로운 법질서에 맞춰 그 법적 지위를 복원하고 민족정기를 훼손해 민족에 고통을 준 반민족행위자에 대한 심판이 시급했고 이를 뒷받침하는 사면법과 반민족행위처벌법 등이 제정됐다. 연호, 공용어 등에 대한 법률도 속속 정비됐다.

마지막으로 일상생활에 대한 법제는 기성 법제의 안정적 전환을 통해 일상생활의 안정성을 확보하기 위해 신중하게 처리된 면이 있다.

이승만 정부기 법제 정립을 이러한 시대적 상황을 배경으로 정리하고 평가하면 다음과 같이 정리할 수 있다.

첫째, 민주공화국으로 출범한 새로운 국가의 초대 정부로서 새로운 국가의 기본 가치와 조직에 관한 법제의 정비는 큰 틀에서 새로운 지향 가치와 그에 걸맞은 조직 및 운용 방법을 고려해 이뤄지지 않을 수 없었고 완벽하다고 할 수는 없지만 기본적 헌정 질서 수립에 필요한 법제 정립을 무난하게 마무리한 것으로 평가할 수 있다. 후속 정부의 법제는 이러한 초대 정부의 법제에 기초해 발전할 수 있는 토대가 마련됐던 것이다.

둘째, 국민국가 내부의 체제 전환이 아니라 외세인 일제의 식민 지배로부터의 해방이 새로운 국가 건설의 계기라는 점에서 일제의 식민 지배를 전제로 하는 법제의 유산을 청산하는 것 또한 새로운 정부의 법체제 정립의 주요한 과제였다. 그러나 반민족행위자처벌법에 의한 과거 청산은 6·25전쟁이라는 특수한 상황의 전개를 맞아 소기의 성과를 달성하는 데 미흡한 면이 없지 않았고, 이후 권위주의 시대를 거쳐 민주화 시대를 맞아 과거 청산이 끊임없이 사회적 현안이 되는 원인이 됐다.

셋째, 새로운 국가의 수립이라고 하더라도 일상적인 사회경제생활은 기성 체제의 영향권에서 완전히 절연되는 것이 어려울 뿐 아니라 비효율적이므로 생활법제나 국민생활과 직접 연계되는 하부 지배구조를 형성하는 법제는 당분간 기성 법제를 계속 수용하는 체제를 가지지 않을 수 없었다. 특히 민사법제의 일본 의용 체제가 새로운 국가와 정부 수립 이후에도 무려 10여 년간 유지된 것은 법적 전문가의 부족 등 현실적 한계에도 불구하고 좀 더 속도감을 가졌다면 좋았을 것이라는 아쉬움을 남겼다. 다만 법치국가의 문화가 약하고 사회경제적 현안이 산적한 새로운 국가건설기에 형식적인 성격이 강한 법제 정비보다는 당장 시급한 현실적 현안 해결에 정부 역량이 집중되기 쉬운 환경이라는 점도 이 시기의 법제정책을 평가하는 데 고려돼야 할 것이다.

넷째, 특수한 헌법적 조건인 분단으로 인한 체제 안정을 위해 법제의 내용에서도 이데올로기적 편향이 발생할 수 있는 특수성이 있다. 또한 전쟁의 경험을 통해 비상사태나 전시와 관련한 법제가 활발하게 된 계기가 됐다는 점도 특색이라고 할 수 있다. 예컨대 특별형법으로서의 국가보안법의 제정이 대표적이다.

다섯째, 법제의 정립은 형식적 법규범의 창설만으로 그 목적을 달성할 수 없다는 점에서 법제 정립의 기초가 되는 법 존중 의식이 철저히 뿌리내렸는지에 대해서는 역사적 평가가 좀 더 진행될 필요가 있다. 예컨대, 양원제를 규정한 제1차 개정헌법의 경우 실제로 단원제로 운영됐던 사실에서 볼 수 있듯이 헌법이 규정한 핵심적 국가기관을 설치하지 않는다거나 제헌헌법상 국무원을 의결기관으로 했으나 제대로 운영되지 않은 것에서 보듯 헌법이 규정한 것과는 달리 정치 현실에서 위헌적 관행을 발전시키는 경우가 없지 않은 등 많은 사례들을 향후 법제정책을 평가할 때 주목할 필요가 있다.

참고 문헌

권영설 (2004). 배심제 · 참심제의 도입 논의와 그 헌법적합성의 문제. 법과사회, 26: 97-122.

김영수 (2000). 한국헌법사. 서울: 학문사.

김종철 · 이지문 (2002). 감사조직의 개편 방향: 감사원의 소속과 기능의 재편론을 중심으로. 공법연구, 31(2): 195-223.

______(2014). 공화적 공존을 위한 정치개혁의 필요성과 조건: 정부형태 개헌론을 넘어서. 세계헌법연구, 20(1): 63-92.

김철수 (1988). 한국헌법사. 서울: 대학출판사.

법제처 (1999). 대한민국법제50년사. 서울: 법제처.

이종수 (2003). 시민의 사법참여에 관한 헌법적 검토. 법과사회, 25: 9-29.

정재현 (2013). 1954년 개헌문제와 자유당의 갈등. 성균관대학교 대학원 석사학위 논문.

한태연 (2002). 한국헌법과 헌법학의 회고. 헌법학연구, 8(1): 9-52.

황성기 (2004). 한국에서 참심제와 배심제의 헌법적합성. 법과사회, 26: 123-143.

제 2 장

군대, 경찰 체제 확립

남정옥
군사편찬연구소

제 1 절 정책의 추진 배경

1. 독립국가의 국군 및 경찰로서 출범

대한민국 군대와 경찰은 1948년 8월 15일 정부 수립과 함께 공식적으로 출범했다. 미군정으로부터 모든 행정권을 인수한 대한민국 정부는 미군정 시기에 설치된 군사조직(통위부 · 조선경비대 · 조선해안경비대)과 치안조직(경무부 · 국립경찰)을 대한민국 군대와 경찰로 새롭게 발족하게 됐다.

이후 대한민국 군대와 경찰은 여순 10 · 19사건, 38도선에서의 국경 충돌, 북한의 끊임없는 유격대 파견, 북한의 무력 도발로 시작된 6 · 25전쟁, 그리고 전후 복구 등 어려운 국가적 위기를 극복하며 국토방위 및 치안 유지의 핵심 수단으로서 체제를 확립해 나갔다.

대한민국 정부조직은 1948년 7월 17일 제정된 정부조직법에 근거를 두고 있다. 대한민국 정부는 미군정으로부터 모든 행정권을 인수함으로써 합법정부로서의 권위를 인정받게 됐다(내무부치안국, 1973: 66). 1948년 9월 13일 대통령령 제3호로 공표된 남조선 과도정부 기구의 인수에 관한 건(件)에 의하면, 내무부는 남조선 과도정부의 경무부·토목부·중앙선거관리위원회·중앙소방위원회와 그 소속기관을 인수했고, 국방부는 남조선 과도정부의 통위부(統衛部)와 그 소속기관을 인수했다. 이로써 미 군정시기 경비대와 경찰로 출발한 군과 경찰은 비로소 독립된 대한민국 군대와 경찰로서 공식적인 출범을 보게 됐다.

2. 국방 및 치안의 필요성과 법제화

국제사회에서 독립국가로서의 지위를 유지하기 위해서는 유사시 외부 침략으로부터 이를 방어할 수 있는 적정 수준의 국방력이 반드시 필요하다. 또 국내의 법질서와 치안을 유지하기 위해서는 경찰력을 필요로 한다. 어느 국가를 막론하고 국방력과 경찰력이 갖춰져야만 비로소 독립된 국가로서의 역할을 수행할 수 있을 것이다.

대한민국도 1948년 8월 15일 정부 수립을 전후해 헌법을 제정하고, 정부를 구성할 정부조직법(법률 제1호, 1948년 7월 17일)을 제정해 중앙행정조직의 법적 근거를 마련했다. 이러한 틀 속에서 독립국가의 군대와 경찰로서의 역할을 수행할 국방 및 치안기구 설치에 관한 법적 조치를 마련했다. 대통령령으로 공포된 국방부직제(대통령령 제37호, 1948년 12월 7일)와 내무부직제(대통령령 제18호, 1948년 11월 4일)가 바로 그것이다.

1948년 7월 17일 대한민국 법률 제1호로 제정된 정부조직법(제1조)에는 정부 행정조직의 대강을 정해 통일적이고 체계적인 국무 수행을 규정했다. 이어 정부조직법 제14조에는 행정 각부를 내무부, 외무부, 국방부, 재무부, 법무부, 문교부, 농림부, 상공부, 사회부, 교통부, 체신부를 두고, 각부에는 장관 1인을 둔다고 규정했다. 또 각 부에는 비서실, 국, 과를 설치해 운영하도록 했다.

정부조직법 제17조에는 국방부에 관한 내용이 규정돼 있다. 이에 따르면 군대는 국방부에 소속되며, 국방부 장관은 육·해·공군(1949년 10월 1일 육군에서 독립)의 군정을 장리(掌理)하도록 했다. 이를 위해 국방부에는 국방부본부, 육군본부, 해군본부를 설치해 운영했다(국방부직제 제1조, 1948년 12월 7일: 대통령령 제37호). 국방부본부에는 비서실, 제1국(인사·행정), 제2국(정신교육·보도), 제3국(군수·후생), 제4국(방첩·검찰) 및 항공국(航空局)을 설치했고(국방부직제 제2조), 육군본부에는 인사국, 정보국, 작전교육국, 군수국, 호군국(護軍局), 고급부관실, 감찰감실, 법무감실, 헌병감실, 재무감실, 포병감실,

공병감실, 통신감실, 병기감실, 의무감실, 병참감실을 두었고(국방부직제 제10조), 해군본부에는 인사교육국, 작전국, 경리국, 호군국, 감찰감실, 법무감실, 헌병감실, 의무감실, 병기감실을 두었다(국방부직제 제28조).

이후 국방부는 1949년 4월 15일에 해병대를 설치했고(해병대령, 1949년 5월 5일: 대통령령 제80호), 그 해 10월 1일 육군항공대를 육군에서 분리해 공군으로 독립시킴과 동시에 공군본부를 설치했다(공군본부직제, 1949년 10월 1일: 대통령령 제254호).[1] 이로써 국군은 육・해・공군의 3군 체제를 갖추게 됐다. 이러한 군의 3군 체제는 제1공화국 내내 유지됐을 뿐만 아니라 오늘날까지 군의 기본 체제로 존속돼 오고 있다.

경찰은 내무부에 소속되며, 내무부 장관은 지방행정, 선거, 치안, 소방, 도로, 교량, 하천, 수도, 건축과 통계에 관한 사무를 장리하고 지방자치단체를 감독하도록 했다(정부조직법 제15조). 이를 위해 내무부는 지방국, 치안국(治安局), 토목국, 통계국을 설치해 운용했다(내무부직제 제3조, 1948년 11월 4일: 대통령령 제18호). 치안국에는 경무과, 보안과, 경제과, 사찰과, 수사지도과, 감식과, 통신과, 여자경찰과, 소방과를 두었다. 각 과장은 경무관 또는 기정(技正) 중에서 임명했다(내무부직제 제6조).

이로써 경찰은 대한제국 경무청, 조선총독부의 경무국, 미군정 하 남조선 과도정부의 경무부를 거쳐 대한민국 출범과 함께 내무부 치안국으로 새롭게 출발하게 됐다(내무부치안국, 1973: 66-67). 이러한 경찰 체제는 이승만 정부의 제1공화국 내내 유지됐다. 이때부터 대한민국 군대와 경찰의 헌법상에 나타난 주요 임무와 역할은 국토방위[2]와 치안 유지였다.

하지만 6・25전쟁 이전 군대와 경찰은 38도선에서의 무력 충돌을 방지하거나 여순10・19사건과 같은 국내 소요와 폭동을 진압하는 경비 및 치안 유지 임무를 수행했다. 이후 군대와 경찰은 6・25전쟁을 겪으며 국가 수호를 위해 조직과 인력이 확대됐고, 전쟁이 끝난 이후 군은 국토방위의 주력으로서 성장과 발전을 거듭한 반면, 경찰은 본연의 임무인 치안 유지로 돌아오면서 조직과 인력이 전쟁 이전 상태로 환원했다.

---

1) 새로 창설된 공군본부에는 인사국, 작전국, 군수국, 감찰감실, 고급부관실, 법무감실, 재무감실, 의무실을 두었다(공군본부직제 제2조).
2) 국군은 국토방위의 신성한 의무를 수행함을 사명으로 한다(대한민국헌법 제6조, 1948년 7월 17일).

제 2 절 정책의 추진체계

1. 군대의 추진체계

1) 국방정책 방향

대한민국 정부 수립 이후 이승만 대통령의 국정운영 방침은 남북통일, 우방과의 군사적 유대 강화, 미국의 극동전략과 대한(對韓) 군사정책에 의거한 자위력의 강화, 그리고 북한지역의 자유선거에 의한 북한 수복의 실현이었다. 이러한 정부의 국정운영 방침에 따라 이범석 국방부 장관은 국방정책을 미국과의 연합국방과 강력한 지상군 육성에 두었다. 연합국방은 미국을 비롯한 우방국과의 긴밀한 유대 강화로 국토를 방위하는 집단안보적 개념을 뜻했다(국방부, 1987: 54).

그러나 당시 북한의 대남 도발이 점차 격화되고 남침 위협이 증대되자 이승만 대통령은 종래의 평화적 남북통일을 지양하고 무력에 의한 북진통일을 주창하기 시작했다. 하지만 이승만 대통령의 북진통일론은 실천적 차원의 통일정책이나 국방정책의 기조에 근거한 주장이 아니라 단순히 명목상의 구호에 불과했다. 이는 점증하는 북한의 대남 위협을 견제하고 국민들의 반공의식을 제고하기 위한 정략적 차원의 명분론에 지나지 않았다. 이승만 정부는 겉으로는 북진통일을 주장했으나, 내면적으로는 미국에 적극적인 대한 군사정책을 요구하면서 자체방위를 위한 군사력 육성에 주력했다(국방부, 1987: 54).

하지만 6·25전쟁 이전 미국의 대한정책은 한국 정부의 기대에 부응하지 못했다. 미국은 주한미군을 철수한데 이어 한국을 미국의 극동방위선에서 제외한다고 발표했다. 애치슨(Dean G. Acheson) 국무장관은 1950년 1월 12일 전국 기자클럽에서 행한 연설에서 미국의 극동방위선을 발표하면서 한국이 제외됐음을 공표했다. 이는 결과적으로 1950년 6월 25일 소련의 승인과 중국의 동의를 얻은 북한의 전면 남침을 불러오게 한 주요 요인으로 작용했다.

북한의 남침으로 시작된 6·25전쟁 동안 이승만 정부의 국가 및 국방정책의 목표는 38도선 무용론과 이에 따른 북진통일이었다. 이승만 대통령은 1950년 7월 19일 미국의 트루먼(Harry S. Truman) 대통령에게 보낸 서한에서 "소련의 후원으로 수립된 북한 정권이 무력으로 38도선을 파괴하고 남침한 이상 38도선이 존속할 이유가 없다"고 했고(한표욱, 1984: 94), 9월 20일 인천상륙 경축대회에서는 "이 전쟁이 이북에서 먼저 이남을 침략하였기 때문에 우리가 싸우게 된 것이므로 지금 38도선에서 정지할 이유도 없고 정지할 수도 없다. 38도선을 넘어 두만강·압록강까지 밀고 가서 공산도배(共産徒輩)들을 소탕해야 한다"고 강조했다(대한민국 공보처, 1953: 39-40).

1951년 7월 10일 유엔군 측과 공산군 측이 휴전협상을 통해 전쟁을 종결하려고 했을 때도 이승만 대통령은 "휴전을 국토 분단의 재현으로 단정하고 통일 없는 휴전을 강경하게 반대하면서 북한지역의 수복이 완료될 때까지 유엔군은 계속 전쟁을 해야 한다"고 주장했다. 그러나 한국 정부의 반대에도 불구하고 1953년 4월 이후부터 휴전협상이 타결될 가능성이 짙어지자 이승만 대통령은 휴전을 방해하지 않겠다는 조건을 내세우며 한미상호방위조약, 한국군 증강, 전후 경제원조 등을 요구했다. 이승만 대통령은 휴전 후의 안보 체제와 군사력 증강 그리고 경제재건을 위해 미국의 적극적인 지원을 유도하는 것이 좀 더 현실적인 대응책이라고 판단했던 것이다(국방부, 1987: 58).

전후 이승만 정부의 국방정책의 기조는 1953년 10월 1일 한미 양국이 워싱턴에서 체결한 한미상호방위조약을 토대로 한미동맹을 굳건히 하는 가운데 군 장비의 현대화, 군사력 증강, 정병주의(精兵主義) 구현, 군기 확립, 군수 지원의 강화 등에 역점을 두고 추진됐다.

2) 국방조직 및 제도

대한민국 정부 수립 이후 국방조직과 제도는 1948년 7월 17일 법률 제1호로 공포된 정부조직법, 1948년 11월 30일 법률 제9호로 제정된 국군조직법, 1948년 12월 7일 대통령령 제37호로 제정된 국방부직제령, 1949년 1월 20일 대통령령 제52호로 제정된 병역임시조치령(兵役臨時措置令), 1949년 8월 6일 법률 제41호로 제정된 병역법, 1949년 5월 5일 대통령령 제80호로 제정된 해병대령, 1949년 10월 1일 대통령령 제254호로 제정된 공군설치령, 1950년 2월 28일 대통령령 제282호로 제정된 군인복무령(軍人服務令)에 따라 조직됐다.

이에 따라 국방조직 및 직제는 국방부본부(비서실·제1국·제2국·제3국·제4국·항공국[3]), 참모총장(현 합참의장 해당) 및 연합참모회의(현 합동참모회의), 육군본부와 해군본

3) 항공국은 대통령령 제254호(1949.10.1.)로 공군이 창설됨으로써 공군본부에 통합됐다.

부로 이뤄졌다. 그러나 1949년 5월 9일 국방부 조직의 간소화 방침에 따라 국방참모총장 제도와 연합참모회의가 폐지되고(합동참모본부, 2009: 5), 공군본부와 해병대사령부가 새로 창설됐다.

6·25전쟁을 겪으면서 국방조직과 제도는 급격한 변화를 보였다. 이는 계속된 전투부대의 증편 및 개편을 뒷받침하기 위한 필수 불가결한 조치였다. 그 가운데 대표적인 기구로, 먼저 국방부에는 북한군 포로의 석방 여부를 심사하기 위해 중앙포로심사위원회를 두고 대구·대전·인천 등 주요 지역에 지구포로심사위원회(地區捕虜審査委員會)를 설치했다(국방부, 1987: 91). 1952년 3월 5일에는 국방부일반명령 제57호에 의거 계엄사령부 및 지방계엄사무소를 설치했고, 이에 따라 1952년 5월 10일에는 국무원공고(國務院公告) 제30호에 의거 계엄사령부를 경북 대구에 설치하고, 지방계엄사무소를 서울·인천·청주·대전·전주·광주·대구·부산·춘천에 두었다. 또한 1953년 3월 2일에는 국방부본부 헌병대를 신설해 운영했다. 헌병대 운영은 1949년 7월 29일 대통령령 제153호에 따른 헌병령(憲兵令)을 제정했으나, 그 운영이 원활하지 못하게 되자 1953년 3월 20일 국방부본부에 헌병총사령부를 창설해 육·해·공군 헌병을 단일 지휘 체계로 일원화시켰다(국방부, 1987: 94-95).

또한 전쟁 중 유엔군과의 긴밀한 협의와 육·해·공군 간 주요 작전에 대한 상호협조, 주요 국방정책과 계획 등에 관한 대통령을 자문하기 위해 임시합동참모회의를 설치하고, 의장은 각 군 참모총장이 2개월씩 돌아가며 맡도록 했다(국방부일반명령 제193호, 1952년 8월 23일). 그러나 전후 합동참모회의가 군령기관으로서 기능 수행에 문제점이 발생하게 되자, 1954년 2월 17일 대통령령 제873호로 상설기구로서의 합동참모회의를 대통령 직속으로 설치했다(합동참모본부, 2009: 10). 이후 합동참모회의는 1954년 법률 제367호 및 대통령령 제895호(1954년 5월 3일)에 의거 연합참모본부(聯合參謀本部)로 그 명칭이 변경되면서 임무도 확대됐다. 연합참모본부는 군령 면에서 대통령을 보좌하면서 전략 기본방침과 계획을 대통령에게 건의하고, 육·해·공군의 연계적인 협조를 추진해 나갔다(국방부, 1987: 99).

특히 국방부는 예비전력 확보를 위해 대통령령 제813호(1953년 7월 23일)에 의거 민병대령(民兵隊令)을 공표하고 민병대사령부를 창설했으며, 초대 사령관에는 신태영 육군중장을 임명했다. 민병대는 생업에 종사하면서 군사훈련을 받으며 향토방위를 담당했다. 민병대 조직은 국민학교(현 초등학교) 단위로 편성하되, 그 대상은 예비병, 보충병, 국민병으로 구성했다(민병대령 제1·2·3조, 1953. 7. 23.). 민병대사령관은 국방부 장관의 지휘 감독을 받음과 동시에 민병대와 관련해 각 지구 병사구사령관을 지휘 감독했다(민병대령 제25조).

또한 육・해・공군 참모총장 및 해병대사령관 임기를 2년으로 규정하고, 1차에 한해서 중임할 수 있도록 규정하고(대통령령 제825호, 1953년 10월 27일), 육・해・공군 총참모장의 명칭을 참모총장으로 개칭해 오늘에 이르고 있다. 이로써 이승만 정부의 국방조직은 군정을 담당하는 국방부와 군령을 담당하는 연합참모본부, 그리고 육・해(해병대 포함)・공군의 3군 체제를 유지하게 됐다.

3) 군사력

6・25전쟁 당시 국군은 육군 병력 94,000여명, 해군 7,700여명, 해병대 1,100여명, 해군 1,800여명 등 약 11만 명 수준이었다. 육군은 8개 보병사단과 2개 독립연대 및 지원부대로 편성됐고, 해군은 3개 정대와 훈련정대로 편성됐으며, 해병대는 2개 대대 수준을 유지했고, 공군은 연습기 및 훈련기 22대만을 보유하고 있었다(국방부, 1987: 327).

그러나 6・25전쟁을 거치면서 국군은 양적으로나 질적으로 비약적인 발전을 거듭했다. 1953년 7월 27일 정전협정 체결 무렵, 육군은 3개 군단, 18개 사단의 전투부대와 지원부대를 갖추고 있으면서 55만 명의 병력을 보유했다. 여기에 M-36전차, 155밀리 곡사포, 4.2인치 박격포 등의 중장비도 갖췄다(국방부, 1987: 328-329). 해군은 1개 함대를 주축으로 통제부, 경비부, 지원부대로 편성됐고, 병력은 14,863명으로 증가했다. 해병대도 1953년 정전 무렵에는 4개 보병대대, 1개 포병대대, 1개 전차중대로 편성된 제1전투단과 연대 규모의 도서부대(島嶼部隊)를 보유하게 됐고 병력도 22,174명으로 증가했다(국방부, 1987: 328-329). 공군도 1953년 정전협정 체결 무렵, 2개 비행단과 통신・기상・시설 등 지원부대를 갖췄고, 병력은 11,461명으로 증가됐다. 여기에 F-51전투기 80대를 보유하는 막강 공군으로 성장했다(국방부, 1987: 329).

이처럼 전쟁을 치르면서 육군은 3개 군단에 18개 사단, 해군은 1개 함대, 해병대는 1개 전투단, 공군은 2개 비행단으로 증강됐고, 총병력도 약 60만 명에 이르게 됐다. 또한 군은 6・25전쟁 이전 단 한 대도 없었던 전차, 전투함, 전투기 등 현대식 무기와 장비를 보유하게 됐다.

전후에도 국군의 전력 증강은 계속됐다. 이승만 정부는 미국의 지원에 힘입어 군을 양적 및 질적으로 발전시켜 나갔다. 그 결과 육군은 5개 군단 20개 사단으로 증편됐고, 해군은 2개 전단・2개 전대・함대훈련단 및 항공대로 증편됐다. 해병대도 제1해병사단 및 1개 여단으로 증편됐고, 공군도 2개 전투비행단으로 증편되면서 274대의 항공기를 보유하게 됐다. 이에 따라 국군의 병력은 한때 72만 명까지 확대됐으나, 1958년 63만 명 수준으로 감축된 후 60만 명 선을 유지하게 됐다(국방부, 1987: 330-331).

2. 경찰의 추진체계

1) 임무 및 기능

대한민국 정부 수립 이후 경찰은 정부를 전복하려는 북한군과 남로당 등 남한 내 공산주의자들의 무장폭동을 분쇄하며 '일면 치안(一面 治安), 일면 국방(一面 國防)'이라는 당면과제를 위해 심혈을 기울였다(대한민국참전경찰유공자회 편, 2003: 251). 이러한 경찰의 임무와 기능에는 국가원수 및 중앙청에 대한 경호경비를 비롯해서 치안 유지, 38도선 경비, 국내 폭동 및 소요사태 진압, 그리고 공비 소탕 등이 포함됐다.

6・25전쟁 이전 경찰은 38도선 전역에 지서, 파출소, 경비소를 설치해 군과 함께 38도선 경비 임무를 수행했다. 이에 따라 1,200명의 경찰관을 증원했고, 지서주임을 경위로 배치하는 등 38도선에서의 치안 확보를 위해 노력했다(경우장학회 편, 1996: 112).

6・25전쟁이 발발하자 경찰은 기본 임무인 치안 유지에 힘쓰는 한편, 국가 수호 및 후방 안정을 위해 노력했다. 이때 전시 체제로 전환한 경찰은 특히 후방지역의 안정과 이곳에서 준동하는 공산 게릴라에 대한 토벌작전을 전개해 많은 전과를 거뒀다. 이를 위해 전투 임무만 수행하는 '전투경찰사령부'를 창설해 작전책임지역 내의 일반경찰을 지휘할 수 있는 비상 체제를 갖춤으로써 작전의 효율성을 도모했다(경우장학회 편, 1996: 154). 인천상륙작전 이후 국군과 유엔군이 38도선을 돌파해 북진하자 경찰은 북한 수복지역의 치안과 안정을 위해 대비했다.

전시 경찰은 이러한 임무 이외에도 군 작전에 지장을 주지 않도록 피난민에 대한 통제, 피난민수용소의 소재지 및 지정된 피난지로의 안내, 검문소를 설치해 적 5열(五列)의 침투 방지・군 보급로의 확보, 그리고 방역반과 협조하여 예방주사 실시에 협력했다(경우장학회 편, 1996: 151).

전후에는 사회혼란과 경제적 불황 등으로 각종 범죄가 증가하기 시작했다. 이들 범죄로는 절도, 주거 침해, 사기, 강도 및 살인, 밀수, 마약 등이 있었다. 설상가상으로 전시 공무원들의 범죄도 늘어났다. 여기에는 횡령 및 배임, 위해 및 폭행, 뇌물, 문서 위조, 직권 남용, 선거법 및 관세법 위반, 병역법 위반, 공무 방해, 의증 및 증거 인멸 등이 있었다(경우장학회 편, 1996: 344). 이 시기 경찰은 주로 이러한 민성치안, 범죄행위의 단속 및 예방을 위해 노력했다.

하지만 이승만 정부 시절 경찰의 가장 큰 임무와 기능은 치안과 공산 세력의 정부 전복을 막기 위한 시국사범에 대한 공안(公安) 활동이었다. 이를 위해 정부에서는 1958년 12월 26일 국가보안법을 개정해 법률 제500호로 공포했다. 최초의 국가보안법은 1948년 12월 1일 법률 제10호로 공포된 것으로, 이는 정부를 참칭하거나 그에 수반해 국가를 혼란할 목적으로 또는 살인 방화나 중요 시설의 파괴 등을 위해 결사 또는 집단의 구성을 방지하고, 이에 의한 범죄행위를 제거하기 위해 제정된 특별법이었다(경우장학회 편, 1996: 372).

최초의 국가보안법은 1949년 12월 19일 법률 제85호에 의거 「개정국가보안법」으로 제정됐으나, 시행기일이 대통령령으로 공포되지 않아 실행되지 못했다. 그런데 이 「개정국가보안법」이 1958년에 법률 제500호로 다시 공포됐다. 새로 개정된 국가보안법은 이전의 6개 조문을 42개 항으로 세분화하고 이를 구체화시켰다(경우장학회 편, 1996: 372). 개정된 국가보안법은 국헌(國憲)을 위배하고 국가 변란(變亂)을 목적으로 하는 결사집단 또는 단체의 이적 활동에 대해 적용할 형법과 소송절차를 규정함으로써 국가의 안전과 이익을 확보하는 데 두었다(국가보안법 제1장 제1조, 1958년 12월 26일).

2) 직제 및 기구 개편

대한민국 정부 수립 이후 경찰은 정부조직법에 따라 내무부에 속했다. 경찰의 최고 지휘 감독 기구는 내무부 소속의 치안국이었다. 경찰은 지휘 계통상 치안국과 시도경찰국 및 경찰서로 편성됐다(경우장학회 편, 1996: 83). 또한 국가원수와 중앙청 경호 경비를 위해 경무대경찰서를 1949년 2월 23일에 새로 설치했고, 철도치안 확보를 위해 대통령령 제75호(1949년 4월 22일)에 의해 철도경찰대를 설치했다(경우장학회 편, 1996: 84).

치안국은 출범 당시 경무과, 보안과, 경제과, 사찰과, 수사지도과, 감식과, 통신과, 여자경찰과, 소방과의 9개과로 구성됐다. 이는 일본식 전통을 바탕으로 미군정 하의 새로운 제도를 도입해 정부 수립 후 독립국가 경찰로서의 체제를 갖춘 것이었다. 그러나 정부 수립 1개월 뒤인 1948년 9월에 경제과를 폐지한 대신 이듬해에 교육과를 새롭게 설치했다. 교육과 설치는 이전까지 치안국의 지휘를 받던 경찰전문학교가 내무부 장관 직속으로 승격됨에 따라 취해진 조치였다. 이로써 교육과는 경찰관의 교양훈련과 승진시험에 관한 업무를 담당했다(경우장학회 편, 1996: 82).

6·25전쟁이 발발하자 경찰은 치안보다는 전투경찰로서 역할을 수행했다. 전쟁 기간 경찰은 군의 주보급로 및 주요 시설물에 대한 경비, 피난민 통제와 구호, 후방지역 공비토벌 등의 임무를 주로 수행했다(경우장학회 편, 1996: 134).

이처럼 전쟁 동안 치안국은 전시 체제로 전환하면서 기구 및 직제에도 많은 변화를 가져왔다. 치안국은 전시 체제에서 조직의 효율성을 기하기 위해 1950년 7월 27일 부국장 직제를 설치한데 이어 보급과를 새로 설치했다(대통령령 제378호 및 제379호, 1950년 7월 27일). 그리고 8월 10일에는 사찰과와 수사과를 합쳐 정보수사과를 만들었다. 정보수사과는 민정사찰, 외사사찰, 범죄수사의 지도 및 내무부 장관의 특명에 의한 사찰과 범죄에 대한 사찰을 담당했다(대통령령 제380호, 1950년 8월 10일).

또한 경찰은 비상경비총사령부 지휘 하에 각 시도경찰을 지휘해 전투 임무를 수행했다. 시도경찰국은 전투 임무 수행에 맞게 전투사령부를 설치하고, 예하조직을 대대 단위로 운용했다. 이에 따라 낙동강 방어작전 때 비상경비총사령부는 임시수도인 대구방어를 위해 경기도경찰국장을 팔공산지구전투사령관으로 임명하고, 지역 내 경찰병력을 4개 전투대대로 편성해 운용했다. 이때 팔공산지구전투사령부에는 제6전투대대, 제8전투대대, 제9전투대대, 제13전투 대대가 있었다(경우장학회 편, 1996: 143).

중공군 개입 이후 지리산을 비롯한 후방지역에 공비들이 대규모로 활동하자 경찰들은 후방 안정과 치안을 위해 전투 활동을 실시하게 됐다. 이때 남한에서 활동하고 있던 공비들은 현역 군경을 가장한 기습부대를 편성해 군경 보급열차와 차량은 물론이고, 민간인까지 습격함으로써 군경과 민간인을 이간하는 심리전을 전개했다. 더욱이 공비들이 출몰하는 지역은 "야간에는 인민공화국, 주간에는 대한민국"이라고 할 정도로 그 피해가 극심했다(경우장학회 편, 1996: 152-153).

이에 비상경비총사령부에서는 유엔군 및 국군의 작전상 절대적인 치안 확보를 위해 모든 노력을 기울이게 됐다. 유엔군사령부도 경찰을 지원하기 위해 경찰에 현역 고급장교로 구성된 미 군사고문관을 전투경찰과 각 시도경찰국에 파견함으로써 작전지역 내에서 조직적이고 강력한 공비 토벌을 하도록 적극 지원했다. 이때 비상경비총사령부는 효율적인 공비 토벌 임무를 위해 전투 임무만 수행하는 전투경찰사령부를 별도로 창설했다. 이들 전투경찰사령부로는 1950년 12월 16일에 이른바 '공산당의 해방지구'로 알려진 태백산 및 지리산지구에 각각 전투경찰사령부를 설치한데 이어 1951년 1월 30일에는 운문산지구에도 전투경찰사령부를 설치했다. 특히 1951년 5월 1일에는 철도기동대사령부를 창설해 철도 주변의 공비 토벌, 열차 호송, 철도 경비 등의 특수 임무를 수행하도록 했다(경우장학회 편, 1996: 154).

1952년 9월 13일 작전지시 제72호에 의거, 치안국은 태백산지구전투경찰사령부와 지리산지구전투경찰사령부를 해체해 이들 사령부의 병력과 장비를 각 경찰국으로 보내 재편했다(경우장학회 편, 1996: 161). 이어 1952년 10월 6일에는 작전지시 제84호에 의거 서남지구 치안국 전방사령부를 설치했다. 치안국 전방사령부는 육군의 남부지구경비사령부와의 협조 하에 지역 내의 공비 토벌 임무를 수행했다(경우장학회 편, 1996: 162). 1953년 4월 18일에는 법률 제282호에 의거 서남지구전투경찰대를 설치하고, 전북·전남·경남의 3개도 접경지역의 12개 군 경찰병력과 해체된 태백산지구전투사령부와 지리산지구전투사령부 병력을 통합해 4개 전투경찰대를 편성해 이들 지역에 대한 공비 토벌과 경찰행정을 병행하도록 했다(경우장학회 편, 1996: 164).

한편 전시 중인 1952년 8월 25일에는 경찰서직제를 제정해 1급 경찰서장에는 총경, 2급 경찰서장에는 경감을 보직했다(대통령령 제680호(경찰서직제), 1952년 8월 25일). 이어 1952년 12월 26일에는 대통령령 제730호에 의거 69개 경찰서를 1급 경찰서로 규정했다(경우장학회 편, 1996: 226).

치안국의 직제와 기구는 정전협정이 체결된 지 2년 후인 1955년에야 비로소 전시 체제를 벗어날 수 있었다. 1954년 5월 10일에 부국장제가 폐지되고, 다음해인 1955년 2월 17일 보급과도 폐지됐다. 치안국은 내무부직제 개정에 따라 경무과, 보안과, 경비과, 수사지도과, 특수정보과, 통신과만 남게 됐다(내무부직제 개정, 1955년 2월 17일: 대통령령 제996호). 이러한 치안국 체제는 이승만 정부 동안 계속 유지됐다.

한편 공비 토벌을 위해 설치됐던 서남지구전투경찰대는 1955년 6월 1일 공비 토벌 임무를 종료하게 되자 7월 1일부로 해체됐다(경우장학회 편, 1996: 222). 그러나 돌발사태의 진압, 공공질서의 교란 또는 교란될 우려가 현저한 지역에 대한 경비를 위해 경찰기동대를 편성해 운용할 수 있도록 법률로 정했다. 경찰기동대장은 원칙적으로 경무관 또는 총경이 임명됐으나, 필요 시에는 내무부 치안국 과장(서기관)도 임명될 수 있도록 했다. 경찰기동대는 1955년 7월 1일부터 운영되도록 법률로 정했다(경찰직무응원법, 1955년 6월 20일: 법률 제358호).

특히 정부에서는 전후 일본의 영해 침범, 적 5열 및 대남공작대의 해상 침투, 전시금제품(戰時禁制品)의 수출입 등 각종 해상범죄를 막기 위해 1953년 12월 14일 대통령령 제844호에 의해 해양경찰대 편성령을 공포하고, 12월 23일 부산에서 해양경찰대 발대식을 갖게 됐다. 그러나 해양경찰대는 1955년 2월 7일 정부조직법 개정(법률 제34호)에 따라 해양주권선의 경비 임무가 상공부로 이관되자, 상공부 해무청(海務廳)의 지휘감독을 받게 됐다(경우장학회 편, 1996: 224). 또한 1954년 10월 2일에는 치안국 경무과에 내무부 훈령 제63호에 의거 경찰항공대가 발족됐고, 10월 20일에는 경비행기 3대를 도입해 공중에서 공비 토벌을 지원할 수 있는 체제를 갖추게 됐다(경우장학회 편, 1996: 225).

3) 교육기관

대한민국 정부 수립 이후 경찰교육은 치안국에 속한 경찰전문학교에서 담당했으나, 1949년 9월에 경찰전문학교가 내무부 소속으로 승격되자, 10월에 치안국에 교육과를 새로 설치해 교육행정을 담당하게 했다. 그러나 교육과는 경찰교육의 일원화를 위해 정전협정 체결 무렵인 1953년 7월 6일에 폐지되고, 그 기능을 경찰전문학교가 다시 수행하게 했다(경우장학회 편, 1996: 225).

전쟁이 발발하자 경찰전문학교는 대전으로 이동해 전시경찰학교 교육대를 편성해 단기교육을 실시한 후 이들 경찰관들을 전선에 투입했다. 그러나 북한군의 남진으로 경찰전문학교가 대전에서 대구로 이동하면서 이하영이 교장으로 새로 부임했다(경우장학회 편, 1996: 174). 대구로 옮긴 경찰학교는 후퇴한 경찰들에게 군사훈련을 실시하는 한편, 새로 경찰관을 채용해 교육하는 역할을 수행했다. 낙동강 전선에서는 많은 학생과 청년들이 경찰에 자원입대해 전선에 투입됐다. 인천상륙작전 이후 서울이 수복되자 경찰학교는 서울로 돌아와 중단됐던 경찰간부후보생 교육을 다시 재개했다. 이때 경찰전문학교는 간부후보생교육을 하면서 수복된 북한지역의 치안을 담당할 경찰관 양성에 들어갔다(경우장학회 편, 1996: 175-176).

그러나 중공군의 개입으로 국군과 유엔군이 후퇴를 하게 되자 경찰전문학교도 1950년 12월 28일 부산으로 이전했다. 이후 경찰전문학교는 1953년 7월 서울로 복귀할 때까지 그곳에서 경찰관 교육을 실시했다(경우장학회 편, 1996: 176). 전후 경찰교육은 지방의 경찰학교를 폐지함에 따라 경찰전문학교에서 전담했다. 따라서 교육과의 폐지는 경찰교육의 일원화를 전제로 실시된 것이라 할 수 있다.

한편 치안국은 어느 정도 치안이 회복된 1955년 과학수사연구소를 설립한데 이어 공비토벌 임무를 수행하던 서남지구전투경찰대를 해체했다. 과학수사연구소의 신설로 기존의 치안국 감식과가 폐지됐다. 과학수사연구소의 임무는 감식뿐만 아니라 연구 업무까지 수행했다. 과학수사연구소는 1959년 4월 22일 직제 개편에 따라 연구소 내에 이화학과(理化學科)와 법의학과가 새로 설치됐다(경우장학회 편, 1996: 225). 또한 1959년 2월

12일에는 서울특별시 종로구 내자동에 경찰전문학교 서울 분교가 설치돼 전문 분야에 대한 교육을 실시했다. 이러한 경찰의 교육체제는 이승만 정부 내내 유지됐다.

제3절 정책의 추진 과정 및 내용

1. 군대 체제의 확립 과정 및 내용

1) 국방조직 및 군 구조개편

(1) 연합참모본부(聯合參謀本部) 창설

1954년 5월 3일 법률 제367호 및 대통령령 제895호로 연합참모본부가 설치됐다(대한민국 국방부, 1955: A61, C106). 연합참모본부는 군령에 관해 대통령을 보필하고 국방정책 및 계획을 건의해 육・해・공군의 연계 협조를 도모하기 위해 대통령 직속으로 설치됐다. 또한 연합참모본부에는 본부의 업무를 처리하기 위해 본부장을 두었다(대한민국 국방부, 1955: C106).

연합참모본부 설치 이전에는 임시합동참모회의와 임시합동참모본부가 전쟁 기간 중인 1952년 8월 25일부로 설치돼 운용되다가 1953년 8월 3일 국방부 본부 일반명령 제203호에 의해 연합참모본부가 정식 편제되면서 폐지됐다. 임시합동참모본부에서는 각 군의 용병작전 및 훈련에 관한 주요 사항을 협의하고 이에 관한 정책을 수립했다. 또한 회의 운영도 각 군 참모총장이 구성원이 되고 의장은 윤번제로 돌아가면서 맡았다.

연합참모본부는 군령에 관해 대통령을 보좌하고 전략 기본 방침 및 계획을 건의하게 하며, 육・해・공군의 연계적인 협조를 도모하는 데 두었다. 연합참모본부의 주요 업무는 국군통합전략계획 및 통합작전계획 수립, 연합군과의 연합작전계획 수립 관여, 동원계획 수립, 통합작전을 위한 부대 편성, 교육훈련 및 작전통제, 군사사절에 관한 사항 등을 관장하는 것이었다(국방부, 1987: 99). 이로써 국군은 3군의 전략 태세의 주체화와 작전명령 계통의 일원화를 보게 됐다.

초대 연합참모총장에는 이형근 육군대장이 임명됐고, 본부장에는 강영훈 육군소장이 1954년 5월 5일부로 임명됨으로써 연합참모본부는 그 기능을 발휘하게 됐다(대한민국 국방부, 1955: A61). 이후 연합참모총장에는 정일권 육군대장, 유재흥 육군중장, 백선엽 육군대장이 차례로 보직됐다. 이승만 정부시절 연합참모총장은 모두 4명이었다.

(2) 민병대(民兵隊)의 창설

국방부는 전쟁 중에 예비 능력 확보의 일환책으로 학생군사훈련을 실시해 학생들의 반공정신 강화와 아울러 예비 능력의 확보에 적지 않은 성과를 거둔 바 있었다. 그러나 이 학생군사훈련은 배속 교관의 활동 제약과 재정 지원의 미약 등 여러가지 면에서 많은 문제점을 안고 있었다.

국방부는 이 같은 제반 문제점을 고려해 제2국민병을 대상으로 한 민병대의 조직을 검토한 끝에 휴전 직전인 1953년 7월 23일 대통령령 제813호로 민병대령을 제정 공포하고, 국방부에 민병대총사령부를 설치했다(대한민국 국방부, 1955: A61). 이에 따라 정부에서는 동년 9월 10일에 일체의 청년단체를 해체하고 9월 17일에 대한청년단 해산 성명을 발표했다(대한민국 국방부, 1955: C94-95).

민병대원은 원칙적으로 제2국민병이 대상이었으나, 1차적으로 1952년 9월 1일을 기준으로 하여 만 17세 이상부터 만 36세까지의 장정을 대상으로 했다. 민병대령 제2조 제3항의 규정에 의해, 공무원 일부와 학생 및 불구자는 제외됐다. 민병대 편성은 각 지구병사구사령부가 중심이 되어 도청, 재향군인회지부, 기타 관계 기관의 협력 하에 이뤄졌다. 이에 따라 1953년 8월 23일에는 서울특별시에 9개구를, 9월 15일에는 경기・충남・경북을 합해 총 계획 수의 절반에 해당하는 1,459개 대(隊)를 편성했고, 9월 20일에는 충북・전남・전북・경남・제주도를 합해 총 2,129개 대를 편성했다.

그 후 강원지구의 397개 대와 상기 각 지구 중 편성하지 못한 군(郡)과 마지막으로 편성된 울릉도를 합해 1953년 10월 6일까지 민병대 편성을 전국에 걸쳐 완료했다. 이에 따라 민병대 총수는 3,985개에 이르렀고, 편성된 인원도 127만 7,955명에 달했다. 그러나 국방부는 1955년 5월 7일 국방부 일반명령 제136호에 의해 민병대를 해체했다(대한민국 국방부, 1956: C108-109). 이는 후방지역에 민병대를 대신할 제2군사령부가 설치되고, 예하에 10개의 향토방위사단을 창설함으로써 후방지역 작전을 수행할 수 있는 체제를 갖췄다고 판단했기 때문이다.

(3) 육・해・공군 총참모장(總參謀長) 임기 규정 및 명칭 변경

육・해・공군 총참모장 및 해병대사령관의 임기에 대한 규정이 1953년 10월 17일 대통령령 제825호로 공포됐다(국방부, 1987: 169). 이 규정의 주요 내용은 총참모장 및 해병

대사령관의 임기를 2년으로 하고 1차에 한해 중임(重任)할 수 있도록 규정했다.

또한 임기 내에 경질할 필요가 있을 때에는 국무회의의 의결을 거쳐 임기 내에도 해임할 수 있도록 했다. 또한 각 군 총참모장 및 해병대사령관이 궐위(闕位)될 때에는 국방부 장관의 제청으로 국무회의의 의결을 거쳐 즉시 그 후임자를 임명할 수 있도록 했다.

특히 정부 수립 이후부터 사용해 오던 육·해·공군 '총장'의 명칭을 기존의 총참모장에서 참모총장으로 변경했다. 이에 따라 1954년 6월 1일부터 육·해·공군 총참모장을 참모총장으로 호칭하도록 제도화했다(국방부, 1987: 169).

(4) 제1군사령부(第1軍司令部) 창설

정부는 육군에 야전군(野戰軍)을 두며, 그 소관 구역에 내의 작전·훈련 및 군 행정에 관한 사항을 장악하게 하기 위해 야전군사령부를 두도록 대통령령으로 규정하고, 야전군사령부령을 발표했다(대한민국 국방부, 1956: C111). 이에 따라 제1야전군사령부(이하 제1군사령부)를 창설하게 됐다. 제1군사령부는 1953년 12월 15일 강원도 인제군 인제면 관대리에서 창설됐다. 사령부의 주요 임무는 군단과 사단을 지휘해 전방 방어 임무를 수행하는 것이었다. 제1군사령부는 1954년 3월 21일에 당시 미 제10군단 지휘 하에 있던 국군 제1·제2·제3군단의 지휘권을 이양받고, 5월 1일에 육군본부로부터 보급·정비·수송·의무 등 후방 지원과 행정권을 부여받음으로써 명실공히 야전군사령부로서의 체제를 갖추고 임무를 수행하게 됐으며, 7월 31일에는 지휘소를 강원 원주에 신축한 시설로 이동했다(국방부, 1987: 389).

제1군사령부는 1954년 12월 2일에 제5군단을 추가로 배속받게 됨으로써 당시 5개 군단, 20개 사단 중 제6군단과 제1·제5·제12·제28사단의 4개 사단을 제외한 4개 군단 16개 사단을 지휘해 155마일 전선 중 84마일을 담당하게 됐다. 이때 제6군단과 4개 사단은 '한미 제1군단'의 작전통제를 받고 있었다.

(5) 제2군사령부(第2軍司令部) 창설

정부는 육군에 후방군(後方軍)을 두며 육군 모든 부대에 관한 군수 및 군행정의 지원과 해당 군 소관 구역 내의 작전 및 경비에 관한 사항을 관장하게 하기 위해 후방군사령부(이하 군사령부)를 두도록 대통령령으로 규정하고, 후방군사령부령(後方軍司令部令)을 발표했다(대한민국 국방부, 1956: C112). 이에 따라 제2군사령부를 창설하게 됐다.

제2군사령부는 휴전 후 군구조의 재편 방침에 따라 후방 지원(군수지원, 후방지역방어, 예비군 관리) 임무를 수행하기 위해 1954년 10월 31일에 서울에서 창설됐다(국방부, 1987:

390). 제2군사령부는 창설 후 약 2개월간 육군본부와 미 병참관구사령부(兵站管區司令部)로부터 임무 수행에 관한 교육과 병참 기능 및 군수 운영절차에 관한 교육을 받고 군수지원사령부로서의 임무 수행을 위한 준비를 갖췄다.

제2군사령부는 1955년 2월 1일을 기해 육군본부 직할의 군수기지창을 비롯한 군수시설과 5개의 군관구사령부,[4] 그리고 10개의 예비사단(1955.2.20~7.30 기간 중 창설)을 배속받아 임무를 수행했다. 이때 제2군사령부는 5개 관구사령부와 10개 예비사단 외에도 86개에 달하는 군수 및 행정지원부대와 1개의 경비사령부 그리고 9개의 경비대대를 배속받아 지휘 감독했다.

이와 같이 군수 지원 체제가 갖춰지자 1955년 4월 6일부터 육군본부가 통제하던 육군에 대한 군수 지원 임무를 제2군사령부가 인수해 수행하기 시작했고, 7월부터는 해·공군에 대한 공통 지원 임무를 수행했다.

1955년에 한국군의 독자적인 군수 지원 체제가 구축된 것을 계기로 제2군사령부는 6·25전쟁 발발 직후부터 미군이 수행해 오던 국군에 대한 군수 지원 책임을 미 제8군으로부터 인수받았다. 또한 제2군사령부는 후방지역에 편성된 군관구(軍管區)와 예비사단을 통해 후방지역 방어, 경계 임무, 예비군에 대한 조직·훈련·동원 등 예비군 관리 업무를 수행하게 됐다.

(6) 육군교육총본부(陸軍敎育總本部) 창설

국방부는 육군의 교육에 관한 사항을 통제하기 위해 육군교육총본부(이하 교육총본부)를 두도록 육군교육총본부령(陸軍敎育總本部令)을 대통령령으로 발표했다(대한민국 국방부, 1956: C113). 교육총본부의 임무는 육군에 필요한 전술, 기술, 장비, 교재의 조사 및 연구였다.

교육총본부는 1953년 7월 정전협정 체결 이후 군 구조재편계획에 따라 군사학교 및 훈련소 등 군 교육기관을 총괄하는 사령부로서 1954년 7월 6일 전남 광주에서 창설됐다. 교육총본부는 창설과 동시에 과거 교육총감부(敎育總監部, 1951년 5월 25일 창설)의 예하에 있던 육군보병학교·육군포병학교·육군기갑학교·육군통신학교를 인수한데 이어 정훈학교·부관학교·헌병학교·정보학교·경리학교·군악학교 등 행정 분야 학교, 공병학교·병기학교·병참학교·수송학교·군의학교 등 군수 분야 학교, 그리고

---

4) 관구사령부는 제2군 창설계획의 일환으로 1954년 7월부터 1955년 1월 사이에 창설돼 2월 1일에 제2군으로 예속 전환됐다. 사령부의 임무는 제2군의 군수 지원 임무를 지원하고 책임지역 내의 부대에 대한 군수 지원을 실시하며 배속되는 예비사단을 지휘 감독해 예비군관리와 책임지역방어작전을 실시하는 것이었다(국방부, 1987: 389).

제1훈련소와 제2훈련소를 배속받아 교육총본산으로서의 역할을 수행했다.

또한 교육총본부는 1955년부터 1955년 사이에 육군 교재창(敎材廠), 여군훈련소, 항공학교, 화학학교를 창설하거나 예속 전환받아 육군사관학교를 제외한 육군의 모든 교육기관을 지휘 감독하고, 교육훈련 향상을 위해 노력했다. 한편 교육총본부는 1958년에 대구 주변에 있던 정보학교·경리학교·헌병학교·부관학교를 경북 영천으로 옮겨 그곳을 행정병과 기지로 삼았다.

이처럼 교육총본부는 창설 이후 1958년까지 육군 내의 17개 병과학교(兵科學校), 3개 훈련소, 교재창을 지휘 감독하며 강병(强兵)을 육성하는 교육기관으로 발전하면서 육군의 교육훈련계획은 물론이고 전술교리, 장비 및 화기(火器)의 발전 연구, 장병의 주특기 교육, 그리고 교육 보조재료 개발 등 교육훈련 전반에 걸친 업무를 통제하게 됐다.

2) 군사력 증강

(1) 육군의 전력 증강

전쟁 발발 당시 육군은 8개 보병사단과 2개의 독립연대를 보유하고 있었다. 그러나 이들 보병사단 중 3개 연대를 보유한 사단은 4개 사단뿐이고 나머지 4개 사단은 2개 연대씩만을 보유하고 있었다. 병력도 편제 병력의 80% 수준을 유지하는 정도였으며, 장비 면에서도 57밀리 대전차포와 2.36인치 로켓포만을 보유하고 있었기 때문에 대(對)전차작전에 큰 차질을 빚었다.

그 뒤 육군은 전쟁 중에 크게 성장해 전쟁 말기에는 18개 사단으로 증설되고, 병력도 94,000명에서 55만 명으로 증강됐다(국방부, 1987: 337). 즉, 1950년 7월 5일과 7월 15일 사이에 제1·제2군단을 각각 창설하고 8월부터 11월까지의 사이에 개전 초 해체됐던 제2·제5·제7사단 등 3개 사단을 재창설했다. 그리고 이어 제9·제11사단을 창설했고, 10월 16일에는 제3군단을 창설했다. 그 후 제2·3군단은 중공군의 침공으로 큰 손실을 입고 해체됐다가 제2군단은 1952년 4월 5일에, 제3군단은 1953년 5월 1일에 각각 재창설됐다.

6·25전쟁 중 정부는 전시임에도 불구하고 국군의 병력 증원과 전력 증강에 노력했다. 이에 따라 1952년 10월 말 한미 간에는 한국 육군의 병력 수준을 25만 명에서 46만 3천 명으로 상향 조정하기로 합의하고, 1952년 11월 말부터 휴전 때까지 제12·제15·제20·제21·제22·제25·제26·제27사단 등 8개 사단을 증편했다.

이 밖에 지원부대로서는 4개의 155밀리 야포대대를 비롯해 M-36전차를 주장비로 한

7개의 전차중대와 12개의 야전포병단이 각각 창설됐다. 주요 장비로 3.5인치 로켓포를 비롯해 105밀리 M-3형 야포를 M-2형 야포로 교체하는 등 많은 장비 보강이 이뤄졌다.

이에 정전협정 체결 때 육군 규모는 3개 군단에 18개 보병사단의 전력을 보유하게 됐으며, 보병부대의 신규 창설에 따라 포병·공병·기갑·통신·수송 등 지원부대가 뒤따라 증설돼 총병력은 55만 명(카투사 제외) 수준으로 증강됐다(국방부 전사편찬위원회, 1986: 76).

휴전 직후 육군은 제28·제29사단을 추가로 창설함으로써 총 20개 사단을 보유하게 됐고, 병력은 60만 명 규모로 성장했다. 이에 따라 군단도 3개 군단에서 정전협정 체결 이후 제5·제6군단이 추가로 창설됨에 따라 5개 군단으로 증편됐으며, 이를 통할 지휘하게 될 제1야전군사령부를 창설했다(육군본부, 1970: 190-197). 또한 10개 예비사단을 창설하고 각 지역을 관할하기 위해 5개 군관구사령부를 창설했다(육군본부, 1970: 271-282). 이에 따라 육군은 이 부대들을 통할 지휘하기 위해 대구에 제2군사령부를 설치하여 전방부대와 후방부대의 임무 한계를 이원화한 통합 지휘 체제를 갖추게 됐다.

이 밖에 육군은 지원부대로서 전시 중에 10개 포병단(砲兵團)에 불과했던 야전포병단을 휴전 후 21개 포병단으로 증강했고, 고사포부대는 전쟁 중에서 보유하지 못했으나 휴전 후 1개 여단을 창설했다.

또한 전쟁 중 3개 대대밖에 보유하지 못했던 전차대대를 휴전 후에 7개 대대로 증편해 총 10개 전차대대로 증강했다(육군본부, 1970: 76-99). 공병은 전쟁 중에 5개 야전공병단에 불과했으나, 휴전 후 16개의 공병단으로 증강됐다(육군본부, 1970: 99-102). 그 밖에 전투병과교육사령부와 군수기지사령부, 교육총본부 등을 증·창설하는 한편, 병참부대, 통신부대, 화학부대 등 지원부대를 창설함으로써 정규군으로서의 체제를 갖추게 됐다.

특히 이승만 정부는 한미연합방위 체제를 뒷받침하고 북한의 군사력 증강에 대응하기 위해 1958년 최초로 한국 내에 제4유도탄기지사령부를 설치함과 동시에 280밀리 원자포(atomic cannon)를 비롯한 전술핵무기와 핵무기 발사대를 한반도에 배치하게 됐다(Finley, 1983: 108).

(2) 해군과 해병대의 전력 증강

전쟁발발 당시 해군은 4개 정대(艇隊)에 33척의 함정으로 보유하고 있었다. 그러나 이들 함정은 37밀리 포와 기관총을 장비했을 뿐 함포와 어뢰 및 통신장비 등 해군의 기본 장비를 제대로 갖추지 못하고 있었다. 전쟁 이전 도입한 구잠함(驅潛艦) 제701함도

1950년 4월부터 진해기지에서 정비 중에 있었고, 국민의 성금으로 미국에서 구입한 구잠함 3척(제702·703·704호)도 하와이에서 전쟁 소식을 듣게 되었다.

이러한 상황 속에서 전쟁에 임한 해군은 당면한 작전 임무를 수행해가면서 병력과 장비를 꾸준히 증강해 전쟁 말기에는 6개의 전대(戰隊)를 기간으로 편성된 1개 함대(艦隊)로 성장했고, 병력도 6,954명에서 12,000명 수준으로 증강됐다(국방부 전사편찬위원회, 1986: 81). 즉, 해군은 1950년 8월 16일 서해의 제1정대를 모체로 제1함대를 창설한데 이어 동해의 제2정대와 남해의 제3정대를 제1함대로 통합시켰다.

또한 해군은 1950년 10월 23일 제1함대 예하에 제1소해함대(掃海艦隊)를 창설한데 이어 제1함대 예하에 구축함 3척(제702·제703·제704호)으로 서해전대(西海戰隊)를 창설하고 이를 계기로 기존 4개 함대를 전대로 개편했다. 그 후 1952년 2월에는 제1함대 예하에 쾌속정 4척으로 쾌속정 함대를 창설하는 한편 해상작전을 능률적으로 지휘하기 위해 경남 진해에 함대사령부를 설치한 다음 제1함대 예하에 6개의 전대를 증편했다. 그리고 1950년 10월부터 1952년 8월까지 사이에 도입한 각종 함정 등을 통합해 제1함대를 증강했다(국방부 전사편찬위원회, 1986: 81-82).

해병대는 6·25전쟁 발발 당시 2개 대대 규모의 병력과 60밀리 박격포 4문, 81밀리 박격포 2문, 경기관총 6정으로 무장됐으나, 전쟁 기간 중에 급성장해 휴전 당시에는 사단 규모를 갖추게 됐다.

해병대는 1950년 9월 1일에 제주도에서 제1대대와 제2대대를 기간으로 제1연대를 창설한데 이어 독립 제5대대를 제1연대에 통합해 제1연대를 4개 대대로 증편한 다음 3개의 독립중대를 기간으로 도서부대(島嶼部隊)를 창설했다. 또한 1952년 10월 1일에는 제1연대와 지원부대를 통합해 제1연대전투단을 창설하는 한편, 도서부대를 꾸준히 발전시켜 전쟁 말기에는 연대 규모로 증강했다. 휴전 당시 해병대는 해병사령부 예하에 1개의 전투단과 1개의 도서부대를 보유하게 됐으며, 병력은 개전 초의 1,166명에서 22,174명으로 증강됐다(국방부 전사편찬위원회, 1986: 83).

1953년 7월 정전협정 체결 이후 해군은 1953년 9월 제1함대를 한국함대(韓國艦隊)로 개편한 후 1954년을 기점으로 해군증강 5개년계획(1954~1958)을 수립하고(해군본부, 1961: 102), 해군 전력을 확장해 나갔다. 특히 해군은 한미상호방위조약의 발효에 따라 1955년에 미 해군으로부터 함정 2척을 인수한 것을 비롯해 1956년에 상륙정 2척을 인수하기까지 2년간에 총 31척의 함정을 인수했다. 이에 따라 한국 함대는 그 예하에 제1전단·제2전단·함정훈련단(艦艇訓練團)·제31전대·제51전대·함대항공대 등 3개의 전단과 3개의 전대(戰隊)를 보유하게 됐다. 1956년 4월에는 동해・서해・남해의 전역에 걸친 해상작전 지휘권을 유엔군함대로부터 인수하고(해군본부, 1963: 163), 한국 해군 단독으로 해상작전 임무를 수행하게 됐다.

한편 해군은 자체 기술로 함정 건조에 주력해 화물운반정(貨物運搬艇)을 건조한 것을 비롯해 구명정을 각 1척씩 건조하는 등 점차 자주적인 조함(造艦) 기술의 향상을 도모했다. 그 후 해군은 함정의 노후화에 따라 1958년부터 1960년 사이에는 각종 함정 14척을 퇴역시켰고, 1959년과 1960년 사이에는 신형 함정 8척을 새로이 도입해 보충했다(해군본부, 1963: 92.). 이로써 해군은 1960년 말까지 총 함정 115척을 보유하게 됐다.

정전 후인 1954년 2월, 해병대는 제1해병전투단을 제1해병여단으로 증편하고, 1955년 1월에는 제1해병여단을 제1해병사단으로 증편했다(해병대사령부, 1961: 130-131). 또한 해병대는 1955년 3월 14일에 미 해병 제1사단으로부터 작전지휘권을 인수해 독자적인 작전 임무를 수행하기 시작했다. 해병대는 1955년부터 서해도서부대(西海島嶼部隊)를 비롯해 사령부대대, 교육단, 보급정비단, 포항부대를 창설했다. 그 후 1958년 4월에는 포항기지사령부를, 1959년 2월에는 진해기지사령부와 제2상륙훈련단을, 그리고 제1연대를 기간으로 제1임시해병여단을 각각 창설했다(해병대사령부, 1961: 134-137).

(3) 공군의 전력 증강

공군은 전쟁 발발 당시 소규모의 비행단 체제를 갖추고 연락기와 훈련기 등 소형 항공기 22대만을 보유하고 있었으나, 전쟁 말기에는 독립 작전 능력을 구비한 1개의 전투비행단과 1개의 훈련비행단으로 급성장했다. 즉, 공군은 1950년 7월 2일에 미 극동공군사령부로부터 F-51전투기 10대를 인수해 기존 연습기와 훈련기 7대로 정찰비행대를 창설한 다음 이 전투기 10대를 기간으로 비행단을 발족시켰다. 또한 10월 17일에는 정찰비행대를 정찰비행전대로 개칭하고 L-4 11대, L-5 2대, L-10 1대 등으로 증편한데 이어 미 극동 공군으로부터 F-51전투기 10대를 추가로 인수해 전력을 보강했다.

그 후 1951년 8월 1일에는 비행단을 제1전투비행단으로 증편하고 그 예하에 제10전투비행전대, 제101기지전대, 제30보급전대, 제201의무전대를 편성했다. 또한 1952년 6월 18일에는 제2정찰비행전대를 해체하고 조종사의 훈련 업무를 전담할 제15교육비행전대를 창설했다. 그 후 전투기의 보유 대수가 증가됨에 따라 1953년 2월 15일에는 제1전투비행단 예하의 제10전투비행전대를 독립시켜 제10전투비행단을 창설했다.

그리고 제10전투비행단이 독립함에 따라 1953년 2월 15일에는 제1전투비행단을 개편해 제1훈련비행단으로 발족시켰다. 그리하여 22대의 경비행기만으로 전쟁에 임했던 공군은 전쟁 말기에 1개의 전투비행단과 1개의 훈련비행단 등 2개의 비행단으로 성장해 F-51전투기 80대를 포함한 110대의 항공기를 보유하게 됐으며, 병력도 1,897명에서 11,000명으로 증강됐다(국방부 전사편찬위원회, 1986: 85).

휴전 후인 1954년 11월 29일, 공군은 한미군사회담의 일환으로 개최된 공군분과위원회에서 한국 공군에 1개의 제트전투비행단을 창설할 것과 C-46D수송기를 제공하기로 합의함에 따라 공군의 현대화가 급속도로 추진되기 시작했다(공군본부, 1964: 76). 즉, 공군은 1953년도에 제60항로통신지원대대를 창설하고, 1954년 4월에는 미 공군으로부터 C-46수송기 6대를 11월에는 추가로 11대를 각각 인수했다. 또한 공군은 1955년도에 제60통신전대, 제70항로통신전대, 제50기상전대를 통제하는 제7항로보안단(航路保安團)을 창설(공군본부, 1964: 79-80)하는 한편, 미 공군으로부터 F-86전투기 14대와 T-33 9대를 인수함으로써 제트전투기를 보유하게 됐다(공군본부, 1964: 77).

또한 공군은 1955년에 제5혼성비행단을 창설하고, 1956년에는 미 공군으로부터 F-86 제트전투기 68대를 추가로 인수해 제10전투비행단에 배치했다. 이로써 공군은 비행단의 제트(jet)화 추진을 완료하고(공군본부, 1964: 77), 항로관제통신 인력을 양성했다.

이 밖에도 공군은 1957년부터 강릉의 레이더 기지를 미 공군으로부터 인수받아 방공관제 능력을 갖춰 나갔다. 1959년에는 경기 오산의 중앙방공관제소를 미 공군으로부터 인수하는 등 국내의 방공관제기구를 완전히 인수했고 이를 계기로 전(全) 관제경보망을 통제하게 됐다.

특히 공군은 1958년 중에 제11전투비행단, 제31전술통제비행전대, 제32전술정찰비행대, 제33구조비행대대 등을 창설해 F-86F 전투기에 의한 전술공군 작전 임무와 근접 항공 지원작전을 수행하게 됐다. 그 후 공군은 1960년에 제108유격전투비행대대를 창설해 최초로 3대의 F-86 전천후 유격기(遊擊機)를 미 공군으로부터 도입한데 이어 그 해에 18대를 추가 도입함으로써 한국 공군의 현대화에 신기원을 이룩했다.

2. 경찰 체제의 확립 과정 및 내용

1) 정부 수립 이후 건국 경찰로서 위상 확립

대한민국 정부 수립 이후부터 6·25전쟁에 이르는 2년간은 한국 경찰의 유년기였다.

광복 후 미군에 의해 점령지 통치 수단으로서 편성된 국립경찰은 정부 수립 후 독립국가의 경찰로서 새로운 출발을 하게 됐다. 하지만 당시의 환경 요인은 미군정 시에 비해 별달리 개선된 바 없었다. 남북으로 분단된 채 출발한 대한민국은 건국 후에도 끊임없이 북한 공산 세력의 위협을 받았다. 공산주의자들의 사주로 인한 반란과 폭동과 파괴가 계속됐다.

정부 수립 후 경찰의 목표는 일면 치안, 일면 국방이었다. 경찰은 건국 이후 북한의 위협과 국내 공산 세력의 준동을 차단해야 되는 어려운 임무를 수행하지 않으면 안 됐다. 그러나 당시 경찰은 이 같은 활동 목표를 달성해야 함에도 불구하고 경찰의 조직은 미군정 시기와는 훨씬 다른 양상을 띠게 됐다. 즉 미군정 시기 경찰의 최고기구로는 중앙부서였던 경무부(警務部)였으나 정부 수립 이후 내무부의 일개 국(局)으로 전락했다. 일제 강점기 총독부의 경무국은 미군정 시기에 남조선 과도정부의 경무부로 승격됐는데 정부 수립 후 내부무의 일개 국에 해당되는 치안국으로 격하됐다.

치안국이 내무부 장관의 보조기관으로 되면서 미군정 시기 경무부 직속이었던 지방경찰의 관리기관이었던 관구경찰청(管區警察廳)은 시도경찰국으로 바뀌어 시장과 도지사의 보조기관이 됐다. 이에 경무부-경무총감부-감찰서-경찰서로 다원화됐던 미군정 시기의 경찰조직은 대한민국 정부 수립 이후 치안국-경찰국-경찰서(소방서)로 단순화됐다. 또한 시장과 도지사에게 속하게 된 경찰국은 미군정 시 번호제였던 관구경찰청의 명칭이 지방의 명칭으로 호칭하게 됐다. 예를 들면 제1관구경찰청은 경기도경찰국으로 개칭되어 경기도지사의 보조기관이라는 인상을 명칭에서부터 느끼게 했다. 따라서 그 관하 각 경찰서의 명칭도 미 군정시기에는 번호제였던 것이 각각 그 지방 이름을 붙여 부르게 됐다.

중앙정부에서 차지하는 경찰기구의 위치가 독립국가의 명분을 표방해 축소됐고, 경찰 내부의 기구도 이러한 방침에 따라 개편됐다. 치안국에는 경무과, 보안과 경제과, 수사지도과, 사찰과, 감식과, 통신과, 여자경찰과, 소방과가 설치됐다. 정부 수립으로 미군정 시기의 6개의 국이 9개 과로 바뀌면서 사찰과, 여자경찰과, 소방과가 새로 설치됐다. 이후 경제과가 폐지되고 교육과가 신설됐다. 그러나 얼마 후 소방과와 여자경찰과가 폐지됨에 따라 치안국은 7과로 축소됐다.

이렇듯 당시 경찰은 일면 치안과 국방을 강요받았으나, 이를 실현할 체제와 인력을 충분히 갖추지 못했다. 여기에는 인력과 장비, 그리고 구조적인 면에서 많은 미비점을 안고 있었다. 그런 상태에서 경찰은 6·25전쟁을 맞게 됐다.

2) 6·25전쟁 시 전투활동과 구국경찰 역할 수행

6·25전쟁 기간 경찰은 구국을 위한 전투활동을 전개했다. 전쟁 첫 한 해 동안 경찰은 직접 전선을 담당했고, 이후에는 후방지역, 즉 지리산·태백산지구 등에서 패잔 북한군의 퇴로를 차단하고 게릴라화한 그들의 무력을 진압하는 등 전투활동을 실시했다.

1950년 6월 25일 북한군의 전면 남침으로 시작되자 38도선 일대의 경찰은 처음부터 고전을 면치 못했다. 개성철도경찰대가 전원 순국하고, 개성·인제·춘천·강릉지구의 분전 등 치열한 방어전을 계속하면서 남으로 퇴각하지 않을 수 없었다.

경찰은 국군의 작전계획에 따라 6월 27일 오후 3시경 한강 이북의 경찰대는 한강 이남으로 후퇴했고 치안국도 수원까지 일단 후퇴했다. 그러나 유엔군의 한국 파병이 확실하다는 소식에 접해 이날 오후 4시경 치안국 및 서울시경찰국은 재차 서울로 복귀해 전선과 후방에서 용감하게 싸웠다. 하지만 전세는 악화일로에 있어 6월 28일 새벽 2시 정부가 서울에서 철수함에 따라 치안국도 철수했다. 이날 아침까지 경찰대의 대부분은 한강을 도하해 수원의 집결지로 향했다. 부득이 서울에 잔류하게 된 동대문경찰서원 등 일부 대원들은 적의 전차에 육탄으로 부딪치는 등 장렬한 전사로써 최후를 마치거나 서울 수복 때까지 적의 점령지역에서 후방 교란에 헌신했다.

한편 철수 중인 경찰병력은 비상경비사령부에 의해 즉시 재편성되어 유엔군이 진주할 때까지 시간을 벌겠다는 군의 지연작전에 동참했다. 7월 5일까지는 군경합동작전과 군 주요 보급로 경비에 적극적으로 지원했다. 또한 피란민의 정리 및 구호 조치, 중요 시설의 보호 경비, 후방 게릴라 소탕 등에도 참가했다. 그 가운데 영월·울진지구 공방전, 충추·대천지구 전투 및 금강방어작전, 그리고 경북북부지역 전투에서 경찰이 거둔 전과는 매우 컸다.

그러나 전선이 낙동강으로 물러남에 따라 유엔군은 낙동강 방어선을 형성하게 됐고, 이에 군은 임시수도인 대구를 방어하기 위해 대구지구방위사령부를 설치했다. 대구방위사령부 설치에 따라 경찰은 전투 임무뿐만 아니라 제5열의 검색 및 후방 치안의 안전 확보에 진력했다. 또한 경찰은 대구의 외곽 경비를 위해 7월 28일에는 팔공산지구에, 29일에는 경산·청도지구에 병력을 배치했다. 7월 31일에 진주가 적에게 함락되자 경남 경찰 일부와 전남북 경찰 4,000여명은 경찰전투지휘소를 경남 함안군에 두고 유엔군과 협동작전을 수행했다.

1950년 8월에 접어들면서 북한군의 공격은 더욱 강화돼 갔다. 특히 8월 중순 대구시

내에 북한군이 쏜 박격포 포탄이 떨어짐으로써 대구는 피난을 서두르는 시민들의 아우성으로 혼란과 불안에 휩싸였다. 이에 국방부와 미 제8군사령부는 부산으로 철수했고 대구는 위기일발의 위급한 상황에 빠지게 됐다. 이 긴박한 상황 하에 조병옥 내무부 장관은 비상경비총사령관(치안국장) 및 각 참모를 내무부장관실에 긴급 소집해 비상사태를 검토하고 경찰의 진퇴를 토의했다. 결과는 전략적으로나 정치적으로 중요한 대구를 생사를 걸고 사수할 것을 결의하게 됐다. 대구 사수를 결의한 경찰의 방침은 즉시 예하 각 경찰대에 하달됐고, 이에 치안국을 비롯한 전 경찰은 대구 사수를 위해 사력을 다했다.

인천상륙작전 성공으로 1950년 9월 20일에는 영일서가 1차로 복구되고 23일에는 칠곡경찰서와 의성경찰서가 차례로 복구했다. 9월 24일에는 경인지구 치안 확보에 만전을 기하기 위해 파견할 선발대(치안국 116명, 서울시경 809명, 경기도경 1,057명)를 편성하고, 그 다음날 대구를 출발해 10월 4일까지 모두 서울로 들어갔다. 이때 각 시・도경찰국도 9월 30일부터 10월 4일에 걸쳐 각기 자기의 관할지역으로 들어갔다(내무부치안국, 1973: 242).

서울 수복 이후 경찰은 유엔군의 총반격작전에 따라 퇴로를 차단당한 북한군 패잔병 소탕과 그들에 대한 자수 및 귀순 공작 등 후방지역의 치안 확보에 노력했다. 또한 경찰은 국군 및 유엔군의 북한지역 수복작전에 따라 38도선 이북 수복지역의 치안 질서를 확립하기 위해 치안국 비상경비총사령부에서는 경찰대의 실지진주(失地進駐) 계획을 수립했다. 강원도에는 강원 경찰 일부를, 황해도에 제201대대를, 평남에 제202대대와 제203대대를, 함남에 제205대대를 편성해 진주시키려 했다(내무부치안국, 1973: 242). 하지만 중공군 개입으로 이를 실행에 옮기지 못하고 제201대대와 제202대대는 철로기동부대로, 제203대대와 제205대대는 지리산지구전투경찰대로 개편해 발족됐다. 1951년 5월 제201대대와 제202대대를 기간으로 철로기동부대사령부를 설치해 군 보급로 수송의 동맥인 철로 경비를 담당하도록 했다(내무부치안국, 1973: 243).

1950년 10월 25일, 중공군이 개입하자 인천상륙작전 이후 미처 38도선을 넘지 못했던 북한군 패잔병과 게릴라들이 이에 호응하여 조직을 규합해 후방지역의 경찰관서 및 중요 기관을 습격하거나 군 보급로를 차단하는 등 후방 치안을 불안하게 했다. 이에 경찰에서는 1950년 12월에 제200대대와 제207대대로써 태백산지구전투경찰대를, 제203대대와 제205대대로써 지리산지구전투경찰대를 편성하고, 각 사령부를 영주와 남원에 설치했다. 태백산지구전투사령부는 1950년 말 중공군의 3차 공세 때 후방 침투부대로서 보현산과 팔공산까지 남하한 북한군 제10사단을 국군과 합동해 격퇴했다. 지리산지구전투사령부는 지리산지역 내의 북한군 패잔병, 남로당 전북도당, 경남도당으로 이뤄진 게릴라부대들을 소탕했다. 그러나 이 지역에서의 공비 토벌은 쉽게 이뤄지지 않았다. 이에 따라 비상경비총사령부에서는 1951년 3월 중순부터 8월 중순까지 3차에 걸쳐 대대적인 공비토벌작전을 전개해 많은 전과를 거뒀다.

한편 경찰은 이제까지의 전투 경험과 태백산 및 지리산지구전투사령부가 안고 있는 모순과 결함을 제거하고 전투경찰의 기본 조직을 혁신해 좀 더 합리적이고 유기적인 기구를 설치하기로 했다. 이에 따라 1953년 5월 1일 전북의 남원, 장수, 임실, 순창, 전남의 순천, 승주, 광양, 곡성, 구례, 경남의 함양, 거창, 산청, 하동 등 1개 시 12개 군의 경찰행정과 지역 내의 전투 임무 일체를 총괄하는 서남지구전투경찰사령부를 남원에 설치해 공비 토벌을 실시했다(법률 제282호, 1953.4.18.). 그 결과 1953년 9월 18일 차일혁 총경이 지휘하는 서남지구전투경찰대 제2연대는 남한 내 빨치산 총수격인 '남부군사령관' 이현상을 사살해 후방지역 안정과 빨치산의 거점 역할을 해온 지리산에 평화를 가져오는 데 크게 기여했다(경찰종합학교, 2008: 259-266).

3) 전후 치안 및 민생안전 경찰로서 기구개편

정전협정 체결 후 경찰은 먼저 남아 있는 공비 토벌에 힘을 기울였다. 정전협정 체결 3개월 전에 설치된 서남지구전투경찰대는 지리산 일대로 축소된 공비 포위망을 더욱 압축해 소탕작전을 전개했다.

이때 치안 유지를 위해 치안국에 경비과가 설치되면서 기존의 철도경비대는 해체됐다. 이는 철도 경비의 필요성이 약화되면서 치안국을 비롯한 각 시도경찰국에 경비과가 설치됐기 때문이다. 또한 정부의 해양주권 선언으로 경찰은 이른바 '평화선'의 경비를 담당하게 됨으로써 1953년 12월에 해영경찰대를 창설한데 이어 10월에는 경찰항공대를 새로 설치했다(내무부치안국, 1973: 589).

그러나 해양경찰대는 1955년 2월에 상공부 관하에 신설된 해무청(海務廳)으로 이관됐고, 지리산 일대의 공비토벌을 담당하던 서남지구전투경찰대도 공비의 완전 소탕으로 작전 대상이 없어짐에 따라 해체됐다. 이에 따라 전투 목적으로 설치됐던 경찰기동대도 1955년 6월에 폐지됐다(내무부치안국, 1973: 589).

이처럼 6·25전쟁으로 인한 경찰의 전투 임무는 완전히 일단락을 짓게 돼 전쟁 중에 통합됐던 수사정보과는 수사과와 특수정보과로 다시 분리됐다. 또한 전장 중에 설치됐던 치안국의 부국장제도와 보급과도 폐지됐다. 또한 전후 범죄의 지능화에 대비한 범죄 수사의 현대화를 위해 감식과를 폐지하는 대신 내무부 장관 소속으로 국립과학수사연구소를 신설했다.

아울러 경찰은 경찰 관계 법령의 통폐합을 통해 경찰행정의 능률화에 박차를 가했다. 경찰관직무집행법을 제정해 경찰직무의 표준을 규정화했고, 행정대집행법(行政代執行法)을 제정해 행정 의무 불이행에 대한 경찰의 강제권 발동에 대한 근거를 마련했다. 나아가 일제 강점기의 경찰범처벌규칙 대신 경범죄처벌법을 제정해 제도적 개선을 꾀했고, 전쟁 중 제정한 비상시경찰관특별징계령을 계속 유지시켜 경찰관의 기강을 확립했는가 하면 순경임용규정과 경찰관승진시험규정도 제정해 시행했다(내무부치안국, 1973: 590).

제도적 정비와 함께 경찰의 장비와 인원에 관한 정비 및 개선도 이뤄졌다. 전쟁 중 전투를 위해 긴급히 대량으로 모집했던 경찰관 정원은 1952년과 1953년 그 수가 6만 3천 명을 넘었다. 이는 일제 말기 남한지역 경찰관 수의 5배를 넘었고, 정부 수립 당시의 경찰관 수의 2배에 해당했다. 정부에서는 휴전으로 경찰의 전투 임무가 종결됨에 따라 경찰관 정원을 전쟁 이전 수준으로 낮추는 정책을 추진했다. 감원작업은 1953년부터 3년 주기로 3차에 걸쳐 실시됐는데, 1차 감원에서 1만 3천 명을 감원하여 5만 명으로 축소됐고, 1956년의 2차 감원에서는 1만 1천 명을 감원해 3만 9천 명으로 축소됐다가 1959년 3차 감원에서는 3천 명을 줄여 3만 3천 명이 됐다(내무부치안국, 1973: 590-591). 이로써 경찰관 정원은 전쟁 기에 비해 거의 절반 수준으로 축소됐다.

한편 전쟁을 겪으면서 경찰의 통신을 비롯한 시설 및 장비에서 괄목할 만한 발전을 이뤘다. 새로운 무선장비가 도입되고, 자석식 전화는 공전식 전화로 교체됐다. 또한 신종 차량이 도입돼 경찰의 기동력을 향상시켰고, 해양경비를 위한 경비정을 들여옴으로써 해상 경비에도 획기적인 발전을 가져왔다. 그 밖에 새로운 소방장비인 소방차와 사다리차가 도입돼 소방 발전에 기여하게 됐다(내무부치안국, 1973: 591). 이러한 장비 도입은 1955년부터 이뤄졌는데, 이의 재원은 미국의 원조에 의해 이뤄졌다.

제 4 절 성과 및 평가

1. 군 체제 확립의 성과 및 평가

이승만 정부 시절 국군은 비약적인 발전을 거듭했을 뿐만 아니라 오늘날의 국방 체제 및 군 구조를 갖추게 됐다. 6·25전쟁 이전 경비대(警備隊) 수준에 불과했던 국군의 전력은 1953년 휴전 당시에는 육군 3개 군단에 18개 사단, 해군 6개 전대(戰隊)로 구성된 1개 함대, F-51전투기 80대를 포함한 110대의 항공기를 보유한 전력을 갖추게 됐다. 전쟁 발발 당시 경보병(輕步兵) 8개 사단에 500톤 미만의 소규모 함정과 연락기 및 연습기만을 보유하고 있던 국군의 전력에 비하면 격세지감을 느끼게 할 정도로 질적 및 양적 모든 면에서 성장하고 발전했다.

특히 이승만 정부는 6·25전쟁을 통해 미국과 상호방위조약을 체결함으로써 주한미군이 주둔할 수 있는 안보환경을 조성함으로써 한반도에서의 대북 억지력을 갖추게 됐다. 이는 대한민국 정부 수립 이후 이승만 정부가 국방정책의 방향으로 설정했던 연합국방을 현실화시킴으로써 오늘날의 연합방위 체제의 근간을 형성하게 했다는 점에서 커다란 의의를 지닌 것으로 평가할 수 있다.

또한 6·25전쟁은 대한민국에는 혹독한 시련이면서도 이를 극복할 수 있는 국방 체제와 전력 증강을 향상시킬 수 있는 계기를 만들어주었다. 이승만 정부의 국방 체제의 확립 과정에서 나타난 성과와 이에 대한 평가를 다음과 같이 정리할 수 있다.

첫째, 6·25전쟁을 통해 국군의 구조개편은 오늘날 현대전을 수행할 수 있는 국방 체제 및 구조로 만들었다. 국방 체제는 군정을 담당하는 국방부와 군령을 담당하는 연합참모본부의 2원 체제로 확립됐다. 이는 오늘날 국방부와 합동참본본부의 임무와 기능을 이승만 정부 시절 이미 구축했음을 알 수 있다. 또한 육군에는 전방 전투사단을 지휘하게 될 야전군사령부를 창설했고, 후방에는 전방 전투부대의 행정 및 군수 지원을 담당하게 될 후방군사령부인 제2군사령부를 창설했다. 아울러 교육기관을 총괄하는 교육총본부를 설치해 육군사관학교를 제외한 모든 군사교육기관을 통제하도록 했다. 이로써 육군은 작전, 군수 지원, 교육의 3대 기능을 원활하게 수행할 체제를 갖춤으로써 효율적인 전투력 발휘가 가능한 군 구조로 발전시켰다.

둘째, 전후 전력 증강으로 국군의 국방조직 및 구조는 오늘날의 조직 및 구조와 유사한 형태로 개편됐다. 군사력도 60만 병력 수준을 유지하게 됐다. 군령의 최고기관인 연합참모본부 창설을 비롯해 1개 야전군사령부, 1개 후방군사령부, 교육총본부, 5개 군단, 5개 군관구사령부, 20개 전투사단, 10개 예비사단, 1개 함대, 110대의 항공기를 보유한 1개전투비행단을 보유한 60만 명의 대군으로 성장했다. 이는 전쟁 이전 8개 보병사단, 33척의 소형 함정, 22대의 경비행기를 보유한 10여만 명의 병력과 비교할 때 비약적인 발전이었다.

셋째, 한미상호방위조약을 토대로 주한미군이 주둔하게 됨으로써 한미연합방위 체제를 형성할 수 있는 계기를 만들었다. 이 체제는 1957년 7월 1일 일본에 있는 유엔군사령부가 서울로 이전함으로써 정전 체제 하의 한반도에서 미 제8군사령관과 주한미군사령관을 겸직하게 된 유엔군사령관이 유사시 한미연합군을 통합 지휘하게 됨으로써 한반도의 전쟁 억지 전력으로서뿐만 아니라 동북아의 세력 균형자로서의 역할도 수행할 수 있게 됐다. 또한 한미연합방위 체제를 뒷받침하고 북한의 군사력 증강에 대응하기 위해 1958년 최초로 한국에 제4유도탄기지사령부를 설치함과 동시에 280밀리 원자포를 비롯한 전술핵무기와 핵무기 발사대를 한반도에 배치했다.

이렇듯 이승만 정부 시절 국군은 북한 공산주의 침략에 대응하는 강력한 반공 군대로 육성됐다. 또한 국군은 한미상호방위조약을 기초로 한반도에 주둔하게 된 주한미군과의 한미연합방위 체제를 구축함으로써 자유민주주의 체제를 수호하는 중요한 안보 세력으로 등장하게 됐다. 그런 점에서 이승만 정부 시절 군은 정부 수립 이후 형식적인 육·해·공군의 3군 체제를 탈피하고, 전쟁을 거치면서 연합작전을 효과적으로 실행할 수 있는 실질적인 전력 구조를 확립했고, 전후에는 현대전을 수행할 전력 증강과 군 구조를 갖춤으로써 대북 억지력을 확보하게 됐다. 이는 이승만 정부의 최대의 업적이자 성과로 평가할 수 있을 것이다.

2. 경찰 체제 확립의 성과 및 평가

대한민국 출범 이후 경찰은 미군정 시기에 비해 규모 및 조직 면에서 축소됐다. 미군정 시기에 중앙부서였던 경무부가 정부 수립 이후 내무부의 1개 국으로 전락했다. 그렇다고 경찰의 최고기구인 치안국의 임무와 기능까지는 축소되지는 않았고, 당시 국내 상황으로 볼 때 임무와 역할은 조직에 비해 훨씬 확대됐던 것으로 평가할 수 있다. 당시

경찰은 본연의 임무인 치안 유지 이외에도 국내에서 암약하고 있는 공산 세력 척결, 여순 10·19사건 이후 지리산 등으로 숨어든 공비 토벌 등 자유민주주의를 표방한 대한민국 체제를 유지하는 것이었다.

이승만 정부 시절 경찰은 이러한 임무에서 벗어나지 못했다. 경찰은 치안과 국방을 담당해 전쟁을 치렀고, 전후에는 전쟁으로 혼란해진 치안 질서를 유지하며 지리산 일대의 공비 토벌 및 후방지역 안정을 위해 노력했다. 공비 소탕으로 후방지역이 안정된 후에는 민생 치안과 경제 및 공안사범, 그리고 각종 범죄 예방 활동에 주력했다. 이러한 이승만 정부 하에서의 경찰 체제 확립에 대한 성과와 평가를 다음과 같이 정리할 수 있다.

첫째, 대한민국 정부 수립 이후 경찰의 역할과 임무는 '일면 치안(一面 治安), 일면 국방(一面 國防)'이었다. 이는 경찰 본연의 임무인 치안 유지와 북한의 계속된 위협 및 남한 내 공산 세력의 암약과 무관하지 않다. 여기에 경찰의 중요한 임무 중 하나는 국가원수에 대한 직접적인 경호경비였다. 경찰은 경무대와 중앙청에 대한 직접 경비를 담당했다. 이는 이승만 정부 시절 경찰의 가장 중요한 임무였다.

둘째, 6·25전쟁 중 경찰의 임무는 치안보다는 전투경찰로서의 역할에 충실했다. 전쟁이 발발한 후, 전시 체제로 전환한 경찰은 후방지역의 안정과 이곳에서 준동하는 공산 게릴라에 대한 소탕작전을 전개했다. 이를 위해 경찰조직도 치안국이 비상경비총사령부로 전환되면서 예하경찰조직도 군대식으로 편성되고 조직화됐다. 즉, 경찰도 전투임무만 수행하는 '전투경찰사령부'를 창설해 작전책임지역 내의 일반경찰을 지휘하게 했다. 팔공산지구전투사령부, 태백산지구전투경찰사령부, 지리산지구전투경찰사령부, 서남지구전투경찰대 등이 바로 그것이다.

셋째, 6·25전쟁 중 경찰은 전투 임무뿐만 아니라 전선 상황에 따라 다양한 임무를 수행했다. 인천상륙작전 이후 국군과 유엔군이 38도선을 돌파해 북진할 때, 경찰은 북한 수복지역의 치안과 안정을 위해 노력했다. 또한 경찰은 피난민에 대한 통제, 피난민 수용소의 소재지 및 지정된 피난지로 안내, 검문소를 설치해 적 5열의 침투 방지, 군 주보급로의 확보, 방역 및 전염병 예방에도 노력했다.

넷째, 전후에는 사회 혼란과 경제적 불황 등으로 각종 범죄가 증가하자 민생경찰로 돌아와 활동했다. 전후 급증한 절도, 주거 침해, 사기, 강도 및 살인, 밀수, 마약 사범 퇴치를 위해 경찰은 배전의 노력을 경주하지 않으면 안 됐다. 여기에 공무원의 횡령 및 배임, 문서 위조, 직권 남용 등에도 대처해야 했다. 전후 경찰은 민생 치안 및 범죄행위

단속 및 예방을 위해 노력했다.

끝으로 경찰은 6・25전쟁과 전후 복구 시기를 거치면서 구조적인 측면에서 많은 발전을 가져왔다. 전후 공비 토벌을 위해 편성됐던 전투경찰대를 해체하면서 특정 지역에서의 돌발사태 및 공공질서 교란을 막기 위해 경찰기동대를 편성해 운용했고, 전후 일본의 영해 침범, 적5열 및 대남공작대의 해상 침투, 전시금제품의 수출입 등 해상범죄를 차단하기 위해 해양경찰대를 운용했다. 또한 경찰항공대를 창설해 경찰의 공중작전 능력을 강화해 경찰 단독의 입체작전을 가능케 했다.

이렇듯 이승만 정부 시절 경찰은 비록 내무부의 일개 국에 불과했으나, 경찰에 주어진 치안과 전시 전투경찰로서의 역할을 훌륭히 수행했다. 전시 및 전후를 통해 경찰은 자신들이 수행해야 될 대통령 경호경비, 공비 토벌, 피난민 통제, 전후 법 질서 유지 등을 위해 최선을 다했고, 그 임무를 성공적으로 수행했다. 그 과정에서 경찰은 상황에 적합한 체제를 갖추면서 효과적으로 임무를 완수했다. 그런 점에서 이승만 정부 시절 경찰은 정치에 관여했다는 비판도 있지만 정부 수립 이후 건국 경찰로서, 전시 호국경찰로서, 그리고 전후 치안 및 민생경찰로서의 역할을 성공적으로 수행한 것으로 평가할 수 있을 것이다.

참고 문헌

강혜경 (2002). 한국경찰의 형성과 성격(1948-1953). 숙명여자대학교 박사학위 논문.
경우장학회 편 (1996). 국립경찰 50년사 일반편. 서울: 예림인쇄.
경찰종합학교 (2008). 살아있는 한국경찰의 혼 차일혁 총경 일대기. 인천: 경찰종합학교.
공군본부 (1964). 공군사 제2집. 서울: 공군본부.
국방군사연구소 (1994). 국방사연표 1945-1990. 서울: 군인공제회.
______(1995). 국방정책변천사. 1945-1994. 서울: 군인공제회.
국방부 (1987). 국방사. 1950.6-1961.5②. 서울: 국방부전사편찬위원회.
국방부 전사편찬위원회 (1986). 한국전쟁 요약. 서울: 보학사.
김진혁 (2004). 한국 경찰체제의 발전 과정 및 향후 과제. 한국경찰학회보, 7: 63-84.
내무부 치안국 (1973). 한국경찰사 1948.8~1961.5. 서울: 한국경찰사편찬위원회.
대한민국 공보처 (1953). 대통령 이승만박사 담화집. 서울: 공보처.
대한민국 국방부 (1955). 한국전란 4년지 1953.7~1954.7. 부산: 선광.

______(1956). 한국전란 5년지 1954.8~1955.7. 부산: 선광.
대한민국참전경찰유공자회 편 (2003). 警察戰史 1945년 광복-2003년. 서울: 월간조선사.
박윤성 · 이미애 (2010). 정부조직법에 근거한 강력한 행정부의 대두와 대통령 비서실의 역할: 제1공화국을 중심으로. 한국행정사학지, 27: 81-106.
병무청 (1985). 병무행정사(상). 서울: 병무청.
오문균 (2000). 한국전쟁시 경찰의 역할에 관한 연구. 軍史, 40: 45-75.
유영익 편 (2006). 이승만 대통령 재평가. 서울: 연세대학교출판부.
육군본부 (1970). 육군발전사 1953.7.27~1962.12.31 제2권. 서울: 육군본부.
이미애 (2013). 제1공화국의 재평가. 한국행정사학지, 32: 193-215.
차길진 (1990). 빨치산 토벌대장 차일혁의 수기. 서울: 후암.
차상철 (2004). 한미동맹50년. 서울: 생각의 나무.
한표욱 (1984). 한미외교요람기. 서울 : 중앙신서.
합동참모본부 (2009). 합동참모본부 조직/회의 변천사. 서울: 합참전략기획본부.
해군본부 (1961). 대한민국 해군사 제3집. 서울: 해군본부.
______(1963). 대한민국 해군사 제4집. 서울: 해군본부.
해병대사령부 (1961). 해병발전사. 서울: 해병대사령부.

Finley, James P. (1983). *The US Military Experience in Korea, 1871-1982: In the Vanguard of ROK-US Relations*. San Francisco: Command Historian's Office, Secretary Joint Staff, Hqs. USFK/EUSA.
Hermes, Walter G. (1988). *Truce Tent and Fighting Front*. Washington D. C.: Office of the Military History U. S. Army.
Mossman, Billy C. (1990). *Ebb and Flow November 1950~July 1951*. Washington D.C.: Center of Military History U. S. Army.
Schnabel, James F. (1972). *United States Army in the Korean War-Policy and Direction: The First Year*. Washington D.C.: Office of the Chief of Military History, United States Army.

제3장

토지(농지)개혁

이대희
광운대학교

제1절 정책의 추진 배경

농지(토지)개혁은 농민들의 토지 소유 및 경작 관계를 근본적으로 재정립한 정책으로 이승만 행정부의 가장 중요한 업적 중 하나다. 일제의 패망 이후 새로운 한국 건설을 위해 우선적으로 해결해야만 할 핵심 과제였다. 농지개혁은 해방 직후부터 미군정에 의해 추진됐고, 뒤를 이어 1948년부터 새 정부에 의해 구체적인 정책이 결정되고 집행됐다. 이승만 정부는 전쟁과 그 후 복구 작업이 진행되던 1950년대 내내 농지 개혁에 매달려 있었다. 농지개혁은 1960년대 박정희 정부에 이르러서야 마무리됐다.

농업은 2차, 3차 산업이 발전하지 못한 국가 상황에서는 국민의 경제생활과 국가 재정의 근간이 되는 것이다. 대다수 국민이 농업에 종사하고 있고, 국민들의 소득과 국가의 세금은 대부분 농산물을 통해 만들어진다. 농업이 신생 국가 한국에 가장 중요한 산업이었다.

그런데 농업에 종사하는 농민 대부분이 자신의 농토를 가지고 있지 못했다. 조선 시대 중반부터 시작된 토지 겸병과 지주 계급의 등장으로 자작농이 급격히 줄어들었다. 조세 체계의 문란과 전쟁, 가뭄과 홍수, 각종 질병으로 농민들의 토지 이탈 현상이 더욱 더 촉진됐다. 조선이 일제에 의해 강점된 이후에는 대부분의 한국 농민이 농노 위치로 더욱 악화됐다. 1945년 해방 당시의 한국 농민들은 동양척식회사나 소수 일본인 지주들에 철저히 예속돼 있었다.

농지개혁은 고려 말에서 조선 초기에 걸쳐 단행됐던 과전법(科田法) 체제 확립 이후 한 번도 시행된 적이 없었다. 조선 시대 내내 양전을 하려고 노력했고, 일부 선각자들에 의해 토지개혁 주장이 있었지만, 정책적으로 완성된 적이 결코 없었다. 일제에 의한 강제 수탈이 큰 변화였고, 이제 일제가 패망하고 난 뒤에 일제가 소유했던 토지를 처분해야 하는 것이 변화의 계기가 된 것이다.

농지개혁은 제2차 대전 이후에 탄생한 새로운 국가들의 최대 과제였다. 이 중에서 공산 사회주의 국가 체제를 선택한 국가들의 경우에는 '지주 계급을 타파하고, 토지 국유화'를 추진하는 과정에서 과감한 농지개혁이 이뤄졌다. 김일성은 북한에 진주하자마자 곧바로 모든 토지를 농민에게 강제로 분배했다(1946년 3월). 이때 5정보 이상을 소유했던 지주들은 강제로 숙청했고, 모든 농민에게 가족의 노동 여건을 점수로 계산한 뒤 이에 맞춰 농토를 분배해주었다. 농노 신분이었던 농민들은 공산당의 결정에 따라 자신들의 토지를 갖게 됐다. 동유럽 여러 공산 국가도 비슷한 과정을 걸었다. 하지만 한국(남한)과 일본, 대만, 필리핀, 인도 등 민주 자본주의 체제를 지향하던 국가들은 사정이 달랐다. 기본 이념이 자유주의 시장 경제를 지향하고 있었던 만큼 공산주의자들처럼 무지막지하게 개혁할 수가 없었다. 미군정과 이승만 정부는 고민이 많았다.

1. 미군정기의 농지개혁

미군정청은 한국의 국가 건설을 돕는 정책의 일환으로 농지개혁을 적극 추진했다. 농지개혁의 필요성을 들어보면 첫째, 농민들에게 경자유전(耕者有田) 원칙에 따라 경작 농지를 지급하기 위한 것이다. 당시 절대 다수를 차지하고 있던 농민들 중에 자신의 농토를 소유한 사람 비율이 매우 낮았다. 1947년 당시 남한지역의 농민은 총 210만 6천 명이었는데, 경작 형태를 보면 자작(自作) 17.0%, 자소작(自小作) 39.6%, 소작(小作) 43.4%로 대부분이 어려운 생활을 하고 있었다. 조선 시대 말과 일제 시대를 거치면서 토지가 소수 지주들에게 집중돼 있었고, 다수 농민은 농노처럼 지주와 소작 토지에 예속돼 있었다. 이제 일제 지주들이 쫓겨난 상황에서 국가로 귀속된 토지를 경작자들에게 배분해주어야만 할 일이 생겨났다. 이와 동시에 조선 시대 말기까지 이어져 왔던 토지 국유의 전통과 소수 양반 계층에 의해 점유됐던 농토를 농민들에게 배분하는 일이 필요했다. 일제 강점기를 거치면서 더욱 확대된 소작인 문제, 농촌의 왜곡된 생산 체제를 개혁할 필요가 대두됐다.

둘째, 국제 공산당의 지지를 받는 공산주의자들에 의한 농민 선동을 막기 위해서는 지주 소유의 농토를 분배해 농민들의 불만을 없애야만 했다. 당시 북한은 지주들의 토지를 강제로 빼앗아 무료로 농민들에게 배분해 국민들로부터 큰 지지를 받고 있었다. 이를 전해 들은 국내의 공산주의자들은 농민들을 선동하며 미군정과 새로운 정부에 큰 압박을 가하고 있었다. 공산주의자들의 선동으로부터 많은 수의 농민들을 보호하기 위해서는 농지개혁이 꼭 필요했다.

셋째, 농지개혁은 다수 국민들이 능력에 맞게 생산활동에 종사하며 국가 건설에 동참하도록 하기 위해 필요했다. 지주에 예속된 소작인, 자기 자산이 없는 무산자, 무기력한 실업자가 다수를 차지하고 있는 상황에서는 국가 건설이 어렵기 때문이었다. 새로운 정부가 추구하고자 했던 민주주의 국가는 모든 국민 개개인이 자율적인 경제활동에 종사하면서, 자기결정권을 행사할 수 있어야 하기 때문이다.

이승만 정부 이전의 미군정에 의한 농지개혁정책을 몇 가지로 정리해보자.

첫째, 소작료 상한선을 정해 생산물의 1/3을 초과하지 못하도록 했다.[1] 소작료 이외의 물세는 50%, 농약값, 비료값, 조세 등은 합의한 대로 하도록 했다.

둘째, 신한공사(1946.2.21. 설립)를 통해 귀속재산과 농지를 철저히 관리했다. 신한공사는 일제 강점기의 동양척식회사 소유 재산[2]과 약 10만 2,000개에 달하는 일본인 회사, 일본인 개인 소유 토지[3]를 관리했다. 1947년 당시 신한공사는 직원 6,221명(정규 직원은 2195명), 58만 7974호의 소작농가(전체 농가의 28.5%)와 소작인 331만 8,115명(전 농민의 24.1%)을 거느리고 있었다(한국농촌경제연구원, 1986).

셋째, 과도입법의원을 통해 한국인들이 자발적으로 농지개혁 방안을 논의하도록 했다. 신한공사 설립 초부터 미군정청은 경제고문 번스(A. C. Bunce) 박사(주한경제고문단장)를 의장으로 하여 신한공사의 농무부와 재무부, 중앙경제위원회, 법무부, 미소공동위

1) 미군정청 농상국 지령 제1호. 소작료에 관한 건. 1945.11.10.
2) 1944년 말 현재, 총 6만 3093.8정보(38선 이남 4만 6265.7정보)의 토지를 소유하고 있었다.
3) 1946년 봄 기준, 38선 이남에 23만 2000정보의 일본인 소유 토지를 찾아냈다. 1948년 2월 10일 현재 신한공사 소유 토지는 32만 4,604정보였다.

원회 직원, 몇몇 주요 정파 대표들이 참여해 논의를 거듭했다. 그러다가 조선과도입법의원이 구성되자(1946.12.12. 기한은 1948.5.20.까지), 여기에 심의를 맡겼다. 특히 1947년 초에 과도입법의원 산업위원회 소속 5인과 번스, 미첼(신한공사 총재) 등 미군정청 소속 5인, 총 10인으로 한미 농지개혁 연락위원회를 구성하고 적극적으로 일을 추진해 갔다. 논의의 주제는 귀속 농지의 처리 방법, 농지의 매수와 분배 방법, 지가의 산정, 분배 후 상환 방법 등이었다. 입법의원 내에서 우익 보수진영은 농지 분배는 새롭게 구성될 한국 정부에 의해 수행돼야 한다는 입장과 함께, 지주들의 보호, 지주 자산의 산업 자본화 등에 대해 고민하고 있었다. 좌익 성향의 사람들은 북한식의 무상 몰수, 무상 분배를 고집하면서 농민들을 자기편으로 만들기 위해 애를 썼다. 이들도 농민들의 불만을 적절히 이용해 공산정권 수립의 계기로 활용하고자 했다. 어느 진영도 빠른 속도로 농지개혁을 끌고가기 어려운 상황이었다. 좌익 세력들은 각종 농민단체, 정치단체들을 동원해 북한식의 농지개혁을 주장하면서 입법의원과 미군정을 압박하고 있었다. 연락위원회에서는 과도입법의원의 농지개혁안을 마련했다. 주요 내용은, 중앙토지개혁형정처 설립, 지역에 토지개혁위원회 설치, 3정보 토지 소유 상한, 매수 지가는 5개년 평균 산출량의 3배, 지주에게 유가 증권을 발급하고 15년간 보상, 분배받은 농민의 지가 상환은 평균 소출의 20%를 15년간 상환 등이었다(한국농촌경제연구원, 1989: 377-379). 그러나 이 법안은 제대로 심의조차 해보지 못한 채 입법의원의 임기가 끝났다.

넷째, 신한공사를 해체하고 대신 중앙토지행정처를 설립(1948.3.22.)해 농지개혁 작업을 계속하게 했다. 미군정청은 과도 입법의원의 논의가 지지부진하자 신한공사를 중심으로 농지개혁 방안을 마련하고, 중앙토지행정처를 발족시킴과 동시에 신한공사 소속 농지를 소속 소작인들에게 분배했다. 1948년 3월 22일 미군정청은「귀속 농지 매각령」(군정법령 제173호) 및「신한공사 해산령」(174호)을 발령했다. 일제의 동양척식회사를 이어받은 신한공사는 상법상의 국책회사였던데 비해 새로 설립한 중앙토지행정처는 군정청 직속기구였다. 법령 내용을 보면 50만 세대와 31만 8115명의 농민을 소작농으로부터 자작농으로 전환시키기 위한 목적으로, 2정보 이내의 경작지를 분배하되, 수확량의 20%에 해당하는 현물을 15년 동안 연부(年賦)로 상환(=이는 평소 소출량의 3배 즉 300%에 해당하는 양)하게 하고, 대신 세금 형태의 공출은 면제한다고 돼 있다(한국농촌경제연구원, 1989: 354-362). 당시 미군정청에서는 한국 정부 수립을 위해 치러지는 최초의 국회의원 선거를 앞두고 민주진영을 도울 필요성을 절실히 느끼고 있었다. 그동안 과도입법의원에서 농지개혁 논의가 지지 부진한 상태에서, 민주진영이나 공산진영이나 모두 농지개혁을 새로 수립되는 한국 정부가 해야만 한다는 당위성을 주장하고 있는 중이었다. 이럴 경우 선거가 치러지면 북한식 '무상 몰수, 무상 분배'를 외치며 농민들을 선동하고 있는 공산진영이 압승을 거둘 가능성이 높았다. 중앙토지행정처는 빠른 속도로 귀속재산 처리에 나섰다. 4월 8일부터 시작해 선거 직전인 5월 5일까지 전국적으로 21만 9,362 가구(소작농가 58만 7,944가구의 37.3%)에 농지를 매각했다. 기존 소작 관계 문서를 새로운 토지 '양도 증서'와 '저당권 설정 계약서'로 대체하는 형태로 진행했다.

표 2-3-1 미군정의 귀속농지 매각 실적(1948. 9. 15 현재)

		호수	면적	가격(조곡)	정보당 가격
매각면적	답(畓)	383,659 호	154,050 정보	9,551,934 석	62.0 석
	전(田)	121,413	44,979	1,756,139	39.0
	소계	505,072	199,029	11,308,073	56.8
미매각		104,724	125,034	-	-
총계		609,796	324,063	-	-

자료: 농경연, 「농지개혁사관계자료집」 제4집(신한공사보고서류 편)(1986: 177).

2. 농지개혁 추진 과정

이승만 정부는 미군정청에 이어서 농지개혁을 더욱 활발하게 추진해 갔다. 과도 입법의원에 이은 국회의 법안 심의가 지속됐고, 중앙토지행정처를 이어받은 농림부를 중심으로 농지개혁 작업이 지속됐다. 이승만 행정부는 미군정청의 지시를 받아 중앙토지행정처가 단행했던 귀속농지 분배정책을 확실하게 시행할 필요가 있었고,[4] 아울러 과도 입법의원을 중심으로 논의돼 왔던 농지개혁을 빠른 시일 내에 완성할 필요가 있었다. 당시에 절대 다수의 농민은 매우 가난했다. 자작농이 극히 낮은 비율을 차지하고 있었기 때문에 이들에게 자경 농지를 분배해주어 스스로 경제활동을 영위해 가게 해야만 했다. 소수 양반 지주들의 토지와 쫓겨난 일본인 소유의 토지를 실질 경작 농민에게 소유권을 이전해줄 필요가 있었다. 한편 북한은 이미 독립정부를 구성한 상태에서 지주와

4) 한국 정부가 수립된 직후인 1948년 9월 11일 한미 간에 정권 이양협정이 체결됐다. 이를 통해 중앙토지행정처에서 수행한 농지 매각은 그대로 한국 정부가 받아들이게 됐다.

일본인 소유 토지를 강제로 몰수해 경작 농민들에게 무료로 분배하는 농지개혁을 완료한 상태였기 때문이다. 미군정 기간 동안 겪었던 공산주의자들의 농민 선동을 막고, 가난한 농민들의 불만을 잠재우기 위해 빠른 농지개혁이 요구됐다. 드 민주공화국으로서의 한국을 건설하기 위해서는 농민들의 소득 증대와 국가 건설 등참이 필요했다.

이승만 행정부는 국회에서 농지개혁법을 빠른 시일 내에 입법하도록 노력했고, 중앙토지행정처를 농림부로 이관시키고, 농지개혁 담당조직을 만들었다. 농지개혁을 위해 담당 공무원과 농지 개혁 전문가, 지주와 소작인들을 모두 아우르는 위원회를 만들어 활용했다. 전문가들의 의견은 물론 지주 계층과 소작농 계층의 의견도 충분히 청취하고, 일본·대만 등 자유 국가들의 농지개혁정책을 주도면밀하게 검토했다. 농지개혁안은 토지 매수 방법, 분배 방법, 상환율 등 주요 현안을 중심으로 많은 논의가 이뤄졌다. 이해관계 집단들은 조금이라도 자신에게 유리하게 법안을 만들고자 애를 썼다. 농지개혁법은 정부안을 토대로 국회에서 제정됐다.

이승만 행정부는 1949년 국회에서 통과된 농지개혁법을 토대로 농지개혁을 추진해 갔다. 1950년 5월 토지 분배를 1차 완료해 집행에 나섰다. 하지만 6월 25일 전쟁이 발발하자 모든 것이 전시 체제로 바뀌었고, 농지개혁도 유야무야되는 듯했다. 전쟁 기간 중 남한을 점령했던 북한 공산정권은 1950년 7월 4일, 무상몰수, 무상 분배를 내용으로 하는 남한지역의 토지개혁에 관한 정령(政令)을 발표했다(김정부 외, 1995: 25). 전국적으로 1만 8,000개 이상의 농촌위원회를 구성했고, 1526개 면 중 1198개 면에서 농지개혁이 완료됐다고 발표했다. 전쟁이 극적으로 반전되면서 북한 공산정권이 패퇴해 무산됐지만 이들이 농지개혁을 얼마나 중요시했는가 알 수 있다.

서울 수복 후 정부는 농지개혁 사업 재개를 천명했고(1950.10.19.), 10월 30일부터는 제1차 연도 상환곡 수납 고지서를 농민들에게 발부했다. 전쟁이 진행되고 있던 와중에 정부는 『농지개혁 통계요람』을 발간했고(1951.1.31.), 체감률 규정 공포(2.10.), 다년성 식물 재배 농지(과수원, 뽕나무밭 등) 평가 요령 통첩(2.19.) 등의 정책을 지속했다. 이어서 정부는 3월 5일 민심 수습책의 일환으로 소작 경작자 120만 명에게 농지 분배를 완료했다고 발표했다.

제 2 절 정책의 추진체계

1. 법적 근거: 헌법, 농지개혁법

1948년 7월 17일 제정 공표된 대한민국 헌법 제86조에는 "농지는 농민에게 분배하며, 그 분배의 방법, 소유의 한도, 소유권의 내용과 한계는 법률로써 정한다"고 돼 있다. 이를 근거로 이승만 대통령은 1948년 9월 30일 제1회 정기국회 시정 연설에서 경자유전(耕者有田) 원칙에 따라 농지개혁을 조속히 실천할 것을 천명했다. 이어서 11월 4일 농림부에 농지국(지정과, 사정과, 조정과, 농지개량과)을 두어 농지 분배를 총괄하도록 했다.[5] 그리고 중앙토지행정처를 이어받은 기관으로 귀속농지관리국을 따로 두었다(1949.1.6.).

1962년 12월 26일 전면 개정된 헌법 제113조에는 "농지의 소작제도는 법률이 정하는 바에 의하여 금지된다." 제114조에는 "국가는 농지와 산림의 효율적 이용을 위하여 법률이 정하는 바에 의하여 그에 관한 필요한 제한과 의무를 과할 수 있다"고 돼 있다. 헌법을 기초했던 유진오 교수 등의 노력이 컸다.

농지개혁법의 제정은 정부와 정치권, 지주와 농민, 각종 관련 집단의 날카로운 대립 관계 속에 진행됐다. 이미 미군정청의 지원 속에 과도 입법의원에서 여러 차례 논의

소작 쟁의도 격증 지주 귀농과 토지 강매가 원인

토지개혁을 앞두고 소작쟁의가 다달이 부쩍 늘어나고 있다. 서울시경에서만 취급한 금년 1월부터 5월 말까지의 심의해온 소작쟁의 건수는 무려 124건에 달하고 있다. 그런데 이를 월별로 보면 1월엔 겨우 2건에 불과하던 것이 점점 증가하여 2월엔 10건, 3월 17건, 4월엔 142건, 5월엔 52건으로 다달이 증가하는 경향을 보이고 있다.

이같이 쟁의가 증가하는 가장 중요한 이유로는 토지개혁을 앞두고 소지주 측의 귀농자들이 늘어가는 동시에 탐욕한 지주들의 소작지 강매에 있다고 한다. 동 쟁의 내용을 보아도 소작권 계속과 소작지 인도를 소작인과 지주 측에서 각각 제기하고 있는데 대부분 연고화해로써 해결을 보았다고 한다. 농경기(農耕期)를 맞이하여 날로 늘어가는 소작쟁의를 없애기 위해서 토지개혁의 시급한 실시가 요망되는 바이다.

(국도신문, 1949.6.19)

---

5) 농림부 직제, 대통령령 제23호, 1948.11.4.

를 거듭해 왔었다. 하지만 좀처럼 결론을 내지 못하고 차일피일 시간을 보내고 있던 중이었다. 이 과정에서 토지개혁이 시행될 것을 걱정하는 중소 지주들이 농촌으로 귀농하거나 지주들의 토지 강매가 이뤄졌다. 이를 빌미로 곳곳에서 소작쟁의가 나타나 1948년 5월까지 124건에 이르렀다(조선일보, 1948.6.20).

이승만 대통령은 조봉암을 농림부 장관으로 임명해 농지개혁을 주도하게 만들었다. 조봉암은 모스크바 동방 노동자대학을 졸업한 사람으로 공산주의운동을 하다가 전향한 사람이었다. 농림부 내에서 농지개혁안 작업을 했던 차관과 국장 등도 조 장관과 비슷한 성향을 가지고 있었다(한국농촌경제연구원, 1989: 481-488). 국회의 한민당이 지주를 옹호하려는 자세를 보였던 데 비해 농림부 측에서는 좀 더 농민을 고려하고자 한 것 같다.

농림부에서는 농촌진흥 3개년계획 수립을 통해 농지를 농민에게 분배할 것이며, 60여개로 난립해 있는 농민단체를 하나로 묶어 협동조합 형태로 만들 것이며, 농사 훈련을 실시하고, 식량문제 해결에 나설 것임을 국민들에게 알렸다(조선일보, 1948.10.7). 농림부(장관 조봉암)는 1948년 11월 22일 각 시·도 농업경제과장 회의를 개최한 자리에서 농지개혁법 초안을 발표했다. 이어서 국회의원 91명의 서명으로 국회 산업위원회에 제출했으나 심의가 보류됐다. 정부는 지속적으로 공청회 개최(1949.1.4.~1.28.), 질문 조사를 거듭해 여론 수렴을 한 뒤, 기획처에 제출했고, 이어서 1949년 2월 5일 국무회의를 거쳐 국회에 제출했다(법안 전문 6장 28조, 부칙). 그렇지만 국회는 정부안과는 달리 농림분과위원회에서 마련한 초안을, 산업위원회를 거쳐 2월 28일 본회의에 상정하기에 이르렀다. 당시 국회의원들 중에는 농지개혁은 국회에서 주도해야 한다는 주장을 펴는 사람이 많아서 정부안 대신에 국회안을 만들어 상정했던 것이다(동아일보, 1949.3.13). 동아일보 사설에서는 "국회의원들이 보상액을 200%로 할 것인가 아니면 300%로 할 것인가를 가지고 싸우고 있는데 그것보다는 도시에서 필요한 식량 수준을 고려해야 한다. 즉, 농민 부담의 경중 못지않게 도시에서 필요한 식량 문제를 중심으로 신중하게 생각해야 한다"는 주장을 폈다.

농림부 토지개혁안에 대해 동아일보(1948.11.26)는 ① 좌익에서 주장하는 무상 분배는 오히려 농민들을 국가에 영속적으로 예속시키는 결과를 초래한다. 그래서 유상 분배라도 농민 개인의 소유권을 인정해야만 한다. ② 실제로 경작하는 농민들에게 농지를 분배해야만 하지, 농지 없는 소작인에게까지 억지로 토지를 이전시켜서는 안 된다. 북한 농지개혁의 문제는 바로 경작권의 무분별한 이전 때문이다. ③ 분배받은 땅에 대한 자유 매매, 증여, 기타 소유권 이전 처분을 금지하고 저당권, 지상권, 기타 일체 담보권을 인정하지 않은 것은 지나치다. 이것이 오히려 농업 영세화를 촉진하고, 농업 발전을 어렵게 할 것이다. 이런 주장은 농지개혁을 주도하는 정부로서도 많은 고민에 빠지게 했던 부분이다.

제헌국회는 비록 이승만 대통령이 몸담고 있던 대한독립촉성국민회 출신(총원 200명 중)이 55명으로 제1당이었으나 무소속이 86명이나 되는 등 사분오열되어 있었다. 지주들의 지지를 받고 있던 한민당도 29명이나 됐다. 이승만은 국회의원 다수의 지지를 받아 대통령에 당선되기는 했으나 국회의 지지를 전폭적으로 받고 있지는 못했다. 그래서 국회에서의 농지개혁법 논의도 정부 뜻대로만 진행될 수 없었다.

국회에서 헌법 제정에 애쓰고 있던 와중에 대한독립농민총연맹은 정부가 토지를 유상으로 체감 매상(遞減買上)해 농민에게는 지난 3년간 평균 수확량의 25%를 5년간 국가에 현물로 납입케 하고 소유권을 부여해주는 안을 국회에 제출했다(1948. 6. 24). 연맹에서는 자신들의 의견을 개혁안에 반영시키기 위해 전력을 다했다. 국회는 여론을 반영해 제헌헌법 85조에 '농지를 농민에게 분배한다'는 조항을 삽입했다(1948.7.17.).

문교부에서는 128개 교육재단 법인 소유 토지 5,688만 9,900평에 대한 대책 논의에 착수해 이에 대한 특별 조치를 정부에 건의했다(서울신문, 1948.8.12). 교육재단 소유의 토지가 농민들에게 분배되는 것을 막기 위해 문교부가 나선 것이었다. 이후에도 문교재단 대표단의 토지개혁 선처 요망(동아일보, 1949.1.21), 교육연합회의 학원 농지 보상 일시불 건의(조선일보, 1949.2.27) 등이 꾸준히 이뤄졌다.

이승만 대통령은 여러 차례에 걸쳐 농지를 농민에게 돌려주어야 한다는 생각을 피력하고 적극적으로 농지개혁을 추진해 갔다. 농림부는 각고 끝에 농지개혁법 초안을 준비한 뒤 현지 실상을 반영하기 위해 1949년 1월 한 달 동안 전국을 순회하면서 의견 청취에 나섰다. 청취하고자 하는 사항은 제외 농지, 머슴의 승인 여부, 150% 보상액에 대한 의견, 자작농 3정보에 대한 의견 등이었다.

이 과정에서 국회의원 90여명이 연명으로 지주들의 토지 강매를 막기 위한 비상조치를 건의하는가 하면(동아일보 1949.2.26), 반대로 토지자본의 산업 자본화를 위해 지주들에게 부여한 지가 증권을 이용해 이들이 귀속사업체를 불하받을 수 있도록 하자는 의견도 제시됐다(동아일보, 1949.3.4).

국회는 산업위원회 농지개혁안을 토대로 열띤 논쟁이 벌어졌다. 가장 중요한 것은 토지소유 상한선, 보상액과 상환액 및 기간 문제였다. 300%를 10년 동안 상환케 하자는 산업노동위원회안은 큰 반발을 낳았다. 국회의원들은 대안으로 200%, 125%, 무상 등 여

표 2-3-2 국회 각 파의 의원 수와 주요 주장 내용(1949. 3)

구분	의원 수	핵심 인물	주요 내용
동성회	70명	김약수	보상 : 100%, 3년, 상환: 무상. 보상재원은 농민과 중소 상공업자의 과세로써 충당. 농지 임시조치법 제정 필요
사회당	30	김병회, 박윤원	소유 상한 : 2정보, 상환: 100% 5년
대한노동당	15	이훈구	상환 : 125%, 5년, 보상: 150%, 5년 농지임시조치법 제정 필요
이정회	20	유성갑	보상: 200%, 10년, 상환: 120%, 6년 지주 귀환 인정 반대
민주국민당 (민국당)	60	조헌영, 홍성하, 김준연	보상: 300%, 10년, 상환: 300%, 10년 지주는 민족자본가로 육성

자료: 김정부 외(1995: 36).

려 수정안을 제시했었다. 이종현 농림부 장관은 농지를 가능한 한 염가로 농민에게 분배해야 한다는 주장을 하면서 세계 민주주의 국가들의 토지대 상환액에 대해 설명했다(조선일보, 1949.3.18). 프랑스(1789)는 120%에 12년간 연부(年賦), 1792년에는 두상으로 했고, 미국(1777, 1861)은 무상으로, 독일(1807)은 10%에 56년간 년부, 1945년에는 100%에 10년 내지 20년 상환으로 했었다. 이를 고려해 농민들의 부담을 최대한 줄여야 할 것을 피력했다.

농지개혁법의 제정 과정을 쉽게 표현하면 [그림 2-3-1]과 같다. 국회 의결(4.27)을 거쳐 정부로 이송된 법안(법 전문 6장 28조, 부칙)은 국무회의에서 일부 조항에 문제가 있다고 판단해 국회로 환송했다(5.16).[6] 하지만 국회는 압도적 다수결로 다시 재의결한 뒤 정부로 이송해 공포케 했다(6.21).

농지개혁법은 "헌법에 의하여 농지를 농민에게 적정히 분배함으로써 농가 경제의 자립과 농업 생산력의 증진으로 인한 농민생활의 향상 내지 국민 경제의 균형과 발전을 목적"으로 제정됐다(1949년 6월 21일. 법률 제31호). 이 법 속에 농지의 취득(제5조), 매수금지(제6조), 보상(제8조), 분배 방법(제11조), 소유 상한(제12조), 상환 방법(제13조) 등이 나타나 있다.

6) 국회 환송 이유는 ① 소유 부분에서 과수원과 종묘포 소유가 법 전반부에서는 3정보로 제한됐는데 후반부에서는 무제한 소유가 가능케 되어 모순이다 ② 지주 보상은 150%이고 농민 보상은 125%여서 25%의 차액이 발생하고 이를 대지주에 대한 체감률로 충당한다고 했는데 문제가 있다. 또 빈농이나 소지주에게 30%를 보조하기로 했는데 재원이 없다. ③ 법 시행은 공포일을 기준으로 해야 한다 등이었다(동아일보, 1949. 5. 13).

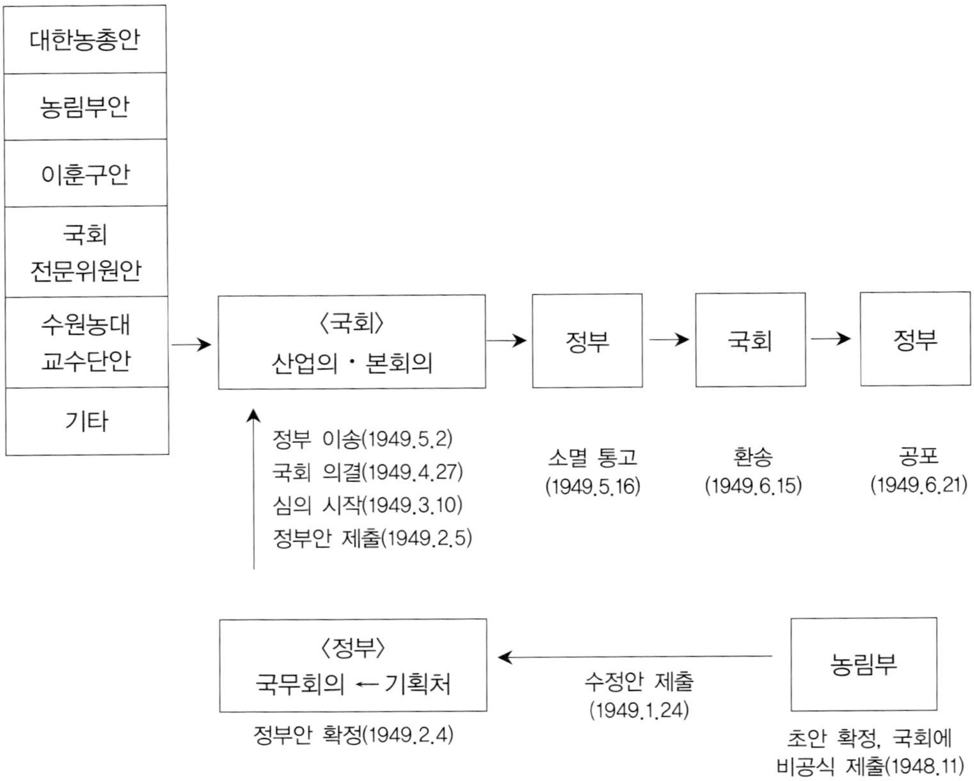

그림 2-3-1 농지개혁법의 제정 과정

주: 1) 기타는 입법의원시대안, 일본안, 북한안 동일.
2) 1949. 6. 21 공포 후 2회(1950. 3. 10, 1960. 10. 13)개정됨.
자료: 김정부 외(1995: 34).

2. 농림부, 농지위원회 설치

정부는 농지개혁을 주관할 정부조직으로 1948년 11월 4일, 농림부를 만들었다(농림부 직제, 대통령령 제23호). 농림부 내에 농지국을 설치해 지정과, 사정과, 조정과, 농지개량과를 두었다. 그리고 정부는 중앙토지행정처를 흡수하는 귀속농지관리국을 농림부 소속으로 따로 두었고(1949.1.6.), 농지개혁 작업을 본격적으로 추진하고자 1950년 3월 31일자로 지정과, 분배과, 농지개량과 체제로 개편했다. 1952년 4월 12일에는 농지국과 귀속농지관리국을 합쳐서 농지관리국으로 만들었다. 서울특별시와 각 도, 시 · 군에도 지정과나 농지계가 설치돼 농지개혁 업무를 담당했다.

1950년 3월 24일 제1회 중앙농지위원회가 개최됐다. 농지개혁법에는 농지위원회를 중앙정부로부터 동, 리까지 설치하게 했다(제4조). 농지위원회 규정(대통령령 제275호.1950.2.10.제정)에는 위원장은 기관장으로 하고, 민간위원과 공무원을 동시에 포함하되 민간위원의 비율이 높도록 했다. 그래서 읍, 면, 동, 리로 갈수록 민간 위원의 비율이 월등히 높다. 중앙농지위원회는 위원장 1인과 위원 14인을 두되 관청에서 6인, 민간에서 8인으로 구성했다(농지개혁법 제2조). 최일선의 동리위원회는 위원장 1인과 위원 6인으로 구성하되 민간인으로 했다. 위원장은 읍면 이상은 당해 지방행정기관의 장으로 하고, 동리에서는 구장(區長)으로 했다(제3조). 민간 측 위원은 농지를 매수당하는 측과 분배받는 측을 반반으로 구성했다.

중앙농지위원회는 농림부 장관의 자문에 응하고, 각급 농지위원회도 시장, 도지사, 군수, 면장의 자문에 응하도록 했다. 농지 분쟁, 분배 농지 조정, 농지 이의 신청 등에 중요한 역할을 수행했다. 하지만 일본의 농지위원회처럼 정책결정이나 집행 기능을 갖지 못해 역할에 한계가 있었다.

제3절 정책의 추진 과정 및 내용

1. 농지 조사

정부는 우선 전국적으로 농촌 실태조사를 시행했다. 1949년 6월 21일 현재의 농가단위별 실태를 1949년 8월부터 9월 사이에 조사했다. 조사 내용은 ① 농업에 종사하는 가족 수(머슴 제외), 노동력, 다른 업에 종사하는 사람(예: 상공업자, 공무원 등), ② 경작 면적, 지목, 등급, 임대 가격, 주 재배 작물, 자작 및 소작 구분, ③ 수확고(연평균 생산량 등), ④ 지주, 소유기관 명 등, ⑤ 농기구, 경작 가능 면적, 축산력 등을 상세히 조사했다(농가 실태 조사 요령. 1949.5.20. 제정). 그 해 12월 21일 농촌 실태조사 결과 발표를 보면 매수가 필요한 농지 면적이 60만 1049정보였다.

표 2-3-3 농가 실태 조사 집계 개요

1. 농가 호수		2,473,833호
집계한 호수 중 일부 비농가로서 원에 재배지를 신고한 호수를 포함한 관계로 과대한 감이 있음.		
2. 경지면적	답(畓)	1,236,539정(町)
	전(田)	834,018정
	계	2,070,517정
과거 통계에 비해 약 10%의 감소이나 최근 수년간의 수해로 인한 유실매몰 등이 있는 관계와 본 조사 방법이 신고제를 채택한 관계로 필연적 결과 인가함.		
3. 농가 1호당 경지면적		8.37반(反)
4. 요매상(要買上) 면적		601,049정(경지면적의 29%에 해당함)
5. 농가인구		14,416,365인(총인의 71%에 해당함)
6. 농가 1호당 인구		5.46인
7. 농업종사 인원 수		9,356,420인
8. 동상(同上) 농가 1호당		3.78인
9. 농업고용인		271,578인
10. 동상 농가 1호당		0.11인
11. 소작농		326,195호(21%)
12. 자작농		925,218호(37%)
13. 소자겸농		1,022,420호(42%)

자료: 한국농촌경제연구원(1984: 25).

2. 농지 매수와 분배 대상 결정

농지개혁법 통과 이래 정부에서는 빠른 시일 내에 농지 분배를 시행하기 위해 노력했다. 우선 농지개혁법 시행령을 마련해 1949년 12월 중순 법제처로 송부했다. 법제처에서는 1개월여 동안 53조로 된 시행령을 제정해 2월 21일 법제처장실에서 농림부와 연석회의를 가졌다(조선일보, 1950.2.25). 이 자리에서 두 부처 간에 심각한 의견 차이를 보인 부분은 농림부에서는 농지 대가를 법정가격으로 지불함을 주장하는데 비해 법제처에서는 시중 가격에 의해 상환하든가 아니면 보상물자를 지주에게 그대로 상환할 것을 주장했다. 논란이 있는 부분을 그대로 국회에 상정해, 논의를 거듭한 끝에 6월 21일자로 시행령이 공포됐다.

농지개혁은 6·25 전쟁에 의해 제대로 시행되지 못했다. 이 과정에서 농지개혁 연기설이 유포되는 등 국민들의 의구심이 증폭되자, 정부는 「농지개혁 실시 및 임시 조치의 건」을 제정했다(1950.10.19.). 이를 통해 농지개혁은 헌법 사항이며, 상환곡은 정부 재정에 꼭 필요하며, 귀속재산 불하는 결코 지연될 수 없음을 천명했다. 또 농지개혁이 국가 건설의 기본이 됨을 거듭 강조하고 적극적으로 정책 추진에 나섰다. 전쟁 피해를 입지 않은 지역을 중심으로, 상환곡(償還穀) 징수를 우선적으로 시행해 나갔다.

농지개혁법 제5조에는 농지 매수 방법을 다음과 같이 정하고 있다.

제5조 정부는 다음과 같이 농지를 취득한다.

1. 다음 농지는 정부에 귀속한다. (가) 법령 및 조약에 의하여 몰수 또는 국유로 된 농지 (나) 소유권의 명의가 분명치 않은 농지
2. 다음 농지는 적당한 보상으로 정부가 매수한다. (가) 농가 아닌 자의 농지 (나) 자경하지 않는 자의 농지. 단 질병, 공무, 취학 등 사유로 인하여 일시 이농한 자의 농지는 소재지위원회의 동의로써 도지사가 일정 기한까지 보유를 인허한다. (다) 본 법 규정의 한도(각주: 3정보)를 초과하는 부분의 농지 (라) 과수원, 종묘포, 상전(桑田)등 숙근성(宿根性) 작물 재배 토지를 3정보 이상 자영하는 자의 소유인 숙근성 작물 재배 이상의 농지.

제6조 다음 농지는 본법으로써 매수하지 않는다.

1. 농가로서 자경 또는 자영하는 1가당 총면적 3정보 이내의 소유 농지. 단 정부가 인정하는 고원(高原), 산간 등 특수 지역에는 예외로 한다.
2. 자영하는 과수원, 종묘포, 상전 기타 숙근성 작물을 재배하는 농지
3. 비농가로서 소규모의 가정 원예로 경작하는 500평 이내의 농지
4. 정부, 공공단체, 교육기관 등에서 사용 목적을 변경할 필요가 있다고 정부가 인정하는 농지
5. 공인하는 학교, 종교단체 및 후생기관 등의 소유로서 자경 이내의 농지. 단 문교재단의 소유지는 따로 정하는 바에 의하여 매수한다.
6. 학술, 연구 등 특수한 목적에 사용하는 정부 인허 범위 내의 농지
7. 분묘를 수호하기 위하여 종전부터 소작료를 징수하지 아니하는 기존의 위토(位土)로서 묘당 1위에 2단보(反步) 이내의 농지
8. 미완성된 개간 및 간척 농지. 단 기 완성된 부분은 특별 보상으로 매수할 수 있다.
9. 본법 실시 이후 개간 또는 간척한 농지. 단 국고 보조에 의한 것은 8호 단서에 준한다. (1호의 농가로서 2호, 7 - 9호 토지 소유의 경우에는 합산하지 않는다.)

(* 법규 내용을 현대식 표현으로 일부 수정했음)

농지의 자경, 자영 여부와 경작 면적이 일차적인 판단 기준이었다. 우선 3정보 이내의 농지를 소유하고 있는 농민들의 토지는 매수 대상이 되지 않았다. 당시 대부분의 농가 1호당 경지 면적은 2정보 수준에도 미치지 못했기 때문에 기존의 자작 및 자소작 농민들의 토지는 매수 대상에 포함되지 않았다. '자영'의 개념 속에 가구원들의 노동력을 절반 이상 투입해 농경에 종사하는 경우는 물론 '농경을 지도 감독하여 가족의 생계

를 유지하는 경우'도 포함시켰다. 자영농지 중에서 과수원이나 종묘포, 상전 등은 3정보를 넘어서도 매수하지 않았는데 이는 다른 작물들에 비해 특수한 전문기술이나 많은 투자비, 부대시설이 들어간다고 보았기 때문이다. 또 고원, 산간 등 특수지역도 예외를 인정했다.

학교나 종교단체 등 공공기관 소유의 자경 농지도 매수 대상에서 제외됐고, 학술·연구 등 특수 목적으로 사용하는 토지도 제외됐다.

1948년 말 현재 상황으로 분배 대상 농지 면적은 다음과 같다. 그러나 1961년도 최종 통계를 보면 〈표 2-3-4〉와 같다.

표 2-3-4 분배 대상 경지 면적(1948년 말 현재)

구분	답	전	계	비고
1945년도 현재	정보	정보	정보	농림부 조사통계과조사
지주 소유 면적	895,000	552,000	1,447,000	
귀속농지	206,000	63,000	269,000	현 귀속농지관리국 관리면적 1948년도 현재
지주 소유 면적	689,000	489,000	1,178,000	
1948년 말 현재 지주 소유 면저	413,000	342,000	755,000	소작지 자연감(自然減)을 답(畓) 40% 전(田) 3 0%로 수정
요 매수 농지	413,000	342,000	755,000	

자료: 한국농촌경제연구원(1984: 16).

미군정기 과도 입법위원에서 농지개혁법안이 논의되는 과정에 농지 분배를 걱정하던 지주들에 의해 지속적으로 토지 강매 또는 처분이 이뤄졌다. 그 결과 불과 미군정 3년 사이에 분배 대상 농지가 거의 절반 수준으로 줄어들었다. 그리고 이승만 정부 시절에도 지주들에 의한 토지 처분이 꾸준히 이뤄졌다.

농지를 매 당하는 지주들에 대한 정부 측 배려도 이뤄졌다. 이는 지주들의 정상적인 생활을 유지하게 하고, 이들이 받게 되는 보상금을 활용해 산업자본화할 수 있도록 도와주기 위한 배려였다. 당시 정부에서 소유하고 있던 각종 귀속재산 불하(拂下)에 토지를 배수당한 지주들을 우선적으로 고려하도록 했다(지주전업 알선에 관한 건. 1950.12.2.; 1951.2.20). 1951년 9월 4일, 「귀속재산 처리법 시행령 중 개정의 건」을 통해 다음과 같이 명시적으로 지주들을 우선하도록 정했다.

표 2-3-5 소유 및 요인별 농지 매수 상황(1961.12 현재)

소유별 / 시·도	비자경자 소유			3정보 초과 소유			문교재단 소유			사찰 소유
	답(畓)	전(田)	소계	답(畓)	전(田)	소계	답(畓)	전(田)	소계	답(畓)
서울	15,209	18,579	33,788	1,812	1,622	3,434	348	285	633	330
부산	3,056	920	3,976	239	397	636	–	–	–	33
경기	449,066	236,299	685,365	10,621	7,225	17,846	4,673	1,909	6,582	1,100
강원	32,707	40,844	73,551	3,556	3,020	6,576	1,527	1,107	2,634	1,558
충북	82,557	78,839	161,396	4,278	5,042	9,320	1,159	881	2,040	987
충남	380,654	131,502	512,156	12,499	4,524	17,023	2,343	527	2,870	681
전북	410,767	73,921	484,688	11,460	2,791	14,251	3,346	1,086	4,432	1,262
전남	216,224	86,040	302,264	23,949	10,475	34,424	5,730	994	6,724	397
경북	160,240	111,118	271,358	21,647	12,587	34,234	1,618	644	2,262	987
경남	235,146	89,099	324,245	9,547	5,057	14,604	2,929	1,015	3,944	2,507
제주	357	2,837	3,194	32	461	493	–	49	49	–
계	1,985,983	869,998	2,855,981	99,640	52,201	152,841	23,673	8,497	8,497	9,842
비율			90.0			4.8			1.0	

시·도	사찰 소유		지방자치단체 소유			국가 소유			합계		
	전(田)	소계	답(畓)	전(田)	소계	답(畓)	전(田)	소계	답(畓)	전(田)	소계
서울	240	570	–	61	61	313	485	798	418,012	21,272	39,284
부산	23	56	12	–	12	5,853	970	6,823	9,193	2,310	11,503
경기	535	1,635	5,290	29,503	34,793	6,964	4,003	10,967	477,714	279,474	757,188
강원	678	2,236	1,968	4,461	6,429	189	567	756	41,505	50,677	92,182
충북	610	1,597	1,325	1,981	3,306	387	640	1,027	90,693	87,933	178,686
충남	487	1,168	618	1,173	1,791	186	169	355	396,981	138,382	535,363
전북	332	1,594	2,603	952	3,555	6,976	2,482	9,458	436,414	81,564	517,978
전남	5,968	6,365	5,661	912	6,573	2,072	3,238	5,310	254,033	107,627	361,732
경북	495	1,482	581	516	1,097	2,783	3,516	6,299	187,856	128,876	316,732
경남	627	3,134	2,974	2,238	5,212	5,401	2,079	7,480	258,504	100,115	358,619
제주	–	–	–	44	44	51	501	552	440	3,892	4,332
계	9,995	19,837	21,032	41,841	62,873	31,175	18,650	49,825	2,171,345	1,002,182	3,173,527
비율		0.6			2.0			1.6			100.0%

주: 국유농지 및 지방자치단체 소유농지는 농지대가 보상대상(특별회계분 제외)은 아니나 통계상은 매수농지로 분류하고 있음.

자료: 한국농촌경제연구원(1989: 631).

귀속재산처리법 시행령 중 개정의 건 제29조의 2

제29조의 귀속재산 중 법 제24조의 규정에 의하여 임대하지 아니한 기업체에 대하여는 공동관리인을 선임한다. 각부 장관이 본 령 공포일 현재에 단독 관리인을 임명하고 있는 귀속기업체에 대하여 전항의 규정에 의한 공동관리인을 선임하는 경우에는 공동관리인의 반수 이상을 농림부 장관의 추천에 의한 농지개혁법에 의하여 농지를 매수당한 자 중에서 우선적으로 이를 선임하여야 한다. 각부 장관은 본 령 공포일 현재에 공동관리인을 선임하여 이사제(理事制)를 실시하고 있는 귀속기업체에 대하여는 결원 전원을 농림부 장관의 추첨에 의한 농지개혁법에 의하여 매수당한 자 중에서 공동관리인을 선임 보충하여야 한다.
제1항 내지 제3항의 규정에 의한 공동관리인 선임은 본령 공포일로부터 6월 이내에 이를 완료하여야 한다.

3. 농지 분배

농림부는 우선 「농지 소표 취급 요령」을 제정해(1950.2.3) 전국의 모든 농지를 대상으로 소재지, 지번, 지목, 면적, 소유자, 가격 등 상세한 명세서를 만들게 했다. 이는 앞서 시행된 농지 조사 결과를 토대로 했다. 이를 토대로 이동 농지위원회에서는 경작자 확인, 자작과 소작 구분, 귀속 농지와 위토 확인, 주재배 작물 확인, 소유 관계 변화 등을 확인했다. 소표 작성이 마무리되면 10일간 공람 기간을 거쳐 확인하도록 했고, 3월 말까지 분배 농지 일람표를 완성했다.

당시 전국적으로 농지를 분배받아야 하는 농민은 153만 5,000명에 달했다(한국농촌경제연구원, 1984. 농지개혁사 관계자료집, 제3집: 17). 이 속에는 영농(營農) 없는 소작인(小作人) 92만 1,000명, 농지가 적은 자작인(自作人) 56만 7,000명, 농업고용인 4만 7,000명이다. 정부는 농가의 경작 능력을 고려해 점수를 산정한 뒤 농지를 분배하고자 했다.

농지개혁법 제11조에 의하면 정부가 취득한 농지는 농사를 짓고자하는 사람들에 대해 다음 순서로 분배해 소유케 하기로 했다. 첫째, 현재 당해 농지를 경작하고 있는 농가, 둘째, 경작 능력에 비해 과소한 농지를 경작하는 농가, 셋째, 농업 경영에 경험을 가진 순국열사의 유가족, 넷째, 영농력을 가진 피고용 농가, 다섯째, 국외에서 귀환한 농가순이었다. 이들을 대상으로 농지의 종목(種目), 등급, 농가의 능력 등을 고려해 한 가구당 총 경작 면적 3정보 이내로 했다(농지개혁법 12조). 현재 지주의 토지를 경작하고 있는 소작인에게 해당 토지 분배의 우선권을 주었다. 그리고 근거리에 있는 소규모 농업인들에게 분배의 우선권을 주었다.

표 2-3-6 농가 인구 및 농가 호수(1949. 6. 21 현재)

지역별	농가 인구	농업 종사 인원 수	농업고용인		농가 호수			
			인원 수	가족 수	소작	자작	소자작	계
서울	70,627	51,978	501	307	8,403	1,589	2,610	12,602
경기	1,960,219	1,149,378	23,327	2,627	98,075	67,355	165,945	331,375
강원	922,753	556,640	18,291	2,283	30,428	60,076	67,800	158,304
충북	1,691,424	996,178	33,353	2,730	85,027	70,853	124,745	280,625
충남	1,648,140	1,032,564	30,165	5,091	75,598	78,968	126,973	281,539
전북	2,475,215	1,525,527	52,614	32,717	96,288	137,373	187,061	420,722
전남	2,466,119	1,500,111	48,494	25,981	42,526	233,625	143,994	420,145
경북	2,282,731	1,954,570	51,159	6,299	65,597	164,504	158,937	389,038
경남	684,370	465,780	13,172	1,712	23,710	65,862	42,151	131,723
제주	214,167	123,685	502	676	543	45,013	2,204	47,760
계	14,416,365	9,356,420	271,578	80,423	526,195	925,218	1,022,420	2,473,833

주: 이 통계표는 치안관계로 조사 불능한 지대 5개군 외 수개 면(面)분을 추산 계산했음.
자료: 한국농촌경제연구원(1984: 24).

표 2-3-7 분배 순위별 농가 호수(농개법 제11조)(1961. 12. 31 현재)

구분 / 시·도	① 해당 농지를 경작하는 농지	② 경작 능력에 비해 과도한 농지를 경작하는 농가	③ 농업 경영에 경험을 가진 순국열사 유가족	④ 경영능력을 가진 피고용농가	⑤ 국외에서 귀화한 농가	계	비고
서울	20,306	651	–	–	–	20,957	
부산	9,993	200	–	270	–	10,463	38이북
경기	180,323	8,679	44	1,777	–	190,823	미수복
강원	31,606	1,858	5	848	49	34,366	지구 포함
충북	71,539	1,176	2	270	39	73,026	
충남	221,943	8,807	26	1,707	–	232,546	
전북	313,200	7,280	583	1,658	–	322,821	
전남	306,869	25,830	14	17,535	12	350,200	
경북	143,554	7,154	40	3,981	172	154,901	
경남	213,247	12,727	1,256	7,229	973	235,432	
제주	1,414	39	–	–	4	1,457	
계	1,513,994	74,401	2,070	35,275	1,249	1,626,992	
비율	93.1%	4.5%	0.1%	2.2%	0.1%	100%	

자료: 한국농촌경제연구원(1984).

분배 상한선인 3정보는 사실 기존 지주들의 토지 소유 상한선과 맞물려 있었다. 농가 호당 3정보를 넘어서는 토지는 정부 매수 대상이 됐기 때문이다. 그래서 농지개혁법 제정 과정에서 지주 계층과 농민들의 끝없는 신경전이 펼쳐졌었다. 최초에 농민단체나 정치권에선 2정보 안을 추구하기도 했었지만 국회 논의 과정에서 3정보로 정해졌다. 이는 기존 지주들의 토지 소유를 3정보까지 인정하고 그 수준을 넘어서는 토지는 정부 매수 대상이 됐다는 의미다. 지주들 중에서 재빠르게 잉여 토지를 처분해 3정보만을 소유함으로써 농지개혁을 피해간 경우가 많이 생겨났다. 반대로 토지를 분배받는 농가들의 경우에는 3정보에 도달하지 못하는 수준의 토지를 분배받게 됐다. 실제로 농민들이 분배받은 토지는 2정보에도 크게 못 미치는 수준이었다. 이유는 첫째, 북한과 외국으로부터 귀환한 농민들 숫자가 많았고, 이들에게 분배할 수 있는 토지의 양이 근본적으로 적었기 때문이다. 둘째, 실질적으로 당시의 상황에서는 한 가족의 노동력으로 경작할 수 있는 농지의 면적이 그리 클 수가 없었다. 머슴, 소나 말이 없는 상황에서 노동력 확보에 한계가 있었다. 그래서 설령 많은 토지를 분배받는다고 해도 경작이 불가능했고 묵힐 수밖에 없었다.

1호당 3정보까지 농지를 소유하도록 하는 것은 이 정도면 농민 한 가구가 살 수 있다는 전제일 것이다. 하지만 토지의 비옥도에 따라 산출량에 차이가 있을 것이다(조선일보, 1949.2.22). 그래서 토지 비옥도에 따라 3정보 기준에도 차이가 필요하다고 주장했다. 그러나 더욱 근본적인 문제는 농가 호수에 비해 분배할 토지가 절대적으로 부족하다는 점이었다. 당시 한국의 토지 사정은 매 호당 1정(町步) 6단(段步) 2묘(畝)이고, 곡창지대라는 전남도 매 1호당 답 6단 3묘, 전 3단 6묘로서 1정보 미만이었다. 이 정도로는 농민들이 제대로 살아갈 수 없었다.

경작 능력을 산정하는 일도 만만치가 않았다. '농지 분배 점수 규정(대통령령 375호. 1950.6.23)을 보면 분배 대상 농가의 가족 수에 의하거나 또는 근로 능력과 축력(畜力) 등 영농 능력을 기준해 정했다. ① 농가 가족 수를 기준으로 할 때는 1인당 1점으로 하고, 1점당 2단보(段步: 전답을 통합해 계산)를 표준으로 분배했다. ② 영농 능력을 기준으로 할 때는 20세부터 50세까지의 청장년을 1점으로 하여 1점당 6단보를 표준으로 분배했다. 축력은 5세 이상 어른소나 말은 0.8점, 그 이하는 0.4점으로 하여 1점당 6단보를 표준으로 분배했다. 여성과 다른 연령층의 점수는 〈표 2-3-8〉과 같이 조금씩 차등적으로 적용해 계산했다.

표 2-3-8 성별, 연령별, 노동율표

성별	연령별	노동률
남	7세 이상 10세까지	0.2점
남	11세 이상 15세까지	0.3점
남	16세 이상 19세까지	0.6점
남	20세 이상 50세까지	1.0점
남	51세 이상 60세까지	0.6점
남	61세 이상 70세까지	0.3점
남	71세 이상	0.2점
여	7세 이상 10세까지	0.1점
여	11세 이상 15까지	0.2점
여	16세 이상 19세까지	0.4점
여	20세 이상 50세까지	0.6점
여	51세 이상 60세까지	0.4점
여	61세 이상 70세까지	0.2점
여	71세 이상	0.1점

자료: 농지분배 점수제 규정(1950.6.23. 대통령령 375호)

농지 분배의 최종 결과는 〈표 2-3-9〉, 〈표 2-3-10〉과 같다.

표 2-3-9 농지 분배 상황 1(1970. 12. 31 현재)

농지				합계							
수	분배 면적			농가	필지 수			분배 면적			
계	답(畓)	전(田)	계	호수	답(畓)	전(田)	소계	답(畓)	전(田)	소계	
27,227	4,508	5,883	10,391	21,849	23,651	34,710	58,361	7,195	7,975	15,170	
15,624	808	655	1,463	10,733	16,049	11,545	27,594	1,943	886	2,829	
83,258	14,700	8,252	22,952	199,919	326,175	231,934	558,109	79,539	37,152	116,691	
12,891	876	1,147	2,023	34,366	26,502	35,721	62,223	4,927	6,214	11,141	
48,312	4,504	3,455	7,959	78,823	77,288	79,026	156,314	13,573	12,200	25,773	
153,600	22,905	9,587	32,492	232,546	296,590	177,280	473,870	62,603	23,425	86,028	
273,595	64,047	11,843	75,890	322,821	390,400	219,129	609,629	107,688	29,999	137,687	
421,028	39,307	20,826	60,133	350,200	453,792	246,943	700,735	65,269	31,035	96,304	
111,085	32,532	13,779	46,311	166,997	190,569	124,931	315,500	91,918	44,517	136,435	
196,917	25,518	6,244	31,762	235,363	350,424	152,043	502,467	50,568	15,835	66,403	
273	5	50	55	1,457	527	1,611	2,138	44	389	433	
1,343,810	209,710	81,721	291,431	1,655,074	2,151,967	1,314,873	3,466,840	485,267	209,627	694,894	

자료: 한국농촌경제연구원(1984: 30).

표 2-3-10 농지 분배 상황 2(1970. 12. 31)

구분 / 시·도	매수 농지							귀속		
	농가 호수	필지 수			분배 면적			농가 호수	필지	
		답(畓)	전(田)	소계	답(畓)	전(田)	소계		답(畓)	전(田)
서울	12,260	13,916	17,218	31,134	2,687	2,092	4,779	9,589	9,735	17,492
부산	5,053	8,504	3,466	11,970	1,135	231	1,366	5,680	7,545	8,079
경기	168,219	276,650	198,201	474,851	64,839	28,900	93,739	31,700	49,525	33,733
강원	27,443	21,506	27,826	49,332	4,051	5,067	9,118	6,923	4,996	7,895
충북	53,167	51,354	56,648	108,002	9,069	8,745	17,814	25,656	25,934	22,378
충남	152,976	196,040	124,230	320,270	39,698	13,838	53,536	79,570	100,500	53,050
전북	174,451	192,987	142,947	335,934	43,641	18,156	61,797	148,370	197,413	76,182
전남	156,678	185,427	94,280	279,707	25,962	10,209	36,171	193,522	268,365	152,663
경부	110,371	116,676	87,739	204,415	59,386	30,738	90,124	56,626	73,893	37,191
경남	144,734	203,208	102,342	305,550	25,050	9,591	34,641	90,629	147,216	49,701
제주	1,263	433	1,432	1,865	39	339	378	194	94	179
계	1,006,615	1,266,701	856,329	2,123,030	275,557	127,906	403,463	648,459	885,266	458,544

자료: 한국농촌경제연구원(1984: 30).

분배받은 농지는 분배받은 농가의 대표자 명의로 등록하고 가산(家産)으로 상속하게 했다(농지개혁법 15조). 그리고 분배받은 농지는 상환 완료 때까지 매매, 증여 기타 소유권 처분을 할 수 없게 했고 저당권이나 지상권, 선취특권(先取特權) 기타 담보권을 설정할 수 없게 했다(농지개혁법 16조). 또 모든 농지에 대해 소작, 임대차, 위탁 경영 등을 금했다(농지개혁법 17조).

4. 상환, 보상

농지개혁은 분배받은 토지가 확실하게 경작 농민에게 이전되는 것으로 마무리된다. 이를 위해서는 토지를 분배받은 농민이 약속한 상환액을 다 상환하고, 토지를 매수당한 지주들은 토지 대금을 모두 받았을 때 가능한 일이다. 이 과정에서 토지를 분배받은 농민이 농사를 짓지 않게 되거나 토지를 매매하거나 임대해서는 안 된다. 토지 매매나 임대 금지에 대해서는 농지개혁법에 정해져 있었다.

매수 농지에 대한 평가(=지주 보상 및 지가 상환을 위한 가격 산정)는 각 농지위원회의 토론을 거쳐 다음과 같이 정하도록 했다(농지개혁법 7조).

"각 지목별 표준 중급 농지를 선정하여, 평년작 주 산물 생산량의 150%를 법정곡가(法定穀價. 1949년도)로 환산한 것이 그 농지의 토지대장상 임대 가격의 몇 배가 되느냐를 정하여, 그 배율을 각 분배 농지의 임대 가격에 일률적으로 곱하여 공통 배율을 정하고, 이것으로 보상액을 정한다."

$$\text{공통 배율} = \frac{\text{중급 농지 평년작 생산고} \times 1.5 \times \text{법정곡가}}{\text{중급 농지 임대가격}}$$

정부가 1950년 6월 7일 고시한 '공통배율 고시에 관한 건'(농지 제796호)를 보견 공통 배율은 다음과 같았다.

표 2-3-11 경주지역 공통 배율 현황

구·시·군	읍·면	답(畓)								전(田)							
		종별	공통배율	임대가격 1엔당석수		중급농지 반당임가		반당생산고의15할석수		종별	공통배율	임대가격 1엔당석수		중급농지 반당임가		반당생산고의15할석수	
				石		円		石				石		円		石	
慶州	慶州	籾	973		2017	30	00	6	052	大麥	881		2336	13	50	3	154
	甘浦	〃	951		1972	27	00	5	326		1.067		2828	6	60	1	867
	安康	〃	1.166		2419	21	00	5	080		872		2311	7	80	1	803
	內東	〃	1.018		2112	24	00	5	065		922		2826	5	10	1	246

자료: 한국농촌경제연구(1984: 119).

이때 곡물 가격도 정했으나 전쟁 후 다시 산정해 배포한 가격표를 보면 다음과 같다(1951.3.7. 농지 제95호). 공통 배율과 곡물가격은 불가피할 경우에 수정도 이뤄졌다(예: 1952.9.30. 충남 예산과 삽교의 배율 조정 건. 농지 제2488호).

정부의 매수 농지에 대한 보상은 정부에서 발행하는 정부 보증부 융통식 증권(政府保證附融通式證券)으로 소유 명의자 또는 그가 선정한 대표자에게 지불하도록 했다(농지개혁법 8조). 이때 증권 액면(額面)은 당해 연도, 당해 농지, 주산물 수량으로 표시했다. 그리고 이에 대한 보상은 5년 동안 균분해 매년 보상하기로 했고, 보상액은 증권에 표기된 농산물 수량의 당해 연도 가격으로 했다. 다만 보상액이 적거나 정부가 인정하는 육

표 2-3-12 정부 매상 곡물 가격

종별	4282년 정부 매상가격							정조 환산 수량	산출 기초
	등급	중량	용량	입당 매상가격		동상석당 환산가격			
			斗	円		円	錢	石	
벼	2等	54	539	2,600	00	4,824	00	0000	
대맥	〃	42	424	1,600	00	3,774	00	7823	3,774/4,824=0.7823
과맥	〃	60	444	2,550	00	5,743	00	1905	5,743/4,824=1.1905
소맥	〃	60	444	2,800	00	6,306	00	3072	6,306/4,824=1.3072
호맥	〃	54	428	1,680	00	3,925	00	8136	3,925/4,824=0.8136
대두	〃	60	444	2,470	00	5,563	00	1532	5,563/4,824=1.1532
옥수수	〃	60	444	2,040	00	4,595	00	9525	4,595/4,824=0.9525

자료: 한국농촌경제연구원(1984: 70).

영, 교화, 학술재단에 대한 보상은 일시불(一時拂)로 하거나 기간을 단축할 수 있게 했다. 토지를 매수당한 지주들에게 그들이 원할 경우에 정부사업에 참여할 수 있도록 알선하도록 했다(10조). 지가 증권의 보상금 지불사무는 한국식산은행에서 대행하게 했다.

정부는 지주들에게 지가 보상 신청을 하도록 기한을 정해 종용했었다(1950.3.25). 40일 이내에 도지사에게 신청서를 제출하면, 확인한 뒤에 1950년 5월 31일까지 지가 증권을 교부해주기로 했다(한국농촌경제연구원, 1989: 724-726). 하지만 토지를 수용당한 지주들의 반응은 냉담하기만 했다. 그러다가 전쟁이 났고, 많은 서류가 없어진 상황에서, 지주 신고서를 연말까지 내도록 다시 공고를 했다. 우여곡절 끝에 1951년 4월이 돼서야 지가 증권 발급에 속도를 낼 수 있었다. 지가 증권 발급은 법정 보상 기간(1951~1955)이 지난 1957년에서야 마무리됐고, 26만 4271건 발급, 보상 총량 11,832,400만 석에 이르렀다(한국농촌경제연구원, 1989: 744).

지주들에 대한 매수 농지 보상액을 매수 당시의 정부 고시 곡물가로 정한 것이 문제가 됐다. 전쟁을 거치면서 극심한 인플레이션이 일어났고, 그로 인해 정부 보증부 융통식 증권은 시간이 흐를수록 가치가 떨어졌다. 전쟁 기간과 그 이후의 복구 기간 동안 농민들의 생산량은 늘지 않았는데, 정부로서는 전쟁에 필요한 식량 조달과 국가재정 확보를 위한 곡물 수매가 급선무였다. 농민들로서는 정부 조세 납부가 우선이었고, 분배 농지 상환은 후순위였다. 이는 지주들에 대한 지가 상환도 원칙대로 이뤄지지 못했다는 말이다. 시간이 흐를수록 지주들의 지가 보상액은 줄어들 수밖에 없었다.

분배받은 농지에 대한 농민의 상환액은 ① 당해 농지의 주생산물 생산량의 150%를 5년간 납입한다, ② 상환은 5년간 균분(均分) 연간 납부(年賦)하되 매년 주생산물에 해당하는 현물 곡식 또는 대금을 정부에 납입한다, ③ 농가의 희망과 정부가 인정하는 사유에 따라서 일시 상환 또는 상환 기간을 신축적으로 할 수 있게 했다.

1951년 4월 5일, 피난 정부는 부산에서 「귀속농지 특별조치법」을 공포했다. 이를 통해 중앙토지행정처에서 귀속 농지 매각 시 적용됐던 매년 20%씩 15년간 총 300%를 상환해야 했던 비율을 일반 농지 상환 조건, 즉 매년 30%씩 5년간 총 150% 상환과 같게 했다.

농민들의 상환은 하곡(夏穀) 상환과 추곡(秋穀) 상환을 통해 이뤄졌다. 하곡 상환 방침은 1951년 3월에 결정됐는데, 보리 등 현물로 내거나 나중에 쌀로 환산해 가을에 낼 수 있게 했다. 읍면장이 고지서를 발부하고, 지정된 장소로 농민들이 곡식을 납부하면, 금융조합이 책임지고 창고 대행업자에게 보내 보관케 했다. 사실 농민의 주곡인 쌀이 가을에 추수되기 때문에 추곡 상환이 더욱 중요했다.

추곡 상환으로 한해의 상환 목표량 달성 여부가 결정되므로, 농민이나 정부나 총력을 기울여야만 했다. 농민들로서는 상환곡을 처리하고서도 자체 소비량을 확보해야만 했다. 평년작 이상의 수확이 이뤄지면 좋지만 그렇지 못할 경우에는 상환 물량을 채우기 곤란했다.

정부로서는 매년 상환 목표량을 정하고, 이를 반드시 관철해야만 했다. 정부로서는 농민들의 상환곡을 계획대로 상환받아야만 지주들에게 보상할 수 있고, 또 정부재정에도 충당할 수 있게 된다. 현실적으로 정부의 목표량은 제대로 채워지기 어려웠고, 농민들로서도 정부 세금과 상환곡, 자체 소비를 모두 해결하기가 쉽지 않았다. 정부에서는 당시 전쟁을 치르기 위해 적지 않은 군량미가 필요했고, 재정 충당을 위해 과세(課稅)도 불가피했다. 1951년 9월에 제정된 임시토지수득세법은 토지 수익을 현물로 내게 한 것인데, 농민들에게 큰 부담으로 작용했다. 한정된 곡물을 가지고 세금도 내야 했고 상환도 해야 했기 때문이다.

농림부는 매년 9월경에 시·도 지적과장 회의를 열어 그 해에 수납할 추곡의 양을 정했다. 하지만 작황과 농민들의 추곡 수확 사정에 따라 수납 목표 달성 여부가 달려 있었다. 만일 추곡 수확량이 기대에 미치지 못할 경우에는 미납액이 발생하게 되고, 목표량을 채울 수 없게 된다. 이때 정부는 일단 정부 세금액에 해당하는 양을 먼저 수납해야만 했고, 대신 상환곡은 다음해로 미룰 수밖에 없게 된다. 당시 상황에서는 매년 미납

표 2-3-13 연도별 농지 대가 상환액 정산 집계(1)(1970. 12. 31 현재) (단위: kg, 원)

현금 또는 증권 수납				합계	(A)-(B)
현금		지가 증권	소계		
금액	소上籾, 환산				
162,276,832.53	82,632,185.2	196,186	82,828,371.2	212,820,635	15,599,719.5
59,423,819.56	16,836,765.9	743,554.2	17,580,320.1	126,935,081.7	95,651,454.5
135,594,592.37	7,324,222.8	1,091,909.8	8,416,132.6	98,160,515.4	127,802,844
118,736,275.50	8,082,105	1,058,134	9,140,239	170,368,798.1	56,856,860
74,776,573.10	6,959,495.7	2,192,194	9,151,689.7	184,323,253.1	43,971,967.6
13,159,302	6,491,992.8	2,141,313.5	8,633,306.3	94,773,836.8	245,373,256.3
12,819,472	3,482,850.8	1,908,342.4	5,391,193.2	44,310,026.2	201,013,237
95,808,475.53	21,810,253.9	2,088,884.6	23,899,138.5	63,281,101.0	137,732,135.9
72,639,823.71	9,908,759.2	1,169,533.6	11,078,292.8	44,085,148.6	95,107,730.3
34,237,479.83	10,867,774	2,034,511.3	12,902,285.3	36,061,595.8	59,495,284.5
69,194,717.91	15,139,372.9	1,274,437.7	16,413,810	22,284,278.9	38,323,086.6
139,277,347.13	16,140,464.7	195,283.8	16,335,748.5	20,275,475.9	24,902,338.6
40,897,900	4,851,286.5	61,488.2	4,912,774.2	7,410,541.9	18,647,930.7
25,500,160.88	3,620,640.6	174,122	3,794,762.6	5,483,507.7	14,761,986
34,365,747	3,088,233.4	35,108	3,123,341.4	3,927,018.2	10,834,967.8
9,114,133	1,967,802.4	35,826	2,003,628.4	2,488,108.2	8,346,859.6
18,145,804	1,428,973.7	19,257	1,448,230.7	1,785,117.1	6,561,742.5
15,017,701	725,400.8	117,716.8	843,117.6	1,073,072	5,488,670.5
40,449,630	5,417,172.8	9,104	5,426,276.8	5,605,608.8	+116,938.3
7,873,681	1,311,963.7		1,311,963.7	1,405,371.7	+1,522,310
3,739,244	1,025,864.1		1,025,864.1	1,025,864.1	+2,437,509.1

자료: 한국농촌경제연구원(1989: 718-719).

표 2-3-14 연도별 농지 대가 상환액 정산 집계(1)

연도 \ 구분	1년 정상환량 (A)	현물수납			
		추곡	하곡		소계
			맥류	소上粎, 환산	
1950	228,420,354.5	125,790,134.4		4,202,129.4	129,992,263.8
1951	222,586,536.2	95,164,973.3		13,689,788.3	109,354,761.6
1952	225,963,359.4	78,502,242.4		11,242,140.6	89,744,382.8
1953	227,225,658.1	143,573,976		17,654,583.1	161,228,559.1
1954	228,295,220.7	152,030,972.6		23,140,590.7	175,171,563.4
1955	340,147,091.1	77,679,724.5		8,460,806	86,140,530.5
1956	245,373,256.3	34,625,471.9		4,293,361.1	38,918,833
1957	201,013,237	35,918,387.4		3,463,575.2	39,381,962.6
1958	139,102,878.9	26,575,030.2		6,431,825.6	33,006,855.8
1959	95,556,880.3	15,991,680.4		7,167,630.1	23,159,310.5
1960	60,607,365.5	4,048,547.5		1,821,920.8	5,870,468.3
1961	45,177,814.5	2,555,740.2		1,383,987.2	3,939,727.4
1962	26,058,472.6	1,621,176.2		876,591	2,497,767.2
1963	20,245,493.7	1,200,103.8		488,641.3	1,688,745.1
1964	14,761,986	637,004.2		166,672.6	808,676.8
1965	10,834,967.8	335,078.4		149,401.4	484,479.8
1966	8,346,859.6	267,438.4		69,448	336,886.4
1967	6,561,742.5	208,012.4		21,942	229,954.4
1968	5,448,670.5	104,883		74,449	179,332
1969	+116,938.3	93,408			93,408
1970	+1,522,310				

주: 법정 상환기간(1950~54)을 경과한 1955년부터는 '1년 정산환량(A)'난이 '연말까지의 총미납량'난으로 변경됨.
자료: 한국농촌경제연구원(1989: 718-719).

액이 발생했고, 이는 순차적으로 다음해로 이월됐다. 실제로 1951년에는 수납 비율이 52.7%, 1952년에는 38.1%에 불과했다(한국농촌경제연구원, 1989: 717). 1953년에는 당해 연도 목표량의 75.6%를 수납했지만 이전의 미납 물량까지 고려하면 엄청난 양의 미납액이 발생하고 있었다.

현실을 감안해 농림부에서는 상환 기간의 연장, 금납 허용, 자연재해로 인한 피해가 발생했을 경우의 상환액 감면 등의 조치를 취했다. 고의 체납자들에 대해서는 국세 체납 처분을 통해 강제로 상환받는 방법을 택해야만 했다. 그러나 어려운 농촌 사정을 고려해 볼 때, 강제 상환 방법은 좋은 효과를 볼 수가 없었다.

제 4 절 성과 및 평가

농지개혁 결과 우리의 농촌은 이제 자작농 시대로 진입했다. 1957년의 경우에 96%의

표 2-3-15 농지 보유 형태별 농가 비율 (단위: %)

연도	완전 차지농	주차지농	주자작농	자작농	합계
1957[3]	4	(8)		88	100
1963[4]	1.8	(15.2)		83	100
1965[5]	7.0	8	15.5	68.5	100
1970[6]	9.7	7.8	16.0	66.5	100
1973[7]	7.3	(22.5)		70.2	100
1975[8]	8.0	6.5	13.3	72.2	100
1977[9]	6.6	9.4	20.1	63.9	100

( )은 주차지농(主借地農)과 주자작농(主自作農)을 합친 숫자임.
1) 주차지농은 경지면적의 50% 이상이 타인 소유인 농가.
2) 주자작농은 경지면적의 50% 이상이 자기 소유인 농가.
3) 潘性紈, "농지개혁후 농지이동에 관한 실제적 고찰", 「농업경제연구」 제1집, 1958, p 45.
4) 농협중앙회, 「농지의 영세구조와 겸병 현상에 대한 조사보고」, 1976, p. 8.
5) 한국토지경제연구소, 「한국의 농지제도에 대한 연구」(영문), 1966, p. 131.
6) 농수산부, 「1970 농업센서스」 1974, 전국편.
7)가톨릭농민회, 「농지임대관계 실태조사보고서」 1974, p.8.
8)농수산부, 「1975 간이농업센서스」, 1976.
9)농수산부, 1977년 농가경제조사자료에서 작성.

농민이 자기 땅을 소유하게 됐다. 1963년의 경우에도 98.2%가 자기 땅을 소유하고 있었고, 그중에서 새롭게 구성된 가구나 특별한 사정이 있는 농가구 15.2% 정도가 경작 면적이 부족해 다른 사람들의 농지를 추가로 경작하게 됐다. 이는 자연스러운 변화라고 볼 수 있다.

농민들에 의한 농지 대가 상환 실적을 보면 다음과 같다. 1950년의 경우에는 전쟁 와중에도 91.8%의 실적을 올렸다. 하지만 1951년 54.2%, 1952년 41.4%로 절반 수준에 불과했다. 이런 미납 부분은 향후에도 지속적으로 부담 증가로 이어질 수밖에 없었고, 농민들로서는 좀체로 100% 완납이 어려웠다.

표 2-3-16 연도별 농지 대가 상환량 수납 실적(농개법 제13조)(1965. 12. 31 현재)

(단위: kg)

연도 \ 구분	수납계획량	수납량	수납 비율
과정법령 173호		146,420kg	%
1950	393,526	361,506	91.8
1951	393,526	213,606	54.2
1952	393,526	163,261	41.4
1953	393,526	274,764	69.8
1954	393,526	284,849	72.3
1955	210,507	153,184	72.7
1956	–	–	–
1957	172,414	113,773	65.9
1958	99,662	82,759	83.0
1959	96,166	65,084	67.6
1960	71,082	51,508	72.4
1961	59,574	45,774	76.8
1962	46,887	34,710	74.0
1963	19,298	8,627	44.7
1964	13,912	7,160	51.4
1965	5,578	4,011	71.9
계	2,762,710	2,010,996	72.8

주: 1956년도는 회계연도 변경으로 1957년도에 병합됨.
자료: 농수산부 한국농촌경제연구원(1984).

이승만 행정부의 농지개혁은 국가 건설 초기에 이뤄진 탁월한 정책이었다. 추진 과정이 길고 우여곡절도 많았지만 고려 말에 수행됐던 농지개혁 이후에 몇백년 만에 이뤄진 좋은 정책이었다. 농지개혁정책의 성과와 관련해 몇 가지 주요 사항을 정리해 보고자 한다.

정책 과정 전체를 볼 때, 첫째, 매우 긴 기간 동안의 논의와 정책 형성, 집행 과정이었다. 농지개혁 논의의 시작은 미군정 초기부터 진행됐다. 일제로부터 몰수한 각종 토지와 부동산을 국민들에게 배분해야만 했기 때문이다. 미군정청은 한국인 고문관들의 지원을 받아가면서 적극적으로 귀속재산의 처리 방법을 논의해 일단 신한공사에서 관장하고 있던 농지만을 우선적으로 경작 농민들에게 분할했다. 이어서 등장한 이승만 행정부도 농지개혁을 가장 핵심 정책으로 보고 일관성있게 논의를 계속해 마침내 1950년 전국적인 농지개혁을 완료했다, 하지만 시행 직후에 6・25전쟁이 터지면서 정책 집행이 제대로 이뤄지지 못했다. 전쟁이 소강 상태를 유지하고 있는 상황에서도 정부는 농지개혁정책을 적극적으로 추진했는데, 문제는 전쟁물자 동원이라는 부담이 농민들에게 부과되면서 정상적인 집행이 이뤄질 수 없었다는 점이다. 농지가 상환이 제대로 진행되지 못하던 상황에서 농지개혁은 박정희 정부가 등장한 이후에나 청산 절차를 밟고 마무리될 수 있었다.

둘째, 농지개혁정책은 관련 집단들의 이해관계를 최대한 반영하기 위해 노력했다. 가장 대립 구도를 보였던 집단은 토지를 소유하고 있던 지주 계급과 토지를 갖지(혹은 매우 적은 토지 소유) 못하고 있던 소작농 집단이었다. 대체로 지주 계층의 의견은 미군정청 시절의 입법위원과 이승만 정부 시기의 국회의원들에 의해 어느 정도 반영될 수 있었다. 하지만 소작농 계층의 의견은 농민단체나 공산 사회주의 집단들에 의해 시위나 성명서 발표 정도로 표출될 수 있었다. 이 두 집단의 의견은 국회 논의 과정에서 많이 반영돼 최종적으로 정책이 만들어질 수 있었다.

셋째, 농지개혁은 근본적으로 민주주의와 공산주의의 이념 대립의 장과 함께했다. 북한의 김일성이 일찌감치 '무상몰수 무상분배'를 통해 북한 주민들의 인심을 장악한 상태에서 남한지역의 소작인들이나 공산사회주의 집단들이 이를 적극적으로 동조하고 나섰기 때문이다. 공산주의 세력들의 정권 탈취 노력과 이에 대한 민주진영의 정권 유지 대립이 농지개혁 과정에 적나라하게 반영됐다. 소작료 상한선 문제, 농지 소유 상한제, 토지 몰수와 상환 방법 등 예민한 부분에서 의견 대립이 있었다. 무엇보다도 이념 대립이 고려된 부분은 1958. 5. 10 선거를 앞두고 미군정청이 빠른 속도로 신한공사 보유 토지를 소작인들에게 분배한 정책이다. 선거에서 민주진영을 지지하기 위한 의도가 반영된 것이다. 또 전쟁 기간 중 남한 지역을 점령한 북한 공산당 정권은 빠른 속도로 북한식의 무상 몰수, 무상 분배 방식의 농지 개혁을 시도했었다는 점이다. 이후에 전쟁이 역전되자 다시 이승만 행정부의 최초 정책 방침대로 다시 추진될 수 있었다.

정책 형성 과정을 보면 첫째, 농지를 수용하는 방법에 대한 고민이 많았다. 일제가 패망해 물러난 뒤 내부적으로는 일제 청산 욕구가 강했던 만큼 일제 시대의 지주까지도 모두 제거하는 것이 바람직하다는 의견이 매우 강했었다. 그것이 바로 북한 방식의 무상 몰수 방법이었다. 남한에서도 노동자, 농민을 중심으로 많은 정치사회단체들이 이런 방식을 선호할 수 있었다. 하지만 미군정청과 한국인 고문관, 이승만 정부 시기의 고위 관료와 국회의원들 중에는 한국민주당처럼 지주 계급을 무작정 반대해서는 안 된다는 사람들이 적지 않았다. 그래서 전 세계 많은 나라에서 무상몰수 정책을 추진해 가고 있던 상황에서 미국·영국 등 선진국에서 과거에 취했던 유상 몰수 방법을 최종안으로 확정했다. 그리고 '유상'의 방법에 대한 논의도 심각하게 진행됐는데, 시행 당시를 기준으로 이전 3년간의 생산량을 평균낸 뒤, 1950년 당시의 공식 가격으로 5년간 분할 상환하기로 결정했다. 이 방식은 언뜻 공정한 것 같았지만 전쟁 발발과 인플레이션, 배상액의 부족과 배상 지연, 화폐 개혁 등으로 '거의 몰수와 비슷한 수준의 배상'만을 하게 됐다.

둘째, 분배 토지에 대한 지가 상환 방식에 관한 것이었다. 정부는 '유상 분배' 방식을 취해 공산정권에서 취했던 무상 분배 방식을 선택하지 않았다. 농민들 입장에서는 무상 분배를 원했지만 농지 수용을 유상 몰수로 정한만큼 당연한 수순으로 유상 분배 방식이 채택됐다. 이어서 상환 방식은 생산량의 30%씩을 5년간 상환하는 것으로 정했는데, 전쟁 발발과 전쟁 물자 동원 때문에 제대로 상환이 이뤄지지 못했다. 결국 1960년대에 이르러서 정책적 판단에 따라 사업을 종료하게 됐다.

셋째, 토지 소유 상한에 대한 결정이었다. 최종적으로 3정보를 상한으로 결정했는데, 이는 기존 대지주들이 소유하고 있던 토지를 어느 정도까지 인정하고, 그 이상의 토지를 몰수할 것인가에 대한 판단이 우선적으로 작용했다고 보아야 한다. 이와는 반대 입장에서 농지가 없던 농민들이 한 가구당 최대 어느 정도까지를 경작할 수 있을 것인가에 대한 판단도 필요했다. 당시 우리나라 농업 현실에서는 소를 이용한 경작이 최대 관건이었을 것으로 생각된다. 정책이 마무리된 시점에서 실제로 소작 농민들이 분배받은 토지는 대략 1정보 내외에 불과했다.

넷째, 농가당 경작 능력 계산이나 토지의 비옥도 문제, 종중이나 교육재단 등이 소유하고 있는 토지의 수용 문제, 과수원이나 뽕밭 등의 수용 문제 등이 주요한 논의 주제였다. 또 전쟁 직후에 발생한 38선 이북 수복지구 분배문제 등이 논의됐다.

정책의 집행 과정에서는 첫째, 전쟁 발발로 인한 초기 집행 불가능 상태, 수복 후의 재집행이라는 우여곡절이 있었다. 농지개혁과 같은 정책은 강력한 집행력이 수반되지 않으면 불가능한 일이다. 하지만 전쟁이라는 극한투쟁이 전개되고 있던 상황에서 정부는 강력한 국민 통제를 실행할 수 있었고, 그로 인해 비록 완벽하지는 않았지만 정책 집행이 이뤄질 수 있었다. 이승만 대통령은 전쟁과 이후의 전후 복구 과정에서 강력한 정부 주도의 정책환경을 만들었다. 이는 농지개혁이라는 혁명적 정책을 수행해내는 데 큰 도움이 됐을 것이다.

둘째, 전쟁물자 충당이라는 긴급한 현안이 대두된 상황에서 농민들의 토지 상환곡 납부가 원활할 수가 없었다. 농민들로서는 상환곡과 함께 군량미까지도 함께 납부해야만 했기 때문이다. 대부분의 청장년이 전쟁에 동원됐고, 많은 사상자가 난 상황에서 농사 자체도 어렵기만 했다. 농촌에 남아 있는 부녀자나 노인들이 농사일에 나설 수밖에 없었다. 농업정책도 제대로 추진되기가 어려운 상황에서 생산물, 즉 쌀과 보리 등의 수확이 크게 늘지 않았다. 자연스레 군량미와 상환곡 납부가 지연될 수밖에 없었다.

셋째, 농지를 수용당한 지주들에 대한 배상이 제대로 이뤄지기 어려웠다. 곡물 생산량이 연평균 수준을 크게 웃돌 수 없는 상황에서, 농민들은 상환곡 30%는 물론 추가적인 군량미를 납부할 여력이 많이 모자랐다. 그렇기 때문에 정부로서도 지주들에 대한 배상을 연기할 수밖에 없었다. 배상 기간이 길어지면서 1950년 수곡 수매가로 정해진 배상금은 자연스럽게 평가 절하돼 갔고, 전쟁 등으로 인한 인플레이션은 더욱더 배상액의 가치를 떨어뜨렸다. 결과적으로 지주들이 받아든 배상액은 크게 낮아질 수밖에 없었다.

정책의 최종 성과에 대해 살펴보면 첫째, 전국의 모든 경작 농민에게 2정보 이내의 토지를 분배할 수 있었다. 이는 새로운 국가 출범과 함께 모든 국민이 자신의 토지를 갖게 되었다는 의미다. 조선 시대나 일제 강점기 동안 '국가로부터 소외'돼 있었고, 오직 막중한 조세와 부역 부담만을 지고 있었던 국민들이 이제는 '진정한 국민'이 될 수 있는 계기가 마련됐다. 모든 국민이 자신의 역량대로 경제활동을 수행하면서 국가 건설에 동참할 수 있게 됐다.

둘째, 지주 양반계급이나 소작인 계층이 사라지고 '균질화된 국민' 시대가 열리게 됐다. 제2차 세계대전 이후 전 세계는 바야흐로 농지개혁, 기득권 타파의 큰 흐름 속에 있었다. 특히 공산주의 정권이 전 세계적으로 많은 국가에 등장하면서 토지 몰수와 분배에 대한 회오리가 몰아치고 있었다. 이런 흐름에 편승해 우리나라도 농지개혁을 훌륭하게 완성할 수 있었다. 양반 타파는 전쟁 전후에 진행된 군대문화와 함께 자연스럽게 진행됐다. '자기 역량에 따른 부(富)의 축적과 성장' '무한경쟁의 사회' '한국적 민주주의로의 진화'가 차분하게 진행될 수 있었다.

셋째, 농지개혁정책 형성 과정에서 중요시됐던 지주 계급의 산업자본화 전환이 바람직하게 이뤄지지 못했다. 그 이유는 적절한 배상이 이뤄지지 못했기 때문이다. 1950년 당시의 곡물가로 배상액을 정한 점, 전쟁으로 인해 배상이 늦어진 점, 화폐개혁 등으로 평가 절하된 점, 인플레이션으로 인해 평가 절하된 점 등 때문에 배상액이 형편없이 낮아졌기 때문이다.

참고 문헌

김정부 · 백선기 · 김홍상 (1995). 농지법 제정 백서. 한국농촌경제연구원.

오호성 (1981). 경제 발전과 농지 제도. 한국농촌경제연구원.

한국농촌경제연구원 (1984). 농지개혁사 관계자료집. 농수산부 한국농촌경제연구원. 제3집(통계편). 1-142.

______(1986). 농지개혁사 관계자료집. 농수산부 한국농촌경제연구원. 제4집(신한공사 보고서류편). 1-182.

______(1989). 농지개혁사 연구.

제4장

평화선, 그 등장과 소멸의 과정

이주천
원광대학교

제1절 정책의 추진 배경

대한민국의 건국 이후 출범한 초대 이승만 정부의 평화선 선포(1952.1.18)는 반공포로 석방과 더불어 한국전쟁의 어려운 와중에서 전시에 행한 이승만 대통령의 가장 두드러진 외교적 업적으로 대내적으로 인정을 받아왔다. 평화선 선포는 전시 중 북한과 중화인민공화국의 공산주의 침략에 맞서 이들을 격퇴해야 하는 불과 건국한 지 4년도 채 안 된 신생국가 대한민국의 열악한 국력에도 불구하고 생존의 갈림길에서 영해와 해양의 자원을 지키려는 해양 약소국이 과거 식민통치국인 해양 강대국에 저항해 영해와 어업자원 보호를 위한 결사적 몸부림이었다. 그러나 대외적으로는 연속되는 한일회담에서 양국 간의 마찰과 논란의 불씨가 된 주요 현안 문제 중 하나였다는 점에서 이의가 없을 것이다. 그렇다면 국제적 비난을 각오하면서 왜, 어떻게 해서 이승만 정부는 그런 외교적 결단을 내렸던 것인가?

1. 수산업을 통한 경제발전 전략

일반적으로 평화선은 반일 감정에 사로잡힌 고령의 이승만 대통령이 갑자기 독단적 결단에 의해 추진된 것으로 인식할 수 있는데 실제로는 그렇지가 않다. 평화선은 전후 해양자원에 대한 외국의 관심의 증대 사례와 국제법적 검토를 한 연후에 상공부 수산국이 주도하고, 법무부와 외무부의 협조를 얻어서 치밀하게 추진됐다.

실로 평화선 선언은 상공부 수산국의 실무자들의 강력한 정책 건의를 받아들인 이 대통령의 결단의 소산이었다. 그 당시 상공부 수산국의 실무자들은 수산업이 풍부한 해양자원을 갖춰 경제부흥에 차지하는 비중이 수확의 시간이 걸리는 농산물보다 크다는 주장을 개진했다. 우선 수산업의 집중 개발로 외화 가득률이 높은 수산물의 수출 폭을 넓혀 외화를 많이 벌어들인 후 이를 디딤돌 삼아 농지 개발도 추진하고 공업의 발전도 함께 추진시킬 수 있다는 주장인데, 즉 수산업 개발을 우선해 다른 분야의 산업 발전을 유도하자는 것이었다. 1954년도의 우리나라 국민총생산의 산업별 구성률을 보면 제1차 산업이 그 절반인 47.3%를, 제2차 산업이 불과 10.2%를 차지하고 있었으니 수산업이 차지하는 높은 비중을 가히 짐작할 수 있다(지철근, 1979: 56-57). 이런 합의된 분위기 속에서 3면으로 둘러싸인 풍부한 수산자원을 지키기 위한 이승만 정부의 노력이 구체적으로는 평화선의 획정을 향해 강력하게 추진된 것이다. 해방 이후 한국의 산업구조를 볼 때 한국 산업의 유일한 수출산업은 어업 분야였다. 해방 이후 한국이 수산업에 지대한 관심을 가지는 것은 당연한 일이었다.

평화선에 관한 연구는 크게 네 가지로 나눠 분류할 수 있다. 첫 번째는 평화선은 한국이 어장을 보호하기 위한 불가피한 조치였다는 설명이다. 즉, 자국의 어업자원 보호와 어장을 독점적으로 확보하기 위해 선포된 것이라는 설명으로 상공부 수산과에 근무하면서 평화선 획선에 직접 개입했고 주요한 한일회담에 여러 차례 참석했던 지철근(1979)과 후지이 겐지(藏井賢二, 2006)의 주장이다. 국내 평화선에 관한 유일한 저서, 『평화선』을 저술한 지철근은 열악한 한국 수산업의 보호와 진흥을 위해 평화선의 추진이 불가피했음을 역설했으며, 전후 해양자원에서 연안국의 입장이 강화되는 추세였음을 거론하면서 평화선의 정당성을 강조한다. 또 후지이 겐지와 같은 일본 학자들은 한국 정부에 의해 공개된 한일국교정상화 교섭의 기록을 이용해 한국 정부의 평화선 선언의 과정을 분석했다. 두 번째는 주로 일본 측의 입장으로 대일 협상을 유리하게 전개하기 위해 일종의 협상 카드였다는 주장이며, 여기에 일부 한국 외교관들이 동조하고 있다. 이 주장에 의하면, 한국 정부는 처음부터 그 포기를 가정하고 있었고 그 대가로서 청구권 협상 등에서 일본 측의 양보를 얻기 위한 것이었다는 것이다. 이런 주장으로는 당시 협상자였던 이원덕(1996), 이종원(1996) 등이 있는데, 이는 김동조의 회고록(1993)에 근거한 것이다. 세 번째는 도서 영유권의 강화라는 목적에 기반을 둔 영해 관할권이라는 측면의 연구(조윤수, 2008; 정병준, 2010; 최장근, 2011; 신용옥, 2012)가 있고, 네 번째로 어업 보호와 한일회담 협상용의 성격이 혼재돼 있다는 연구(박진희, 2006) 등으로 정리할 수 있다.

2. 맥아더 라인의 설정

제2차 세계대전이 종결된 직후인 1945년 8월 20일, 연합군최고사령부(GHQ)는 군사적 조치의 일환으로서 일본에 대해 어선을 포함해 모든 선박의 항행을 전면적으로 금지시켰다. 이러한 조치는 트롤어업, 참치 원양어업, 포경선뿐만 아니라 근해어업도 인정하지 않는다는 매우 엄격한 조치였다. 그러나 일본은 패전 이후, 극도의 식량난을 경험하고 있었고 이러한 식량난을 즉각적으로 해결하기 위해서는 농사보다는 어업에 있다고 판단하고 어선의 조업 허가를 연합 군최고사령부(GHQ)에 요청했다. 이 결과 9월 14일의 각서에 의해 일본 연안으로부터 12해리 이내의 수역에서 목조 어선에 대한 조업 허가가 내려졌고, 그해 9월 27일 각서 제 80호에 의해 원양어업의 일부가 처음으로 허가됐다. 이것이 이른바 그 당시 연합군최고사령관이던 맥아더 원수의 이름을 따서 맥아더 라인(MacArthur Line)으로 불리게 된 것이다.[1] 그러면 왜 연합군최고사령부는 이런 어로제한수역을 설정하지 않으면 안 됐던가? 전후 점령국의 통치에 따른 군사상의 이유도 있겠지만 그보다는 전전(戰前)에 일본 어선이 세계 오대양(五大洋)에서 도처에 걸쳐 분별없는 남획(濫獲)을 자행해 어업자원 문제에 많은 문제를 유발시켰기에 전후에는 더 이상 이런 전철을 반복하지 못하도록 사전에 규제를 가하자는 데 그 주목적이 있었다. 이렇게 맥아더 라인은 처음에는 일본의 어업활동을 제약하는 조치로서 출발했지만 일본의 끈질긴 로비에 의해 확장되면서 후일 전후 일본의 원양어업 부활의 초석이 된 것은 아이러니다.

일본은 원양어업의 일부를 허가하는 맥아더 라인이 설정된 이후에도 식량난을 이유로 맥아더 라인의 확장을 계속 GHQ에 요구했다. 최초의 맥아더 라인의 확장은 1945년

1) 북위 36도와 동경 130도 30분, 북위 33도 동경 127도 40분, 북위 32도 30분, 동경 120도 사이다. 맥아더 라인까지의 거리는 거문도에서 60마일, 부산에서 30마일, 제주도에서 25마일이다.

11월 30일에 이뤄졌다. 어구의 확장으로 인해 100만 톤의 일본 어선은 확정된 수역 안에서는 자유로운 조업이 가능해졌으며, 일본인의 단백질 부족을 충족하기 위해 조건부 허가에 의해 오가사와라제도 부근의 포경업이 허가됐다. 맥아더 라인의 제2차 확장은 1946년 6월 22일에 이뤄졌다. 6월 22일 개최된 대일이사회에서 "식량 부족에 의해 도쿄, 요코하마 지역에서만 1945년 11월 이후 1,200~1,300명이 사망, 1946년 5월에는 267명이 사망했다"는 애치슨(Dean Acheson)의 설명이 있었기에 일본 측의 어구 확장계획안을 받아들였다. 그 결과 6월 22일의 각서(SCAPIN 제1033호)에 의해 동지나해의 조업 수역은 약 두 배 정도로 확대됐다. 특히 2차 맥아더 라인의 확장은 일본 수산업 부활에 초석이 됐다. 그러나 전전에 일본의 어업이 세계 제1위였다는 점을 감안해 볼 때, 일본 정부와 어업 관계자들은 여기에 만족할 수가 없었다.

전후 일본의 트롤 어업구역은 동해와 황해에 한정됐기 때문에 한국 어민과의 충돌이 빈번하게 발생했다. 한국 정부는 일본의 트롤 어선에 의해 한국 연안에서의 어장 자원의 고갈을 심각하게 우려했다. 그 이유는 자원을 생각하지 않는 일본인의 어업활동으로 인해 점점 조선 근해의 어업자원이 고갈돼 1930년 조선총독부가 조선 연안에서의 자원 고갈을 우려해 조선 주변의 수역에 '트롤 어업금지구역'을 설정했던 기억이 생생했기 때문이다.

그러나 일본 내의 사정은 전혀 달랐다. 일본 어업계와 일본 정부 관계자는 물론이고 경제 관계자들 특히 경단련도 일본인의 단백질 부족을 이유로 일본의 어장 확대를 위해 일치단결해 한 목소리를 내기 시작했으며 방일한 미국의 어업사절단에게 이 문제를 계속 거론해 미국 측을 설득했다.

이와 같은 적극적인 활동으로 1949년 9월 19일 GHQ의 각서(SCPIN 제2097호)에 의해 2차 어업 확장 이후 3년 만에 다시 제3차 어업구역의 확대가 실현됐다. 그 결과 태평양 지역의 수역이 확장돼 전전 참치 원양어선이 활동하는 지역까지 진출하는 것이 가능하게 되었다.

맥아더 라인의 3차에 걸친 확장으로 점령기 일본 어업은 눈부시게 재건됐다. 전전(戰前) 연간 어획량 최고 기록은 소화 11년(1939)의 433만 톤에 달했으나, 1946년에는 204만 톤, 47년에는 212만 톤, 다시 50년에는 337만 톤으로 이미 전전 수준으로 회복세를 보였으며, 3차 맥아더 라인 확장 2년 만인 소화 27년(1952)의 연간 어획량은 이것을 50만 톤이나 초과한 482만 톤에 달하는 호조를 보였으니, 이로써 일본은 전전의 세계 제1위의 수산국으로서의 지위를 회복하는 발판을 마련했다(지철근, 1979: 93).

그러나 맥아더 라인의 규제에도 불구하고 일본이 이러한 세계에서 으뜸가는 어획고를 달성하게 된 이유는 물론 기술 개발과 장비의 근대화 등을 들 수 있겠으나, 좀 더 근본적인 원인은 아무 규제를 받지 않고 자국은 물론이고 한국 연안이나 멀리 중국 연안에까지 넘나들면서 자행되는 마구잡이식 남획에 있었던 것이다.

이와 같은 일본 수산업의 눈부신 재건으로 인해 한국뿐만 아니라 미국도 뒤늦게 일본 수산업을 위협적인 대상으로 인식하게 됐다. 일본 수산업을 너무 키웠다고 판단한 미국 정부는 뒤늦게 견제에 나섰다. 미국은 샌프란시스코 평화조약 체결 이전인 2월 7일의 '요시다-덜레스의 교환서신'에 의해 일본의 어업 제한을 두게 됐다. 위 서신에 의하면, "일본 정부는 어장을 남획으로부터 보호하기 위해 국제적 혹은 국내적 처벌에 의해 보존 어장에서는 일본 어선이 1940년 이전까지 일본이 조업하지 않았던 어장에 대해서는 일본 선박에 의한 조업을 금지한다"라는 내용이 적혀 있었다. 이러한 어장 중에는 태평양 동부와 베링해가 포함돼 있었다.

3. 일본 어선의 불법 어로에 대한 한국의 반발

한편 같은 시기 1945년 이후부터 일본의 각계각층이 단결해 맥아더 라인을 확장시키기 위해 온갖 대미교섭 노력을 다하고 있을 때, 남한 전역에서는 맥아더 라인을 침범해 조업하는 일본 어선을 규탄하는 집회가 곳곳에서 발생했으며, 한국 정부 또한 여론에 편승해 맥아더 라인을 침범해 조업하는 일본 어선을 처벌해 줄 것을 미군정에 요청했다. 당시 한국으로서는 일본에 비해 어업 기술이 현저하게 떨어지기 때문에 일본의 맥아더 라인 확장에 상당한 불쾌감과 우려를 GHQ에 전달했다. 특히 제주도 부근의 연안과 남서해 어장에서 한국 어민과 일본 어민과의 마찰이 빈번했다.

1947년부터 1951년 4월까지 맥아더 라인을 침범해 남한 연안 부근에서 조업한 일본 어선의 수는 1947년 9척, 1948년 19척, 1949년 9척, 1951년에는 37척에 이른다. 그러나 집계되지 않은 일본 어선 수는 그보다 훨씬 많았을 것으로 추정된다. 이리하여 1949년 6월에는 남해안 일대의 어민들이 부산에 몰려와서 맥아더 라인 침범을 규탄하는 어민궐기대회를 갖고 일본의 분별없는 불법 어로를 맹렬히 비난하고 규탄했다. 사태가 이렇게 악화되자 한국 정부는 한국 연안에서 행하는 일본 조업자들의 불법 조업에 대한 대책 마련에 착수했는데, 첫 번째 조치로서 한국 국회에서 맥아더 라인 확장에 반대하는 결의문이 채택된 것이다(1949.6.13).

1950년 6・25전쟁 발발하자 일본 어선들의 맥아더 라인 침범은 그 절정에 이르렀다. 그 당시 우리 해양경비 태세는 전쟁 때문에 자연 허술할 수밖에 없었다. 한국 연안에서 일본 어선을 감시하는 일은 더욱 어려워졌다. 이 틈을 기회로 삼아 일본 어선은 한국이 전시임을 이용해 불법 조업하는 빈도 수는 더욱 증가했다. 한국 측에서는 바다로부터 침공을 당한 역사적 사례를 잊지 않고 있기에, 반일감정은 더욱 확대됐고 수산인 총궐기대회가 전국 각지에서 개최됐다(1951.4~8.15). 국내 언론은 한국 어선보다 기술이 월등히 앞선 일본 어선이 훨씬 많은 어획고를 올렸고 전쟁 중에 유일한 수출산업인 어업이 또다시 일본에 유린당했다고 보도해 반일감정에 더욱 불을 질렀다(조선일보, 1951.3.10). 이에 이승만 대통령은 전쟁 중이었음에도 맥아더 라인을 침범하는 외국 어선의 나포를 손원일 해군참모총장에게 명하기까지 했다. 3월 9일, 손원일 해군참모총장은 '어로 허가구역에 관한 포고'를 발표했는데, 봉쇄구역에 침범하는 일체 선박에 대해 이적행위를 감행할 우려가 농후할 경우 적선으로 간주해 사전 경고 없이 즉시 포격 혹은 나포・억류하며, UN군 선박을 제외한 외국 선박이 맥아더 라인을 불법 침입했을 경우에는 임검・억류할 것이며 임검에 불응하거나 도주할 시에는 포격해 격침한다는 내용이었다. 1951년 4월 5일 당시 맥아더 라인을 불법 침범해 나포된 일본 어선이 무려 36척, 억류된 일본인은 2,000명에 이르렀을 정도였다(박창건, 2014: 44-45).

1948년부터 1949년까지 한국 외무부가 GHQ 앞으로 보낸 서한의 내용에서도 맥아더 라인 폐지에 대한 한국의 불안감을 잘 대변해준다. 한국 측에서 맥아더 라인 확장을 반대하는 이유는 두 가지였다. 첫 번째는 경제적인 관점이다. 맥아더 라인은 한국 수산업 발전의 생명선이며 일본 어민에 의해 이미 일부의 어종이 고갈됐으므로 일본이 맥아더 라인을 침범해 조업하는 것은 결코 인정할 수 없다는 것이었다. 두 번째는 국방상의 관점이다. 일본 측의 원양어업은 일본의 재무장을 촉진시킨다는 견해였다. 당시 일본 정부는 전쟁 중에 참전한 해군장교 및 병사들의 대부분을 수산교육기관에 편입시켰기 때문에, 한국은 이와 같은 조치를 재무장의 움직임으로 간주했다.

그러나 이와 같은 한국 측의 비난과 요구에도 불구하고 미국 측은 일본 측이 주장하는 맥아더 라인의 확장을 인정해주었고, 이에 맞서 한국은 자구책으로 일본 어선에 대한 긴급한 조치가 국내적으로 신속하게 취해져야 한다고 판단하게 됐다. 이것이 평화선 선언의 추진 배경인 것이다.

제 2 절 정책의 추진체계

1. 상공부의 주도

원래 평화선 선언의 구상은 상공부 수산국의 실무진에서 시작됐다. 상공부 수산국의 최서일 국장, 지철근 어로과장, 그리고 수산검사소장 정문기 박사 등 다수 전문가가회의에 참가했다(김동조, 1993: 11). 그들은 수산업의 진흥을 통한 경제 부흥의 발전 방안이 불가피한 점을 인식하고 우선 해군의 수로부 전문가와 상의해 초안을 마련하고 해외 대사관을 통해 해양 관련 자료를 수집하는 한편, 법무부와 외무부에 각각 법적·외교적 자문을 구하면서 평화선에 대한 기본적 구상이 시작됐다. 법무부와 외무부에 자문을 요청한 이유는 일방적으로 선을 그었을 경우 외국에까지 권한이 미칠 수 있고, 우리의 법 적용이 가능한가의 의문을 해소해 줄 필요성이 있었기 때문이다. 이들은 전후 해양강국에 의해 통상적으로 회자된 영해(領海) 3해리와 공해(公海) 자유의 원칙이 무분별한 일부 국가의 남획에 의해 연안국 어장이 침해를 받는다는 인식이 확산되면서 영해에 대한 연안국의 주장이 강화돼야 한다는 국제적 환경을 감지했다.

원래 상공부의 원안(原案)에서는 어업관할수역이었으나 외무부가 독도를 수역안으로 포함시키자고 적극적으로 주장하면서 어업보호수역으로, 다시 경무대를 거치면서 해양주권선으로 명칭도 변경되면서 확대·수정되는 과정을 거쳤다. 후일 후속 법적 조치로서 1953년 해양경비법이 제정됐고, 그해 12월 행정의 실천 수단으로 처음으로 독립 체제를 갖춘 해양경찰대가 발족됐다.

맥아더 라인의 존폐 문제를 앞두고 한국 정부는 두 가지 방향으로 대일 어업정책을 취했다. 첫 번째로는 샌프란시스코 평화조약 후 맥아더 라인의 유지를 주일대사관을 통해 SCAP에 요청하거나 혹은 미국 정부에 직접 주미대사관을 통해 미국 정부에 요청했다. 둘째는 맥아더 라인의 폐지를 전제로 해서 국내적으로 철저히 준비하는 것이었다.

2. 주일대표부의 정세 보고

주일대표부의 최종 보고서가 평화선을 획선하는 데 큰 영향을 미치게 된다. 주일대표부는 샌프란시스코 조약에 관한 일본과 연합국 간의 정세보고를 했는데 한국 정부가 독자적으로 어업 정책을 준비해야 한다는 보고를 했던 것이다. 그렇게 보고한 결정적 이유는 미국의 유화적인 대일 태도에 있었다. 미국은 맥아더 라인의 폐지를 기정사실화 하면서 일본과의 외교 교섭을 준비하고 있었기 때문이다. 만약 맥아더 라인이 폐지될 경우 공해 자유의 원칙이 존재하는 이상 일본 어선을 규제하는 것은 매우 곤란하게 될 지경에 처해졌다. 주일대표부는 샌프란시스코 평화조약 이후 맥아더 라인이 피지된다면, 일본 어선의 조업 확대로 이어질 것이고, 이는 결국 한국 수산업을 위협하게 될 것이라고 전망하고 네 가지 권고안을 제시하면서 외무부에 일본과의 수산협정의 필요성을 주장했다(외교사료관, 743.4, 1942-52.458, 1324-1331).

제1안: '맥아더 라인'을 샌프란시스코 강화조약 이후에도 존속시키고 일본 어선의 '맥아더 라인'의 침범을 방지한다.
제2안: 제1안이 불가능할 경우, '맥아더 라인'을 존속시키고 일본 어선뿐만이 아니라 한국 어선도 그 라인을 침범해서 조업하지 않도록 한다.
제3안: 제2안이 받아들여지지 않는 경우, 대한민국이 보호수역을 설정, 공포해 그것을 일본이 승인하도록 한다.
제4안: 제3안이 승인되지 않을 경우, 양국이 상호 어업보호수역을 설정, 승인하도록 한다. 그때 한국은 특히 황해와 동지나해의 수역에서 일본 어선의 접근을 제한하도록 노력을 다한다.

주일대표부의 정세 보고를 기초로 하여 외무부가 본격적으로 대일 어업정책을 검토한 것이 1951년 2월부터였으며 당시 어업정책을 총괄하고 있던 상공부는 법적 문제를 고려해 법무부와의 협조 하에 공동으로 작업하게 됐다. 또한 대일협정의 체결을 준비하기 위해 1951년 4월 3일 대일어업협정 준비위원회가 정식으로 발족됐다. 위원장은 김훈 상공부 장관이 취임했고, 위원으로는 조정환 외무부 차관, 정문기 중앙수산시험장 소장, 황성수 국회의원 등이 포함됐다(외교사료관, 743.4, 1942-52.458, 1178).

주일대표부는 한일어업협정을 준비하는 과정에서 필요한 참고자료를 수집했는데 주로 '미국 · 일본 · 캐나다의 어업협정'과 '공해에서의 어업에 관한 미국의 정책(United States Policy on High Seas Fisheries)' 등이 좋은 참고자료로 활용됐다. 이 자료들은 한국 정부가 맥아더 라인까지 영해를 확보할 수 있는가의 그 근거를 마련하기 위한 기초로 사용됐다. 특히 '미국 · 일본 · 캐나다의 어업협정'에 의하면, 일본 측은 특정 어장에서 '자발적 억지'의 규정을 삽입해 여기에서 이른바 '공해 자유의 원칙'을 제한하는 내용이 포함돼 있었기 때문에 한국 측은 맥아더 라인까지 한국 측이 관할권을 주장하는 좋은 자료로서 활용될 수 있다고 분석했다.

1951년 5월 10일 주일대표부가 작성한 보고서에서는 영해선 이외의 어업 보호관할권을 행사하기 위해 보호하려는 어장에 대해 관할권이 관계되는 국가들의 국제적인 조정으로 관할권을 행사할 수 있으며, 또 부족한 자원을 보호하려는 목적이 있을 때도 관할권 설정이 가능하다고 설명하면서 그 예로 영국과 미국이 취한 '단종어업 보호관할권'을 거론했다. 이어서 주일대표부는 일본 어선의 맥아더 라인의 침범과 일제 강점기 한국 연안에서의 무분별한 트롤 어업이 어업자원을 고갈시켰으며 그 결과 한국 수산업 발전이 저해됐으므로 한국 연안의 어업을 보호하기 위해서는 근해에 이르기까지 '보호관할권'의 설치가 필요하다고 권고했다.

3. 원안에서 수정 · 확대 과정

주일대표부의 권고에 의거해, 한국 정부는 본격적으로 보호관할권에 대한 조사를 착수했다. 외무부와 법무부의 협조 하에, 상공부 장관은 1951년 6월 16일 '도미류 등 보호어종'에 관해 '보호 지정'이 가능하다는 것과 '트롤어업 금지구역'에 관한 '보호관할권'의 설정을 제안했다. 상공부가 제안한 '어업보호 관할권안'은 1929년 12월 조선총독부가 조선 근해에서 일본 어선들의 무차별적 남획에 어업자원이 극도로 감소하자 이것을 방지하기 위해 일부 구역에 어업 금지구역을 지정한 것을 기초로 작성한 안이었다(외교사료관, 743.4, 1942-52,458, 1356-1360). 당시 상공부가 제시한 안에서 동쪽의 선은 울릉도와 독도 사이에 그어져서 독도가 빠져 있었다.

1951년 8월 25일 임시 국무회의실에서 대일 어업회의가 열렸다. 당시 정부가 부산을 임시수도로 정했기에 경남도청에 임시로 마련된 국무회의실에서 별다른 반론 없이 원안대로 의결을 보았다. 회의의 주요 내용은 맥아더 라인의 폐지를 예상해 세 가지 대책을 주문했다. 첫째로, 일본 측 저인망 어선의 조업이 한국 근해의 어장에서 이뤄질 것이기에 한국 연안의 어업자원의 고갈이 예상된다. 둘째로, 한일 간의 어업문제에 관해 한국 측은 보호선 제정을 강화조약 체결 이전에 실시한다. 한국이 보호하려는 어종은 민어와 전갱이류의 어종이며 주로 맥아더 라인 부근에 무리를 지어 있기 때문에 한국 측의 황해 어장까지 자원을 보호하기 위해 '보호선'을 획정할 수밖에 없다. 이를 위해 다섯 가지 역사적 사례를 근거로서 제시한다. ① 미국의 '공해어장에 관한 미국의 정책' 중 '트루먼 선언'(1949.1.16)으로서 트루먼 대통령이 "필요하다면, 어장 보호를 위해 미국은 종래의 영해를 벗어나서 공해를 200해리로 확장한다"는 내용, ② 미국·캐나다 어업협정(1930.7.26), ③ '국제조업에서의 단속'(1946.12.2), ④ '북대서양어업에 관한 국제조약'(1949.2.8), ⑤ '남미국가들의 선언' 등이었다. 그리고 세 번째로, 일본과의 어업 협상은 반드시 샌프란시스코 평화조약 체결 직전에 교섭을 개시하도록 한다는 것이다(외교사료관, 743.4, 1942-52.458, 1402-1416).

한국 외무부는 1951년 9월 8일 샌프란시스코 평화조약 체결 이후 폐지되는 맥아더 라인을 대체하기 위해 그 이전에 '보호선'을 제정하는 것이 바람직하다고 권고했으며, 그와 동시에 한일 간의 어업협정 체결을 추진하기로 한다는 결의 내용을 이승만 대통령에게 보고했다. 그러나 이 대통령은 즉각 반응하지 않고 보호선 설정에 대해 신중하고도 유보적인 태도를 취했다. 그 이유는 맥아더 라인이 존재함에도 불구하고 한국이 새로운 보호선을 만들면 대미 관계에 악영향을 미칠 것이라는 우려 때문이었다. 이승만은 미국을 설득해 맥아더 라인을 유지하도록 하는 것이 최선의 방책이라고 굳게 믿었다. 특히 이승만의 정치고문이었던 올리버(Robert T. Oliber)는 한국 측의 어업보호수역안 설정이 한일 간의 새로운 마찰을 불러일으킬 것이고 한국이 국제적 고립을 자초할 수 있다고 조언했는데, 이승만은 이런 조언을 진지하게 받아들였다(지철근, 1979: 126-129).

외무부의 요청에 따라 해양 영토를 지키기 위한 일환으로 독도를 포함시키면서 원안은 수정·확대됐으며, 다시 이승만 대통령의 의지가 결집돼 9월의 어업보호수역안의 내용보다 훨씬 강화됐다. 이것은 단순한 어업자원 보호문제만이 아니라 '대륙붕의 해저광물자원의 보호 및 개발'과 '국방상의 문제' 등의 내용이 종합적으로 포함돼 있었다. 이때 한국 측의 획선을 살펴보면 동쪽은 독도를 포함하고 있었고, 서쪽은 소흑산도 연안에서 제주도 부근을 사선(斜線)으로 긋지 않고 북한의 신의주 부근에서 제주도 남서쪽을 직선으로 획선하고 있다. 동지나해와 황해 부근에서는 원안보다 훨씬 더 확장한 선이 그어졌다.

이 경계 설정과 수역 확대 과정에 대한 실무 작업은 상공부 수산국의 지철근 어로과장과 청와대의 임철호 비서관 그리고 외부무에서는 정무국장 김동조가 깊이 간여했던 것으로 보인다(최재수, 2013: 152).

제3절 정책의 추진 과정 및 내용

1. 평화선 선언의 과정

1951년 9월 7일, 국무회의에서 의결한 '어업보호수역'을 상공부의 수산국이 여러 차례 회의를 거쳐 평화선의 초안을 만들어 작성한 뒤 해군본부 수로국과 연계해 획선의 고증과 검증을 하고 국제법에 대한 법무부의 자문을 받았고, 외무부는 1951년 11월 29일 영해 주권을 행사할 수 있는 법안으로 '영해 선포에 관한 타국의 법령 자료 추가의 건'을 이승만 대통령에게 전달했다. 한마디로 평화선은 상공부, 법무부, 외무부 마지막으로 경무대를 거쳐 수정, 확대돼 재탄생된 것이다. 다음해 1월 15일 최종적으로 제4차 국무회의를 거쳐 평화선이 선포되기까지 무려 5개월이 걸렸다. 맥아더 라인이 샌프란시스코 평화조약 발효(1952.4.28) 이전에 자동 폐기될 것이라는 미일 간의 움직임이 포착됨으로써 한국도 해양 주권을 확보하고 자주권을 행사하는 차원에서 이 안건이 긴급하게 상정된 것이었다.

이승만 정부는, 만약 맥아더 라인이 철폐되면, 어업 기술이 월등히 앞선 일본 어선의 무분별한 불법 남획이 예상되므로, 그리 되면 어장의 황폐화는 뻔하고 어장을 둘러싼 한일 간의 어업분쟁이 발생할 것이 분명하기에 가능한 맥아더 라인이 철폐되기 전에 선포하려는 결단을 내렸다.

2. 평화선 선언의 내용과 특징

제98회 임시국무회의에서 의결된 어업보호수역안은 그 후 경무대에서 다시 수정 확대돼 1952년 1월 15일에 열린 국무회의에서 '인접 해양에 대한 주권(主權)에 관한 대통령선언'으로 의결을 거쳐 마침내 동년 1월 18일 국무원 공고 제14호로 내외에 선포됐다. 국회의 결의 이후 약 4개월 동안 지연된 이 선언은 대한민국의 자원 보호, 안보, 국방 차원을 포괄하는 해양 주권의 강력한 결의를 대내외에 선포한 것이었다. 이승만 대통령은 당시 한국과 일본과의 어업분쟁에서 방위 수역을 한반도 주변 수역 50~100해리 범위로 설정하는 정치적 선택을 했다(박창건, 2014: 46).

이 주권선언이 선포된 당시 도쿄에서는 제1차 한일회담이 열리고 있었는데, 일본 수산업계는 얼마 안 가 샌프란시스코조약이 발효되면 맥아더 라인도 자동 폐기될 것이라는 부푼 기대를 걸고 있을 때였다. 그러나 제1차 한일회담 도중에 이 충격적인 소식을 듣게 되면서 협상은 중단 상태로 들어갔으니, 일본 측의 충격은 매우 컸다.

〈대한민국 인접 해양의 주권에 대한 대통령 선언〉

확정된 국제적 선례에 의하고 국가의 복지와 방어를 영원히 보장하지 않으면 안 될 요구에 의하여 대한민국 대통령은 다음과 같이 선언한다.

첫째, 대한민국 정부는 국가의 영토인 한반도 및 도서의 해안에 인접한 해붕(海棚)의 상하에 기지(旣知)되고, 또 장래에 발견될 모든 자연자원 광물 및 수산물을 국가에 가장 이롭게 보호 보존 및 이용하기 위하여 그 심도 여하를 불문하고 인접 해붕에 대한 국가 주권을 보존하며 또 행사한다.

둘째 대한민국 정부는 국가의 영토 및 한반도 및 도서의 해안에 인접한 해양의 상하 및 내에 존재하는 모든 자연자원 및 재부를 보유 보호 보존 및 이용하는 데 필요한 좌와 여히 한정된 연장 해안에 한하여 그 심도 여하를 불구하고 인접 해양에 대한 국가의 주권을 보지하며 또 행사한다. 특히 어족 같은 감소될 우려가 있는 자원 및 재부가 한국 주민에게 손해되도록 개발되거나 또는 국가의 손상이 되도록 감소 혹은 고갈되지 않게 하기 위하여 수산업과 어렵업(漁獵業)을 정부의 감독 하에 둔다.

셋째, 대한민국 정부는 이로써 대한민국 정부의 관할권과 지배권이 있는 상술한 해양의 상하 및 내에 존재하는 자연자원 및 재산을 감독하며 또 보호할 수역을 한정할 좌에 명시된 경계선을 선언하며 또 유지한다. 이 경계선은 장래에 구명될 새로운 발견 연구 또는 권익의 출현에 인하여 발생하는 신 정세에 맞추어 수정할 수 있음을 겸하여 선언한다. 대한민국의 주권과 보호 하에 있는 수역은 한반도 및 그 부속도서의 해안과 좌의 제선(諸線)을 연결함으로써 조성되는 경계선 간의 해양이다.

(ㄱ) 함경북도 경흥군(慶興郡) 우암령(牛巖嶺) 고정(高頂)으로부터 동경 130도 45분의 점으로부터 북위 38도 동경 132도 50분의 점에 이르는 선. (ㄴ) 북위 42도 15분 동경 130도 15분의 점으로부터 동경 132도 50분의 점에 이르는 선. (ㄷ) 북위 38드 동경 132도 50분의 점으로부터 북위 35도 동경 130도의 점에 이르는 선. (ㄹ) 북위 35도 동경 130도의 점으로부터 북위 34도 40분 동경 129도 10분의 점에 이르는 선. (ㅁ) 북위 34도 40분 동경 129도 10분의 점으로부터 북위 32도 동경 127도의 점에 이르는 선. (ㅂ) 북의 32도 동경 127도의 점으로부터 북위 32도 동경 124도의 점에 이르는 선. (ㅅ) 북위 32도 동경 124도의 점으로

부터 북위 39도 45분 동경 124도의 점에 이르는 선.(ㅇ) 북위 39도 45분 동경 124도의 점으로부터 평안북도 용천군(龍川郡) 신도열도(新島列島) 마안도(馬鞍島) 서단에 이르는 선.(ㅈ) 마안도 서안으로부터 북으로 한만 국경의 서단과 교차되는 직선.

넷째, 인접 해양에 대한 본주권의 선언은 공해상의 자유항행권을 방해하지 않는다(http://historia.tistory.com; 검색일, 2014.6.20).

해양 주권 선언은 이승만 정부의 즉흥적 반일감정에서 나온 발상이 아니라 상공부가

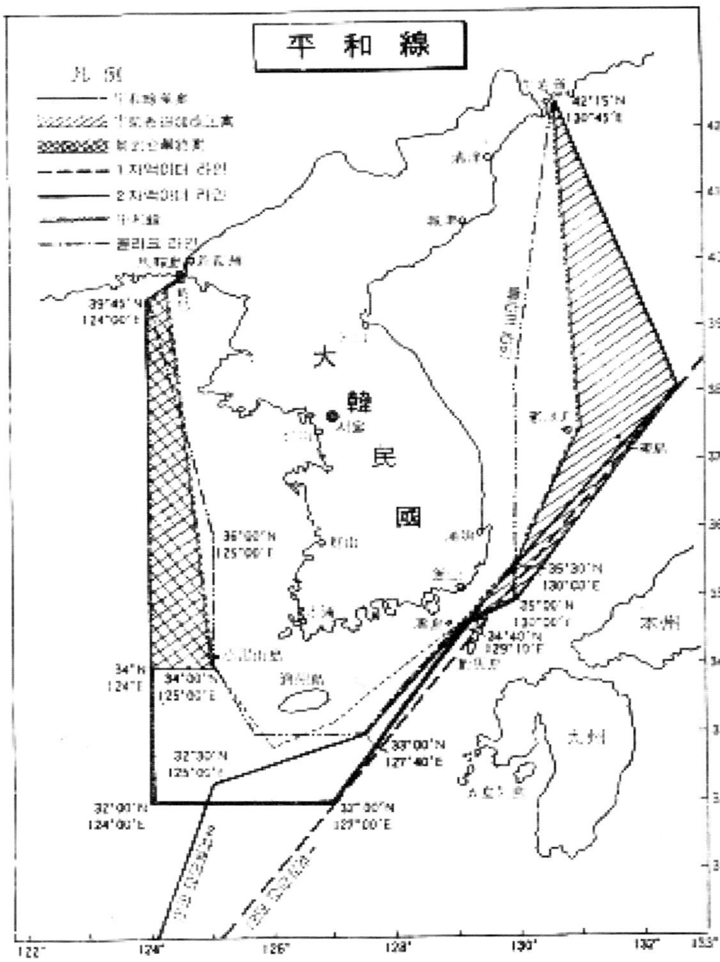

그림 2-4-1 맥아더 라인, 평화선 그리고 클라크 라인

자료: 지철근(1979: 171).

주도하고 외무부와 법무부가 협조한 가운데 최종적으로 이승만 대통령의 경무대를 통해서 치밀한 자료조사와 국제법적 법리 분석을 통해 수정, 보완, 확대돼 마침내 대내외에 공식적으로 선언된 것이다.

처음 상공부가 주도한 원안은 독도를 포함시키지 않은 순수한 어업자원 확보 차원의 보호선을 구상했으나 샌프란시스코 평화조약 이후 5개월이 지나면서 독도를 포함하고 동해와 서해안의 구역이 더 넓어진 훨씬 강력한 해양주권선으로 획선됐다. 그렇게 된 배경은 무엇인가? 그 첫 번째 이유로는 이승만 대통령의 미국에 대한 깊은 불신감이 깔려 있었다. 그는 맥아더 라인을 유지해 달라고 미국에 호소했지만 일언지하에 거절당한 것이다. 두 번째 이유로는 일본 측의 미온적인 대한 협상 태도였다. 대부분의 일본 어민들은 아직도 한국 연안을 일본의 관할권으로 간주해 한국 연안에서의 빈번한 조업에 아무런 죄책감을 느끼지 못하고 있었다. 특히 한일예비회담 귀국 직후 한국 측 협상자들은 예비회담에서 일본 측의 협상 태도가 매우 소극적이었다고 이승만에게 다음과 같이 보고했다. ① 어업문제에서도 일본 측 협상자들이 맥아더 라인의 유지를 강력하게 반대했다는 점, ② 일본과의 어업협정이 체결되기에는 상당한 시간이 걸릴 것이라는 점, ③ 협상에서 한국이 유리한 협상력을 구사하려면 먼저 한국 측이 한일어업보호수역의 설정을 선제적으로 하는 것이 유리하다는 점 등을 거론하면서 외무부 관계자들은 이승만 대통령을 설득했다(김동조, 1993: 39).

결국 해양 주권 선언은 이승만의 정치적 결단이었다. 구한말 주권이 강대국의 힘의 논리에 의해 철저하게 유린당하는 것을 직접 목격한 이승만은 미국이 한국의 안보를 대신 지켜주는 나라는 아니며, 일본도 역시 패전국임에도 불구하고 제국주의적인 침략 근성을 버리지 못했다고 판단했기 때문에 일본의 자원 수탈과 영토 침입으로부터 나라의 주권을 보호해야 한다는 현실적인 절박감이 동시에 작용돼 해양 주권 선언이 선포됐고 보아야 할 것이다.

평화선은 한국 관할권 내의 바다와 해저에 대한 한국의 일방적인 선포이지만 사실상 해양 경계에 대한 주장이기도 한데 그 특징이 있다. 평화선의 가장 두드러진 특징은 6·25전쟁 이후에 결정된 대한민국 지배 영토뿐만 아니라 한반도 전체를 포괄한다는 점이다. 이는 전체 한국 영토를 아우르는 합법적인 정부로서 대한민국의 입장을 반영하는 것이다. 만약 평화선이 한반도 남부만을 에워쌌다면 평화선이 지니는 법적 주장이 약화됐을 것이다.

한반도 남부를 둘러싼 평화선은 한국과 일본 영토의 중간선 및 한국과 중국 영토의 중간선과 일치하거나 이를 벗어나는 경로를 그리는 반면 북부에서는 동쪽으로는 오늘날 러시아에 해당하는 지역 사이 중간선에도, 서쪽으로는 중국과의 중간선에도 근접하지 않는다(스튜어트 케이, 2012: 49-50). 한마디로 요약한다면, 평화선의 경로는 한반도를 둘러싼 수역에 대한 관할권을 행사하는 대한민국의 해상 통제력을 일정 부문 반영했다는 점이다. 또한 평화선의 경로에 지니는 효과가 축소된 소규모 도서의 인접 지역을 제외하면, 한국과 일본 사이의 평화선이 그리는 경로 대부분은 양국 사이의 단순화된 중간선과 거의 일치한다.

그러나 평화선이 선언됐을 때, 국제사회는 해양 약소국인 한국의 절박한 입장을 이해하지 못했고, 미국・영국・캐나다 등 국제연구기관으로부터 비난이 비등했다. 이에 한국 정부는 해양 주권 선언이 우방국의 통행을 제한하는 것은 아니라는 것을 발표했고, 이 선언의 배경을 설득하느라 많은 시간을 소비했으니, 해양 약소국의 처지를 뼈저리게 체험하는 계기가 됐다.

3. 평화선의 기원

해양 주권 선언은 얼마안가 평화선으로 불리게 된다. 한국 정부가 해양 주권 선언을 평화선이라는 명칭을 사용하게 된 기원은 1953년 1월 28일 한국의 조정환 외무부 차관이 부산의 영국대사에게 보낸 서한에서 비롯됐다. "한국 측이 '보호선(conservation)'을 선언한 이유는 일본 어민이 약 40년간 한국을 불법 점령해 한국의 자원을 부당하게 이용했고, 한국이 독립한 이후에도 이 사실을 망각한 채 한국의 자원을 부당하게 이용하려 하고 있는 사정을 고려해 볼 때 한국의 해양 주권 선언은 단순히 어업자원의 보호의 차원을 넘어 '한국과 일본의 평화'를 위한 선"이라고 설명했다. 그리고 한국 정부가 공식적으로 해양 주권 선언을 평화선으로 표명하기 시작한 것은 1953년 2월 8일 성명을 발표하고 "한국이 인접 해양에 대한 주권 선언을 한 주목적은 한일 양국의 평화 유지에 있다"고 해명하면서부터였다.

그 와중에서도 일본 어선의 평화선 침범은 계속됐다. 이승만 대통령은 그 해 3・1절 기념식사에서 일본 어선의 평화선 침범을 비난하면서 이런 행위는 "또 다른 침략의 징표"라고 일본에게 강력하게 경고했다. 〈표 2-4-1〉은 평화선 선포 이후부터 2년 동안 한국 정부의 외교적 조치를 간단하게 정리한 것이다. 일본 측으로부터 심한 반발과 가장 많은 항의가 들어왔으며 우리의 우방국가들인 미국, 영국 그리고 중화민국(대만)으로

표 2-4-1 평화선 선포 이후 한국 정부의 조치(1952~1954)

연도	내용
1952. 1. 18	한국 정부 '대한민국 인접 해양의 주권에 대한 대통령의 선언'을 선언
1952. 1. 19	한국 정부는 SCAP을 통해 일본에 통고
1952. 1. 28	일본 외무성은 이것을 불인하는 구상서를 한국 정부에 송부
1952. 2. 4	일본의 기선저인망 어선 大邦丸이 평화선을 침범하여 조업하다가 한국 경비정에 날포된 총에 의해 선원 1명 사망
1952. 2. 11	주한 미 대사가 한국이 선언한 것에 대한 불법성에 대해 서간과 메고랜덤을 한국 외무 장관에게 전달함
1952. 2. 13	한국 외무부가 주한 미 대사에 답변을 송부
1952. 4. 18	한국 정부는 일본 외무성이 보낸 1월 28일의 구상서에 대한 견해를 전달
1952. 6. 11	주한 중화민국(대만) 대사는 한국의 선언이 중화민국의 권리와 이해를 침해하고 있다고 한국 정부에 전달
1952. 6. 26	한국의 외무부 차관은 중화민국 정부에 한국이 선포한 것은 중화민국의 권리와 이해를 침해하지 않을 것이라는 의견을 전달
1952. 10. 4	대통령 긴급명령 제12호로 '포획심판령'을 제정, 공포하고 포획심판소 및 포획고등심판소를 개설함
1953. 1. 12	주한 영국 공사는 한국의 선언을 인정할 수 없다는 서간을 보냄
1953. 1. 28	한국 정부는 영국 정부에게 '해양 주권 선언'의 필요성인 어업 보호, 한일 간의 분쟁 방지라는 평화적인 목적 등으로 설득하는 내용의 서간을 보냄
1953. 9. 11	한국 정부 관계자는 공식적으로 '해양 주권 선언'을 '평화선'으로서 공식적으르 부르기 시작함
1953. 12. 12	한국 정부는 「어업자원보호법」(법령 298)을 공포
1954. 5. 6	한국 정부는 일본 정부에 「어업보호법」을 통보

자료: 외교사료관, 「한국의 어업자원보호법 공포에 관한 한일 간의 분쟁」 743.41, 1953-1955. 460, 1528-1598.

부터도 항의에 직면해 외무부는 우방국들을 설득하는 데 진력을 다해야 했다.

4. 평화선의 정당성과 해양관할권 확장 추세

평화선의 선포는 전후 대한민국 정부가 기획한 역사적 전례없는 해양경계선은 결코 아니었다. 이미 일제 강점기에 한국 연안에서 어업자원의 보호와 일본 어선의 남획을 방지하기 위해 조선총독부가 여러 차례에 걸쳐 획선한 역사적 전례가 있었다.

1911년 조선총독부는 부령(府令) 제68호로 우리나라 일부 수역에 금지구역을 설정해 어업자원 보호를 위해 처음으로 규제를 가했다. 그러나 날로 심해지는 일본 어선의 남획에 그 실효를 다할 수 없게 되자, 이어 1929년 12월 조선총독부 부령 제109호에 의해 전국적으로 수역을 확대, 어업자원을 보호하기에 이르렀다. 그리고 기선저인망어선의 조업구역도 동년 12월에 총령 제479호로 획선해 규제를 가하고 자원 보호에 힘쓰게 됐다. 대체로 동 금수구역을 살펴보면, 함경북도 경흥군 우암령을 시발점으로 울릉도의 동단을 경과해 이 점에서 동경 130도 북위 35도에 이르는 점, 다시 여기서 경상남도 통영군 홍도 남단에 이르고, 이 점에서 제주도 내어곶 남서 15해리의 점, 제주도 막을포 남서 15해리의 점에서 소흑산도 서단을 경유, 직선으로 백령도 서단에 이르고 다시 여기서 평안북도 용천군 신도(薪島) 서단을 거쳐 동군 매노리 남서 돌각에 이르는 선으로 설정했다. 이것이 트롤어업 금지구역이다. 특히 이 트롤어업 금지구역은 후일 상공부 수산국의 실무자들이 평화선을 획선하는 데 그 정당성을 입증하고 합리화하는 방편으로 활동됐다(지철근, 1979: 88-89).

제2차 세계대전 후 세계 각국의 해양자원을 보호하려는 시도는 예상외로 빨리 진척되고 있었다. 연안국가들은 자국의 어업자원의 보호를 위해 더욱 적극적으로 일정 해역에 관할권을 선포하는 경향이 농후했다. 예를 들어, 미국의 트루먼 대통령은 1945년 9월 28일에 공해상에 일정 해역에 관해 자국의 연안에 인접한 어업자원의 보전과 보호에 대한 절박성에 비춰 공해에 대한 미국의 정책을 밝힌 바 있으며(이것은 '두 번째 트루먼 선언'으로 불린다), 뒤따라 멕시코, 아르헨티나, 파나마, 칠레, 나카라과, 페루, 코스타리카 등 남미 각국들은 대통령 선언 등을 통해서나 법령으로 공해상에서 200해리에 걸쳐 일정 수역을 설정, 어업자원 보호와 대륙붕의 해저자원까지도 포괄해 주권 선언을 하고 있는 추세에 놓여 있었다. 1950년까지 미국을 비롯해 18개국이 어업관할수역 또는 대륙붕상의 자원 관할에 대한 주장을 대통령 선언이나 법령을 통해 공포했다. 그리하여 지금까지의 영해 3해리설은 무너질 조짐이 보이고 공해 자유의 원칙에 대해 이의를 제시하는 새로운 전환점이 나타난 것이다. 이런 국제적 추세를 감안해 볼 때, 우리나라의 해양 주권 선언은 국제적 선례와 해양을 더욱 크게 분할하려는 국제적 사조의 추세에 비춰 당연한 선언이었다.

평화선을 둘러싼 한일 간의 대립은 1955년 4월 18일 이탈리아 로마에서 한국을 비롯하여 미국·영국·일본 등 세계 45개국 대표들과 6개국의 옵저버들이 참석한 가운데 열린 '해양생물자원 보존에 관한 회의'에서 그 절정에 달했다. 한일 양국의 대표는 평화선의 정당성 여부를 둘러싸고 큰 설전을 벌였다.

표 2-4-2 전후 대륙붕선언 국가들의 개관

나라	연도	주요 사항
미국	1945	대륙붕, 자하자원의 이용, 관리권, 관할권 보존수역
멕시코	〃	대륙붕, 어업에 관한 접속수역(공해어업)
아르헨티나	1946	대륙붕, 접속수역
쿠바	〃	대륙붕, 수심 200발* 상부 수역
파나마	〃	대륙붕, 접속수역
나카라과	1947	대륙붕
칠레	〃	해안 200리, 접속수역
페루	〃	위와 동일
코스타리카	1948	연안 200리, 수심 불문, 어업상 접속수역
과테말라	〃	대륙붕, 접속수역
아이슬란드	〃	대륙붕, 보존수역
사우디아라비아	〃	페르시아만 200리, 수심은 관계없음
에콰도르	1950	대륙붕, 접속수역
혼두라스	〃	위와 동일
엘살바도르	〃	위와 동일
브라질	〃	대륙붕, 어업에 관한 접속수역
파키스탄	〃	100발내의 대륙붕
한국	1952	대륙붕, 수심 불문, 접속 및 보존수역

* 발은 영어의 fathom(1m 83cm, 6피트)을 말함.
자료: 지철근(1979: 138).

한국 측 대표의 논지는 이러했다. "한국 연근해에 소량이나마 어업자원이 보존되고 있는 것은 오직 한국 국민들의 노력과 한국 정부의 보호 조치가 주효했기 때문이다. 우리 근해에서 잡히는 부어(浮魚: 靑魚, 고등어 등)는 일본 측이 주장하는 것과는 다른 이종(異種)이므로 그 보호 조치는 양국이 각각 별도로 행해야 하고 자국을 발생국으로 삼고 있는 어족들은 그 나라에 의해 보존・개발되어야 한다"(지철근, 219). 이런 주장은 회의에 참석한 많은 국가(인도, 태국, 인도네시아, 대만, 호주)의 지지를 받아서 평화선에 대한 정당성을 인정받았다.

그 후 3년 뒤인 1958년 2월 24일부터 4월 28일까지 국제해양법회의가 86개국이 참가한 가운데 제네바에서 열렸다. 이 회의에서 가장 논쟁의 초점이 된 것은 영해의 범위를 해안선으로부터 어떤 거리로 정할 것인가였는데, 전통적인 3해리의 고수는 이미 어려운 분위기였다. 제3세계와 동구권은 12해리 영해를 지지했으나, 미국과 서구 국가들은 6해리 영해에 6해리 어로수역을 추가하는 안을 제안했다. 그중 캐나다는 추가 6해리 어로

수역에서는 연안국의 독점적 어업권을 인정하자고 주장했고, 미국은 과거 5년간 12해리 이내 어로수역에서 어업을 한 실적이 있는 타국의 어로권은 기득권으로 계속 존중돼야 한다고 주장했다. 한국 대표단은 평화선은 영해가 아닌 일종의 독점적 어로수역이므로 이 문제와 직접 관련된 사항이 아니라고 판단했다(문철순, 1958: 82). 결국 연안국들의 백가쟁명(百家爭鳴)식 주장으로 결론에 이르지 못하고 영해의 폭에 대해 합의에 이르지 못하고 말았다. 일본 대표는 평화선에 대해서 일언반구도 언급하지 않아서 그대로 말썽없이 넘어갔다.

원래 국제해양법의 제정 기원은 1930년대로 거슬러 올라간다. 원래 각국은 어족(魚族)은 무한하다는 소박한 생각에서 해양의 자원보존을 염두에 두지 않았지만 현대에 이르러서 과학의 발달과 더불어 어업도 발전해 전파와 음파를 이용, 어군(魚群)을 탐지해 어획(漁獲)함으로써 인구 증가에 따른 어류 수요를 충족할 수 있게 됐다. 그러나 그와 반면에 제한된 어장에서 연안 각국이 앞을 다퉈 남획(濫獲)한 결과 어장은 점차로 황폐화되고 어족자원을 고갈돼 그 한계점을 드러내게 됐다. 이에 따라 기술어업 분쟁을 막고 어업자원을 보호하기 위해 모든 해양국의 어업활동을 규제하는 국제해양법의 제정의 필요성이 제기됐다. 이 해양법을 마련하기 위해 1930년 헤이그에서 '국제법편찬회의'가 열렸고, 영해의 확장과 인접 공해에 대한 일정한 수역을 설정, 어업권을 연안국이 관할하자는 안건이 상정됐다. 그러나 해양 강대국과 해양 약소국 간에 영해3해리설의 찬반을 놓고 첨예하게 대립돼 결론을 내지 못했다.

종전 후 4년 뒤인 1949년 국제연합 국제법위원회를 구성했으며, 다시 1956년에는 비로소 공해어업에 대한 규정을 성문화해 해양국제법안이 만들어졌다. 특히 제29조에는 연안국이 특별한 경우에는 보존 조치를 일방적으로 취할 수 있다는 규정을 신설했다. 이 56년의 국제법안은 획기적이었다. 그 이유는 미국과 중남미 국가 등의 국제적인 선례를 제쳐두더라도 우리의 평화선이 국제법상으로도 합법적이라는 근거가 마련됐기 때문이다(지철근, 1979: 226-234).

5. 일본과 국제사회의 반응

1) 일본의 격렬한 반발과 평화선에 대한 대응책

한국 측에서 어느 정도 예상은 했지만, 일본 측의 반발은 예상외로 강력했다. 평화선은 일본 조야를 발칵 뒤집어놓았으며 일종의 폭탄선언과도 같았다. "공해의 자유를 침해, 정부 이승만 선언에 견해 표명" 대문짝 같은 표제가 붙은 마이니치신문(每日新聞, 1952.1.24)을 필두로 "한국 해안 주권을 선언, 어업 교섭에 선수치다"는 요미우리신문(讀賣新聞, 1952.1.25) 등 전국에 걸친 일본 매스컴의 대대적인 보도는 일본 국민들을 자극하고 흥분시키기에 충분했다. 분개한 일본의 매스컴들은 평화선을 이승만 라인(Rhee Line)이라고 호칭하게 됐는데, 이것은 그 이면에는 평화선을 인정하지 않겠다는 점과 이승만 대통령이 반일 초강경론자라는 점을 풍자한 뉘앙스가 저변에 깔려 있었다. 당시 일본은 맥아더 라인에 묶여 있어서 원양 진출이 사실상 막혀 있었으므로 가장 매력적인 한국 근해 어장을 포기하고 우리의 평화선 획선에 순순히 응해 줄 리가 없었던 것이다.

일본의 항의는 외교적 경로로부터 시작됐다. 1952년 1월 24일, 일본 정부는 성명을 발표하면서 ① 미국・캐나다・일본 어업협정에서 공해의 자유가 인정된 것처럼 공해 자유의 원칙이 인정돼야 한다. ② 공해에 국가 주권을 일방적으로 선언한 예는 아직 없다. ③ 일한 양국의 친선을 위해 신중히 검토돼야 한다는 것 등이었다. 또한 ④ 그 선언에는 일본의 영토인 독도(일본명: 다케시마 [竹島])가 포함돼 있어 일종의 영토 침해라고 강력히 비난했다. 그러면서도 선언문의 내용 중에 "이 경계선은 장래에 구명될 새로운 발견, 연구, 또는 권익의 출현에 인해 발생하는 신정세에 맞춰 수정할 수 있음을 겸해 선언한다"라는 문구는 장래에 있을 한일어업협정을 염두에 둔 협상카드가 아닌가 하는 의문을 한국 측에 제시했다(지철근, 1979: 172-173).

여기서 잠시 일본이 1952년 미국과 캐나다와 어업협정을 맺었던 내용을 설명할 필요가 있다. 일본은 제2차 세계대전 전에 이미 수차례에 걸쳐서 미국과 캐나다로부터 그들의 어장에서 일본 어선의 무분별한 남획과 불법적 어업행위로 규탄을 받은 바 있어서 협상 초기부터 고분고분한 저자세로 일관해 미국과 캐나다의 특정 어장에서 '자발적 억지(Abstention)'를 약속해 출어(出漁)의 포기를 약속했다. 다만 조약 전문(前文)에 "주권국으로서 국제법 및 국제관습의 원칙에 의한 공해의 어업자원을 개발할 각자의 권리에 비춰 행동한다"는 구절이 삽입됨으로써 마치 '공해 자유의 원칙'이 인정된 것처럼 보이게 했다. 이는 일본이 향후 다른 나라(한국)과의 어업협정에서 공해 자유라는 무기를 내세워 자발적 억제를 하지 않겠다는 추론이 가능하게 한 것으로 한국의 인접 수역에 대한 어업관할권을 인정하지 못하겠다는 구실로 활용하려고 했다(지철근, 1979: 152-154). 후일 한일어업 협상에서 일본의 우려스러운 태도는 그대로 현실로 드러났다.

일본의 거센 항의를 받은 한국 외무부는 각국의 다종다양한 국제적인 선례에 따라 선언한 것이며, 일본의 과거 36년간의 식민 통치를 통해 한국의 어업수역을 독점했고 우리의 어업 발전을 저해한 점을 상기시켰다. 또한 독도 영유권은 1946년 1월 29일자 주일점령군사령부령 제677호에 의해 일본 영토로부터 제외됐을 뿐만 아니라 맥아더 라인 밖에 위치하고 있다는 점을 상기시켰다.

평화선의 선언으로 일본의 수산업계는 비상이 걸렸다. 그 이유는 제주도 북서수역 일대가 저인망어업에 의한 조기・민어・갈치 등의 주어장이고, 독도로부터 대마도해협에 이르는 일대가 고등어 선망어업의 주된 어장이고, 또 서해안의 흑산군도 일대가 전갱이 어장인데 이것을 상실하는 것은 일본어업의 사활문제라고 간주됐기 때문이다.

특히 서일본의 어민들의 반발은 거셌다. 마이니치신문 "李라인 선언으로 下關水産業界 큰 타격"(1952.1.26)의 대문짝만한 표제만 보더라도 직접적인 영향을 가장 많이 받게 된 지역이 바로 서일본 일대의 어민들이다. 서일본의 시모노세키(下關)를 중심으로 일본 어민들의 평화선 철폐 시위가 시작됐다. 맥아더 라인선의 철폐를 눈앞에 두고 기뻐 날뛰던 일본인들은 "평화선 선포는 상상도 못할 조치"라고 아우성을 쳤다. 자신의 식민지였던 조선에게 뒤통수를 얻어맞은 느낌이었다. "감히 과거 우리의 식민지였던 한국이 연합군점령사령부도 공해의 자유를 인정해 3개월 후면 맥아더 라인도 샌프란시스코조약 이후 자동 철폐가 되는데, 하물며 한국이 감히 우리의 해양 진출을 막다니…" 하는 우월감에다가 자신의 영토라고 믿었던 독도마저 평화선 안에 들어갔으니 그 반발은 더욱 거셌다.

일본의 극우단체의 일각에서도 집회를 갖고 평화선 철폐와 독도문제를 거론하면서 재일한국인을 모조리 추방해야 한다는 반한적 시민운동을 벌이기도 했기만 재일동포들에게 극단적인 폭력 행사는 발생하지 않았다.

이렇게 일본 측의 항의가 계속되자 우리 정부에서는 "국제 선례에 비춰 공해상의 항행의 자유를 방해하는 것은 아니며 어디까지나 한국의 국가자원을 지키기 위한 조치"라고 변영태 외무 장관의 성명이 발표됐다. 여기서 유의할 점은 평화선이 외국의 어선에 대해 어로(漁撈)를 완전히 차단한 것은 아니라는 점이다. 주무 장관의 허락을 받으면 국내외의 어선을 불문하고 어로행위를 할 수 있게 했다. 환언하면 이 선언에서는 어업자원의 감소 또는 고갈을 막기 위해 수산업과 해엽업(海獵業)을 정부의 감독 하에 둔다고 규정했을 뿐 외국 어선은 동 수역에서 어로를 하지 못한다는 강제 규정을 명기하지 않았다는 점이다.

그러나 일본 내의 자유당 강경파 의원들은 미국이 한국 해군의 나포행위를 제어하지 않는다고 이를 비판하는 여론을 주도하는 가운데 요시다 시게루(吉田茂) 수상은 평화선 문제를 해결하는 데 무력 사용을 언명했다(1953.11.18). 이 시기 일본이 자국 어선의 나포문제를 놓고 한국을 상대로 무력 사용을 검토하고 이를 천명하는 것은 일본이 재무장을 하기 위해 이 문제를 이용한다는 의혹을 불러일으키기도 했다(1954.1.26). 이에 맞서 한국의 연합참모본부 의장인 이형근 대장은 1955년 11월 17일 "만약 일본 어선이 평화선을 계속 침범한다면 이에 포격을 가해 필요에 따라서는 격침시킬 것이다"라는 성명을 발표했다(지철근, 1979: 333).

이에 일본 정부는 몇 가지 대응책을 마련한 바, ① 미국을 통해 한국 정부에 압력을 가하자는 안과 ② 무력에 의한 저항, ③ 경제적 단교 등 세 안이 거론됐다. 그러나 첫 번째 안은 미국 정부와 교섭해도 성과를 얻는다는 보장이 없고, 둘째의 무력 행사도 일본 해군력이 한국 해군력에 비해 열세이기에 승전의 보장이 없고, 셋째의 경제적 단교 방식도 당시 한국의 청산 계정 초과액이 막대하기에 무의미하다는 결론이 나왔다. 결국 최선의 방법은 한국 정부와 어업협정을 맺어야 한다는 쪽으로 기울었다

이 당시 일본 정부는 어선보험제도를 실시해 평화선 내에서 조업하다 나포된 어선에 대해서는 일정액의 피해보험금을 지급하고 있었다. 그러나 일본은 이 피해보상금이 부족할 정도로 평화선 침범 어선이 많아서 당국이 골머리를 앓을 정도였으니 이것만 봐도 일본 어선의 평화선 침범이 얼마나 많았는지를 짐작할 수 있다.

2) 미국과 자유우방의 항의

평화선 선포를 둘러싸고 한일 관계가 극도로 험악해지는 가운데, 얼마간 관망 상태에 있던 자유우방 국가들의 입장이 점차 드러나기 시작했다. 당시 주한미국 대사 무초(John J. Muccio)는 "평화선의 선포가 한반도 전체에 대한 대한민국의 주권이라는 저변의 묵계적인 가정에 기초하지만, 38선 이북에 대해서는 유엔이나 미국이 승인하지 않았다. 하지만 평화선의 선포는 기정 사실로 인식됐으므로 그것을 전복하려는 미국의 어떤 시도도 한국인들에게는 그들의 내정에 대한 부당한 간섭으로 해석될 것"이라는 보고서를 본국에 제출했다(국사편찬위원회, 2007: 262).

평화선 선언 후 20일이 지난 2월 11일에는 미국이 "한국이 일방적으로 공해상에 설정된 독점수역은 부당하다"는 항의가 있었고, 이를 시작으로 그해 6월에는 자유중국이, 다음해 1월에는 영국이 각각 항의를 제기하면서 한국은 얼마 동안 국제적 비난의 대상이 됐다. 그러나 호주와 노르웨이는 한국의 평화선 선포에 대해 깊은 관심을 표명했고

주일대표부에 평화선 선포문의 사본을 요청해오기도 했다(경향신문, 1952.2.2). 특히 호주는 일본과 어업협상을 진행 중이었기 때문에 평화선 선포에 깊은 관심을 표명했다. 이후 호주는 어업협상 결렬 직후 1953년 9월 11일 인접 대륙붕에 대한 주권을 선언하고 어업관할구역을 설정했다.

여기에서 가장 의문시되는 것은 미국의 태도다. 미국 자신도 '미국 주변 공해(公海)의 일정 수역에 어업 보호에 관한 선언'이라는 트루먼 선언을 하고서는 한 발 물러서면서 한국의 해양 주권 선언을 비난하지 않으면 안 됐던가? 미국은 후에 트루먼 선언에서 후퇴했고, 미 의회 또한 해당 선언의 발효안을 통과시키지 않았다. 미국은 당시에 트루먼 선언이 일으킨 파장을 잠재우고 남미 국가들과 한국이 어업관할권 주장을 철회하도록 노력하고 있었다. 다음은 주한미대사관이 한국 정부에 보낸 서한(1955.2.2)의 일부로, 한국을 설득하기 위한 노력을 엿볼 수 있다.

> (트루먼) 선언의 어느 부분에서도 대륙붕에 대한 관할권 및 통제를 넘어서는 주장은 찾아볼 수 없다. 공해의 성격은 대륙붕 위에서나 대륙붕 한계 이원에서나 그대로 유지된다(스튜어트 케이, 2012: 45).

이것은 결국 미국이 일본의 손을 들어준 것으로 해석될 수 있다. 미국이 그런 태도를 보인 중요 이유는 한일 간의 분쟁에 말려들지 않겠다는 계산이 있었고, 또 그 당시 1950년대 초에는 아시아에서 반공의 교두보로서 한국보다 일본의 전략적 가치를 더 중시한 미국의 아시아정책에 주목할 필요가 있다.

그러나 후일 1950년대 중반에 넘어서면서 선진 해양국가들도 배타적인 어업수역을 확장하는 방향으로 기울게 되면서, 평화선에 대한 국제적 여론도 완화되기 시작했다. 이 점에서 평화선은 해양주권 시대를 선구적으로 앞서간 면이 있음을 부인하기 어렵다.

6. 클라크 라인의 설정과 법적 처벌 규정의 마련

평화선이 선포된 지 8개월 만인 52년 9월 27일 당시 유엔군총사령관이던 클라크(Mark W. Clark) 장군은 공산 5열의 침투를 막고 전시 밀수품의 해상 침투를 차단하기 위해 한반도 주변에 해상방위수역을 설정했는데, 이것이 클라크 라인(한국방위수역)이다. 클라크 라인의 획선을 살펴보면 울릉도와 독도수역이 배제됐던 점과 서해안은 약간 내선으로 그어진 점에서 평화선과 다를 뿐 대체로 평화선과 비슷하게 경계를 이뤘다. 이렇게 해서 한국과 일본 사이의 바다에서는 평화선과 클라크 라인이라는 2중선이 그어지게 됐다.

클라크 라인은 평화선에 대한 국제적 여론이 악화된 시점에서 획선됐기에 평화선의 정당성을 옹호하고 한일 간의 마찰을 완화시키려는 미국 측의 강한 의도가 있었다. 어쨌든 클라크 라인의 선포로 인해 우리 해군본부의 해상 방위는 한층 엄중한 경계 태세에 들어가게 됐다.

평화선이 선언된 이후부터 일본 어선의 불법 어로가 비교적 뜸해졌으나 수개월이 지난 후에는 다시 고개를 들기 시작, 우리 경비정만 눈에 보이지 않으면 약삭빠르게 침범해 남획을 자행했다. 이렇게 평화선 침범 사례가 전혀 호전될 기미가 보이지 않자 이승만 대통령은 1952년 7월 해군으로 하여금 평화선 침범 어선에 대해서는 국적 여하를 불문하고 가차없이 나포하라는 엄명을 내렸다. 이어 9월 30일, 이 대통령은 국무회의를 주재하는 자리에서 평화선을 침범하는 외국 선박에 대한 나포를 정식으로 지시했다. 또한 10월 4일에는 대통령 긴급명령 제12호에 의거해 대통령령(제707호)로 된 포획심판소와 고등포획심판소를 개설했다. 그리하여 이제는 법령에 의거해 평화선을 침범하는 일본 어선을 처벌하게 된 것이다.

포획심판소는 해양법 위반사건에 대한 재판을 담당하기 위한 사법기관으로 월선 조업하는 일본 어선을 포획, 심판해 그 선박을 몰수하고, 선원들을 처벌하는 기능을 담당했다. 이 기구의 역사적 발전 과정을 보면, 해상에서 위법행위가 자행될 경우, 그 해역을 관할하는 주권국가의 군함 등이 나포해 그 위법행위에 대해 재판절차를 거쳐 그 행위의 위법 여부를 판단하고 그 위법 정도에 따라 처벌 수위를 결정한다. 이러한 포획심판절차는 주로 전시의 해전 과정에서 적선이나 적국 상선을 나포했을 때 주로 사용됐으나, 대항해 시대 이후 공해상에서 해적행위 등 위법행위가 난무하게 되자, 해상 질서 유지 차원에서 널리 시행된 사법기관이다.

그러나 당시 육해군 지휘권은 유엔군 총사령관에게 속해 있었으므로 해군 수뇌부에서는 난처한 입장에 빠졌다. 평화선을 침범한 일본 어선을 나포하려고 출동하기 전에 유엔군 사령관의 사전 승인을 받아야 했고, 그대로 출동하면 유엔군과 마찰을 빚게 되고 그렇다고 국가원수인 대통령의 명령을 거역할 수도 없었기에 해군 지휘관들은 중간에서 애를 먹었다. 이런 일이 몇 차례 반복되자 주일 미 대사 머피와 클라크 유엔군 사령관은 평화선으로 인해 한일 양국 간의 분쟁이 발생해 한국전쟁의 성공적 수행에 적지 않는 지장을 주고 있다고 판단해 양국 간의 타협을 중재했다. 그리하여 1953년 1월 클라크 사령관이 이승만 대통령을 일본에 초청해 이승만-요시다회담을 마련했다. 일본 체류 이틀째인 1월 6일, 이 대통령은 클라크 사령관 관저에서 요시다 수상과 비공식 만찬을 가졌다. 어색한 분위기를 타개하기 위해 요시다 수상은 "아직도 한국에는 호랑이가 많으냐?"는 질문을 던졌다. 이 대통령은 "예전에 가토 기요마사(加藤淸正)인가 하는 사람이 한국에 와서 다 잡아먹고 없어졌다"는 가시가 돋힌 응수를 했다. 참석한 모든 사람은 일제의 침략 근성에 대해 정곡(正鵠)을 찌른 이 대통령의 이 한마디에 혀를 내둘렀다(지철근, 1979: 180-181).

결국 일본은 궁여지책으로 1952년 ABC라인(일본경비구역선)을 설정해 대응책을 마련했다. 한국 경비정으로부터 나포를 막고 일본 어선의 안전 조업이 가능하도록 보호하는 것이 주목적이었다. 그러나 클라크 라인과 평화선의 이중 경비로 인해 일본 해상보안청이 마련한 ABC라인은 얼마 후 유야무야되고 말았기에 국내에 잘 알려지지 않았다.

7. 해양경찰대(1953.12)와 해무청(1955.2)의 설립

1953년 7월 27일 한국전쟁의 휴전이 성립과 동시에 클라크 라인의 폐지가 기정사실화되자 일본 어선은 평화선 수역 내에 진출해 조업활동을 본격화했다. 이에 한국 측은 평화선의 경계와 평화선을 침범하는 외국 어선에 대한 나포를 더욱 강화했다. 동년 7월 9일 제34회 국무회의에서는 평화선을 침범한 외국 선박을 억류하는 것을 결의했으며, 동년 12월 12일에는 「어업자원법」을 공포해 평화선을 침범하는 어선에 대한 나포를 더욱 강화했다. 이 「어업자원법」은 이를 위반할 경우 3년 이하의 징역 또는 금고형에 처하고 어선, 어구 및 어획물을 몰수하도록 규정했다. 이 법률에 근거하여 평화선을 침범하는 일본 어선과 어민들에 대해 형사적인 처벌을 가하기 시작했다.

전시 중에 단속활동은 단속장비와 인력을 보유한 해군이 수행했다. 그러자 단속할 때마다 일본 정부와 언론들이 문제를 해군의 평화선 임무 수행에서 단속할 때마다 문제를 제기했다. 특히 휴전이 성립되고나서는 전시도 아닌데 공해상에서 한국 해군 군함이 일본 어선을 나포한다고 떠들어댄 것이다. 그래서 해군의 경비정 일부와 병력 일부를 차출해 그해 겨울 12월 23일, 내무부 산하에 해양경찰대를 설치해 침범해 조업하는 일본 어선들에 대한 전담 단속기관으로 발전시켰다.

그러나 이것만으로 충분하지 못한 어려운 상황이 계속되자, 해양 전반을 통괄하는 행정관리기구의 설치가 필요하다는 점이 제기됐다. 1955년 2월 17일 교통부 해운국과 상공부 수산국, 그리고 내부무 치안국 산하의 해양경찰대를 분리시켜, 통합해 해사행정 전반에 관한 관리기구로서 해무청이 설립됐다(최재수, 2013: 154).

그렇지만 해양경찰대의 엄중한 경계에도 불구하고 일본 어선의 불법 어로는 계속됐으며, 1953년에 들어와서는 62건이 적발되고 그 가운데 48척이 나포됐다. 급기야 1953년 2월 4일, 평화선 안에서 불상사가 터졌다. 우리 해양경비정은 흑산도 근해를 순시 중 평화선 안에서 불법 어로 중이던 일본 기선저인망 大邦丸을 발견, 수차에 걸쳐 정선명령을 발했으나 계속 도주하자 부득이 발포한 것이 그만 유탄에 맞아 승조원 1명이 사망하고 말았다. 일본은 이때를 물실호기(勿失好機)로 삼아 평화선 철폐와 발포자의 엄벌, 상당 액수의 위자료를 요구했다. 이에 응하지 않을 경우, UN에 제소하겠다고 엄포를 놓았다.

한국 정부는 "사망자의 발생은 심히 유감이지만 사건의 발단이 일본 어선의 평화선에 대한 침범으로 인한 불법어로의 자행에 있으므로 그 책임은 일본이 져야 한다"는 성명서를 발표했다. 그리고 사태의 재발 방지에 대한 일본 측의 각성을 촉구하면서 평화선 경비 태세를 더욱 엄중히 할 것임을 경고했다.

그 당시 일본 어선의 평화선 침범은 한국 수산업계의 가장 큰 골칫거리였다. 아직까지 한국은 6・25전쟁의 전화(戰禍)에 휩싸여 어선세(漁船勢)와 장비 등에서 영세성을 벗어나지 못한데다 일부 어선은 전시강제 동원으로 황금어장을 눈앞에 두고서도 제대로 고기를 잡지 못하고 있는 딱한 실정이었다. 이런 한국 수산업계의 약점을 십분 악용한 일본 어선은 평화선 침범을 다반사로 삼았던 것이다. 설상가상으로 일본 어선은 어군탐지기(魚群探知機), 집어전광장치(集魚電光裝置) 등 우리 어선이 미처 생각하지도 못했던 장비를 갖춰 우리보다 몇 배의 어획고를 확보해 우리의 수자원 보호에 일대 위협을 주었던 것이다. 사태가 자꾸만 악화되자 우리 어민들도 더 이상 인내하기 어려워 1953년 3・1절을 계기로 해서 전국 주요 도시에서 일제히 '해양주권선 사수(死守) 궐기대회'를 개최해 일본 어선의 불법 어로행위를 규탄하고 정부의 즉각적인 응징을 요구했다. 분노한 우리 70만 어민들은 일본의 평화선 침범을 '제국주의적 침략 근성이 노출된 재침략 야욕'으로 파악했다.

아래 〈표 2-4-3〉에서 알 수 있듯이, 한일회담이 한때 결렬됐던 1953년부터 1955년 사이에 어선의 나포와 어민의 억류가 가장 많으며, 1950년대 후반기로 갈수록 그 수치가 줄어든다. 그러나 1965년 한일 국교정상화가 타결될 때까지 평화선을 침범하는 일본 어선의 나포는 지속됐다.

표 2-4-3 한국에 나포된 일본 어선 척수와 선원 수

연도	나포 어선/억류 선원	송환 어선/송환 선원
1847	7/81	6/81
1948	15/202	10/202
1949	14/154	14/151
1950	13/165	13/165
1951	45/518	42/518
1952	10/132	5/131
1953	47/585	2/584
1954	34/454	6/453
1955	30/498	1/496
1956	19/235	3/235
1957	12/121	2/121
1958	9/93	0/93
1959	10/100	2/100
1960	6/52	0/52
1961	15/152	11/152
1962	11/116	4/116
1963	16/147	13/147
1964	9/99	7/99
1965	1/7	1/7
합계	327/3,911명	142/3,903명

주: 미송환 어선 185척(그 중 3척은 침몰), 미송환 어민 8명은 사망.
자료: 小田滋, 海の資源と 國際法 I, (有斐閣, 1971), 196. 단 1965년 통계는 최종화(2000: 27)에서 발췌.

그러면 일본 어선들은 맥아더 라인과 그 후 설정된 한국의 평화선만을 침범했던가? 전혀 그렇지 않았다. 일본 어선들은 인접한 해양이면 때와 장소를 가리지 않고 소련, 자유중국, 중공 등의 어로금지수역까지 진출해 불법 어로를 감행했다. 아래 〈표 2-4-4〉

표 2-4-4 일본 어선의 나라별 피나포 선수 및 현황

나라	나포 연도	귀환	미귀환	나포 척수	귀환 척수	미귀환 척수	비고
자유중국	1948~1951.2	549명	11명	44척	13척	31척	사망10명 침몰 2척
소련	1951	1,224명	152명	151척	101척	50척	사망2명 침몰 5척
중공	1950.12~51.5	446명	464명	77척	1척	76척	사망 8명

자료: 지철근(1979: 332).

에서 나타났듯이, 이 당시 일본 어선의 나포, 억류된 수는 자유중국(대만)에 44척, 소련에 151척, 중공에 77척에 달했으며 그 수는 매년 증가 추세였다. 이렇게 일본 어선의 남획과 불법 어로활동은 한국을 비롯한 주변 연안국가들의 골칫거리였다.

한국의 반일궐기대회에 맞선 일본의 대응은 순시선의 독도 침범 사건으로 나타났다. 정전협정 직전인 1953년 6월 27일 새벽 3시경 일본국립경찰직원과 법무성 입국관리국 직원 등 약 30명이 모의해 해상보안본부 순시선 두 척을 타고 독도에 상륙해 천막을 치고 고기잡이를 하던 우리 어부 6명을 강제로 내쫓고 독도에 한국인의 출어는 불법이라는 등의 표지를 세운 사건이 발생했다. 이후 한국 정부는 항의각서를 일본 측에 보내고 해양경비대를 파견해 수복했다.

그러나 평화선 선언으로 인해 주로 일본 어선에 대한 단속이었지만, 6・25전쟁에 북조선인민공화국을 지원하기 위해 참전한 중화인민공화국과도 해상 단속에서 마찰을 빚는 두 번의 사건이 있었다. 1955년 12월 25일 해양경찰대 866정은 흑산도 서남방 근해에서 평화선을 침범, 조업 중이던 중국 어선 15척을 발견하고 이 중 1척을 나포했는데, 이 과정에서 5~6척과 총격전이 벌어졌다. 이때 4명의 한국 경찰관이 중국 배에 납치돼 중국으로 피납됐으며 이후 12년 5개월 후 1967년 귀환했다. 또 1960년 1월 10일, 해양경찰대 701정은 서해 서청도 62마일 해상에서 어선단을 발견하고 검문 중 총격전이 벌어져, 이 과정에서 2명이 순직하고 3명이 부상을 입었던 사건이 발생하기도 했다. 그러나 중국 어선의 한반도 주변 수역으로의 진출은 1990년대 들어 본격화됐으므로 중국과의 관계에서 평화선은 별다른 갈등을 야기하지 않았다.

그러면 한국이 일본 어선을 나포, 어민들을 수용소에 억류함에 따라 일본은 대한 협상을 선호하고 무력 도발 등 강경대응책을 포기하는 등 한일 간의 큰 무력 충돌로 가지 않았던 이유는 무엇인가? 그것은 전후 국제 정세는 패전한 일본이 순순히 외부의 요구를 받아들여야 할 만큼 일본에게 불리했고 전후복구 문제로 타국과 전쟁을 결행하는 것은 불가능했기 때문이다. 평화선 선포는 연합국의 통치 하에 있는 한국 정부가 연합국의 동의 없이는 불가능한 것이었기에 연합국이 인정한 것으로 파악한 것이다(최장근, 2012: 456). 평화선 선포 이후 일본 정부는 한국 정부의 강경 대응에 부닥쳐서 평화선이 '불법 조치'라는 기존의 입장에서 후퇴했다. 그 이유는 미국이 평화선 선포에 항의를 제기했지만, 그렇다고 해서 일본의 입장에 전적으로 동조한 것이 아니라는 점을 분명하게 인식했으며, 한국의 조치가 국제법에 의거해 치밀하게 검토한 것이므로 결국 외교적 수단에 의한 평화적 해결 이외는 방법이 없다고 판단했기 때문이다. 또 한국에 유리했던 점은 한국전쟁을 통해 한국이 미국으로부터 막강한 정치, 군사 원조를 확보하면서 일본에 저항할 대항력이 생겼기 때문이다. 이 점을 간파한 이승만은 평화선 선언을 통해 대일 강경책과 대일 협상을 적절하게 구사했다.

8. 미완성의 한일회담

이승만 정부 시절 한일회담은 네 차례에 걸쳐 진행됐다. 한국 정부의 평화선 선언으로 다급해진 쪽은 일본이었다. 일본 정부의 요청으로 첫 한일회담이 열렸다. 1952년 2월 20일부터 4월 21일 사이의 제1차 한일회담의 어업위원회에서는 한국은 어업관할권과 관련해 '연안국주의'를 주장한 반면에 일본은 어업 개발에 대한 '공해 자유의 원칙'과 '어업자원에 대한 최대한의 지속적인 생산성 확보'를 강조했다.

1953년 5월 6일부터 7월 23일까지의 제2차 한일회담의 어업위원회에서는 한국은 어업자원 보호를 위한 해양 주권 조항의 필요성을 강조하면서 '어업관할수역'을 설치해야 한다고 주장한 반면 일본은 관할수역을 영해 밖에 설정하는 데 반대했다. 일본은 어업자원에 관해 필요할 경우 규제를 가하는 협정을 체결할 수 있으며 한일 간 어족의 공동개발, 조사, 연구를 제안했다.

한일회담이 휴회된 가운데서도 일본 어선의 평화선 침범은 계속됐고 제3차 한일회담 직전까지 한국은 70여 척의 일본 어선을 잡아 포획 심판에 회부했다. 그해 10월 8일부터 16일까지 열린 제3차 한일회담의 어업위원회에서는 일본은 다시 한 번 공해 자유의 원칙을 주장하면서 제주도 부근에서 일어난 일본 어선 및 수산청 감시 어선의 나포에 대해 항의했고, 한국은 일본 측이 '평화선'을 침범해 생긴 일이라며 일본 측의 출어 자제와 규제를 요청했다. 그러나 일본 측 외무성의 수석대표 구보다(久保田貫一郎)는 15일 2차 재산 및 청구권분과위원회에서 "일본이 강화조약을 체결하기 전에 한국이 독립한 것은 불법이며, 일본의 36년간에 걸친 통치는 한국민에게 유익했다"는 등 망언(妄言)을 내뱉으면서 결국 회담이 결렬, 4년간이나 표류됐다.

제4차 한일회담은 1958년 선박소위원회와 1958년부터 1960년까지 어업 및 평화선위원회가 여덟 차례 열렸으나 별 진전은 없었다. 일본 정부는 59년에 들어와 한일회담에서 어로 및 평화선 문제가 자기들 뜻대로 풀리지 않자 엉뚱하게도 재일동포 북송문제를 들고 나오면서 또다시 회담은 결렬되고 말았다(최장근, 2012: 333-334; 지철근, 1979: 237-351).

제 4 절 성과 및 평가

1960년 5월 제5차 한일회담이 중단되기까지 어업회담은 평화선만을 에워싸고 한일 간에 한 치의 양보도 없는 줄다리기식 회담의 성격을 벗어나지 못했다. 그러나 5・16쿠데타 이후 박정희 군사혁명정부가 들어서면서 급변하는 아시아 정세에 신속하게 대응하기 위해서는 한일 간의 국교 수립이 불가피하다는 추세 속에서 협상은 급선회하게 됐다.

1961년 11월 당시 국가재건최고회의 박정희 의장과 이케다 하야토(池田勇人) 일본 수상과의 회담 뒤 기자회견에서 "일본이 우리 청구권에 관해 성의를 보인다면 평화선 문제를 신축성 있게 다룰 용의가 있다"는 발표를 계기로 평화선을 협상 테이블에서 탄력성을 보이게 됐다. 그러나 어업규제 등 복잡한 이해관계가 얽혀 있었기에 쉽사리 실마리가 풀리지 않았다.

제1차 농상(農相)회담이 끝나고 1965년에 들어와서 다시 제2차 농상회담이 열리게 됐다. 이 해 4월 3일에는 드디어 연안 12해리에 걸친 어업전관수역과 공동규제수역 등이 새로 마련된 공동 성명이 발표됐고 어업협정 가조인을 마쳤다. 이때부터 평화선은 사실상 사라지게 됐으며, 어업자원 보호와 그 보존 조치도 이 협정수역 안에서만 가능해졌다. 1965년 한일국교정상화와 동시에 새로운 한일어업협정이 성립되기 전까지 평화선을 위반한 320여척의 일본 어선과 3,900여명의 일본인이 한국에 의해 나포됐다. 이 과정에서 40여명의 사상자가 발생했으며, 나포한 일본 선박을 해양경비대의 보조경비정(화랑호, 충무호) 등으로 사용하기도 했다.[2)]

요약한다면, 평화선 선언은 전후 어업 기술력이 일본에 비해 훨씬 뒤떨어진 한국이 무분별한 일본 어선의 남획을 막고 어업자원을 보호하고 한국 어민들의 생존을 위한 자구책으로서 '영해 자원민족주의' 성격을 지녔다. 한국은 일본에게 조속히 어업협상을 시작할 것을 촉구했지만 일본은 준비 부족을 이유로 협상에 응하지 않았다. 일본은 협상을 서둘 이유가 없었던 것이다. 맥아더 라인이 조만간 폐지되면 한국과의 어업 마찰은 더 이상 발생하지 않을 것으로 판단한 것이다. 그러나 한국은 일본에 비해 선박, 어구 등이 뒤떨어져 있었고, 맥아더 라인까지 폐지된다면 영세한 어민들의 어로활동을 보호

2) http://ko.wikipedia.org/wiki(검색일: 2014.5.10).

해주기는 더욱 어려워질 형편이었다. 따라서 평화선 선포를 통해 일본에 어업협정의 체결을 요구하는 한편, 협정 체결 이전까지라도 한일 간 어업분쟁을 방지하려고 한 것이다. 또한 평화선은 선언 3항에서 강조했듯이, 항구적인 경계선이 아니라 수정 가능한 경계선이라는 점도 분명하게 제시해 한국이 한일어업협정 체결을 염두에 두었다는 점을 확인할 수 있다. 이렇게 평화선의 선언은 국제법의 흐름을 정확히 간파해 외교와 정치에 활용한 훌륭한 사례로 남게 될 것이다.

평화선 선언으로 인한 평가를 정리해 보면, 우선 긍정적 측면은 다음과 같다.

첫째, 한국보다 월등한 선진 어업 기술을 보유한 일본은 우리 연안 침투에 혈안이 됐기에 어선의 남획으로 인한 고갈 직전에 처해진 어족자원의 보호와 지속적인 생산성을 유지할 수 있게 됐다.

둘째, 한국전쟁의 어려운 여건 속에서도 이승만 정부는 해군력을 강화하는 한편 해양경찰대를 창설해 공산 세력 및 제5열의 해상 침투를 저지하면서 국방력을 강화했으며, 더 나아가 마약 및 기타 외래품의 밀수 방지에 크게 공헌했다.

셋째, 평화선으로 인해 한일협상에서 한국은 유리한 고지에서 협상에 임할 수 있게 됐으며, 식민지 통치국으로서 고압적인 제국주의적 위세가 남아 있던 일본 측의 고자세를 꺾었고, 일본으로 하여금 협상에 적극적으로 매달리게 했다.[3)]

넷째, 국민들의 어업에 대한 관심도를 높이고 평화선이 쟁점으로 부각될 때마다 국민들의 결속력을 강화시키면서 국론 분열을 막고 대일 투쟁에 일체감을 조성할 수 있었다.

다섯째, 장차 진행될 연안국가들의 대륙붕 해저자원 개발에 선두적인 주장을 개진했으며, 독도를 둘러싼 일본과의 영유권 분쟁에서 일본의 억지 주장을 사전에 제압하는 효과를 가졌다.

반면에 평화선의 설정으로 인한 부정적 측면을 거론한다면, 첫째, 평화선을 토대로 한 어업 격차 해소와 분쟁 방지를 목표로 협상에 임한 한국의 의도는 성공하지 못했다. 이는 일본이 집요하게 평화선의 국제적 불법성을 주장했기 때문이기도 했지만, 한국과 일본 모두 미국으로부터 자유롭지 못했기 때문이기도 하다. 한일어업협상이 평화선과 트루먼 선언과의 공통점과 차이점 해명으로 점철된 것은 양국 모두 미국으로부터 지지와 원조를 기대했기 때문이기도 하다(박진희, 2006: 98.)

---

3) 예를 들어, 1952년 11월부터 1956년 6월까지 일본 국회에서 평화선 문제의 해결을 촉구하는 결의만 해도 13회나 나왔다. 또 억류 어민들에의 생활 보조금 및 선박 건조에의 자금융자 지급이라는 재정적 문제도 겹치게 되어 일본 정부로서는 한일 어업문제에 대한 시급한 조치를 취하지 않을 수 없었던 것이다.

둘째, 일본의 반발을 예상했지만 신생국 한국의 국력으로 확실하게 제어하지 못했다. 재일동포와 일본인 간의 갈등이 심화돼 그 피해는 고스란히 재일동포에게 돌아갔으며, 1961년에는 평화선으로 인해 야기된 재일동포와 일본인 선원들의 갈등을 주제로 한 영화가 일본에서 상영돼 비상한 관심을 끌기도 했다(임상민, 2012: 505).[4] 1959년 평화선 문제가 자신들의 뜻대로 풀리지 않는다고 판단한 일본 정부가 재일동포의 북송문제를 들고 나왔을 때, 이에 결렬하게 반대했지만 아무런 실효를 거두지 못하는 외교력의 한계를 여지없이 드러냈다.[5]

셋째, 더구나 한국 정부는 아직도 영해 3해리에 집착한 해양 강국들이 공해 자유의 원칙을 주장함에 따라 이들로부터 비난을 받았으며, 특히 미국·영국·자유중국 등 자유우방으로부터도 항의를 받았다. 그리하여 한국은 한때 외교적 곤경에 빠진 적이 있었다.

그러나 1950년대 후반기에 들어서면서 세계의 해양 사조의 대세가 점차 연안국의 어업수역 확장으로 기울게 되자, 국제적 여론도 점차 호전되기 시작했으니, 이는 국제사회에서의 해양법 발전의 방향과 일치했기 때문이다.

평화선은 1965년 6월 한일협정에 의해 폐지되면서 13년간에 걸친 평화선의 역사는 국민들의 기억에서 사라졌고 역사의 뒤안길로 사라졌지만, 1950년대를 살았던 한국인에게는 주권의식과 항일정신의 표상이었음을 부인하기 어렵다. 해방 이후 한반도 주변에는 이런저런 수많은 선(線)이 우리의 의지가 아니라 강대국의 힘에 의해 그어졌다. 38선, 애치슨 라인, 휴전선, 맥아더 라인, 클라크 라인 등등이 그것들이다. 그러나 우리가 주도적으로 자주적 입장에서 우리의 이익을 위해 지상에서건 해상에서건 필요한 선을 그은 유일무이한 선이 바로 평화선이다. 한일회담 제6차 회의 기간 중 농상회담을 주도했던 원용범(元容奭) 씨는 "평화선은 어디까지나 자조권을 행사한 정당하고도 합법적인 조치이며 이 선언이야말로 참으로 기민하고도 치밀한 그리고 시의에 알맞은 조치였다"라고 회고했다.

평화선의 역사적 의의는 1970년대에 배타적 경제수역이라는 개념을 뒷받침해준 움직임에서도 찾을 수 있다. 배타적 경제수역이 가지는 기본적인 성질은 그 폭이 200해리

4) 1961년 2월 26일에 개봉된 「저것이 항구의 등불이다(あれが港の灯だ)」는 이마이타다시(今井正) 감독, 미즈키요코(水木洋子) 각본, 東映)는 당시 한일 간에 정치적으로 첨예하게 대립하고 있었던 '평화선'을 배경으로 재일동포와 일본인 선원들과의 갈등을 그린 작품으로 높은 평가를 받은 작품이다. 이 영화는 1961년도 잡지 「기네마쥰포(キネマ旬報)」 7위에 입상했고, 시나리오를 담당한 미즈키는 이 영화로 각본상을 수상했다.

5) 일본 정부는 12월 14일, 재일동포 북송 희망자 제1진(975명)을 청진항으로 이송했는데, 이는 전후 자유진영에서 유례를 찾기 어려운 공산세계인 '철의 장막'으로의 대량 송치가 이뤄진 것이다.

이며 하층토와 상부 수역에 대한 권한을 해당 연안 국가에 부여하는 수역이라는 것이다. 연안국가가 어업을 포함한 해당 수역의 모든 생물자원에 관할권을 보유하고 초과 어획이 가능하다면 기타 국가에 입어권을 허용하게 함으로써 어업국가가 지닌 우려를 극복했다. 그런 점에서 평화선은 25년 후에 채택된 배타적 경제수역제도와 완전히 일치한다고 볼 수 있다(스튜어트 케이, 2012: 46).

우리의 입장에서는 평화선 선언의 불가했던 측면도 있었지만 이승만 정부 시절에 오랜 기간의 한일회담에서 회담의 주도권을 장악했지만 평화선 문제를 최종적으로 매듭짓지 못하고 5・16 이후 군사혁명정부의 과제로 안겨준 점에 대해서는 아쉬운 점이 있다. 그러나 장기적 차원에서는 평화선 선포가 해양법 문제와 관련해서 볼 때, 그 후 12해리의 영해 및 어로수역 외곽에 대한 연안국의 통제권 확보를 위한 국제적 추세에 크게 거슬리지 않았다는 점이다.

참고 문헌

국민대 일본학연구소(2008). 한일회담 외교문서 해제집 II.

국사편찬위원회(편) (2007). 일본 어선의 맥아더선 침범 사건과 어업 해역권을 둘러싼 한일 분쟁에 관한 보고. 資料大韓民國史, 1951년 4월~6월 24권.

김동조(1993). 韓日の和解: 日韓交涉14年の記錄. 임건언 역. 東京: サイマル出版會.

남기정(2008). 한일회담 시기 한일 양국의 국제사회 인식: 어업 및 평화선을 둘러싼 국제법 논쟁을 중심으로. 세계정치, 29(2): 125-244.

문철순(1958). 제네바 국제해양법회의 경과. 국제법학회논총, 4: 73-110.

박진희(2006). 한국의 對日정책과 제1차~제3차 韓日會談. 史林, 25: 83-111.

박창건(2014). 한일어업협정 전사(前史)로서의 GHO-SCAP 연구: 맥아더라인이 평화선으로. 일본연구논총, 39: 35-59.

배규성(2013). 이승만 라인(평화선)의 재고찰. 일본문화연구, 47: 213-237.

신용옥(2012). '평화선' 획정 과정의 논리 전개와 그 성격. 사총, 76: 97-141.

스튜어트 케이(2012). 해양법의 발전에서 평화선이 지니는 의의. 김하양 역. 영토해양연구, 4: 36-63.

외교사료관(1953-1955). 한국의 어업자원보호법 공포에 관한 한일간의 분쟁. 743.41, 1953-1955. 460, 1528~1598.

______(1942-52). 743.4, 1942-52. 458, 1178.

______(1942-52). 743.4, 1942-52. 458, 1324~1331.

______(1942-52). 743.4, 1942-52. 458, 1356～1360.
______(1942-52). 743.4, 1942-52. 458, 1402～1416.
원용석 (1965). 한일회담 14년. 서울: 삼화출판사.
이원덕 (1996). 한일 과거사 처리의 원점. 서울: 서울대출판부.
이종원 (1996). 동아시아냉전과 한미일관계. 동경: 동경대학출판회.
임상민 (2012). 이승만라인과 재일코리안 표상: 영화 '저것이 항구의 등불이다'론. 일어일문학연구, 83(2): 505-522.
정병준 (2010). 독도 1947: 전후 독도문제와 한・미・일 관계. 서울: 돌베개.
정인섭 (2006). 1952년 평화선 선언과 해양법의 발전, 서울국제법연구, 13(2): 1-27.
조윤수 (2008). 평화선과 한일 어업 협상, -이승만 정권기의 해양질서를 둘러싼 한일 간의 마찰. 일본연구논총, 28: 199-222.
______(2012). 평화선과 한일 어업 협상. 평화선 60주년 정책세미나: 평화선과 오늘의 함의, 동북아역사재단 발표논문집.
지철근 (1979). 평화선. 서울: 범우사.
최장근 (2011). 일본 정부의 '이승만 라인 철폐'의 본질 규명. 일어일문학연구, 76: 331-348.
______(2012). 일본 정부의 '이승만 라인' 불법성 주장의 부당성 논증: 평화선 선언 직후의 일본의회 속기록을 중심으로. 일어일문학, 54: 445-464.
최재수 (2013). 평화선 설정에서 신성모의 역할에 대한 소고. 해양한국, 144-153.
최종화 (2000). 현대한일어업관계사. 서울: 세종출판사.

小田滋 (1971). 海の資源と國際法 I. 有斐閣. 196.
藏井賢二 (2006). された日韓國交正常化交渉の記錄を讀む: 李承晩ライソ宣言を中心に. 東洋史訪.

위키피디아 백과사전(http://ko.wikipedia.org/wiki; 검색일 2014.5.10).
티스토리 역사블로그(http://historia.tistory.com; 검색일 2014.6.20).

경향신문. 1952.2.2.
조선일보. 1951.3.10.

제5장

한국전쟁의 극복

박태균

서울대학교 국제대학원

제1절 정책의 추진 배경

대한민국 정부는 정부 수립 직후 정부는 경제적인 부흥의 필요성을 느끼게 됐다. 이는 제2차 세계대전 이후 독립한 국가에서 공통적으로 느끼고 있었던 점이었다. 식민지에서 해방되면서 정치적으로는 독립이 됐지만, 경제적인 후진성을 면치 못하고 있었기 때문에 경제부흥을 통해 경제적 독립도 이루겠다는 것이 신생 국가들의 꿈이었고, 대한민국 역시 예외가 아니었다.

일본으로부터 독립한 한국 민족은 정치적으로뿐만 아니라 경제적으로도 완전한 독립을 이룩하고자 했다. 역사적으로 문명적으로 일본에 앞서 있다는 자신감을 갖고 있었던 한국민들에게 식민지 경험은 스스로의 자존심에 큰 상처가 됐다. 따라서 일본에 못지않은 정도의 경제 성장을 해야 한다는 것 역시 한국 사회의 큰 요구였다. 일본이 한국전쟁 기간을 통해 경제부흥에 성공하면서, 이러한 한국 사회의 요구는 더 커졌다.

북한과의 경쟁 역시 중요한 점이었다. 해방 당시 대부분의 중공업이 위치해 있었던 북한 지역은 남한보다 경제 성장에 더 좋은 조건을 갖고 있었다. 전쟁 기간을 통해 대부분의 시설이 파괴됐지만, 전후 동구 유럽의 지원을 통해 북한은 성공적으로 복구를 진행했다. 동구 유럽 국가들은 북한의 도시들과 자매관계를 맺고, 이를 통해 각각의 도시들의 복구가 진행됐다.

여기에 더해 아래와 같은 한국적 특수성 역시 중요하게 작동하고 있었다.

첫째, 일제 말기에 주로 국민경제의 통제와 국민총동원이라는 요구에 의해 고도의 종합적 기획을 필요로 하게 되고, 그 결과 일본 정부에 경제기획참모본부, 총독부에 기획실, 국민총력과, 기획부, 기획위원회 등을 설치하게 됐고, 이런 환경 속에서 일제행정에 친숙했던 관리들이 대한민국 정부의 초창기에 중요한 역할을 했다. 이러한 기구들은 국가적 차원의 정책을 입안, 실시하는 과정에서 다른 부처들보다 더 높은 위치에서 전체적인 계획들을 총괄했다. 당시 한국의 관료들과 지식인들은 이러한 시스템의 효율성을 이미 경험했던 것이다.

둘째, 해방 후 정치 세력들이 좌익과 우익 사이의 이데올로기 차이와 관계없이 주로 국가에 의한 경제기획의 필요성을 강조했다는 점. 특히 남한에서 정부 수립을 하는 데 좌익 세력들이 아직 완전히 해소되지 않았고 조봉암 같은 세력들이 흡수됐다. 또한 국가의 계획보다는 자유시장 경제를 추구했던 한국민주당 역시 해방 후 경제 재건과 성장을 위해 국가의 개입이 필요하다는 점이 정당의 정강 정책 속에 포함됐다. '중도파'의 대표적인 정치인이면서 미군정 하에서 남조선 과도정부 수반을 지낸 안재홍(安在鴻) 역시 신민족주의와 신민주주의를 주장하면서 독립된 한국에서 자본주의와 사회주의가 혼합된 경제 체제의 필요성을 강조했다(안재홍, 1945).

이러한 이념은 대한민국 헌법 경제 조항에 사회주의의 실현, 자연자원의 광범위한 국유, 주요 기업의 국영 또는 공영, 대외무역의 국가통제 등이 포함됐다(조석준, 1969: 408). 제헌헌법의 조항을 보면, 초안에 대한 1차 수정에서는 "사회정의 실현과 균형 있는 국민경제의 발전"을 위해 "각인의 경제상 자유는 이 한계 내에서 보장"하고(86조), "광물 및 기타 중요한 지하자원 수력 및 경제상 이용할 수 있는 자연력은 국유"로 하며(87조), "농지는 농민에게 분배함을 원칙으로 한다(88조)"는 조항이 포함돼 있다. 또한 "중요한 운수, 통신, 금융, 보험, 전기, 수도, 가스 및 공공성을 가진 기업은 국영 또는 공영"으로 함을 89조에서 규정했다.

셋째, 미군정이 자유경제제도를 지향했음에도 불구하고, 경제 부문에서는 기획을 강조하는 제도를 도입했다는 점, 중앙경제위원회(National Economic Board) 내의 분석, 연구조사, 통계 관련 활동으로 구성된 기획서(office of Planning), 중앙경제위원회에 직접 보고하도록 되어 있는 10개의 각종 위원회와 식량행정처, 물가행정처 등이 설치돼 있었다. 미군정은 이러한 위원회를 통해 미군정 시기 혼란된 사회·경제적 상황을 총괄적으로 해결하고자 했다. 이러한 기구들의 활동이 성공적이지는 못했지만, 일제 강점기 이래의 경험에 익숙한 상황을 만들었다.

넷째, 식민지에서 독립한 신생국으로서 정치적으로뿐만 아니라 경제적인 독립을 위해 빠른 경제 성장을 추진하고자 했다는 점이다. 〈표 2-5-1〉과 같이 식민지에서 해방된 아시아의 많은 국가들이 1940년대 말부터 경제개발계획을 입안, 실시함으로써 경제 성장을 추진하고 있었다.

표 2-5-1 1950년 아시아 제국의 경제발전계획 실행 상황

	1947	48	49	50	51	52	53	54	55	56	57	58	59	60	61	1962
버마	예비2년				8년		3년	4년				4년				
실론			C-6								10년					
중국						5년					5년					
인도	예비		예비C-6	5년					5년				5년			
인도네시아													계획			
일본		예비복구(5년)						5년			신 장기계획					
북한	1년	1년	2년	한국전쟁			3년(복구)		5년				7년			
남한			5년	한국전쟁		Tasca		Nathan	5년			3년	5년	5년		
말레이시아			C-6					5년					5년			
몽고		5년					5년				3년			5년		
네팔									5년				5년			
파키스탄			C-6						5년			5년				
필리핀											3년					
싱가포르			C-6									5년				
대만						4년				4년				4년/10년		
베트남					1st 인도지나 전쟁				복구(3년)		3년		5년			

주: C-6:1950년의 콜롬보 계획 예비: 예비회의 및 논의 복구: 전쟁 직후의 복구계획.
자료: Satterwhite(1994: 125)의 표를 재구성.

이러한 상황에서 한국 정부는 경제개발계획에 필요한 지식들을 얻기 위해 경제개발계획 관련 국제기구에 관료들을 파견했다. 콜롬보 계획(Colombo Plan)과 ECAFE(Economic Commission for Asia and the Far East, 유엔경제위원회와 유엔 극동경제이사회)는 그 대표적인 예였다. 콜롬보 계획과 ECAFE는 동남아시아 국가들이 모여서 경제개발계획에 대한 서로 간의 경험과 정보를 교환하고 있었다. 인태식(印泰植), 김유택(金裕澤), 이기홍(李起鴻), 송인상, 송정범(宋廷範), 황병준(黃炳俊), 최규하(崔圭夏), 천병규(千丙圭), 이한빈(李漢彬) 등이 이 회의에 참여한 경험을 가지고 있다(박태균, 2007).

또한 미국에서 직접 유학하거나 경제정책과 관련된 기관에서 연수를 받는 관료들도 늘어났다. 1950년대 후반 경제개발계획의 작성을 위해 임용된 관료들은 거의 대부분 미국에 유학하거나 연수한 경험을 가지고 있었다. 차균희(車均禧, 위스콘신대학교), 이재설(李載卨, 미주리주립대학교), 김동수(金東洙, 미시간주립대학교), 이기홍(李起鴻, 컬럼비아대학교), 이한빈(李漢彬, 하버드경영대학) 등이 관료생활 도중 미국에 유학한 이후 국내에 돌아와 경제개발계획의 입안에 참여한 관료들이다.

후에 부흥부와 재무부, 그리고 경제기획원에서 활약했던 김정렴(the Federal Reserve Bank of New York), 송정범(the Chase Manhattan Bank), 송인상, 천병규(千丙圭), 김태동(金泰東), 정재석(丁哉錫), 이희일(李熺逸), 장덕진(張德鎭), 김종대(金鍾大), 송정범(이상 세계은행 산하 Economic Development Institute) 등은 1950년대를 통해 미국의 은행 또는 세계은행의 산하기관에서 금융・재정 및 경제개발론과 관련된 연수를 받은 관료들이었다.

경제학자들 중에서도 탁희준(卓熙俊, 1958년 옥스퍼드대학교), 고승제(1961년 컬럼비아대학교), 홍성유(1955년 미네소타대학교, 1956년 예일대학교) 등이 서구의 대학에서 연수한 경험을 가지고 있었다. 군인들 역시 1961년까지 약 6,000명의 고급장교들이 미국에서 교육을 받았다(Cole & Lyman, : 34-35). 뒤에서 다시 자세히 언급하겠지만, 관료나 경제학자들의 대부분이 식민지 시기 고등교육을 받은 경험을 갖고 있었지만, 저개발국 경제개발론과 관련해서는 1950년대의 유학, 연수 등이 중요한 수입 통로가 됐던 것이다.

이상과 같은 해방 직후의 역사적 배경과 함께 1950년대 중반이 되면 경제개발계획을 실시할 수 있는 또 다른 상황이 조성됐다. 첫째로 1956년까지 전쟁 복구가 성공적으로 달성될 수 있었다는 점이다. 전쟁 기간 중에 있었던 UNKRA(UN Korea Reconstruction Agency, 한국재건위원단) 원조를 비롯해서, 1953년 이후 미국은 FOA(Foreign Operation Administration, 대외활동본부), ICA(International Cooperation Administration, 국제협력처) 등의 원조를 통해 한국에 대한 복구사업이 진행됐다.

그러나 이러한 원조는 산업 건설을 위한 계획이 아니었고, 군사원조와 전쟁 복구에 집중된 것이었다. 따라서 복구가 어느 정도 이뤄지는 시점에서 한국 정부는 단순 복구를 넘어선 산업화로 나아갈 필요성을 느끼게 됐다. 1948년 한국 정부의 수립과 함께 구성된 기획처가 1955년 부흥부로 개편되고, 다시 1958년 부흥부 산하에 산업개발위원회가 조직되는 것은 복구 이후 산업화를 위한 종합적 계획을 만드는 과정에서 이뤄진 것이었다.

아울러 1958년 이후 미국의 원조가 급속히 감축됐다는 것 역시 중요한 배경이 됐다. 미국의 원조를 통해 한국 정부의 재정과 군사비를 충당하고 있었던 한국 정부로서는 아이젠하워(Dwight Eisenhower) 행정부가 New Look 정책을 통해 〈표 2-5-2〉와 같이 한국에 대한 원조를 감축하자, 경제 위기를 느낄 수밖에 없었다. 이에 더해 아이젠하워 행정부에서는 DLF(Development Loan Fund, 개발차관기금)를 만들어 수혜국들이 계획을 제출해, 계획의 실현성이 인정될 경우 차관을 제공하는 방식을 도입했다.

표 2-5-2 1954~1970년 무상원조 도입 총액 (단위: 백만 달러)

구분 / 연도	합계	미국		국제연합	
		AID	PL480	CRIK	UNKRA
1954	153.9	82.4		50.2	21.3
1955	236.7	205.8		8.7	22.2
1956	326.4	271.0	33.0		22.4
1957	382.9	323.3	45.5		14.1
1958	321.2	265.6	47.9		7.7
1959	222.2	208.3	11.4		2.5
1960	245.1	225.2	19.9		
1961	199.2	154.3	44.9		
1962	232.3	165.0	67.3		
1963	216.5	299.7	96.8		
1964	149.3	88.3	61.0		
합계		3,018.7	761.9	457	121.8

자료: 전국경제인연합회 편(1976: 546); 한국연감편찬회(1964: 579).

이에 한국 정부는 위기를 극복하기 위해 경제 성장을 추진해야만 했고, DLF와 같은 기관으로부터 차관을 받기 위해서는 경제개발계획을 입안해야 할 필요가 있었다. 이러한 과정들은 정부 수립 직후부터 계획을 입안하기 시작했지만, 1950년대 후반에 가서야 본격적으로 경제개발계획이 입안되기 시작한 중요한 배경이 됐다.

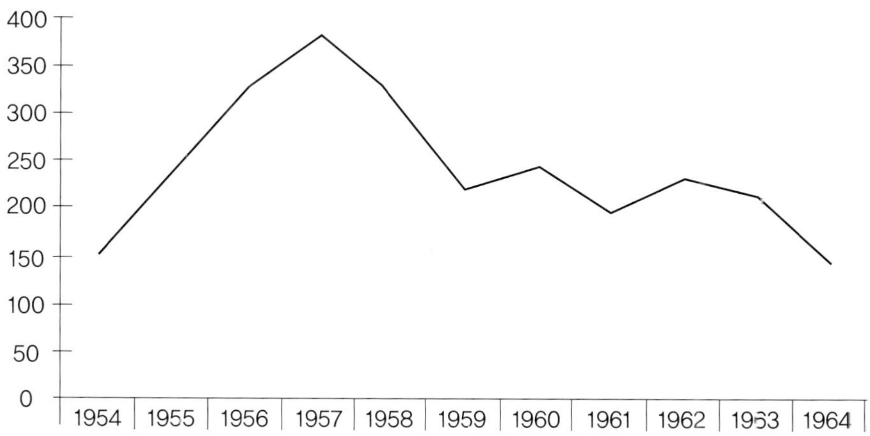

그림 2-5-1 미국의 대한원조 추이(1954~1964년)

자료: 한국재정40년사 편찬위원회 편(1991: 158).

제 2 절 정책의 추진체계

1. 기획처

헌법에 의거해 이승만 정부는 1948년 9월 기획처를 설치해 그 밑에 예산국, 경제통계국, 물가통계국, 물가계획국 등을 설치했다. 또한 기획처장을 위원장으로 하고, 농림, 상공, 내무, 교통, 체신, 사회, 내무에서 각 1인, 산업금융계에서 4인, 학계에서 2인의 위원으로 구성하는 중앙경제위원회를 설치했다.

기획처장에는 일제 강점기부터 사회주의적인 경제정책을 강조했던 이순탁이 임명됐다. 이순탁은 해방 정국에서 중간파의 입장에서 경제문제를 해결하고자 한 연희전문 교수 출신의 전문가였다. 기획처는 물동 5개년계획과 부흥5개년을 입안했고, 단기적인 경제문제의 해결과 예산안 검토를 수행했다. 이후 이교선(?~1949.7), 김훈(1949.7.~ 1950.5), 이병국(1950.10.~1951.2) 등이 역임했다.

그러나 전쟁이 발발하면서 부흥정책의 실행이 어려워지고, 부흥보다는 안정이 더 시급한 사정이 되면서 재무부 장관과 차관이 기획처장과 기획차장을 겸임하게 됐다. 제4

대 기획처 처장 최순주(1951.2.~1951.8.3), 차장 김유택(1950.9.1~1951.8.13), 제5대 기획처장 백두진(1951.3.5.~1953.8.3) 차장 박희연(1951.8.13~1953.8.14.)은 모두 재무부 장관과 차관이 기획처의 처장과 차장을 겸임했다. 1953년부터 1955년까지는 원용석이 기획처장을 역임했다.

이들은 모두 초대 기회처장 이순탁과는 달리 전문 금융인 출신들이었다. 백두진은 일제 강점기 조선은행 출신으로 해방 후 '조선은행 운영위원회'를 조직해 구용서와 함께 조선은행의 재편 과정을 주도했다. 김유택은 해방 후 조선은행 이사로 재직한 경력을 갖고 있었으며, 박희현은 조선총독부 재정과에서 근무한 경력을 갖고 있었다. 원용석은 일제강점기 조선금융조합연합회부참사를 역임하고, 이승만 정부 초기에는 외자청장을 맡아왔었다.

11부 4처 66국으로 출발하면서 부흥을 위한 기구로 기획처를 두었지만, 기획처만으로 외자관리가 어렵게 되자 정부 1949년 1월 17일 대통령령 제49호에 의해 외곽기관(임시외자총국, 임시외자구매처, 임시관재총국, 관재청)을 추가 설치했다(대통령령 제49호). 당시 이승만 정부는 사회 불안으로 인해 세입이 적었고, 이에 비해 세출이 많은 형편이었다. 따라서 외국의 원조가 정부의 운영뿐만 아니라 경제 부흥을 위해서도 절대적으로 필요했기 때문에 부흥 기구를 운영하기 위해 외자의 도입뿐만 아니라 그 관리가 필요한 실정이었다.

이 중 임시외자총국은 총국장 1인과 차장 1인을 두며, 국가의 종합적 경제계획에 의거하여 외국 원조물자의 청구, 취득 수납, 할당, 공급 및 그 대가의 경리에 관한 사무를 관장하는 임무를 담당했다. 또한 임시외자총국은 원조물자가 들어오는 주요 항구였던 부산과 인천에 사무소를 두었다.

임시외자구매처는 정부의 소유 또는 관리에 속하는 자금으로 구매하는 외자의 수입과 수입한 외자의 구매에 관한 사항을 관장하기 위해 대통령 직속 하에 설치됐다. 김우평(1949.12~1952.2), 현근(1952.4.~1952.12), 황종률(1952.12~1953.3), 이순용(1953.5~1953.11), 손노드(1953.11~1955.2) 등이 처장을 역임했다.

2. 경제위원회

경제위원회는 정부조직법 제35조에 의해 기획처에 설치됐던 기관으로서 국무원의 자문에 응해 국무회의에 제출할 종합적 재정, 경제계획에 관한 사항을 조사, 심의하는 기관이었다. 경제위원회는 기획처장을 위원장으로 하고, 대통령이 선임한 농림부 · 상공부 · 재무부 · 교통부 · 체신부 · 사회부 · 내무부의 각 1인, 산업 · 금융계의 4인, 학계의 2인으로 구성됐으며, 경제위원회의 의견은 출석위원 과반수로 의결돼 국무원에 보고됐다.

1953년의 경우를 보면 경제위원회에는 기획처장 원용석을 위원장으로 하여 농림부 차관 김원태, 상공부 차관 배응도, 재무부 차관 김영찬, 교통부 차관 김윤기, 사회부 차관 김용택, 내무부차관 김형근이 관계 대표로 참석했고, 금융계를 대표해 한국은행 부총재 김진형과 한국식산은행 이사 김영휘, 산업계를 대표해 한국무역협회 회장 임문환, 고려방적 이사장 현근, 학계를 대표하여 서울대 교수 최호진, 고려대 교수 고승제가 참가했다.

위원회의 활동은 주요 현안들을 논의한 후 국무회의에 제출하는 것이었다. 한 예를 들면, 위원회는 관영요금 인상과 밀수 방지, 기간산업 건설 등 전후 현안으로 대두된 경제문제에 대한 집중 토의한 후, 그 결과를 국무회의에 제출했다. 또한 기간산업의 설립과 운영 문제를 다룬 정부의 초안은 전후재건사업을 맞아 기획처가 경제위원회에 회부한 「부흥사업 재건투자 재원조달 절차 및 그 시행요강」 중 「부흥사업 재건투자재원조달절차와 「특수기업사업기업체의 설립 및 운영요령」으로 제출됐다. '부흥사업 재건투자재원 조달 절차'에 의하면 재건투자계획은 크게 정부나 지방자치단체가 직접 담당하는 '관영사업'과 개인 또는 기관이 담당하는 '기업사업'으로 나뉜다. 기획처에서는 관영사업은 정부예산으로, 기업사업은 한국산업은행이 대충자금을 융자해 자금을 조달하고자 했다. 단, 독점을 부여하는 전기나 채광 등 특정한 산업을 제외하고는 총 사업비 중 자기자금을 가장 많이 염출하는 기업을 '기업사업'의 담당자로 선정할 계획이었다. 합동경제위원회 협약의 규정에 따라 자기 자금을 15% 이상 염출할 수 없다면 '기업사업'의 담당자가 될 수 없었다. 기획처는 기간산업을 기업사업 중 '특수기업사업기업체로 명명하고, 그의 설립과 운영에 대한 기본 방침을 「특수기업사업기업체의 설립 및 운영요령」으로 정리했다.

이상과 같은 경제위원회의 활동 내용을 고려하면, 기획처가 다른 부서들을 아우르는 역할을 할 수 없는 상황에서 경제위원회 내에 다양한 부서의 이해관계를 조율하는 역할을 했다고 할 수 있다. 이를 위해 경제 문제와 관련된 다양한 부처의 차관들이 참여해 활동했다.

3. 부흥부

부흥부 설치의 배경은 다음과 같다.

첫째, 전쟁으로 파괴된 산업시설과 사회간접자본 시설의 복구가 중요한 문제로 대두됐다. 한국전쟁으로 인한 총 피해액은 4,105억 9,000만 환으로 이는 1953년 당시 국민총생산 4,818억 환의 85%에 해당되는 액수였다. 공업 부문의 피해는 생산시설의 50% 이상을 상실한 것이었다(최상오, 2003: 154).

둘째, 기획처가 경제계획 기능을 하지 못했기 때문에 새로운 기관이 필요했다. 1950년부터 1953년 8월까지 재무부의 장관과 차관이 기획처의 처장과 차장을 겸임하는데, 이는 재무부가 사실상 기획처를 통제했다는 것을 의미한다. 이는 다른 한편으로 전쟁으로 악화된 인플레이션을 통제하는 것이 중요한 업무가 됐음을 의미했다. 그러나 이러한 상황에서도 전재복구와 경제부흥을 위해서는 경제정책 전체를 기획, 조정할 기관이 필요했다(권자경, 2011: 8-9).

이에 따라 기획처에서는 기획의 기능이 약화돼서 기획을 담당하는 '과(課)'가 폐지되고 '국(局)'만 남았다. 재무부 장관과 차관이 부흥부 처장과 차장을 겸임하게 되는데, 이는 한국전쟁으로 세입이 어려워지자, 세출을 결정하고 세입을 책정하는 예산편성 방식이 어려워지게 됐다. 이에 세입을 먼저 수립해야 하는 상황이 되면서 기획처의 역할보다 재무부의 역할이 더 강화된 것이었다(권자경, 2011: 11).

기획처와 같이 정부 내 지위가 낮은 기관에서는 전 국가적 차원의 경제개발계획을 수립할 수 없다는 점이 인식됐다. 기획처는 경제 관련 부서들보다 낮은 지위에 있으며, 각 부의 차관급 이하의 자로 구성된 중앙경제위원회도 그 실효를 볼 수 없었기 때문에 전쟁 이후에는 유명무실화됐다. 1955년 2월 부흥부의 설치, 동시에 부흥부 장관은 경제 4부의 장관을 직접 감독해야 하는 역할을 맡게 됐다. 예산국은 재무부로 이관되고, 기획처의 다른 국들은 부흥부로 이관됐다. 외자구매처는 부흥부 소속인 외자청으로 이관됐다(권자경, 2011: 8).

또 하나의 배경은 분야별로 장기계획을 만들 수 있는 토대가 마련되기 시작했다는 점이다. 1955년 즈음에 가면 각 부에서 분야별 장기계획들이 나타나기 시작하는데, 농업증산 5개년계획(1955년), 축산부흥 3개년계획(1953년), 공업부문 부흥재건계획(1954년), 전원개발 5개년계획(1954년) 등이 그 대표적인 예라고 할 수 있다.

이는 1956년이 되면서 한국의 생산성이 어느 정도 상승됐기 때문이기도 하다(정진아,

2007: 359-360). 1956년의 지표를 보면 한국의 생산력은 주택을 제외한 거의 모든 부문에서 전후 재건의 목표로 삼았던 1949년 수준을 넘어섰다. 교통・전력・통신설비는 1949년 수준을 능가했고, 섬유공업의 279%를 필두로 하여 공업 분야의 생산 수준은 1949년 대비 183%의 현저한 신장세를 보이고 있었다. 그러나 방직, 제분, 제당과 같은 소비재산업은 이미 생산 과잉 상태에 접어들었던 반면, 중화학공업은 한창 공장 건설이 진행 중이었으나 생산 수준은 아직 일천했다. 원료의 공급과 수입을 전적으로 미국 원조에 의지하는 상황이었지만 1954년부터 시작된 원조계획은 이미 그 시한이 끝나가고 있었다.

이러한 상황 속에서 이승만 정부는 1955년 2월 17일 기획처를 폐지하고 산업경제의 부흥에 관한 종합적 계획의 입안 및 그 실시, 관리조정의 사무를 맡는 부흥부를 설치했다.

첫째, 기획처의 비서실을 폐지하고 예산국은 부흥부의 총무과로 개편됐다. 기획처의 예산국은 재무부로 이관되고, 일부 예산 결산과 회계감사 기능을 부흥부 총무관에서 담당하게 된다.

둘째, 기획처의 경제계획국과 물가계획국이 통합돼 부흥부의 기회국으로 개편되는데, 기획국에서는 경제부흥에 관한 종합적 계획 및 국토계획을 수립하고, 종합적인 부흥계획을 담다하는 기획과, 경제부흥사업에 필요한 자금 조달에 관한 계획 및 기업의 재무관리에 관한 업무를 분장하는 관리과, 물가안정계획을 수립하는 물가관, 경제 부흥에 소요되는 물자의 조사 및 국가의 총 자원을 조사하는 조사과의 4개 과로 구성됐다.

셋째, 기획처의 물동계획국은 부흥부의 조정국으로 개편됐다. 조정국은 경제 부흥에 필요한 물자의 수급계획을 총괄하고 광업기계 기구공업, 동력, 연료, 통신 및 운수사업의 물자 수급 및 배정에 관한 계획을 맡은 1과, 화학공업 피혁공업, 요업, 제지업, 유지공업, 인쇄업, 문교, 사회 및 보건사업의 물자 수급 및 배정에 관한 계획을 분장하는 2과, 농림업, 축산업, 잠업 및 섬유공업의 물자 수급 및 배정에 관한 일을 맡은 3관, 항만, 토목, 건축, 해운 및 수산업에 관한 물자 수급 및 배정에 관한 일을 맡은 4과로 구성됐다 (권자경, 2011: 12).

한편, 기획처 소속으로 재정경제계획에 대한 자문기관인 경제위원회는 종합적인 부흥계획안을 심의하는 기능을 부여받은 '부흥위원회'로 개편된다.

표 2-5-3 기획처에서 부흥부로의 전환 내용

기획처 (1949.3.25~1955.2.16)	부흥부 (1955.2.17)	전환 내용
비서실	총무과	폐지
예산국		상당 부분 재무부로 이관. 재무부에서 예산편성, 관리 기능을 관장. 총무과는 예산, 결산, 회계, 감사, 관유재산 및 물품을 관리하는 업무를 맡음.
경제계획국	기획국	경제계획국과 물가계획국 통합
물가계획국		산하에 기획과, 관리과, 물가과, 조사과 설치
물동계획국	조정국	물동계획국에서 변경 산하에 산업 분야별로 1과, 2과, 3과, 4과 설치
	외자청 (신설)	외자구매처(대통령 직속기관), 임시외자관리청(국무총리 소속기관)의 기능이 부흥부로 흡수됨.
경제위원회	부흥위원회	경제위원회: 재정경제계획에 관해 국무원을 자문 부흥위원회: 국무회의에 제출하는 종합 부흥계획안의 심의
	산업개발위원회 (1958.3.13)	자원 조사 및 평가, 경제구조 확립, 경제부흥계획의 자문 및 입안

자료: 권자경(2011: 12).

4. 부흥부 산업개발위원회

1958년 3월 13일 부흥부 소속의 산업개발위원회를 설치했다. 이 위원회는 부흥위원회와는 별도로 우리나라의 인적・물적・자본 등 자원을 조사 평가하고, 자원을 극대화함으로써 경제부흥계획의 자문 및 입안의 임무를 맡게 됐다.

산업개발위원회 설립의 계기는 1956년 계획이 국내 여론과 미국의 비판을 받으면서 폐기됐기 때문이다. 이를 계기로 한국 정부는 경제개발계획의 입안에 본격적으로 착수하기 시작했다. 한미합동경제위원회(이하 '합경위')는 1956년 9월 7개년 부흥계획을 입안할 것을 합의했다. 합경위는 1957년 5월 6일, 1인당 국민소득 300달러를 목표로 하는 '경제부흥 장기계획'을 수립할 것과 입안 과정에서 미국의 고문단을 초빙할 것을 합의했다. 1957년 7월부터 경제 개발을 위한 '산업발전본부' 창설안이 합경위에 의해 발표됐고, 동년 5월부터 한국 정부는 '경제개발위원회'의 설치를 고려했다. 1957년 말 '장기경제개발위원회'라는 이름으로 발표됐던 계획 입안을 위한 조직은 1958년 4월 1일 '산업개발위원회'(이하 '산개위')로 발족했다.

산개위는 부흥부 산하에 송인상 부흥부 장관의 주도로 설치됐다. 여기에는 전술한 경제개발론자들 중 주석균 · 홍성하 · 이창렬 · 박동앙 · 황병준 · 안림 · 주종환 · 고승제 · 부완혁 · 최호진이, 경제전문관료 중 신현확 · 차균희 · 송정범 · 곽상수 · 김동수 · 이재설 · 이면석 등이 참여했다. 홍성하 · 황병준 · 고승제 · 부완혁 · 최호진이 민간기업 주도형 경제개발론을 주장한 경제개발론자들이었고, 주석균 · 이창렬 · 박동앙 · 안림은 국가 주도형 경제개발론을 주장했지만 박희범, 최문환에 비해 자유방임적 경제질서의 중요성을 강조한 경제개발론자들이었다. 주석균과 이창렬은 1950년대 후반 이승만 정부의 강력한 통제로 나타나는 부정부패를 막기 위해 자유경제 체제가 강화돼야 할 필요성에 대해 강조했고, 안림은 북구의 사회민주주의에 관심을 가지고 있었다.

미국은 산개위의 계획 입안을 자문하기 위해 전문가들을 파견했다. 1950년대 미국 정부의 후진국 경제개발론에 대한 입장은 민간기업 주도형 경제개발론이었고, 미국이 파견한 전문가들은 한국 정부가 경제개발계획을 입안한다면 민간기업이 주도하는 계획이 돼야 한다는 점을 강조했다. 제헌헌법의 경제 조항 개헌과 귀속재산의 민간 불하를 한국 정부에 권고했던 것도 미국의 민간기업 주도형 정책을 잘 보여주는 것이었다. 산개위에 파견된 쵸나 박사는 한국의 현실을 제대로 이해하지 못하고 후진국이 아닌 영국과 독일을 모델로 하여 한국의 경제개발계획을 검토하려 했다. 산개위를 돕기 위해 ICA

표 2-5-4 산업개발위원회, 고문, 위원, 보좌위원 명단

위원장	송인상 부흥부 장관
고문	김준보(농림수산, 서울대 교수), 주석균(농림수산, 농업문제연구회 회장), 원용석(농림수산, 농민회 최고위원, 곡물협회장), 최응상(농림수산, 서울대 교수), 조동필(농림수산, 고려대 교수), 임문항(광공, 무역협회장), 고승제(광공, 서울대 교수), 김상겸(광공, 성루신문 논설위원), 안동혁(광공, 한양대 교수), 이정환(광공, 연세대 교수), 부완혁(광공, 조선일보 논설위원), 유진순(상역, 서울대 교수), 나익진(상역), 이창렬(상역, 고려대 교수), 최경렬(공익기업, 서울시 부시장), 태완선(공익기업), 김윤기(공익기업, 대한주택영단 이사장), 최소진(재정금융, 중앙대 교수), 이병호(재정금용), 홍성하(재정금융, 재무부 세제분과위원회 위원장), 신태환(재정금융, 서울대 교수), 김용갑(재정금융, 서울대교수)
위원	박동앙(농림수산, 서울대 교수), 황병준(광공, 산업은행 조사부원), 안림(상역, 산업은행 조사부원), 주원(공익기업, 서울대 교수), 이면사(재정금융, 한국은행 기획조사과장)
보좌관	주종항(농림수산), 김창기(농림수산), 전석두(광공, 한양대 강사), 박욱규(광공, 산업은행 파견원), 이재설(상역)

자료: 정진아(2009a: 367).

자금으로 들어온 오레곤 자문단은 활발한 활동을 하지 못했고 국내 경제전문가로부터 비판을 받았지만, 민간인 투자의 중요성과 현실적 환율의 필요성 등 자유시장의 중요성을 강조하는 입장이었다.

산업개발위원회의 공식 성원은 〈표 2-5-4〉와 같다.

5. 외자청

외자청은 외자 구입과 도입된 외자의 관리에 관한 사무를 관장하는 중앙행정기관으로 1955년 2월17일 외자구매처와 임시외자관리청을 통합해 설치됐다. 외자청은 부흥부의 외청으로서 1951년 10월 조달청이 설치될 때까지 부흥사업을 외한 외자 조달을 책임지고 있었다. 외자청은 군산, 목포, 여수, 인천, 대전, 부산, 청주, 포항 등에 사무소를 갖고 있었다.

〈표 2-5-3〉과 〈표 2-5-4〉와 같이 당시 한국 정부의 외자 의존도를 감안한다면, 부흥부의 외청으로서 외자청을 두는 것은 불가피한 상황이었다. 외자청은 미국으로부터 들어오는 외자들을 관리하면서 한국 정부의 산업개발계획에 자금을 동원, 배분하는 역할을 했다. 특히 아이젠하워 행정부의 원조가 군사비 중심으로 이뤄지고 있었기 때문에 외자청의 역할은 매우 중요했다.

그러나 원조자금으로 만들어지는 대충자금(counterpart fund)을 관리하는 한국은행 특

표 2-5-5 한국 경제에서 외국 원조의 비중

구분 / 연도	GNP 구성(백만 달러)			일반세입 구성(억 원)		
	GNP(A)	수원액(B)	B/A(%)	총세입(C)	원조자금(D)	D/C(%)
1953	1,361	194	14.3	46.6	7.9	17.1
1954	1,467	154	10.5	125.9	44.7	35.5
1955	1,414	237	16.8	323.7	150.5	46.5
1957	1,672	383	22.9	415.1	224.5	54.1
1958	1,897	321	16.9	454.8	245.8	54.0
1959	1,980	222	11.2	448.8	189	42.1
1960	1,996	245	12.3	476.6	167.6	35.2
1961	2,104	199	9.5	607.5	240.5	39.6

자료: 홍성유(1965: 42): 한국재정40년사편찬위원회 편(1991: 157).

표 2-5-6 국방비 중 원조 구성비와 원조 중 국방비 지원 구성비(1953~1963) (단위: %)

연도 \ 구분	국방비 중 원조 구성비	원조 중 국방비 지원 구성비
1953	5	19
1954	29	44
1955	43	37
1956	48	34
1957	43	22
1958	38	20
1959	38	28
1960	36	32
1961	92	66
1962	72	52
1963	70	57

자료: 한국개발연구원(1991: 119).

별계정을 UN군 사령관의 경제자문관이자 미국 측 경제조정관(Economic Coordinator)이 통제하고 있었기 때문에 외자청의 역할은 한정될 수밖에 없었다.

제 3 절 정책의 추진 과정 및 내용

1. 물자동원 5개년계획

1949년의 '5개년 물동계획'은 산업 개발이나 재건계획과 함께 부족한 물자의 공급문제를 중요하게 다룬 계획으로 당시 미국의 ECA 원조계획이 준비되는 시기에 입안됐다(이대근, 1987: 55). 1949년부터 이승만 정권은 '산업부흥 5개년계획'(1949~1953)을 추진했다. 이 계획의 목표는 국내 산업의 유기적 구성을 높이고, 농업국에서 공업국으로 전환하기 위해 중화학공업 수준을 비약적으로 상승시키는 것이었다. 따라서 이 계획은 한국경제의 가장 취약한 부분인 연료와 동력, 중화학공업 14개 부문에 대한 5거년 간의 집중적인 투자와 증산에 집중됐다.

기획처의 활동은 미국의 원조기관과 밀접한 관계를 맺고 진행됐다. 주한경제협조처는 한국 내에서 주한미국 대사의 지휘 체계 아래 두어졌으며, 미군정의 경제고문을 지낸 번스가 대표를 맡았다. 주한경제협조처는 총 200여 명의 규모로 구성됐고, 한국에 대한 원조계획 행정에 맞게 조직을 개편했다. 전체적으로 원조의 운영 및 감사를 주 업무로 했으며, 운영부 아래에는 농림식량부, 광공부, 전력부, 교통・체신부, 기술훈련부 등으로 나뉘어 있었고, 부산에 지역소를 두고 있었다.

특히 주목되는 조직은 감사와 계획조사단으로 미국에서의 예산자금 지출과 관련된 기록들을 기준으로 해서, 한국 현지에서의 원조 프로그램의 영향, 한국 정부의 경제 운영, 한국 경제 상황 전반에 걸친 자료 수집 등을 통해 전반적인 경제원조 계획을 검토하는 작업을 수행했다. 따라서 감사와 계획조사단은 한국 정부에서 기획 및 경제정책을 주도했던 기획처와 긴밀한 관계를 맺을 수밖에 없었다.

ECA 원조는 1950회계연도와 1951회계연도에 전체 원조액 중 각각 28.3%, 25.1%의 예산을 부흥계획에 할당했다. 이는 비료 및 농업용품 도입 분야 다음으로 높은 비중을 차지하는 것이었다. 부흥계획은 석탄, 철로 건설, 교량 건설 등으로 구성돼 있었다. 부흥계획의 실질적인 내용에 대해서는 논란의 여지가 있지만(이현진 49쪽), 중요한 점은 미국의 원조를 이용한 부흥계획이 수립됐기 때문에 한국 정부의 기획처와 긴밀한 협조, 연락이 필요했다는 점이다.

그러나 기획처에서 미국과의 협조를 통해 부흥계획을 수립하는 것은 쉽지 않았다. 무엇보다도 미국 정부가 실질적인 부흥정책에 소극적이었다. 이는 1949년 미국 의회에서 한국에 대한 원조를 부결시켰기 때문이기도 했지만, 다른 한편으로 한국의 경제 상황이 안정적이지 못했기 때문이기도 했다. 무엇보다도 인플레이션과 전쟁의 발발이 가장 큰 이유였다. 산업 발전을 위한 부흥계획, 또는 인프라 구축을 위한 계획을 세우기 위해서는 국내 정세가 안정적이어야 했지만, 한국 내 상황을 그렇지 못했던 것이다(이현진, 2005: 43-44).

전쟁이 일어나기 전부터 한국 경제의 인플레이션은 매우 심각한 상황이었다. 1949년 쌀값이 폭등하고 정부의 재정적자가 증가하면서 통화 팽창이 발생했다. 이는 심각한 인플레이션으로 이어졌다. 미국으로서는 인플레이션으로 인해 경제가 불안정한 한국 사회에 무작정 원조자금을 풀 수는 없었다. 원조물자는 인플레이션을 진정시킬 수 있지만, 부흥계획을 위한 자금의 경우는 달랐다. 이는 인플레이션을 더 악화시킬 수도 있었다.

미국의 대한 원조가 원활하게 이뤄지지 못하면서 기획처의 활동도 위축될 수밖에 없었다. 국내 자본 축적이 미약한 상황에서 미국의 원조를 이용하지 않고 경제정책을 계획하는 것이 가능할 수 없었다. 1950년 ECA 원조를 예로 들면 ECA 예산 대비 도입 총액은 1/4에도 못 미치는 수준이었다. 특히 제한적 자본 투자계획으로 상정된 부흥계획 및 기술원조계획 물자는 거의 도입되지 않았다.

주한미국대사는 이러한 상황에서 경제 안정을 위해 재정안정계획의 실시를 주문했으며, 1950년 1월 한미경제안정위원회를 발족시켰다. 이 위원회는 균형예산의 편성과 유지, 정부 보조금 지출 제한, 은행신용 통제 및 외환관리 체제의 합리화 등 인플레이션을 수습하고 경제 안정을 도모하는 것을 목적으로 했기 때문에 기획처와 긴밀하게 협의를 해야만 했다. 이 위원회에는 재무부 장관 김도연, 상공부 장관 윤보선, 농림부 장관 윤영선과 함께 기획처장 김훈이 참여했다(이현진, 2005: 58). 기획처의 기능이 부흥보다는 안정 쪽에 더 중점을 두어야 하는 상황이 된 것이다.

한국전쟁은 인플레이션을 더욱 악화시켰다. 전쟁 직전의 재정안정계획으로 경제적 상황이 조금 호전되는 듯했지만, 전쟁이 발발하면서 인플레이션은 더욱 악화됐다. 생산활동이 마비됐고, 유엔군에 대한 대여금 지출을 위한 통화 팽창이 다시 일어났기 때문이다. 전쟁 당시 부산에서의 소매물가지수는 1947년을 100으로 할 때 1950년 6월 319, 1951년 3월 1,934, 1952년 1월 3,483을 기록했다. 통화량은 1945년 9월에서 1952년까지 약 80배 이상 증가했으며, 한국전쟁 이후인 1950년 6월부터 1952년 1월까지 약 6배 이상 증가했다. 9개 대도시의 소매가격 지수가 1947년을 100으로 했을 때 1952년 1월에는 3,103으로 늘어났다.

2. 경제부흥 5개년계획

기획처에서 마련한 '1954년도 한국 경제부흥계획'은 본격적인 전후 재건을 목적으로 작성됐다. 이 계획에서 농수산 자금은 주로 토지 개량과 미곡창고 복구, 어선 건조 및 수리비용으로 지출될 예정이었고, 교통·체신 및 전력자금은 철도 신설과 차량 복구, 항만 준설과 발전시설 확충에 우선 배정됐으며, 광공업자금은 비료·시멘트·판유리 공장의 신설과 방직시설·기계제작소·탄광의 복구비용 등에 집중됐다. 즉, 전쟁 전에 계획했듯이 교통과 체신, 전력등 산업 발전에 필요한 사회간접자본을 확충하고, 중화학공업을 건설하는 데 자금이 집중됐던 것이다.

이 계획이 전쟁 전과 달라진 점이 있다면 계획을 통해 부(富)의 불균등을 시정하겠다는 문제의식이 자본가 중심의 생산력 증진을 통해 북과의 체제전에서 승리를 이루겠다는 것으로 전환됐다는 점이다. 또한 정치경제적 종속을 우려하며 견제했던 미국의 원조가 한국 경제를 재건하고 자립을 이룰 수 있는 유일한 방안으로 간주됐다는 점이다. 이승만 정권은 전후 본격적으로 자본가 중심의 원조 의존을 통한 경제재건을 추구하기 시작했다.

1951년의 계획은 UN 대여금의 반환에 대한 미국과의 협정, 1954년 계획은 군사원조와 경제 원조를 결정하기 위한 이승만과 아이젠하워의 워싱턴 회담을 앞두고 급조된 계획이었다. 타스카 보고서와 네이산 보고서는 미국과 유엔이 전쟁 복구와 경제 재건을 위해 만든 계획이었다. 타스카 보고서와 네이산 보고서는 미국과 유엔의 대한 원조를 효율적으로 사용하기 위해 입안됐지만, 실행되지 못했다. 1956년 이전 한국 정부의 계획들은 대부분 미국의 원조를 더 많이 받기 위해 기존의 계획을 수정하거나, 여러 경제 부처의 계획을 종합한 것이었다. 1956년의 부흥 5개년계획은 그 대표적인 예였다.

부흥 5개년계획은 덜레스(John F. Dulles) 국무장관의 방한을 앞두고 3일간의 짧은 기간 동안 졸속으로 입안됐으며, 이승만 대통령에게 보고를 한 후 하루 동안의 수정을 거쳐, 3월 17일 내한, 17시간 동안 국내에 체류한 덜레스 장관에게 제출됐다. 국내에서는 "동 계획 목표가 덜 장관의 내한을 계기로 하여 아무런 구체적인 기초 자료도 없이 한국 정부에서 일방적으로 작성된 가공적인 수치에 불과했던 것"이었다는 비판이 제기됐고, 미국 관리들은 계획 자체의 내용에 대해서도 '통합된 전략이라기보다는 많은 구매 리스트'를 보여주는 것이라고 혹평했다. 또한 덜레스에게 전달된 계획안에 대해 비판이 제기되자마자 부흥부가 곧바로 외원(外援)의 양을 축소해 수정된 계획안을 제출했다는 점 때문에 미국은 계획의 실질적 목적이 실시보다는 더 많은 원조 획득에 있다고 판단했다.

신부흥 5개년계획에서 한국 정부는 5년 동안 10억 7천 5백만 달러를 투자 유형 프로젝트로 사용할 계획이었다. 산업화에 핵심적인 분야인 전력 복구, 수송, 통신, 주택, 교육, 보건후생시설, 공공시설에 5억 6,350만 달러를 배정했고, 농업 생산을 증가시키기 위해 9,300만 달러가 배정됐다. 직접적인 산업화 프로젝트에는 4억 1,840만 달러를 배정했다. 이 금액은 수입대체산업화를 위한 두 개의 비료공장과 두 개의 시멘트공장, 울산 정유공장의 재건에 사용될 것이었다. 섬유산업과 같은 제조업 분야와 철강 및 광업, 수산업과 선박·조선 분야 또한 국민생활 수준의 향상과 수출을 위해 집중적으로 지원할 계획이었다. 한국 정부는 계획이 완성되는 1963년이 되면 자립이 달성될 것이고, 수출

능력이 제고될 것이며, 투자된 원조 금액의 상당량이 회수될 것이라고 전망했다. 한국 정부는 이 계획을 위해 1957년 5억 1,170만 달러, 1958년 4억 8,300만 달러, 1959년 4억 7,270만 달러, 1960년 4억 6,150만 달러, 1961년 4억 3,600만 달러, 총액 23억 7,490만 달러를 향후 5년간 안정적으로 보장해줄 것을 미국 정부에 요청했다.

장기경제계획은 정부 수립 초기부터 작성됐지만, 전쟁은 경제계획을 무력화시켰다. 경제자립과 개발에 대한 논의는 전전 수준으로 생산력이 회복됐지만 산업구조의 불균형은 개선되지 않고, 원조에 대한 의존성만 심화되고 있던 경제 현실을 반성하면서 구체화돼 갔다. 자립의 1단계인 국제수지 균형을 이루려는 이 계획은 그간 한국인들의 경제자립에 대한 문제의식이 일정하게 성숙된 결과였다(정진아, 2009a: 361-362).

전후재건사업에 차질이 빚어지자, 정부는 1954년 3월 31일부터 1957년에 이르기까지 8회에 걸쳐 총액 61억 6,700만 원의 산업부흥국채를 발행했다. 그리고 산업부흥국채와 대충자금을 재원으로 과감한 정부투융자를 단행했다. 정부는 재정투자를 통해 관개, 항만, 도로, 교통, 통신 시설을 정비하는 한편, 재정융자를 통해서는 기간산업 건설에 따른 산업구조의 정비와 강화에 역점을 두었다(정진아, 2009a: 357-358).

3. 산업개발 3개년계획

경제부흥 3개년계획(1960) 연평균 5.2%의 경제성장률을 목표로 투자율을 1960년 15.2%에서 1962년 20.0%, 3차 년도에는 22.3%로 증가시킬 목표를 설정했다. 이 계획안은 1959년 12월 완성되어 1960년 1월 국무회의에 회부됐으나, 4·19 혁명의 발발로 실시되지는 못했다. 그러나 이후 민주당의 계획안 및 군사정부의 경제개발 5개년계획안 수립에 중요한 영향을 주었다.

경제개발론을 주장한 경제전문가 그룹과 외국인 고문단 외에 산업개발위원회(산개위)에 참여한 경제관료들은 경제개발계획의 입안을 위한 기술 면에서 전문가적 자질을 가지고 있었던 반면 뚜렷하게 자신들의 경제개발론을 제기하지는 않았다. 따라서 산개위 회의는 민간기업 주도형 경제개발론자들이 주도했으며, 이들의 생각은 계획에 반영됐다. 즉, "이 계획에서 정부는 자유경제 원칙을 존중해 민간기업 활동을 최대한으로 조성하는 방침을 견지"한다고 밝히면서 "경제 실현을 위해 직접적인 통제 수단은 조금도 고려하지 않고 정부와 민간의 밀접한 협동으로써 계획 작성을 추진시킬 작정"이라고 하여 정부의 통제를 최소화하는 방안을 원칙으로 했다.

표 2-5-7 산업개발위원회의 경제부흥 3개년계획 (단위: 10억 환)

구분		기준 연도 (1958년)	1차 연도 (1960년)	2차 연도 (1961년)	3차 연도 (1962년)	평균성장률 (%)
국민총생산(A)		1099.6	1,213.9	1,278.2	1,347.7	5.2
총자본 형성(B) A/B (%)		148 15.5	181.6 15.2	212.1 16.6	242.6 18.0	
산업 구조	제1차 산업	455.6	480.1	498.3	517.0	5.8
	제2차 산업	196.6 17.9	242.9 20.0	270.2 21.1	301.0 22.3	11.2 -
	제3차 산업	457.4	490.9	509.7	529.7	3.7

자료: 정진아(2009a: 375)에서 부분 수정 인용.

산업개발위원회(산개위)는 1959년 초 '시안'을 입안한 이후 몇 차례의 분과 토의와 전체 심의를 거쳐 1960년 정부통령 선거 직후 산업개발 3개년계획을 발표했다. 3개년계획은 연평균 성장률을 5.2%로 상정했고, 소요되는 자본의 상당 부분을 외자에 의존했지만, 미국의 대한 원조가 감소하고 있었던 당시의 상황을 고려해 입안됐다. 비료, 시멘트, 펄프, 기계산업 등 수입대체 산업화에 큰 비중을 두고 있었는데, 이것은 균형성장론의 영향이었던 것으로 보인다.

3개년계획의 또 하나의 특징은 농업 분야의 발전을 강조했다는 점이다. '시안'에서는 농업의 중요성에 대해 "한국의 생산력의 거점은 제일차 산업에 있다는 결론 밑에서 농업 발전에 제1차적인 중점"을 둔다고 했으며, "공업화의 초기에는 농촌 부흥에 의한 구매력의 증강과 중소공업의 발전은 생산과 소비를 서로 확약함으로써 국내 시장을 육성, 수호하는 유일한 길"이라고 강조했다. 이것은 1950년대 경제개발론자들이 공통적으로 강조하고 있었던 1차 산업 중요성의 근거와 동일한 것이었다. 즉, 한편으로는 전통적인 영향과 1950년대 한국의 산업구조를 고려할 때 농업은 절대적으로 중요한 위치를 차지하고 있다는 점이 강조된 것이었고, 다른 한편으로는 서구의 후진국 경제개발론의 영향으로 농촌의 소득 수준을 높임으로써 소비시장의 확대를 통한 제조업의 발전을 이끌겠다는 것이었다. 농업의 중요성을 강조한 또 다른 이유는 당시 상황에서 외화를 획득할 수 있는 방법은 쌀 수출밖에 없다는 인식 때문이었다. 산개위의 위원장이었던 주원에

표 2-5-8 1950년대와 1960년대의 주요 경제개발계획

계획명	입안 기관(자)	기간	성장률	비고
5개년 물동계획 (1949)	기획처	1950~1954	-	- 기간산업 중심의 계획 - 다양한 계획을 종합
5개년 종합계획 (1951)	기획처		-	- UN군 대여금 상환과 관련된 협정을 앞두고 계획됨.
5개년 종합계획 (1954)	기획처		-	- 이승만의 방미를 앞두고 1951년의 계획을 수정 - 국내자본의 육성 강화를 강조
4개년 종합계획 (일명 타스카 보고서, 1953)	헨리 타스카 (미 대통령 특사)	1954~1957	-	- 미국의 대한 원조 계획을 결정하기 위해 입안됨. - 투자의 중점은 농업, 광업
한국경제재건계획 (일명 네이산 보고서, 1954)	네이산사절단 (UNKRA 계획)	1954~1958	5.0%	- 농업 중심의 계획 - 목표 연도 제조공업이 국민총생산에서 차지하는 비율이 14% - 군축을 주장
부흥5개년계획 (1956)	부흥부	1957~1961	10.0%	- 미국무장관 방한으로 3일 만에 입안됨. - 미국의 원조액을 기준으로 입안 - 시설투자 중 사회간접자본에 56.3%, 제조업에 23.2% 투자를 목표

자료: (1) 1949년 계획: 이대근(1987: 55); Seoul to DOS.Embdes 644, "Transmittal of a Translation of 'Five Year Economic Recovery Program", Oct.17, 1949, 895.50 FIVE YEAR PLAN/10-1749, RG 59, Decimal File, 1945-1949, NA.
(2) 1951년 계획: Pusan(Loren) to DOS.Embtel 71, "Korea Reconstruction Plan" Aug.28, 1951, 895.00/8-2851, RG 59 Decimal File, 1950-54.NA.
(3) 타스카 계획: 「타스카보고서의 내용 - 대한경제계획의 기초」, 『주보』 73호.
(4) 1954년 계획: 기획처, 「87년도 한국경제부흥계획-총액 6억 2천 8백만 불」,『주보』 78호.
(5) 네이산 계획: 『네이산 보고서』.
(6) 1956년 계획: 한국일보(「부흥부 5개년계획 성안」, 1956.2.29; 「부흥부 5개년계획 수정: 이 대통령 관계장관에 분부」, 1956.3.11; 「부흥 신5개년계획 성안」, 1956.2.29; 「부흥 5개년계획의 전모」, 1956.3.20; 경향신문(「부흥5개년계획의 재편」, 1956.6.21; 「15억 불로 수정: 5개년 부흥계획안 재검토」, 1956.6.18; 「연간 3억 5천만 불 계상: 재편성될 5개년 부흥계획」, 1956.5.19); "Transmittal of Draft ROK 5-Year Plan," 895.00-FIVE Year/3-756, Decimal File 1955-1959.

의하면 2차 산업의 구성 비율을 높이는 것을 장기적인 목표로 했지만, 3개년 계획은 첫 단계에서 농업 분야, 특히 쌀과 보리의 증산에 중점을 두고 있었다.

3개년계획은 1960년 4월 15일 국무회의에서 승인이 난 직후 4·19혁명으로 이승만 정부가 붕괴하면서 실행되지 못했다. 계획 자체는 경제개발계획이 필요하다는 사회적 인식과 경제전문가들의 공감대에서 출발했고, 이승만 정부는 이러한 사회적 요구를 받아들이지 않을 수는 없었다. 그러나 1960년에 이르러 이승만 정부는 계획을 정치적으로 이용하고자 했다. 3개년계획의 시안이 나온 것은 1959년 1월이었고 계획의 시작 역시 1960년으로 상정됐지만, 계획에 대한 심의는 정치적인 현안들로 인해 국무회의에서 고려되지 못했다.[1] 1959년을 통해 계획에 전혀 관심이 없었던 이승만과 자유당은 선거를 앞두고 계획의 졸속적인 심의와 발표를 요구했다.[2] 4·19혁명으로 인해 3개년계획안은 전면 보류됐고, 계획의 실행을 원하는 사회적인 요구는 민주당 정부로 이월됐다.

제4절 성과 및 평가

1. 성과

1950년대 구호와 재건을 위한 이승만 정부의 계획은 다음과 같은 성과를 냈다.

첫째, 3년간의 전쟁이라는 어려운 과정을 거쳤음에도 불구하고 1956년까지 전쟁 복구를 이뤄냈으며, 경제개발계획을 입안했다는 점이다. 제2차 세계대전 종전을 전후해서 독립된 다른 나라와 마찬가지로 한국은 경제 성장과 산업화를 위해 필수적인 자본과 기술이 모두 부족한 상황이었다. 설상가상으로 일본군의 항복을 받는 과정에서 한국은 38선을 중심으로 남과 북으로 분단됐기 때문에 경제적인 힘을 전국가적으로 동원할 수 없는 상황이었고, 1950년부터 1953년 사이에 진행된 전쟁은 그나마 어려운 경제를 더 어렵게 만들었다. 이렇게 어려운 상황에서 전쟁 복구뿐만 아니라 경제개발계획을 입안했다는 것은 큰 성과라고 하지 않을 수 없다.

둘째, 경제적 여건이 좋지 않았음에도 불구하고, 성장을 위한 발판을 마련했다는 점이다. 일본군을 무장해제하고 항복을 받기 위해 미군이 38선 이남에 진주했고, 미군정

---

1) 1958년부터 1960년 사이의 『國務會議』를 보면 정치적인 현안이 압도적이었음을 알 수 있다. 경제적인 현안도 논의됐지만, 주로 환율, 물가, 한일무역 등이 주요한 내용이 됐고, 1960년에 들어서는 제4대 정부통령 선거와 관련된 내용이 거의 전부를 차지했다.

2) 産業開發委員會, 1959, 「産業開發委員會 第二十五次 全體委員會議錄: 經濟開發三個年計劃案審議」, 기획재정부 소장문서.

을 수립해 직접 통치를 했지만, 미국으로부터의 원조가 정상적으로 도입되지 못했다. 미국으로서는 전 세계 거의 모든 곳을 통제해야 했고, 이 과정에서 한반도의 가치는 그리 높지 않았다. 따라서 미군정 시기에는 미국으로부터의 원조 부족으로 인해 통화량 증가와 높은 인플레이션을 겪어야 했고, 한국전쟁 기간을 통해 유엔군에게 빌려준 유엔대여금 역시 인플레이션의 또 다른 요인이 됐다. 정전협정이 체결된 1953년 이후에는 서서히 공장들이 복구되고, 생산품의 공급이 늘어나면서 경제 회복의 조건이 마련됐지만, 전후 혼란된 상황에서 한국 정부의 세수가 늘어나기는 어려운 상황이었다. 따라서 이승만 정부 역시 통화량 증가를 통해 재정 지출을 늘려나갈 수밖에 없었다. 경제 성장을 위한 정책들도 모두 통화량 증가의 효과를 갖고 있었다.

이러한 상황에서 1948년부터 1957년까지 한국 경제의 인플레이션은 매우 심각한 상태에 이르렀다. 이로 인해 미국은 한국 정부의 통화량을 조절하고, 수출을 통해 무역적자를 줄이고자 하는 노력을 기울였지만, 인플레이션은 잡히지 않았다. 1958년에 가서 재정안정계획이 실행되면서 인플레이션 문제가 조금씩 해결되기도 했지만, 안정화정책은 역으로 생산의 침체로 이어졌다.

그럼에도 불구하고, 1950년대를 통해 한국 정부는 경제개발계획을 입안하기 위한 부처(부흥부)와 기구(산업개발위원회)를 만들었다는 것은 1960년대 이후 경제 성장을 위한 중요한 디딤돌이 됐다.

셋째, 경제정책을 입안하고 실시할 수 있는 관료들군이 형성됐다. 해외에서 유학하거나 연수를 받은 관료들이 주요한 경제 관련 부처에 자리를 잡으면서 경제개발계획 전문관료로 성장한 것이다. 일부 관료들은 해방 후 미국에서 유학 후 귀국했고, 다른 관료들은 1950년대를 통해 주요 기관에서 연수를 받았다. 미국의 세계은행에는 경제개발계획의 입안과 실시에 관한 특별 과정이 설치돼 있었고, 여기에는 매년 1명 이상의 관료들이 파견됐다. ECAFE와 콜롬보 계획(Colombo Plan)에도 관료들이 매년 파견됐는데, 여기에서는 아시아 국가들의 전문관료들이 모여서 각국의 경제개발계획 경험이 논의됐다.

이상과 같은 성과는 1960년대 이후 경제기획원의 설치와 경제개발계획을 입안, 실시할 수 있는 전문 관료들이 형성되는 중요한 배경이 됐다. 즉, 1950년대의 경제적인 성과 없이는 1960년대 이후 경제 성장을 기대하기 어려운 것이었다.

2. 한계

1950년대를 통해 경제개발계획을 입안, 실시할 수 있는 거버넌스와 에이전트들이 형성됐음에도 불구하고, 다음과 같은 한계를 갖고 있었다.

첫째, 추진 체계의 문제다. 경제개발계획을 입안하고 실시할 수 있는 기획처와 부흥부 같은 기구들이 조직된 것은 큰 성과였지만, 이들 기구가 다른 경제 관련 부처의 하위, 또는 동등한 레벨에 설치됨으로써 다양한 기관의 서로 다른 이해관계를 조정할 수 없었다. 경제정책을 세우는 데 재무부, 농림부, 상공부 등은 각기 다른 이해관계를 갖고 있었기 때문에 이들 기구의 위에서 경제정책 전체를 총괄할 수 있는 기구가 필요했다. 이러한 기관을 만들기 위한 조사와 논의가 있었던 것은 사실이지만, 1950년대를 통해서는 아직 그런 기구가 설치되지는 못했다. 1961년 5·16 쿠데타 이후에 가서야 설립된 경제기획원은 그러한 역할을 하는 기구였다.

둘째, 미국의 원조 문제다. 1950년대 미국의 원조는 한국을 포함한 개발도상국의 복구와 발전에 큰 보탬이 됐다. 그러나 1년을 기준으로 하여 자금이 아니라 물품으로 주는 원조였다. 장기계획을 세워서 주는 원조가 아니었기 때문에 수혜국이 일정한 기간의 장기계획을 세워서 산업화정책을 입안할 수 없었다. 또한 원조물품을 팔아서 모은 대충자금의 사용 권한을 미국의 경제조정관이 갖고 있었기 때문에 한국 정부가 사용하고 싶은 용처에 원조를 사용할 수 없었다. 1950년대를 통해 군사 중심의 개발도상국 원조 정책 실시를 원칙으로 하고 있었던 아이젠하워 행정부의 정책이 실시되고 있었기 때문에 한국 정부로서는 애로를 겪을 수밖에 없었다. 아무리 좋은 계획을 세워도 미국 정부가 승인하지 않을 경우 원조자금을 끌어 쓸 수 없었던 것이다.

여기에 더해 아이젠하워 행정부는 공적 자금보다는 사적 자본을 동원하는 원조정책을 선호하고 있었다. 따라서 미국 정부는 사적 자본이 더 많이 투자하는 것을 권고했는데, 당시 개발도상국의 상황이 미국의 사적 자본이 투자하기 좋은 조건이 아니었다. 식민지에서 얼마 되지 않은 상황에서 정치·사회적으로 많은 혼란이 있었기 때문에 투자를 위한 안정된 조건이 형성되지 않았다. 따라서 한국 정부로서는 해외의 투자를 통해 경제 성장을 추진하기도 쉽지 않았다.

셋째, 한국 사회의 준비 정도였다. 한국 사회는 식민지에서 해방된 이후 경제개발계획을 통해 경제 성장을 이룩해야 한다는 사회적 공감대를 형성하고 있었고, 이는 기획 관련 부처를 설립하는 데 중요한 배경이 됐다. 그러나 의지가 있는 것과 능력이 있는 것은 다른 것이었다. 즉, 의지는 충만해 있었지만, 계획을 입안하고 실행할 수 있는 충분한 능력을 갖추고 있지는 못했다. 일본 총독부는 일제 강점기를 통해 한국의 문맹률이 줄어들었다고 했지만, 1950년대에 이르기까지 문맹률은 계속 70%를 넘는 상황이었다. 결국 대한민국 정부 수립 이후 의무교육제도가 실시됐고, 높은 교육열에 의해 한국인들이 점점 더 높은 준비 정도를 갖추게 됐으며, 이것이 1960년대 이후 경제 성장의 배경이 됐다.

준비 정도가 낮았던 것은 정치지도자 역시 마찬가지였다. 해방과 분단, 그리고 전쟁이라는 혼란된 상황에서 경제개발계획을 뒷받침해 줄 수 있는 정치인들이 부재했다. 정치인들은 자신의 사익을 채우기에 바빴고, 국가적 어젠다를 위해서 나설 수 있는 준비가 되어 있지 못했다. 경제개발계획의 의미를 제대로 파악하지 못했고, 오히려 모든 문제를 정치적으로 이용하려고 했다.

이상과 같은 한계는 1950년대의 많은 성과에도 불구하고, 이 시기를 통해 경제개발계획이 제대로 입안, 실시될 수 없었던 중요한 배경이 됐다.

참고 문헌

권자경 (2011). 한국전쟁과 국가기구의 확대: 이승만 정부의 중앙정부기구 개편을 중심으로. 한국행정연구, 20(2): 1-34.

박태균 (2007). 원형과 변용, 한국 경제개발계획의 기원. 서울대학교출판부.

안재홍 (1945). 신민족주의와 신민주주의. 서울: 민음사.

이대근 (1987). 한국전쟁과 1950년대의 자본 축적. 서울: 까치.

이한빈 (1967). 한국 행정의 역사적 분석, 1948-1967. 서울: 한국행정연구소.

이현진 (1997). 대한민국 정부의 ECA 원조 도입과 운영. 한국근현대사연구, 6: 188-216.

______(2003). 타스카 사절단의 방한과 그 보고서의 성격. 역사와 현실, 49: 211-240.

______(2005), 제1공화국기 미국의 대한원조정책 연구. 이화여대 사학과 박사논문.

전국경제인연합회 편 (1976). 한국경제정책 30년사. 서울: 사회사상사.

정진아 (2007). 6.25 전쟁 후 이승만 정권의 경제재건론. 한국근현대사연구, 42: 217-244.

______(2009a). 이승만 정권기 경제개발 3개년계획의 내용과 성격. 한국학연구, 31: 353-386.

______(2009b). 전후 이승만 정권의 기간산업 육성론. 역사문제연구, 22: 257-288.

최상오 (1996). 1950년대 환율제도와 환율정책. 한국경제연구, 9: 145-182.

한국연감편찬회 (1964). 한국연감. 한국연감편찬회.

한국재정40년사 편찬위원회 편(1991). 한국재정40년사. 서울: 한국개발연구원.

Satterwhite, David (1994). The Politics of Economic Development: Coup, State, and the Republic of Korea's First Five-Year Economic Development Plan(1962-1966), Ph. D. Dissertation, University of Washington.

Cole & Lyman (1971). *Korean Development*. Cambridge: Harvard University Press.

産業開發委員會(1959). 産業開發委員會 第二十五次 全體委員會議錄: 經濟開發三個年計劃案審議. 기획재정부 소장문서.

경향신문(1956.6.21). 「부흥 5개년계획의 재편」.

______(1956.6.18). 「15억 불로 수정: 5개년 부흥계획안 재검토」.

______(1956.6.19). 「연간 3억 5천만 불 계상: 재편성될 5개년 부흥계획」.

한국일보 (1956.2.29.). 「부흥부 5개년계획 성안」.

______(1956.3.11). 「부흥부 5개년계획 수정: 이 대통령 관계장관에 분부」.

______(1956.2.29). 「부흥 신5개년계획 성안」.

______(1956.3.20). 「부흥 5개년계획의 전모」.

제 3 편

이승만 정부 정부개혁

제 1 장

정부개혁의 배경 및 방향

최신융
숙명여자대학교

제 1 절 정부개혁의 배경

1. 이승만 정부 정부개혁의 의의

어느 시대나 변화와 혁신, 또는 개혁이라는 단어는 대중들의 관심을 끄는 마력을 가지고 있다. 따라서 우리나라에서도 새로운 이념이 소개되거나 새 정부가 들어설 때 마다 새로운 시대 정신이나 새로운 지도자의 등장에 부응하는 변화의 노력을 개혁이나 쇄신, 혁신 등으로 개념화해 왔던 것이다. 특히 국가나 정부는 유기체적 존재로서 바람직한 환경적 변화를 불러일으켜야 하는 주체적인 존재로 인식되기도 할 뿐만 아니라 더 나아가 새로운 가치나 이념 등의 외재적 환경 변화에 적응하기 위해 스스로를 혁신해야 할 객체로 인식되기도 한다.

대개 정부개혁을 일정한 공식적 목표 하에 인위적으로 시도하는 노력이라고 보는 경우 정부의 효율성이라든지 형평성이나 민주성이라든지 하는 바람직한 이념이나 가치를 실현하기 위한 의도적인 목적을 가지고 시도된다는 전제를 가진다. 즉, 정부를 자율적인 의사결정 체제를 가진 독립적인 것으로 보고 현재 정부 시스템이 가지고 있는 문제점, 예를 들면 비민주성·비효율이나 부정부패 등을 시정하기 위해 제도나 행태, 구조 등을 사전에 계획된 과정에 따라 의도적·인위적으로 변화시켜 나아가려는 노력이며, 이러한 개혁을 촉발하는 바람직한 이념이나 가치가 개혁 결과 담보될 수 있다는 실천적 목적을 가지고 추진되는 것이다. 이러한 목적론적 관점에 의거한 설명 방식이 적실성을 가지려면 우선 정부개혁이 추구하는 바람직한 가치에 대한 광범위한 사회적 합의가 전제돼야 하고, 개혁의 결과 발생된 변화를 이러한 인위적 노력의 의도된 변화라고 발생론적으로 설명할 수 있어야 한다.

그러나 현실적으로 보면 대부분의 개혁이 정치 세력 간의 이해관계 다툼이나 권력 장악을 위한 시도인 경우가 많고, 이러한 개혁 또는 변화가 상황 의존적이라 정부가 추구하는 가치나 놓여 있는 환경이 변화하면 그에 따라서 그 변화의 방향성이나 목표가 영향을 받게 되고, 이에 따른 개혁이 또 다른 개혁의 수요를 창출하는, 즉 개혁이 또 다른 개혁을 부르는 개혁의 순환에 빠지는 모순에 직면하게 된다. 지금 현재의 것들이 시대 상황에 맞지 않아 새롭게 고쳐 나아가는 것을 개혁이라고 하지만 그러한 개혁의 필요성에 대한 합의가 전제되지 않는 한 개혁이 개악이라는 혹평을 받기도 하는 것이다. 따라서 모든 개혁은 그것이 발생된 상황과 그에 내포된 정치적 상징을 이해하지 않으면 안 되는 것이다. 정부개혁을 현실적합하게 이해, 설명하려면 이러한 공식적 개혁의 목적 외에 그 과정에 작용하는 정치 행정적 세력과 이해관계 등을 동태적으로 파악하는 것은 물론 정치·경제·사회환경과의 상호작용까지 광범하고 다양한 변수를 고려, 통합적으로 조망하지 않으면 안 되는 것이다.

한국은 해방 이후 지금까지 수십 차례의 정부조직 개편을 포함하는 다양한 정부개혁을 경험해 왔다. 이러한 개혁들은 대한민국이 놓인 지정학적 대외 환경은 물론 대내적으로는 사회경제적 환경 변화에 따른 정부 역할에 대한 기대의 변화와 정치 권력과 사회 권력의 상호작용에 의해 촉발돼 왔다. 따라서 우리가 정부개혁뿐만 아니라 어떤 분야에서든지 개혁이나 혁신을 연구하고자 할 때 현재의 상황적 조건들을 냉정하게 분석하고 과거로부터 어떻게 현재의 상황에 이르게 됐는지를 공간적·시간적 역사의 맥락 속에서 이해하고 그 방향이나 가능한 대안을 추론하는 것이 바람직하다.

그중에서도 제1공화국의 정부개혁에 대한 연구가 중요한 것은 단순히 대한민국 건국시의 정부이기 때문이 아니라 독립국가로서의 제도 및 기관 형성 과정이나 선례가 60년

이 지난 현재는 물론 미래에도 지속적으로 영향을 미칠 수 있는 살아 있는 역사이기 때문이다. 실제로 제헌 헌법에 의해 갖춰진 우리 헌정제도의 기본 골격은 이후 수차의 헌법 개정을 거듭하면서도 그 테두리를 벗어나지 못했을 뿐 아니라 제1공화국 12년간에 형성된 한국 정치와 행정의 구조적 · 행태적 특징은 지금까지도 지배적인 영향력을 미치고 있는 것이 사실이다(박용상, 1987: 6).

제1공화국의 정부개혁을 연구할 때 가장 큰 난점의 하나는 이승만 정부는 국민 형성 및 국가 건설이라는 국가적 어젠다에 초점을 맞춰 국정을 운영했기 때문에 실질적인 정부개혁이라는 용어를 사용한다는 것 자체가 무리일 수 있다는 것이다. 해방 후 한국의 정치 변동과 관료제의 발전을 연구한 이한빈은 한국 관료제의 발전은 무엇보다도 해방 후 20여 년간 우리 사회가 겪어온 커다란 사회 변동의 결과로 보면서 특히 동기간 동안의 정치적 발전에 의해 크게 영향을 받았다고 분석하고 있다. 그에 의하면 해방 직후부터 미군정기를 거쳐 정부 수립 후 1950년 6 · 25 발발 전까지는 정부관료제의 공백기로 보고 있다(이한빈, 1967: 6). 이는 곧 정부다운 정부가 자주성을 가지고 활동을 한 시기는 정부 수립 후 상당 기간이 지나서부터라는 의미일 것이다. 따라서 같은 맥락에서 정부 수립 후 상당 기간 동안 정부개혁다운 개혁은 찾아볼 수 없다는 해석도 가능하다.

그러나 사상사적으로 볼 때 한국 근대 민족주의의 전개는 구한말 이후 근대적 국민국가 형성을 위한 노력으로 비로소 지향성을 갖게 됐다는 관점에서 본다면(김운태, 2002: 5-8), 조선왕조 말기와 대한제국을 관통하는 흐름의 한 줄기인 개화사상은 17~18세기 실학사상의 연장이며 보수사대주의에 대립하는 독립 지향적 개혁사상이라 할 것이다. 이러한 초기의 개화사상은 부국강병에 의한 민족적 독립과 양반제도의 폐지와 입헌군주정의 확립을 통한 국민적 통합을 지향했다. 1884년 발생한 갑신정변도 초기 개화사상이 기반이 됐으며, 정변 후 10 년간에 단편적인 행정개혁이 이뤄지는 가운데 반외세, 반봉건적 근대 사상인 동학사상에 의해 동학혁명이 발생하고 갑오개혁이 강행됐던 것이다. 이러한 연장선상에서 일제의 주권 침탈로 인한 망국에서 3 · 1 운동 이후 상하이(上海)임시정부를 수립했고, 그 헌장 제1조에서 대한민국은 민주공화국제로 한다고 선언했던 것이다.

이승만 정부 수립 이전의 한국 사회는 해방과 함께 일본인들이 철수한 후 행정 · 교육 · 교통 등 모든 공공 기능이 마비된 무정부 상태에서 남북 분단과 미군정을 거쳐 자주적인 독립국가와 정부 수립으로 이어지는 극심한 혼란기로 특징지어진다. 일제로부터의 해방과 남북 분단으로 서구의 자유민주주의 사상과 공산주의 사상이 대립하면서 새로운 국가 건설을 둘러싸고 이념적 갈등 상황을 노출하고 있었던 것이다. 즉, 민족주의 세력, 사회주의 세력, 이승만을 중심으로 하는 친미 세력, 친일 세력, 기타 다양한 세력이 국가 형성의 초기에 주도권을 잡고자 부단히 이합집산을 거듭했던 시기였던 것이다. 이러한 혼란기는 주지하다시피 미군정기를 거쳐 1948년 제1공화국이 공식적으로 출범하면서 형식적으로는 종식된다.

그러나 제2차 세계대전의 전승국인 미국은 한국을 해방국으로 대우하겠다던 언명과는 달리 신탁통치를 고려하는 등 군사적 점령정책을 실시해 민족사적 정통성을 승계하고 있는 상하이임시정부를 부인하고, 일본 총독부의 기관과 그 관리의 존속을 인정하고 직접 통치를 함으로써 우리의 독립국가 건설은 그만큼 지체됐다.

정부개혁뿐만 아니라 모든 개혁은 그의 특성상 현상 타파와 상황 변동을 지향하기 마련이다. 따라서 개혁은 필연적으로 기존의 권력 관계에 변화를 가져오지 않을 수 없다(박재창, 2004: 24). 더욱이 개혁을 어떤 정치지도자나 집단이 현존하는 권력구조나 제도를 변화시키고 의도적으로 새로운 권력구조나 질서를 창출해 나아가는 것이라고 본다면 미군정의 존재 자체나 통치구조를 독립 국가의 그것으로 변혁시켜 나아가는 과정은 바로 정부개혁의 전형이라 하지 않을 수 없는 것이다. 따라서 미군정의 기간을 최대한 단축시키고 국민국가의 건설과 국민통합을 추구한 제1공화국의 정부개혁은 자주적 독립국가의 건국으로부터 시작됐다고 해야 할 것이다.

2. 미군정의 점령군적 성격

이승만 정부의 개혁을 논하기 위해서는 해방 정국의 소용돌이에서 대한민국 건국으로 이어지는 징검다리 역할을 한 미군정에 대한 논의가 불가피하다. 미군정은 미군이 1945년 9월 8일 인천에 상륙하고 9월 9일 서울에 진주하면서 맥아더 사령부 포고 제1호로써 38선 이남에 군정을 실시할 것을 발표한 후, 1948년 8월 대한민국의 건국에 이르는 2년 11개월에 걸쳐 실시됐다.[1] 불과 3년 미만의 기간 동안 한국 사회를 지배했지만 정치적인 면에서는 한국 사회의 권력구조를 설정해 주었으며 경제적인 면에서는 자본주의 시장경제 체제를 수용하게 했다(진덕규, 1980:33). 그러나 미군정이 어떻게 대한민국의 건국으로 이어졌는지, 또 이 과정에서 미군정이 어떤 역할을 했는지는 시기별로 나눠

1) 1945년 8월 15일부터 9월 9일까지는 무력화된 조선총독부의 양해 아래 여운형이 중심이 된 조선건국준비위원회가 주동이 돼 해방 후 혼란에 대한 최소한의 수습을 담당했다(조석준, 1967 참조).

살펴볼 필요가 있다. 왜냐하면 그 기간에 따라 군정의 기본 성격이 조금씩 상이하기 때문이다.

1) 미군의 직접통치

미군정의 제1기는 미군이 군정을 시작한 시기에서부터 1947년 6월까지의 직접통치 기간이다. 1947년 6월부터는 미군정을 이름만이라도 남조선 과도정부라고 부르면서 한국인에게 군정청의 일부 요직을 맡김으로써 간접통치의 성격을 보였기 대문이다.

1945년 9월 2일 미8군 사령관 하지 중장이 발표한 포고문에 의하면 미군은 해방군이라기보다는 점령군으로서의 성격을 가지고 있었다. 행정에서도 미군정청은 조선총독부의 기구를 거의 그대로 이양받았다. 총독부의 사정, 재무, 식산, 농림, 법무, 학구, 경무 등 국(局)과 체신국, 철도국, 전매국 그리고 이들의 하위 부서도 그대로 인수했다. 일본의 식민지 통치구조를 그대로 지속시키다 1945년 9월 18일에 미군 장교들이 각 국장으로 임명되고 또 군정청의 조직이 이뤄짐으로써 본격적인 미군의 직접 통치 체제가 시작됐다. 한국인 고문제도를 시행했지만 그것은 통치의 효율화를 위한 것으로 실질적인 의미를 찾기는 어렵다. 그러나 1946년 3월, 「군정법령」 제64호로써 군정청 직제는 종전의 국(局)을 부(部)로 하는 등 재개편해 보건후생부라든가 물가행정처 등을 설치했다. 이로써 군정청 기구가 대체로 확립되고, 이를 전후해 각 부처장에는 한국인이 채용돼 한미 양 부처장제를 실시했다. 그 해 9월 미군정 당국은 부장회의 석상에서 군정장관 러체(A. Lerche)의 특별발표를 통해, 군정하의 행정권을 한국인에게 이양하겠다는 의사를 표시했다.

이로써 군정 2년을 맞이하게 됐고, 1946년 12월에는 김규식을 의장으로 하는 관선 45명, 민선 45명의 의원으로 구성된 남조선 과도입법의원을 창설해, 당면한 제반 법령을 한국인들의 손으로 제정하도록 했다. 또한 사법부 수장을 임명함으로써 미군정이 이른바 입법·사법·행정의 삼권분립을 갖춘 통치기관이 성립된 셈이었다. 이 발표에서 미국인은 고문으로 남아 부결권만 행사하며, 종래 한미 양국어로 사용하던 문서는 한국어만을 사용하도록 하는 조처가 단행됐다.

2) 미군정의 한국화

미군정은 1947년에 들어와 군정의 직접 통치에 대한 불만을 해소하고자 행정부의 최고 책임자를 민정장관이라는 직책으로 안재홍을 임명했으며, 6월 「군정법령」 제141호에 의한 38선 이남 지역의 입법·행정·사법 각 부문의 재조선미군정청한국인기관을 남조선 과도정부라고 이름을 고침과 동시에 기구개혁위원회를 설치해 기구개혁안을 작성하고, 현실성 있고 한국 실정에 적절한 기구화를 시도했다. 이 시기에 들어와서부터 각부 부장으로 한국인들을 임명함으로써 미군정의 한국화가 진전됐으나 대부분의 인사들이 실질적인 행정 경험이 없었고 이들이 지휘 감독해야 할 직원들은 일본의 식민지 관료 출신들이었다. 따라서 미군정의 고위직 한국인들은 실질적인 정책결정자라 하기 어려웠다. 또한 형식적으로는 미군정이 점차로 이양되는 절차를 밟았으나, 실권은 거부권을 가진 미국인 고문에게 여전히 남아 있었다. 한편 7월에는 당시 미국에 있던 개화운동의 선구자인 서재필을 한미인최고의정관으로 맞이해 군정의 고문을 담당하게 함으로써, 이른바 군정의 조선인화에 더욱 진전을 보게 됐다.

남조선 과도정부의 기구로는 종래의 13국 6처를 13부 6처로 하는 동시에, 인사위원회와 중앙경제위원회를 신설했다. 과도정부는 1948년 8월 대한민국 정부가 수립됨과 동시에 자동 소멸됐다. 미군정의 전반기가 주로 새로운 통치구조의 제도화에 치중했다면 후반기의 경우는 한반도를 중심으로 첨예화하기 시작한 이념적 냉전 체제로 인해 정치화의 성격을 강하게 가지지 않을 수 없었다.

3) 미군정의 성격

미군정 통치 과정의 성격을 살펴보면 다음과 같다(진덕규, 1980: 44-49). 우선, 미군정의 통치 과정이 설정하고 있는 목표 자체가 불확실했다. 미군정은 남한을 민주주의 독립국가로 발전시킬 것을 목표로 삼고 있었지만 그것에 대한 어떤 구체적인 내용도 가지고 있지 않았다. 당시의 통치구조에서의 행정적 성격은 한국인의 정치적 독립과 경제적 발전이라는 측면보다는 미군정 당국자를 위한 정치적 제도나 장치로서의 기능에 더 충실했던 것이다. 당시의 미군정의 통치 과정의 성격으로는 정책의 부재는 물론이고 정책적 지속성보다는 단절성과 지나칠 정도로 충동적이고 즉흥적인 비효율성의 표본을 보여주었다. 정치적인 측면에서는 공산주의를 제압하고 민주주의를 조성시켜야 했고, 경제적으로는 일본의 전시 통제경제 체제를 자유주의 자본주의 체제로 전환시켜야 했으며, 사회문화적인 측면에서는 근대적 합리주의적 문화구조로 바꾸면서 건전한 사회적 윤리관을 형성시켜야 했던 것이다. 이처럼 미군정의 통치 목표가 분명했음에도 불구하고 현실은 너무나 대조적이었다. 따라서 지배자적 점령군으로서의 미군정의 통치는 정치, 경제, 사회문화 모든 면에서 일정한 지향성을 상실한 채 표류함으로써 한국 사회의 정상화나 발전에 상당한 역기능을 보여주었다.

그러나 긍정적인 측면을 살펴보면 미군정이 2년 11개월간 실시되는 가운데 많은 한국인 관료들이 국민의 공복(公僕)이나 여러 분야의 전문가로 일하는 경험을 쌓게 되었으며, 정부 기구는 일제 통치 하의 식민주의적 권위주의 체제에서 어느 정도 분권화·민주화·전문화되는 좀 더 근대적 행정구조를 갖추게 됐다. 특히 미군정 당국은 각종 행정위원회 제도를 적극적·광범위하게 도입 활용했는데 그 목적은 관료주의를 탈피하고 사회 이익집단들의 참여를 통해 행정의 민주화를 기하는 동시에 한국인들의 참여시켜 미군정의 한국화를 어느 정도 추구했다는 평가를 받고 있다(김운태, 2002: 369-373).

그러나 정치적인 면에서 살펴보면 미군정기는 문자 그대로 혼돈과 무질서의 연속이었다 해도 과언이 아니다. 우후죽순처럼 난립한 정당 수는 등록된 것만 해도 340여 개가 넘었으며, 당시 행정직은 미군정 요원들로 충원해 한국의 토착 세력과 상호작용이 별무했다. 이러한 혼란스러운 상황은 정부 수립기로 고스란히 이어져 제1공화국의 탄생에 영향을 주게 된다(이한빈, 1967: 6).

3. 기형적 대통령제를 둘러싼 권력 투쟁

정부 수립 초기는 정치·경제·사회 모든 부문에서 극도의 혼탄과 이념적 갈등이 팽배했던 시기였다. 이러한 갈등과 대결 구도는 신생 대한민국의 권력구조를 결정하는 제헌의회에서 이승만과 한민당의 정치적 투쟁으로 나타난다. 한민당은 이승만을 형식상의 국가수반으로 내세우고 실질적 정치 권력을 장악하기 위해 내각책임제 정부 형태를 고집했으나 이승만의 반대로 대통령을 의회에서 간접 선출하되 내각 임명권은 극회의 동의 없이 대통령이 가지는 절충형 구조로 출범한다. 제헌의회는 현대적 민주정치 경험이 거의 없는 상태에서 이승만의 절대적 영향력을 배경으로 출범한 국회였지만 그 실제 운영 면에서는 의회 우위형 국회로 대정부 관계를 효율적으로 유지했다(백영철, 1991: 135).[2)] 그러나 이승만은 대통령에게 부여된 내각임명권을 이용해 국무총리를 비롯한 내각 임명에서 한민당을 배제함으로써 권력적 우위에 설 수 있었다. 이에 한민당은 야당의 지위로 전락하고 임시정부 세력과 통합해 1949년 2월 민국당을 결성하고 내각책임제 개헌안

2) 의회 우위형이란 행정부가 원내에 확고한 지지 세력으로서 과반수 확보에 실패해 의회 내 다수 세력이 반행정부적이거나 비판적이라 정부 결정 과정에서 행정부의 입장이 종종 거부되거나 대폭 수정되는 경우를 갈하고, 행정부 우위형은 행정부가 원내에 단독 또는 다른 정당과의 연립으로 과반수 이상의 지지 기반을 확보하고 있을 뿐만 아니라 그 지지 정당들에 대한 당 차원의 기강이 잘 확립되어 있어서 행정부의 입장이 지지 정당들에 의해 충분히 지지되고 정책결정 과정에 유리하게 반영되는 경우를 말한다(백영철, 1991 참조.)

을 제출하지만 실패한다. 이승만은 이후 여러가지 입법적 조치와 대통령의 권한을 이용해 자신의 권력 기반을 강화해 나아간다.

근대국가의 헌법은 국가 질서의 형성과 근본 규범에 대한 국민의 인식과 이에 대한 통일적 인식을 가지고 질서 형성을 주도하는 사회적 세력의 존재를 전제로 하는 것이다. 제1공화국 헌법이 이러한 사회적 합의 하에 제정되고 공포됐는지에 대해서는 많은 논란을 야기한다. 왜냐하면 이러한 전제 조건의 성숙 없이 특정 정치 세력들 간의 야합을 통해 정파적 권력 획득이나 배분을 정당화하는 도구로 전락할 경우 헌법은 단순한 권력 획득의 수단으로 변질되기 때문이다. 제1공화국에서 이승만 대통령의 지속적인 지배 권력 강화 시도는 그래서 권력을 위한 권력만의 지배 과정이었다는 평가를 받기도 한다(김운태 · 오석홍, 1996: 257). 그 결과 헌법과 권력은 분리되고, 정부와 의회는 대립했으며, 윤리와 지배가 괴리되고 말았던 것이다.

자유당 창당 이전의 한국 정치가 가지는 최대 특징의 하나는 국회 내에서 여야당 그 어느 쪽에도 확실하게 소속되지 않은 무소속 의원을 포함한 중간파가 존재했다는 것이다. 이러한 불안정한 국회의 상황은 제헌헌법이 국회에 의한 대통령 간접선거제를 채택한 사실과 맞물려 이승만과 행정부의 정책을 매우 어려운 상황으로 몰고간다. 당시의 헌법은 국무총리 선출 시 대통령이 임명한 후 국회가 이를 승인할 필요가 있다고 명시하고 있으며, 대통령은 국회 다수의 지지 없이는 자신들의 내각을 구성하는 것조차 불가능했다. 불안정한 국회에서는 다수를 지배하면 누구든 자신이 원하는 자를 국무총리로 임용할 수 있었다. 중간파의 유력자를 국무총리로 임명하는 것은 결과적으로 대통령의 내각 통제를 어렵게 했다.

사실 대한민국 최초의 헌법 초안은 제헌의회의 최대 당파인 한국 민주당의 주도 하에 만들어진 것이다.[3] 한국민주당이 가장 중요시했던 것은 자신들의 세력 기반인 국회에 가능한 큰 권력을 부여하는 것이었다. 이 때문에 대한민국의 정치 시스템은 기본적으로 의원내각제에 가까운 체제가 될 것으로 예정돼 있었다. 그러나 이승만은 이처럼 대통령의 지위를 경시하고 국회를 중심으로 하는 헌법 초안에 반발한다. 그 결과 건국헌법상의 국무총리는 대통령이 임명하고 국회의 승인을 받아 선임된다고 규정됐으며, 국무총리라는 자리는 대통령과 국회 사이에 끼인 복잡한 존재가 되고 말았다. 중요한 점은 이승만의 저항으로 인해 당초 헌법 초안이 수정된 결과 헌법이 규정하는 국무총리

3) 헌법 제정 과정에 대해서는 유진오(1980) 참조.

의 지위가 대통령과 국회와의 관계에서뿐만 아니라 국무총리 본인과 대통령의 관계에서도 모호한 점을 많이 남겼다는 것이다(이재원, 1998: 133).

당초 초안에는 사실상의 상징적인 국가원수에 지나지 않는 대통령을 대신해 국회에 책임을 지는 국무총리가 내각을 실질적으로 통할하도록 상정해 놓았다. 그러나 이승만이 헌법 초안을 수정함으로써 대통령이 상징적인 존재에서 실질적인 행정부의 수장으로 전환된다. 그 결과 대한민국의 행정부에서 대통령과 국무총리가 더립하는 기묘한 상황을 낳게 됐다. 물론 이는 제도적으로 국무회의, 즉 각료회의의 의장인 대통령이 부의장인 국무총리의 위에 군림하는 시스템이었다, 하지만 내각에 대한 이승만의 태도는 상황을 더욱 복잡하게 만들었다. 행정부의 수장으로서의 일상적인 행정에는 관심을 보이지 않고 국무총리 이하 각료들에게 직무를 수행하게 한 것이다. 이승만의 이러한 태도는 내각에서 총리의 중요성을 더욱 부각시키는 결과를 초래한다. 제도적으로 국무총리는 총무처 · 공보처 · 법제처 등을 관장했으며, 특히 공무원의 인사권을 결정하는 총무처를 장악함으로써 국무총리의 실질적인 권한은 더욱 커져만 간다. 중요한 사실은 이승만의 의도와는 달리 이 시기에 국무총리가 행정부의 수장으로 독자적인 권위를 확립하게 됐다는 점이다. 이보다 더 중요한 것은 대통령과 국무총리의 임명을 둘러싼 의회와의 정치적 대립이 당시 정치적 상황은 물론 헌법 구조상 필연적으로 나타난 것이었다는 것이다(기무라 간, 2013: 252-254). 이러한 불편한 관계를 해소하기 위해 제헌헌법은 제정, 실시된 후 약 2년 만에 개정되는 과정을 거치게 된다.

제2절 정부개혁의 목표 및 추진 방향

일제에 의한 식민지 통치라는 부채성 유산을 이어받은 제1공화국 정부는 시기적으로 미군정기를 거쳐 1948년 7월 17일 대한민국 헌법을 공포(박문옥, 1963: 386에서는 7월 19일 공포로 기술)하고 동년 7월 20일 국회 제34차 회의에서 대통령 선거가 실시됐던바 이승만이 대통령으로 당선되고, 1948년 8월 15일 자유민주주의를 그 정치의 기본 질서로 하는 대한민국 정부 수립을 내외에 선포함으로써 비로소 출범한다.

제1공화국 정부개혁의 목표와 추진 방향을 살펴보기 위해서는 이를 시대별로 구분해 중요 목표와 추진 방향을 함께 살펴보는 것이 바람직해 보인다. 제1공화국을 시기별로 분류할 때 아직까지 확립된 시대 구분 기준은 없지만 헌법 개정을 중심으로 구분하는 것이 바람직할 것으로 판단된다. 정부를 수립한 1948년부터 1952년 8월까지의 국가 형성 초기의 초대 대통령 시기와 제1차 개헌으로 인한 제2대 선거가 실시된 1952년 8월부터 1956년 8월까지, 제2차 개헌(1954.11.29)으로 인한 제3대 대통령 재임 기간인 1956년 8월부터 1960년 4·19혁명으로 제1공화국 헌정이 중단되는 시기까지 3기로 시대 구분을 하여 각각 전후 정세는 이 시기에 편입해 살펴보고자 한다(김영명, 1991: 119).[4]

1. 건국 초기 대한민국 정부의 목표

정부개혁을 살펴보기 위해서는 먼저 최초의 제도적 원형이 만들어진 제헌 과정이 전제돼야 한다. 그러나 앞에서 살펴본 대로 제헌국회 출현 전 국내외 정치환경은 제헌국회 정치 세력이 채택할 수 있는 제도적 범주를 규정해주었다. 냉전의 전개와 함께 심화되는 미소의 이념 경쟁은 남북한에서 수립될 신생 정부의 이념적·제도적 틀을 규정해주었다. 그 결과 남한에는 각 정파들이 반공과 함께 자유민주주의 가치와 제도라는 큰 틀 속에서 각자의 선호를 반영하기 위한 정치 게임에 몰두했던 것이다. 이승만 정부는 광복 이후 미군정 시기의 혼란을 극복하느라 정치 행정을 포함한 무든 분야의 조속한 안정을 가장 중요하게 생각했다. 그러나 정부 수립 당시에는 정치와 행정의 기반을 수립하는 것이 목적이었으므로 국정 목표가 세분화될 수 없었다. 국내 정치문제가 드러나면서 정치적 안정 확보가 곤란해졌으며, 따라서 구체적이거나 세분화된 국정 목표를 제시하는 데에는 미흡했다(류지성·김영재, 2010: 184). 그러나 모든 신생국이 그러하듯이 새로운 국가를 건설하는 건국 초기에는 그 이상과 목표를 헌법에 담아내는 것이 보편적이다. 따라서 제1공화국의 건국 목표 내지는 정부 수립의 당면 과제를 헌법 전문과 그 내용을 통해 유추해볼 수 있을 것이다.

제헌헌법 전문에는 아래와 같이 대한민국의 국가적 과제 또는 목표를 민주독립국가의 건설, 사회적 폐습 타파, 민주주의 제도 수립, 국민생활의 균등한 향상, 국제평화 유지, 자손의 안전과 자유와 행복의 확보 등을 열거하고 있다.

4) 박용상은 주권자로서의 국민, 정당, 국회와 대통령의 관계를 중심으로 정부 수립부터 제헌 국회 임기 만료 시까지 국회 우월의 제헌 국회기, 동란과 정치파동기(6·25부터 제1차 개헌까지), 제2대 대통령 선거(1952.8.5)에서 3대 민의원 선거를 거쳐 제2차 개헌(1954.11.29)에 이르는 자유당 집권기, 민주당 창당(1955.9.19)부터 3대 대통령 선거(1956.5.15) 및 제4대 민의원 선거(1958.5.2)에 이르는 여야 대립기, 국가보안법 파동(1958.12.24) 및 경향신문 사건(1959.4.30)을 거쳐 제4대 대통령 선거(1960.3.15)에 이르는 자유당 몰락기로 분류하고 있다(박용상, 1987).

> 유구한 역사와 전통에 빛나는 우리들 대한민국은 기미 3·1 운동으로 대한민국을 건립하여 세계에 선포한 위대한 독립정신을 승계하여 이제 민주독립국가를 재건함에 있어서 정의인도와 동포애로써 민족의 단결을 견고히 하며 모든 사회적 폐습을 타파하고, 민주주의 제제도를 수립하여 정치, 경제, 문화의 모든 영역에 있어서 각인의 기회를 균등히 하고 능력을 최고도로 발휘케 하며, 각인의 책임과 의무를 완수케 하여 안으로는 국민생활의 균등한 향상을 기하고 밖으로는 항구적인 국제평화 유지에 노력하여 우리들과 우리들의 자손의 안전과 자유와 행복을 영원히 확보할 것을 결의하고 우리들의 정상 또는 자유로이 선택된 대표로써 구성된 국회에서 단기 4281년 7월 12일 이 헌법을 제정한다.

조석준(1967)에 의하면, 미군정이 시작되기 전 한국인들이 가장 절실하게 느꼈던 행정 수요는 국내 질서의 유지와 민생(식량과 후생), 교통과 건설, 독립 쟁취를 위한 정치활동과 문화활동에 있었다고 결론짓고 있다(조석준, 1967: 121-124). 이러한 과제들은 미군정을 거쳐 정부 수립 시에도 그대로 승계된다. 많은 국정과제 중에서도 해방된 조국에서는 자주적 정부 수립이라는 과제가 가장 중요한 목표일 수밖에 없다.

2. 자주적 정부 수립

조선 주둔 점령군 사령관 하지 중장은 대한민국 정부 성립 선포식에 임해 1948년 8월 16일 자정으로써 미군정의 종언을 고할 것을 명확히 하고 그 시각 이후로 한국 정부에 정권을 이양할 것을 선언했다. 신정부가 남조선 과도정부의 각 기관의 인수에 관한 대통령령을 공포하고 정권 인수에 착수할 당시 가장 중요한 문제는 대한민국 정부의 자주성이었다(조선일보, 1948년 8월 19일자 사설). 이때의 자주성이란 우리 손으로 행정을 맡아 운영하면 어떻게 해서든지 지금보다는 낫겠지 하는 것이었다. 이 말에는 당시의 민생문제의 해결책 여하와 탐관오리와 악질 모리배 숙청의 두 가지 문제가 있었다. 민생문제는 절대빈곤의 문제도 문제이려니와 그보다는 열심히 일해도 기본적 의식을 해결하지 못하는 그릇된 무질서적 자유와 불평등을 어떻게 교정할 것인가 하는 사회정의의 문제이며, 탐관오리의 문제는 근본적으로 관이 민을 지배하려는 생각과 관의 부패의 문제인 것이다. 이러한 문제를 해결하기 위해서는 법과 제도를 정비하는 것이 당연한 수순이겠지만 그보다 더 중요하게 인식됐던 것은 이를 운영할 정부를 제대로 구성하는 것으로 보았다. 즉, 전 국민의 신망을 얻을 수 있는 희생적이고 혁신적인 인물들로 자주적인 정부를 구성하는 것이 가장 중요한 것으로 인식됐다.

1) 정부 수립과 한국적 대통령제

한국 정부의 권력구조 문제는 1948년 7월 17일 제헌 당시부터 지금까지도 그 논의가 끊긴 적이 없는 줄기찬 문제다. 우리나라 헌정사에서 가장 중요한 논의의 대상이 된 것은 권력구조 문제 중에서도 바로 정부 형태의 문제라 할 수 있다(김운태, 1976: 274). 따라서 우리나라의 정부개혁의 역사는 이러한 의미에서 개헌과 더불어 정부 형태의 개변사라 해도 과언이 아닐 것이다(김운태・오석홍, 1996: 260). 제1공화국 시절 1952년 7월의 제1차 개헌안부터 1960년 11월의 제4차 개헌안까지의 내용이 주로 이 정부의 권력구조 문제를 중심으로 제기된 것을 봐도 알 수 있다. 우리 정부의 권력구조에서 이른바 미국식 대통령 중심제와 영국식 내각책임제의 타당성 문제는 그것이 이승만 대통령 치하에서 정치적 타당성을 둘러싸고 제기된 듯이 보이지만 사실 그것은 당시 각 정당의 정략과 관련되고 있음을 부인할 수 없다. 왜냐하면 당시 민주당의 정강정책에서 추구하던 내각책임제는 이승만의 독재정치에 항거하는 정략적 무기였던 것이다(박문옥, 1963: 426). 특히 권력의 다기화나 사회적 이익집단들의 이익 투입 기능이 미약했던 제1공화국과 같은 신생 독립국에서는 헌법상의 권력구조를 확정짓는 일은 정치 세력 간의 권력 투쟁적 성격을 가질 수밖에 없었을 것이다.

5・10총선에 의해 구성된 제헌의회의 최대 임무는 대한민국의 법적 기초가 될 헌법의 제정이었다. 제헌의회는 곧 헌법 제정에 착수해 동년 6월 3일부터 유진오의 헌법 초안을 원안으로, 권승렬의 초안을 참고안으로 하여 토의를 진행했다. 이 양안은 모두가 정부 형태를 의원내각제로, 국회는 양원제로 하고, 위헌법률심사권을 대법원에 부여하는 것이었으나 당시 국회의장이었던 이승만의 강경한 대통령제 주장으로 결국 정부 형태를 대통령 중심제로 수정했다. 즉, 제헌헌법은 정부 형태에 관해 헌법 제정 당시 내각책임제로 기초된 초안에서 정치 세력 간의 이견으로 국회의 정부불신임 의결권과 정부의 국회해산권을 삭제하고 나머지 등은 관계 조문을 수정하는 정도에 그쳤다. 그리하여 최초의 헌법은 부통령을 두는 등 대통령제를 본질적 요소로 하면서 의원내각제의 규정을 많이 포함하는 내각책임제와 대통령중심제를 절충한 기형적 형태로 출범했던 것이다. 그리하여 본회의를 통과한 헌법의 주요 골자는 삼권분립을 기초로 정부 형태는 대통령중심제로 그러나 대통령은 국회에서 간접선거로 선출하게 하고, 국회도 단원제, 법률의 위헌 결정권은 대법원에 부여하는 등의 권력구조를 채택했다(조석준, 1966: 110-125). 특기할 만한 일은 경제 질서에서는 사회민주화의 경향을 강하게 띠었다는 것

이다(김운태 · 오석홍, 1996: 258).[5]

제헌헌법 제4장 정부 제1절은 대통령에 관해 규정하고 있는데 그 내용을 살펴보면 다음과 같다. 대통령은 행정권의 수반이며 외국에 대해 국가를 대표한다(제51조). 대통령이 사고로 인해 직무를 수행할 수 없을 때에는 부통령이 그 권한을 대행하고 대통령, 부통령 모두 사고로 인해 그 직무를 수행하지 못할 때에는 국무총리가 그 권한을 대행한다(제52조). 당시 헌법 제53조 제1항에 의하면 대통령과 부통령은 국회에서 선출하도록 하여 미국식 대통령중심제와는 달리 대통령의 지위를 상대적으로 약화시켰다. 국회와 정부의 관계는 국회의원과 국무위원의 겸임이 허용됐고(헌법 제53조 제8항), 정부도 법률제안권을 가졌으며(헌법 제39조), 국무총리 · 국무위원 · 정부위원은 국회 출석과 답변이 허용됐다(헌법 제44조). 대통령은 중요한 국무에 관해 국회에 출석해 발언하거나 또는 서신으로 의견을 표시한다(제60조). 대통령은 헌법과 법률이 정하는 바에 의해 공무원을 임면한다(제62조).

2) 국무원중심제

제2절은 국무원에 관해 규정하고 있는데 국무원은 대통령과 국무총리, 기타 국무위원으로 조직되는 합의체로서 대통령의 권한에 속하는 중요 국책을 의결한다(제68조). 그 수는 국무총리를 포함해 8인 이상 15인 이내이며, 현역 군인은 국무총리나 국무위원에 임명될 수 없었다(제 68, 69조). 제1공화국의 국무총리는 국회의 승인을 얻어 대통령에 의해 임명되며 국무회의의 부의장으로 대통령을 보좌하며, 행정 각부 장관을 통리, 감독하며 행정 각부에 분담되지 아니한 행정 사무를 담임했다(박문옥, 1963: 430). 국무위원은 대통령이 임명한다(제69조). 대통령은 국무회의의 의장이 되며(제70조), 국무회의의 의결은 과반수로 행한다(제71조). 제헌헌법 하에서는 내각은 국무원이라고 호칭했으며, 대통령, 국무총리, 국무위원으로 조직된 합의체로서 대통령의 권한에 속하는 중요한 국책을 의결하는 행정에 관한 최고의결기관이었다(박문옥, 1963: 432). 대통령도 일개 구성원에 지나지 않는 국무원이 명실상부한 행정의 책임자로 기능하는 국무원중심제라 할 수 있다(김운태, 1976: 275). 제헌헌법과 최초의 정부조직법 체제 하에서 대통령의 권한의 경우, 대통령이 직접 수행하는 것이 아니라 국무원이라는 행정, 정책협의기관을 두고 독립적

5) 경제에 대한 대강을 선언하고 있는 제헌헌법 제6장 제84조에 의하면 대한민국의 안녕질서는 모든 국민에게 생활의 기본적 수요를 충족할 수 있게 하는 사회 정의의 실현과 균형 있는 국민경제의 발전을 기함을 기본으로 삼는다. 각인의 경제상 자유는 이 한계 내에서 보장된다고 규정하고 있다(제헌헌법 제84조).

인 헌법기관인 국무총리가 행정 각부 장관을 관리하고 의회에 보고하며 정부예산 편성을 다루도록 했기 때문이다.[6] 즉, 제헌헌법 제51조에 의해 대통령은 행정수반이기는 하나 대부분의 행정행위를 국무총리에게 위임해 수행하도록 하는 구조를 만들었고(정부조직법 제8조 내지 11조) 대통령 자신은 국무총리를 겸임할 수 없도록 제한했다(제헌헌법 제53조).

나아가 1948년에 제정된 정부조직법은 인사와 조직을 담당하는 총무처, 공보처, 법제처와 정부예산 편성을 담당하는 기획처들도 모두 국무총리에게 소속되도록 조직구조를 만들었다. 이때의 대통령은 행정부의 수반이며, 국가원수이기는 하지만 헌법과 정부조직법상 대통령이 가진 권한은 국무총리와 행정 각부 장관을 임명하는 명목적인 권한에 국한돼 있었다. 즉, 최초의 정부조직법은 실질적 권한을 국무총리에게 집중되도록 했다. 동법 제8조는 국무총리는 국무회의에 부의할 의안을 총괄하고 조정한다고 규정함으로써 국무회의의 의제상정권을 국무총리가 행사하도록 했고, 행정 각부 수장인 장관의 업무에 대한 지휘감독권도 대통령이 아닌 국무총리에게 귀속돼 있었다(정부조직법 제9조). 또한 정부 예산이나 일반적인 행정행위 및 정책에 대한 국회 보고와 법률안에 대한 국회 보고도 국무총리가 주관하도록 돼 있었다(정부조직법 제10조).[7] 이와 더불어 최초의 정부조직법에 의하면 도지사, 시장, 군수 등 지방단체장의 각 지방행정 업무에 대한 지휘감독권도 국무총리에게 귀속돼 있었다. 더욱이 행정부 전체의 인사 및 조직을 담당하는 총무처가 국무총리 직속기관이었으므로 국무총리는 지방행정 업무의 지휘, 감독권뿐만 아니라 각 지방자치단체장의 임명권도 가지고 있었다(정부조직법 제11조).

이러한 제헌헌법의 정부 형태에 관해 내각책임제에 더 가까우냐 아니면 대통령중심제에 가까우냐하는 논쟁이 있으나 의원내각제적 요소와 대통령제적 요소를 정치적으로 절충한 기형적 한국형 대통령제라 할 수 있다(김운태 · 오석홍, 1996: 260). 실제로 이 당시에는 국무총리나 국무위원을 국회의원 중에서 반드시 임명할 것을 규정하지 않았고 장관은 대통령의 자유 의사로 임명할 수 있었다. 따라서 1949년부터는 대부분의 장관을 비의원으로 임명하는 것이 관례화됐다. 따라서 각부 장관이 관할하는 행정 업무를 국회에 설명하고 변호하는 그들의 기능을 다할 수 없었고, 이는 대(對)국회 관계가 원활하지

6) 제헌헌법 제 72조에 의하면 다음과 같은 사항은 국무회의의 의결을 거쳐야 한다. 국정의 기본 계획과 정책, 예산안, 결산안, 재정상 긴급처분안, 예비비 지출에 관한 사항, 행정 각부 내의 연락 사항과 권한의 획정, 행정 각부의 중요한 정책 수립과 운영 에 관한 사항 등.

7) 정부조직법 제10조는 국무총리는 대통령의 명을 따라 정부 제출의 법률안, 예산안 기타의 의안을 국회에 제출하며 일반 국무에 관해 국회에 보고한다고 규정하고 있다.

못했던 한 요인이기도 했다. 이처럼 내각책임제가 가미된 권력구조였지만 장관은 아무런 정치적 결정도 할 수 없는 관료에 불과했던 것이다(박문옥, 1963: 434).

따라서 이러한 한국형 대통령제는 의원내각제적인 요소를 내포하고 있었기 때문에 전형적인 대통령제가 보이는 특성, 즉 권력분립 원칙에 입각해 대통령과 국회가 독립적으로 운영되는 정국 운영 방식과는 상이한 정치 과정을 낳을 수 있는 가능성을 이미 제도 내부에 포함하고 있었음을 의미한다(원시연, 2007: 6). 그 결과 대통령과 국회 간의 권력구조는 대통령을 정점으로 융합되는 경향을 보여왔던 것은 주지의 사실이며, 이는 당시 전 세계적으로 일어나고 있던 정치의 관료화 현상, 즉 행정국가화 흐름과 일맥상통한다.

대통령제적 요소는 다음과 같은 규정을 들 수 있다. 대통령은 행정권의 수반이며(제헌헌법 제51조), 그 임기는 4년이며(제54조) 국회에 대해 책임을 지지 않는다. 부통령제를 두고 있을 뿐만 아니라 국무총리 이하 국무위원은 대통령이 임명하게 됐다(제헌헌법 제69조). 대통령은 국회를 통과한 법률안을 거부할 수 있다.

의원내각제적 요소로는 다음과 같은 규정을 들 수 있다. 대통령, 부통령을 국회에서 선출하고(제헌헌법 제53조), 국무총리의 임명에 국회의 승인을 요한다. 국무원을 헌법기관으로 하고 중요 국책을 의결하게 한다. 국무총리와 국무위원은 국회의원을 겸할 수 있다. 대통령의 국무에 관한 행위에 관해 국무총리와 국무위원의 부서를 요한다. 정부는 법률안을 제출할 수 있다.

3) 대통령 직선제와 내각제 강화의 허실

1950년 6월25일 북한의 남침으로 한국전쟁이 발발한 후 1953년 7월 27일 휴전협정이 체결된다. 한국전쟁은 이승만의 권력 강화에 결정적으로 기여한다. 6·25전쟁을 거치면서 이승만 대통령은 자신의 대통령으로서의 권한을 제약하는 헌법과 정부조직법의 틀을 바꾸기 위한 시도를 한다. 1950년 5월 30일 실시된 제2대 총선으로 지지 기반이 훼손당한 그는 국회를 통한 재집권이 어려워지자 전쟁의 와중에서 대통령 직선제 개헌안을 통과시킴으로써 장기 집권의 발판을 구축한다. 1952년 부산정치 파동은 이승만의 대통령 직선제와 야당의 내각책임제 개헌안의 해묵은 대결인 셈이다. 1952년 7월 7일의 제1차 개헌은 이른바 발췌개헌으로 정부의 형태는 의원내각제의 색채가 더 가미된 것이었으나 본질적으로는 대통령제임에는 변함이 없다.

소위 발췌개헌이라고 하는 제1차 개헌에 의한 정부 형태는 이승만 대통령의 재선을 보장하기 위해 대통령 직선제를 채택하면서 국회 측 개헌안에 내포된 내각책임제적 요소 등을 혼합했기 때문에 그 내용에서 모순적이었다(김운태, 1976: 277). 직선에 의한 행정권의 수반으로서의 대통령을 규정하는 한편 민의원의 국무원 불신임권을 인정함으로써 내각책임제의 본질적 요소를 가미하고 있었다. 대통령제를 더 강화한 규정으로는 대통령과 부통령은 국민의 보통, 평등, 직접, 비밀 투표에 의해 각각 선거한다(제1차 개정 헌법 제 53조)라고 함으로써 대통령제의 본질적 요소라고 할 수 있는 대통령의 직접 선거제가 규정됐다. 의원 내각제를 더 강화한 규정은 다음과 같다. 국회는 국무원에 대한 불신임 결의를 할 수 있을 뿐 아니라(제1차 개정헌법 제 70조의 2) 국무총리와 국무위원은 국회에 대해 국무원의 권한에 속하는 일반 국무에 관해서는 연대 책임을 지고, 각자의 행위에 대해서는 개별 책임을 진다(제1차 개정 헌법 제70조 3항). 국무위원과 행정 각부의 장관은 국무총리의 제청에 의해 대통령이 임명한다(제1차 개정 헌법 제73조)라고 했는데 이것은 국무위원 연대 책임의 논리적 전제가 된다. 국무총리 임명에 관한 국회의 승인권 및 국무위원과 행정 각부의 장의 임면에 관한 총리의 제청권을 규정한 것도 같은 맥락이다.

그러나 이러한 상황은 자유당 창당, 나아가 1954년에 치러진 국회의원 선거에서 자유당이 압승하고 자유당 내에서 이기붕 체제가 확립되자 변화가 시작된다. 여기서 간과해서는 안 될 것은 국무총리의 권한의 변화였다. 자유당의 압승과 당내의 안정으로 이승만은 국무총리 임명 시 국회의 움직임을 고려할 필요가 없어졌다. 이 때문에 그는 이전과 비교해서 훨씬 작은 정치적 영향력을 가진 인물들을 국무총리로 임명하게 된다. 국무위원에 관해서도 마찬가지였다. 이러한 국무총리와 국무위원의 관료화는 건국 당시 헌법 초안의 잔재 부분이라고 할 수 있는 국무총리의 존재 그 자체에 의문을 던지게 한다.[8] 이러한 연유로 1955년 이승만의 3선을 실현한 소위 사사오입 개헌에 의한 헌법 개정에서 국무총리는 폐지된다. 제1차 개헌 결과, 대통령 직선제로 제2대 대통령으로 당선된 이승만은 정권 연장 목적을 달성한 후 일인독재 정치의 경향을 강화하며, 국무총리의 제청권을 무시한다거나 하는 등 내각제적 요소를 무시한다. 따라서 이를 두고 내각책임제라고 하기에는 실제 운용 결과를 보면 어렵다. 그리하여 1차 개헌 후의 헌정

8) 이승만 대통령은 해방 직후부터 개별 정당의 지도자가 되기를 거부했고 정부 수립 이후에도 여러 추종 집단을 정당이라는 하나의 틀로 묶으려 하지 않았다. 그로 인해 제헌 국회와 2대 국회는 무소속 의원의 비율이 매우 높았던 시기다. 그러나 2대 국회에서 국회 내 지지 세력을 형성할 필요성을 절실히 느낀 후 자유당 창당을 통해 제3대 국회부터 여당을 탄생시켰다. 최초의 여당인 자유당은 이처럼 집권자의 필요에 의해 만들어졌다. 또한 제3대 국회는 역사상 최초로 대통령과 의회 내 집권당이 다수당을 차지하는 단점 정부를 등장시켰다(원시연, 2007: 17-18).

은 실제로는 대통령중심제로 운영됐다고 보는 것이 옳을 것이다.

4) 대통령중심제의 확립

제2차 개헌은 1954년 11월의 개헌으로 이른바 사사오입 개헌이다. 전쟁 후 이승만은 1954년 국민투표제를 대표 안건으로 대통령의 임기를 4년으로 1차에 한해 중임할 수 있다는 규정을 초대 대통령에 한해 제외한다는 3선 금지 조항의 폐지 등을 골자로 하는 대한민국 헌법을 개정(소위 사사오입 개헌, 대한민국헌법 일부 개정, 1954.11.29. 헌법 제3호)한다.[9)]

제2차 개헌은 대통령 중임 제한을 철폐하고, 주권의 제약 또는 영토의 변경을 가져올 국가 안위에 관한 중대 사항에 관한 국민투표제의 채택, 국무총리제 및 국무원 연대 책임제의 폐지, 자유경제 체제에의 이행 등을 규정하며 내각책임제적 요소를 일소하고 정부 형태를 제헌헌법보다 더 순수한 대통령중심제로 바꿨다. 제1차 개헌이 정부와 국회 간의 대립의 해결책으로 대통령 직선제 규정과 의원내각제 규정과를 서로 교환했던 것이라면 제2차 개헌은 대통령제 규정은 그대로 남기고 의원내각제 규정만 제거했던 것이다.

내각책임제의 본질적 요소라 할 수 있는 민의원의 국무원 불신임권 및 이에 상응하는 국무총리 및 국무위원의 연대 책임은 완전히 제거하고, 민의원의 국무위원에 대한 개별적 불신임권만 존속시켰다(당시 헌법 제70조의 2). 제2차 개헌에 의해 새로이 규정된 고급공무원에 대한 참의원의 인준권(제40조의 2)도 참의원이 구성되지 않아 행사되지는 않았지만 단순한 견제와 균형의 원칙으로 볼 수 있다. 다만 제2차 개헌 후에도 정부의 법률안 제안권, 국무위원의 국회 출석발언권, 국무위원과 국회의원의 겸임 등은 존속했다.

3. 정부조직법 제정과 중앙정부 개혁

1) 대한민국 출범 당시의 중앙정부 조직

대한민국 최초의 정부조직법은 헌법의 공포와 더불어 법률 제1호로써 1948년 7월 17일 제정, 시행됐다. 최초의 정부조직법은 1948년 6월 2일부터 7월 20일까지 활동한 제헌국회에서 선출된 국회의원과 민간인 전문가로 구성된 헌법 및 정부조직법 기초위원회에

9) 1954년 헌법 개정 부칙 제3항에 헌법 공포 당시의 대통령에 대해서는 임기의 중임 제한 단서를 적용하지 않는다고 명시했다.

서 초안을 마련했고 헌법과 함께 1948년 6월 23일 제헌국회 본회의에 상정됐으며 7월 12일 국회를 통과해 7월 17일 공포됐다. 제헌국회는 헌법 제정에 몰두했기 때문에 정부조직법은 7월 8일 작성에 착수, 일주일 만인 7월 14일 국회에 상정되고, 7월 16일에는 국회를 통과해, 7월 17일에 최초의 중앙정부 조직에 관한 정부조직법이 공포된 것이다.[10] 그러나 1948년 8월 15일 대한민국 정부 수립을 전 세계에 선포하고 정부가 미군정으로부터 실제 행정권을 이양받은 것은 동년 9월 3일이다(김운태, 1976: 281).

정부조직법은 헌법상 법정주의(제헌헌법 제4장 정부 제51조~제75조)에 의거해 국가의 행정을 주관하고 수행할 정부조직을 설립하고 운영할 수 있도록 규정했다. 제헌헌법은 제4장 정부에서 대통령과 국무원, 행정 각부 등 헌법기관으로서의 정부조직에 관한 구체적인 사항을 규정하고, 정부조직법은 이러한 헌법에 기초해 제1장 제1조에서 본 법은 정부의 행정조직의 대강을 정해 통일적이고 체계 있는 국무 수행을 기함을 목적으로 한다고 그 목적을 명시하고 기타 조직 및 업무 범위에 관해 구체적인 내용을 규정했다.

정부 출범 당시 중앙정부는 대통령, 국무원, 국무총리, 11부(내무부, 외무부, 국방부, 재무부, 법무부, 문교부, 농림부, 상공부, 사회부, 교통부, 체신부), 4처(총무처, 법제처, 기획처, 공보처)와 2위원회(고시, 감찰위원회), 3청을 설치 출범해 정부 초기와 한국전쟁 후 1955년까지는 큰 변화 없이 지속된다(박문옥, 1963: 439; 김운태·오석홍, 1996: 263).

대통령은 행정권의 수반으로서 법령에 의해 모든 행정기관을 통할하고 국무총리, 행정 각부 장관, 지방행정의 장의 명령이나 처분이 위법 또는 부당하다고 할 때에는 그것을 중지 또는 취소할 수 있다(정부조직법 제2조). 그러나 이러한 대통령의 권한은 실제로는 정부조직법 제9조와 10조의 규정에 의해 국무총리에게 실질적으로 위임돼 있었다. 국무총리는 대통령의 명에 의해 예산안, 법률안 기타 의안을 국회에 제출하며 일반 국무에 관해 국회에 보고하도록 규정돼 있었던 것이다.

정부조직법 제4장은 국무총리 소속기관에 관해 규정하고 있는바 국무총리 소속 하에 총무처, 공보처, 법제처와 기획처를 두었다(정부조직법 제30조). 총무처장은 국무원의 서

10) 정부조직법은 다음과 같은 제정 경과와 그 내용으로 인해 당시의 국내외의 모든 현실적 사정을 반영하지 못한 채 이뤄졌다. 즉, 제헌 국회가 구성된 후 대한민국 정부를 수립하고 선포하기까지의 기간 동안은 국회의 입법 사항에서 최대 관심사는 헌법 제정의 문제였다. 제헌국회는 헌법 제정에 몰두했기 때문에 정부조직법 제정은 7월 8일에야 기초를 시작하여 9일에는 초안의 검토를 마치고 14일에 국회에 상정해 별 다른 논의 없이 7월 17일 통과시킨다(김운태, 1976: 281). 그러므로 정부조직법은 3일이라는 단시일 내에 처리됐고 여러가지의 대안도 없었으며, 또한 외국의 제도를 광범위하게 참조한 일도 없었다. 이러한 연유로 신정부는 정부조직에서 목표와 이상을 가지지 못했고 정부조직법 초안은 당시 남조선과도정부의 행정기구, 일본정부의 행정기구, 중국의 고시원과 감찰원 등을 참조한 것으로 알려지고 있다(조석준, 1966: 125).

무, 회계, 문서, 인사와 상훈 등에 관한 사무를 장리한다(정부조직법 제31조).

정부 수립 당시 정부조직의 특색은 다음과 같다(김운태, 오석홍, 1966: 263-264).

첫째, 계선 기구에서 외교, 국방의 기능을 미군정 시대보다 현저하게 강화, 즉 국방태세, 독립국가로서의 외교문제를 우선시했으며, 이상의 양 기능 외에는 새로 추가 강화된 기능은 없었다. 외교, 국방을 제외하고는 군정 시대의 기구를 그대로 인수하면서 행정기관을 간소화하겠다는 소극적인 태도로 임했던 것이다. 그러나 이는 국가 형성 초기에 있는 모든 신생 국가의 공통된 현상으로 국가의 존립을 튼튼하게 하기 위해 외교, 국방, 치안 같은 분야에 많은 관심을 기울이는 것은 당연하다 할 것이다.

둘째, 참모기구에서는 미군정 시대의 참모기구의 분화 현상을 오히려 정부 수립 후에 후퇴시켰다고 할 수 있다. 이는 당시 정부의 인력 구성이 계선조직의 충원에 급급하고 국가의 목표도 국방·외교정책에 치중돼 있어 참모조직의 필요성을 크게 인식하지 못했기 때문이다. 또 기획기구의 부활과 목표 달성을 위해 노력했으나 성과는 미미했다. 종합적으로 정부 수립 직후에는 행정의 민주화와 능률화에 대한 문제보다 간소화에 치중하며 국가 형성에 크게 의존했음을 보여준다. 독립국가로서 형식적 제도를 구비한다는 것과 그 간의 재정 적자를 위한 절약 및 행정간소화라는 대원칙에서 출발, 정부조직을 최소화했던 것이다. 이처럼 신정부는 정부조직에서 목표와 이상을 가지지 못했고, 미군정과 조선총독부, 일본 정부의 행정기구를 토대로 적당히 절충 설계했다(김운태, 1976: 282).

2) 제1공화국 중앙정부조직 개혁의 배경

중앙행정기구는 행정수반을 정점으로 하는 계층적 질서와 기능적 조직 체계로 구성된다. 일반적으로 정부의 기능은 생명 주기가 동태적이기 때문에 정부조직은 고정된 것이라기보다는 경제사회 환경의 변화에 맞춰 지속적인 변화를 필요로 한다. 정부의 기능이란 사회의 분화와 기능의 복잡화에 따라 그에 적응해 관리하기 위해 존재하는 것이기 때문이다. 일반적으로 정부개혁은 정부 내에서 주로 행정조직의 구조와 기능의 개편작업을 통해 구체화된다. 체제적으로 개혁이 이뤄지는데는 국가에 따라 그 양상을 달리하는데 영국이나 미국 등과 같이 국가의 권력구조가 확고부동하게 확립돼 있는 국가에서는 행정기구의 개혁이 전면적이라기보다는 사회적·기술적 요청에 따라 대체로 부분적으로 이뤄지는 것이다. 그러나 우리처럼 권력구조가 확고하지 못해 끊임없이 헌법 개정을 통해 변화를 겪는 경우에는 권력구조의 변동을 가져오는 정치적 개혁이나 혁명 등으로 말미암아 행정기구의 개혁이 대폭적인 개혁으로 나타났던 것이라 하겠다(김운태, 1976: 285-286; 김운태 · 오석홍, 1996: 266). 여기에서는 중앙정부조직 개편의 내용을 중심으로 조직개편 당시의 상황, 개혁의 방향과 주요 결정 체제, 그리고 개혁의 특징을 중심으로 기술한다.

제1공화국 당시의, 정부 수립을 전후한 한국의 경제적 여건을 보면 경제 체제가 구조적 불균형과 근본적 취약성으로 일제로부터의 예속성을 탈피하지 못한 상황이었으며, 민족자본, 생산기술, 기업가 정신과 경영 능력 등이 부족했다. 정부 수립 이전부터 지속된 미국 위주의 해외 원조와 정치적으로 세계적인 냉전 이데올로기 심화, 남과 북의 분단과 각각의 정부 수립, 사회경제적 혼란, 가치관의 혼란 등이 국내외적 상황으로 작용했다. 상대적으로 미약한 투입 기능에 우위를 차지하면서 정부의 행정 체제 성립과 제1공화국 기간 내의 행정개혁에 영향을 주었다(윤천주, 1979: 116). 관료 및 사회 각 부문의 이익집단은 아직 조직력과 정치적 영향력을 가진 힘으로 부상하지 못했고, 일부 도시 지역을 제외하고는 일반 국민은 전혀 투입 기능을 발휘하지 못했다(이한빈 외, 1981: 395).

제1공화국 당시는 행정개혁 이전 단계로 행정 체제의 성립 시기라고 볼 수 있으며, 이는 해방 후 2년여의 미군정기를 거쳤음에도 불구하고 일제하의 총독행정 체제의 기본 골격이 그대로 답습됐기 때문으로 보인다(박수경, 2006: 89).

3) 정부개혁의 목표

모든 정부 체제와 조직, 그리고 인력 충원 원칙을 새로이 정비했던 제1공화국 초기와 1954년 초대 대통령에 대한 중임 제한을 철폐한 이후 1958년까지, 그리고 국가보안법을 통과시킨 1958년부터 1960년까지의 세 기간은 행정 체제 형성과 개혁에서 서로 다른 결정 과정과 목표 체계를 나타낸다(안해균, 1982: 176-177, 박수경, 2006: 89).

제1기의 목표는 주로 국가 건설과 국민 형성이며, 구미식 민주주의, 자본주의 경제 체제의 건설, 반공정책 표방, 국가 체제의 형성 등을 그 내용으로 한다. 이를 위해 참모기구는 대폭 통합, 축소되고 법통 유지 기구인 외무, 국방, 내무 등의 기구를 경제, 사회관계 기구보다 우선시한다. 그리고 인사행정의 실적주의, 조직운영계획과 경제계획 입안 등을 내세웠다. 그리고 공식적 목표로서 행정간소화, 국민 편의 증진, 분권화를 위한 개혁 등을 표방했으나 전문성이 결여된 관료 충원과 실현 의지 부족으로 실패한 것으로 판단된다.

제2기는 전후 복구 및 경제 부흥을 위해 종합적인 경제계획 수립이 필요했고, 해외원조 감소로 독자적인 경제 회복을 하기 위한 필요성도 있었다. 전쟁으로 파괴된 산업시설과 사회간접시설을 복구하고 확충하기 위해 종합적인 경제기획과 경제 안정이 요구됐고 대외적으로 대한민국 원조를 대부분 담당했던 미국도 원조 규모를 축소함으로써 한국 정부의 독자적 부흥과 자립계획이 필요했던 것이다. 국가의 당면 목표로 남북통일, 경제 안정 및 전해 복구를 표방하고, 특히 경제 안정과 회복을 위해 지금까지 정치 파벌간 세력 균형을 위해 요직 안배라는 각료 임명 방식을 탈피해 경제적 전문성을 가진 이들을 경제부처의 장으로 임명하고 이와 함께 경제 관계 기구의 증설 차원에서 부흥부와 외자청을 설치하기에 이른다.

제3기는 이승만 장기 집권 추진의 여파로 국가 목표 수립 및 행정 체제의 개혁이 등한시되고 정권 유지가 실질적 목표가 된다. 자유당 과두 체제가 형성되고 경찰국가적 분위기가 조성된다.

4) 정부개혁의 추진 방향

(1) 제1차 개혁(1948.8~1954.3): 외교, 국방조직 강화

제1차 개혁(1949.3)을 포함해 이 기간(1948.8~1954.3)의 기구 개혁은 일본인 재산관리와 국제협력기금의 처리 및 국군제도의 정비가 주 대상인바 그 내용은 다음과 같다. 1949년 3월 25일 정부조직법을 일부 개정해 기존의 11부처에서 12부처로 보건부를 신설했으며 1949년 12월 19일 국무총리 직속 하에 재무부 외국으로 귀속재산의 관리 처분기관인 관재청을 신설하고 1950년대의 국제협력기금의 만능 시대를 앞두고 대통령 직속으로 외자구매처를 신설했다. 또한 1950년 4월 24일 국무총리 직속 하에 임시외자관리청을 신설해 외국원조관리기관을 재무부에서 독립시켰고, 심계원이 대통령 직속기관으로 됐다(박문옥, 1963: 440-441).

1952년 7월의 부산 정치 파동을 계기로 하여 국회의 기능이 극도로 약화돼 외부적 억제와 내부적 균형 없이 행정부의 비대화와 권력의 누적화 과정을 밟았다. 이 밖에 전후 복구비용을 마련하기 위해 재무부 전매국을 전매청으로 승격시켰고, 국방부에서는 강대해지는 국군의 발전에 적합하고 능률적인 군사정책 사무를 수행하기 위해 국방부 기구에 일대 혁신을 가해 인사를 인사, 정훈으로, 예산경리를 담당하던 1,2,3국을 육군국, 해군국, 공군국으로 3군별 각국으로 개편해 3군별로 업무를 분담케 했다. 1954년 2월 17일에는 대통령령 제873호로 국방부 장관의 자문기구인 임시합동참모회의를 공포했는데 이는 대통령 장악 하에 전략방침과 계획 등 군령에 관해 대통령을 보필하고 육 · 해 · 공 3군의 연루 협조를 도모하기 위해 육 · 해 · 공군 참모총장으로 구성되는 합동참모회의를 설치하는 것이었다(김운태, 1976: 283).

(2) 제2차 개혁(1955-1959): 국무총리제 폐지와 행정권의 강화

제1공화국의 제2차 조직개혁은 1954년 11월 29일 소위 사사오입 개헌(제2차 헌법 개정)으로 국무총리제가 폐지되고, 대통령중심제의 체제를 강화하면서 이뤄진 개편을 말한다. 1955년 2월 7일 정부조직법 개정으로 중앙행정기구가 대대적으로 개편된 바, 이는 6 · 25 후는 물론 정부 수립 이후의 가장 중요한 정부조직법의 개정이라 할 것이다.

이승만 대통령은 헌법과 정부조직법 개정을 통해 독립적 헌법기관이었던 국무총리제를 폐지하고 국무총리에게 위임되거나 귀속됐던 모든 권한을 대통령 자신에게 가져온다. 그 핵심에는 국무위원 및 행정 각부 장관과 중요 정부기관에 대한 대통령의 직접 통제, 국회에 대한 대통령의 직접 관계가 자리하고 있다(1954년 개정헌법, 1955년 개정 정부조직법 제2장 국무원 제8조 내지 제12조, 부칙). 이러한 개정은 제헌헌법과 최초 정부조직법에서 국무총리에게 집중돼 있던 권력을 대통령에게 돌리도록 하는 방향으로 추진됐다. 즉, 당시 이승만 대통령은 행정수반으로서의 대부분의 권한이 국무총리에게 집중돼 있던 것을 헌법기관인 국무총리를 폐지함으로써 국무총리에게 위임되거나 부여됐던 모든 권한과 책임 등을 대통령에게로 귀속시키는 데 관심이 있었으며, 그 간 국무총리가 행사했던 행정 각부의 지휘 감독, 정부 주요 지원기관(인사조직, 홍보, 법제, 예산편성 등)의 직접적인 통제, 그리고 지방행정단체장의 임명 및 통제를 대통령 자신이 직접 수행하기를 원했다고 볼 수 있다(박윤성 · 이미애, 2010: 92).

1954년 헌법 개정과 1955년 정부조직법 개정을 통해 강화된 대통령의 행정 권력 강화 내용을 살펴보면 다음과 같다(박윤성 · 이미애, 2010: 93-100).

국무총리제가 폐지됨에 따라 제헌헌법 제69조의 국무총리에 대한 대통령의 임명과 국회 승인 조문은 삭제된다. 1948년 정부조직법 하에서는 국회는 대통령의 국무총리 임명 권한을 극도로 제한했다. 즉, 제헌헌법 제69조는 민의원이 새로 구성될 때나 국무총리직이 공석이 될 때에는 국무총리를 국회에서 다시 승인받도록 하여 국회의 다수당이 지지하는 인물을 국무총리에 임명할 수 있도록 했다(제헌헌법 제69조). 그러나 1954년 개정 헌법에서는 국무총리 관련 조항은 모두 삭제되고 대통령의 국무위원 임명 권한만을 명시하게 된다(헌법 제3호, 1954년.11.29. 일부 개정 제69조). 동 개정 헌법에서는 국무위

원이 되는 행정 각부 장에 대한 임면 권한은 대통령에게 직접 귀속하게 된다(헌법 제3호, 제73조). 이에 따라 대통령은 국회의 간섭이나 승인 없이 행정 각부의 장을 임면할 수 있어 행정 각부에 대한 강력한 통제권을 확보하게 된다.

국무총리제가 폐지됨에 따라 1955년 개정된 정부조직법에서는 대통령이 임의로 임명하는 수위의 국무위원을 두어 국무회의의 의제를 상정하고 조정할 권한을 부여한다(1955년 개정 정부조직법, 제8조). 새로운 정부조직법 하에서는 대통령은 과거 국무총리와 달리 대통령이 국회의 간섭이나 승인 없이 수석 국무위원을 자의적으로 임명하고 면직시킬 수 있는 권한을 가진다. 이러한 수석 국무위원은 대통령의 의지를 반영해 국무원 및 국무회의를 운영하는 대통령의 직접 대리인에 불과한 역할이었다. 이와 함께 최초 정부조직법 하에서 국무총리가 가졌던 행정 각부 장관의 지휘 감독 권한은 모두 폐지되고 대통령은 명실상부한 행정수반으로서 행정 각부 장관에 대한 지휘감독 권한을 직접 수행하게 된다. 이로써 개정 정부조직법은 대통령의 행정 권력이 집중될 수 있는 초석을 마련하게 된다. 또한 대통령은 국회에 보고 등 행정부의 대(對)국회 관계를 직접 통솔하게 된다(1955년 개정 정부조직법 제9조). 즉, 과거 정부조직법 하에서는 국회에 대한 법률안 제출 및 예산안 제출 등을 위해 국무총리가 국무위원을 지휘 감독하며 행정부의 대국회 관계를 조정하고 수행했으나 새로운 정부조직법 하에서는 대통령이 국무위원을 직접 지휘 감독하고 명할 수 있게 되어 행정부와 국회의 관계를 대통령이 직접 책임지고 수행하게 된다.

또한 새로운 개정 정부조직법 하에서는 과거 국무총리의 지방행정의 장에 대한 지휘, 감독 권한은 삭제되고 대통령이 각 행정부의 장을 통해 지방정부의 장에 대한 지휘 감독을 간접적으로 관할할 수 있게 된다(1955년 개정 정부조직법 제15조 및 제26조). 내무부에 지방국이란 조직을 신설해 내무부 장관이 지방정부를 감독하고 내무부에 속하지 않는 소관 사무에 대해서는 행정부 장관이 각 지방정부의 장을 지휘 감독하게 했다.

개정헌법에 따른 대대적인 정부조직법의 개정으로 국무총리 제도가 폐지되면서 그 밑에 소속돼 있던 기존의 총무, 공보, 법제, 기획의 4처가 모두 통폐합됐다(정부조직법 전문 개정, 1955.2.7. 법률 제354호). 우선 총무처는 국무원 사무국으로 축소 개편돼 수석 국무위원인 외무 장관의 지도, 감독 하에 들어갔고, 법제처는 법무부의 법제실로, 공보처는 공보실로 격하돼 대통령 소속 하에 두었다. 기획처는 둘로 나뉘어 예산국은 재무부로, 기획처의 다른 국들은 신설된 부흥부로 이관됐다. 이와 같은 기구개편의 특징으로는 첫째, 이들 4개 처의 기능은 상호 횡적으로 조정돼야 하는 데도 불구하고 분할주의에 빠져 각부에 분산시킨 것이다. 둘째, 공보행정만을 대통령 직속으로 개편한 것인데 이는 공보행정의 대부분은 대통령의 선전에 치중했다는 것이고, 공보행정을 정치적 도구로 빈번히 이용했다는 것이다(김운태, 1976: 284).

행정 각부를 보면, 외무 장관이 수석 국무위원이 되고, 기존의 기획처를 폐지하고 부흥부를 신설하며, 신설된 부흥부 내에 부흥위원회를 설치한 후 산업개발위원회를 추가로 설치했다. 전후 국민보건, 위생, 방역, 고아 및 노인보호, 실업자 구제 등 사회문제의 해결을 위해 보건부와 사회부는 보건사회부로 통합해 6국 22과로 축소했다. 기존의 대통령 직속기구인 외자구매처를 부흥부 소속기관인 외자청으로 이관했으며, 국가방위와 자체 어업자원 보호를 위해 해사위원회를 개편해 상공부 장관 소속 하에 해무청을 신설하고 재무부에는 전매청을 신설했다.

이 개편에서 일어난 계선조직상의 가장 큰 변화는 1949년 3월 29일 이래로 갈라졌던 보건부와 사회부가 보건사회부로 통합된 것이라 할 수 있다. 그러나 1955년 개편의 가장 두드러진 특색은 참모기구 속에서 찾아볼 수 있다. 우선 기획처를 폐지하고 부흥부를 설치한 것을 들 수 있다. 즉, 부흥부 설치 문제는 1951년 6월에 정부에서 부흥원설치법을 국회에 제출한 적이 있고, 그 해 9월에는 부흥부 설치법이 국회를 통과한 일이 있었다. 또한 1952년 9월에는 국무회의에서 6개 부처 장관으로써 종합산업부흥위원회 설치를 결의해 초기에 그 기능을 발휘한 바 있었다. 이와 같은 여러 발상이 종합돼 부흥부로 통합된 것인바, 그동안 기획처는 경제위원회(기획처장이 위원장) 내지 기획처장의 약한 지위와 집행 업무로 인한 기획의 저조로 소정의 기능을 수행하지 못했던 것이다.

또한 부흥위원회는 경제 장관으로 구성하고 그 위원장을 부흥부 장관으로 하여 국무회의의 선심기관으로 기능했다. 동 위원회는 그 후 오히려 경제장관 회의로 알려지고 한국을 대표하는 최고 정책의 결정과 조정을 담당하게 됐으며 이것은 제1공화국 말기까지 점차적으로 국무회의를 대행할 정도로 활발히 기능을 수행했다. 그리고 외자구매처와 임시외자총국이 외자청으로 통합돼 부흥부의 외청으로 됐다. 다음에 예산국을 재무부에 이관한 것은 중요한 의의가 있었다. 이것은 각부 간의 견제와 균형을 깬다는 이유로 많은 반대가 있었으나 여당 측의 찬성으로 강행됐던 것이다(김운태, 1976: 284).

대통령 소속의 고시위원회의 직제는 총무처 직제와 감찰위원회 직제와 함께 모두 대통령령 제1013호로써 정치적으로 폐지됐으며 고시 업무는 국무원 사무국의 고시과로 축소, 이관돼 인사행정의 정치적 중립성을 보장할 수 없게끔 됐다(박문옥, 1963: 441-442). 감찰위원회는 불법적으로 폐지하고 감찰원 또는 사정위원회 등으로 설치했다. 구황실재

산사무총국을 대통령 직속기관으로 이관했고, 관재청은 축소해 재무부의 관재국으로 격하 이관했다.[11)]

논란이 많았던 것은 감찰위원회에 관한 것이었는데, 그동안 감찰위원회는 소기의 통제 기능을 발휘하지 못했던 바 1955년 초에 정부, 여당이 이를 없애고자 한 동기는 계류 중인 사건들을 소멸시키고 다가오는 선거에 대비하기 위한 것이었다. 야당이 총퇴장한 가운데 감찰위원회를 폐지하고 새로 감찰원을 설치하되, 그 조직과 임무를 법률로써 정하기로 결정했다. 그러나 정부는 동년 11월 2일에 인력과 기능이 미미한 사정위원회를 대통령령으로 발족시켰으나 감찰위에 비해 활동이 약했다. 그 후 야당의 공세에 못 이겨 국회가 통과시킨 감찰원법에 대해서는 행정부가 1956년 11월 6일 거부권을 행사했다. 그 2년 후인 1959년 1월 20일에 정부는 감찰원 법안을 국회에 제출했으나 흐지부지돼 버렸고(조석준, 1968: 100-114), 1958년 10월 7일 원자력원을 신설했다.

위에서 본 바와 같이 1955년 정부조직법 개정을 통해 이승만 대통령은 행정부의 최상위 기구인 국무원을 대통령이 직접 통할할 수 있게 됐으며, 행정 각부에 대한 직접적인 지휘 감독 권한을 확보해 전체 공무원 조직에 대한 통제권을 확보했다. 또한 국회와의 관계도 대통령이 직접 관리할 수 있게 됨으로써 행정 권력이 대통령에게 집중됐다.

4. 중앙정부와 지방정부의 관계

1) 중앙과 지방 간의 관계

한 나라의 정치 체제는 기능상의 필요성, 환경적 가능성, 그리고 어떤 가치를 추구할 것이냐의 정치 이념의 상호작용으로 결정된다. 이러한 정치 체제를 설계할 때 조직이든 국가든 크게 보면 두 가지 기본 문제에 봉착하게 된다. 첫 번째 문제는 국가의 기능을 중앙과 하위 체제 간에 어떻게 분업화할 것이냐의 문제, 둘째는 분업화된 체제를 중앙에서 어떻게 효과적으로 통합, 조정할 것이냐의 문제다. 이른바 국가통치 체제상의 중앙기관과 지방기관과의 관계를 나타내는 중앙집권과 지방분권의 정도는 환경적 조건에 적응하기 위해 국가가 의도적으로 결정해야 하는 중요한 체제 설계 문제 중의 하나인 것이다(최신융, 1992: 129). 중앙집권과 지방분권은 흔히 양자 모두 논리적인 정당성과 체제

11) 귀속재산 처리가 많이 진행돼 정부 수립 시 미국과 체결했던 계약의 필요성도 없어졌기 때문에 이러한 것을 보면 정부조직 개편이 완전 주먹구구식은 아니고 업무의 변화에 따름 적응이라 할 수 있다.

내적 효율성의 측면에서 서로의 장단점을 갖는 상대적인 개념으로 이해된다(안병만, 1991: 233-259). 즉, 중앙집권 체제는 중앙의 기능을 강화함으로써 각 지역에 편재할 수 있는 불균형을 시정할 수 있을 뿐만 아니라 사회 세력에 대한 효과적인 통제를 통해 사회 변혁을 좀 더 원활하게 추진할 수 있으며, 부족한 인적·물적 자원을 좀 더 계획적으로 동원, 관리할 수 있다는 점에서 국가사업을 좀 더 효율적으로 집행할 수 있다는 이점이 있다. 한편 지방분권은 시민의 참여를 좀 더 용이하게 하여 중앙집권화가 초래할 수 있는 관료화를 방지하고 민주주의를 활성화시킬 뿐만 아니라 획일성을 지양하고 지역적 특수성을 존중하고, 민중에 의한 통제를 가능하게 하며, 행정 업무의 효과적인 배분으로 행정의 효율성을 확보할 수 있는 수단으로 인식되고 있다.

2) 대한민국 지방자치의 원형

자유민주주의를 기본으로 하는 제헌헌법 제8장은 지방자치에 관해 규정하고 있다. 제96조에서 지방자치단체는 법령의 범위 내에서 그 자치에 관한 행정사무와 국가가 위임한 행정사무를 처리하며 재산을 관리한다고 규정하고 있으며, 지방자치단체는 법령의 범위 내에서 자치에 관한 규정을 제정할 수 있다. 또한 지방자치단체의 조직과 운영에 관한 사항은 법률로써 정한다고 하면서 지방자치단체에 각각 지방의회를 둔다고 헌법에 규정하고 있다(제헌헌법 제97조). 이러한 제헌헌법에 따라 1948년 11월 17일 지방행정에 관한 임시조치법을 제정해 지방행정조직에 관한 종래(일정과 미군정시)의 각종 법령의 효력을 소멸시키는 한편, 근대적 의미의 지방자치의 역사가 시작되는 최초의 지방자치법을 1949년 7월 4일 법률 제302호로 공포해 1949년 국회에서 지방행정에 관한 임시조치법을 실효하게 했고 동년 8월 15일부터 시행했다.[12)]

우리나라 최초의 지방자치법에 의한 지방자치제도의 특징을 살펴보면 다음과 같다. 지방자치단체의 종류는 서울특별시 및 도와 시, 읍, 면의 2종으로 중층제로 했다. 구역은 행정구역으로 하되 행정구역 중 군만을 자치단체로 하지 않았다. 기관대립주의에 따라 지방의회와 집행기관의 장이 상호 견제하도록 하는 지방정부 형태다. 집행기관의 장은 중간단체의 경우 임명제로 하고 시읍면의 경우에는 의회에서 선출하는 간접선거제를 택하고 불신임의결권과 의회 해산권을 각각 부여한 범위 내에서 내각제 행정 형태와 절

12) 임시조치법은 67개월 간의 한시법이었던 관계로 1949년 5월 17일까지만 유효했으나 그 기간 안에 지방자치법을 제정하지 못해서 1949년 5월 18일부터 지방자치법이 시행된 동년 8월 15일까지 89일간은 지방행정조직에 관한 무법시대였다(내무부, 한국지방행정사, 1966. 65쪽, 강병근, 한국지방행정, 일조각. 1969, 72쪽에서 재인용).

충했다. 시읍면의 장과 지방의회 의원의 임기는 4년으로 했다. 지방의회는 매년 2회 이상 소집하되 조례로써 위원제를 택할 수 있었다. 명예직인 지방의원의 수는 과다하지 않았으며 이들의 선거권과 피선거권은 25세 이상으로 했다. 자치단체에는 자치입법권으로 조례와 규칙 제정권을 부여하고 있었다.

또 포괄적 위임주의에 입각한 단일법으로서의 지방자치법은 그 속에 자치단체가 아닌 국가행정구역인 군과 중앙의 일선기관인 경찰서, 소방서까지도 일괄 규정해 법체제가 합리적으로 되지 못하고 있음을 알 수 있다(김운태, 1976: 292-293). 그러나 지방의회의 기능을 도, 서울특별시에서는 내무부 장관의 승인을, 시읍면에서는 도지사의 승인을 얻어 당해 자치단체의 장이 하도록 하는 경과 규정을 두었다. 이 규정은 1952년 4월과 5월에 있은 시읍면의회의원 선거와 도의회의원선거로 지방의회가 구성될 때까지 그 효력이 계속됐다. 이리하여 처음으로 근대적 의미의 지방자치가 실시된 것은 1952년이었다. 민주 이념에 따른 주민 참여의 길은 법률상 준비가 돼 있었으나 그 실제의 실현이 이렇게 늦어진 것은 6·25 등 국내 상황의 특수성에 기인한 것으로 본다(김운태·오석홍, 1996: 270).

3) 중앙정부의 지배 강화

(1) 제1차 개정

지방자치법이 시행된 지 4개월 만에 법률 체제의 미정비로 인해 법률 제73조(1949.12.15)로 26개 조의 개정과 제8장 시읍면 조합에 관한 조항이 추가되는데 제1차 개정에 관련되는 부분을 추려보면 다음과 같다. 지방의회의 정원 기준을 개정했다. 도와 서울특별시의 의원은 인구 100만 미만일 때는 25인으로 하여 이를 최저 인원으로 하고 있었으나 이를 인구 50만 미만일 때는 20인, 50만 이상 100만 미만일 때는 25인으로 개정해 최저 정원 수를 20인으로 했다.

(2) 제2차 개정

1956년 2월 13일 법률 제385호로 지방자치법은 대폭적인 개정을 보게 된다. 이 2차 개정은 본문 90개 조와 부칙 5개 항에 달하는 광범위한 것이었는데 지방자치법이 제정, 시행된 후에도 국내외 사정으로 지방의회를 구성하지 못하고 관치행정기를 가졌으며, 겨우 1952년에 수복지구를 제외한 남한 전역에 처음으로 보통, 평등선거에 의한 선거를 통해 지방의회를 구성했다. 대통령 선거에서 직접선거제가 도입된 1952년 당시까지 직선제 도입에 소극적이었던 이 정권은 지방자치 수준의 선거 실시에 적극적인 자세를 보여, 같은 해에는 지방의회 선거, 그리고 1956년에는 일부 지방자치단체장 선거가 실시된다. 제1공화국에서 지방선거 확대 현상은 이승만과 여당의 주도로 실현됐다.

제2차 개정안의 주요 내용을 보면 다음과 같다(김진흠, 2014: 60). 가장 중요한 것은 시읍면장을 직선제로 선출하게 했다. 지방의회 의원의 정원 감소, 지방의회의원과 시, 읍, 면장의 임기를 4년에서 3년으로 단축, 의회 소집 규정의 개정과 의회 일수의 제한, 시읍면의회의 불신임 의결권과 의회해산권제도를 폐지했다. 그러나 도와 서울시는 이를 유지했다. 이는 1956년까지 4년간의 지방의회 운영 경험을 토대로 민주성과 능률성을 확보하기 위해 개정한 것이라 하겠다. 행정의 능률과 민주적 통제의 조화를 기한다는 것이 제2차 개정의 명분이었다. 그러나 제2차 개정안의 방향은 능률성보다 민주적 통제가 소중하다는 견지에서 고안된 것으로 보인다.

제2차 개정의 과정은 내무부에 의해 주도됐는데 지방의원과 시읍면장의 임기를 2년으로 단축하는 안은 국회에서 3년으로 수정됐고, 나머지는 내무부 안으로 결정됐다. 1957년 도의회 의장단은 민주적 발전과 민권 신장을 기도한다는 지방자치법 개정이 과도한 중앙집권과 획일주의적 제도로 지방자치가 위축된다고 비판하며, 서울시장, 도지사 직선제, 지방의원 임기 4년으로 연장 등을 건의했다.

(3) 제3차 개정

법률 제385호로 개정을 본 지방자치법은 불과 5개월 만인 1956년 7월 8일 법률 제388로써 다시 제3차 개정을 하게 된다. 이는 국회의원의 제안에 의한 것으로 여론의 불평과 관계 지방의회의원과 시읍면장의 비난을 받게 된 조항을 개정했다. 주요 내용은 도의회의원 수의 정원 기준 개정, 도와 서울특별시 선거구에 대한 조문의 표현 수정, 시의 구청장 임명 절차 수정, 지방의회 의원과 시읍면장에 대한 기득권 부활 등이다.

(4) 제4차 개정

정부는 1960년의 정, 부통령 선거를 앞두고 지방 자치법의 제4차 개정안을 국회에 제출해 국가보안법과 같이 경호권을 발동해 자유당 의원만으로 12월 24일 무심의 통과시켰다. 1958년 12월 26일 법률 제 501호로 공포된 내용은 시읍면장의 임명제, 지방의회 법정회의 일수 초과 시 제재, 의회 폐회 중 위원회 개최 폐지, 지방의원의 임기 연장, 동리장의 임명제, 동, 리의 하부조직 강화, 의장단 불신임 제도 폐지 등이다. 이 법의 개정은 1960년에 치러질 정・부통령 선거 대비책이었다(서중석, 2007: 192). 명분은 능률성 향상에 두었지만 정략적인 의도를 가지고 행해졌음을 알 수 있다. 이는 결국 관치행정으로 환원한 것으로 지방자치의 퇴보를 말해주는 것이다.

제3절 정부개혁의 추진체계

이 절에서는 제1공화국 정부의 정부개혁 결정 과정의 특징을 간단히 검토한다. 비록 국회의 권한이 제도와 무관하게 대통령의 리더십과 퍼스낼리티에 따라 좌지우지돼온 역사적 경험을 가지고 있다고는 하나 정부개혁의 추진 세력 또는 주도 세력을 규명하기 위해서는 사안에 대한 결정권 행사를 누가 어떠한 과정을 거쳐 행사했는지를 파악하는 것이 중요하다. 제1공화국의 정부 수립 및 개혁 과정은 신생국의 제도 및 기관 형성기에 해당되기 때문에 초기의 입법 과정에서 누구의 영향력에 의해 권력구조의 문제라든지 의회와 행정부의 관계가 영향받았는지를 제도를 중심으로 파악하는 수밖에 없다. 왜냐하면 우리나라의 경우 정부에서 어떤 결정을 내려야 하는 중요한 문제에 봉착했을 때 대통령을 제외하면 그 밑의 구조에서 누가 결정의 책임과 그에 필요한 권한을 갖고 있는지 명확하지 않다. 법적으로는 각 부처 장관과 국무총리가 책임자라고 할 수 있으나 실제의 정책결정 과정을 보면 그렇게 단순하게 결론지을 수만은 없다(조석준, 1991: 49).

이종수(2008: 77-103)는 우리나라 행정부의 정책 체제의 특징을 역대 행정부의 정책 내용에 큰 영향을 미친 통치 엘리트의 지배 이념 및 정책기조, 정책구조의 특징 등을 통해 분석했는데 이승만 정부의 정책 체제의 특징을 다음과 같이 정리했다. 이승만 정부의 지배 이념은 해방 후의 좌우 대립과 한국전쟁 등으로 강화된 반공과 국가안보 이데올로기 및 자본주의 경제 체제의 건설로 요약된다. 남북한이 분단된 가운데 남한만의 단독정부로 출범한 이승만 정부는 남북한이 대립하고 있는 상황에서 사회주의 세력의 제거를 통한 자유민주주의 질서의 확립 및 통일국가 건설을 주요 국정지표로 삼았다. 이러한 반공 이데올로기에 의해 초기부터 진보 세력을 용공으로 몰아 철저히 배격하고 노동조합 등 사회단체의 활동도 같은 맥락에서 억압했다. 한국전쟁 후에는 전후 경제 재건과 북진 통일로 국가 목표를 전환했으나 휴전 이후에도 준전시적 상황이 유지됨에 따라 반공 이데올로기는 여전히 유효한 지배 이념으로 기능했다.

정치 체제의 측면에서 서구식 자유민주주의 체제의 건설을 지향했으나 실제 행태 면에서 이승만은 하나 됨을 강조하는 일민주의를 내세움으로써 상이한 견해를 용납하지 않는 권위주의적 성향을 드러냈다(유영준, 1980: 47-65). 이승만은 제헌국회 때까지만 해도 민주적 리더십 스타일을 보여주었으나 제2대 국회부터 점차 권위주의로 기운다. 3대 국회에서 당 공천제를 도입함으로써 당에 대한 지배권을 확립하고 자유당의 일방적 운영과 독주를 특색으로 하는 소위 지배 정당적 동원 체계가 형성되는 것이다(김천봉, 1995: 93-122).

제1공화국의 정부개혁은 이후 제5공화국의 행정개혁위원회나 성장발전위원회, 김영삼 정부의 행정쇄신위원회와 같은 조직적 추진 세력 없이 대통령을 정점으로 하는 정치 권력이 그 주체나 추진 세력으로 나타난다(기무라 간, 2013: 266). 이한빈(1981: 123)은 이승만 행정부를 이 대통령의 독재에 과두 관료 엘리트가 덧붙여진 하나의 특수한 집권 체제로 규정했다. 장관으로부터 실무자에 이르기까지 대부분 경험이 없는 사람들이었으며, 외형상 행정조직이 있었지만 자신의 임무를 제대로 수행하지 못하는 것이 일반적인 현상이었다(임도빈, 2008: 221). 따라서 정부개혁이 조직적으로 추진되지도 못했고, 일제하 행정관행을 답습하는 정도라는 측면에서 이승만 정부는 전문성을 축적하지 못한 전근대적 관료제라 할 것이다. 이러한 이데올로기적 국가통제 관행은 나아가 시민사회 영역에 대한 정부의 광범한 개입 전통을 확립하게 됐다. 이승만 정부의 정책결정 구조의 특징은 이승만 대통령 개인의 권위주의적 기질에 기반을 둔 가부장적 권위주의 정책 체제로 규정할 수 있을 것이다(이종수, 2008: 83).

실제로 정책제안이나 심의 과정을 보면 이러한 권위주의 의사결정 구조는 더욱 분명해진다. 새로운 정책에 관한 구상 및 제안이 나오는 제안원의 비율에 의하면 정책의 발안이 대통령 자신에 의해 이뤄졌으며, 그리고 다음에는 대통령을 견제하기 위한 내각책임제 요소인 국무총리에서 나오고 있음을 보여준다. 국회와 정당의 발안이 미세함은 이승만 대통령이 국회와 정당을 경멸 우중의 집단으로 간구한 증거의 표현임과 아울러 이 당시만 하더라도 국회와 정당의 구성원이 정책을 제안하기에는 인력 형성에서 미흡했기 때문이다. 건국 초기 대통령을 견제하기 위한 장치인 국무총리가 사실상 무력화되고 의회, 정당이 또한 무력화돼 있었다. 대통령은 그의 각료들에게 오직 권한을 위임하는 정도에 그치고 있었다. 각료들은 헌법이 부여한 그들의 권한을 잊고 단지 충성스러운 관료의 역할을 했고 그러한 역할을 위해 최소한의 권한을 나눈 것으로 생각된다. 정당에 분화된 자율적 역할이 인정되지 않았으며 국민의 정치적 사고와 행동이 조직화되지 못하고 있었으므로 집권자의 강권에 의한 역할 대행이 작용하고 있었다고 본다. 이는 어느 신생국이나 국가 형성의 초기에 나타나는 현상으로 볼 수 있다(김운태 · 오석홍, 1996: 274-5). 거의 대통령에게 집중된 정책안은 국무원을 거쳤으나 그것은 요식적인 민주적 절차에 지나지 않고 정책결정의 1인화를 감추는 베일로 작용해 정책결정기관으로서의 존재 가치를 별로 갖지 못했다. 유일한 내집단인 국무원은 대통령의 개인적 신임도에 따라 구성됐고 따라서 개인화됐다.

정책의 심의 과정에서 제1공화국의 경우 국가 형성의 초기 단계였기 때문에 경제나 사회 개발보다는 자연히 외교, 국방, 치안 유지 등의 분야가 주요 심의 의제였다. 정책의 형성에서 정책의 참여자가 제한된 상태에서 정책이 수립됐다. 정책의 입안에 참여하는 전문인의 조직도 없었으며 오직 대통령과 그의 측근인 자유당 간부들에 의해 정책의 방향이 제시됐으며 이에 대해 행정조직은 법규의 제정 등을 통해 행정 보조적 기능을 담당하는 데 불과했다. 더욱이 1955년 사사오입 개헌 후에는 국무총리제가 폐지되면서 국무회의도 함께 관료화된다. 국무회의의 관료화는 정책결정 과정에서 국회의 역할이 축소되는 전기가 됐다.

1. 국회 주도기

대한민국의 제1공화국은 1948년 8월 15일에 성립된 자주적 주권국가이며, 성립 당시의 상황에 의해 국가의 많은 요소가 규정된 국가이기도 하다. 건국 대통령으로서의 이승만은 제헌국회가 정한 헌법과 정부조직법에 의한 대통령 권한의 축소를 원하지는 않았으나 당시 국내 정치적 기반이 없었던 그로서는 비록 명목적이기는 하나 대통령중심제라는 틀을 제헌 헌법에 명시하는 조건으로 대통령 권한의 제한적 구조를 받아들일 수밖에 없었던 것이다. 제헌국회 원내 세력 분포상의 주요 특징은 반(反)이승만 노선을 견지하게 되는 한국민주당과 진보 성향의 동성회가 양대 세력을 이루는 한편, 친(親)이승만 세력은 일민구락부와 대한국민당 정도로 수적으로도 열세에 있었고, 내부 응집력도 취약했다. 따라서 이승만 정부는 원내의 충분한 지지 세력을 갖지 못했고 초대 내각의 국무총리 임명을 놓고 한민당과 결별, 이후부터는 행정부와 의회의 관계가 의회 우위형으로 전개된다(백영철, 1991: 138-140). 이승만 대통령이 여러가지 사안을 놓고 국회의 반대에 직면하게 된 것은 자신을 정당을 초월한 국민적 지도자로 생각했고, 그렇기 때문에 특정 정당과의 관계에 얽매이지 않으려 했기 때문에 예상을 깨고 초대 국무총리로 한민당이 밀었던 이범석 대신 이윤영을 임명하고 한민당에는 재무 장관만을 할당함으로써 한민당이 야당화하게 됐기 때문이다. 이후 의회는 대한민국 정부가 정식 출범한 이후 국가 건설과 정부 수립에 필요한 기초 작업에서 헌법안, 정부조직법안, 반민족행위자처벌법안, 국가보안법안, 지방자치법안 등의 각종 법안을 심의, 의결하는 과정에 독자적 활동을 통해 유례를 찾아보기 힘들 정도로 의회 우위형의 대(對)행정부 관계를 유지한다. 그러나 제1공화국은 범여권 세력은 존재했으나 공식적인 정부 여당이 존재하지 않았던 전반부의 의회 중심주의에서 후반부의 대통령 중심주의로 변모되면서 정책결정의 중추가 변화한다.

2. 이승만과 자유당 주도기

6·25전쟁을 겪으면서 이대통령은 대통령의 권한을 제한하는 헌법과 정부조직법의 틀을 바꾸기 위한 시도를 하게 된다. 1951년 자유당 창당으로 국회에서 안정적 다수 의석을 확보하고 정당으로서 강한 결속력을 발휘하자 비로소 이승만은 자유롭게 자신의 정책을 실현할 수 있게 된다. 1952년 소위 발췌개헌을 통해 대통령 선출 권한을 국회로부터 박탈한 이승만은 1954년 헌법 개정을 통해 자신의 종신 집권을 실현했으며, 이와 동시에 행정부 내부 최대 장애물이었던 국무총리를 대한민국 제도에서 퇴출시키고, 1955년 정부조직법 개정을 주도하고 행정 권력을 대통령 중심으로 개편해 행정부를 사실상 직접 장악했다. 국무회의 역시 국무위원들 가운데서 비공식적으로 선임된 중요정책위원회에 권한을 사실상 양도함으로써 사실상 해체됐다.

헌법과 정부조직법 개정 과정은 대한민국 독립 초기에 헌법에 예정돼 있었던 다양한 대통령 권력에 대한 견제 요소들을 무력화시켜 정부당과 행정부가 밀착된 비공식조직으로 바꿔나가는 과정이었다. 당시 정부는 아래와 같은 형태로 정책을 결정했다(기무라 간, 2013: 266). 즉, 이승만 정권 말기의 내각에서 각료회의는 원래 유명무실한 상태로, 실질적인 의사는 6명의 중요 각료로 구성된 비공식 조직인 중요 정책위원회가 결정하고 있었다. 공식적인 의사결정기구가 유명무실한 상태에 있었던 것은 지방도 마찬가지였으며, 실질적인 의사결정은 비공식조직인 지방행정연구위원회에 의해 이뤄졌다. 이 위원회에는 내무부 산하의 공무원뿐만 아니라 여타 각 기관장이 망라돼 있었다. 중앙정부와 지방의 비공식조직을 연결하는 역할을 했던 것은 내무부 장관이었으며, 내무부 장관은 지방행정연구위원회를 통해 원래 자신의 산하에 없었던 교육위원회와 세무 관료를 통할

할 수 있었다. 이는 내각 내부에서 우두머리였던 외무부 장관의 바로 아래 서열인 내무부 장관이 중앙과 지방을 불문하고 내정 사항에 관해 단독으로 상당한 부분까지 지휘할 수 있었다는 것을 의미한다. 중요한 점은 당시 행정이 위와 같은 비공식 조직에 의해 통제되고 있었다는 것이다.

참고 문헌

강병근 (1969). 한국지방행정. 서울: 일조각.

권자경 (2011). 한국전쟁과 국가기구의 확대: 이승만 정부의 중앙 정부기구 개편을 중심으로. 한국행정연구, 20(2): 1-34.

기무라 간 (2013). 한국의 권위주의 체제 성립, 이승만 정권의 붕괴까지. 김세덕 역. 서울: 제이앤씨.

김영명 (1991). 이승만 정권의 흥망과 그 정치사적 의미. 한국정치학회보, 25(1): 103-132.

김운태 (1976). 해방 30년사. 한국사료연구소 편, 제2권. 제1공화국. 서울: 성문사.

______(2002). 한국정치론 서설 및 한국행정 근대화 100년의 성찰. 서울: 박영사.

김운태 · 오석홍 (1996). 한국행정사. 서울: 한국방송대학교출판부.

김진흠 (2014). 제1공화국 시기 지방자치법 개정의 배경과 목적:1956년 제2차 지방자치법 개정을 중심으로. 이화사학연구, 48: 59-91.

김천봉 (1995). 한국의 지배정당적 동원체제와 제1공화국행정. 전주대학교 사회과학연구소. 정책과학논총, 11: 93-122.

김혜진 (2002). 제1공화국의 제도 변경에 관한 연구: 대통령 선출제도를 중심으로. 한국정치연구, 11(2): 119-138.

류지성 · 김영재 (2010). 한국역대 정부의 거버넌스 유형분석에 관한 연구: 국정목표를 중심으로. 한국행정사학지, 27: 163-196.

박동서 (1979). 한국행정론. 서울. 법문사.

박문옥 (1963). 한국정부론, 서울: 박영사.

박수경 (2006). 역대 한국정부의 조직 개혁 변천사. 한국행정사학지, 19: 81-120.

박용상 (1987). 제1공화국 헌정사. 법조협회. 법조, 38(6): 3-38.

박윤성 · 이미애 (2010). 정부조직법에 근거한 강력한 행정부의 대두와 대통령 비서실의 역할: 제1공화국을 중심으로. 한국행정사학지, 27: 81-106.

박재창 (2004). 한국의회개혁론. 서울: 도서출판 오름.

백영철 (1991). 제1공화국의 의회정치에 관한 연구: 의회와 행정부 관계를 증심으로. 한국정치학회보, 25(1): 133-158.

서중석(2007). 이승만과 제1공화국. 서울: 역사문제연구소
성병욱(2012). 한국 제1공화국 정치문화의 특성. 국제정치연구, 15(2): 101-123.
안문석(2001). 정부와 기업 그리고 시민사회. 서울: 박영사.
안병만(1991). 한국정부론. 서울: 다산출판사.
안해균(1982). 제1공화국 행정체제 분석. 행정논총, 20(1): 164-198.
원시연(2007). 대통령과 국회의 제도적 권력관계의 변화: 제1공화국부터 노무현 정부까지. 비교민주주의연구, 3(1): 5-50.
유영준(1980). 한국역대정부의 국정목표 설정과 그 정치적 과제. 한국정치학회보, 14: 47-65.
유진오(1980). 헌법기초회고록. 서울: 일조각.
윤천주(1979). 한국정치체계. 서울: 서울대학교출판부.
이대희(2006). 역대정부 행정의 사상적 기반에 관한 연구. 한국행정사학지, 18: 153-180.
이종수(2008). 우리나라 역대 행정부의 정책체제의 특징에 관한 고찰. 한국행정사학지, 23: 77-103.
이미애(2013). 제1공화국의 재평가. 한국행정사학지, 32: 193-215.
이재원(1998). 한국의 국무총리 연구, 서울: 나남출판.
이한빈(1967). 해방 후 한국의 정치 변동과 관료제의 발전. 행정논총, 5(1): 1-23.
______외(1981). 사회변동과 행정. 서울: 박영사.
임도빈(2008). 역대 대통령 국정철학의 변화: 한국행정60년의 회고와 과제. 행정논총, 46(1): 211-251.
조석준(1966). 미군정과 제1공화국의 수반관리기구에 관한 연구. 행정논총, 4(2): 113-136.
______(1991). 청와대 비서실의 조직에 관한 연구, 행정논총, 29(2): 33-55.
______(1968). 행정조직 개편의 동기와 방향. 정경연구. 8월호: 100-14.
______(1967). 미군정 및 제1공화국의 중앙부처 기구 변화에 관한 연구. 행정논총, 5(1): 121-161.
조선일보사(1972), 1948년 8월 19일자 사설.
진덕규(1980). 미군정의 정치사적 인식. 해방전후사의 인식. 서울: 한길사. 33-59.
최신융(1992). 정보화 사회와 중앙과 지방간의 권력관계. 현대사회발전, 제4집: 123-151.
한국행정연구원(2003). 정부조직 개편의 논리와 대안. 한국행정연구원.
제헌헌법(1948.7.17)
제1차 개정 헌법(1952.7.7)
제2차 개정헌법(1954.11.29)
정부조직법(1948.7,17. 법률 제1호).
제1차 개정 정부조직법(1949.3.25)
제2차 개정 정부조직법(1955.2.7)

제 2 장

정부개혁의 내용

신운창
강원대학교

제 1 절 정부조직 개편

1. 정부조직

1948년 7월 17일 제정・공포된 정부조직법에 의하면 중앙행정기관의 종류와 명칭은 원(院)・부(部)・처(處)・청(廳) 또는 위원회(委員會)로 하고 그 보조기관의 종류와 명칭은 비서실(秘書室), 국(局)・과(課)로 했다. 이런 중앙행정기관의 조직은 국가행정기관의 법률주의에 의해 원칙적으로 법률에 의해 조직되는 것이 근대민주국가의 공통된 추세다. 1948년 7월 17일 제정된 이승만 정부의 헌법에서도 행정 각부의 조직과 직무범위는 법률로써 정한다고 규정함으로써 행정조직의 법률주의를 원칙적으로 적용하고 있다. 다만, 예외적으로 국민의 권리와 의무에 직접 관계가 적은 보조기관・시험시설・연구시설・문화시설・자문기관 등은 대통령령으로 정할 수 있다고 했다.

헌법과 정부조직법에 의한 중앙행정기관으로서는 대통령・부통령・국무총리・행정 각부를 두고, 대통령 직속으로 고시위원회와 감찰위원회를 두었으며, 그리고 국무총리 직속으로는 국무처 · 공보처 · 법제처 · 기획처의 4처와 경제위원회의 1위원회를 두었다.

행정 각부에는 내무부 · 외무부 · 국방부 · 재무부 · 법무부 · 문교부 · 농림부 · 상공부 · 사회부 · 교통부 · 체신부 등 11부를 두었다. 따라서 당시의 중앙행정조직은 11부(部) 4처(處) 3위원회(委員會)였다. 1948년 7월 17일 제정된 정부조직법에 따른 정부조직 기구표는 [그림 3-2-1]과 같다.

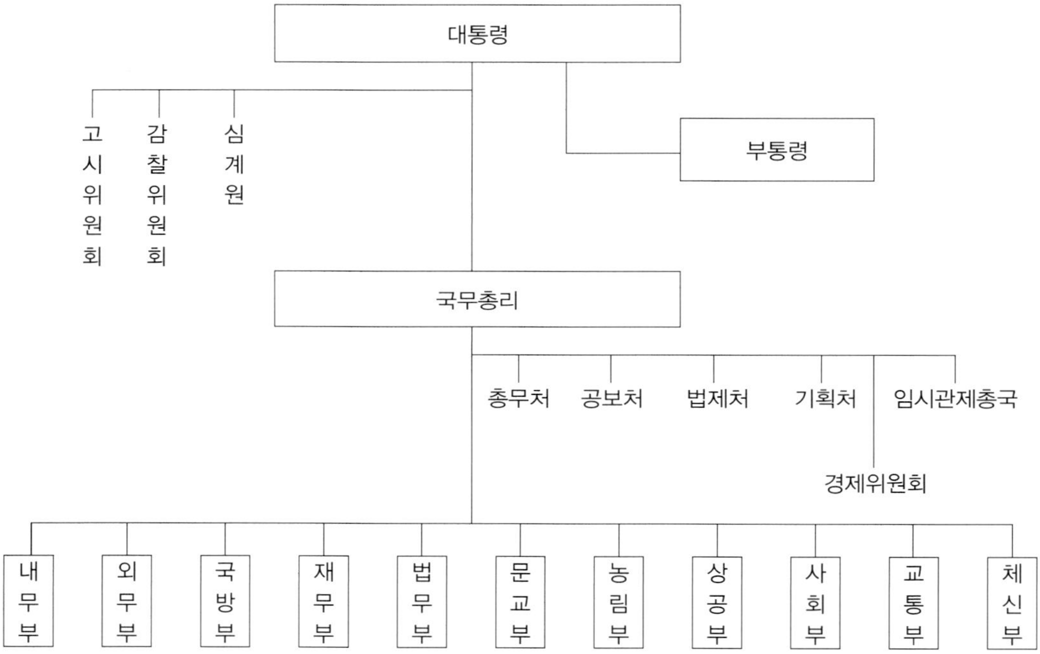

그림 3-2-1 정부조직 기구표(법률 제1호: 1948년 7월 17일)

자료: 김운태(1986: 287)의 표를 재구성.

2. 1차 개편

이승만 정부의 정부조직은 세 차례 개편이 있었다. 제1차 개편 요지는 다음과 같다.
첫째, 1949년 3월 보건부가 신설됐다.
둘째, 1949년 12월 외자구매처(外資購買處) 임시조치법에 의해 대통령 직속 하에 외자구매처가 신설됐다. 동년 12월에는 귀속재산처리법에 의해 국무총리 직속 하에 귀속재산의 관리처분기관인 관재청이 설치되고, 임시관재총국은 폐지됐다. 그리고 동년 12월에 국무총리 직속 하에 임시외자관리청이 설치됐다.

셋째, 1950년 4월 구황실재산관리법(舊皇室財産管理法)에 의해 대통령 직속 하에 임시황실재산관리위원회가 신설됐다.

넷째, 1952년에는 재무부 전매국을 전매청으로 승격시켰다.

3. 2차 개편

1954년의 11월의 제2차 헌법 개정[1]에 의해 국무총리제가 폐지되고 대통령 책임제를 더욱더 강화했다. 1955년 2월에는 정부조직법의 개정으로 대폭적인 기구개편이 있었다.

첫째, 외무부 장관이 수석 국무위원이 됐다.

둘째, 대통령실이 대통령비서실로, 부통령실이 부통령비서실로 개편됐으며, 반면 국무총리실이 폐지됐다.

셋째, 국무총리제의 폐지로 그 소속기관이었던 총리처는 국무원 사무국으로, 공보처는 대통령 소속 하의 공보실로, 법제처는 법무부 소속 하의 법제실로, 기획처는 부흥부의 기획국으로, 관재청은 재무부의 관재국으로 흡수됐다.

넷째, 부흥부(復興部)[2]가 신설되고 보건부와 사회부가 통합해 보건사회부로 됐다.

다섯째, 해사위원회(海事委員會)를 해체해 상공부 장관 소속 하에 해무청(海務廳)을 신설했다.

여섯째, 외자구매처와 임시 외자관리청은 부흥부 외청인 외자청으로 통합됐다.

일곱째, 감찰위원회를 폐지하고 감찰원으로 개편했다.

---

1) 제2차 헌법 개정은 유명한 4사5입 개헌이었다. 당시의 헌법 제55조 제1항 단서 규정은 1차에 한해 대통령 연임을 규정하고 있었다. 이러한 규정을 그대로 두고서 이승만 대통령의 3선은 불가능했다. 1954년 11월 27일 개헌안이 국회에서 표결되자 결과는 재적의원 203명 중 찬성(가결: 可決) 135표, 반대(부결: 否決) 60표, 그리고 기권 7표였다. 이것은 가결선인 136표에 1표 부족해(모자라) 부결된 것으로 공표까지 했다. 그런데 그것도 이틀 후 11월 29일 수학에서 소수점 이하 반올림을 적용해 사사오입으로 개헌안이 통과된 것으로 번복 결정했다. 이것은 자유당의 영구집권 의도를 드러낸 것으로 볼 수밖에 없다.

2) 부흥부(復興部) 설치 문제는 1951년 6월에 정부에서 부흥부 설치법을 국회에 제출했으며 동년 9월에 동 법안이 국회를 통과한 일이 있었다. 또한 1952년 9월에는 국무회의에서 종합산업부흥위원회의 설치를 결의해 최기에 어느 정도 그 기능을 수행하고 있었다. 이런 여러가지 발상이 종합하여 부흥부(復興部)로 통합된 것이었다. 또한 부흥부로 오기 전 그동안 기획처는 경제위원회 내지 기획처장의 약한 지위 및 집행 업무로 인한 기획 기능의 저조로 제 기능을 제대로 발휘하지 못하다가 부흥부의 기획국으로 옮겨 오고나서 제 역할과 기능을 수행하고 있다.

이 시기의 정부개혁은 그 규모가 매우 크고 또한 중요한 것으로 특징은 국무총리제의 폐지에 따르는 대통령 중심의 권력 체제의 정비, 행정기관의 막료와 보조기관의 재정비, 그리고 6·25 동란 후의 부흥과 경제정책의 종합적 기획조정을 위한 기구로서 부흥부를 신설한 것 등이다. 그리하여 중앙행정기관은 12부 2실 3청 1위원회가 됐다.

4. 3차 개편

첫째, 1958년 3월 원자력법에 의해 원자력원이 대통령 직속기관으로 설치됐다.

둘째, 감찰원을 다시 감찰위원회로 변경했다.

5. 조직개편의 과정 및 결과의 특징

이승만 정부의 1차, 2차, 그리고 3차 조직개편의 과정 및 결과의 특징을 살펴보면 첫째, 이승만 정부는 정부조직법의 개정 또는 특별법 제정에 의해 행정기구를 늘려갔다. 1949년에는 보건부, 관재청, 외자구매처를 신설했다. 1954년의 제2차 헌법 개정에서 국무총리제를 폐지했으므로 그에 따른 정부조직법을 개정해 대통령중심제에 좀 더 충실한 행정 체제를 구축했다. 국무총리에게 위임되거나 귀속됐던 모든 권한을 대통령 자신에게 가져온다(박윤성·이미애, 2010: 91-97). 이때의 개편에 의해 중앙행정기구는 12부 3청 2원 2실을 주축으로 구성됐다. 이 밖에도 국무원 사무국, 구황실재산 사무총국, 부흥부 소속의 부흥위원회 등이 있었다. 종래의 보건부와 사회부는 보건사회부로 통합됐다. 그리고 부흥부가 신설됐다(오석홍, 2012: 229).

둘째, 이승만 정부의 정부조직 운영은 일제 치하의 방식을 거의 답습하는 양상이었으며, 당시의 경제적 궁핍, 한국전쟁으로 인한 정치·사회적 혼란 등의 여건으로 말미암아 새로운 제도를 도입해 이를 적용해 볼 수 있는 상황이 아니었다. 그러나 이런 어려운 환경 속에서도 조직운영계획, 경제계획에도 눈을 뜨게 됐다. 비록 미미한 수준이지만 행정사무 간소화, 국민 편의 증진, 그리고 분권화를 위한 개혁 노력도 있었다. 1949년 10월의 행정사무처리간소화령과 1951년 2월의 전시행정사무간소화령에 의해 민원사무의 신속·원활한 처리를 추진했으며, 1951년에는 공청회 제도를 도입하고 정부기관의 각종 백서를 간행함으로써 공개행정 추구의 노력을 보였다. 또한 1957년에는 중앙행정사무 26종을 지방자치단체에 이관했다(오석홍, 2012: 229).

셋째, 이승만 정부는 종합적인 국가계획의 수립에도 관심을 보였다. 정부 출범 당시에 설치된 기획처는 그러한 계획 수립을 위한 제도적 준비였다고 할 수 있다. 1955년에 발족한 산업개발위원회는 장기경제개발계획을 추진했다. 1959년에 성안된 경제개발 3개년계획은 1960년 4월 15일 국무회의를 거쳐 채택됐지만 바로 4·19혁명으로 이승만 정부가 몰락했기 때문에 시행은 볼 수 없었다(오석홍, 2012: 230).

따라서 이승만 정부의 정부조직은 일제 시대 행정조직 선례답습의 모습을 가장 뚜렷하게 볼 수 있었다. 독립국가의 정부이기 때문에 외교·국방에 관한 부서를 새로이 강화했으며, 독립규제위원회적인 성격의 기구도 채택해 보았고, 몇 가지 기구를 통폐합하는 등의 개편을 한 것도 사실이다. 그러나 행정 체제의 골격은 일제하의 행정 체제에 약간의 손질을 하여 미군정이 사용하던 것을 거의 그대로 물려받은 모양이었다(오석홍, 2012: 228). 또한 조직관리의 원리와 관행은 일제하의 그것과 흡사했다고 볼 수 있다.

제 2 절 재정개혁

이승만 정부는 정부 수립으로 이제 자신의 정부에서 자본주의적 경제 발전과 공업화의 계기를 마련해 나름의 국가 발전의 전략을 수립할 수 있는 길이 열렸다. 1948년 12월에 한미경제원조협정이 체결됐으며, 1949년에 농지개혁법안이 마련됐고, 1950년에 농지개혁[3]을 실시해 이승만 정부가 지향하는 국가 발전의 초석을 놓을 수 있는 토대가 마련됐다.

1949년의 국가 전체의 GNP는 93억 환, 1960년의 GNP는 235억 환으로 1인당 GNP는 80$도 되지 않았다. 국가 전체의 GNP에 대한 각 산업별 생산 비율은 1948년을 기준으로 1차 산업이 46%, 2차 산업이 9%, 그리고 3차 산업이 45%였던 것이, 1960년을 기준으

3) 한국의 농지개혁은 8·15 해방을 계기로 실시됐으며, 일제 시대의 지주적 토지 소유를 해체하고 농민적 토지 소유를 확립함으로써 자본주의 사회의 기반을 조성하는 데 그 목적이 있었다. 1948년 7월 17일에 공포된 대한민국 헌법 제86조에 농지개혁 실시에 관해 농지는 농민에게 분배해 그 분배의 방법, 소유의 한도, 소유권의 내용과 한계는 법률로써 정한다고 규정함으로써 1949년 6월 21일 농지개혁법이 제정 공포됐다. 1950년 3월 10일에는 이 법의 개정법이 공포됐으며, 3월 25일 농지개혁법 시행령, 4월 28일 시행규칙이 공포됨으로써 농지개혁은 본격적인 실시 단계에 접어들었다. 경자유전(耕自有田)의 원칙에 따라 자경(自耕)하지 않는 농지, 농지개혁법 규정의 한도를 초과하는 부분의 농지(3정보 이상) 등은 적당한 보상(해당 농지생산물의 150%)으로 정부가 매수하도록 규정하고 있다.

로 하면 1차 산업이 38%, 2차 산업이 21%, 그리고 3차 산업이 42%로 변모해 1차 산업의 비율은 줄어들면서 2차 산업인 제조업의 비율이 약간 증가했음을 알 수 있다. 이승만 정부 12년 동안(1948~1960년) 국민 1인당 GNP 80달러 미만의 궁핍한 생활을 벗어날 수 없었던 것 역시 제조업이 발전되지 못했던 요인으로 봐야 할 것이다. 또한 물가 지수가 크게 상승[4]함으로서 국민생활의 곤궁은 물론 재정적 어려움까지 가중됐다(진덕규 외, 1981: 166-178).

1948년 정부 수립 이후 미국의 공급 원조를 중심으로 한 외국의 원조는 연도별로 차이를 나타내고 있지만 매년 5천 8백만 달러에서 3억 8천만 달러까지 이뤄져 왔다. 원조액 중 70% 이상이 소비재였던 관계로 단기적인 소비자 물가의 안정에는 도움이 됐으나 국가 경제 발전이라는 측면에서는 별다른 도움이 되지 못했다. 그러나 이러한 외국의 원조를 매개로 하여 소수의 특정 기업체가 이승만 정부와 결탁함으로써 재벌이 형성되기 시작했으며, 결과적으로 재벌이 상품시장을 독점해 국가 전체의 경제적 불균형 상태는 점점 더 심화돼 갔다(진덕규 외, 1981: 185-190).

한편 한국전쟁을 거치면서 조선노동조합전국평의회(전평)의 조직 기반은 철저히 와해됐고, 노동운동 세력은 사실상 완전히 소멸됐다. 이후 전위조직과 대중조직을 모두 파괴당한 노동자 계급은 친정부적인 대한노총에 강제적으로 편입됐다. 그리고 한국전쟁으로 인해 결정적으로 강화된 지배 이념인 반공 이념에 의해 억압적인 통제를 받기 시작했다. 이와 같은 사회적 여건 속에서 1950년대는 산업화가 미약하고 완전실업자 수가 제조업 노동자 수의 1.5~2배나 됐기 때문에 노동운동의 조직화는 현실적으로 매우 어려웠다. 그 결과 노동자들의 삶의 조건은 실질임금의 정체 혹은 하락 속에서 악화돼 갔다. 이승만 정부가 노동자들에게 정치적 무권리 상태와 반공 이념을 강요하고 국가기구의 일부인 대한노총을 통해 노동자 대중을 통제했기 때문에 노동자 계급은 자신의 계급이익을 대변해 줄 노동자 정당은 고사하고 대중조직 성격을 띤 전국 혹은 산업별 노동조합도 조직할 수 없게 됐다(김태룡 외, 2014: 92-93). 또한 노동자 계급의 문제뿐만 아니라 전통사회와 과도사회의 이중구조로 이뤄진 사회 체제의 전형적인 특성과 함께 토착문화와 서구문화의 충돌로 인한 문화의 이중성도 1950년대에서는 점점 심화돼 갔다. 이러한 사회·경제 현상 역시 이승만 정부 재정개혁을 어렵게 하는 또 하나의 요인으로 작용하

4) 1945년 10월부터 1949년 말까지 서울의 도매물가지수는 3.42% 상승함으로써 가계와 정부에 큰 부담을 주었다. 또한 전국적인 소비자 물가인상률은 한국전쟁 이후인 1953년 28.3%, 1955년 80.8%, 1956년 31.75, 1957년 16.1%, 1958년에는 전년도보다 6.3% 하락한 9.8%, 그리고 1959년에는 전년도보다 2.4% 상승한 12.2%였다.

게 됐다.

1. 재정운용 기조 및 실태

1) 재정운용 기조

이승만 정부의 재정운용 기조는 자유시장 경제 체제의 구축 및 재정안정화다. 해방과 국토 분단, 한국전쟁, 외국 원조의 불규칙성 등 많은 어려움이 있었으나 기본적으로 자유기업 원리에 입각한 시장경제의 구축에 노력했다. 이와 같은 자유기업 노선을 표방한 이유로 첫째, 일제의 가혹한 수탈로 인해 일반 국민들과 식자(識者)들이 정부의 규제 간섭에 반감을 갖고 있었으며, 둘째, 집권층의 미국식 민주주의 시장경제 옹호, 셋째, 미국의 영향력을 들 수 있다.

이에 따라 시장경제에 대한 정부의 직접 규제가 배제됐을 뿐 아니라 귀속재산의 불하와 농지개혁 및 사기업의 육성이 이뤄졌다. 1950년 5월 한국은행법의 제정 및 1950년 6월 한국은행의 업무 개시와 증권거래소의 창설은 이러한 정부의 방침을 뒷받침하기 위한 것이었다. 이런 재정운용 기조와 맞물려 부문별 개발전략은 체계적으로 추진되지 못하고 있었는데 이는 막대한 외국 원조와 비현실적인 환율, 수입대체에의 의존 등 당시의 재정 여건과 경제계획에 대한 인식의 부족에 기인하는 것이었다. 당시 기업이 성장하는 지름길은 질(quality) 좋은 상품 생산보다 정부의 재량적 통제에 의한 특혜였는데 원조불(달러)의 배정은 정부재량에 의해 이뤄졌기 때문에 과대평가된 환율 구조 하에서 원조불을 배정받은 기업은 특혜적 자본 축적을 이룰 수 있었다. 이에 따라 재정적 역할은 미약할 수밖에 없었다(강인재 · 이달곤 외, 2001: 280).

국민경제에 대한 계획기구가 없었으며, 정부가 국민 경제활동에서 차지하는 비중을 늘리고자 하는 의도가 없었다. 한국 정부 내에 장기종합경제개발계획은 없었으며, 주로 각부에 분산된 부문별 계획만이 말기에 나타나고 있다. 계획은 비합리적이고 체계화돼 있지 않았으며 각부의 요구에 적응하는 유형이 지배적이었다. 그러나 한국전쟁 이후 1955년 신설된 부흥부에 산업경제 부흥에 관한 전반적인 계획을 조정하는 업무가 추가됐으며 부흥부 내 산업개발위원회가 3개년개발계획(1960~62)을 수립했다. 이러한 일련의 노력은 외원(외국 원조) 중단의 문제를 해결하기 위해 포괄적 경제계획의 중요성에 대한 인식의 확산과 종합적인 발전계획을 수립하고자 하는 일부 혁신적인 리더십에서 기인한 것이라 할 수 있으나 일반적인 현상은 아니었다(강인재 · 이달곤 외, 2001: 281; 정진아, 2008: 89-116).

한편 1950년 1월 미국의 건의에 의해 한국인을 위원장으로 하는 한미공동경제안정위원회가 조직돼 인플레이션을 수습해 재정 안정을 도모하기 위한 방책을 강구한 결과 동년 3월 4일에 한미 쌍방의 합의로써 부흥보다 재정 안정에 중점을 둔 경제안정 15원칙이 수립됐다. 정부는 이에 따라 균형재정 원칙에 입각해 1950년도 예산안을 편성했다.

그러나 한국전쟁으로 적자 재정을 편성하지 않을 수 없었는데 이후 계속되는 인플레이션으로 적자재정은 일반화됐다. 그런데 1953년 12월 경제재건 및 재정안정계획에 관한 합동경제위원회의 협약에 의해 재정의 수지균형 유지, 단일 환율의 설장, 대충자금운용 원칙 등의 기본 방침이 정해졌으며, 1954년 한미 간 원조협정 및 미국 공법 480호에 의한 잉여농산물 구매협정에 의해 재정 · 금융안정정책인 정부세입의 증대와 경비지출의 통제에 의한 균형예산, 대충자금의 효율적인 활용 등 전쟁 복구와 국민생활의 정착 및 안정을 위한 정부의 조치가 있었는데 재정 측면에서는 긴축재정과 통화 증발의 억제가 있었다(강인재 · 이달곤 외, 2001; 281).

그런데 1957년 수립한 재정안정계획은 우리나라의 예산집행에서 획기적인 사건이었다. 이유는 재정안정계획이 1961년 5 · 16 군사혁명까지 매년 수립돼 경제 전반에 걸쳐 안정된 기틀을 잡는 데 중요한 역할을 했기 때문이다(유훈 외, 2012: 452).

2) 재정 운용 실태

1948년 대한민국 정부가 수립된 이후 과중한 국방비와 치안유지비, 정부관리 기업체에 대한 보조금 지급, 저조한 조세수입으로 인한 거액의 재정적자가 계속됐는데 이는 주로 중앙정부 차입금으로 충당됐다. 첫째, 1949년의 경우 세입은 33억 원, 세출은 88억 원, 세출 중 국방비는 24억 원이며 재정적자는 55억 원이다. 재정 적자의 세출에 대한 비율은 62.5%이지만 대부분은 국방비가 차지하고 있다. 둘째, 1950년의 경우 세입은 59억 원, 세출은 244억 원, 세출 중 국방비는 132억 원이며 재정 적자는 185억 원이다. 재정적자의 세출에 대한 비율은 75.8%이지만 대부분은 국방비가 차지하고 있다. 셋째, 1951년의 경우 세입 505억 원, 세출 772억 원, 세출 중 국방비는 330억 원이며 재정적자는 267억 원이다. 재정 적자의 세출에 대한 비율은 34.6%로 전년도(1950년도)보다 절반 이상(41.2%) 줄어든 수치로 나타났다. 넷째, 1952년의 경우 세입 1,332억 원, 세출 2,335억 원, 세출 중 국방비는 946억 원이며 재정 적자는 1,003억 원이다. 재정적자의 세출에 대한 비율은 43.0%로 전년도인 1951년보다 8.4% 증가한 수치로 나타났다. 다섯째, 1953

년의 경우 세입 2,655억 원, 세출 5,680억 원, 세출 중 국방비는 2,260억 원이며 재정적자는 3,035억 원이다. 재정적자의 세출에 대한 비율은 53.4%로 전년도인 1952년보다 10.4% 증가한 수치로 나타났다(강인재 · 이달곤 외, 2001: 281-282).

1950년 예산은 당초 경제안정 15원칙에 의해 균형예산이 편성됐으나 한국전쟁으로 인한 사변 수습 비상경비예산이라는 항목으로 7회의 추가경정예산이 편성됐기 때문에 약 76%에 이르는 재정적자를 나타내고 있다. 또한 전시 중 특이한 것은 임시토지수득세라는 항목인데 이것은 총 세입의 1/4를 차지하고 있으며, 이러한 세금으로 전시의 재원 확충, 군량 및 구호식량 확보. 공무원 봉급의 일부 식량 지급, 그리고 인플레이션 억제 등에 기여했다(강인재 · 이달곤 외, 2001: 282).

2. 재정개혁의 내용

이승만 정부는 조직의 개편, 법률이나 제도의 정비 등을 통해 재정개혁을 직접 추진해 왔으며, 또한 원조경제의 관리와 수입대체정책의 지향을 통해서도 간접적으로 재정개혁을 추진해 왔다.

1) 직접적인 재정개혁

첫째, 제도, 조직, 그리고 법률의 정비다. 정부 수립과 더불어 중앙예산기관인 예산국은 국무총리 직속하의 기획처에서 출발했다. 그 후 제2차 개헌으로 국무총리제가 폐지됨에 따라 1955년 2월 정부조직법의 개정에 의해 예산국은 재무부로 이관됐다. 예산국의 재무부 이관은 반대도 있었으나 여당 측이 세입과 세출의 유기적 관계를 이유로 재무부 이관을 강행했던 것이다(김찬동 외, 1995: 20-21). 제헌헌법은 제7장 재정에 6개 조문을 두어 국가재정에 관한 기본 원칙을 천명했다. 그리고 국회법 제4장 6절 예산안에 4개 조문을 설정해 국회의 예산심의 절차[5]를 규정했다.

둘째, 한미경제원조협정의 체결이다. 1948년 12월에는 한미경제원조협정이 체결됐는데 이 협정에 의해 한국은 경제 부흥을 위해 미국으로부터 ECA 경제 원조[6]를 받는 대신

5) 국회의 예산심의 절차는 행정부에서 제출한 예산안을 먼저 각 사업위원회의 예비심사를 거쳐 재정경제위원회에 회부해 심사한 후 본회의에 보고하는 과정을 거친다.

6) ECA(Economic Cooperation Administration Mission on Korea: 주한경제협조처, 駐韓經濟協助處) 경제원조란 1948년 미군의 한국 철수에 대응해 미국이 한국에 공여하는 경제 원조를 말하다. 당시 한국 경제는 미국의 경제 원조에 의존해 경제정책을 입안하고 추진했다. 이런 과정 속에서 ECA 경제 원조는 한국 경제정책의 중요한 독립

한국 경제의 안정 및 개발을 위한 8원칙[7]을 실행할 것을 약속했다.

ECA 경제 원조로 1949년부터 제반 시책을 예산에 구체화시키는 동시에 예산의 균형화를 강력하게 추진했으며 교통, 통신, 전매 등의 관업사업을 일반회계로부터 분리해 특별회계로 독립시켰다. 또한 1950년 3월에 경제안정 15원칙[8]을 수립하고 균형재정 원칙하에 1950년도 예산을 균형예산으로 편성하고 집행했는데 6·25 전쟁으로 이런 균형예산의 실현은 수포로 돌아갔다(심정근, 1983: 67-68).

셋째, 재정법 및 시행령의 공포다. 1951년 9월 24일 임시수도 부산에서 재정법(법률 제37호: 전문10장 85조)이 공포되고 이어서 12월에는 재정법 시행령(대통령령 제570호)도 공포됐다(이한빈 외, 1969: 453).

6·25 동란 중에는 세입 부족(결함)과 국방비의 증액(증압)으로 적자재정을 면치 못했다. 휴전이 되자 1953년 12월 14일에 경제재건과 재정안정계획에 관한 합동경제위원회 협정이 조인됐으며, 1954년 1월에 재정법이 개정돼 종전 회계연도(4월 1일~3월 31일)에서 7월 1일 시작해 6월 30일에 종료되는 회계연도로 전환했다. 1956년 6월에는 재정법을 다시 개정하여 1월에 시작해 12월에 종료되는 회계연도로 전환[9]했다(이한빈 외, 1969: 454).

넷째, 예산재분류 사업이다. 1957년에는 예산국을 중심으로 예산재분류 사업이 실시됐다. 이는 예산제도 발전에 매우 중요한 사실이다. 이런 과정을 통해 기능별 분류와 경제성질별 분류를 골자로 하는 예산분류제도를 1959년 초에 완성했으며, 1962년까지는 일반적 경비, 사회적 경비, 경제적 경비, 기타 항목으로 기능별 분류가 시행됐다(이한빈, 1968: 25; 김수영, 1996: 365; 김선혁 외, 2007: 257-275).

다섯째, 재정안정계획의 연차적 실시다. 휴전 후 외국 원조가 본격화되고 조세수입이 증대되자 1955년 후반기부터 인플레이션 추세가 다소 둔화되기 시작했다. 1957년부터는 인플레이션을 완전히 수습하고 경제 안정을 이룩하기 위해 1952년 이래 산발적으로 실시돼 왔던 재정안정계획을 연차계획으로 실시하게 됐다. 이 계획은 재정·금융·

변인 중의 하나였다.

7) 8원칙은 첫째, 예산편성에서 세·출입의 균형, 둘째, 통화 및 공채 발행의 통제, 셋째, 외국 무역의 국가통제, 넷째, 공정환율의 제정, 다섯째, 국내 생산양곡의 수집 및 배급제도의 계속, 여섯째, 외국인 무역상의 국내영업 제한, 일곱째, 수출산물의 개발, 그리고 여덟째, 정부관리 기업체의 경영합리화다.

8) 15원칙 중 재정 안정과 관련된 원칙은 첫째, 통화 최고발행제의 유지, 둘째, 행정기구의 간소화 및 경비 절약, 셋째, 근본적인 세제개혁, 넷째, 귀속재산 및 관리물자의 조속한 불하, 그리고 다섯째, 특별회계 및 정부관리 기업체의 경영합리화다.

9) 회계연도 전환은 당시 야당에서는 집권 여당인 자유당이 제3대 정·부통령 선거에서 이기붕을 부통령에 당선시키기 위해 공금의 불법 지출을 자행했으며 이것을 은폐하기 위해 회계연도를 또다시 변경하려 한다고 비난했으나 강행됐다. 따라서 1955년도는 18개월의 기간이 회계연도였다.

외환 3부문별로 통화 증감 요인을 검출하고 통화 증발을 억제함으로써 경제 안정을 기하려는 것으로 경제 안정에 공헌하고 재정 및 예산집행 면에도 큰 영향을 미쳤다(심정근, 1983: 72-73).

2) 간접적인 재정개혁

이승만 정부는 원조경제의 관리나 수입대체정책이라는 수단을 통해 간접적으로 재정개혁을 추진했다.

첫째, 이승만 정부는 원조경제의 관리를 통해 간접적으로 재정안정화, 즉 재정개혁을 시도했다(강인재 · 이달곤 외, 2001: 71-72; 최상오, 2003: 89-116; 김일영, 2007: 171-203). 미국을 중심으로 한 외국 원조는 당시 열악한 한국 재정 및 경제를 지탱하는 중요한 원천[10]이었다. 1945년부터 1954년에 이르는 10억 달러의 원조행정은 주로 구호 지향적이었으며, 1954년부터 1956년까지는 주로 전쟁 피해를 복구하는 것과 군사력을 유지하는 복구질서 지향적이었다. 1957년에서 1961년까지는 한국 경제의 기본구조를 강화하는 것과 식량, 비료 및 원료의 수입 물자 판매 대전으로 군사력을 유지하는 안정 지향적인 것이었다. 원조불(달러)의 배정은 정부 재량에 의해 이뤄졌으며, 과대평가된 환율 구조 하에서 원조불을 배정받은 기업은 특혜의 자본 축적을 이룰 수 있었다. 기업의 자본 축적은 역설적이지만 기업은 물론 국가의 재정안정화에도 간접적으로 어느 정도 기여했다.

둘째, 이승만 정부의 또 다른 재정개혁은 수입대체정책의 지향이었다(강인재 · 이달곤 외, 2001: 72; 박태균, 2007: 171-203; 구현우, 2010: 145-178). 한국전쟁을 치른 후 경제복구기에는 소비재의 안정 공급과 수입대체정책의 기본 방향으로 설정했다. 한국전쟁은 백만여 명의 인명 손실과 함께 30억 달러 이상의 재산 피해를 입혔으며 공업생산 설비 및 발전시설이 파괴돼 한국 경제는 결정적인 타격을 입게 됐다. 따라서 당시에는 국민생활에 필요한 최소한의 소비재 생산이 우선 시급했으므로 전쟁 중에 파괴된 생산설비의 복구작업에 주력했다. 이것은 이승만 정부가 1950년대 수입대체정책을 선택할 수밖에 없는 현실적인 조건이었다. 또한 전후 복구에 크게 기여한 미국 원조가 주로 소비재 중심으로 이뤄졌던 것도 수입대체정책으로 국가재정의 안정을 취할 수밖에 없었던 이유이면서 동시에 제약 조건이었다.[11]

10) GNP 대비 경제원조의 비율을 보면 1949년 11.0%, 1950년 4.3%, 1951년 6.1%, 1952년 5.0%, 1953년 6.4%, 1954년 8.5%, 1955년 22.1%다.

11) 당시 도입됐던 미국 원조자금의 구성 내용을 보면 약 20%는 시설재였고, 나머지 80%는 주로 원자재나 소비재

전후 복구작업을 추진한 결과 공업 생산이 1950년대 후반부터 회복되기 시작했으며, 1958년에 이르러 GNP가 한국전쟁 이전 수준을 상회했다. 이 당시에 가장 두드러지게 성장한 산업이 방직, 제분, 제당 등의 생활필수품 산업이었으며, 이것들이 상당한 정도의 수입대체 효과를 보였다. 그 밖에 화공, 기계, 고무공업 등의 산업 역시 어느 정도 진전이 있었다(강인재 · 이달곤 외, 2001: 72). 이것은 수입대체정책이 이승만 정부의 경제 활성화뿐 아니라 재정 안정에 도움을 주는 결과로 이어지게 됐다.

제 3 절 인사개혁

1948년에 제정 · 공포된 정부조직법에 의한 최초의 중앙인사기관은 대통령 직속의 고시위원회와 국무총리 소속의 총무처 인사국으로 이원화돼 있었다. 고시위원회[12]는 중견 공무원만을 대상으로 고시와 전형의 업무만을 담당하고, 그 밖의 기능은 총무처의 인사국이 담당했다.

이승만 정부 인사개혁의 첫걸음은 첫째, 공무원 임용에 관한 인사사무처리 기본 규정을 제정하는 일이었다. 이것은 공무원 잉용에 관한 인사사무처리 기본 규정으로서 1948년 11월 17일 대통령령 제30호로 공포됐다. 이 규정에 의하면 고시위원회에서 시행하는 국가시험 또는 보통시험에 합격한 자 혹은 고시위원회에서 시행하는 전형 또는 임명권자가 설치한 전형위원회의 전형에 합격한 자를 공무원에 임명할 때는 그 시험성적 또는 전형 결과를 조사해야 한다(제6조)고 규정해 채용시험이나 전형을 거쳐 공무원을 임명하는 것으로 돼 있다. 그러나 공개모집은 하지 않고 각부 장관, 각 처장, 기타 관서의 장이 제청하고 국무총리를 거쳐 대통령이 임명했다. 따라서 학교 졸업자는 졸업 연월일과 재적 중의 성적을, (다른 직업) 경험이 있는 자는 재직한 사실과 근무성적 등을 각각 조사해(동 규정 제7조, 제8조) 임명하는 극히 정실주의 인사제도에 의거하고 있었다

로 구성됐다.

12) 고시위원회는 헌법상 독립기관으로 규정하지 않으면서 정부조직법에 의해 대통령 직속의 독립기관의 성격을 갖게 한 점에 대해 많은 논란이 있었다. 고시위원회는 대통령이 임명하는 위원장 한 사람과 위원 약간 명으로 구성되며 위원 중 두 사람은 상임위원으로, 기타 위원은 고시 때마다 임시로 임명했다. 고시위원회는 인사의 공공성을 확보하기 위해 독립적 지위를 갖도록 했으나 대통령 직속의 기관인데다 위원의 임명도 대통령이 국회의 동의를 얻지 않고 임명할 수 있었기 때문에 엄격한 의미에서 독립적 중앙인사기관이라 볼 수 없을 것이다.

(송혜경, 1998: 28).

둘째, 국립공무원 훈련원의 설치다. 1949년 3월 21일 대통령령 제69호로 국립공무원 훈련원이 설치됐지만 공식적인 훈련 내용은 보잘 것 없는 형편이었다. 그나마 6·25 동란으로 활동이 중지됐다가 1958년부터 미국의 원조를 받아 소규모의 훈련을 재개했다. 자유당 정권의 인사행정이 문란해진 무렵에는 훈련원이 정실인사에 희생된 또는 부정을 저지른 공무원들의 대기소처럼 이용되기도 했다(오석홍, 1994: 317-318).

결국 이승만 정부는 정부 수립 후 초기에는 공무원법을 제정하지 않고 주먹구구식으로 대통령령에 의해 공무원을 채용했다. 정부 수립 초기에는 첫째, 일제하의 관리로 있던 자로 미군정 시에도 계속 근무한 자, 둘째, 미군정기에 채용됐던 자, 셋째, 정부 수립 후 정실에 의해 채용된 자로 이승만 정부의 관료군을 형성하고 있었다.

셋째, 이승만 정부 인사개혁의 또 다른 부분이 국가공무원법 제정[13]이었다. 1949년 8월 12일 법률 제44호로 제정된 국가공무원법은 분류제도로서 계급제를 채택했으며, 공무원 임용 시에 정실주의를 배제하고 실적주의에 의함을 명백히 했다. 또한 공무원의 자격은 신규채용뿐 아니라 승급이나 승진의 경우에도 고시와 전형에 의해 한정하도록 돼 있었다(공무원 임용령 제4조, 국가공무원법 제6조). 예컨대, 공무원의 임명에 있어 고시 합격자가 있을 때는 전형 임명을 할 수 없다(동법 제7조)고 규정해 실적주의를 지향했으며, 사무계의 경우에는 공개경쟁시험인 고시에 합격한 자를 전형에 합격한 자보다 우선적으로 임용[14]하도록 했다. 그러나 고시 우선의 원칙에 예외를 두어 기술직 공무원과 독립운동가로서 특별전형에 합격한 자에 대해서는 이 원칙을 적용하지 않고(국가공무원법 제5조, 공무원임용령 제5조) 고시 합격자의 유무에 관계없이 임명할 수 있도록 했다(송혜경, 1998: 29). 이러한 예외를 인정한 것은 기술계 공무원에 대한 고시 실시의 기술적

---

13) 공무원제도의 기초가 최초로 마련된 것은 1949년 8월 12일 법규 제44호로 국가공무원법(전문 57조)이 제정·공포되면서부터다. 이것은 공무원에 관한 기본적인 사항을 법률의 형식으로 규정함으로써 인사행정의 공정을 기하고 또한 공무원으로 하여금 국민에 대한 봉사자로서 최대의 능률을 발휘하도록 했다. 그런데 사실상 그 내용은 일제 시대의 칙령(勅令)의 일부를 번역해 거기에 약간의 민주적 요소를 가미한 것에 지나지 않았다. 이와 같이 당시의 국가공무원법은 법률로서 실적주의적 내용을 규정한 인사법령으로 인사행정의 근간을 이루고 있었으나 그것은 한국의 현실과 유리된 내용이었으며 또한 아직 행정기술이 성숙되지 못한 상태에 있었기 때문에 실제 적용에는 많은 문제점을 노정하고 있었다.

14) 고시합격자 중 첫째, 취직을 원하지 아니할 때, 둘째, 학교에 재학 중인 때, 셋째, 신체 정신의 고장으로 직무를 감당치 못할 만한 지장이 있을 때, 넷째, 정부를 파괴함을 목적으로 하는 단체에 가입했거나 또는 이를 방조할 때와 같은 등의 경우에 해당하는 자가 있음으로써 채용 인원에 달하지 못할 때에 한해 전형 임명을 할 수 있는 경우(1949년 11월 5일 대통령령 제208호, 공무원임용령 제12조)를 제외하고는 원칙적으로 고시에 의하기로 돼 있었다.

곤란성 및 독립운동가의 민족 독립을 위한 헌신적인 공헌과 덕망에 대한 민족적 경의가 그 이유라고 했다(송혜경, 2001: 11-12; 송혜경, 2010: 109-136).

넷째, 국무원 사무국을 통한 인사개혁(행정)의 실시다. 1954년 2차 개헌에 따라 국무총리제가 폐지되고 정부조직도 대대적으로 개편됐다. 이에 따라 고시위원회와 총무처가 폐지되고 그 대신 국무원 사무국을 두고 인사행정을 담당하게 됐다. 과거 중앙인사기관으로서의 고시위원회와 총무처 인사국은 1급 공무원을 장(長)으로 하는 국무원 사무국의 고시과와 인사과로 직급이 하향 조정 또는 축소됐다(송혜경, 1998: 26-27). 이로써 1급 공무원인 장(長)은 상관의 영향력으로 인사행정에서의 공정성과 정치적 중립성이 침해됐으며 국가최고정책 결정에도 참여할 수 없게 됐다. 이는 자유당 정권의 영구 집권을 위한 당시의 정치적 배경으로부터 나온 것이라 할 수 있다.

다섯째, 인사개혁과 관련된 다양한 규정의 제정이다. 그 후 규정의 보완을 통해 공무원임용령, 고등고시령, 공무원보수규정, 고용원규정 등과 공무원의 특별채용, 승진, 전직에 관한 공무원령이 대통령령으로 제정됐으며, 또한 1960년 1월 1일 공무원연금법(법률 제533호)이 법률의 형식으로 제정됐다. 그러나 이러한 법령과 규정들은 너무나 간단하고 자의적으로 해석될 여지가 많았으며, 자유당 정권에 의해 정실주의 또는 엽관주의[15]로 운영됐다(이한빈 외, 1969: 437; 김수영, 1996: 363-364; 강성철 외, 1997: 111).

그런데 1961년 4월 15일에 공포된 공무원임용령에서는 종래의 계급제도를 지양하고 직무를 기초로 한 직위분류제를 도입하려고 했던 흔적이 엿보였지만 그것은 형식에 불과했으며 실제로는 계급제도가 그대로 유지되고 있었다. 또한 당시의 공무원 모집활동은 거의 없었다고 할 정도로 소극적이었는데 그럼에도 불구하고 공직자 지원자의 수(數, number)는 점점 증가돼 갔다(박연호, 1985: 107-109).

따라서 이미 앞부분에서 지적했지만 이승만 정부에서 행정을 담당했던 관료들의 주축은 일제 하의 관리들로 구성됐다. 초기에는 관료제 상층부에 독립운동을 한 관련 인사들 또는 유럽이나 미국에서 교육받은 인물들이 고위직 관료로 임용되기도 했지만 점차 일제 식민통치 하에서 관리로 재직했던 사람들이 더 많은 고위직을 차지하게 됐다.

결국, 시간이 흐름에 따라 공직의 규모는 커지고 그로 인해 새로운 인력의 보충도 늘어났지만 그러한 변화나 변동이 관료제의 체질을 바꿔놓지는 못했다. 6·25전쟁 중에

---

15) 자유당 정권에 의한 정실주의 또는 엽관주의 인사행정은 19세기 초 미국에서 볼 수 있었던 정부관료제의 민주화를 위한 공무원의 대량 교체가 아니라 결원 보충이나 전직·승진 등을 자유당 정권 중심의 소규모 인사 조치를 말한다. 따라서 이것 역시 한국적 엽관주의 인사행정이라 말할 수 있을 것이다.

인사쇄신이나 공무원의 체질을 변화하기 위한 정부개혁사업이 추진되기는 더욱 어려웠다. 특히, 1952년 여당인 자유당이 창당됨에 따라 자유당은 정권의 근거를 공고히 하기 위해 공무원의 여당화와 인사행정의 엽관주의를 추구하게 됐다(오석홍, 2012: 230-231). 따라서 장기집권의 그늘에서 공무원집단은 정치 도구화됐고, 정실인사가 주를 이뤘으며, 정부관료제의 기율은 문란해졌다. 초창기적인 실적주의의 기초도 닦지 못하고 인사개혁도 이뤄내지 못하면서 이승만 정부는 종말을 맞이하게 된 것이다(유종해 외, 1994: 331).

제4절 반부패 개혁

이승만 정부에서 반부패 개혁이 제대로 수행되지 못한 요인 중 하나는 구조적 요인 때문이었다고 말해도 과언이 아니다. 남한과 북한이 분단된 가운데 남한만의 단독정부를 수립한 이승만 정부는 남한에서 공산주의 세력의 제거를 통한 자유·민주질서의 확립 및 통일국가 건설을 주요 국정지표로 삼았다. 이런 국정지표를 유지하기 위해 이승만 정부는 국가 건설 초기부터 반공과 안보 이데올로기로 진보 세력과 정부 반대 세력을 용공으로 몰아 이들을 구조적으로 배제했다. 또한 한국전쟁 이후 휴전이 성립되고 나서 이승만 정부는 국민들을 상대로 전쟁이 잠시 중지됐을 뿐이라는 논리를 펼쳐갔으며, 북진통일을 해야 한다는 규범적 당위성이라는 모토를 갖고 한국 사회를 경직된 구조로 만들어버렸다(이종수, 2013: 244).

이승만 정부는 첫째, 한국 사회의 유교문화라는 독특한 문화적 토양, 둘째, 이승만 대통령 개인의 카리스마적 권위주의, 셋째, 일제 식민주의의 내재적 특성이 복잡하게 얽힌 기형적 관료구조를 형성했다. 따라서 관료는 민(民)에 대한 봉사보다는 군림성이 강하게 나타났으며, 이런 맥락에서 정책결정구조는 자연스럽게 개방성을 지향하기보다 폐쇄성을 띠게 돼 대통령부터 시작해 하급관료에 이르기까지 정부개혁이라는 생각을 인식조차 할 수 없게 만들어버렸다.

대다수 정치·행정학자들은 이승만 정부를 이승만 대통령의 득재에 과두 관료 엘리트가 덧붙여진 하나의 특수한 집권 체제로 규정했다. 이승만 정부에는 장관부터 실무자에 이르기까지 현대 행정의 특징인 관료제도의 중립성, 투명성, 봉사성의 경험이 없는 사람들로 구성됐으며 자신의 임무를 제대로 수행하지 못하는 것이 일반적 현상이었다. 외형상 행정조직이 존재했지만 전통적 행정문화와 일제하 행정관행을 답습하는 정도였기 때문에 이승만 정부는 반부패 개혁을 체계적으로 추진하지 못한 구조적 요인을 내포하고 있었다(이종수, 2013: 244-245).

1. 부패의 양상

부패에 대한 문제 인식은 대단히 중요하다(윤태범, 2010: 31-64). 이것은 부패를 어떻게 인식해서 접근하느냐의 문제로 연결된다. 부패에 대한 문제 인식과 접근 방법에 따라 부패의 양상은 여러 형태로 나뉜다. 부패의 분석 단위를 어떻게 설정하느냐에 따라 크게 개인적 접근 방법,[16] 제도적 접근 방법,[17] 그리고 체계적 접근 방법[18]으로 나눌 수 있다(이상수, 2010: 33-42). 어떤 접근 방법을 사용하더라도 부패에 관한 인과관계를 제대로 설명해내기란 여간 어려운 것이 아니다(윤태범, 1998: 213-231; 이재은, 1999: 147-173). 특히 부패에 관련된 다양한 데이터가 기록물 형태로 한 곳에 보관돼 있지 않고 여기저기 단편적·파편적으로 분산돼 제대로 정리돼 있지 않거나, 기록물 자체가 아예 없을 경우에는 인과관계를 제대로 설명하기 어려울 수 있을 것이다. 이승만 정부의 반부패 개혁이 바로 이러한 경우, 즉 부패에 대한 인과관계를 제대로 설명할 수 없는 경우에 해당된다. 따라서 여기서는 이런 한계점을 인식해 이승만 정부의 부패에 대한 개별적 양상 중 아주 중요한 것을 수집해 이를 나름대로 정리해 인과관계가 아닌 최소한의 사실(fact)만을 갖고서 반부패 개혁을 설명하기로 한다.

절대 권력은 절대 부패한다는 불변의 진리처럼 이승만 정부 역시 부패의 체계화를

16) 부패를 개인의 문제로 보고 분석 단위를 부패에 개입된 사람의 특정한 품성, 성격, 탐욕 등이 부패를 유도한다고 보는 관점이다. 그런데 부패를 개인적 문제에 치중해 접근하면 자칫 좀 더 근본적인 원인이 될 수 있는 법과 제도, 그리고 환경적 측면을 간과하기 쉬운 단점이 있다.

17) 부패의 원인을 법과 제도의 비합리성과 모순, 그리고 비현실성 등 제도와 구조의 문제로 보고 행정 내부의 조직 구조나 견제 시스템, 공직사회의 조직문화 등을 분석 단위로 하여 부패의 인과관계를 설명하자는 것이다. 그러나 이 접근 방법은 그동안 수많은 제도 개선이 있었음에도 불구하고 부정부패가 더욱 은밀한 형태로 존속하고 있는지에 대한 만족할 만한 설명을 결여하고 있다.

18) 부패는 개인이나 제도상의 결함에서 비롯되는 것일 뿐 아니라 뇌물 제공 등으로 문제를 해결하려는 불건전한 민원인과 같은 외부 환경적 요인을 분석 단위로 한다. 부패가 제도적 측면뿐 아니라 노물이나 부당한 유혹 등을 통해 문제를 해결하려는 병리적 시민문화와 시민의식 등을 통해 분석을 시도함으로써 인과모형을 만들고자 한다. 그러나 부패에 영향을 주는 환경적 변수들이 워낙 복잡하게 얽혀 있어 실제 분석에서 인과관계를 밝혀내기는 매우 어렵다.

출발시킨 장본인이며 부패로 무너진 정권이었다. 이승만 정부는 국가 형성 과정에서 심한 초창기적 혼란을 겪었으며 정부의 구성에는 도덕적 윤리가 결여돼 있었다. 반민족행위처벌법이라는 소급입법에 의해 공직의 윤리성 향상에 기여할 수 있는 가능성이 없지는 않았으나 사회적 여건에 의해 친일파에 대한 숙청작업은 실효를 거두지 못하고 용두사미로 끝나고 말았다(조영제, 1980: 72-85).

첫째, 이승만 정부에서 일어난 부패 사건 중 하나는 1961년에 일어난 국민방위군 사건이다. 이 사건은 1950년 12월 11일 국민방위군 설치법이 공포된 후 1951년 1·4 후퇴 작전 때 국민방위군의 고급 장교들이 국고금과 군수물자를 착복함으로써 사망자가 속출했다. 또한 횡령 금액이 상당 부분 정치권으로 흘러들어간 것으로 파악됐다. 당시 국회에 이런 사실이 알려져 국회는 진상조사단을 구성했다(강민정, 2005: 77).

둘째, 1952년 대통령 선거와 관련된 중석 불하 사건이다. 이 사건은 민간업자가 중석 400만 달러를 환율의 1/6,000로 받은 뒤 이를 1달러당 3만 환에 다시 되팔아서 553억 원의 폭리를 취한 사건이며, 이것이 이승만 정부에서 일어난 부패에 관련된 최초의 정치자금 사건[19]이다(강민정, 2005: 77).

셋째, 1956년 국방부 원면(原綿) 횡령사건이다. 국방부가 미원조청(FOA)으로부터 원조받은 군인용 겨울 원면 50만 달러어치를 0.3%만 남기고 나머지를 시장에 팔아서 정치자금으로 조성한 사건이다(강민정, 2005: 77-78).

위에서 설명한 것 이외의 한국전쟁 전·후 부패 양상 중 두드러진 것은 엽관제 형태의 공직 임용, 탈세, 그리고 공금 횡령이었다(이문영, 1992: 122-123). 또한 한국전쟁이 끝나고 복구 과정에서도 외국 원조자원의 오용·횡령·관계 유착의 비리가 만연했다. 하루아침에 신흥재벌이 된 부유계급과 가난 속에 허덕이는 일반 민중 사이의 적대 감정도 높아만 갔으며 한국전쟁의 후유증, 높은 실업률, 물가고 등 열악한 사회환경 속에서 사회적 범죄도 극성을 부렸다(신천식 외, 1979: 361-362). 국민의 지지를 잃은 자유당 정권의 횡포는 날로 심화돼 갔으며, 이승만 정부는 경찰의 사병화(私兵化), 공무원의 정치적 중립의 훼손, 그리고 야당 및 비판 세력에 대한 억압 역시 정점을 향해 올라가고 있었다. 이런 상황 속에서 부패는 제도화하고 있었지만 그에 효과적으로 대응할 의사와 능력을 이승만 정부는 결여하고 있었다.

19) 1952년 중석 불하 사건에서는 국회가 두 번에 걸쳐 국회특별조사위원회가 구성돼 상공 장관 해임안과 총리 경고안이 건의됐으나 당시 여당인 민주당의 거부로 책임자가 아무도 처벌되지 않고 무마된 부패사건이다.

2. 반부패 개혁

이승만 정부의 부패 양상은 위에서 제시한 개인적 접근 방법, 제도적 접근 방법, 그리고 체계적 접근 방법 등 하나의 접근 방법으로 설명해내기 매우 어렵다. 이유는 부패의 양상이 다양한 형태를 띠고 일관성 없이 나타나기 때문이다. 그렇다고 각 접근 방법을 혼합해서 활용해 설명하는 것도 난감하다. 따라서 여기서는 저자 나름대로 이승만 정부의 부패의 양상을 살펴보고 이승만 정부가 처한 특수한 상황의 상황 논리 및 제도적 접근 방법이라는 나름의 기준을 정해 반부패 개혁을 설명하기로 한다.

첫째, 이승만 정부는 국가 건설 초기에 한국전쟁이라는 민족적 대재앙, 즉 특수 상황을 경험했다. 특수한 상황에서 전쟁의 수행은 주로 군인들의 몫이었다. 해방된 지 5년이 지나지 않은 상황, 그리고 도덕적・윤리적 기준이 마련돼 있지 않은 군 조직에서 부패가 싹트는 것은 자명한 일이었다. 전쟁을 수행하기 위해 막대한 군수물자가 군 조직에 투입된 상황에서, 그리고 이를 감시하거나 감독할 부서도 없는 상황에서 부패는 자연발생적으로 발생할 수밖에 없는 구조를 형성했다. 그렇기 때문에 군을 중심으로 한 부패가 독버섯처럼 자연스럽게 만연됐다. 1951년 국민방위군 사건 및 1956년의 원면횡령사건이 대표적인 경우다.

국민방위군 사건으로 당시 이시영 부통령이 사임했다. 국회는 1951년 4월 30일 국민방위군의 해체를 결의했으며 관련된 국민방위군 간부들은 군법회의에 회부[20]됐다. 또한 1956년 원면횡령사건으로 국방부 장관이 해임됐다(강민정, 2005: 77-78). 이승만 정부에서 제도 또는 입법을 통해 반부패 개혁을 해야 함에도 불구하고 이를 시행하지 못했다는 점이 매우 아쉬운 점으로 남아 있다.

둘째, 이승만 정부의 통치지도 세력의 기반이 부패해 있었기 때문에 그들의 반부패 개혁은 형식적이거나 미약할 수밖에 없었다. 공직의 윤리적 확립에 관한 선언이나 심계원(審計院), 감찰위원회(監察委員會) 등을 통한 아주 미약한 형식적 대응책이 없지는 않았으나 이 모든 것이 부패의 제도화[21]를 가로막는 제도적 장치로는 너무나 무력했으며 반부패활동의 성과 또한 거의 전무했다(오석홍, 2012: 231-232).

셋째, 이승만 정부에서 직접적인 반부패활동이라고 하기에는 미약하지만 관리좌우명

20) 1951년 7월 19일 중앙고등군법회의는 국민방위군 사령관 김윤근, 부사령관 윤익현 이하 5명에게 사형을 언도했으며 8월 12일 총살형이 집행됐다.

21) 이문영 교수는 그러한 부패구조 속에서 부패를 하지 않은 공무원은 뭔가 모자란 사람임을 뜻하며 공무원이 된다는 것은 갱이나 절도단에 들어가는 것과 그 성격이 같다고 말하고 있다.

(官吏座右銘)이라는 것을 만들어 공직자들에게 시간 지키기, 명령 복종, 책임 완수, 공정 등을 강조했다(오석홍, 2012: 232). 이것은 그나마 간접적 반부패활동으로 이승만 정부가 공직자들에게 제시할 수 있는 최대한의 반부패 활동의 역할이었을 것으로 생각된다.

제 5 절 지방행정 개혁

지방행정 개혁은 지방자치제도의 제도화나 발전에서 시작된다. 이승만 정부 역시 지방행정 개혁을 지방자치제도의 제도화나 발전에서 찾고 있다. 여기에서도 지방행정 개혁은 지방자치제도의 제도화 및 발전으로 간주하고 이를 중심으로 기술하기로 한다. 여기에는 지방자치단체의 계층적 구조(행정구역 포함) 및 지방의회의 구성에 포커스를 맞춰 이를 서술하기로 한다.

지방자치제도의 터전은 대한민국 정부가 수립되고 헌법 제8장에 지방자치 조항이 규정(제96조, 제97조)되면서 마련됐다. 미군정기 서류상의 지방자치에서 지방자치의 여명기(1948~1952년)가 열리게 된 것이다. 1948년 11월 17일 법률 제8호로 지방행정에 관한 임시조치법[22]이 제정・공포되고, 이어 1949년 7월 4일 법률 제32호로 지방자치법[23]이 제정・공포되면서 이승만 정부의 지방행정 개혁은 시작됐다.

1. 지방자치단체의 계층적 구조(행정구역 포함)

이승만 정부는 지방행정 개혁의 태동을 지방자치법을 모태로 한 계층구조의 변경에서 시작했다. 가장 먼저 지방자치법이 공포・실시됨에 따라 지방자치단체의 계층적 구

22) 이 법은 국가의 지방행정구역을 시・도・구(區)・부(府)・군(郡)・도(島)・서(경찰・소방)・읍・면(面)으로 하는 동시에 각 구역에 두는 보통지방행정관으로 서울시에 시장, 도에 도지사, 구에 구청장, 부에 부윤, 군에 군수, 도(島)에 도사(島司)를 두었다. 다만, 읍・면장은 국가행정기관으로 하지 않고 지역주민이 직접 선출하는 선거제를 채택했다. 이 법과 이에 따른 대통령령 제34호의 시행으로 일제 시대의 각종 칙령, 총령, 제령과 미군정 법령, 과도정부의 법률 등은 자연 소멸됐다.

23) 지방자치법은 전문 7장 156조 부칙 6조로 구성됐으며 다음의 사항을 규정하고 있다. 첫째, 지방자치단체의 종류, 둘째, 지방자치단체의 권한, 셋째, 지방자치단체의 기관 구성, 넷째, 지방자치단체장의 선임, 다섯째, 지방의회의 조직・운영・권한, 여섯째, 지방재정, 일곱째, 지방자치단체에 대한 국가의 감독, 여덟째, 지방자치단체의 권능, 아홉째, 지방자치단체의 하부조직, 열째, 주민의 행정 참여, 열한째, 지방공무원제도 등이다.

조가 서울특별시와 도(道), 그리고 시 · 읍 · 면의 중층제로 구성됐다. 서울특별시와 인구 50만 이상의 시(市)에는 구(區)를, 시 · 읍 · 면에는 동(洞)과 리(里)를 두게 됐다. 이 밖에 부(府)가 시(市)로, 울릉도(鬱陵島)가 울릉군(鬱陵郡)으로 개칭된 것 이외에는 종전의 행정구역이 그대로 승계됐으나 지방행정에 관한 임시조치법에서 대통령령으로 정하도록 했던 행정구역의 변경을 여기서는 법률로 정하도록 규정했다. 이로써 당시 남한의 행정구역[24]은 1특별시(9개 구) · 9도 · 19시 · 134군 · 75읍 · 1,448면이 됐다.

지방행정 개혁의 논거가 된 지방자치법이 내포하는 중요한 요소로는 첫째, 지방행정의 계층구조다. 지방행정의 계층구조는 2계층(특별시 · 도 및 시 · 읍 · 면)으로 했다. 둘째, 기관 구성의 형태는 집행부와 의회가 상호 견제하는 기관 대립형이다. 의결기관인 의회는 단체장을 불신임할 수 있는 불신임 권한을 주고, 집행기관의 장(長)인 단체장은 의회 해산권을 갖고 있다. 셋째, 지방의회는 인구 비례에 따라 주민의 직접선거에 의해 선출되는 임기 4년의 명예직 의원으로 구성된다. 넷째, 단체장의 경우, 시 · 읍 · 면은 각각 의회에서 선출[25]되지만, 서울특별시장과 도지사는 대통령에 의해 임명[26]된다. 다섯째, 지방행정의 사무는 고유사무 · 단체위임사무 · 기관위임사무로 구별된다. 여섯째, 특별시와 도에는 국가 공무원을 둘 수 있지만 반면 시 · 읍 · 면에는 지방공무원만이 배치된다(오재일, 2014: 311-313).

그런데 지방자치법은 발효됐지만 곧이어 1950년 6월 25일 한국전쟁이 일어난 후 지방자치제는 무기한 연기됐다가 1952년 피난수도 부산에서 갑자기 지방의회 의원선거가 실시[27]됐다. 그에 따라 제1대 지방의회(1952~1956년)가 구성됐으며, 그 이후 제2대 지방

24) 대한민국 정부 수립 시 행정구역은 1특별시, 9도, 14부(府), 133군, 1도(鬱陵島), 8구(區), 73읍, 1,456면(面)이었다.

25) 시장 · 읍장 · 면장은 각기 지방의회에서 무기명 투표로 선거하도록 했다. 이 선거는 재적의원 3분의 2 이상의 출석과 출석의원 3분의 2 이상의 득표자를 당선인으로 하고 2차 투표에도 3분의 2 이상의 득표자가 없을 경우에는 3차 투표에서 다득점 순위로 당선인을 결정하도록 했다.

26) 이승만 정부는 서울특별시장과 도지사뿐 아니라 시장 · 읍장 · 면장까지 모든 지방자치단체장을 임명제로 하려고 했다. 그 이유는 첫째, 완전한 지방자치는 아직 시기상조라는 것이었다. 각 국가의 지방자치의 연혁을 보더라도 완전자치를 하기 위해서는 하급지방자치단체로부터 시작해 상급지방자치단체로 단계적으로 올라가는 것이 상례라는 것이었다. 둘째, 경찰권을 가진 서울특별시장과 도지사까지 선거를 통해 당선자가 결정된다면 남 · 북한이 분단된 상황에서 치안상 중대한 문제가 생길 것이라는 이유가 또 다른 하나다. 셋째, 산업정책, 농지정책, 국토정책 등 전국적으로 통일적인 지방행정을 해야 할 분야가 많기 때문이다.

27) 1952년 피난수도 부산에서 갑자기 지방선거가 실시된 당시는 이승만 정부가 제2대 정 · 부통령 선거를 앞두고 직선제를 골자로 하는 개헌안을 국회에 제출했다가 부결된 직후였다. 야당세가 강한 국회에서 간선으로 차기 대통령에 당선될 가능성이 희박해지자 이승만 대통령은 대통령 직선제로 개헌해야 할 필요성을 느끼게 됐다. 이러한 자신의 입장을 지지해 줄 전국적인 세력 기반을 확보하는 방법으로 이승만 대통령은 지방의회의 구성에 착수하게 됐다.

의회(1956~1960년)까지 이어졌다.

2. 제1대 지방의회(1952~1956년) 구성

이승만 정부의 지방행정 개혁의 또 다른 측면은 지방의회를 서둘러 구성하는 일이었다. 1950년 6월 25일 한국전쟁으로 지방자치를 연기해 오던 이승만 정부는 1952년 피난수도 부산에서 갑자기 지방의회 의원선거를 실시할 것을 공포했다. 당시는 정부가 제2대 정·부통령 선거를 앞두고 정·부통령 직선제를 골자로 하는 개헌안을 국회에 제출했다가 야당세가 강한 국회에서 간선으로는 차기 대통령에 당선될 가망이 없음이 분명해지자 이승만 대통령은 어떻게 하든지 대통령 직선제로 헌법을 개정해야 될 입장이었다. 이러한 정부측 입장을 지지해줄 전국적인 세력 기반을 확보하는 이승만 정부는 지방의회의 구성에 착수하게 됐던 것이다(손봉숙, 1985: 73).

이에 따라 1952년 4월 25일에는 시·읍·면 의회 의원이, 그리고 5월 10일에는 도의회 의원이 선출돼 최초로 민선지방의회가 구성됐다. 제1차 지방선거는 이승만 대통령이 자신의 정치적 세력 기반을 확보하기 위해 실시된 만큼 지방자치를 할 만한 준비가 소홀한 상태에서 졸속으로 이뤄졌다. 이는 한국의 지방자치가 처음부터 중앙정치에 잘못 휘말려 그 이후 지방자치 발전에 매우 부정적인 영향을 미치는 계기가 됐다(한국지방자치학회, 1996: 62).

당시 시·읍·면장의 선거는 각급 지방의회에서 의원들이 선출하는 간선제의 양식을 택했다. 시·읍·면장을 의원들이 선출하는 데 따른 의회의 전횡을 방지하기 위해 장에게는 의회 해산권을 부여하고, 장의 권력을 견제하기 위한 수단으로 장에 대한 의회의 불신임의결권을 부여해 견제와 균형의 묘를 살리고자 했다. 그러나 의회 해산에는 감독관청의 허가가 필요하니 장에 대한 불신임 의결은 의회가 자유롭게 결의할 수 있는데다 장을 의회에서 선임했기 때문에 의회가 우위에 있었다. 이에 따라 제1대 지방의회는 장에 대한 불신임의결권 남용으로 자치단체장의 빈번한 교체를 초래했다. 장의 빈번한 해임과 교체는 결과적으로 제2차 지방자치법 개정의 명분을 제공했다. 또한 장은 주민의 복리 증진보다는 의회의원들의 환심을 사는 데 급급한 모습을 드러냈다. 더구나 서울특별시장과 도지사는 여전히 대통령이 임명하도록 돼 있어 최초의 지방자치는 절름발이 형태를 면치 못했다(한국지방자치학회, 1996: 62).

3. 제2대 지방의회(1956~1960년) 구성

1952년 발족된 지방의회가 활동을 시작한 지 3년이 지난 1955년 이승만 정부는 지방행정 개혁을 명분으로 지방자치법을 개정[28]해야 한다는 움직임을 다시 일으키기 시작했다. 사실 대통령과 부통령을 국민이 직접 선출할 능력이 있다고 하여 헌법까지 개정한 뒤이고 보면 도지사와 서울특별시장 임명제에 대한 이승만 정부의 주장은 설득력이 없었다. 민도(民度)가 높은 서울은 임명제를 택하고 민도가 상대적으로 낮은 지방은 민선으로 주장하고 있는 것은 더욱 그러했다.

지방자치법 개정을 둘러싸고 찬반 논의가 엇갈리는 가운데 국회는 1956년 2월 10일 다음과 같은 내용의 지방자치법안을 통과시키고 동 2월 13일자로 법률 제385호로 공포하기에 이르렀다. 첫째, 도지사와 서울특별시장은 종전대로 임명제로 하고 시·읍·면장과 동·리장은 주민이 직접 선출한다. 둘째, 의회의 자치단체장에 대한 불신임의결제도를 폐지한다. 셋째, 지방의회 의원과 시·읍·면장의 임기를 4년에서 3년으로 단축한다는 내용 등을 골자로 하고 있다(한국지방자치학회, 1996: 63).

제2차로 개정된 지방자치법은 공포된 지 불과 5개월 만인 1956년 7월 6일 다시 제3차 개정을 위해 국회 본회의에 상정됐다. 제3차 개정의 주요 쟁점은 제2차 개정의 부칙에 규정[29]된 조항을 둘러싸고 일어났다. 이 법안에 대한 위법성을 강력히 주장하면서 야당 측이 총퇴장했음에도 불구하고 7월 8일 105명의 자유당 의원만으로 표결을 강행한 국회에서 84표의 찬성을 얻어 통과됐다. 이 법안의 통과로 기득권을 누릴 수 있는 시·읍·면장은 전체의 60퍼센트에 달하나 지방의회 의원은 1퍼센트에 불과했다. 전국 26개 시 중 20개 시장, 76개 읍 중 46개 읍장, 1,389개 면 중 845개 면장이 기득권을 보유했으며, 반면 17,232 시·읍·면 의회의원 중 195명이 기득권의 혜택을 누리게 됐던 것이다(내무부, 1966: 467).

이 개정법안은 1956년 7월 8일 법률 제388호로 공포돼 제3차 지방자치법 개정이 효력을 발생하게 됐다. 자유당이 개정 지방자치법이 안고 있는 법리상의 모순과 공당으로

---

28) 당시 지방자치법 개정은 내무부가 주도했는데, 당시 언론 보도에 의한 내무부 당국자의 설명에 의하면 막상 지방의회를 구성하고 지방자치를 실시해 보니 여러가지 법제상의 모순이 드러나기 시작해 제2차 개정을 서두르지 않을 수 없다는 것이었다.

29) 이 부칙에 의하면 늦어도 1956년 8월 15일까지는 선거를 실시하되 그때까지 임기가 만료되지 않는 자는 선거일까지 그 임기가 만료된 것으로 보고 총선거를 일괄적으로 시행한다는 것이었다. 제3차 개정은 이를 다시 고쳐 기득권을 인정하자는 내용이었다. 선거일 전까지 임기가 만료된 자는 그 임기가 끝난 것으로 보되, 임기가 아직 남아 있는 사람은 법정 임기가 만료될 때까지 그 임기를 인정해주고 다가오는 8월 선거에서 제외하자는 것이었다.

서의 대의명분을 무시한 채 자당 의원만의 출석으로 동법안의 통과를 강행시킨 것은 이로 인해 상당한 정치적 이해관계가 좌우되기 때문이었다.

1956년 5월 15일 정·부통령 선거 결과는 자유당으로 하여금 3개월 후로 다가선 지방선거에 대해 자신을 잃게 했다. 이승만 대통령의 후광을 업고 무난히 대통령에 당선되리라 믿었던 부통령 후보 이기붕의 낙선은 민심이 자유당으로부터 이탈했음을 보여준 것이었다. 이렇게 보면 기존 임기에 대해 기득권을 인정해주기로 한 제3차 개헌안 통과는 부산정치파동 시의 발췌개헌안이나 이승만 대통령의 종신연임제의 길을 터준 사사오입 개헌에 버금가는 정치적 개정이었다. 이와 같이 지방자치제는 중앙정치에 몰려 그 본래의 의의가 퇴색해 갔고 지방자치법은 정치의 도구로 전락해 갔다(한국지방자치학회, 1996: 63-64).

제2차 지방선거는 1956년 8월 8일 시·읍·면 의회 선거와 시·읍·면장 선거가 실시됐으며, 8월 13일에는 도의회 의원선거가 실시됐다. 제2차 지방선거로 인해 한국전쟁으로 의회 구성이 연기됐던 서울특별시를 포함한 경기도 및 강원도까지 지방의회를 구성해 처음으로 전국의 지방자치단체가 모두 의회를 구성하게 됐다. 제2차 지방선거 이전까지는 각급 의회에서 선출하던 시·읍·면장을 제2차 지방선거로 인해 해당 지방자치단체 지역주민들이 직접 선출하게 된 것으로 바뀐 점이 지방자치제의 발전으로 평가[30]될 수 있다. 그러나 서울특별시장과 도지사는 여전히 임명제에 의존하고 있었기 때문에 절름발이 지방자치제라 할 수 있을 것이다(한국지방자치학회, 1996: 64).

개정된 지방자치법이 기득권을 인정함에 따라 지방선거가 끝난 이후에도 계속해 전국에서 임기가 만료되는 지방의회 의원이나 자치단체장의 선거가 수시로 거행됐다. 그 중에서도 1958년 10월 2일의 대구시장 선거에서 민주당 후보의 압도적인 당선은 자유당에게 커다란 충격을 주었다. 대구시장 선거에 이어 1959년에는 부산·마산시장 선거를 비롯해 전국 26개 시 가운데 15개 시장이 임기가 만료되며, 또한 상당수의 읍·면장도 임기가 만료됨으로써 지방선거가 계속 이어질 전망이었다. 이러한 일련의 지방선거에서 자유당은 일방적으로 승리할 가능성이 희박하다고 판단되자 시·읍·면장의 임명제를

30) 지방자치단체장을 직선한 제2대 지방의회에서는 권력분립주의의 원칙에 의거해 자치단체장의 의회 해산권이나 지방의회의 자치단체장에 대한 불신임의결권을 모두 인정하지 않았다. 그러면서도 지나친 권력분립으로 인해 기능의 조화가 깨어지지 않도록 자치단체장의 의회 소집 요구권, 의결안의 발안권을 인정함과 동시에 의회는 행정사무를 감독하기 위해 자치단체장과 그 보조기관에 대해 의회에 출석해 답변을 요구할 수 있게 했다. 불신임의결권이 없어진 의회는 제때에 예산을 통과시켜 주지 않아 지방자치단체를 무예산 상태로 방치한다든가, 부당한 의사 지연이나 부결 등의 방법을 동원해 행정을 마비시키는 폐단을 낳기도 했다.

골자로 하는 제4차 지방자치법 개정을 서두르게 된 것이다(한국지방자치학회, 1996: 64).

제4차 지방자치법 개정안은 자유당 국회의원만이 출석한 국회에서 날치기로 통과됐다. 개정된 지방자치법 중 가장 쟁점이 됐던 조항은 시·읍·면장의 주민직선제를 임명제로 개정한 부분이었다. 개정된 조항에 의하면 시장은 도지사의 추천으로 내무부 장관을 경유해 대통령이, 읍·면장은 군수의 추천으로 도지사가 임명하도록 했다. 제4차 지방자치법 개정안을 이렇게 바꾼 배경에는 무엇보다도 1958년 5월 2일의 민의원 총선거 결과 대도시에서의 야당계 진출이 현저해진 것이 크게 작용했다. 선거 결과 민심의 향배에 의구심을 느낀 자유당은 지방자치단체장을 임명제로 바꾸는 비상 돌파구를 찾기에 이른 것이다. 제4차 지방자치법 개정 초기에는 지방의회에 여당세가 강했으므로 간선제로 개정할 경우에는 무난하게 여당 인사를 당선시킬 수 있으리라 생각하고 간선제로의 개정 움직임이 있었으나, 개정 당시의 분위기는 그것마저 불안해 결국 임명제로 귀결됐다. 주민 직선제에서 임명제로 바꿈으로써 자유당은 이제 관권으로 지방행정조직을 장악할 수 있는 길을 열어 놓은것이다(한국지방자치학회, 1996: 65).

제 6 절 나오는 말: 함의

정부개혁이란 무엇인가? 우리는 무엇을 보고 정부개혁이라 하는가? 정부개혁의 내용은 무엇인가? 정부개혁은 누구를 위한 것인가? 정부개혁은 왜 해야 하는가, 또한 정부개혁을 해야 하는 당위성은 존재하는가? 정부개혁은 누구에 의해 추진돼야 하는가? 정부개혁은 언제, 어디서, 어떻게 시작해야 하는가 등의 문제가 정부개혁을 이야기할 때 항상 강조되는 이슈다.

새로운 대통령이나 정부가 들어설 때마다 외치는 단골 캐치프레이즈는 정부개혁이다. 해방 이후 지금까지 정부개혁이라는 슬로건을 숱하게 외쳐왔지만 그것의 속도나 결과는 미흡한지 아직 계속되는 현상이 반목해서 발생한다. 그렇다면 새로운 대통령이나 정부가 정부개혁을 계속 외치는 이유는 무엇인가? 왜 새로운 대통령과 정부는 정부개혁을 강조하는가?

정부개혁을 부르짖는 사람들의 생각에는 첫째, 행정조직이나 정부가 비효율적으로 기능하므로 조직이든 제도든 무언가 새롭게 고치거나 바꿔서 변화를 통해 효율성을 높여야 한다는 생각을 갖고 있기 때문이다. 둘째, 새로운 대통령이나 정부는 이전의 대통령이나 정부와 눈에 두드러지는 차별성을 갖고 운영하는 가장 좋은 방법이 조직개편이나 제도의 정비라고 생각하기 때문이다.

조직을 개편하고 제도를 정비하면 행정의 효율성은 높아지는가, 떨어지는가? 높아진다, 떨어진다 하고 단순하게 대답할 사안은 아니지만 조직개편과 제도의 정비는 바로 효율성과 직접 연결되는 경우도 있지만, 그렇지 않은 경우도 비일비재하다. 그렇다면 정부개혁이 효율성과 직접 연결되지 않는 이유는 무엇인가? 여기에는 시간이라는 변수뿐 아니라 조직 구성원의 마인드 변화가 개입되기 때문이다. 조직 구성원은 기존의 틀에서 크게 벗어나려는 생각을 하지 않기 때문에 변화를 요구하면 저항으로 대응한다. 조직개편이나 제도의 정비를 통해 어떤 조직이 효율성을 높이는 데 많은 시간이 투입되는 이유는 바로 구성원들의 변화에 대한 이러한 저항 때문이다.

이 장에서는 이승만 정부 정부개혁의 내용, 즉 정부조직 개편, 재정개혁, 인사개혁, 반부패 개혁, 그리고 지방행정 개혁에 대해 살펴보았다. 이승만 정부는 국민 형성(nation building)이나 국가 건설(state building)이라는 국가 어젠다에 초점을 맞춰 국정을 운영했기 때문에 실질적인 정부개혁이라는 용어를 사용한다는 것 자체가 무리일 수 있다.

어떤 정부에서 개혁이라는 용어를 사용한다는 것은 제도, 정책, 그리고 법률(시행령 포함)이 시행되면서 여러가지 문제점이나 부작용이 뒤 따라 국민들이 생활의 불편함을 느끼거나 아니면 국가의 예산 낭비를 초래한다는 전제 조건이 있어야 조직, 구조나 시스템, 인력 등의 변화를 통해, 즉 정부개혁을 통해 이를 개선해 더 나은 삶의 질(quality of life)을 향상시키려는 목적에서 통상적으로 정부개혁을 시작한다.

그런데 이승만 정부는 정부개혁을 제대로, 그리고 올바른 방향에서 시행하기 매우 어려운 상황에 놓여 있었다. 이승만 정부는 정부개혁을 해야 될 당위성이 존재하지 않았으며, 왜 정부개혁을 해야 하는지, 어떻게 해야 하는지에 대해 대통령을 비롯한 장관, 그리고 고급 관료와 하급관료들에 이르기까지 모두 인식하지 못하고 있었다.

따라서 이승만 정부의 정부개혁은 일차적으로 국가의 건설과 국민통합을 위한 국가기구의 형성, 즉 기본적 기능 위주로 이뤄졌으며 통치 이념이나 비전, 그리고 제도에 의해 정부개혁이 이뤄지지 못했다. 이승만 정부는 장기 집권을 위해 내무, 치안 등 억압적 사회 질서 유지 기능과 반공을 빌미로 한 국방 기능을 한국전쟁 이후 더욱 강화하는 조치를 취했다. 따라서 정권 보전 차원에서 정치・행정력이 동원됐으며 행정은 현상 유지적이고 전통 답습적인 관성을 이어갔으며 정부개혁은 소극적이고 비조직적이었다. 이러한 여건상 이승만 정부의 정부개혁은 국가 발전을 위한 근본적인 개혁활동이 조직적이고 효과적으로 추진될 수 없었다 할 것이다.

첫째, 정부개혁을 다루는 상설기구가 정부 내 없었기 때문에 정부개혁의 내적 충실성과 지속성이 결여돼 있었다.

둘째, 정부조직법 및 기타 정부기관과 관련된 활동에 참여한 집단은 대부분 법조계 출신의 사회적 배경을 가진 사람들로서 정부개혁에 대한 인식이 부족해 정부 기능을 법질서 유지 중심의 소극적 기능으로 파악했다.

셋째, 정부조직법 제정 당시에는 정부 수립 내지 독립국가로서의 형식을 갖춘다는 최소한의 합목적성이 있었으나 그 후에는 정치, 경제, 사회, 문화 등 다양한 수요에 대한 명확한 예측이 없었기 때문에 정부개혁이 흐지부지되고 말았다.

넷째, 정부개혁에 필요한 이론적, 기술적 기준뿐 아니라 개혁의 준거 내지 가치 기준이 전혀 없었다고 말할 수 있다.

다섯째, 국가공무원법이 제정돼 공무원제도의 기초는 마련됐으나 이것이 기능할 수 있는 문화나 토양이 전혀 마련돼 있지 않았다. 결과적으로 권력자에 의해 이것이 자의적으로 운영돼 정실주의, 엽관주의를 초래했으며 공무원집단은 정치 도구화돼 정부개혁의 성과는 전혀 나타나지 않았다.

여섯째, 개혁 대상 역시 관리기술의 개선이나 행태개혁보다는 기구개혁에 국한됐으며, 개혁의 범위는 독립국가로서의 기본 틀을 마련한다는 차원에서 광범위하게 진행됐지만 각종 개혁이 산발적·소극적 분산적으로 이뤄져 제도화를 통해 뿌리를 내리지 못했다.

그렇기 때문에 이승만 정부의 정부개혁은 체제 유지에만 급급한 비능률성, 집권층의 권위적 사고방식, 그리고 1인 독재와 부정부패 등으로 나타난 반민주적 행태로 인해 정치·경제·사회·문화 등 다양한 국민의 요구에 적절하게 대처하지 못했다. 결국 이승만 정부의 정부개혁은 체제 형성 및 체제 견고화에 내몰린 나머지 사회 변동의 대응이라는 적극적 측면보다는 기존의 틀을 지키고 보호하는 소극적 목적에 치우침으로써 본래적 의미의 정부개혁에는 미치지 못한 것으로 나타난다.

참고 문헌

강민정 (2005). 역사 속의 부정부패: 제1공화국에서 4공화국까지. 부패방지저널, 3: 76-83.
강성철 외 (1997). 새 인사행정론. 서울: 대영문화사.
강인재・이달곤 외 (2001). 한국행정론. 서울: 대영문화사.
구현우 (2010). 발전국가, 배태된 자율성, 그리고 제도론적 함의: 이승만 정부, 박정희 정부, 전두환 정부의 산업화 정책을 중심으로. 한국사회와 행정연구, 20(1): 145-178.
김선혁・정재동・정태헌 (2007). 우리나라 제1-3공화국의 예산정책 변화과정 분석: 정책진화론을 중심으로. 한국정책과학학회보, 11(2): 251-275.
김수영 (1996). 총합 행정개혁론. 서울: 법률계.
김운태 (1986). 한국현대정치사: 제2권 제1공화국. 서울: 성문각.
김일영 (2007). 이승만 정부의 산업정책과 렌트 추구 그리고 경제 발전. 세계정치 8. 28(2): 171-203.
김찬동 외 (1995). 재무행정론. 서울: 한국방송통신대출판부.
김태룡 외 (2014). 새 한국정부론, 서울: 대영문화사.
내무부 (1966). 한국지방행정사. 서울: 대한지방행정협회.
박연호 (1985). 인사행정신론. 서울: 법문사.
박윤성・이미애 (2010). 정부조직법에 근거한 강력한 행정부의 대두와 대통령비서실의 역할: 제1공화국을 중심으로. 한국행정사학지, 27: 81-100.
박태균 (2007). 한국전쟁 이후 이승만 정부의 경제부흥 전략. 세계정치 8, 28(2): 204-249.
손봉숙 (1985). 한국지방자치연구. 서울: 삼영사.
송혜경 (1998). 제1공화국 인사행정에 관한 연구: 고급관료의 사회적 배경 및 충원을 중심으로. 연세대학교 박사학위 논문.
______(2001). 제1공화국 관료의 충원 및 이동분석. 연세사회과학연구, 7: 1-46.
______(2010). 국무회의록을 통해 살펴본 제1공화국 후기의 국가관리와 공무원 인사정책. 한국인사행정학회보, 9(1): 109-136.
신천식 외 (1979). 한국민족사. 대구: 형설출판사.
심정근 (1983). 재무행정론. 서울: 조세정보사.
원시연 (2007). 대통령과 국회의 제도적 권력관계의 변화: 제1공화국부터 노무현 정부까지. 비교민주주의연구, 3(1): 5-50.
양동안 (2008). 이승만과 대한민국 건국. 정신문화연구 2008, 31(3): 41-70.
오석홍 (1994). 인사행정론. 서울: 박영사.
______(2012). 행정개혁론. 서울: 박영사.
오재일 (2014). 지방자치론. 서울: 도서출판 오래.

유종해 외 (1994). 신고 한국행정사. 서울: 대영문화사.
유 훈 외 (2012). 재무행정론. 서울: 법문사.
윤태범 (1998). 역대정부의 반부패정책의 평가에 관한 연구. 지방정부연구, 2(1): 213-231.
______(2010). 우리나라 부패방지 및 윤리관리정책에 대한 평가. 한국방송통신대학교 논총, 50: 31-64.
이문영 (1992). 한국행정론. 서울: 일조각.
이미애 (2013). 제1공화국의 재평가. 한국행정사학지, 32: 193-215.
이상수 (2010). 한국 역대 정부별 반부패 청렴정책의 성과와 과제. 지방자치정보, 171: 33-42.
이재은 (1999). 한국 반부패정책의 배경: 역사적 유산과 정치적 맥락. 연세사회과학연구, 5: 147-173.
이종수 (2013). 한국행정의 이해. 서울: 대영문화사.
이한빈 (1968). 한국예산제도개혁논고: 1955-1961. 행정논총, 6(1): 23-34.
______외 (1969). 한국행정의 역사적 분석: 1948-1967. 서울: 한국행정문제연구소.
정진아 (2008). 이승만 정권의 자립경제론, 그 지향과 현실. 역사비평, 83: 89-116.
조영제 (1980). 한국의 서정쇄신론. 서울: 율성사.
진덕규 외 (1981). 1950년대의 인식. 서울: 한길사.
최상오 (2003). 이승만 정부의 경제정책과 공업화 전략. 경제사학, 53: 89-116.
한국지방자치학회 (1996). 한국지방자치론. 서울: 삼영사.

제3장

정부개혁에 대한 성과 및 평가

최신융
숙명여자대학교

제1절 제1공화국 정부에 대한 평가

제1공화국과 이승만 대통령에 대한 평가는 평가자의 이념적 성향에 따라 극명하게 대조된다(이미애, 2013). 이승만 대통령은 자유민주주의 이념에 입각해 대한민국을 건국하고 대통령중심제 정치 체제를 제헌 헌법에 관철함으로써 국가 발전의 기틀을 세웠다는 평가를 받는가 하면 반대로 이승만의 정치적 야욕이 분단을 고착화시키려는 미국의 대외정책과 야합해 한반도 분단을 초래했다는 비판도 존재한다. 그러나 당시의 국제 정세와 신생 대한민국의 정치 상황을 보면 분단의 책임을 이승만 대통령 개인에게 일방적으로 물을 수는 없을 것이다. 오히려 단정 수립보다 통일에 더 비중을 두었던 중도파나 남북협상파들의 반대에도 불구하고 대한민국을 자유민주주의 체제로 건국하는 데에 심혈을 기울였던 이승만 대통령의 통찰력과 선견지명은 역사적 평가를 받아야 마땅할 것이다. 역사에 가정은 없다지만 해방 정국에서 한국인 스스로 분단을 막을 만한 힘이 있었는지 반문해 본다면 이러한 평가에 인색할 필요는 없다.

이승만 대통령은 반공을 기치로 사회주의 세력을 배척하고 제1공화국 정부를 수립했으며, 정부 수립기와 6 · 25 전쟁을 거치면서 공산주의 세력의 위협에 대처하기 위해 국방과 국내 치안 유지문제를 가장 시급한 국가적 과제로 인식하고, 국가의 기본적 생존을 위한 노력을 기울였다. 그러나 이 시기의 반공노선은 자유민주주의 이념을 정당화 내지는 미화하기 위한 표면적 명분이었으나 시간이 흐를수록 실제로는 이승만의 1인 독재를 강화하기 위한 이념으로 전락하고 말았다. 즉 반공과 국가 건설이라는 이념과 명분 외에 구체적인 정부의 정책 가치에 대한 고민이 없었던 것이다. 결과적으로 초기의 이승만 대통령은 기본적으로 미국식 민주적 기본 질서를 추구했으나 당시의 국내외 정세와 정치 상황으로 말미암아 그와는 반대로 민주주의를 형해화하면서 일인 장기 집권 체제 구축에 몰두했다. 경제 면에서는 제헌헌법에서 사회주의적 요소가 강했던 것을 정부 수립 이후 많은 논란 끝에 민간경제에 대한 정부 개입을 최소화하는 자유시장 경제 체제로 전환했다는 평가를 받고 있다. 그러나 기술적인 측면에서는 시장 원리가 작동될 수 있는 환경이나 기반이 부족해 빈곤과 혼란이 지속된 시기였다(임도빈, 2008: 220). 이 시기의 우리 행정은 미국식 정부조직 구조 속에 식민통치 시기에 뿌리 깊이 남아 있던 일본식 관존민비 사상이 결합돼 관(官)의 민(民)에 대한 절대 우위가 확립됐던 시기이기도 하다.

제2절 정부개혁에 대한 평가

제1공화국은 구한말과 일제, 미군정으로 이어지는 연장선상에서 자유민주주의에 입각, 자주적 독립국가를 건국했다는 의미에서의 정부개혁 외에는 정치 · 경제 · 사회 면에서 일제와 6 · 25를 거친 후의 혼란과 빈곤을 극복하고 사회통합을 효과적으로 추진할 수 있는 정부개혁의 여건이 제대로 만들어지지 않았다. 한마디로 여러가지 측면에서 국가 형성을 통해 지속적인 발전을 추진할 수 있는 정치적 기반과 행정적 토대가 마련되지 못한 상태에서 소위 정부개혁이 이뤄졌다는 것이다. 제1공화국의 헌법과 대통령 선출 제도는 미국의 영향력, 정치 세력 간의 세력 관계로 인해 정부 수립 기에는 특정 개인이나 특정 정치 세력이 권력의 독점을 허용하지 않는 경쟁적 구조로 출발했다. 그러나 현실적으로는 제1공화국 정부개혁의 역사는 결과론적으로만 보면 빈번한 제도 변경으로 헌법의 권위가 철저하게 국가 권력의 개인화를 추구한 이승만 대통령의 개인적 권위에 의해 대체돼 가는 과정에 지나지 않았다. 그러나 나름대로의 성과를 살펴보면 다음과 같이 정리할 수 있다.

1. 정부개혁의 성과

1) 자주적 민주정부의 출범

이승만 정부 수립 이전의 한국 사회는 해방과 남북 분단으로 서구의 자유민주주의 사상과 공산주의 사상이 대립하면서 새로운 국가 건설을 둘러싸고 첨예한 이념적 갈등 상황을 노출하고 있었다. 이러한 혼란은 앞에서도 살펴보았지만 미군정기를 거쳐 1948년 8월 15일에 제1공화국이 공식적으로 출범하면서 형식적으로는 종식된다. 제2차 세계대전 이후 많은 신생국이 독립하면서 정치적 자유를 획득하고 통합적인 민족국가로서의 정체성 확립은 물론 새로운 정책결정 체제의 확립을 요구받았던 것처럼 대한민국에서도 자주적 정부의 설립과 자기 결정권 행사를 위한 국가 건설과 국민 형성이 제1공화국의 시대적 과제일 수밖에 없었다. 미군정의 기간을 최대한 단축시키고 자유민주주의에 입각한 국민국가 건설을 이룩한 것은 제1공화국의 가장 중요한 정부개혁의 성과라 할 것이다.

2) 실질적 대통령중심제로의 이행

제1공화국에서의 빈번한 정부개혁은 대부분 헌법 개정을 통한 대통령의 선출 방법이나 정부 형태의 변화를 둘러싼 것으로 정치 세력 간의 권력적 헤게모니 쟁탈전의 성격을 가졌다. 이런 연유로 인해 각 정치 세력이 추구하는 제도적 선호는 일관성이나 방향성을 갖지 못하고 그때그때의 정치적 이해관계에 따라 표류했다. 국회와 행정부의 관계가 원만하지 못해 타협이 되지 않을 때는 헌법 개정이라는 수단을 통해 권력의 구조를 자의적으로 변개했다(김운태, 1976: 286). 1952년 7월의 부산정치파동을 계기로 해서 국회의 기능이 극도로 약화돼 외부적 억제와 내부적 균형 없이 행정부의 비대화와 권력의 누적화 과정을 밟았다. 정치행정이란 언제나 참여자 간의 치열한 권력 투쟁을 수반하고 이에 따라 개혁이나 개편들이 이뤄지는 것이다. 건국 초의 내각책임제에서 대통령중심제로의 전환이나 1955년 초에 이뤄진 국무총리제 폐지에 따른 대규모적인 간소화 작업에서 볼 수 있는 것처럼 자유당 말기까지는 명목상 이유야 어떠하든 실제의 이유는 정치인들 간의 권력 투쟁의 소산이 큰 것으로 보고 있다(박동서, 1979: 525). 그러나 지금도 그 실질적 기능과 책임성이 문제가 되고 있는 국무총리제를 완전 폐지하고 대통령중심제 정부 형태를 확립한 것은 일관성이나 방향성의 관점에서 본다면 의미있는 성과라 할 수 있다. 물론 이로 인한 장기 집권과 의회에 대한 행정부의 절대 우위는 이후 제2공화국 정부에서 국무총리제를 부활시키는 등 제헌 당시와 유사하게 회귀했음은 주지의 사실이다.

3) 국가적 과제의 수행에 따른 기능적 정부 체제의 출범

행정조직은 정부 역할의 변화에 대한 수요에 따라 기능적으로 분화 내지는 통합된다. 정치적 개혁 또는 혁명에 의해 행정기구가 대폭적인 개혁이 이뤄지는 경우를 제외하고는 대부분의 정부개혁은 새로운 정책 목표나 수단 등의 변화로 인한 행정 기능의 효과적 수행을 위해 점진적으로 변화해 간다.

우리나라 정부조직의 개편 과정을 보면 정부 기능에 대한 종합적인 분석을 토대로 이뤄졌다기보다는 외형적인 부처 통, 폐합 위주로 이뤄져 왔다. 즉, 시대 상황의 변화에 따른 정부 기능의 변화에 따라서 조직이 유연하게 변해야 하는데도 불구하고 각 부처 간의 이해관계나 기타 정치적인 고려가 반영돼 유기적인 조직개편이 이뤄지지 못했다(한국행정연구원, 2003:1). 제1공화국의 정부개혁도 이 범주를 벗어나지 못했다.

(1) 형식적 조직의 구비

건국 초기의 목표는 주로 국가 건설과 국민 형성이며, 구미식 민주주의, 자본주의 경제 체제의 건설, 반공정책 표방, 국가 체제의 형성 등을 그 내용으로 한다. 정부조직 구성의 공식적 목표로서 행정간소화, 국민 편의 증진, 분권화를 위한 개혁 등을 표방했으며, 인사행정의 실적주의, 조직운영계획과 경제계획 입안 등을 내세웠다.

이를 위해 미군정 당시의 참모기구는 대폭 통합, 축소되고 국방 태세, 독립국가로서의 외교문제를 우선시해, 법통 유지 기구인 외무, 국방, 내무 등의 기구를 경제, 사회관계 기구보다 우선시했다. 즉, 참모기구에서는 미군정 시대의 참모기구의 분화 현상을 오히려 정부 수립 후에 후퇴시켰다고 할 수 있다. 이는 당시 정부의 인력 구성이 계선조직의 충원에 급급하고 국가의 목표도 국방, 외교정책에 치중돼 있어 참모조직의 필요성을 크게 인식하지 못했기 때문이다. 외교와 국방 두 기능 외에는 새로 추가 강화된 기능은 없었다. 그러나 이는 국가 형성 초기에 있는 모든 신생 국가의 공통된 현상으로 국가의 존립을 튼튼하게 하기 위해 외교, 국방, 치안 같은 분야에 많은 관심을 기울이는 것은 당연하다 할 것이다. 이처럼 제1공화국 정부는 정부조직에서 목표와 이상을 가지지 못했고 미군정과 조선총독부, 일본 정부의 행정기구를 토대로 적당히 절충 설계했다(김운태, 1976: 282). 외교·국방을 제외하고는 군정 시대의 기구를 그대로 인수하면서 그간의 재정적자를 줄이기 위해 절약 및 행정간소화라는 대원칙에서 출발, 정부조직을 최소화했던 것이다. 정부 수립 직후에는 행정의 민주화와 능률화에 대한 문제보다 간소화에 치중하며 국가 형성에 크게 의존했음을 보여준다(조석준, 1967: 140; 김운태, 1976: 283; 김운태·오석홍, 1996: 263-264). 이는 새로운 행정 수요에 대한 감각이 없었거나 국민 편익의 증진이라는 국가 목표가 허구성을 가진 것으로 해석될 수 있는 여지를 남긴다. 그러나 독립국가로서 최소한이기는 하지만 형식적 제도와 조직을 출범했다는 것을 성과라면 성과라 할 수 있다.

(2) 전후 행정조직의 확대

한국전쟁 이후 1950년대 중반부터는 전후 복구 및 경제 부흥을 위해 종합적인 경제계획 수립이 필요했고, 해외 원조 감소로 독자적인 경제 회복을 하기 위한 필요성도 있었다. 전쟁으로 파괴된 산업시설과 사회간접시설을 복구하고 확충하기 위해 종합적인 경제기획과 경제 안정이 요구됐고, 대외적으로 대한민국 원조를 대부분 담당했던 미국도 원조 규모를 축소함으로써 한국 정부의 독자적 부흥과 자립계획이 필요했던 시기다. 국가의 당면 목표로 남북통일, 경제 안정 및 전해 복구를 표방하고 특히 경제 안정과 회복을 위해 부흥부를 신설하고, 전해 복구를 위해서는 보건부와 사회부를 통합하는 등 국가기구를 확대한다(권자경, 2011: 8-25). 이는 곧 강력한 대통령 중심의 권력 집중으로 이어지고, 뒤이은 장기 집권 추진의 여파로 국가 목표 수립 및 행정 체제의 개혁이 등한시되고 정권 유지가 실질적 목표가 된다. 자유당 과두 체제가 형성되면서 제1공화국 붕괴로 이어진다.

2. 정부개혁에 대한 평가

이승만 정부의 정부개혁은 일차적으로 국가의 건설과 국민통합을 위한 국가기구의 형성 등 기본적 기능 위주로 이뤄졌으며, 통치 이념이나 비전, 그리고 제도에 의해 정부개혁이 이뤄지지 못했다. 이승만 정부의 정부개혁은 행정의 효율성 제고를 통한 통치능력의 향상이라는 차원보다 정치 권력이 관료제를 장악함으로써 정치 도구화해 관료를 선거에 동원하고 선거를 허구화시켜 정권을 편법적으로 유지하려는 의도에서 주로 자유당에 의해 추진된 것으로 인식되고 있다.

특히 행정개혁의 공식적 목표는 행정기술이나 관료 행태 등의 변화를 포함하지 않는 주로 제도적 측면 중에서도 기구 중심의 개편에 치중했다. 실제로 제1공화국의 정부개혁은 대체로 즉시성을 띤 임기응변적 조직개편과 비용 절감을 위한 인력 조정에 주력함으로써 민주행정 발전을 위한 근본적인 개혁운동이 조직적으로 추진되지는 못했다는 평가를 받고 있다. 이승만 정부의 행정개혁은 전쟁과 전후 복구라는 극한 상황에서 문제가 발생할 때마다 대응하는 최소한의 개혁에 그쳤다고 볼 수 있는 것이다(안문석, 1995: 36). 이 시기에도 미국에서 수학한 소수의 엘리트 관료들을 중심으로 예산제도 등에서 제한된 개혁 시도가 있었으나 전반적인 개혁 흐름으로 확대되지는 못했다.

관료제 내부에도 명백한 원칙이나 철학에 입각하지 않고 인재들을 등용했으며, 이는 국가 건설 초기에 국내외의 정치적 지지를 담보하기 위한 방편으로 인사제도를 활용했기 때문이다. 이승만은 개인적으로는 자유민주주의의 신봉자라고는 하지만 정부 운영에서는 매우 권위적이고 전근대적인 행태를 보였다. 따라서 이승만 대통령의 주위에 개인적 충성을 바치는 인맥들이 형성돼 비공식 조직이 국정을 좌우하는 중요한 역할을 담당하게 된다. 외형상 행정조직이 있었지만 실제적으로는 전통적 행정문화와 일제하의 행정 관행을 크게 벗어나지 못한 무능을 극복하지 못했다. 이는 정부가 대부분 경험이 없는 사람들이나 행정의 효율성을 빌미로 청산 대상이던 일제하 관료들을 전문성이 있다는 이유로 재기용했기 때문이다. 따라서 무능하면서도 권력에 아부하는 관료조직은 전근대성을 탈피하지 못하고 최고 권력자의 통치를 용이하게 하는 반대 세력을 탄압하는 역할, 정권의 정통성을 옹위하는 역할 등을 수행하면서 정치화됐다고 볼 수 있다. 이승만 정부 하에서 기계적으로 진행된 공무원의 감축도 결국 그러한 조치를 통해 관료제의 합리화나 역량 강화보다는 자유당과 이승만 대통령의 권력 장악의 장기화를 통한 관료조직에 대한 통제 수단의 성격이 강했다고 판단된다.

이승만 정부는 장기 집권을 위해 내무, 치안 등 억압적 사회질서 유지 기능과 반공을 빌미로 한 국방 기능을 한국전쟁 이후 더욱 강화하는 조치를 취했다. 따라서 정권 보전 차원에서 정치 행정력이 동원됐으며 행정은 현상 유지적이며 전통 답습적인 관성을 이어갔으며 정부개혁은 소극적이며 비조직적이었다. 이러한 여건상 이승만 정부의 정부개혁은 국가 발전을 위한 근본적인 개혁활동이 조직적이고 효과적으로 추진될 수 없었다 할 것이다. 이승만 정부는 정부개혁을 올바른 방향으로 시행하기 어려운 상황에 놓여 있었다. 이승만 정부는 정부개혁을 해야 할 당위성이 존재하지 않았으며, 왜 정부개혁을 해야 하는지, 어떻게 하는지에 대해 대통령을 비롯한 장관, 그리고 고급 관료와 하급 관료들에 이르기까지 모두 인식하지 못했다. 이승만 정부의 모든 분야는 국가 건설이나 국민 형성에 모든 노력과 초점이 맞춰져 있었기 때문이다.

제1공화국 정부개혁의 특징을 정리하면 다음과 같다. 첫째, 정부개혁을 다루는 상설 기구가 정부 내에 없었기 때문에 정부개혁의 내적 충실성과 지속성이 결여돼 있었다. 둘째, 정부조직법 및 기타 정부기관과 관련된 활동에 참여한 집단은 대부분 법조계 출신의 사회적 배경을 가진 사람들로서 정부개혁에 대한 인식이 부족해 정부 기능을 법질서 유지 주심의 소극적 기능으로 파악했다. 셋째, 정부조직법 제정 당시에는 정부 수립 내지 독립국가로서의 형식을 갖춘다는 최소한의 합목적성이 있었으나 그 후에는 정치·경제·사회·문화 등 다양한 수요에 대한 명확한 예측이 없었기 때문에 정부개혁이 흐지부지되고 말았다. 넷째, 정부 개혁에 필요한 이론적·기술적 기준뿐만 아니라 개혁의 준거 내지 가치 기준이 전혀 없었다고 할 수 있다. 다섯째, 국가공무원법이 제정돼 공무원제도의 기초는 마련됐으나 이것이 기능할 수 있는 문화나 토양이 전혀 마련돼 있지 않았다. 결과적으로 권력자에 의해 이것이 자의적으로 운영돼 정실주의, 엽관주의를 초래했으며 공무원 집단은 정치 도구화돼 정부개혁의 성과는 전혀 나타나지 않았다. 여섯째, 개혁 대상 역시 관리기술의 개선이나 행태 개혁보다는 기구 개혁에 국한됐으며, 개혁의 범위는 독립국가의 기본 틀을 마련한다는 차원에서 광범위하게 진행했지만 각종의 개혁들이 산발적·소극적·분산적으로 이뤄져 제도화를 통해 뿌리 내리지 못했다.

따라서 이승만 정부의 정부개혁은 체제 유지에만 급급한 비능률성, 집권층의 권위적 사고방식, 그리고 1인 독재와 부정부패 등으로 나타난 반민주적 행태로 인해 정치·경제·사회·문화 등 다양한 국민의 요구에 적절하게 대처하지 못했다. 결국 이승만 정부의 정부개혁은 체제 형성 및 체제 견고화에 내몰린 나머지 사회 변동의 대응이라는 적극적 측면보다는 기존의 틀을 지키고 보호하는 소극적 목적에 치우침으로써 본래적 의미의 정부개혁에는 미치지 못한 것으로 평가된다.

참고 문헌

제3장의 참고 문헌은 제1장을 참조.

제 4 편

장면 정부의 출범과 국영운영의 기초

제 1 장 장면 정부의 출범 및 정부 소개
제 2 장 장면 정부 국정운영의 목표 및 방향

제1장

장면 정부의 출범 및 정부 소개

김정렬
대구대학교

제1절 장면 정부 출범에 대한 역사적 · 환경적 분석

1. 정치적 환경

1) 이승만 정부의 체제 성격과 야권의 정치 지형

제1공화국 제헌헌법에 규정된 대통령의 권한과 지위는 역대 대통령제 중에서 가장 미약한 수준이었다.[1] 그럼에도 불구하고 이승만 대통령은 국가안보를 명분으로 계엄령을 선포하고 국회 해산을 위협하는 등 권위주의 리더십을 토대로 정치적 반대 세력과 시민들을 억압하는 방식으로 자신의 권력 기반을 공고히 했다. 또한 자유당 창당 이후에는 당내 족청계나 온건 세력을 제거하는 전략으로 당권을 장악했으며, 특히 제1의 집

1) 제헌헌법상 대통령은 국회에서 선출됐고 국무총리는 대통령이 임명할 수 있었으나 국회의 동의를 얻어야 했다. 그리고 국무의원들은 국무총리가 추천해 대통령이 임명하도록 돼 있었다.

권 기반인 경찰과 군부에 대한 강력한 통제력을 행사했다(백영철, 1996).[2]

이승만 정부 집권 후반기에 제1야당인 한민당을 비롯해 여타 정당들은 당내 파벌과 이념 갈등으로 분열이 극심한 상황이었다. 그러나 자유당에 실망한 시민들의 불만이 높아지면서 야권 내부에서는 정치적 연대의 필요성이 제기됐고, 이러한 요구를 반영해 민주당이 창당됐다. 하지만 초기 민주당은 자유당과 차별화된 정치 이데올로기를 제시하지 못했을 뿐만 아니라 파벌 갈등으로 인해 조직적 응집력을 발휘하지 못했다. 더불어 사회주의를 추구한 소수 좌파 세력들이 혁신계 운동을 전개했지만 이들 역시 순수분파와 온건분파 간의 이념 경쟁으로 인해 분열돼 있었다. 결과적으로 이러한 야권의 분열 구조는 이승만 정부가 좌익 세력을 정치적으로 활용하거나 반공 이데올로기를 더욱 강화시키는 계기로 작용했다.

이처럼 제2공화국이 출범하기 이전의 정치적 환경은 이승만 대통령의 권위주의적 통치력이 더욱 공고해지는 가운데 야권은 내부의 분열과 갈등으로 인해 이를 견제할 역량을 기대하기 어려웠다. 그 결과 국가 권력의 정치적 불균형이 더욱 심화됐고 정부의 민주적 통치는 실현되기 어려운 상황이었다(최장집, 1996: 50-66).

2) 4 · 19혁명의 발생과 의원내각제 개헌

1960년 3월 제4대 대통령 선거는 국민들의 직접투표 방식으로 이뤄졌으며 이승만 대통령과 이기붕 부통령이 압도적인 표차로 승리했다. 하지만 개표 조작을 비롯한 부정선거 논란이 확산되면서 정권 퇴진을 요구하는 시위가 전국적으로 확산되기 시작했고, 4 · 19혁명으로 귀결됐다.

4 · 19혁명은 학생들을 주축으로 교육가, 언론인, 예술가 등 교육 수준이 높은 도시지역 중산층들이 대거 참여했다.[3] 시위가 확산되자 사태의 심각성을 파악한 이승만 대통령은 정국을 수습하기 위해 이기붕 국회의장을 비롯해 장면 부통령과 일부 국무의원을 사퇴시키고 의원내각제 개헌을 발표했다. 그러나 이러한 조치는 이승만 대통령의 하야와 자유당의 퇴진을 요구했던 국민들의 기대를 충족시키기에 미흡했다. 여기에 대학교

---

2) 초대 대통령 임기가 끝날 무렵 자신에 대한 국회의원들의 지지도가 약화된 것을 간파한 이승만은 경찰력까지 동원하며 대통령 선출 방식을 간선제에서 직선제로 전환하는 개헌을 성사시켰다. 이후 자유당 정권은 선거에서 반대정당을 억압하고 무력화시키기 위해 경찰력을 동원했다.

3) 이들은 전쟁 이후 세대들로서 근대적인 보통교육제도를 통해 자유민주주의 이념과 가치를 습득한 최초의 세대였다. 따라서 분단국가 체제 하의 극심한 이데올로기 대립으로 혼란스러웠던 이전 세대와는 달리 남북분단을 이미 정해진 현실로 받아들이고 있었기 때문에 민족통일보다는 대한민국의 자유민주주의 이념과 가치의 실현을 좀 더 중시했다.

수단의 시국선언과 대규모 군중시위가 연일 확산되고 미국의 압력까지 가해지자 이승만 대통령은 결국 1960년 4월 말에 하야를 발표했다.

4·19혁명은 이승만 정부를 퇴진시키고 새로운 정부가 출범하는 계기로 작용했지만 정권이양기의 혼란을 막기는 역부족이었다(손호철·정해구, 1996: 272-280). 당시 민주당 역시 당내의 파벌 갈등으로 정국을 수습할 수 있는 정치적 역량이 부족했을 뿐만 아니라 정치 행태나 선호는 기존 정치 세력들과 크게 다를 바가 없었다. 따라서 4·19혁명에서 표출된 국민들의 정치적 열망과 현실 정치 사이에는 상당한 괴리가 존재했다.

이러한 가운데 자유당과 민주당은 당시 수석국무위원(외무부 장관)이었던 허정이 대통령직을 승계하는 데 합의했고 1960년 4월 과도정부가 수립됐다. 허정이 이끈 과도정부는 급진적 방식으로 정국 변화를 꾀하기보다는 최소한의 정책 변화와 현상 유지를 위한 소극적인 태도를 보였다. 과도정부의 가장 중요한 과제는 국회가 의결한 시국수습책에 따라 의원내각제 개헌을 추진하는 것이었다. 그런데 이 작업은 매우 성급하게 이뤄졌다. 개헌기초위원회가 구성된 이후 10일 만에 개헌안이 만들어졌고 바로 국회에 제출되어 30일간의 공고 기간을 거쳐 본회의에 상정됐다. 이후 3일간의 질의 토론을 거쳐 국회의 압도적인 지지로 통과됨에 따라 과도정부는 단 2주 만에 의원내각제 도입을 위

표 4-1-1 의원내각제 개헌안 성안 과정의 주요 일정 및 활동 내용

시기	활동 내용
1960년 4월 26일	- 개헌기초위원회 구성에 관한 건, 본회의 상정
4월 29일	- 내각책임제 개헌기초위원회 발족 및 개헌 일정에 대한 합의
5월 2일	- 민주당과 자유당 혁신파의 개헌 요강 작성 및 토론
5월 3일	- 개헌 내용에 대한 합의 도출
5월 4일	- 개헌기초위에서 개헌 내용의 주요 사항에 대한 합의
5월 5일	- 개헌안 성안 내용에 관한 공청회
5월 6일	- 개헌기초위에서 개헌 내용의 중요 안건 결정
5월 7일	- 요강 작성 완료, 정부 토론, 본격적인 조문 작성 돌입
5월 8일	- 개헌안 성안 및 최종 의사 교환
5월 11일	- 개헌안에 서명한 뒤 국회의장이 정부에 회부할 것을 선포함
6월 10일	- 개헌안 상정
6월 11일, 13, 14일	- 본회의에서 개헌안 심의 토론
6월 15일	- 개헌안 표결(찬성 208명, 반대 3명, 불참 7명)

한 제3차 헌법 개정을 완료했다.[4]

3) 민주당 내부의 파벌 경쟁과 7·29총선의 실시

1960년 6월 15일 의원내각제 개헌안이 통과됨에 따라 과도정부는 제5대 국회를 구성할 민의원과 참의원을 뽑는 7·29총선을 공고했다. 이 선거는 이전 이승만 정권의 선거에 비해 좀 더 자유롭고 공정하게 치러졌고 예상대로 민주당의 압승하는 결과를 낳았다.[5] 그러나 7·29총선 과정에서 민주당 내 파벌 경쟁이 본격화되면서 정치적 혼란을 더욱 악화시켰다.

민주당은 창당 초기부터 구파와 신파의 두 그룹으로 분리돼 있었는데 이들은 정치적 신념이나 이상에 따라 구별된 것이 아니라 지도자와 추종자의 관계로 형성된 일종의 개인적 파벌에 가까웠다. 먼저 구파는 군정 하의 집권여당인 한민당 계파로서 보수 세력의 이익을 대변했던 신익희와 조병옥을 지도자로 삼고 있는 당내 주류 세력이다. 반면에 신파는 장면을 지도자로 삼고 관료들이 중심이 된 집단으로 사사오입 개헌 이후 신당 창당에 참여했으며 구파에 비해 상대적으로 개혁적인 성향을 띠고 있었다(심지연, 1990).

민주당 내 파벌 경쟁은 7·29총선의 공천 과정에서부터 표출돼 점차 악화되더니 의회는 일상적인 예산안조차 통과되지 못하는 상황까지 치달았다. 결국 국회는 국가 발전을 위한 건전한 정쟁의 장이 아니라 당내 주도권을 획득하기 위한 권력 투쟁의 장으로 변질됐다. 내각제 하에서 당내 권력 경쟁은 단순히 주도권 싸움이 아니라 실질적인 국가 권력을 획득하는 것을 의미하는 것이었기 때문에 내각을 구성하는 과정에서 당내 갈등은 더욱 격화됐다. 이를테면, 형식적인 권한만 갖는 대통령보다는 실질적인 권한을 갖는 국무총리를 어느 파벌에서 배출하느냐가 가장 중요한 안건이었으며, 이 밖에도 주요 요직을 독점하기 위한 신·구파 간 갈등이 가열됐다. 결국 7·29총선 이후 신파와

---

4) 당시 개헌은 기존 헌법 제52조의 총 7개 항목을 수정했는데 ① 국민의 권리 보장, ② 대통령제에서 내각제로의 권력구조 변경, ③ 사법권 독립을 위한 대법원장과 대법관을 대통령 임명제에서 선거제로 변경, ④ 법률의 위원심사 등을 위해 헌법재판소 신설, ⑤ 공정선거를 위해 중앙선거위원회를 헌법기관으로 설치, ⑥ 경찰의 중립을 보장하기 위한 기구 설치, ⑦ 지방자치단체의 장을 직선제로 선출하는 것 등을 포함했다. 민주당과 자유당은 기본적으로 의원내각제 개헌에 합의했지만 구체적인 항목에서는 상당한 의견 차이를 보였다. 예를 들어, 자유당은 기본권 보장 확대, 양원제 수립, 헌법재판소 신설 등에 대해 반대했다.

5) 7·29총선 결과를 구체적으로 살펴보면, 민의원은 233석 가운데 175석으로 총 의석률의 75% 이상을 차지하는 대승을 거뒀으며, 301명의 후보자가 출마하여 175명의 당선자를 냄으로써 58.1%의 당선율을 보였다. 참의원의 경우도 60명의 후보자가 출마해 31명의 당선자를 냄으로써 51.7%의 높은 당선율을 보였다.

구파는 완전히 별개의 정당처럼 독자적인 정치행보를 전개했으며, 의석에서 우위를 점한 구파는 성명을 통해 분당 의사를 밝혔고 이후 신민당으로 분리됐다.

4) 경찰과 군부의 통제 강도를 둘러싼 논쟁

6・25전쟁 이후 국가통치 시스템과 사회적 인프라가 사실상 전무했던 당시 한국 사회에서 군대는 가장 체계적이고 조직화된 행정력을 갖춘 집단이었다. 따라서 당시 정치 사회적 환경이 매우 불안정한 상황에서 군부가 정치에 개입할 가능성은 매우 높았다고 볼 수 있다. 따라서 이승만 대통령은 이러한 군의 정치세력화 가능성을 충분히 인식하고 있었기 때문에 군부를 효율적으로 통제함으로써 자신의 정치적 지지 기반으로 활용해야 한다고 생각했다. 허정 과도정부도 군의 안정화와 효율적인 통제를 중요한 국정운영 과제로 설정하고 군부를 효과적으로 통제할 수 있는 방안을 마련하는 데 주력했다(김세중, 1998: 71-84).

이에 반해, 제2공화국 장면 총리는 자유민주주의 정치적 신념과 미국 정부의 군사적 지원을 기대하며 기본적으로 군의 무력화에 집중했다. 그는 총리 취임 연설에서 긴급과제 여섯 가지를 발표하면서 감군과 군부개혁의 추진을 강조했다. 국가예산의 40%를 차지했던 국방비를 20% 수준으로 줄여 경제 건설에 투입하고, 부족한 병력은 미국의 지원을 받아 장비 현대화와 화력 증강으로 보완할 계획임을 역설했다. 그런데 이 내용은 장면 총리의 지극히 개인적인 정책 구상이었을 뿐 한국군이나 미국 정부와 사전에 조율된 것이 아니었다. 따라서 발표 직후 한국과 미국의 군 관계자들로부터 상당한 반발에 직면했다.

더불어 1950년대 중반부터 군의 일부 소장파나 신진 장교들이 군의 쇄신을 위한 자율성과 중립성을 지속적으로 제기했음에도 불구하고, 장면 총리는 군을 자극하면 신정부에 반란을 일으킬 것이라는 우려 때문에 이들이 요구한 군부개혁안을 방관했다(정윤재 외, 2001: 77-81). 오히려 보수 기득 세력인 장도영을 육군참모총장에 임명함으로써 이들의 불만은 더욱 증폭됐고, 이미 군대 내부에서는 현 정권에 대한 쿠데타가 발생할 것이라는 소문이 나돌 정도로 동요가 심화됐다. 그럼에도 불구하고 장면 총리는 경제정책에만 집중했고 군부문제는 미국에 전적으로 의존하는 태도로 일관했다.

특히 국방부 장관 및 육군참모총장 임명과 관련한 인사정책에서도 여론을 반영하지 못하고 독단적으로 결정함으로써 군과 정계의 반발을 샀다. 예를 들어, 소장파 국방전문가로 알려져 있던 이철승 의원이나 이종찬 장군이 유력한 국방 장관 후보로 거론되고 있었음에도 불구하고, 국방 장관은 민간 출신이 해야 한다는 원칙에 따라 군에 대해 전혀 식견이 없는 현석호를 국방 장관으로 임명했으며, 이후 계속 민간인 출신을 국방 장관으로 임명했다.

한편 경찰의 경우도 군부와 마찬가지로 미군정 및 이승만 정권 하에서 기득권의 정치 세력들의 후원과 지지를 바탕으로 상생하며 성장해 왔다. 그런데 장면 총리는 당시 각종 정치・사회개혁을 추진하는 데 경찰의 역할이 매우 중요하다고 판단했기 때문에 경찰조직의 기강 확립을 위해 엄격한 규제와 관리를 단행했다. 먼저, 자유당 부정선거와 관련한 경찰 4,500여명을 처벌하고 세 차례에 걸쳐 내무부 장관을 교체하는 등 대대적인 인사 교체를 단행했다.

또한 경찰조직 구성원들의 경각심을 고취하기 위해 업무 태도 및 근무환경에 대해 강도 높은 지침을 시달했다. 그런데 이와 같은 규제 방식은 오히려 역효과를 불러 경찰의 사기를 저하시키고 정부에 대한 공공연한 적개심을 갖게 하는 부정적 효과를 초래했다. 일례로 경찰은 학생이나 시민들이 시위 과정에서 파출소나 경찰서에 난입해도 무방비 상태로 대처하거나 주요 정치 사안과 관련한 업무에 대해서도 소극적이고 기회주의적인 방식으로 정권에 대응했다.[6] 다시 말해, 당시 군과 경찰조직은 사회적 동요를 최소화할 수 있고 정부의 신뢰를 구축할 수 있는 중요한 기반이 될 수 있었음에도 불구하고 장면 정부는 이들 집단을 효과적으로 통제하지 못함으로써 정권이 붕괴되는 직접적 요인이 되고 말았다(한승주, 1983: 152-159).

5) 미국의 정치 개입과 의존적 관계

미국이 6・25전쟁 이후 한국 정치에 개입한 주요 목적은 외형적으로는 한반도 내 민주정권의 수립과 원만한 정착이었지만 사실상 이는 부차적인 이유에 불과했다. 실질적인 이유는 한반도 내 공산주의에 대한 방벽을 구축하고 남한에 안정적인 반공정부를 수립하는 것이었다. 미국은 장면 정부 출범 직후 국가안전보장회의에서 국무차관 직속 특별대책반을 구성하고 한반도 정책에 관한 전체적인 아웃라인을 구상하기 시작했다. 미국 정부는 당시 한국 사회에서 반미감정이 더욱 심화되는 가운데 이를 효과적으로 통제하지 못했을 뿐만 아니라 정치 불안과 사회 혼란을 바로잡지 못하는 장면 정권에 대한 회의와 불만이 더욱 커져가고 있었다.[7] 따라서 미국 정부는 표면적으로는 장면 정부의

6) 이승만 정권의 부정부패 처벌을 위해 구성된 특별징계위원회는 총 820개의 소송 건수를 접수했으나, 이들 중 오직 31개만 기소가 가능했는데 이는 경찰들의 비협조적이고 부정적인 태도 때문이었다(경향신문, 1961.2.12).

국정 최우선 과제인 경제개발계획정책을 지지했지만 실질적으로 이를 적극적으로 지원하거나 신뢰하지 않았다(김영명, 1988: 108).

그러나 장면 총리는 이러한 미국 정부의 의도를 제대로 파악하지 못한 채 미국 정부

표 4-1-2 장면 정부 출범을 전후한 주요 정치사건

1960년 3월 15일	3·15 부정선거, 마산 3·15 의거
3월 18일	내무부 장관, 치안국장 사임
4월 11일	마산상업고등학교 입학생 김주열 사망
4월 18일	4·18 고려대 학생 피습 사건
4월 19일	4·19혁명
4월 26일	이승만 대통령 하야 발표, 허정 과도정부 출범
5월 29일	이승만 대통령 하와이 망명
6월 15일	제3차 헌법 개정, 제2공화국 출범
7월 29일	7·29총선거(민의원, 참의원 선출)
8월 12일	대통령 윤보선 선출
8월 16일	윤보선 대통령 제1차 국무총리로 김도연(구파)을 지명-부결됨
8월 18일	윤보선 대통령 제2차 국무총리 장면(신파)을 지명
8월 19일	장면 국무총리 선출
8월 23일	장면 정권 출범
9월 12일	제1차 개각
10월 11일	4·19 부상자 50명 국회의사당 점거
11월 29일	반민주행위자 처벌을 목적으로 제4차 헌법 개정
1961년 2월 27일	국토건설단 창단
3월 23일	민주당 신-구파 간 대립 격화, 윤보선 대통령 장면 총리 사퇴 요구
5월 16일	5·16 군사쿠데타
5월 18일	비상통치기구인 국가재건최고회의 발족(의장: 장도영, 부의장: 박정희)
5월 19일	윤보선 대통령 하야 발표, 다음날 하야 번복 회견
5월 21일	쿠데타 직후 잠적했던 장면 총리 및 내각 총사퇴 발표
1962년 3월 23일	윤보선 대통령 하야

7) 쿠데타가 발생한 시점에서도 오히려 미국 정부는 윤보선 대통령이 장면 총리에 대한 견제 심리와 군부에 대해 호의적인 태도를 갖고 있다는 점에서 장면 정부를 포기하고 군부통치를 수용하는 것이 더 낫다고 판단했다고 분석하는 의견도 있다. 즉, 한반도의 공산화를 가장 우려했던 미국의 입장에서는 민주적이지만 불안정한 장면 정부보다는 오히려 강력한 군부가 집권하는 것이 반공정권을 공고히 하는 데 더욱 유리하다고 판단했다는 것이다.

의 원조와 지지에 대한 무한한 신뢰를 갖고 있었다. 심지어 군사 쿠데타에 대한 여러 정황이 수차례 보고됐음에도 불구하고 미국이 있는 한 쿠데타는 발생하지 않을 것이며, 설사 쿠데타가 일어난다고 하더라도 군사작전권을 갖고 있던 미국 정부가 해결해주리라고 확고하게 믿고 있었다. 그러나 5·16쿠데타 발생 직후 미국 정부는 사태 해결에 다소 미온적인 태도를 보였을 뿐만 아니라, 박정희 정권을 즉각 승인하지는 않았지만 반공을 주요 국가정책으로 내세우자 사실상의 승인 절차를 진행하기 시작했다.

2. 사회적 환경

1) 시민들의 정치적 참여와 사회적 혼란의 증대

4·19혁명을 기점으로 시민들의 민주화에 대한 열망은 더욱 커져갔다. 이에 장면 총리는 자유주의와 민주주의를 표방하며 정치활동의 규제를 최소화했고, 결과적으로 이승만 정부 하에서 억압됐던 정치적 욕구가 폭발적으로 표출됐다. 이른바 '서울의 봄'이라 불릴 만큼 전국 각지에서는 연일 학생과 시민단체들의 시위와 농성이 줄을 이었다. 노동, 교육, 언론, 종교 등 다양한 집단의 농성이 지속됐고 심지어 공공 부문까지 시위 만능의 풍조가 확산됐다. 그리고 이승만 대통령의 정치 탄압으로 활동이 주춤했던 혁신계도 활발한 활동을 전개했다(한승주, 1983: 89-103).[8]

이처럼 사회집단들의 조직적 활동이 증가하는 와중에 급속히 정치세력화를 형성한 집단 중의 하나가 노동조합이었다. 과거 정부에서 어용노조라는 평가를 들어오던 대한노총이 조합원들에 의해 거부되고 대안 조직들이 구성됐는데 특히, 이들 중 가장 강력하고 정치적으로 의미 있는 집단은 신진 교사들이 주축이 된 교원노조였다(이용원, 1999: 180-186). 허정 과도정부에서는 법적 근거가 없는 어떠한 교원단체도 승인하지 않을 뜻을 분명히 하고 교원들이 새로운 노조를 조직하지 못하게 했을 뿐만 아니라, 이미 조직된 모든 조합을 해체하는 명령을 내렸으나 장면 정부는 자유민주주의 이념에 입각해 통제와 규제보다는 전문가들의 의견을 포함해 광범위한 공론을 청취한 후 결정할 방침을 세워 다소 온건적인 태도를 보였다.

이처럼 장면 정부는 이전 정부와 비교해 국민들의 다양한 정치적 욕구에 대해 좀 더

---

8) 이들은 크게 세 그룹으로 구분되는데 개혁을 표방한 정당 그룹, 교원노조와 같은 급진적 노동운동그룹, 서울대 민족통일연맹을 선두로 한 학생운동 그룹 등이 해당된다.

수용적이고 온건적인 태도를 보였다. 그런데 이러한 온건적 특성은 이승만 정권의 부정부패와 3·15부정선거 관련자 처벌에도 반영돼 소극적인 태도를 추했다. 이에 시민들의 분노는 더욱 고조됐고, 급기야 1960년 10월에는 4·19혁명 부상자 50여명 등이 국회의 사당을 점거하고 민주반역자를 처벌하는 특별법의 제정을 호소하는 사태까지 벌어졌다.[9]

표 4-1-3 노조 및 조합원 수의 증가 추이

구분	노조 수	조합원 수
1957	534	246,486
1958	654	246,049
1959	587	285,461
1960(4·19 이전)	621	307,415
1960(4·19 이후)	821	333,735

자료: 한승주(1983: 181).

2) 혁신계 및 학생운동의 활성화와 다양한 통일담론의 대두

장면 정권 하에서 남북통일과 사회주의를 주장하는 혁신계와 학생들의 통일담론은 더욱 다양하게 전개됐다. 이승만 정부 하에서는 오직 북진통일론만 논의됐으나 평화통일론, 중립화 통일론, 남북협상론 등 남북교류 및 통일에 관한 여러가지 정책 아이디어들이 활발하게 논의됐다. 이러한 분위기 속에서 1961년 1월 여운홍 의원은 남북협상을 공개적으로 제기했으며, 특히 학생운동과 혁신 세력들은 직접 접촉을 통한 남북협상을 전개하려 시도했다. 학생들은 통일담론을 형성하는 데 상당한 영향력을 발휘했는데 1960년 11월 서울대 학생 600여명은 민족통일연맹이라는 단체를 결성하고 장면 총리가 남북통일을 위해 직접 미·소 양국을 방문해야 한다는 내용을 골자로 한 결의문을 발표했다. 장면 정부는 이 제안을 거부했지만 북한 정부는 이러한 학생들의 제안에 긍정적 반응을 보였으며 구체적으로 판문점에서 남북학생회담의 개최를 기획하기도 했다.

그러나 이러한 혁신계와 학생들의 급진적 행동은 재향군인회, 종교단체, 전몰군경유족회, 이북도민회를 비롯한 체육회, 상공인연합회, 각종 문화단체 등 사회 내 보수적 정

9) 결국 1960년 10월 17일, 민의원에 특별처벌법의 제정 근거를 마련하는 것을 목적으로 하는 헌법 부칙 개헌안이 제출됐고 11월 29일에 반민주행위 처벌을 목적으로 하는 소급입법의 근거가 되는 제4차 헌법 개정이 이뤄졌으며, 이를 근거로 12월 31일에는 반민주행위자 공민권 제한법이 제정됐다.

치인사 및 단체들의 강한 반발을 초래했다. 한국전쟁 이후 시민들의 반공의식이 더욱 견고해지는 상황에서 국내에서의 좌익운동은 시민들로부터 이의 정통성, 효율성, 합법성을 인정받지 못했을 뿐만 아니라 이념적 주장들은 현실적인 측면에서 볼 때 이상적인 논리에 가까웠기 때문에 오히려 장면 정부의 대북정책에 혼란을 가중시키는 결과를 초래할 뿐이었다.

3) 언론의 급속한 성장과 부작용의 발생

언론은 4・19혁명 전후의 민주화운동을 확산시키는 데 중요한 역할을 담당했다. 장면 총리는 제2공화국을 출범시키면서 언론과 집회결사의 자유를 보장하겠다는 공약을 내세웠고, 실제 언론의 자유는 거의 무제한으로 허용되는 수준이었다. 그 결과 언론의 영향력은 막강해졌으며 4・19혁명 이후 정기간행물의 수는 이승만 정권의 시기에 비해 7배가 급증했다(유재천 외, 1991).

표 4-1-4 4・19혁명 전후 정기간행물 변화 추이

종별	4・19 이전	4・19 이후
일간신문	41	112
일간통신	14	274
주간신문	136	476
월간	400	470
기타	118	177
합계	729종	1,509종

자료: 유재천 외(1991: 335).

이처럼 제2공화국은 언론공화국이라고 불릴 만큼 민주적인 차원에서 언론의 영향력이 커지는 긍정적인 효과가 있었으나, 다른 한편으로는 갑자기 허용된 자유를 무분별하게 남용함으로써 오히려 사회 혼란을 유발하는 부작용이 발생하기도 했다. 이를테면 4・19혁명 이전에는 정부를 비판하는 언론과 정부를 옹호하는 언론 간의 팽팽한 대립구조가 존재했으나 점차 이러한 균형이 깨지고 오히려 모든 언론이 무조건적으로 정부를 비판하는 구도로 전환됐다.

또한 신문과 통신이 등록제가 아닌 신고제로 전환되면서 수많은 군소신문이 등장했고 이들은 부정확한 정보에 기반해 연일 정부의 문제점에 관한 기사로 지면을 메우기에

여념이 없었다. 이처럼 언론의 자유가 도가 넘는 상황임에도 불구하고 장면 정부는 여전히 언론의 공격에 매우 관용적인 자세를 유지했으며 정부 규제도 매우 제한적인 편이었다.

3. 경제적 환경

1) 장기적 경기 침체에 따른 물가 상승과 실업률의 증가

이승만 정부는 한국전쟁 이후 신속한 국가 재건을 위해 공업화 전략을 바탕으로 한 경제 성장에 주력했다. 그러나 1960년대 초반까지도 한국 사회는 여전히 정치적 혼란과 각종 인프라가 미비해 경제 성장은 정체된 상태였다. 1960년 4월 이후 1년 동안 산업생산지수와 현금통화량에는 소폭의 증가도 없었던 반면, 도매물가지수는 거의 10%나 상승했다. 이러한 경기 침체와 물가 상승은 만성적 실업문제를 더욱 악화시켰다. 이에 장면 정부는 수백만의 실업자, 특히 교육 수준이 높은 실업자들이 국책사업에서 일자리를 찾도록 유도하는 이른바 뉴딜형 공공사업을 통해 실업문제를 해결하고자 했다.

장면 총리는 국정운영에서 산업 발전 및 경제정책을 우선시했으며, 1961년 발족한 경제발전위원회는 우리나라 경제정책의 거시적 틀을 제시한 것으로 평가되는 경제개발 5개년계획을 기획했다. 특히 한국 경제에 대해 실질적인 문제 인식을 갖고 이의 대안을 모색했다는 점에서 장면 정부가 기획한 경제개발계획의 내용은 매우 구체적이고 실용적이었다(이용원, 1999: 33-40).

부연하면, 장면 정부는 각종 인프라 건설, 전력 개발과 석탄 생산 증진, 해운사업 등을 적극 추진하겠다고 천명했다. 또한 국토건설사업에도 초점을 부여한 상태에서 사방사업, 산림녹화, 다목적 댐의 건설 등을 기획했다. 그러나 아쉽게도 이러한 장면 정부의 기획안은 정치권이나 국민들로부터 큰 지지를 받지 못했을 뿐만 아니라, 조기에 정권이 붕괴되는 바람에 시행조차 하지 못하고 말았다.

2) 대미의존적 경제구조와 경제자립도의 약화

한국 경제는 미군정 시기부터 미국 정부의 경제 원조에 크게 의존하고 있었기 때문에 미국의 원조 규모 및 원조정책에 의해 상당한 영향을 받았다. 미국의 원조정책은 방위 지원과 경제 지원을 동시에 진행했으며, 원조 방식은 장기적인 경제 기반을 구축하기 위한 산업기반 시설재를 공급하는 계획원조와 단기적인 민생경제를 안정시키기 위한 소비재 중심의 비계획원조로 구분됐다. 전후 시간의 흐름에 따라 원조의 전체 규모는 점차 줄어들었으며, 원조 방식에서도 계획원조에 비해 비계획원조가 점차 증가하는 변화를 보였다. 그리고 미국은 한국 정부로 하여금 원조자금을 좀 더 효과적으로 사용하고 한국의 수출산업을 진흥시킨다는 명분으로 한화를 평가절하하라는 압박을 가했으며, 결국 달러-환 교환 비율의 급등에 따라 물가는 급격히 상승했다(이대근, 2002: 313-339).

한국 정부는 이승만 정권부터 일제 식민 체제에서 벗어나 자립경제 확립을 위한 공업화 전략을 추진했으나, 이는 단지 일본에서 미국으로 세력이 재편되는 불균형적 공업구조가 온존했다는 점에서 강대국에 대한 경제적 종속은 여전히 유지됐다. 또한 소비재 중심의 공업화가 이뤄졌는데, 미군정 당시 수입품목 중 생산재는 0.1%에 불과했고 식료품도 소맥, 설탕, 분유, 버터, 칠면조 등 한국의 현실과 맞지 않는 것이 대부분이었다. 이러한 사실에 비춰 당시 미국의 원조정책은 한반도에서 대미의존 체제를 확립해 미국 우위의 세계 경제 체제에 한반도를 편입시키려는 의도로 평가해 볼 수 있다(김도종, 1998).

표 4-1-5 미국 정부의 원조 규모 및 유형의 변화 추이

(단위: 백만 달러)

구분	계획원조		비계획원조		기술원조		합계	
	계획액	도착액	계획액	도착액	계획액	도착액	계획액	도착액
1954	95.3	79.4	104.7	96.7	-	-	200.0	176.2
1955	134.9	96.3	126.1	131.5	-	-	261.0	227.2
1956	100.7	76.1	223.4	222.4	5.0	3.9	329.1	302.4
1957	98.0	83.6	199.0	210.0	5.5	4.6	302.5	303.2
1958	35.1	34.3	180.0	177.4	5.9	5.1	220.9	216.8
1959	35.0	20.7	175.0	186.6	6.1	6.1	216.1	213.4
합계	499.0 (32.6%)	395.3 (27.5%)	1,008.1 (65.9%)	1,024.7 (71.2%)	22.5 (1.6%)	19.8 (1.4%)	1,529.6 (100%)	1,439.8 (100%)

자료: 이대근(2002: 330).

3) 농촌의 빈곤화와 도·농 간 격차의 심화

불균형적인 공업화와 대미의존적 경제구조로 인해 우리 농촌의 빈곤화는 더욱 극심해졌다. 무엇보다도 미국에서 수입한 과도한 잉여농산물 유입이 가장 큰 원인이 됐는데 이는 단기적으로는 최종 소비자의 이익을 소폭 증가시키는 효과가 있었지만, 저임금 및 고이자율 구조가 고착화되면서 농촌의 빈곤은 더욱 심화되는 결과를 초래했다(김대환, 1981: 223).

또한 비료를 전적으로 수입하게 됨으로써 한국 농가는 고가의 비료 대문에 경제적 어려움이 더욱 커질 수밖에 없었다. 그리고 1950년대 후반으로 갈수록 도시지역의 급속한 팽창으로 농촌 인구의 유출과 농업경제의 기반이 위축되면서 드시와 농촌 간의 격차는 더욱 심화됐다.

표 4-1-6 도농 간 격차의 변화 추이

구분		1955	1957	1958	1960
도시	평균(A)	45,888	72,114	77,124	123,000
	봉급생활자	45,888	86,676	89,668	156,360
	노동자(C)	40,752	57,600	64,560	77,640
농촌		28,553	52,673	43,350	45,500
B/A		62.1	73.0	58.0	36.9
B/C		70.0	91.4	70.2	58.6

자료: 김대환(1981: 224).

제2절 선거 과정 및 결과

1. 선거 과정

1960년 6월 개헌 직후 실시된 7·29총선은 제2공화국의 첫 내각을 구성하는 선거였다. 당시 정당별 입후보 상황을 살펴보면 민주당을 비롯한 총 14개의 정당 및 사회단체에서 후보를 출마시켰다. 당시 집권이 확실시됐던 민주당은 233개 선거구 가운데 민의원에 227명과 참의원에 정원 58명을 모두 공천하려고 했다. 한편 거의 몰락 직전이었던 자유당은 공식적인 공천은 하지 않았고 대부분 무소속으로 출마했다. 당시 무소속은 입후보자 총수의 64.4%에 해당하는 1,010명으로 4·19혁명 직후 정치 과열 현상을 극명하게 보여주었다. 민주당은 모두 305명이 입후보했으며 전체 후보자의 19.55%를 차지했다. 선거 경쟁률을 살펴보면 민의원의 경우 총 의원정수 233명에 1,563명이 입후보해 평균 6.7 대 1의 경쟁률을 나타냈으며, 참의원 입후보자 수는 201명으로 평균경쟁률은 3.5 대 1이었다. 선거인 등재율은 전체 인구의 53.9%로 선거사상 가장 높았다. 그러나 이는 시민들의 선거참여도가 높아졌다기보다는 선거권자의 연령이 21세에서 20세로 낮아진 것으로 자연 인구의 증가가 직접적인 원인이라고 할 수 있다. 실제 총 투표율은 선거인 총수의 84.3%로 이전 선거에 비해 비교적 낮은 편이었는데, 이는 이승만 정권 시절의 선거처럼 관권에 의해 유권자를 투표소로 강제 동원하는 부정행위가 감소했기 때문이다.

선거 과정에서 민주당 내 파벌 갈등은 더욱 심화됐다. 우선 후보자 공천 기준을 둘러싸고 구파는 후보자의 당선가능성을 공천 기준으로 주장한 반면, 신파는 당에 대한 충성도를 공천 기준으로 주장했다. 신파와 구파는 결국 총선 준비를 위한 선거지휘본부를 각각 따로 설치하기에 이르렀다. 심지어 공천을 받지 못한 경우 자파의 후보를 무소속으로 내세우는 편법까지 동원되면서 두 파벌 간의 갈등은 더욱 첨예하게 대립했다. 신파 공천 선거구에는 구파가 대항 후보를 내고, 반대로 구파 공천 선거구에 신파가 대항 후보를 공천한 곳이 110여개 선거구나 됐다.

한편, 혁신정당의 경우는 당선 가능한 인물들이 부족했을 뿐만 아니라 당내 여러 개의 분파로 나뉜 후보자들끼리 서로 경쟁해야 하는 상황이었기 때문에 후보 단일화에도 합의를 이루지 못하는 상황이었다. 게다가 〈표 4-1-7〉에서 보는 바와 같이, 각 정당별 선거공약을 살펴보면 혁신정당들은 통일 문제를 제외하고는 민주당과 자유당의 공약과 별반 큰 차이가 없었기 때문에 대다수의 국민으로부터 큰 호응을 얻지 못했다. 이처럼 혁신정당의 무력함 속에서 민주당을 대적할 만한 정치 세력이 없었으며 결국 민주당의 정치 독점을 초래하는 원인이 됐다. 이러한 정치 구도는 4·19혁명을 통해 성취된 신생 민주주의의 안정을 담보해 주기보다는 오히려 정당 내부의 파벌적 투쟁을 악화시키고 국가의 정치 발전을 저해하는 결과를 낳았다.

표 4-1-7 정당별 선거공약 비교

구분	민주당	자유당	사회대중당	한국사회당
4·19 혁명	• 정당정치 발전 • 사회 분야 혁신		• 부정선거범 처단 • 부정축재 환수	• 보수독재 타파 • 혁명사업 완수
통일 및 외교	• UN 감시하 자유선거 • 비공산국가 외교 • 한일관계 정상화	• 반공통일	• UN감시하 선거 • 평화민주적 통일 • 제3세계 외교	• UN 감시하 선거 • 중립국 외교 • 한일관계 정상화
경제	• 독점부패 근절 • 국민경제의 발전 • 중소기업 육성	• 사민주의계획경제 • 농산물 가격 유지	• 경제계획 • 소득재분배 • 탈세 처벌	• 기간산업 공유제 • 농산물가격 보호 • 계획경제
사회	• 실업보험 • 노동조합 육성 • 사치 방지	• 노동조직 강화 • 실업자 구제 • 부패 방지	• 노동운동 발전 • 실업구제 • 의료복지	• 국토 개발 • 의료복지 • 노동조합 육성
국방	• 병역 조정 • 직업군인제	• 국방예산 합리화	• 정병주의 • 군비 낭비 방지	• 장비현대화 • 정병주의

자료: 이갑윤(1996: 192).

2. 선거 결과: 거대 여당의 출현

민주당이 신·구파 간 갈등으로 인해 정치적 혼란만 가중시키고 국정쇄신의 돌파구를 보여주지 못하고 있었음에도 불구하고 7·29총선 결과는 예상대로 민주당의 압승으로 나타났다. 민의원의 경우, 민주당이 의원정수의 75.1%에 해당하는 175명이 당선돼 과반수를 훨씬 넘었다. 무소속도 49명이 당선됐는데 이들은 대부분 민주당 공천에서 낙천된 후보들이 대부분이었기 때문에 사실상 민주당이 국회 의석 전반을 석권한 선거였다고 볼 수 있다. 자유당은 단 2석을 차지해 군소정당으로 전락하고 말았다.

참의원 선거에서는 민주당이 의원정수 58명 중 31명이 당선되 절대 다수 의석을 차지했다. 무소속은 20명 당선됐으며, 자유당은 단 4석을 얻는 데 그쳐 민의원 의원선거와 비슷한 결과를 보였다. 이처럼 7·29총선에서 민주당이 압승한 이유로는 제도적·상황적인 측면에서 여러 가지로 유리한 요소들이 있었다. 첫째, 민의원의 소선거구제가 거대 정당에 유리하게 작용했다. 둘째, 혁신세력들 간 경쟁과 분열이 심화되는 상황이었기 때문에 민주당 외에 별다른 정치적 대안이 없었다는 점이다. 셋째, 국민들의 투표 행태를 보면 정치의식 및 교육 수준이 다소 높은 서울지역을 제외하고는 기타 지역에서는 모두 기호 1번 후보자가 당선되는 결과가 나타났다.

한편 혁신계에서는 이들 중 그나마 가장 규모가 컸던 사회대중당마저 2%에 미달하는 득표율에 그쳐 진보 성향의 정치 세력들은 거의 참패에 가까운 결과를 얻었다. 이들은 민주적 사회주의라는 이상주의적 정치 이념에 몰두해 현실적인 정치 감각이나 경험이 부족했다. 그뿐만 아니라, 무엇보다 새로운 정치 세력들이 대중에 뿌리내리지 못한 인물, 인맥 중심의 정당구조, 정치 경쟁의 규칙을 실천하는 행태에 이르기까지 기존 보수정당과 별반 다를 바 없었다. 또한 당시 반공과 보수주의가 강한 분위기에서 이들의 사회주의적 대안은 대중적으로도 수용하기가 어려웠으며 결국 권력의 보수독점에 대한 견제 세력으로서 성장하는 데 걸림돌이 됐다.

이러한 혼란 속에서도 7·29총선은 의원내각제 운영을 위한 첫 내각을 구성했다는 점에서 한국 정치사에서 의미가 있다. 하지만 새로운 사회 세력의 참여로 인한 다양한 경쟁자의 출현과 정당 체제의 재편성이 기대됐지만 결국 기존 보수정치 세력의 연장선에 있는 민주당이 집권함으로써 급진적 변화를 기대하기에는 한계가 있었다(김수진, 1996: 165-170). 그리고 민주당은 압도적인 표차로 주도권을 잡았지만 당내 신·구파의 의석 분포가 거의 비슷했기 때문에 오히려 총선을 기점으로 당내 파벌 갈등은 더욱 치열해지는 양상을 보였다.[10]

표 4-1-8 7·29총선의 결과

구분		민주당	자유당	사회 대중당	한국 사회당	무소속 및 기타	총계
민의원	득표율	41.7	2.7	6.0	0.6	48.9	99.9
	후보자 수	305	54	129	19	1,056	1,563
	당선자 수	175	2	4	1	51	233
참의원	득표율	39.0	5.9	2.4	0.9	51.8	100.0
	후보자 수	60	11	7	2	121	201
	당선자 수	31	4	1	1	21	58

자료: 중앙선거관리위원회(1981).

10) 당시 민주당 내부의 주요 관심사는 혼란한 정국을 정상화하고 국가 발전을 위한 대안을 모색하는 것이 아니라 신정부의 요직을 독점하기 위한 치열한 싸움에 집중하는 것이었다. 이러한 가운데 구파는 의원내각제 하에서는 일당독재의 위험이 존재하니, 민주당 내의 두 파는 각각의 정당으로 분리돼 양당 체제를 수립하는 것이 바람직하다는 주장을 역설하기도 했다. 구파는 의석 수가 더 많기 때문에 분당을 하더라도 제1당이 되며, 그 경우에 대통령직과 국무총리직을 모두 차지하게 될 것이라는 정치적 계산하에 대통령에 윤보선과 국무총리에 김도연을 당선시키고자 했다. 반면, 신파측은 대통령과 총리직을 모두 어느 한 진영에서 독차지하는 것은 현실적으로 불가능할 것으로 판단했기에 장면을 국무총리에 당선시키는 데 주력했다.

제3절 총리, 장관 등 주요 관료 소개[11]

1. 국무총리

표 4-1-9 장면 정부 국무총리

정부	직위	대수	이름	임기
과도정부	국무총리	내각 수반	허 정(許 政)	1960년 4월 27일~1960년 6월 15일
		6대		1960년 6월 15일~1960년 8월 18일
		서리	김도연(金度演)	1960년 8월 16일~1960년 8월 17일
장면 내각		7대	장 면(張 勉)	1960년 8월 19일~1961년 5월 18일
군정		내각 수반	장도영(張都暎)	1961년 5월 20일~1961년 7월 2일
		내각 수반	송요찬(宋堯讚)	1961년 7월 3일~1962년 6월 15일
		내각 수반	박정희(朴正熙)	1962년 6월 18일~1962년 7월 9일
		내각 수반	김현철(金顯哲)	1962년 7월 10일~1963년 12월 16일

2. 각부 장관

1) 외무부 장관

표 4-1-10 장면 정부 외무부 장관

정부	직위	대수	이름	임기
과도정부	외무부 장관	5대	허 정(許 政)	1960년 4월 25일~1960년 8월 19일
장면 내각		6대	정일형(鄭一亨)	1960년 8월 23일~1961년 5월 20일
군정		7대	김홍일(金弘壹)	1961년 5월 21일~1961년 7월 21일
		8대	송요찬(宋堯讚)	1961년 7월 22일~1961년 10월 10일
		9대	최덕신(崔德新)	1961년 10월 11일~1963년 3월 15일
		10대	김용식(金溶植)	1963년 3월 16일~1963년 12월 16일

11) 장면 정부의 국무총리 및 각 부 장관 명단은 위키백과(http://ko.wikipedia.org)에서 발췌.

2) 내무부 장관

표 4-1-11 장면 정부 내무부 장관

정부	직위	대수	이름	임기
과도정부	내무부 장관	20대	이 호(李 澔)	1960년 4월 25일~1960년 8월 19일
장면 내각		21대	홍익표(洪翼杓)	1960년 8월 23일~1960년 9월 12일
		22대	이상철(李相喆)	1960년 9월~1960년 10월
		23대	현석호(玄錫虎)	1960년 10월~1960년 11월
		24대	신현돈(申鉉燉)	1960년 11월~1961년 5월
군정		25대	조재천(曺在千)	1961년 5월 3일~1961년 5월 20일
		26대	한 신(韓 信)	1961년 5월~1962년 10월
		27대	박경원(朴璟遠)	1962년 10월~1963년 11월
		직무대리	이계순(李啓純)	1963년 11월~1963년 12월

3) 재무부 장관

표 4-1-12 장면 정부 재무부 장관

정부	직위	대수	이름	임기
과도정부	재무부 장관	10대	윤호병(尹호炳)	1960년 4월 28일~1960년 8월 19일
장면 내각		11대	김영선(金永善)	1960년 8월 23일~1961년 5월 18일
군정		12대	백선진(白善鎭)	1961년 5월 20일~1961년 6월 22일
		13대	김유택(金裕澤)	1961년 6월 22일~1961년 7월 22일
		14대	천병규(千炳圭)	1961년 7월 22일~1962년 6월 16일
		15대	김세련(金世鍊)	1962년 6월 18일~1963년 2월 8일
		16대	황종률(黃鍾律)	1963년 2월 8일~1963년 12월 16일

4) 법무부 장관

표 4-1-13 장면 정부 법무부 장관

정부	직위	대수	이름	임기
과도정부	법무부 장관	10대	권승렬(權承烈)	1960년 4월 25일~1960년 8월 19일
장면 내각		11대	조재천(曺在千)	1960년 8월 23일~1961년 5월 2일
		12대	이병하(李炳夏)	1961년 5월 3일~1961년 5월 18일

군정		13대	고원증(高元增)	1961년 5월 20일~1962년 1월 8일
		14대	조병일(趙炳日)	1962년 1월 9일~1963년 1월 31일
		15대	장영순(張榮淳)	1963년 2월 1일~1963년 4월 21일
		16대 17대 18대	민복기(閔復基)	1963년 4월 22일~1966년 9월 25일

5) 국방부 장관

표 4-1-14 장면 정부 국방부 장관

정부	직위	대수	이름	임기
과도정부	국방부 장관	8대	이종찬(李鐘贊)	1960년 5월 2일~1960년 8월 23일
장면 내각		9대	현석호(玄錫虎)	1960년 8월 23일~1960년 9월 12일
		10대	권중돈(權仲敦)	1960년 9월 12일~1961년 1월 30일
		11대	현석호(玄錫虎)	1961년 1월 30일~1961년 5월 18일
군정		12대	장도영(張都暎)	1961년 5월 20일~1961년 6월 6일
		직무대행	신응균(申應均)	1961년 6월 6일~1961년 6월 12일
		13대	송요찬(宋堯讚)	1961년 6월 12일~1961년 7월 10일
		14대	박병권(朴炳權)	1961년 7월 10일~1963년 3월 16일
		15대	김성은(金聖恩)	1963년 3월 16일~1968년 2월 27일

6) 문교부 장관

표 4-1-15 장면 정부 문교부 장관

정부	직위	대수	이름	임기
과도정부	문교부 장관	7대	이병도(李丙燾)	1960년 4월 28일~1960년 8월 22일
장면 내각		8대	오천석(吳天錫)	1960년 8월 23일~1961년 5월 2일
		9대	윤택중(尹宅重)	1961년 5월 3일~1961년 5월 19일
군정		10대	문희석(文熙奭)	1961년 5월 20일~1962년 1월 8일
		11대	김상협(金相浹)	1962년 1월 9일~1962년 10월 14일
		12대	박일경(朴一慶)	1962년 10월 15일~1963년 3월 15일
		13대	이종우(李鐘雨)	1963년 3월 16일~1963년 12월 16일

7) 건설부 장관

표 4-1-16 장면 정부 건설부 장관

정부	직위	대수	이름	임기
과도정부	부흥부 장관	5대	전예용(全禮鎔)	1960년 4월 28일~1960년 8월 19일
장면 내각		6대	주요한(朱耀翰)	1960년 8월 23일~1960년 9월 12일
		7대	김우평(金佑枰)	1960년 9월 12일~1961년 1월 30일
		8대	태완선(太完善)	1961년 1월 30일~1961년 5월 3일
		9대	주요한(朱耀翰)	1961년 5월 3일~1961년 5월 18일
군정	건설부 장관	초대	박기석(朴基錫)	1961년 5월 20일~1961년 6월 22일
		2대	신태환(申泰煥)	1961년 6월 22일~1961년 7월 22일
		3대	박임항(朴林恒)	1962년 6월 18일~1963년 3월 11일
		4대	조성근(趙性瑾)	1963년 3월 16일~1963년 12월 17일

8) 농림부 장관

표 4-1-17 장면 정부 농림부 장관

정부	직위	대수	이름	임기
과도정부	농림부 장관	16대	이해익(李海翼)	1960년 5월 2일~1960년 8월 22일
장면 내각		17대	박제환(朴濟煥)	1960년 8월 22일~1961년 5월 16일
군정		18대	장경순(張坰淳)	1961년 5월 20일~1963년 6월 24일
		19대	류병현(柳炳賢)	1963년 6월 25일~1963년 12월 16일

9) 상공부 장관

표 4-1-18 장면 정부 상공부 장관

정부	직위	대수	이름	임기
과도정부	상공부 장관	12대	전택보(全澤珤)	1960년 4월 28일~1960년 6월 2일
		13대	오정수(吳禎洙)	1960년 6월 2일~1960년 7월 1일
장면 내각		14대	이태용(李泰鎔)	1960년 8월 23일~1960년 9월 12일
		15대	주요한(朱耀翰)	1960년 9월 12일~1961년 5월 3일
		16대	태완선(太完善)	1961년 5월 3일~1961년 5월 18일
군정		17대	정래혁(丁來赫)	1961년 5월 20일~1962년 7월 10일
		18대	유창순(劉彰順)	1962년 7월 10일~1963년 2월 8일
		19대	박충훈(朴忠勳)	1963년 2월 8일~1963년 8월 10일
		20대	김 훈(金 勳)	1963년 8월 10일~1963년 12월 16일

10) 보건사회부 장관

표 4-1-19 장면 정부 보건사회부 장관

정부	명칭	대수	이름	임기
과도정부	보건사회부 장관	4대	김성진(金晟鎭)	1960년 4월 28일~1960년 8월 19일
장면 내각		5대	신현돈(申鉉燉)	1960년 8월 23일~1960년 9월 12일
		6대	나용균(羅容均)	1960년 9월 12일~1961년 1월 29일
		7대	김판술(金判述)	1961년 1월 30일~1961년 5월 18일
군정		8대	장덕승(張德昇)	1961년 5월 20일~1961년 7월 6일
		9대	정희섭(鄭熙燮)	1961년 7월 7일~1963년 12월 16일

11) 교통부 장관

표 4-1-20 장면 정부 교통부 장관

정부	명칭	대수	이름	임기
과도정부	교통부 장관	9대	석상옥(石常玉)	1960년 4월 28일~1960년 8월 19일
장면 내각		10대	정헌주(鄭憲柱)	1960년 8월 23일~1960년 9월 12일
		11대	박해정(朴海楨)	1960년 9월 12일~1961년 5월 3일
		12대	박찬현(朴瓚鉉)	1961년 5월 3일~1961년 5월 18일
군정		13대	김광옥(金光玉)	1961년 5월 20일~1961년 8월 16일
		14대	박춘식(朴春植)	1961년 8월 16일~1963년 2월 8일
		15대	김윤기(金允基)	1963년 2월 8일~1964년 7월 8일

12) 체신부 장관

표 4-1-21 장면 정부 체신부 장관

정부	명칭	대수	이름	임기
과도정부	체신부 장관	9대	오정수(吳禎洙)	1960년 5월 2일~1960년 6월 1일
		10대	최용덕(崔用德)	1960년 6월 2일~1960년 8월 22일
장면 내각		11대	이상철(李相喆)	1960년 8월 23일~1960년 9월 11일
		12대	조한백(趙漢栢)	1960년 9월 14일~1961년 1월 29일
		13대	한통숙(韓通淑)	1961년 1월 30일~1961년 5월 19일
군정		14대	배덕진(裵德鎭)	1961년 5월 20일~1963년 1월 1일
		15대	김장훈(金長勳)	1963년 2월 1일~1963년 12월 15일

13) 내각사무처장

표 4-1-22 장면 정부 내각사무처장

정부	명칭	대수	이름	임기
과도정부	국무원 사무처장	7대	서석순(徐碩淳)	1960년 7월 1일~1960년 7월 3일
		8대	이 호(李 澔)	1960년 7월 4일~1960년 8월 19일
장면 내각		9대	오위영(吳緯泳)	1960년 8월 20일~1960년 9월 11일
		10대	정헌주(鄭憲柱)	1960년 9월 12일~1961년 5월 18일
군정	내각사무처장	11대	김병삼(金炳三)	1961년 5월 20일~1963년 2월 1일
		12대	이석제(李錫濟)	1963년 2월 2일~1963년 12월 16일

14) 공보실장

표 4-1-23 장면 정부 공보실장

정부	명칭	대수	이름	임기
과도정부 장면 내각	공보실장	10대	서석순(徐碩淳)	1960년 5월 5일~1960년 6월 30일
군정	국무원 사무처 공보국장	초대	조봉순(趙鳳淳)	1960년 7월 2일~1961년 6월 22일
	공보부 장관	초대	심흥선(沈興善)	1961년 6월 22일~1961년 7월 6일
		2대	오재경(吳在璟)	1961년 7월 7일~1962년 6월 17일
		3대	이원우(李元雨)	1962년 6월 18일~1963년 4월 11일
		4대	임성희(任星熙)	1963년 4월 12일~1963년 12월 16일

3. 허정 과도정부

1) 제3차 개헌기초위원회 구성 위원

허정 과도정부의 가장 중요한 업무는 제3차 개헌을 통한 의원내각제를 도입하는 것이었다. 이를 위해 개헌기초위원회를 구성했는데 자유당 4인, 민주당 4인, 무소속 1인으로 총 9인으로 구성됐다. 이들은 사회적으로 명망이 높은 인사들이었으나 대부분 헌법 관련 전문지식이 부족했기 때문에 공법학회, 변호사회 등 법률전문가들의 자문에 의존하는 경우가 많았다.

개헌안을 성안하는 기초위원회의 규모는 그 사안의 중대성에 비해 매우 작았는데, 그 이유는 당시 정치권이 장기적인 관점에서 한국 민주정치의 발전을 위해 의원내각제를 도입하려 했다기보다 이승만 정부 하에서 억압됐던 시민들의 정치적 불만에 신속하게 대응함으로써 정국의 주도권을 획득하려는 정치적 의도가 컸기 때문이었다(김백유, 2000).

2) 과도정부 대통령직의 대리 수행

허정은 이승만 대통령이 하야하기 이틀 전에 외무 장관(수석국무위원)으로 임명됐으며, 하야 직후 승계 순위에 따라 대통령 대리 수행의 임무를 맡게 됐다. 이후 자유당과 민주당 양측은 허정의 대통령직 승계에 합의했고 1960년 4월 28일 과도정부를 수립했다(김세중, 1998: 71-74).[12] 허정은 과도정부의 수장으로서 당시 다난한 시국을 수습하고 사회를 안정시키는 데 기여했으며, 국제정치 및 외교관계에서도 국력이 수반되지 않은 자주외교론은 이상주의적인 환상에 불과하다고 비판하면서 실질적인 국가 발전을 강조한 실용주의적 외교관은 대체적으로 긍정적 평가를 받고 있다.

그러나 다른 한편으로 당시 여타의 주류 정치인들과 마찬가지로 권위주의적이고 보수적인 정치적 신념을 갖고 있었다. 이를테면, 외교관계에서도 실력을 강조하지만 현 상황을 고려할 때 반미주의를 위험한 것이라고 판단하고 미국 정부의 개입을 용인하고 이들과의 협조적 관계를 강조했다. 그리고 교통부 장관 재임 기간 중에는 철도 부문 좌파 계열의 농성과 파업이 잦아지자 철도와 교통부 직원의 노조활동을 금지시켰다. 더불어 교원노조에도 부정적인 입장을 견지했는데 교원노조의 시위가 전국적인 규모로 확산되자 문책과 해임 및 파면 등으로 강경하게 대응했다. 나아가 4·19혁명 직후 이승만을 비밀리에 출국시킨 것과 이기붕에 대한 옹호, 3·15 부정선거 관련자 처벌에 미약하게 대처했다는 점에서는 부정적인 평가를 받는 부분도 있었다.[13]

---

12) 수석국무위원이었던 허정이 대통령직을 대행한 것은 대통령 승계 1순위인 장면 부통령과 2순위인 이기붕 국회의장이 앞서 사퇴했기 때문이다. 허정은 임시정부 구미위원부의 위원으로 미국에서 독립운동을 하던 이승만을 보좌했으며, 교포신문인 삼일신보를 창간 및 발행하는 일을 추진하다가 광복 직후 귀국했다. 한민당 창당에 참여했으나 호헌동지회와 민주당 결성에는 불참했다. 이승만 정권에서 교통부 장관, 보건사회부 장관, 국무총리 서리, 서울시장 등을 두루 역임한 핵심 각료 중의 한 명이었으나 자유당에는 가입하지 않았다. 그는 양 정당의 정치세력들과 네트워크를 유지함과 동시에 이들 세력들로부터 어느 정도 독립적인 거리를 유지할 정도로 비교적 중립적인 인물이었다고 할 수 있다.

13) 허정은 국회 및 정부 관계자들과 상의 없이 단독으로 비밀리에 주한미국대사와 상의해 이승만을 출국시켰다. 이승만 출국 직후 공보실을 통해 이승만의 출국을 발표했고 정치권과 시민들의 상당한 항의가 빗발쳤다.

3) 과도정부의 내각 및 주요 관료

앞서 언급했듯이 허정은 이승만 대통령을 비밀리에 망명시키고 이기붕을 옹호하는 등 자유당 정권의 관료 출신이라는 태생적인 한계를 극복하지 못했다. 따라서 이승만 정부와의 완전히 단절보다는 기존의 정치 체제와 중첩되는 온건한 변화를 지향했다. 이러한 허정의 정치적 성향은 과도정부의 내각 구성에 그대로 반영됐다. 과도정부 내각인 사들은 대부분 사회적 망명가로서 4·19혁명 이후의 불안정한 사회분위기 속에서 국민의 신망을 받는 연령대가 높은 원로층으로 구성됐다. 이들은 사회적으로 망명가지만 보수적인 성향으로 개혁적인 변화를 원하지 않는 기득권층이었다. 게다가 이들은 각기 전문 분야에서 비교적 훌륭한 업적을 쌓고 개인적으로 타인의 존경을 받던 우수한 인물들이었지만, 대부분 직업정치인으로서의 경험이 없었으며 정치적 기반이 없었기 때문에 혁명을 추진해 가는 진보적 견해와 성향도 갖고 있지 않았다(김세중, 1998: 38-43). 또한 이들이 대학을 다녔던 시기는 일제 치하였기 때문에 대다수가 일본 유학의 경력을 갖고 있었는데 이는 국내 정치행정 부문에 일본 통치 시스템이 상당 부분 반영될 수밖에 없는 계기가 됐다. 결론적으로 과도정부는 자유당 정권의 연장선상에 있으면서 동시에 민주당의 압력 하에 있었기 때문에 다양한 사회 세력을 유입하지 못하고 구체제의 연속성을 유지함으로써 퇴임하는 정부의 관리정부의 역할에 한정될 수밖에 없었다.

4. 장면 정부

1) 제1, 2차 개각: 민주당 내 신·구파의 대립

과도정부 이후 제2공화국이 출범하면서 장면 총리는 곧바로 내각 개편을 단행했다. 그러나 장면 정권의 내각 개편 과정을 살펴보면, 민주당 내 파벌 갈등으로 인해 주요 요직을 차지하기 위한 노골적인 권력투쟁이 그대로 반영됐다(최장집, 1996: 36). 7·29총선에서 민주당의 신파와 구파가 거의 비슷한 비율로 의회를 구성하게 된 상황에서 정치권의 최대 관심은 과연 어느 파가 실질적인 국가 권력을 가질 것인가에 초점이 맞춰져 있었다. 이와 관련해 정치적 혼란이 지속되자 시민과 언론들의 비난 여론이 거세졌고, 이를 인지한 정치권은 협상 끝에 거국내각을 구성하기로 합의하고 신파 5석, 구파 5석, 무소속 2석으로 각료직을 골고루 안배하기로 합의했다. 그러나 신-구파는 거국내각을 구성한다는 원칙에만 합의했을 뿐 실제로 각료직을 배분하는 과정에서 구체적인 사안들에 대해서는 의견 일치를 보지 못하고 혼란은 지속됐다.

이러한 혼란 속에서 장면 총리는 일방적으로 신파 중심의 제1차 내각을 구성했다. 당시 장면 총리는 첫 내각 명단을 발표하면서 이는 잠정적인 것이며 언제든지 거국내각을 재구성할 수 있다고 언급할 정도로 자신의 결정과 행동에 대해 불안한 태도를 보였다(이용원, 1999: 138-142). 예상대로 당내 구파와 소장파는 첫 내각 구성에 강한 반발을 했고, 장면 정부는 이후 정국 운영에서 이들의 지지와 협조를 얻을 수 없었다. 심지어 민주당 구파는 별도의 교섭단체인 민주당 구파동지회를 등록했고, 이는 사실상 분당이 시작되는 계기가 됐다.

이처럼 분당 사태까지 발생할 위기에 처하자 장면은 1차 내각을 발표한 지 단 2주 만에 비서실장, 국방 장관, 상공 장관, 내무 장관을 사임시키고 구파에게 양도함으로써 분당을 막기 위한 노력을 기울였다. 하지만 구파는 이미 신파와의 균열의 골이 깊어진 상태였기 때문에 구파 최고지도자들을 연립내각에 참여시키지 않고 중간 수준급의 인사들로 하여금 4개의 각료직을 수락하도록 했다. 장면 총리는 이로써 어느 정도 사태가 수습됐다고 생각했지만 구파 내에서는 여전히 김도연을 중심으로 하는 즉각 분당론자, 유진산을 주축으로 하는 기한부 분당론자, 민관식을 주축으로 한 분당 반대 및 협상론자들을 중심으로 논쟁이 끊이지 않았다. 결국 양파는 결별을 선언했고, 7・29총선에서 2/3가 넘는 세력을 확보했던 민주당은 각각 신파 85석, 구파 95석으로 분열돼 과반수에 미달하는 의석 규모를 지닌 두 개의 교섭단체로 양분되는 결과를 낳았다.

2) 제3, 4, 5차 개각: 소장파의 반발

장면 총리의 제1차 내각 구성은 구파뿐만 아니라 신파의 일부 소장 세력들도 내각 구성에 소외된 것에 대한 강한 불만을 표출했다. 이들은 대부분 학생 및 청년조직에서 활동했던 세력들로서 1961년 신풍회라는 조직을 결성했다. 이들의 정치비판적 성향은 4・19혁명 이후 정권의 정통성을 진작시키는 데 어느 정도 긍정적인 영향을 미쳤으며, 민주당이 의회의 다수의석을 형성하는 데도 상당한 역할을 했다(한승주, 1983: 133). 그럼에도 불구하고 장면 총리는 내각 구성에서 소장파 그룹을 배제시켰다. 특히, 소장파는 그들의 지도자인 이철승을 국방이나 내무 장관직에 지명할 것을 요구했으나 번번이 묵살당하자 상당한 불만을 표출했다. 이러한 불만을 잠재우기 위해 장면 총리는 제3차 내각 개편을 단행했는데 보건사회부 장관과 외무부와 부흥부의 차관직을 배분하는 데 그쳤다. 이후 소장파들은 당 지도층에 대해 더욱 적대적인 태도를 보이기 시작했으며 의회 내 중요 입법사안에서 소장파 그룹은 점차 당과 다른 독자적인 목소리를 내기 시작했다. 이처럼 장면 정부의 제3차 내각 개편은 소장파의 반발로 신파 내의 새로운 균열을 확인하는 계기가 되고 말았다.

이러한 혼란 양상이 지속되자 초당파적이고 거국적인 내각 구성을 요구하는 비판 여론이 형성됐고, 장면 총리는 또다시 1961년 5월 내무부와 법무부를 대상으로 한 제4, 5차 개각을 단행했다. 이와 같이 장면 정권의 잦은 내각 개편은 당내 신-구파 간의 대결뿐만 아니라 신파 내의 중진파와 소장파의 갈등을 표면화시킴으로써 결국 장면 정권의 통치 능력을 약화시키는 결과를 초래했다. 이로써 장면 정부는 민주당이 의회 내 압도적인 의석을 차지하고서도 의회의 지지를 받지 못하는 정부로서 국민들의 신뢰와 정치적 지지를 상실하는 원인이 됐다(박명림, 1996: 225).

3) 국방과 정보기관의 구성

장면 총리는 시종일관 미국과 같이 민간 출신이 군을 통솔해야 한다는 굳은 신념이 있었다. 따라서 국방 부문의 내각을 구성하는 데 합참의장 등 현역 장성들을 제외하고 군을 통솔하는 주무 장관인 국방 장관까지도 군경력이 전혀 없는 민간 정치인을 임명했다. 장면 정권에서 국방 장관을 지낸 현석호와 권중돈은 법학, 정치학 전공자였으며 오랫동안 정치활동을 하다가 모두 4・19 이후 7・29총선에서 당선된 5대 민의원 출신이었다. 그뿐만 아니라, 1950년대 말부터 인사 적체의 문제가 심각해지고 있는 상황에서 장면 정부는 병력과 국방예산을 감축함으로써 군부의 큰 저항과 불만을 가져왔다.

한편 장면 정부는 이승만 정권의 붕괴에 따라 기존 정보채널의 혼선과 단절로 인해 정보력이 크게 약화되면서 국정운영에 어려움을 겪고 있었다. 이에 일부 정부관료 및 측근들이 정권 안정을 위해 군・검・경 세 기관의 합동특별기구를 만들자고 건의했다. 하지만 장면 총리는 특정 기관이나 집단에 정보가 집중될 경우 권력이 남용될 소지가 높다는 점을 우려해 반대했다. 대신에 장면 총리는 일찍부터 경찰이나 검찰에 특별수사기관의 설치를 강조했는데, 1960년 9월 23일 시정 연설에서 경찰 기구의 개편과 함께 대검찰청 내에 중앙수사국을 발족시켜 각종 정보기관을 연결 조정해야 한다고 주장했다. 또한 과학적인 수사 방법으로 공산 괴뢰 무장 간첩의 남침 방지와 색출은 물론 범죄수사의 질을 높이기 위한 특별수사기관의 필요성과 사회 안정을 위협하는 집단 혹은 세력에 대한 강력한 규제를 강조했다.

제4절 정부조직 체계

1. 정부조직법의 주요 내용

장면 정부는 1960년 7월 제1공화국의 정부조직법(1956년 개정)을 대폭 개정허 의원내각제를 구현할 수 있는 새로운 정부조직법을 발효했다. 이의 내용에서 가장 주요한 부분은 실질적인 행정수반으로서 국무총리의 권한과 지위에 관한 것으로 먼저 제1조에서는 구법에서 정부의 행정조직이라고 표시했던 용어는 국무원과 행정 각부의 조직으로 대체했으며, 의회 다수당의 대표가 국무총리가 되며 국무원이라는 조직이 국무 수행의 중심에 있음을 강조했다. 제2조에서는 행정부 지휘 및 감독의 주체가 대통령이 아니라 국무총리에게 있음을 명시했다. 제3조에서 국무총리의 권한에 대한 독립적인 조항을 별도로 명시해 국무총리의 행정 각부에 대한 사후적 지위 및 감독 권한을 대폭 강화했다. 그뿐만 아니라 국무총리는 국무회의를 소집해 행정행위에 대한 방침도 정할 수 있다고 명시함으로써 행정 각부를 사전적, 사후적, 장기적으로 통제할 수 있는 상당한 권한이 부여됐다(이미애・박윤성, 2010: 11-12).

다음으로 행정기관 및 부처의 구조를 간략히 정리해보면 먼저, 행정기관의 실(室) 단위가 폐지되고 처(處)와 위원회(委員會)가 신설됐다.

둘째, 국무회의에서 논의될 안건을 총괄 조정하는 권한이 외무부 장관에서 국무총리로 변경됐다.

셋째, 국무원 사무를 담당하는 하위기관들이 공보실(공보국/선전국/방송관리국), 사무국, 고시위원, 인사위원 체제에서 국무원 사무처와 공안위원회 체제로 바뀌었으며, 국무원 사무처 하부에 총무국, 인사국, 법제국, 공보국, 방송관리국이 설치됐다.

넷째, 모든 행정부처는 공통으로 차관이 1인에서 2인 체제로 바뀌었다.

다섯째, 내무부의 치안과 소방 업무를 담당하는 치안국이 폐지된 대신에 국무원 아래 공안위원회가 신설됐다.

여섯째, 법무부 법제실이 폐지됐고 국무원 사무처 법제국이 신설됐다.

마지막으로 감사기구인 대통령 소속 감찰원이 국무총리 소속 감찰위원회로 변경됐다.

표 4-1-24 정부조직법 개정에 따른 정부조직 체계의 변화

<table>
<tr><th colspan="2">구분</th><th>제1공화국 정부조직법
(1956)</th><th>제2공화국 정부조직법
(1960)</th></tr>
<tr><td colspan="2">실질적 행정수반 및
행정각부 지휘, 감독권</td><td>대통령</td><td>국무총리</td></tr>
<tr><td colspan="2">행정기관</td><td>원, 부, 실, 청, 비서실, 국, 과</td><td>원, 부, 처, 청, 위원회, 비서실, 국, 과</td></tr>
<tr><td rowspan="4">행정각부</td><td>공통</td><td>- 각 부에 차관 1인</td><td>- 각 부에 정무차관 1인, 사무차관 1인</td></tr>
<tr><td>내무부</td><td>- 지방국, 치안국, 토목국, 통계국</td><td>- 지방국, 토목국, 통계국
- 업무 중 치안 및 소방 삭제(치안국 삭제)
- 국무원 공안위원회 신설</td></tr>
<tr><td>법무부</td><td>- 법무국, 검찰국, 형정국
- 법제실: 제1국, 제2국</td><td>- 법무국, 검찰국, 형정국
- 법제실 폐지</td></tr>
<tr><td colspan="3">다른 부는 변화 없음</td></tr>
<tr><td colspan="2">감사기구</td><td>-감찰원, 대통령 소속</td><td>-감찰위원회, 국무총리 소속</td></tr>
</table>

1) 대통령

대통령은 국가원수로서의 지위가 부여되고 정국의 안정과 조정을 위해 국무총리지명권, 국무원의 계엄선포 요구에 대한 거부권, 헌법재판소 심판관의 임명권 등과 같은 권한들이 주어졌다.[14] 그러나 국가원수로서의 지위와 권한은 대부분 의례적이고 형식적인 것이었다. 예를 들어, 대통령에게 부여된 국무총리 지명권은 의회 동의나 승인 없이는 사실상 효력이 없는 것이었다. 대통령이 국무총리를 지명함으로써 국정운영의 큰 방향을 결정하는 데 어느 정도 영향력을 미칠 수 있지만, 일단 국무총리가 의회 승인을 얻어 임명되면 대통령은 국무총리를 통제할 수 있는 어떤 권한도 없다고 볼 수 있다.

대통령 선출 방식은 민의원과 참의원 양원합동회의에서 재적 과반수 이상의 찬성으

14) 의원내각 체제하의 대통령의 지위와 권한에 대해 정치권 내 의견이 분분했다. 민주당은 대통령의 권한을 상당부분 축소해야 한다고 주장한 반면, 자유당은 권한을 축소하되 한국의 실정을 고려해 대통령의 국군통수권, 계엄선포권, 국회해산권, 국무회의 사회권 등을 보장해야 한다고 주장했다. 특히 국군통수권의 경우 국무총리가 맡을 경우 당파적인 이익이 반영될 우려가 있기 때문에 대통령이 맡아야 한다고 주장했다. 그리하여 계엄선포권의 경우, 대통령에게 소극적인 거부권을 주기로 합의가 이뤄졌고 이외의 권한들은 의례적인 것으로 만들었다. 그리고 기존 헌법상 대통령의 긴급명령제도의 존치 여부와 관련해서 민주당은 이를 폐지하는 대신 긴급재정처분권을 살려두되 민의원이 해산되는 경우에만 행사할 수 있도록 제안했다. 반면 자유당은 우리나라는 분단국가로서 비상사태가 일어날 가능성이 높기 때문에 대통령의 권한을 너무 축소할 경우 국가운영에 어려움이 있으므로 상당 수준의 권한을 주어야 한다는 입장으로 기존 제도를 유지하되 내각의 의결 사항으로 할 것을 제안했다.

로 대통령을 간접적으로 선출하도록 하는 간선제를 도입했다. 대통령 간선제는 3·15부정선거의 경험으로 직선제에 대해 상당한 반감이 확산된 분위기였기 때문에 별다른 논란 없이 도입됐다. 그리고 대통령의 정당 가입을 금지했으며, 대통령 유고 시 대행 순위는 부통령에서 참의원 의장, 민의원 의장, 국무총리 순으로 변경됐다.

2) 국무총리

새로운 정부조직법은 행정 각부를 통괄하는 국무총리의 지위와 권한에 대한 독립조항을 마련하고 이를 구체적으로 명시했다. 우선 국무총리는 행정부의 핵심이 되는 국무위원 및 행정 각부의 장관을 임용하는 권한을 행사했다. 또한 국무총리의 행정 각부에 대한 사전적·사후적 지휘와 감독 권한이 대폭 강화됐을 뿐만 아니라, 국무총리가 국무회의의 소집을 통해 행정 각 부처의 정책에 대한 영향력을 행사할 수 있다고 명시했다. 모든 행정행위는 국무회의 의결을 통한 국무원령에 의해 이뤄졌는데, 국무총리는 국무회의의 의장으로서 국무회의 소집 및 의제 설정에서 주도권을 쥐고 국무원령을 통제함으로써 실질적인 행정수반의 역할을 수행했다. 이 점에서 제2공화국은 이론적으로 의원내각제에 기반한 권력분산형의 정부조직구조 개편을 지향했지만, 실질적으로 국무총리가 국무위원 및 행정 각부의 장관을 임의적으로 지명할 수 있었기 때문에 이전 정권의 대통령의 권력에 버금가는 권력을 행사할 수 있는 구조였음을 알 수 있다(이경규, 2010: 241-245).

다음으로 국무총리의 선출 방식과 관련해 선출기구(민의원 또는 양원합동회의), 선출요건(과반수 찬성 또는 2/3찬성), 국무총리 자격(민의원 또는 민의원 아닌 자) 등의 이슈를 둘러싸고 개헌기초위원회에서 상당한 논란이 있었다. 결국 양원합동회의가 아닌 민의원에서 국무총리를 선출하고 선출 요건은 다른 나라와 같이 과반수 찬성으로 결정했다. 또한 일각에서는 민의원이 아닌 유능한 인사도 총리가 될 수 있도록 하자는 의견이 나왔으나, 내각제의 취지에 비춰볼 때 민의원이 아닌 인사가 총리를 하는 것은 모순이라는 의견이 지배적이었다. 또한 국무총리 지명은 대통령이 하되 민의원의 동의를 거치게 하였고, 동의가 이뤄지지 않을 경우에는 민의원이 선출할 수 있도록 변경했다.

3) 국무원(내각)

제2공화국에서는 내각(cabinet) 대신 국무원(council of minsters)이라는 명칭을 사용했는데 그 이유는 내각이라는 용어는 다소 군주적 이미지가 있는데 비해 국무원은 좀 더

민주적인 인상을 주기 때문이라는 이유에서였다. 국무원의 주요 구성원은 대통령과 국무위원에서 국무총리와 국무위원으로 변경됐으며, 국무원은 민의원에 대한 연대책임을 진다는 규정이 추가됐다. 국무원 사무처는 국무총리를 보좌해 국무회의의 원활한 운영을 위한 총괄적인 지원 기능을 수행하는 조직으로 행정부의 핵심적 역할을 담당했다. 이를 위해 그 기능과 역할을 대폭 확충했는데 정부조직 및 인사관리를 위해 총무국 및 인사국을 두었다(김흥우, 2001).

그리고 국무위원급 국무원 사무처장과 이를 보좌하는 사무차장 2인을 두어 사무처의 운영 및 관리를 더욱 효율화시켰으며 제1공화국의 각종 행정 지원 조직들을 흡수했다. 이를테면, 각 행정부의 입법활동 지원부서인 법제실을 법무국으로 변경해 귀속시켰으며, 정책홍보 및 대민정책을 위한 공보국과 방송관리국을 내부기관으로 흡수했다. 그리고 각 부처의 차관을 정무차관, 사무차관으로 분리했는데 정무차관은 내각과 의회를 원활하게 연계하는 것이 주요 임무였으며 정책기획뿐만 아니라 장관 대신 국무회의에도 참석했다. 정무차관은 주로 의원으로 임명했으며, 장면 총리가 장관의 추천을 거치지 않고 재선 이상 의원 중에서 직접 뽑았다.

다음으로 국무회의 운영 방식에서 민주당은 내각 운영을 국무총리가 전담하는 방안을 주장한 반면, 자유당은 국무총리가 실질적으로 국무원을 대표하고 법안을 제안할 수 있는 권한을 부여하되 대통령이나 내각과의 연결고리가 필요하다고 주장했다. 그러나 당시 사회적으로 대통령제에 대한 불신이 매우 강한 상황에서 이러한 논리는 받아들여지지 않았고, 결국 국무총리가 국무회의를 소집해 의장이 되도록 하고 행정 각부를 지휘할 수 있게 했다. 또한 국무위원(장관)의 임명권자는 대통령에서 국무총리로 변경됐고 대통령은 이를 형식적으로 승인하는 것으로 변경했다. 그리고 국무총리 궐위 시 국무원은 총사직하지만 후임 총리가 선임될 때까지는 직무를 계속 수행하도록 했다.

이와 같이 제2공화국의 정부조직 개편에서 국무원 사무처가 신설된 것을 제외하고 이외의 행정조직이나 기구의 재편은 거의 없었다. 그리고 행정의 효율성 향상을 위해 실시한 정무차관과 사무차관제의 경우도 관료 영역에 정치적 영향력이 좀 더 용이하게 미칠 수 있도록 개편한 제도에 불과했고 오히려 업무 갈등과 중복으로 인해 행정 지연이 발생하기도 했다(안병만, 1993).

4) 일반 공무원

이승만 정부 하에서는 사실상 친일파가 온존한 관료제가 유지됐다. 그리고 폐쇄적이고 일관성 없는 공무원 임용제도 때문에 대학 교육을 받은 신세대가 공직사회에 진입할 기회가 제한적이었다. 하지만 장면 정부는 인사권 관할기관의 독립성 인정, 공무원 신분 보장 등을 골자로 한 국가공무원법을 개정했다.

1963년 4월 17일 국가공무원법이 다시 개정되면서 직업공무원제도가 더욱 구체화되면서 공무원 공채가 본격적으로 실시됐다. 특히, 새로운 국가인적자원의 활용이라는 차원에서 5급 공무원 채용시험이 실시됐고 이를 통해 괄목할 인사행정 개선이 이뤄지고 관료제에 눈에 띄는 활력을 불어넣는 효과를 가져왔다.

2. 기타 행정기관

1) 중앙정보위원회

장면 총리는 원활하고 효율적인 국정운영을 위해 정부의 정보 수집 및 관리 능력을 강화시킬 필요성을 절감하고 정보기관을 구상할 계획을 갖고 있었다. 때마침 미국 중앙정보국(CIA)으로부터 정보기관을 설치하라는 요청이 있었고, 이러한 의견들을 수렴해 중앙정보위원회를 창설했다.[15] 이후 1961년 3월에는 총리 직속으로 또 하나의 정보기관인 시국정화단을 조직하기도 했다.

2) 지방행정 및 자치

지방자치와 관련해 그 동안 정치집권 세력이 지방자치단체장의 선임 방식을 선거제 혹은 임명제를 통해 자의적으로 결정했기 때문에 지방자치의 실현과 지방행정의 집행에 많은 혼란을 야기하는 문제가 발생하고 있었기 때문에 최소한 시, 읍, 면의 장은 직선으로 선출해야 한다는 것을 헌법에 명시했다.

---

15) 미국 CIA는 1961년 중앙정보연구위원회라는 이름으로 발족한 이 기관의 책임자로 이후락을 지지했다. 그 결과 이후락은 미국인들의 지원에 힘입어 육군소장 예편과 함께 정보연구실장(차관급)으로 취임해다. 중앙정보위가 설치되자 그가 만들어놓은 79부대는 중앙정보위에 편입됐다. 사실 장면 총리는 이후락의 성품과 사람됨됨이를 불신하고 있었던 터라 이후락을 중앙정보위의 정보실장과 연구실장으로 임용한 것은 본인의 의지라기보다는 미국 중앙정보국의 추천에 의해서였다. 이에 장면 총리는 1961년 3월 28일 당시 국방부 정보비서관인 육군대령이었던 이기호를 특명으로 군준장 진급과 동시에 중앙정보위 연구실 부실장으로 임명해 이후락을 견제, 감시하도록 했다.

3) 비서실 직제

제2공화국에서는 대통령비서실과 국무총리비서실 설치 및 운영에 관한 법적 근거가 되는 비서실 직제와 관련한 법안이 최초로 제정됐다. 왜냐하면 제2공화국은 국무총리를 중심으로 하는 의원내각제 정부로 출범했기 때문에 정부의 수반인 국무총리를 보좌하는 기관의 설치가 필요했기 때문이다. 그리하여 1960년 8월 국무원령으로 국무총리비서실 직제를 신설하여 국무총리 비서실을 설치했다. 이후 대통령제로 바뀐 뒤에도 국무총리 비서실 직제는 계속 유지되고 있다. 그리고 대통령비서실은 주로 의전상의 필요에 따라 설치됐으며 대통령의 비서, 기타 특명받은 기밀 사항에 관한 사무를 관장했다.

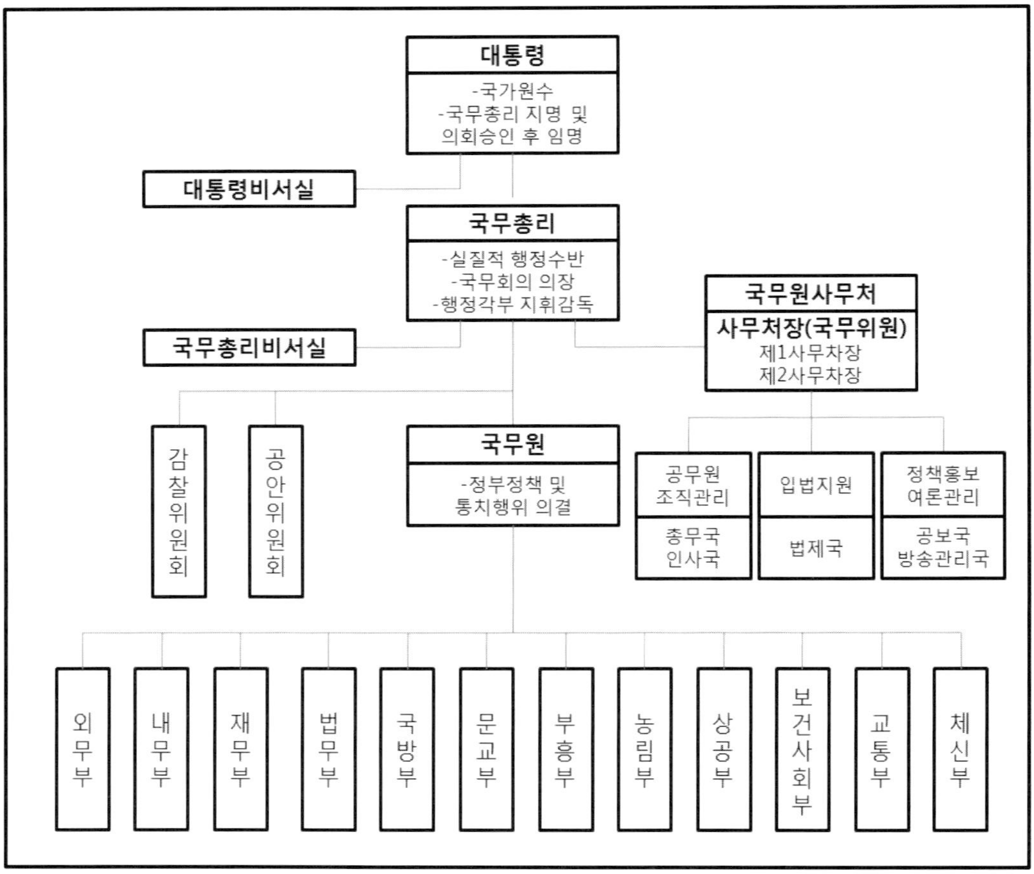

그림 4-1-1 제2공화국 정부조직 구조

제5절 입법부 및 사법부와의 관계

1. 입법부와의 관계

의원내각제를 구성하는 데 가장 중요한 것은 의회와 행정부의 관계를 설정하는 것이다. 당시 정치인들조차도 의원내각제에 대한 경험과 지식이 부족한 상황에서 정부는 순수한 내각제의 원형인 영국식 모델을 추구했다. 또한 일반 국민들은 내각제로의 개헌이 독재를 막기 위한 유일한 수단이라고 인식하면서 거의 감정적인 차원의 열망이 가득한 상태였다. 즉, 국민들은 의회와 행정부 간의 견제와 균형을 통해 제왕적 대통령제의 폐해를 막을 수 있다는 막연한 기대감에서 의원내각제를 지지했고, 그것이 실제로 성공하기 위해 어떠한 정치적 환경과 조건이 수반돼야 하는지에 대한 진지한 고려는 거의 없었다고 할 수 있다(김용호 외, 2010).

1) 국회의 구성과 권한

대한민국 국회는 이미 제헌헌법에 의거해 양원제를 채택하고 있었으나 당시 국내의 복잡한 정황으로 인해 참의원 구성이 계속해서 연기되고 있는 상황이었다.[16] 제2공화국에 들어서면서 참의원이 구성돼 비로소 민의원과 참의원의 양원제가 갖춰졌으며, 이에 입법부인 국회 기능도 크게 강화됐다.

국회의 실질적인 권한은 민의원에 주어졌다. 무엇보다 민의원은 총리 선출권을 갖고 있었기 때문에 대통령이 지명한 총리 후보를 거부할 수 있었으며, 대통령 지명이 두 차례 거부되면 민의원이 자체적으로 총리 후보를 스스로 선출함으로써 실질적으로 총리선출권이 주어졌다. 또한 민의원은 법률안 및 예산안의 심의권을 갖고 양원의 의결이 일치하지 않을 때에는 민의원의 재의로써 국회가 의결하도록 했으며 정부에 대한 불신임권은 민의원에게만 부여했다.

16) 민주당은 빠른 기간 내에 참의원 구성을 완료해야 한다고 적극적인 태도를 보인 반면, 자유당은 참의원 설치에 다소 소극적인 입장이었다. 자유당의 이재학 의원의 경우, 참의원을 설치하더라도 이를 자문기관으로 만들어 지방의회에서 간접선거를 통해 참의원을 구성하자고 주장한 반면, 민주당은 민의원을 견제하고 법안 심의에 신중을 기하기 위해 직선제 참의원이 필요하다고 주장했다. 논의 끝에 결국 도 단위 직선을 통한 참의원 구성안이 채택됐다.

한편 상원격인 참의원은 그 정원이 민의원의 1/4 이내로 제한됐고, 민의원에서 통과된 법률을 재심해 수정할 수 있지만 참의원에서 되돌린 법안을 민의원이 재표결에서 과반수 출석과 출석의원 2/3 이상으로 가결하면 그대로 확정됐으므로 실질적으로 국회 내 참의원의 영향력이 그리 높지 않았다. 참의원 선거는 3년마다 1/2씩 하게 함으로써 참의원의 계속성을 보장케 하는 동시에 민의원이 해산했을 때에는 필요한 사항에 대해 참의원이 국회의 권한을 대행하도록 했다. 그리고 양원합동회의를 원칙적으로 폐지했으며 제3차 개헌에서는 정당조항을 헌법에 삽입했고 반민주적 정당을 해산시킬 수 있는 근거를 마련했다.

2) 국회와 내각의 정치적 견제와 균형

제2공화국 헌법의 주요 내용은 의회에 대한 내각의 연대책임과 내각의 국회해산권을 규정함은 물론 집행부의 이원적 구조, 입법부와 행정부의 권력적 균형, 입법부와 행정부의 밀접한 협조관계 등을 주요한 특징으로 한다.[17] 이를 바탕으로 의회와 정부 간의 관계에 대해 좀 더 구체적으로 살펴보면 다음과 같다. 우선 헌법 제71조에 따르면 국회는 내각불신임권을 갖고 있으며 이에 대해 내각은 의회를 해산할 수 있도록 했다. 이를테면, 민의원에서 국무원에 대한 불신임결의안을 가결한 경우, 10일 이내에 민의원 해산을 결의하지 않는 한 내각은 총사직해야 한다고 규정하고 있다. 한편 국무원은 민의원이 조약 비준에 대한 동의를 부결하거나 신년도 총 예산안을 법정 기일 내에 의결하지 않을 때에는 이를 국무원에 대한 불신임 결의로 간주할 수 있다. 또한 민의원의 국무원에 대한 불신임 결의는 재적의원 과반수의 찬성을 얻어야 하며, 발의된 이후 72시간 이내에 표결해야 한다. 이 기간 동안 표결되지 아니한 때에는 불신임결의안은 제출되지 아니한 것으로 간주했다.

이상의 규정들을 살펴보면, 의회의 정부 불신임권에 대해 정부는 의회를 해산할 수 있게 하는 경우에만 입법부와 행정부 간의 권력 균형은 유지될 수 있었다. 다만 정부의 국회해산권은 무제한적으로 인정된 것이 아니라, 국회가 정부를 불신임했거나 조약의 비준 거부 및 총예산안의 법정 기일 내 미통과 등과 같이 불신임에 준하는 경우에만 인정됐다. 이러한 제한을 통해 정부가 국회해산권을 악용해 정당을 불합리하게 압박할

17) 첫째, 행정부는 대통령과 국무위원으로 구성되는 이원적 구조를 골간으로 했으며(제4장, 제5장), 둘째, 행정부(국무원)의 존립을 국회의 신임에 의존하게 하여(제69조) 국회가 행정부를 불신임할 수 있게 했고(제71조 3항과 4항), 셋째, 국무총리와 국무위원의 반 수 이상은 반드시 국회의원이어야 한다(제69조 6항)고 명시했다.

수 있는 가능성을 제도적으로 차단하고자 했다. 결론적으로 국회의 내각불신임권이 주어지는 것과 더불어 정부에도 국회해산권이 부여됨으로써 의원내각제 하의 입법부와 행정부 간의 균형과 견제를 유지하고자 했다. 그리고 국회의 내각불신임권은 정부의 국회에 대한 책임을 전제로 했다. 물론 제2공화국 헌법 제68조 3항에서 국무원은 민의원에 대해 연대책임을 진다고 규정하고 있다. 여기서 민의원에 대한 국무원의 연대책임만 인정하고 국무위원의 개별적 책임에 대해서는 아무런 규정을 두지 않았지만 의원내각제의 본질에 비춰볼 때 국무위원에 대한 개별적 불신임도 가능했다고 볼 수 있다. 그리고 국회의 행정부 인사통제는 국무총리 임명승인권과 국무의원 해임건의권이 있었으며, 반면 국무총리는 국무원에 대한 통제를 통해 의회를 견제했다고 볼 수 있다(하태수, 2014: 44-51).

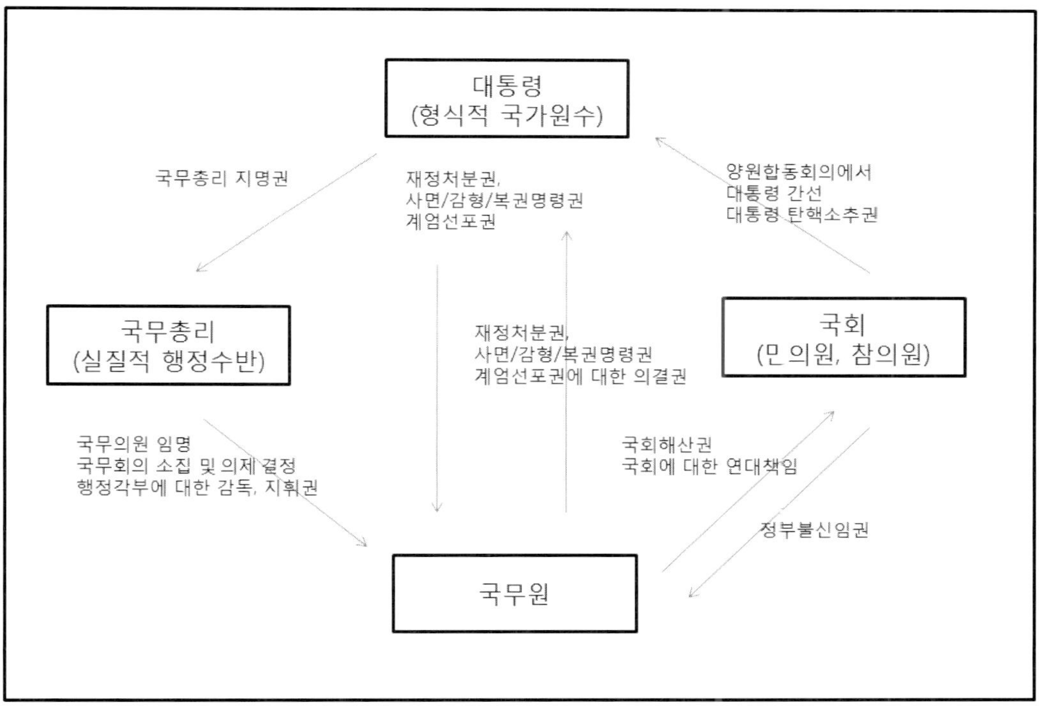

그림 4-1-2 제2공화국 헌법상 의회와 내각과의 관계

3) 행정권의 이원화: 윤보선 대통령과 장면 총리 간의 갈등

제2공화국 의원내각제 하에서는 행정권은 이원적 구조에 바탕을 두고 있다. 즉, 형식적인 국가원수인 대통령을 두어 대외적 국가행위는 그의 명의로 하고 실질적인 행정권은 국무총리와 국무원에 귀속시켰다. 다시 말해 제2공화국 헌법상의 대통령도 영국의 국왕과 같이 국가의 통일성과 항구성을 대표하는 도덕적 상징에 머무르도록 하여 그 권한도 의례적인 권한에 국한되도록 했다. 다만, 의원내각제에서 일당독재의 가능성을 배제하고 초당파적인 입장에서 정치적인 것에 대한 의례적 기능을 보장한다는 의미에서 대통령에게 계엄 선포에 대한 요구권(64조 2항), 정부의 정당 소추에 대한 승인권(13조 2항), 헌법재판소 심판관의 임명권(제83조의 4, 2항), 국무총리 지명권(제69조) 등의 권한들을 부여했다. 그리고 대통령의 계엄선포 거부권과 정부의 정당해산 소추 과정에서 대통령의 승인을 얻도록 한 것은 국가 권력의 균형의 차원에서 의미가 있다고 할 수 있다. 하지만 다수당의 지도자가 대통령에 당선되는 것을 당연하게 전제한 점이나 정당의 지도자가 당적을 떠나면 중립적인 지위를 지니게 될 것이라고 간주한 것은 당시 정당 및 의원내각제도의 운영에 대해 이상적으로 접근했음을 짐작해볼 수 있다.

이처럼 대통령의 권한이 형식적이고 제한적이었음에도 불구하고 윤보선 대통령은 형식적으로는 민주당 당원이 아니었지만 실제로는 여전히 민주당 구파의 지도자로서 장면 총리와 팽팽한 정치적 긴장 관계를 유지하는 방식으로 국정운영에 개입했다. 이를테면 장면 총리의 내각 구성에 대해 윤보선 대통령은 강력한 불만을 표시하는가 하면 공공연히 정부요직에 구파 인사들을 배치시키도록 요구하기도 했다. 특히 윤보선 대통령과 장면 총리는 공무원 인사와 국군통수권을 두고 극심하게 대립하는 경우가 많았다.

장면 총리는 정권 인수 3개월 만인 1960년 12월까지 자유당 정권에 적극 부역한 경찰관 4천 500명 등 다수의 공무원을 해임했는데, 그 빈 자리의 상당수를 민주당 당원 출신으로 채웠다는 점에서 엽관주의 논란을 촉발시켰다. 이에 윤보선은 '정실인사', '부정부패'라고 비난하면서 공무원 인사에서 공공연히 민주당 구파를 안배할 것을 압박했다. 이 밖에도 윤보선 대통령은 구파 정치인들을 청와대로 불러 자주 모임을 가졌으며, 종종 장면 내각의 정책을 정면으로 비난하는 성명을 내기도 했다. 특히 국군통수권을 두고 벌인 두 사람의 권력다툼은 5 · 16쿠데타의 빌미로 작용했다.[18] 이처럼 제2공화국

18) 제2공화국 헌법 제61조제1항은 대통령은 헌법과 법률이 정하는 바에 의해 국군을 통수한다고 규정했으나, 제72조에서는 '선전(宣戰), 강화(講和), 계엄안(戒嚴案), 계엄해제, 군사에 관한 중요 사항 및 각군 참모총장의 임면(任免)'은 국무총리를 의장으로 하는 국무회의의 의결을 거치도록 하고 있었기 때문에 국군통수권의 실질적 행

의 내각과 의회의 부정적인 갈등 관계는 건전한 정치적 견제와 균형이 아니라 국정운영의 혼란과 지연만 유발했다. 〈표 4-1-25〉에서 보는 바와 같이 실제 제5대 국회에서 법률안을 심의하고 가결한 비율을 살펴보면 모두 20% 내외에 그쳐 입법부와 행정부 간의 상호 협력이 낮았음을 알 수 있다.

표 4-1-25 제5대 국회의 법률안 심의 실적

구분	의원 발의			정부 제출		
	제안	가결	가결률	제안	가결	가결률
5대 국회	139	25	18.0	159	39	24.5

자료: 대한민국 국회홈페이지(http://www.assembly.go.kr).

2. 사법부와의 관계

1) 법관의 독립

제2공화국의 개정된 헌법은 사법권 독립을 위해 대법원장과 대법관을 법관 자격이 있는 인물들로 구성된 선거인단의 선거를 통해 선출하도록 했고, 그 밖의 법관은 대법관회의의 결의에 따라 대법관이 임명하도록 했다. 1961년 4월에 「대법원장 및 대법관 선거법」이 공포됐으나, 예비선거를 하루 앞둔 1961년 5월 16일에 비상계엄이 선포되면서 실시하지 못했다.

2) 재판의 독립

1960년 11월 13일에 개정된 헌법은 부칙을 신설해 특별법을 제정할 수 있도록 했다. 그 결과 「부정선거 관련자 처벌법」, 「반민주행위자 공민권 제한법」, 「부정축재처리법」, 「특별재판소 및 특별검찰부 조직법」 등 일련의 소급입법이 제정됐다. 헌법 부칙에 근거를 마련했으므로 형식적 합헌성은 확보했지만 소급입법에 의한 참정권과 재산권의 제한

사자가 누구인지가 명확하지 않았다. 이러한 사정으로 군(軍) 통수권에 관한 구체적인 하위 법률의 제정과 정비가 필요했음에도 대통령과 국무총리의 대립으로 5·16 군사 쿠데타가 발생할 때까지 이 문제는 해결되지 못하고, 그 해 2월 17일 장면이 임명한 육군참모총장 장도영은 쿠데타 발생 후 이틀만에 쿠데타 세력에게 동조해 버리고 말았다. 결국, 쿠데타가 일어난 직후 장면 총리는 잠적하고 대통령 윤보선은 본인에게 군통수권이 없으니 유엔군 사령관 매그루더(Carter Magruder)와 주한 미국 대리대사가 요청한 쿠데타 저지 목적의 병력 동원 허가를 거부함으로써 군사반란을 사실상 방조하는 무책임하고 무능력한 모습을 보여 결국 제2공화국의 붕괴를 가져오는 결과를 낳고 말았다.

이므로 논란이 많았다.

3) 헌법재판소와 위헌법률심판

제1공화국의 헌법위원회와 탄핵재판소를 폐지하는 대신에 헌법재판소를 신설했다. 총 9명의 재판관 중에서 대통령, 대법원, 참의원 각 3인을 선임하고 임기는 6년으로 하되 2년마다 3인씩 바꾸고 정당이나 정치에 관여하지 못하도록 했다. 당시 개헌기초위의 논의 과정을 보면 내각의 골격은 영국의 제도에 준했지만 구체적인 사항에서는 독일이나 프랑스의 헌정제도를 차용하는 경우가 많았는데, 헌법재판소의 경우도 독일의 헌법재판소 제도를 근간으로 구성됐다(김도협, 2007). 하지만 1961년 4월 17일 마련된 헌법재판소법은 5・16쿠데타의 발생으로 헌법재판소를 구성하지 못하고 효력을 상실함에 따라 위헌법률 관련 심판 사례가 없다.

4) 중앙선거위원회의 설치

이승만 정권하의 부정선거의 경험을 되풀이하지 않고 투명하고 공정한 선거를 보장하기 위해 중앙선거위원회를 헌법기관으로 신설했다. 중앙선거위원은 대법관 중에서 3인, 각 정당에서 6인의 위원을 선출하도록 했으며 위원장은 대법관 출신 위원 중에서 호선하도록 했다.

참고 문헌

김대환(1981). 1950년대 한국경제의 연구. 진덕규 편. 1950년대의 인식. 서울: 한길사.

김도종(1998). 정부 수립 초기 사회, 경제구조 변화와 사회의식. 한국정신문화연구원 현대사연구소 편. 한국현대사의 재인식3: 한국전쟁 직전의 한국사회 연구. 서울: 오름.

김도협(2007). 의원내각제에서 상징적 국가원수에 관한 일고찰: 한국 제2공화국 헌법과 독일 기본법상 대통령을 중심으로. 세계헌법연구, 13(1): 143-169.

김백유(2000). 정부위기론: 제2공화국 의원내각제하의 정부위기를 중심으로. 한성대학교 사회과학논집, 13(3): 33-57.

김세중(1998). 과도정부와 정치 발전. 한국정신문화연구원 현대사연구소편, 1960년대의 전환적 상황과 장면정권. 서울: 오름.

김수진(1996). 제2공화국 정치균열의 구조와 변화. 백영철 편. 제2공화국과 한국 민주주의. 서울: 나남.

김영명 (1988). 한국의 정치변동과 미국: 국가와 정권의 변모에 미친 미국의 영향. 한국정치학회보, 22(2): 85-114.

김용호 (1990). 해방 이후 군사혁명 전까지의 민주주의의 시련과 갈등: 위에서 주어진 민주주의 - 제1, 2공화국에 나타난 한국 민주주의의 파행성. 한국정치외교사학회 논총, 제7집. 한국민족주의와 민주주의의 갈등 구조. 서울: 평민사.

김용호 외 (2010). 장면 정권의 내각제는 왜 실패했는가. 서울: 미래한국재단.

김홍우 (2001). 제헌국회에 있어서의 정부 형태에 관한 연구. 한국정치외교사학회 학술대회 발표논문.

박명림 (1996). 한국의 초기 헌정체제와 민주주의: '혼합정부'와 '사회적 시장경제'를 중심으로. 한국정치학회보, 27(1): 113-134.

백영철 편 (1996). 제2공화국과 한국민주주의. 서울: 나남.

백운선 (1981). 민주당과 자유당의 정치이념 논쟁. 한배호 · 진덕규 외, 1950년대의 인식. 서울: 한길사.

손호철 · 정해구 (1996). 제2공화국 시민사회와 사회운동. 백영철 편. 제2공화국과 한국 민주주의. 서울: 나남.

심지연 (1982). 한국민주당 연구 I. 서울: 풀빛.

______(1984). 한국민주당 연구 II. 서울: 창작과비평사.

______(1990). 민주당정권의 본질. 사월혁명연구소 편, 한국사회변혁운동과 4월혁명. 서울: 한길사.

안병만 (1993). 한국정부론. 서울: 다산출판사.

유재천 외 (1991). 한국의 언론 1. 서울: 한국언론연구원.

이갑윤 (1996). 제2공화국의 선거정치: 7.29총선을 중심으로. 백영철 편. 제2공화국과 한국 민주주의. 서울: 나남.

이경규 (2010). 제2공화국 헌법상의 의원내각제. 공법학연구, 11(2): 219-257.

이대근 (2002). 해방 후~1950년대의 경제: 공업화의 사적 배경 연구. 서울: 삼성경제연구소.

이미애 · 박윤성 (2011). 제2공화국의 행정권력에 대한 소고: 정부조직법의 분석을 중심으로. 한국행정사학지, 28: 27-54.

이용원 (1999). 제2공화국과 장면. 서울: 범우사.

이정식 (2001). 내각제 헌법: 이상과 현실. 한국정치외교사학회 편, 한국정치와 헌정사. 서울: 한울아카데미.

이 형 (2005). 장면정권과 민주당: 제2공화국의 재평가. 서울: 삼일서적.

정윤재 · 심지연 · 김영수 (2001). 장면 · 윤보선 · 박정희: 1960년대 초 주요 정치지도자 연구. 한국현대사의 재인식 시리즈 제21권. 백산서당.

진덕규 · 한배호 외 (1981). 1950년대의 인식. 서울: 한길사.

최장집 (1996). 제2공화국하에서의 민주주의의 등장과 실패. 백영철 편. 제2공화국과 한국 민주주의. 서울: 나남.

하태수 (2014). 제2공화국 중앙정부조직 개편분석. 사회과학연구, 25(1): 35-54. 충남대학교 사회과학연구소.

한국민족운동사학회 편 (2003). 장면과 제2공화국. 국학자료원.

한승주 (1983). 제2공화국과 한국의 민주주의. 서울: 종로서적.

경향신문, 1961.2.12.

국가법령정보센터(http://law.go.kr)

대한민국 국회 홈페이지(http://korea.assembly.go.kr)

중앙선거관리위원회(http://www.nec.go.kr)

제 2 장

장면 정부 국정운영의 목표 및 방향

백학순
세종연구소

1960년 4·19혁명으로 12년 동안 집권했던 이승만 정권이 무너졌다. 이승만 대통령은 하야하기 하루 전인 4월 25일 마지막 개각에서 허정을 수석국무위원인 외무부 장관에 임명했다. 허정은 그의 입각 동기를 이승만 대통령을 보좌하고 4·19 사태의 사후 처리를 단시일 내에 마치고 국가의 위기를 벗어나게 하기 위한 것이라고 밝혔다. 이승만 대통령이 하야하자, 허정 외무부 장관이 대통령 권한대행에 오르고 그는 민주당과 국회의 요구로 과도정부(1960년 4월 27일~6월 14일)의 수반을 맡았다. 허정은 이승만 체제의 유지를 위한 관리정부를 위해 입각했다가 대통령 권한대행을 맡아 '이승만 없는 이승만 체제를 유지'하는 임시과도정부의 수반이 된 것이다(이정식, 1975: 49-50, 52).

당시 정국은 '선선거, 후개헌'과 '선개헌, 후선거'를 놓고 힘을 겨뤘고, 결국 '선개헌, 후선거' 주장이 관철돼 6월 15일 내각책임제 개헌이 이뤄졌다. 그런데 개헌을 한 제4대 국회는 이승만 정부 시절인 1958년 총선을 통해 구성된 자유당 의원 다수의 국회였고, 개헌은 4월혁명의 완수를 위한 혁명입법을 할 수 있는 헌법적 근거를 마련한 것이 아니라 단지 권력구조를 대통령중심제에서 내각책임제로 바꾼 것이었다.

새 헌법에 따라 7월 29일 총선이 있었다. 그 결과 민주당이 민의원 총 233석 의석

중에서 175석(75.1%)을 얻어 압도적인 다수당이 되어 집권했고, 민주당 '구파'인 윤보선이 대통령, '신파'인 장면이 국무총리로 선출돼 내각책임제 정부인 제2공화국이 탄생했다. 그러나 제2공화국 장면 정부(1960년 8월 23일~1961년 5월 18일)는 미처 9개월도 못 되는 짧은 기간 동안 집권했다. 따라서 장면 정부는 이승만 자유당 정권에서 박정희 군사 쿠데타 정권으로 넘어가는 데서 일시 존재했던 '과도기적 존재'로 취급받기 십상이었고, 장면 정부의 정치와 정책 자체에 대한 관심과 조명이 상대적으로 적었다. 이에는 박정희 군사 쿠데타 세력이 자신들의 쿠데타를 정당화하기 위해 장면 정부를 비하하면서 무능과 부정·부패 정권으로 낙인찍었고, 그러한 성격 규정과 이미지가 박정희 정권 18년 이상(1961년 5월~1979년 10월)에 걸쳐 지속됐던 것이 큰 역할을 했다(조광, 1996: 639- 646).

이 장에서 자세히 살펴보겠지만, 장면 정부는 쿠데타 세력이 만들어낸 이미지와는 달리, 우리나라 정치사에서 '자유'를 최대한 보장하고, 이승만 독재와 부패의 청산을 통해 민주정치를 회복하고자 노력하며, 경제제일주의 하에 자립경제의 실현을 위해 '경제개발 5개년계획'을 세우는 등 경제 살리기에 전력하고, 이의 연장선상에서 '선건설, 후통일'의 정책을 편 정부였다. 그리고 박정희 군사정권은 장면 정부의 국토개발사업, 경제개발 5개년계획, '선건설, 후통일' 정책을 그대로 이어받았던 것이다.

그렇다면, 장면 정부의 국정운영 목표와 방향은 무엇이었는가? 이를 위해 장면 정부의 국정운영 비전 및 목표, 국정기조 및 국정과제, 장면 정부 시기 정치적·사회적 이슈와 이에 대한 정부의 대응, 그리고 정부 정책기조 및 추진체계를 지면의 제약상 경제 분야와 외교·통일·국방 분야에 한정해 차례로 살펴보기로 한다.

제 1 절 국정운영의 비전 및 목표

장면 정부의 국정운영의 비전과 목표는 무엇보다도 '4월혁명의 완수'와 '질서와 발전'이었다. 4월혁명의 완수는 정치적 자유의 보장과 4월혁명 정신을 구현하기 위한 과거의 청산을 의미했다. 한편, 질서는 정치적 질서와 경제적 질서를 의미했고, 발전은 무엇보다도 경제 발전을 의미했다.

1. 4월혁명의 완수

첫째, 장면 정부의 국정운영의 비전과 목표 중의 하나인 '4월혁명의 완수'를 위해서는 무엇보다도 '정치적 자유'를 최대한 보장하고 독재를 배제해야만 했다. 장면 정부는 어떻게든 국민 앞에 내건 선거공약을 지키고자 했다. 최대한 '자유'를 허용하는 가운데 점차 '질서'를 유지한다는 기본 방침을 고수했다. 국민이 열망하던 '완전한 자유'를 한번 주어보자는 것이 민주당정부의 생각이었다(장면, 1999: 77; 정헌주, 1985: 598).

둘째, 4월혁명의 완수를 위해서는 자유의 보장 외에, 헌법 개정과 혁명입법을 통한 과거의 독재와 부패의 청산이 필요했다. 그런데 6월 15일 자유당의원 다수인 제4대 국회에서 이뤄진 내각책임제 개헌은 이승만 독재의 잔재를 청산하는 데 필요한 헌법 개정이나 혁명입법을 하지 않았다. 당시 상황은 마치 반혁명분자들에게 혁명과업의 실천을 맡기는 것이나 다름없는 상황이었다(동아일보, 1960.10.11).

따라서 4월혁명 덕분에 태어난 제2공화국 장면 정부는 단순한 내각책임제가 아니라 혁명의 완수를 이뤄나가는 법적 장치를 만들어가야 했다. 이러한 맥락에서 장면 정부는 1960년 11월 23일, 민주당이 다수 의원을 차지한 제5대 국회에서 헌법을 개정해 부정선거 관련자 처벌, 반민주행위자 공민권 제한, 부정축재 처리, 특별검찰부 및 재판부 설치의 「혁명입법」을 헌법 부칙에 신설했던 것이다(국회사, 1971: 324-325).

2. 질서와 발전

장면 정부의 국정운영의 또 다른 비전과 목표는 '질서와 발전'이었다. 우선 '질서'는 '민주정치제도의 재확립'과 '경제적 질서의 확립'을 의미했다. 그리고 '발전'은 무엇보다도 '자립경제의 실현'을 위한 '장기적 경제개발계획'의 성안과 이행이었다.

첫째, '민주정치제도의 재확립'을 위해서는 정치적 자유와 혁신이 필요했다. 당시 혼란을 조장하면서 집권 민주당을 괴롭힌 소위 '3신(三新)'이 있었는데, 이것은 신민당(민주당 구파), 신풍회(민주당 소장그룹), 그리고 신문이었다. 당시 민주당 신・구파의 싸움과 구파(나중에 '신민당'으로 분당)의 비협조, 민주당 신풍회의 지나친 비판과 비협조, 언론의 무책임한 선동과 비판 등이 큰 문제였다(장면, 1960d: 196; 동아일보, 1961.4.14.; 정헌주, 1985: 597-600).

7・29총선 당시부터 분당 가능성을 밝힌 민주당 구파가 선거가 끝나자마자 신파 측

과 완전히 행동을 달리했고, 8월 31일에는 '구파동지회'라는 독자적인 원내교섭단체를 구성했으며, 10월 중순에는 구파 중에서 절대 다수파인 분당파가 '신민당'을 창당해 떨어져 나갔다. 이처럼 신・구파의 대립과 민주당 내 신풍회의 비협조로 인해 장면 총리는 8개월 여 기간에 네 번이나 조각(組閣)을 해야 했다. 또한 구파 대다수가 '신민당'으로 분당해 나감으로써 집권당인 '민주당'은 신민당이라는 거대 야당을 갖게 됐다(곽상훈, 1960; 윤보선, 1991: 63-66; 동아일보, 1961.4.29.). 그리고 장면 정부는 제4차 조각 12일 만에 5월 16일 군사 쿠데타를 맞았다.

이 모든 것은 4・19혁명을 완수하기 위한 장면 정부의 안정적인 정치적 기반이 부재했다는 것을 말해준다. 민주당이 4월혁명을 일으키는 데서 선도적 역할을 한 것은 사실이지만, 직접 혁명의 주체가 되어 정권을 쟁취하거나 이양받은 것은 아니었다. 이런 상황에서 민주당이 두 개로 분열됐다. 더구나 경찰은 4월혁명 때 발포자라는 좋지 못한 인상과 부정선거의 주구라는 누명을 벗지 못하고 국민으로부터 증오의 대상이 돼 있어서 처음부터 강력한 치안력을 발휘하기가 어려웠다(장면, 1999: 87).

한편, '경제적 질서의 확립'은 경제를 발전시켜 자립경제의 실현을 위해서는 선결적으로 이뤄져야 하는 과업이었다. 장면 총리는 1961년 2월 9일, 1961년도 추가경정예산안을 제출하면서 한 민의원에서의 시정연설에서 민주당 정부의 경제정책 기조를 '질서와 발전'으로 규정하면서, 경제의 발전이야말로 국민과 정부의 지상과제인데, 이 분야에서의 선결조건은 먼저 경제적 질서를 정돈하는 것이라고 했다.

장면 총리가 의미한 '경제적 질서'는 기본적으로 자유기업주의였고, 온갖 비정상적 경제 요인의 정상화였다. 4월혁명의 완수가 정치 부문에서 최대한 자유를 보장해주는 것을 중시했듯이, 경제 부문에서도 자유기업주의 원칙 하에서 정부의 부당한 간섭이 가능한 한 배제된 경제 이념을 추구하는 것이었다. 비정상적 경제 요인의 정상화는 구체적으로, 첫째, 과거 부패정권이 취해온 관권경제와 불균형한 산업구조 등을 지양하고, 국영관리기업체의 운영을 합리화하며, 외국 원조 재원의 효율적인 배분・운영, 환율의 현실화 등 획기적인 혁신을 단행하고, 둘째, 농어촌 안정과 진흥, 중소기업의 육성 강화, 전력 개발에 중점을 둠으로써 균형적인 산업구조의 형성을 촉진하는 것이었다(장면, 1960d: 194-195; 장면, 1961a: 200-202; 국회사, 1971: 380, 395-397).

둘째, 장면 정부의 국정운영의 비전과 목표 중의 하나인 '질서와 발전' 중에서 '발전'은 무엇보다도 '경제 발전'을 의미했다. 구체적으로는 경제제일주의를 통한 자립경제의 실현을 의미했다. 좀 더 구체적으로는, 경제 발전을 위한 '장기적 경제개발계획'이었다.

장면 정부는 4월혁명 과업의 완수와 경제자립의 목표 달성을 촉진하기 위해 경제제일주의를 표방하고 부패된 관권경제를 일소하며, 계획성 있는 자유경제 체제 하에 국민경제의 균형 있는 발전을 이룩할 수 있는 제반 시책을 단계적으로 시행하고자 했다(장면, 1960d: 197; 한국재정 40년사, 1990: 385; 김기승, 2003: 141). 장면 정부가 입안했던 경제개발 5개년계획은 이승만 정부 하에서 입안했던 3개년 경제개발계획을 새롭게 대폭 발전시킨 것이었고, 이는 박정희 군사정부에 의해 거의 그대로 수용돼 우리나라 경제 발전에 공헌했다.

제 2 절 국정기조 및 국정과제

위에서 설명한 바와 같이, 장면 정부의 '국정운영의 비전과 목표'는 '4월혁명의 완수'와 '질서와 발전'이었다. 그렇다면, 이 두 가지 비전과 목표를 실현해 내는 데서, 장면 정부의 국정기조는 무엇이었고, 구체적인 국정과제는 무엇이었는가?

1. 국정기조

장면 정부의 국정기조는 '자유'의 최대한 보장, 민주정치의 회복, 이승만 독재와 부패의 청산, 경제제일주의, 자립경제의 실현, '합리적 · 현실적'인 통일 · 외교 · 국방정책의 추구였다.

1) '자유'의 최대한 보장

장면 정부는 이승만 정권의 탄압과 박해를 받은 경험이 있었기 때문에, 어떠한 상황 하에서도 이승만 정부의 전철을 밟지 않는다는 원칙을 세우고 정치에 임했다. '총검에 의한 외형적 질서'보다는 '자유의 바탕 위의 질서'가 진정할 질서라고 믿었다. 장면 정부는 혼란과 무질서에 대해 인내로써 버텼다. 철권으로 억압하는 대신 '시간'으로 다스리고자 했다. 이론과 학설로 배운 자유는 혼란을 일으키지만, 경험으로 체득한 자유는 진정한 민주주의의 단단한 초석이 되는 것이라고 생각했다(장면, 1999: 77; 정헌주, 1985: 598).

그러나 이로 인해 사회질서가 지나치게 문란해져서 국가 안녕을 유지할 수 없는 형편에 이른다면, 그때 가서는 단호한 조치를 취할 준비와 계획을 별도로 세우고 있었다. 예컨대, 1960년 봄에 내어놓은 반공법과 데모규제법의 입안은 그러한 상황 인식에서 나온 대응이었다(장면, 1999: 77; 정헌주, 1985: 598).

2) 민주정치의 회복

장면 정부는 취임 초부터 '민주정치제도의 재확립'을 통한 '민주정치의 회복'을 위해 노력했다. 물론 이는 자유의 최대한 보장을 기반으로 한 것이었다. 이승만은 무엇보다도 자신의 정치적 필요에 따라 헌법을 여러 번 바꿨고 또 기회가 있을 때마다 부정선거를 자행함으로써 독재를 강화하고 민주정치제도를 파괴했다.

그러한 쓰라린 경험을 한 장면 정부는 선의든 악의든 일체의 독재를 배격하고 오직 민주주의적 방식에 의해서만 행동할 것을 국민에게 약속했다. 즉, "이전의 실패를 보충하고도 남을 진정한 민주주의"를 이 땅 위에 꽃피게 하여 우리 스스로도 살 길을 마련하는 동시에, 우리 민족의 민주 역량을 세계에 과시함으로써 4월혁명의 영령들에게 보답하고, 나아가서는 자손만대에 계승될 이 겨레의 올바른 터전을 구축하자는 것이었다(장면, 1961c: 212, 215). 장면 정부는 우리나라 정치 역사상 최초로 자유와 민주주의를 최대로 실현한 정권이었다(조광, 1996: 652).

3) 이승만 독재와 부패의 청산

허정 과도정부 하에서 이뤄진 6월 15일자 헌법 개정은 권력구조에만 손을 대어 대통령중심제를 내각책임제로 바꿨을 뿐 4월혁명의 정신과 과제를 구현하는 혁명입법은 마련하지 않았다. 이러한 상황에서 법원조차도 3·15부정선거, 부정축재 등 이승만 정부 하에서 이뤄졌던 각종 패악을 제대로 정리하지 못했다. 4·19 부상 학생들이 국회 단상을 점거해 국회가 마비되는 등 이승만 독재와 부패의 청산에 대한 압력이 거세졌다.

이에 7·29 총선을 통해 들어선 민주당의원 다수의 제5대 국회는 1960년 11월 23일 '4월의거 완수를 위한' 헌법개정안을 통과시켰다. 헌법 개정의 내용은 「혁명입법」을 헌법 부칙에 신설하는 내용이었다. 이에 의거해 '부정선거 관련자 처벌법안'과 이에 따른 '특별검찰부 및 재판부 설치법안', '반민주행위자 공민권 제한 법안', '부정축재처리법안'이 제출돼, '부정축재처리법안'만 이월되고, 나머지 법안은 11월 23일 헌법개정안과 함께 국회를 통과했다(국회사, 1971: 324-326, 345-350, 356-362; 이정식, 1975: 256-257, 260).

4) 경제제일주의

이승만 대통령의 하야 성명 발표 후 학생들이 내세운 첫 번째 구호는 "건설하자"였다. 당시 지식인들은 자유와 정의의 투쟁을 계승하는 길로서 자립경제와 복지국가 건설을 중시하면서 4・19를 '탈후진'의 계기로 삼으려고 했다(이상록, 2011: 127, 132). 참고로, 1960년 11월 장면 정부의 국무원 사무처가 행한 여론조사 결과를 보면, 응답자 중 70% 이상이 가장 시급한 과제가 경제문제라고 대답했다(김기승, 2003: 142).

이러한 상황에서 민주당과 장면 정부는 '경제제일주의'를 표방했던 것이다. 장면 총리는 1960년 8월 27일 총리 취임 시정연설에서 혁명정신을 구현하고 당면한 민족적 과제인 경제적 건설을 수행해야 할 중대한 책임을 언급하면서, 당면한 8대 긴급과제 중에 '경제 건설을 촉진'하기 위한 경제정책을 포함시켰다(장면, 1960c). 그리고 몇 차례의 예산편성에서 사회복지의 증진을 최대 목표로 하여 급속한 경제 성장을 도모하는 '경제제일주의'를 실천한다는 기본 방침을 명확히 했다.

5) 자립경제의 실현

장면 정부는 경제 발전을 경제제일주의에 의거한 '자립경제의 실현'을 통해 달성하고자 했다. 그런데 자립경제와 경제 발전의 실현을 위해서는 선결적으로 '경제적 질서'를 정돈하는 것이 필요했고, 그와 더불어 경제 발전을 위한 '장기적 경제개발계획'이 필요했다.

우선, 장면 총리는 경제 분야의 '질서'의 기본은 자유기업주의이며, 이에 기초한 경제적 질서 확립을 위해서는 온갖 비정상적 경제 요인이 먼저 정상화돼야 하고, 자원 배분에 합리적 질서를 세우기 위해서는 우선적으로 가격제도를 정상화시켜야 한다고 보았다. 따라서 장면 정부로서는 경제정책의 출발점으로 먼저 가격기구의 정상화를 단행했고, 이를 위해 환율, 금리, 공공요금 등의 현실화를 단행했다(장면, 1961a: 200, 217).

다른 한편, 미국의 경제 원조로부터 벗어나 자립경제를 발전시키기 위해서는 장기적 경제개발계획이 필요했다. 전원(電源) 개발, 산업철도 및 도로・항만의 확충을 위한 기간산업 건설, 중소기업의 육성, 안정 농가의 창설 등 국민경제 전단에 걸친 장기적 자립계획이 필요했다. 이를 위한 것이 바로 장면 정부의 제1차 '경제개발 5개년계획'이었다(장면, 1961a: 201; 장면, 1961c: 219).

6) '합리적 · 현실적'인 통일 · 외교 · 국방정책의 추구

장면 정부는 통일 · 외교 · 국방 분야에서 좀 더 합리적이고 현실적인 정책 변화를 추구했다. 그 이유는 이승만 정부의 북진통일론은 비현실적이었고, 대일외교도 너무 강경일변도였으며, 군대는 너무 비대해 과도한 재정 부담을 주었기 때문이었다.

집권 12년 동안 이승만 정부의 통일정책은 때로는 조그마한 변화를 보이기도 했지만, 기본 본류는 강력한 반공주의를 바탕으로 한 '무력 북진통일'이었다. 장면 정부는 이승만 정부의 비현실적인 무력 북진통일 정책을 폐기하고, 통일정책을 '유엔 자유국가들의 노선과 일치'시켜, '유엔감시 하의 인구 비례에 의한 남북한 총선거'를 통해 통일을 달성하겠다는 정책기조를 내세웠다. 그리고 '선건설, 후통일' 노선을 채택했다.

민주당은 이승만 정부의 대일 강경일변도 정책은 비합리적이라고 보고, 대일 국교정상화를 총선거 공약으로 내세웠으며, 장면 정부는 이를 적극적으로 추진했다. 대일관계 정상화를 위한 회담은 재일교포 법적 지위 문제, 재산청구권문제, 배상문제, 평화선와 어업문제 등의 난제를 안고 있었지만, 관계 정상화를 통해 경제개발계획에 필요한 자원을 확보하려는 현실적 기대도 크게 작용했다.

장면 정부는 군사 · 국방 분야에서 이승만 정권 하에서 정치적 중립을 지키지 못하고 부정부패에 관련된 고위 장교들을 정군(整軍)하고, 6 · 25전쟁을 통해 비대해진 군대를 감군(減軍)함으로써 군대 내에서 4월혁명 정신을 구현하고 경제 발전에 필요한 재원을 확보하고자 했다.

2. 국정과제

그렇다면, 위에서 살펴본 장면 정부의 국정운영 비전과 목표, 그리고 국정기조 하에서 장면 정부가 구체적으로 내세운 국정과제는 무엇이었는가?

우선, 민주당의 정강정책은 '통일 및 외교', '4월혁명 완수', '농어촌 진흥', '재정, 금융 및 경제 건설'의 4개 부문으로 돼 있다. 그리고 이 정강정책을 실현하는 구체적인 정책과제는 7 · 29 총선공약 15개 항으로 정리돼 있는데, 그것은 4월혁명의 완수, 민권의 기초 확립과 정당정치의 발전, 경제 건설의 새 출발, 사회 정의의 실현, 실업자의 일터 마련, 농어촌의 부흥, 중소기업의 육성, 국민 부담의 경감, 금융의 대중화, 노동운동의 건전한 발전, 사회복지제도의 확충, 정신무장과 사치 방지, 교육혁신과 장학제도 확충, 평화 우호 및 통일외교의 적극화, 그리고 국방정책의 쇄신이었다(이정식, 1975: 319- 322).

위에서 살펴본 민주당의 정강정책과 선거공약뿐만 아니라, 장면 총리의 시정연설, 관계 장관들이 내세운 정책 관련 원칙과 목표, 예산안 편성 내용 등을 종합해 장면 정부의 국정과제를 12개로 정리할 수 있다. 이는 혁명입법을 통한 '4월혁명 완수', 민권의 기초 확립과 정당정치의 발전, 경제 건설의 새 출발, 사회 정의의 실현, 농어촌의 부흥과 중소기업의 육성, 국민 부담의 경감과 금융의 대중화, 노동운동의 건전한 발전, 교육혁신과 장학제도 확충, 통일과 유엔 가입 외교, 한일관계 정상화, 대미 원조외교의 강화, 국방정책의 쇄신과 감군, 국가보위 태세 강화, 공무원 처우 개선이었다.

1) 혁명입법을 통한 '4월혁명 완수'

민주당이 정강정책 중에 맨 앞에 내세운 '4월혁명 완수'라는 국정과제는 열 가지의 광범위하고 포괄적인 내용을 담고 있었다. 첫째, 4월혁명 정신을 받들어 정치적 자유의 확립은 물론 경제적·사회적 각 분야의 혁신을 촉진, 둘째, 민권의 기초를 튼튼히 하고 건전한 정당정치를 육성, 셋째, 부정축재의 환수, 넷째, 농어민, 근로자, 기타 대중의 권익 옹호로 사회 정의를 실현, 다섯째, 지도층의 솔선수범으로 사치 방지, 여섯째, 고급공무원의 재산 등록, 일곱째, 폭력에 대한 엄중한 단속, 여덟째, 부정 대부(貸付)의 정리, 아홉째, 특혜와 독점의 배제, 부패의 근절, 열번째, 관권의 부당한 간섭의 지양이었다(이정식, 1975: 320).

구체적으로, 자유당의원 다수의 제4대 국회와 허정 과도정부 하에서 그 처리가 지지부진했던 소위 '6대 사건'—즉, 3·15부정선거, 데모대에 대한 발포, 정치깡패, 부정축재, 선거자금 흑막, 그리고 장면 부통령 저격사건—의 해결이 핵심적인 현안으로 등장했다. 결국, 7·29총선을 통해 구성된 민주당의원 다수의 제5대 국회와 장면 정부가 헌법 개정과 '혁명입법'을 통해 부정선거 관련자 처벌, 반민주행위자 공민권 제한, 부정축재자 처리 등 '6대 사건'을 해결하는 과제를 떠맡아야 했다(국회사, 1971: 324-326, 345-350, 356-362; 이정식, 1975: 251, 256-257, 260).

2) 민권의 기초 확립과 정당정치의 발전

이 국정과제의 구체적인 내용은 이미 통과 공포된 내각책임제 헌법, 언론·출판·집회·결사의 자유에 관한 법률, 독소 없는 국가보안법, 국회의원 선거법 등을 올바르게 운영하고, 이미 제안 중에 있는 진정한 지방자치법, 경찰중립법, 대법원장 선거법의 통과 등으로 민권의 기초를 튼튼히 하고 건전한 정당정치를 발전시킨다는 것이었다(이정식, 1975: 320).

혁명입법을 통한 '4월혁명 완수'가 이승만 정권의 각종 폐해를 제거하고 바로잡는 것을 목표로 한 국정과제였다면, '민권의 기초 확립과 정당정치의 발전'이라는 이 국정과제는 정치 분야에서 민주주의 자체를 폭넓게 구현하기 위해 반드시 성취해내야 할 원칙적인 과제들을 포괄하고 있었다.

3) 경제 건설의 새 출발

우선, 경제제일주의의 기조 하에 이 분야에서 경제적 질서를 선결적으로 정돈한다. 경제 이념을 자유기업주의를 기본으로 하고 이에 의거하되, 가격기구의 정상화와 그를 위한 환율, 금리, 공공요금의 실제화를 단행한다. 특히, 외국 원조나 정부 보유 달러의 부정관리와 은폐를 일소하기 위해 환율의 현실화 등 획기적인 혁신을 단행한다(장면, 1999: 194-195, 200).

이와 더불어 부정축재의 환수, 부정 대부의 정리, 특혜와 독점의 배제, 부패의 근절, 관권의 부당한 간섭 지양 등으로 적폐를 일소한다. 관권경제와 불균형한 산업구조 등을 지양하기 위해 국영관리 기업체의 운영을 합리화하며, 외교원조 재원의 효율적인 배분·운영을 중시한다. 또한 농어촌 중심의 투융자 계획을 증대하여 소득 증가를 도모하고 위축된 중소기업의 건전한 경쟁을 조장함으로써 균형적인 산업구조의 형성을 촉진한다(이정식, 1975: 321; 장면, 1999: 194-195).

또한 새로운 터전 위에 행정 능력과 국민 창의를 총집중해 산업건설 연차계획을 실천함으로써 국민경제의 건전한 발전을 도모한다(이정식, 1975: 321). 구체적으로 7개년계획으로 100만 킬로와트의 전원을 계획하고, 8개년 계획으로 석탄 개발계획과 산업철도 및 도로·항만의 확충계획 등을 세워 강력히 추진한다. 이를 위해 미국이나 서독과의 기술 원조 및 장기 차관을 추진한다(장면, 1999: 201). 결국, 이러한 주요 분야의 장기발전계획은 장면 정부 하에서 종합적인 제1차 '경제개발 5개년계획'으로 발전했다.

4) 사회 정의의 실현

구체적으로, 국민의 원망, 민폐를 제거하고 농어민, 노동자, 기타 노동대중의 권익을 옹호해 실업자 및 사회적 요(要)구호자에 대한 국가 보호를 확충하는 동시에 국민소득의 공정한 분배를 기함으로써 헌법이 명시한 사회적 정의를 구현한다. 또한 사회복지제도를 확충해 실업, 직업재해, 건강보험 등 사회보장제도를 창설 육성해 순국선열, 6·25사변 및 4월혁명 등의 희생자와 유가족에 대한 직접적 원조와 제반 원호사업을 확충한다(이정식, 1975: 320-322; 장면, 1960c: 191-192).

특히 공공건설, 중소기업 수출품 생산 등의 확충 발전과 농어업의 다각적 경영으로 취업률의 증대를 도모함으로써 실업자의 일터를 마련한다. 이를 위해 실업자의 가동과 농촌 소득의 증대와 국토의 보존 및 사회자본의 증대를 연결하는 국토건설계획을 수립한다(이정식, 1975: 321; 장면, 1999: 201-202).

한편, 지도층의 솔선수범으로 사치를 방지하며 3부 고급공무원의 재산등록, 일반공무원의 대우 개선과 관기숙정(官紀肅正), 국산 애용, 승용 자동차의 정리, 유흥의 제한, 폭력의 엄중 단속으로 사회 풍기를 숙정, 근검과 저축의 기풍 진작을 통해 새롭게 정신을 무장하고 사치를 방지한다는 것이었다(이정식, 1975: 322).

5) 농어촌의 부흥과 중소기업의 육성

구체적인 내용을 보면, 농어민뿐만 아니라 전 국민의 춘궁기 극복과 식량문제를 해결하기 위해 농어촌을 부흥시킨다. 농어촌의 진흥을 위해 집권 4년간에 거의 100만 호에 이르는 5단보 미만의 경작농가와 절량(絕糧)농가를 위협으로부터 해방시키며, 현물세를 폐지하고 금납화하며 농산물 가격을 적정화하고, 금융의 원활, 기술 향상, 생산의 다각화, 협동조합의 민주화, 농지 확장, 100만 호의 안정농가 창설, 수리시설 확충, 유축산농가의 창설, 종자 갱신과 지방 증강 조림 완성, 사(社)환곡제도 확립, 농업금융 강화와 식량 자유시장, 비료 육성, 수산물자원을 보호 육성하기 위해 연안어업을 정리, 영세민을 위해 연안어업과 양식업을 조성, 원양어업을 적극 육성하고 수산물 해외시장을 개척한다(이정식, 1975: 320-321; 장면, 1960c).

중소기업의 육성을 위해서는 중소기업 금고의 설치, 동업(同業)조합의 법제화, 세제의 조정, 공동작업의 조장, 기술의 도입, 원조외원(援助外援)의 공급, 국산품 사용의 장려, 밀수품 방지 등을 실현한다(이정식, 1975: 321-322). 나중인 1961년 4월에 성안된 경제개발 5개년계획에서 장면 정부는 시장 기능의 회복을 통한 중소기업 육성책을 강조했다. 장면 정부가 경제개발계획에서 민간부문의 자발적인 참여를 기대하고 있고, 민간부문에서는 중소기업이 가장 중요하다고 생각한 것이다(김기승, 2002: 488).

6) 국민 부담의 경감과 금융의 대중화

구체적으로, 국가재정의 긴축, 세율 인하, 공정 부과, 세무관리의 재훈련, 거액 탈세 방지, 잡부금 근절 등으로 대중의 재정 부담을 경감하며 부담의 공평을 기한다(이정식, 1975: 322).

지방은행과 서민금고의 신설, 협동조합의 신용 업무 취급, 중소기업금고의 설치와 동업(同業)조합의 제도화, 이식(利息)제도령(令) 폐지와 금리의 현실화, 낙하산 금융 폐지, 금융감독기구의 재편, 유명무실한 질적・양적 통제의 지양 등으로 금융을 자립화하고 대중화한다(이정식, 1975: 321-322).

또 경제 건설을 촉진시키기 위해 경제 안정의 테두리 안에서 장기개발계획의 실현을 위한 투융자를 확대하고, 미곡담보 융자를 확대해 융자 기준을 인상함으로써 농산물 가격을 보장하도록 한다는 것이었다(장면, 1960c: 191).

7) 노동운동의 건전한 발전

이 국정과제의 구체적인 내용을 보면, 노동조합을 관권에서 해방하고, 단결권・단체협약권・파업권 등을 보장하며, 각종 노동관계 법령을 우리의 현실에 적응하도록 개정해 노동자의 권익과 복리를 보호하는 동시, 급속한 국민경제 성장을 위해 노자(勞資)협력을 조장한다는 것이었다(이정식, 1975: 322).

4・19 이전에는 노동조합의 단체교섭 및 쟁의권, 파업권 등이 구속당해 왔고, 더구나 최소한 15%를 상회하는 실업률 등은 건전한 노동운동의 발전을 저해했는데, 이제 장면 정부는 이러한 문제점들을 해결함으로써 노동운동의 건건한 발전을 도모하겠다는 것이었다(합동연감, 1961: 279).

8) 교육혁신과 장학제도 확충

민주당은 집권당이 된 후 교육혁신을 위한 문교행정 쇄신 3대 목표를 '교육개혁운동'의 이름으로 내세웠는데, 그것은 첫째, 혁명정신에 입각한 문교정책의 구현, 둘째, 제반 교육제도와 행정의 재검토 및 교육의 중앙집권 행정의 지양, 셋째, 국민문화의 진흥이었다(손인수, 1997: 133; 조평화, 2009: 31; 합동연감, 1961: 331-332). 오천석 초대 문교부 장관도 4월혁명 과업을 완수하기 위해 교육의 민주화를 강조하면서 이를 위해 '학원의 민주화', '중앙집권적인 행정 체제로부터 권한의 지방분권화', '교육의 질적 향상을 위한 노력'을 내세웠다(함종규, 2003: 262-263; 조평화, 2009: 15-16).

또 대부(貸付)장학기금을 설치해 진학의 기회 균등을 보장하고 교육의 정치적 중립화와 학원의 모리화(謀利化) 배격을 기해 과학진흥과 기술교육 확충을 포함하는 전반적 교육제도 재편을 도모한다는 것이었다(이정식, 1975: 322). 사회적 균등 교육 기회의 보장은 민권과 민주정치의 발전의 기초가 되는 일이었다.

9) 통일과 유엔 가입 외교, 한일관계 정상화, 대미 원조외교의 강화

통일안을 보면, 유엔 자유국가들의 노선과 일치하도록 유엔 감시하에 남북을 통한 자유선거에 의해 통일을 달성한다는 노선을 확립하고, 이를 위해 비공산지역에 대한 외교활동을 강화한다. 또한 대한민국의 유엔 가입을 위한 선전정책의 수립과 이에 대한 대다수 유엔 회원국가의 지지를 획득하기 위해 모든 힘을 기울인다(장면, 1960c: 190; 장면, 1999: 193; 이정식, 1975: 322).

한일관계는 과거 이승만 정권의 대일 감정외교를 지양하고 평등과 상호 존중의 원칙 아래 진지한 회담을 통해 현안 해결에 최선을 다한다. 이 과정에서 재일고포의 경제적 지원 및 교육에 관한 지도 등을 적극화하며, 교포의 자본을 국내에 도입하는 길을 연다(장면, 1960c: 190; 장면, 1999: 194). 그리고 한일관계 정상화를 통해 경제개발 5개년계획을 위한 재원을 획득한다.

한편, 당장 시급한 과제로서는 미국의 원조자금에 의해 계획돼 있는 여러 사업 중 아직 현안으로 되어 있는 각종 건설계획을 한미 쌍방의 협조로써 신속히 해결하며, 미국의 원조를 최대한 획득하기 위해 최대의 노력을 기울인다(장면, 1960c: 191). 그리고 경제개발 5개년계획을 위한 대규모 원조를 구하기 위해 적극적인 대미 원조외교를 펼친다는 것이었다.

10) 국방정책의 쇄신과 감군

무엇보다도 정치에서 군을 엄중히 중립시킴으로써 군기를 확립시키고, 군의 조직 및 편제의 검토・조정으로 인사와 군수 체제의 개선을 도모해 국방예산의 합리적인 절약을 기하며, 우방과의 공동 방어의 테두리 안에서 연차적으로 감군을 실시한다. 특히, 경제 건설과의 균형상 국방비의 과중한 부담을 경감시키기 위한 목적으로 점차적 감군을 실현하고자 국제연합군(유엔군) 사령부와 협의하며, 감군과 동시에 새로운 군 장비 도입을 통해 정예화를 추진한다(장면, 1960c: 191; 장면, 1999: 194).

군인의 복지 향상을 위해 병원을 짓고 복무 기한을 2년으로 정상화해 병무행정의 공정화를 기하고, 군납 기강의 확립, 국방예산의 합리적 절차, 직업군인제의 확충 및 대우개선, 편제의 개혁, 장비의 현대화 등으로 국방정책을 일신한다. 그리고 전몰장병과 군경유가족 및 광복선열가족에 대한 연금의 조속한 지급과 연차적인 증액을 명년도 예산에 반영시킨다(이정식, 1975: 322; 장면, 1960c: 191-192).

11) 국가보위 태세 강화

이 국정과제의 구체적인 내용은 다음과 같다. 국가안전보장, 즉 국가보위는 평온한 국민생활의 전제조건인 바, 4・19혁명 이후 국내 질서의 과도기적 해이를 틈타서 공산괴뢰의 침투 공작이 엿보이는 실정에 비춰 국가보장 태세를 강화하고(방첩), 국내 치안의 유지와 법적 질서의 확립에서도 많은 개선을 한다(장면, 1999: 199).

참고로, 이 국정과제에서 말하는 '국가보위'는 '국가나 사회 등을 내적으로 보호하고 방위'한다는 의미로서(internal security), 군사력으로써 외적으로부터 국가를 방어하는 국방(national defense)과는 다른 의미다.

12) 공무원 처우 개선

구체적으로, 행정질서의 확립과 능률 향상을 위해 공무원의 처우를 개선한다. 공무원의 보수규정을 개정함과 동시에 임용고시제의 개정과 재산등록법을 제정하고, 감찰위원회를 조직해 관기를 확립한다는 것이었다(장면, 1999: 199).

참고로, 1960년 10월 4일 한국 정부 대표단이 허터(Christian A. Herter) 미 국무장관에게 수교한 경제개발 5개년계획에 대한 재정 지원을 요청하는 「한국의 경제개혁 각서(Aide Memoire on Economic Reform Measures in Korea)」를 보면, 기업이나 공무원이 보수도 낮고 안정성도 결여돼 부패가 만연함으로써 경제 성장의 큰 장애가 되고 있다고 지적하고 있다(정헌주, 1985: 607-609; 이용원, 1999: 38).

제 3 절 장면 정부 시기 정치적・사회적 이슈와 이에 대한 정부의 대응

장면 정부 시기 가장 큰 정치적・사회적 이슈는 정치적으로는 국민들의 소위 '6대

사건' 해결 요구, 혁신계와 학생들의 대안적 통일 담론과 정책 요구, 그리고 사회적으로는 춘궁기 식량난과 실업문제를 해결해 달라는 요구였다. 이러한 요구들은 학생들을 포함한 4월혁명의 주체 세력, 정치계, 언론계, 학계, 노동계 등의 성명서를 통해, 또 길거리에서의 데모, 부상 학생들의 국회 단상 점거 등 각종 물리적 방법을 통해 표출됐다.

1. '6대 사건' 해결 요구

'6대 사건'은 4·19혁명 이후 사회적으로 최우선적 해결이 요구됐던 사건들로서 3·15부정선거, 데모대에 대한 발포, 정치깡패, 부정축재, 선거자금 흑막, 그리고 장면 부통령 저격사건이었다(이정식, 1975: 251). 자유당의원 다수의 제4대 국회와 허정 과도정부가 혁명입법을 회피함으로써 6대 사건을 처리하지 못하자, 국민들은 7·29총선에 의해 수립된 제2공화국 장면 정부와 민주당의원 다수의 제5대 국회에 6대 사건을 과감히 처리해줄 것을 요구했다.

그런데 장면 정부 출범 후인 10월 8일에 있었던 6대 사건에 대한 법원의 판결이 국민들을 크게 실망시켰다. 당시 혁명입법이 미비한 상황인 데다가 보수적인 성향의 법원이 발포명령사건에 대해 당시의 고위급 지휘자들은 경벌하고 상관의 명령에 따라 발포한 일선 경관들만을 엄벌에 처했고, 장면 부통령 저격사건에 대해서도 배후 관계를 제대로 밝혀내지 못했다. 결국 피고인 중 2명만 제외하고 거의 모두에 대해 경벌 혹은 무죄를 선고함으로써 재판의 공정성과 타당성 문제를 야기했다. 이에 4·19 부상 학생 약 50명이 11월 11일 국회 단상을 점거하여 국회가 마비되는 상황이 벌어졌던 것이다(이정식, 1975: 251; 동아일보, 1960.10.8).

검찰과 사법부에 대한 국민의 불만과 좌절은 장면 정부 하의 정치와 국가 전체의 존재 이유까지 총체적으로 문제 삼는 상황으로 번졌다. 언론은 혁명과업의 제1조인 반혁명 세력의 처단도 제대로 못하는 행정, 입법, 사법이라면 이 단계에서 이미 그 존재 이유를 상실했으며, 그 존재 이유가 없는 자는 없어지는 것이 빠르면 빠를수록 좋다고 비판했다(동아일보, 1960.10.11).

결국 장면 정부와 민주당 의원 다수의 제5대 국회는 1960년 11월 23일 소급입법의 문제점에도 불구하고 '4월의거 완수'를 위해 혁명입법을 부칙에 신설하는 헌법개정안을 통과시켰고, 그에 의거해 「부정선거 관련자 처벌법안」과 이에 따른 「특별검찰부 및 재판부 설치법안」, 「반민주행위자 공민권 제한 법안」, 「부정축재처리법안」도 당일 처리했다(국회사, 1971: 324-326, 345-350, 356-362). 참고로, 「부정축재처리법안」은 수많은 논란과 토론을 거쳐 완화된 내용으로 다음해인 1961년 4월에 국회를 최종 통과했다(국회사, 1971: 445-451).

2. 혁신계와 학생들의 대안적 통일 담론과 정책 요구

4월혁명 후 그동안 족쇄에 묶여 있던 통일 방안 논의가 혁신계 정당들과 사회단체들, 그리고 학생들에 의해 봇물 터지듯 흘러나왔다. 혁신계 정당들은 모두 이승만 정부의 '무력 북진통일론'을 배척하고 '평화통일론'을 주장하는 입장에 서 있었다. 또 민주당이 '친미 · 반소주의'를 정책의 기반으로 하고 있었던데 비해, 혁신계 정당들은 '친미 · 친소주의' 혹은 '비미 · 비소(非美 · 非蘇)주의' 입장에 서 있었다. 민주당과 장면 정부의 통일정책은 해방 정국에서 '우파의 단독정부론'을 계승하고 있었고, 혁신계 정당들의 통일정책은 '중간파의 좌우합작론, 남북협상론'에 맥이 닿아 있었다(엄상윤, 2001: 29, 34).

문제는 장면 정부의 공식 통일정책인 '유엔감시 하의 남북한 총선을 통한 통일'이 사실상 현실성이 없는 통일 방안이며, 또 그것을 이뤄내는 데 얼마나 시간이 걸릴지 알 수 없다는 데 있었다. 따라서 장면 정부의 통일 방안은 이름만 통일 방안이었지 통일과는 거리가 먼 '현상 유지'를 목적으로 한 정책이었고, 통일을 갈망하는 국민 여론을 의식해 실제는 전혀 실현가능성이 없는 통일 방안을 형식적으로 내걸고 있었다는 비판을 받고 있었다. 더구나 장면 정부는 당시 경제제일주의로 나아가면서 '선건설, 후통일'의 정책을 추진하고 있었다. 언론은 장면 정부가 현실성 있는 통일 방안조차 제시하지 못하고 '반통일적'인 경향을 보이고 있다고까지 비판하고 있었다(백학순, 2013: 115-116; 엄상윤, 2001: 34-35; 이정식, 1975: 387-388; 한국일보, 1961.5.7).

혁신계와 학생들의 '통일논쟁'은 1961년 2월 '2 · 8한미경제협정' 체결의 충격으로 본격적인 '통일운동'으로 변하기 시작했다. 이 협정은 원조자금 사용에 대한 미국의 감독권 허용, 주한 미국인들에 대한 면세특권과 면책특권 허용, 미국의 일방적인 원조계획 중단권 허용 등 미국이 대한민국의 '주권 침해와 내정 간섭'을 허용하는 불평등한 조약이었다. 그런데 2월 13일 장면 총리가 민의원 본회의에서 미국을 두둔하는 태도로 일관함으로써 국민의 분노에 불을 붙였다. 바로 그날 서울대 '민족통일연맹(민통련)'을 비롯한 11개 단체 학생들이 '한미경제협정 반대 전국학생공동투쟁위원회'를 결성했고, 바로 다음날인 2월 14일에는 16개 혁신계 정당 · 사회단체들이 '2 · 8한미경제협정 반대 공동

투쟁위원회'를 결성해 한미경제협정은 "독립국의 주권을 침해하고 을사조약보다 가혹한 것"이라는 비난을 퍼부었다(엄상윤, 2001: 181-184).

한미경제협정 반대운동은 4·19혁명 이래 최초의 조직적 대규모 반정부 시위였고, 본격적인 미국 비판운동이었으며, 동시에 진보적 학생·정당·단체가 연대해 반정부·반외세 투쟁을 한 최초의 사건이었다. 무엇보다도 한미경제협정 반대운동을 통해 나타난 대미 인식의 변화가 통일운동 전개 방향에 지대한 영향을 미쳤는데, 반미 인식의 고조는 외세의존적 통일론보다는 민족자주적 통일운동론에게 유리하게 작용했다(엄상윤, 2001: 185, 186).

그런데 이러한 상황에서 장면 총리는 진보적 학생들과 혁신계 정당·사회단체들의 한미경제협정 반대는 "북한괴뢰의 지령에 의한 것"이라면서 반대자들을 반미운동을 하는 용공분자로 비난하는 태도를 취했다. 이처럼 혁신계와 학생들의 한미경제협정 반대와 통일운동이 친미·반공주의에 기초한 보수세력의 헤게모니에 정면으로 도전하는 양상으로 전개되면서 '3·4월 위기설'이 불거져 나왔다. 그런데 장면 정부는 이 위기설은 북한과 조총련이 배후에서 지령하고 조종했기 때문에 생겨났다는 식으로 규정하고 군·경의 대대적인 데모 진압훈련을 실시하고 반공법과 데모규제법의 제정을 추구하는 등 강경 대응에 나섰다. 그러나 사회·정치적 혼란은 오히려 심화돼 갔다(엄상윤, 2001: 184, 185, 224-233).

3. 춘궁기 식량난과 실업문제 해결 요구

이승만 정권의 말기에 경제는 더욱 악화되고 미국의 경제원조는 더욱 감소하는 상황에 처했고, 절대 다수의 국민이 농업에 종사하고 있었는데도 불구하고 춘궁기 식량난과 도시에서의 실업문제는 더욱 악화돼 가고 있었다.

1960년도 6월 현재 국민총생산의 산업 부문별 구성 비율을 보면, 농수산이 32.6%를 차지했다. 그런데 농업 인구의 1/5인 170만 명이 춘궁기에 기아의 위협을 받고 있었다. 농수산의 발전 없이는 국민들의 춘궁기 해결은 지난한 일이었다. 따라서 민주당은 정강정책 중의 하나로서 '농어촌 진흥'을 내세웠고, 이를 실현하기 위해 총선에서 '농어촌의 부흥'이라는 공약 하에 구체적으로 현물세 폐지, 면세점 인상, 농산물 가격 적정화, 금융의 원활, 기술 향상, 생산의 다각화, 협동조합의 민주화, 수리사업 합리화, 농경지 확장, 가공시설 확장, 산업인구의 재편 등으로 절량농가의 근절과 농어촌의 안정과 부흥의 촉진을 내걸고 있었다(합동연감, 1961: 182; 이정식, 1975: 321; 정헌주, 1985: 607-609).

한편, 1960년 당시, 노동 가능 인구 940만 가운데 130만 명의 실업군의 존재했고, 경공업과 중공업 등 제2차 산업은 물론 서비스산업인 제3차 산업도 제대로 발달되지 않은 상황에서 농수산업, 축산업, 임업과 같은 제1차 산업이 고용을 늘려 실업문제를 해결하기는 불가능한 일이었다(정헌주, 1985: 607-609; 이용원, 1999: 38).

장면 정부는 두 가지 대응을 했다. 첫째, 우선 당장 춘궁기를 넘기고 실업자들에게 일터를 만들어 주기 위해 대규모의 '국토개발사업'을 시작했다. 당시 이 국토개발사업은 국민들의 커다란 호응을 얻었다. 둘째, 춘궁기 넘기기와 실업문제를 근본적으로 해결하기 위해 '경제개발 5개년계획'을 세웠으며, 이 계획은 미국의 적극적인 지원을 약속받았다. 그런데 야심찬 제1차 5개년계획을 공식발표하기 바로 전에 5·16 쿠데타가 일어났다.

제 4 절 정부 정책기조 및 추진체계

이제 정부의 정책기조 및 추진체계를 살펴보자. 그런데 여기서는 지면의 제약상 모든 분야를 다 다루지 않고, 경제 분야와 외교·통일·국방 분야에서 그것들이 어떻게 나타나고 어떤 정책들이 어떻게 추진됐는지 살펴보기로 한다. 경제 분야에서는 재정, 국토 건설, 경제개발계획, 농업을, 외교·통일·국방 분야에서는 외교, 통일, 군사·국방을 차례로 살펴보기로 한다.

1. 경제 분야

장면 정부가 1960년을 정치적 민주주의 실현에 중점을 둔 해였다면, 1961년은 그러한 정치적 성과를 바탕으로 경제 건설에 본격적으로 나선 해였다. 장면 정부는 1961년을 '경제 건설 출발의 해', '민생안정 설계하는 경제 건설 출발의 해'라고 규정했다. 1961년 민주당이 주장하는 국정의 최대 목표는 국민경제의 안정과 발전에 있었다(김기승, 2003: 152; 김영선, 1960).

우선, 장면 정부의 경제와 경제질서에서의 이념은 '자유경제 체제'의 증진이었고, 그것의 핵심은 '자유기업주의'였다. 그런데 나중에 장면 정부의 초대 재무부 장관이 됐던 김영선에 의하면, 민주당이 주장한 자유경제는 '계획성 있는 자유경제'였다. 그것은 19세기식 자유방임주의가 아니라 '계획'을 전제로 하되 강제 없이 유도함으로써 이룩하려는 자유경제를 의미하는 것으로서, '자유경제 원칙 하에 생산을 증가하고 사회 정의에 입각해 공정한 분배'를 기함으로써 건전한 자유민주주의적 시민사회를 건설하겠다는 것이었다. 김영선 장관은 궁극적으로는 영국의 노동당이나 서독의 기민당 정도의 사회정책을 시행하고자 한다고 했다(장면, 1999: 200; 김영선, 1960; 이정식, 1975: 424-426; 정헌주, 1985: 619-620; 이용원, 1999: 48-50).

앞서 "제1절 국정운영의 비전 및 목표"에서 이미 설명한 것이지만, 민주당 정부의 비전과 목표는 '질서와 발전'이었다. 장면 정부는 본격적인 경제 발전에 나서면서 경제 도약을 가능케 할 첫 요건인 '새로운 질서'를 세우는 일과 '장기적 경제개발계획'을 통해 '경제 도약의 발판'을 마련하는 일을 제일의 과제로 삼았다. 그리고 경제정책의 '시정철학'을 '안정'에서 '성장'으로 전환했다(김기승, 2003: 152). 그러면 경제 분야 중에서 재정, 국토 건설, 경제개발계획, 농업의 네 분야를 차례로 살펴보기로 한다.

1) 재정

민주당의 '경제' 관련 정강정책을 살펴보면, 4대 정강정책 중에 '농어촌 진흥'과 '재정, 금융 및 경제 건설'의 두 가지가 들어 있었고, 민주당의 총선공약 15개 장 중에는 '경제 건설의 새 출발', '중소기업의 육성', '국민 부담의 경감', '금융의 대중화'의 4개 장이 포함돼 있었다(이정식, 1975: 321-322).

재정정책은 정부가 국민들로부터 어떻게 재원을 조달하고 또 어떤 분야에 지출하는가를 결정하는 일련의 의사결정으로서, 정부는 재정정책을 통해 배분적 효율성 향상, 형평성 회복, 그리고 경제 성장과 경기안정화 기능을 원활히 수행한다(배득종, 2008: 207). 결국 재정정책은 '예산'정책과 직결돼 있는 셈이기 때문에 여기에서는 장면 정부의 예산안들을 검토함으로써 장면 정부의 재정정책을 살펴보기로 한다.

(1) 1960년도 제2회 추가경정예산

장면 정부가 들어서기 전인 1960년 6월 허정 과도정부는 '1960년도 제1회 추가경정예산'을 편성했다. 7·29 총선거 이후 들어선 장면 정부에 의해 1960년 11월에는 '1960년도 제2회 추가경정예산'이 성립됐다. 이 추가경정예산은 1960년 10월 15일 제출됐는데, 그 내용은 그해 8월의 태풍 카르멘(Carmen)호 재해복구비, 1959년 9월의 태풍 사라(Sarah)호 재해복구비, 1959년에 태풍재해 복구를 위해 이미 국고채무 부담행위로서 기채한 것, 자유당정부가 예산도 거치지 않고 지출한 정부 외화사용분의 대충 환화(圜貨)액, 미국이 한국군에 대한 직접 군사원조 대상 품목을 변경함에 따라 원조 대상에서 제외된 국군 부식물의 보충비, 군(軍)전역장병법에 따른 경비, 일반회계 예비비로 구성됐다. 세입은 미국으로부터의 특별원조자금(1,200만 달러)의 수입으로 대충자금(對充資金) 세입 증가, 이에 수반되는 외환 및 관세수입 추가 구채 청산을 위한 신규 차입으로 이뤄져 있었다. 이 추가경정예산은 약간의 수정을 거쳐 민의원, 참의원에서 거의 원안대로 통과됐다(국회사, 1971: 376-380).

결국 제2차 추가경정예산으로 예산적자는 더욱 커졌으나, '수입 내 지출'이라는 원칙에 입각한 긴축 조치가 취해졌다. 그런데 1960년 후반기에 들어서는 재정 형편을 우려하던 위기를 모면해 나름대로 정상 상태로 되돌아갔다(합동연감, 1961: 193, 199, 200).

(2) 1961년도 총예산

1961년도 총예산은 장면 정부가 최초로 자신의 경제정책 방향을 드러낼 수 있는 예산이었다. 원래 법률에는 정부가 9월 1일 정기국회 개회일까지 차기 연도 예산안을 제출하도록 되어 있으나, 새 정부 수립이 8월 23일이어서 도저히 정기국회 초에 예산안을 제출하기 어려워, 결국 1961년 총예산안은 9월 29일에 국회에 제출됐고, 그해 12월 28일에 통과됐다(장면, 1960c: 189, 192; 국회사, 1971: 380-397).

장면 정부는 1961년도 예산편성지침에서 '경제제일주의'의 예산편성 방향을 밝혔다. 구체적으로, '4월혁명 과업의 완수'와 '경제자립'의 목표 달성을 촉진하기 위해 부패된 관권경제를 일소하고 경제제일주의를 표방하며, 계획성 있는 자유경제 체제 하에 국민경제의 균형된 발전을 이룩할 수 있는 제반 시책을 단계적으로 실현하는 방향에서 예산을 편성한다는 것이었다(합동연감, 1961: 194; 한국재정 40년사, 1990: 385; 김기승, 2003: 141에서 재인용).

그러한 편성 방향에서 다음의 두 가지 기본 방침을 내세웠다. 그 하나는 종래부터 실시돼 오는 재정금융안정정책에 입각하여 균형예산을 통한 건전재정을 견지하고 금융정책에서는 자립적이며 민주적인 금융질서를 조장시킨다. 다른 하나는 장기 경제개발계획의 테두리 안에서 고용 수준을 높이며 농어촌경제의 진흥, 중소기업의 육성 발전, 전원(電源) 개발 등에 중점을 둔다(국회사, 1971: 380, 395-397; 합동연감, 1961: 194).

1960년 8월 27일 재무부에서 시안돼 약간 수정을 보고 각의에서 확정된 1961년도 예산 관련 '구체적'인 편성 방침과 내용은 다음과 같다. 즉, 임시 외환특별세를 폐지 또는 수정, 임시토지소득세를 금납제로 수정하고 농가의 세율을 경감, 중소기업 금융기관 설치, 관영기업의 기업회계제도 채택, 철도 및 전기 요금을 현실적으로 인상, 외화특별회계법의 제정을 준비하며 예산안 제출과 동시에 외화수지에 관한 부속서류를 내놓는다는 것이었다(이정식, 1975: 435).

예산편성 내용을 보면, 1961년도 세출예산 규모는 전년도보다 22% 대팽창했고, 세입예산은 전년도보다 11% 증가했다. 1961년도 세입예산에서 세입 부족은 정확히는 10.4%였다(이정식, 1975: 435; 합동연감, 1961: 193). 예산의 세출 내역을 보면, 기능별로 일반적 경비(국방비, 치안비, 일반행정) 44%(이 중 국방비가 33%), 경제적 경비(농업, 어업, 광공업 등) 26%, 사회적 경비(교육, 보건, 주택사업 등) 22%, 기타 8%로 이뤄졌다(국회사, 1971: 380, 395-397; 합동연감, 1961: 203). 세입 내역을 보면, 미국의 무상원조(방위 지원)를 전년도 규모와 동일한 1억 8천만 달러로 보고, 환율을 1,000 대 1로 대폭 인상해서 계상했다. 정부는 재정적자를 충당하기 위해 미국에 5천만 달러 추가 원조를 요구했다(이정식, 1975: 435).

(3) 1961년도 제1회 추가경정예산

1961년 2월 8일에는 '1961년도 제1회 추가경정예산안'이 제출돼 4월 8일 통과됐다. 이번 추가경정예산안이 중점을 둔 것은 국토건설사업, 전원 개발 등 기간산업의 확충, 경제적 수요의 현실화, 공무원 처우 개선과 국가안보 강화였다(극회사, 1971: 470-481; 장면, 1999: 199).

1961년도 추가경정예산안을 민의원에 제출할 때, 장면 총리는 1961년도 '정부의 중요한 당면시책' 다섯 가지를 제시했다. 첫째, 국가안전보장 태세의 강화, 국내 치안의 유지와 법적 질서의 확립, 둘째, 행정질서의 확립과 능률 향상을 위한 공무원의 처우개선, 임용고시제의 개정, 재산등록법의 제정, 감찰위원회의 조직을 통한 관기의 확립, 셋째, 경제 발전을 위한 선결조건으로서 경제적 질서의 정돈, 가격제도의 합리화를 위한 가격기구의 정상화, 환율, 금리, 공공요금의 실제화, 넷째, 장기 경제 개발을 세워 광범한 경제 건설 착수, 다섯째, 실업자의 가동과 농촌소득의 증대와 국토의 보존 및 사회자본의 증대를 연결하는 국토건설계획의 시행이었다. 장면 총리는 이 다섯 가지 시책을 관통하는 기조는 '질서와 발전'이라는 대명제에 귀착된다고 했다. '질서와 발전'은 혁명

과업의 지상명령이라고 했다(장면, 1999: 199-202). 한편, 경제의 주무장관인 김영선 재무장관은 새로운 경제정책 방향으로서 '경제 요소의 현실화'와 '경제 건설'을 제시했다(이정식, 1975: 436-438).

2) 국토 건설

장면 정부는 1961년을 '경제 건설 출발의 해'로 정하고, 구체적인 실천사업으로서 국토건설사업을 추진했다. 장면 정부는 『경제조사월보』 1961년 2월호를 '국토종합개발의 구상' 특집호로 꾸몄는데, 이 특집호에는 국토건설사업과 관련된 각종 내용이 들어 있었다(김기승, 2002: 487-488; 경제조사월보, 1961: 1-98).

장면 정부가 시행했던 국토건설사업의 목적, 추진 과정, 사업 내용, 국토건설대원, 실행기구, 재원은 다음과 같다.

(1) 목적

장면 정부가 밝힌 국토건설사업의 목적은 기본적으로 네 가지였다. 첫째, 실업률이 무려 24%나 되는 등 사회적으로 불안한 상황에서 노동집약적인 방법의 사업인 공공토목사업을 통해 가능한 한 실업자를 많이 고용해 실업자들에게 일터를 만들어 주고, 둘째, 다가오는 보릿고개에 양식이 떨어진 농가에 노임을 살포해 춘궁기를 넘기고 농촌소득을 높이며, 셋째, 황폐된 국토를 개발하고 자원을 종합 활용해 사회간접자본을 증대해 공업화의 터전을 마련함으로써 종합적인 경제개발계획의 기초를 놓고, 넷째, '우리 국민은 일하는 국민이 돼야 한다'는 국민 개로(皆勞)의 정신을 이념화하는 방향에서 경제 발전과 성장에 대한 국민적 자신감과 희망을 불러일으킬 수 있는 의식개혁운동으로서 '자조정신'을 키우는 '국민 정신혁명'을 일으키기 위한 것이었다(김기승, 2003: 154-155; 장면, 1961a: 199-202; 정헌주, 1985: 611; 이정식, 1975: 427-430; 이용원, 1999: 26-27).

(2) 추진 과정

국토개발사업의 구상은 1960년 10월 4일 장면 총리가 미국을 방문한 김영선 재무 장관과 차균희 부흥부 차관을 통해 허터 미 국무장관에게 수교한 외교각서 「한국의 경제개혁 각서」에 처음 등장했다(이용원, 1999: 38; 김기승, 2003: 153). 이 국토건설사업 계획은 1960년 11월 28일 각의를 통과해 국무원령으로 발표됐고, 12월 28일에는 국토건설본부 설치규정이 제정됐다(국무원 제147호). 12월에는 경제4부장관회의에서 1961년도 추가경정예산에 280억 환(圜)의 국토건설사업비를 계상하기로 했다. 1961년 1월에는 국토건설청을 설치하고, 국토건설대원 2,066명을 공채했다. 그리고 2월 8일 제출된 1961년도 제1회 추가경정예산에 국토건설사업비를 계상했다. 2월 10일에는 국무원령으로 국토건설본부를 설치하고 국토건설위원회 및 지방국토건설위원회를 설치했다(국무원 제149호). 2월 25일에는 국토건설사업 규모와 사업 내용을 발표했고, 3월에는 국토건설사업 착수했다. 그리고 4월 10일에는 「국토건설사업특별회계법」을 제정했다(김기승, 2003: 153; 이정식, 1975: 434-435; 이용원, 1999: 19).

(3) 사업 내용

국토건설사업의 내용을 보면, 총 일곱 가지였다. 농촌에서 2~5월에 조림사업, 사방사업, 3~5월에 하천정리, 치수사업, 수원(水源)개발(소양강댐, 춘천댐, 남강댐, 그 밖에 섬진강댐의 타당성 조사), 3~6월에 소규모 수리사업, 기타 공공토목사업(도로사업)을 전개하고, 그 후 6~10월에는 도시 토목사업을 시행하는 것이었다. 이 중에서도 조림사업과 사방사업이 대표적인 사업이었다. 그리고 단기간에 성과를 낼 수 있는 사업을 초기에 집중적으로 시행했다(정헌주, 1985: 611-612; 이정식, 1975: 434-435; 합동연감, 1961: 264; 김기승, 2003: 158).

참고로, 1961년 7월에 박정희 군사정권은 6월 30일까지 국토건설사업의 55%가 진척돼 연인원 1,400만 명의 고용 효과를 거뒀다면서 6억 4천만 환을 계상해 추가사업을 선정했다고 발표했다(혁명정부 경제청서, 1961: 576).

(4) 국토건설대원

국토건설사업의 기간요원인 '국토건설대원'을 4년제 대학졸업자 또는 예정자 중에서 병역을 필한 약 30세 미만인 자 약 3천 명을 공개시험으로 선발하고자 했다(12월 20일 시험, 12월 30일 발표). 실제 공채한 인원은 사무직 1614명, 기술직 452명, 총 2,066명이었는데, 이는 공무원 공채의 효시였다(정헌주, 1985: 613).

이들은 1961년 1월 9일부터 3주간 공무원훈련원에 입소해 2월 27일 중앙청 광장에서 수료식을 마친 후, 각 군(郡)에 15~17명씩 배치돼 3월 1일부터 현장근무에 들어갔다. 이들은 국토건설대에 3개월 근무하면 당시 직급으로 국가공무원 4~5급, 지방공무원 3~4급으로 임용하고, 다음해부터는 1년간씩 전국을 순회시키며 건설사업과 지방 실정을 파악케 한 후, 3년쯤 뒤부터는 지방군수를 모두 이들로 대체할 계획이었다(이용원, 1999: 16-17, 23; 김기승, 2003: 157; 장준하, 1985: 38-39; 김기승, 2003: 159에서 재인용).

참고로, 장면 정부는 국토건설대원들을 중심으로 전국적으로 약 4만 5천 명의 군·

관·민·학생층을 유상 또는 무상으로 동원하려고 계획했다. 그런데 이 운동의 주체는 과거 일본강점기 말기에 있었던 강제 근로 동원과는 달리, 기본적으로 유상(有償) 동원이었으며, 무엇보다도 실업자의 흡수에 제1차적인 목표가 있었기 때문에 가능한 한 많은 유상노동자를 동원하고자 했다(합동연감, 1961: 264; 이정식, 1975: 428-430, 433).

(5) 실행기구

국토건설사업의 계획과 집행을 담당하는 실행기구는 국토건설본부, 국토건설소위원회, 국토건설지방위원회, 사업실행 행정 계통으로 이뤄졌다. 국토건설본부는 국무원에 설치됐고, 국무총리가 본부장을 맡았다. 장면 총리 자신이 본부장을 맡았다는 것은 그가 이 사업을 얼마나 중시했는지를 말해준다. 사실상 장면 정부는 이 사업은 "민주당 정부의 운명을 건 일대 사업"이라고 선언했다(합동연감, 1961: 264; 김기승, 2003: 156; 김성배, 2008: 440).

본부장인 장면 총리 밑에 장준하『사상계』사장이 기획부장을 맡았고, 그 밖에 관리부장 신응균 국방부 차관보, 사회홍보부장에 이만갑 서울대 사회학과 교수, 기술부장에 최경렬 미군정 시 토목부장 등이 참여했다. 이는 정부 차원의 사업계획에 민간을 참여시킨 최초의 시도로서, 이는 관·민·군합동 체제였다. 서울 및 각 도와 시·군에 국토건설 지방위원회를 두었다. 실제 시·군위원회가 사업 추진의 핵심이 됐다(정헌주, 1985: 609-610, 613; 이정식, 1975: 428-430).

(6) 재원

국토건설사업의 재원은 미국의 잉여농산물법의 확대 적용에 따라 미공법(Public Law) 480호(「농산물교역 발전 및 원조법[Agricultural Trade Development and Assistance Act, 1954]」) 제2관(제2조)에 의거해 받게 된 1천만 달러의 농산물과 한국 정부의 자체 재정 지원 4백억 환이었다. 케네디(John F. Kennedy) 정부는 미공법 480의 제2조에 의한 개발도상국에의 식량 제공을 지역사회 개발사업과 연결지으려는 계획을 세우고 있었고, 11개 시범지역에 1백만 달러씩 제공하기로 했으나, 특별히 한국에는 1천만 달러를 제공했다(장면, 1961a: 201-202).

미국은 장면 정부의 국토건설사업을 긍정적으로 평가하고 이것이 한국의 경제 발전뿐만 아니라 한국 사회에서 일어날 수 있는 시위(데모)를 근본적으로 줄일 수 있을 것으로 봤다. 미국은 1961년 4월 18일에는 국토건설사업을 위해 1,500만 달러를 추가적으로 지원하기로 결정했다(이용원, 1999: 20).

3) 경제개발계획

이승만 정부는 부흥부에 산업개발위원회를 설치해 경제개발계획을 작성했고, 4 · 19혁명의 며칠 전인 1960년 4월 15일에 '경제개발 3개년계획'(1959~1962)을 발표했다. 그러나 이 계획은 4 · 19혁명으로 시행되지 못했다. 그러나 장면 정부는 이 경제계획을 참고하되, '균형성장론'을 버리고 '불균형성장론'('전략 부문 중점투자론')을 바탕으로 '경제개발 5개년계획'(1962~1966)을 수립했다. 나중에 박정희 군사정부는 장면 정부의 경제개발 5개년계획을 거의 그대로 받아들여 경제개발 5개년계획을 시행했다. 그러면 장면 정부의 '경제개발 5개년계획'의 수립 과정과 경제개발계획의 내용을 살펴보기로 한다.

(1) 수립 과정

1960년 10월 장면 총리는 "후세에 남길 대역사를 하자"면서 경제개발계획의 추진을 지시하고, 김영선 재무 장관과 차균희 부흥부 차관을 미국에 보내 10월 4일 허터 미 국무장관에게 경제개발계획에 대한 재정 지원을 요청하는 25페이지 분량의 「한국의 경제개혁 각서」를 전달했다(정헌주, 1985: 616-617; 이용원, 1999: 38; 김기승, 2002: 464).

1960년 10월 13일 워싱턴에서 개최된 한미경제회담에서 한국은 「한국의 경제개혁 각서」에서 밝힌 소요재원 총액을 1961~1965년에 걸쳐 원조해 줄 것을 요청했고, 미국 아이젠하워(Dwight Eisenhower) 정부는 무척 호의적이었으며, 구체적 사업계획안을 제출하면 최대한 지원하겠다고 약속했다. 그리고 이 회담에서 한국은 환(圜)화와 달러(dollar)화의 환율을 1961년부터 1,000 대 1로 하기로 합의했다(정헌주, 1985: 617-618; 이용원, 1999: 42-43).

1960년 11월 26일, 매카나기(Walter P. McConaughy) 주한 미대사는 미국 정부는 한국정부의 재원 요청에 기본적으로 동의한다는 허터 미 국무장관의 공한을 장면 총리에게 전달했다. 이는 미국 정부는 미 경제학자 로스토(W. W. Rostow)의 경제개발 모델이 제시한 5단계 중에서 '도약준비기(preconditions for take-off)'로부터 '도약 단계(take-off)'로 전환하도록 지도와 격려, 지원을 하겠다는 뜻이었다. 미국으로서는 한국의 경제를 발전시킴으로써 한국이 공산주의와의 경쟁에서 이겨 한국을 아시아에 자유세계의 이념이 구현될 수 있음을 보여주는 전시장으로 만들려는 생각이었다(이용원, 1999: 43-45).

① 종합경제회의

장면 정부는 1960년 12월 15~19일 '종합경제회의'를 개최했다. 이는 정부가 경제정책에 관한 각계 의견을 수렴하고자 마련한 것이었는데, 학계, 언론계, 국회의원, 산업계, 각 지방인사, 금융기관, 기타 모두 305여명이 참석했다. 이 회의는 역사상 정부가 주도해 개최한 전국 규모의 경제회의로서는 최초였는데, 과거 탁상공론 방식의 관권경제를 지양하는 하나의 방법으로 정책결정 과정에서 실무와 지식을 갖춘 국민의 여론을 수렴하는 민주주의적 절차였다고 할 수 있다. 이 회의는 경제행정기구 개편, 재정금융, 산업구조 개편, 공기업, 국제수지, 고용 및 생산 수준, 지방개발 사업의 7개의 분과위원회로 나뉘어 토의한 후 "경제 발전을 위한 대정부 건의"를 하도록 돼 있었다(김기승, 2002: 466; 김기승, 2003: 148-149; 이용원, 1999: 43).

이 종합경제회의에서 김영선 재무 장관은 '이북 공산집단과의 번영의 경쟁'을 국민에게 호소했다. 남한이 북한보다 경제 발전에서 3~5년 뒤지고 있음을 산업별 숫자를 들어 솔직히 밝히고 분발을 당부했다(김입삼, 1998b: 629-630; 이용원, 1999: 43-44). 참고로, 김영선 재무 장관의 북한과의 번영의 경쟁에 대한 강조는 1961년 2월에 작성된 「경제개발 5개년계획 수립요강」에도 그대로 반복됐다(김기승, 2002: 478; 김기승, 2003: 144).

② 울프 박사를 통한 미국 정부의 의견 반영

1961년 2월 산업개발위원회는 「경제개발 5개년계획 수립요강」을 작성했고, 3월 13일 이 수립요강에 대해 부흥부 특별고문 자격으로 내한한 미국의 랜드(RAND)연구소의 울프(Charles Wolf, Jr.) 박사의 평가 의견을 듣는 자리를 마련했다. 태완선 부흥부 장관은 울프에게 특히 두 가지 사항에 대해 특별한 의견을 구했는데, 그것은 첫째, 불균형성장전략과 균형성장전략에 대한 이론적 평가, 둘째, 정부의 경제기구 개편안에 대한 평가였다(김기승, 2002: 478).

울프는 3월 28일 「한국경제개발 5개년계획에 관한 관견(管見)」이라는 보고서를 제출했다. 그의 의견은 기본적으로 불균형성장전략을 지지하는 것이었고, 정부의 경제기구 개편안에 대해서는 인도(India)식으로 각료급으로 구성된 계획위원회의 설치와 '경제계획청'과 같은 별도의 독립된 평가국을 둘 것을 제안했다. 그는 또 시간적 여유를 갖고 1961년을 준비 연도로 하고 1962년을 계획 시작 연도로 할 것을 제안했으며, 계획 기간 동안 연평균 성장률을 5.0~5.5%로 할 것을 제시했다. 제1차 5개년계획 말에 '도약 단계'로 진입하겠다는 성급한 계획을 세워서는 안 되며, 재원을 미국의 원조나 국방비 절감을 통해 마련하려 하지 말고 조세 증수와 저축 증가를 통해 내자 동원에 중점을 두고, 경제성장률을 너무 높게 잡지 말라고 충고했다. 흥미로운 것은 장면 정부가 감군(減軍)

을 하여 그 비용을 경제 개발에 사용하고자 한 데 대해 울프는 그것을 경계하고 한반도와 동아시아에서 미국의 군사안보 이익을 위한 한국 정부의 '방대한 군사력의 유지'를 강조한 점이다. 울프는 사실상 미국 정부가 파견하고 미국 정부의 입장을 대변한 인물이었다(김기승, 2002: 479-481; 김기승, 2003: 150-151; 이용원, 1999: 47; 김입삼, 1998a: 624).

③ 미국 원조 확보, 장면 총리의 방미 계획

1961년 3월 15일 부흥부 산하 기구인 산업개발위원회에서 경제개발 5개년계획을 입안했고, 4월 말에 제1차 경제개발 5개년계획 안이 완성됐으며, 5월 9일 재무부 예산국장 등 한국 측 대표단은 워싱턴에서 국제원조처 한국 원조 책임자에게 이것을 제출했다. 한국 측은 약 2억 달러의 원조를 요구한다는 안을 갖고 갔다. 미국의 협조는 적극적이었다. 미국은 장면 정부를 여러가지로 미국 원조의 성공 사례로 만들기를 원했던 것이다(정헌주, 1985: 618-619).

실무대표단은 주한 미대사직을 떠나 4월 24일부터 국무부 극동문제담당 차관보로 일하고 있는 매카나기를 만나 장면 총리와 케네디 대통령과의 면담을 추진하기로 하고 장면 총리는 7월 10일 미국을 방문해 케네디와 회담을 가질 예정이었다. 장면 총리가 7월 한미정상회담을 통해 3억 달러 원조를 성사시키고 이를 선물로 안고 와서 경제개발 5개년계획을 발표한다는 계획을 세웠으나, 5·16군사 쿠데타로 모든 것이 이뤄지지 못했다(정헌주, 1985: 618-619). 한편, 1961년 5월 12일, 경제개발계획 작성의 직접적인 지휘를 맡았던 오위영 무임소 장관이 문서화된 5개년계획을 장면 총리에게 보고했다(김기승, 2002: 465, 469).

(2) 계획 내용: '전략 부문 중점투자론' 채택

이승만 정부의 경제개발계획과 장면 정부의 경제개발계획을 비교하자면, 이승만 정부의 3개년계획은 산업 각 부문을 고루 발전시킨다는 '균형성장론'에 트대를 둔 반면, 장면 정부의 5개년계획은 특정 부문에 투자를 집중해 전체적인 성장을 이끌어가는 '전략부문 중점투자론', 즉 '불균형성장론'을 채택했다(김기승, 2002: 468; 이용원, 1999: 37-38).

아래에서는 장면 정부의 경제개발계획이 성안돼가는 과정에서 마련됐던 주요 문건들의 내용을 분석·소개함으로써 경제개발 5개년계획이 어떤 내용을 갖고 있었는지 살펴보기로 한다.

① 「한국의 경제개혁 각서」(1960.10)

한국대표단이 1960년 10월 4일 허터 미 국무장관에게 수교한 「한국의 경제개혁 각서」는 머리말과 맺음말을 포함해 5개 장으로 돼 있다. 머리말에서 신정부는 한국 경제를 '개발 도약 단계'에까지 밀어올리고자 한다고 했다. 제2장은 '한국 경제의 특성과 구조적 불균형'에 대한 것인데, 한국 경제의 문제점으로서 실업자 문제, 농촌의 빈곤, 거액의 무역적자, 만성적 인플레이션, 공공행정의 난맥상, 국방비의 과도한 부담, 빈약한 사회(간접)기반 시설의 일곱 가지를 열거했다.

제3장 '경제적 제 애로에 대한 제반 시책'에서는 위의 문제에 대한 대책을 제시했다. 예를 들면, 실업자 대책으로서 노동집약적인 산업 기반 건설, 국토건설봉사단(가칭) 설치, 중소기업 육성 등을 제기했고, 농촌대책으로서는 '농촌개발청'의 설치를 통한 지역사회개발사업의 추진을 제시했으며, 국제수지 개선을 위해서는 저렴한 노동력을 이용한 수출 진흥, 광산물 수출과 외자 도입의 연계, 한일관계 정상화 도모, 환율 정상화 등을 이야기했다. 특히, 국방비 지출을 절약해 5만 명 정도의 감군을 단행하겠다고 했다.

제4장 '자본 소요액'에서는 한국 경제가 전후 복구에서 이제 '성장과 개발'의 시대로 진입했음을 강조하고 과감한 경제개발계획을 조속히 추진해 한국 경제를 도약 단계로 끌어올려야 할 것이라는 당위성을 역설했다. 이를 위한 시설 투자는 5년간 4억 2천만 달러였고, 경제안정기금으로 2년에 8천만 달러의 증여 원조를 요청했다. 따라서 미국에 요청한 총 원조 액수는 5억 달러였다(김기승, 2002: 474-475; 정헌주, 1985: 607-609, 617).

② 「경제개발 5개년계획 수립요강」(1961.2)

「경제개발 5개년계획 수립요강」은 산업개발위원회가 1961년 2월에 작성한 문건인데 4장으로 구성돼 있다(김기승, 2002: 475-477).

제1장 '신(新)장기개발계획 작성의 필요성'에서는 정부가 경제제일주의에 의한 경제발전의 급속한 추진을 시도하고 있음을 밝히고, 후진경제의 초기 발전 단계에서 '정부의 계획적 유도'의 중요성을 강조하면서, 장기적 경제개발계획은 정부의 계획에 의한 급속한 경제 발전을 촉진하는 데 반드시 필요하다고 했다.

제2장 '구(舊)3개년 경제계획의 작성 방법에 대한 반성'은 이승만 정부의 경제개발 3개년계획은 각 부문의 '균형적 성장'이라는 형식에 치우쳐서 경제의 동태적인 면이 경시됐고, 정부의 주체적인 의욕을 표시하기에는 미흡한 점이 있었다면서, 경제계획 수립 방침에서 기본적인 애로 부문 타개에 중점을 두는 것이 필요하다고 했다.

제3장 '신(新)장기개발계획의 지침'의 내용은 계획의 중심을 정부가 직접적인 정책 수단을 보유하는 부문에다 두고, 그것이 민간 부문에 미치는 누적적 파급 효과와 민간 부문의 자발적 활동을 기대하면서 이것에 필요한 유도정책을 고려한다는 것이었다. 즉, 정부는 산업기반의 구축에 중점을 두고, 나머지 부분은 민간기업이 주도하는 형태로 계획을 추진한다는 것이었다.

제4장 '신(新)장기개발계획 작성 방식'에서는 제1차 5개년계획은 한국 경제의 기본적 애로 부문 타개를 꾀하는 '요소(要所) 공격식' 접근 방법에 중점을 둘 것이라고 했다. 가장 중요한 것은 먼저 계획 기간 중의 연차별 투자계획량을 책정하는 것이라고 했다. 그리고 그 결과에 따라 경제 성장 과정을 추정하는 방식을 취한다고 했다.

③ 건설부 명의의 '제1차 5개년 경제개발계획'(1961.5)

박정희 군사 쿠데타 세력은 5월 27일 부흥부를 건설부로 바꾸고, 건설부 명의로 '제1차 5개년 경제개발계획'을 내놓았다. 7월 22일에는 건설부를 폐지하고 경제기획원을 신설하고 바로 '종합경제재건 5개년계획, 1962~1966'을 발표했다. 참고로, 건설부 명의로 5월에 내어놓은 '제1차 5개년 경제개발계획'(시안)은 장면 정부의 제1차 5개년 경제계획을 그대로 가져온 것이었다. 군사 쿠데타 세력이 '10일'이라는 짧은 기간에 갑자기 자신의 경제개발계획서를 만들어낼 수는 없는 일이었다. 표지와 총설(총론)만 바꿔놓았고, 방법론은 물론이고 세부 항목까지 거의 동일했는데, 달라진 부분은 계획 기간 중 경제 성장 목표를 연 6.1%에서 7.1%로 높인 것뿐이었다(정헌주, 1985: 619-620; 김기승, 2002: 482; 이용원, 1999: 48-50).

이 '제1차 5개년 경제개발계획'은 제1부 '총설', 제2부 '계획의 내용', 그리고 제3부는 '부록'으로 돼 있다. 제1부 '총설'은 7개의 장으로 되어 있는데, 경제개발계획의 수립 배경, 목적, 방법 등에 대해 서술했다. 대한민국의 경제 질서는 사회 정의의 실현과 균형 있는 국민경제의 발전을 추구하는 것을 기본으로 한다면서, 계획의 의의는 국민생활의 균등한 향상을 기하는 것, 복지국가 창조라고 했다. 이어 계획의 성격이 '지도받는 자본주의 체제'임을 밝혔다. 한국 경제 체제는 '자유기업제도'와 '정부에 의한 경제정책'의 병존이며 이는 곧 '지도받는 자본주의 체제'라면서 혼합경제 체제를 지향하고 있다고 했다. 그리고 다부문 균형적인 성장 지향이 아닌 전략적인 애로 부문을 우선 타개하는 요소 공격식 접근 방법을 시도하는 입장에서 특정 부문에 집중적으로 투자하는 '불균형 성장전략'을 채택했음을 설명하고 있다(김기승, 2002: 482-483, 485).

경제 성장의 목표는 1959년부터 1966년까지 연평균 5.6%의 성장률을 달성하고자 한다고 했다. 참고로, 1961년 당시의 시점에서 과거 성장률은 5.1%였다. 5개년계획 기간 동안에는 2.88%라는 높은 인구성장률을 감안해, 국민소득의 증가가 실현될 수 있는 연평균 경제성장률을 6.1%로 계획했다. 그리고 산업별 구성비도 1차 산업과 3차 산업을 줄이고 2차 산업의 구성비를 높이는 '공업화 위주의 성장전략'을 채택했다(김기승, 2002: 484-485, 497-500, 509).

5개년계획의 기본 과제 다섯 가지는 전력과 석탄 등 전략적 부문에 대한 중점 투자를 통한 산업기반 구축, 유휴자원을 최대한으로 활용한 국토 개발과 고용 확대, 농업생산력 증대를 통한 국민경제의 구조적 불균형 시정, 수입대체산업을 건설해 국제수지 개선, 국토건설사업을 종합적 국토개발계획으로 발전시키며, 다각영농과 농업협동조합 육성, 사회기반시설의 병행 추진 등이었다(김기승, 2002: 477, 485).

행정조직과 제도상의 개선 방향에서는 중앙종합경제계획기구, 산업관리본부, 국토건설부의 설치와 생산협동조합, 중소기업협동조합의 창설, 그리고 저급기술자의 대량 양성을 위해 대학에서 인문과학 계통을 줄이고 중고등학교 수준에서의 기술 단기 과정의 필요성을 강조했다. 그리고 경제 개발을 위한 단순한 경제정책 수준이 아닌 사회를 전반적으로 혁신하기 위한 국민운동을 전개해야 한다고 했다(김기승, 2002: 477, 485).

제2부 '계획의 내용'은 5개의 장으로 구성돼 있는데, 이는 산업 기반의 조성, 여타 부문의 예측과 유도정책, 재정금융의 적정 운영, 국제수지의 개선, 고용의 증대와 국민생활 수준의 향상이었다. 제1장인 '산업 기반의 조성'은 국가가 직접 투자하는 부문을 다루고 있는데, 이는 계획의 핵심적인 부분이었다. 에너지 공급 확보, 기초 산업시설 확충, 농어업 생산력 발전, 유휴자원의 이용과 국토 보전, 사회자본의 확충 등의 방안에 대해 구체적으로 서술했다(김기승, 2002: 487).

제2~5장에 나와 있는 계획 중에서 주목되는 것은 국토건설사업, 민간부문의 유도정책으로서 중소기업의 육성 강화, 국제수지 개선을 통해 대외의존도를 줄여 자립경제를 실현, 그리고 고용 증대와 국민생활 수준의 향상을 강조하고 있다(김기승, 2002: 487). 제3부는 '부록'으로서 표 224개의 별책으로 되어 있다.

4) 농업

1960년 당시의 농촌 형편을 보면, 농업 인구의 1/5인 170만 명이 춘궁기에 기아의 위협을 받고 있었고, 연 100%가 넘는 농촌고리채 문제로 시달리고 있었다. 결국 농촌

인구의 65%가 가난과 저생산의 악순환에서 벗어나지 못하고 있는 상황이었다(정헌주, 1985: 607-609; 이용원, 1999: 38).

'농어촌 진흥'은 민주당의 4대 정강정책 중에 하나로 포함돼 있었고, 13개의 구체적인 항목을 포함하고 있었다. 그리고 7·29 총선에서 민주당이 내세운 '농어촌 관련' 공약은 정강정책 '농어촌 진흥'에서 열거한 내용과 거의 겹치는 것들이었다(이정식, 1975: 321).

민주당의 정강정책 '농어촌 진흥'의 13개 구체적인 항목을 보면, 첫째, 집권 4년간 954,826호의 5단보 미만의 경작농가와 양식이 떨어진 농가(절량(絶糧)농가)를 식량 위협으로부터 해방시킨다. 둘째, 현물세를 폐지하고 농산물 가격을 적정화한다. 셋째, 농업금융의 원활, 농업기술 향상, 농업생산의 다각화, 농업협동조합의 민주화를 이룩한다. 넷째, 농지를 확장한다. 다섯째, 100만 호의 안정농가를 창설한다. 여섯째, 수리시설을 확충한다. 일곱째, 유축산농가를 창설한다. 여덟째, 종자 갱신과 지방에 증강(增强) 조림을 완성한다. 아홉째, 사(社)환곡제도를 확립한다. 열번째, 농업금융 강화, 식량 자유시장과 비료를 육성한다. 열한 번째, 수산물자원을 보호 육성하기 위해 연안어업을 정리한다. 열두 번째, 영세민을 위해 연안어업과 양식업을 조성한다. 열세 번째, 원양어업을 적극 육성하고 수산물 해외시장을 개척한다(이정식, 1975: 320).

민주당의 '농어촌 관련' 총선공약은 현물세 폐지, 면세점 인상, 농산물 가격 적정화, 금융의 원활, 기술 향상, 생산의 다각화, 협동조합의 민주화, 수리사업 합리화, 농경지 확장, 가공시설 확장, 산업인구의 재편 등으로 절량농가를 근절하고 농어촌의 안정과 부흥을 촉진한다는 것이었다(이정식, 1975: 321).

1960년에 들어, 농업 관련 대출이 전년 말에 비해 61.4%나 증가했으며, 이 자금은 수리사업의 촉진과 농사자금의 확장, 그리고 농어촌고리채의 정리자금으로 방출됐다(합동연감, 1961: 215, 217). 한편, 1960년에 미곡의 대일 수출 교섭이 결실을 맺어 백미 22,500톤, 현미 7,500톤 합계 3만 톤의 수출계약이 6월에 체결됨으로써 곡가 유지와 외화 획득에 기여했다(합동연감, 1961: 215, 217).

2. 외교·통일·국방 분야

민주당은 4대 정강정책 중의 하나인 '통일 및 외교' 분야에서 일곱 가지 정책 목표를 내세웠다. 그것은 첫째, 유엔감시 하에 자유선거를 실시해 반공통일을 완수하도록 거족적으로 추진하며 비공산지역에 대한 외교활동을 강화하고 대일관계를 정상화한다. 둘째, 자립외교술을 강화한다. 셋째, 호혜 평등의 원칙에 입각한 선린 관계를 수립한다. 넷째, 유엔과 협조해 세계 평화와 복지세계를 건설한다. 다섯째, 중립국가군에 대한 선전 강화로 유엔 가입을 성취시킨다. 여섯째, 한미방위협정을 갱신 강화하고 지역적 집단방위기구를 조직한다. 일곱째, 한일외교 및 통상정상화와 어로협정을 체결한다는 것이었다(이정식, 1975: 319-320).

민주당의 7・29 총선 공약 15개 항 중에는 '통일 및 외교' 분야 관련 2개 항이 포함됐다. 첫째, 평화우호 및 통일외교의 적극화로서, 구체적으로, 유엔감시 하에 자유선거를 통해 반공통일을 완수하도록 거족적으로 추진하며 비공산지역에 대한 외교활동을 강화하고 대일관계를 정상화한다. 둘째, 국방정책의 쇄신으로서, 병원(兵員)을 조정하고 복무 기한을 2년으로 정상화해 병무행정의 공정화, 군납 기강의 확립, 국방예산의 합리적 절차, 직업군인제의 확충 및 대우 개선, 편제의 개혁, 장비의 현대화 등으로 국방정책을 일신한다는 것이었다(이정식, 1975: 322).

참고로, 민주당의 정강정책에는 '통일 및 외교'로 표현돼 있었지만, 장면 정부의 구체적인 정책 속에서는 '외교'정책 속에 '통일'정책이 포함돼 있었다. 그리고 민주당의 정강정책 중에서 '국방'은 따로 없고 '통일 및 외교' 속에 포함돼 있었다. 따라서 여기에서는 외교, 통일, 국방 순서로 살펴보기로 한다.

1) 외교

장면 총리는 1960년 8월 27일자 시정연설을 통해 당면한 긴급과제에 대해 언급하는 과정에서 그 첫 번째로서 그해 9월 유엔총회에 유능한 대표단을 파견해 한국통일안과 한국의 국제연합 가입에 대해 노력하겠다는 것, 그리고 한일 외교정상화를 위한 한일회담 재개와 재일교포의 경제적 지원 및 교육에 관한 지도 등을 적극화하는 것, 교포의 자본을 국내에 도입하는 길을 열도록 하는 것을 '급무의 하나'로 제시했다. 그리고 미국의 원조자금을 확보하기 위한 최대한 노력도 당면 긴급과제로 제시했다(장면, 1960c: 190-191).

이하에서는 장면 정부의 '외교정책 쇄신 7원칙', 대미관계, 대일관계, 대유엔 관계를 순서대로 살펴보기로 한다.

(1) 외교정책 쇄신 7원칙

장면 정부의 정일형 외무부 장관은 8월 24일 첫 기자회견에서 '외교정책 쇄신 7개

원칙'을 공개했다. 그것은 첫째, 국토통일, 둘째, 유엔 가입의 촉구와 유엔정신에 입각한 국제평화와 안전 유지의 강화, 셋째, 대미 유대의 강화, 넷째, 대일외교의 정상화, 다섯째, 반공진영의 결속과 중립국군(群)과의 외교활동 강화, 여섯째, 국민의 해외 진출 장려, 일곱째, 민간외교의 강화·육성이었다(정일형, 1991: 278; 경향신문, 1960.8.26).

구체적으로, '국토통일'은 북진통일과 같은 무모하고 무계획적인 통일정책을 지양하고 유엔의 결의를 존중해 유엔감시 하에 남북한을 통한 자유선거에 의한 통한정책을 수행한다는 것이고, '유엔 가입의 촉구와 유엔정신에 입각한 국제평화와 안전 유지의 강화'에서 주목할 것은 유엔 가입 노력과 함께 집단안전보장이라는 유엔정신에 입각해 동북아조약기구(NEATO) 등 집단안전보장 결성체를 적극 추진한다는 것이었다. 그리고 이 모든 것을 달성하기 위해 제15차 유엔총회에서 초당적 강력한 대표단을 파견한다는 것이었다. '대미 유대의 강화'는 전통적인 대미 친선 외교관계를 계속 유지하고 강화하는 것이지만, 주목할 만한 것은 경제·군사원조의 지속적인 확보는 물론 원조액의 증강을 꾀하며 한미행정협정(SOFA)의 체결을 촉진한다는 것이었다. '대일외교의 정상화'는 이승만 정부의 대일 강경외교에서 벗어나, 선린 호혜 원칙에 입각해 신의와 상호 이해로써 양국의 외교관계를 정상화시키고 재일교포의 북송 저지 문제 등 여러 현안 해결을 위한 협상을 추진하고 필요하면 총리 또는 외무 장관급의 고위회담을 개최할 수도 있다는 것이었다. '반공진영의 결속과 중립국 군과의 외교활동 강화'은 반공진영의 결속 강화에 기여하고 국제적 중립주의 국가와의 외교관계 수립을 도모하며 경제외교를 적극적으로 전개하겠다는 것이었다. 또한 '국민의 해외 진출 장려'해 종래의 편협한 해외 진출 억제책을 시정하고 이민정책을 강화 추진하며 학생의 해외 유학을 적극 장려한다는 것이었다. 마지막으로, '민간외교의 강화·육성'은 정부만의 외교가 아닌 민간외교를 강화·장려하며, 경제·문화 면에서의 국제적 친선과 상호협력을 장려한다는 것이었다(합동연감, 1961: 167; 이정식, 1975: 368).

(2) 대미관계

3·15부정선거와 4·19혁명에 대해 미국이 취한 정책은 한국인들로부터 적극적인 지지를 받았다. 미국무부는 한국민의 부정선거 규탄 데모를 '정당한 불만'이라는 보았고, 이승만 정권의 무력 탄압을 견제함으로써 한국의 반독재 투쟁에서 결정적인 역할을 했다. 4·19 이후 미국은 한국 사태의 수습과 안정을 위해 전면적 지지를 약속했고, 아울러 방위 보장도 천명했다. 한편 아이젠하워 미대통령은 허정 과도정부 시기인 1960년

6월 19일 한국을 방문했다. 그는 "피와 용감함으로 자유를 보존"했다고 4월혁명을 찬양했다(합동연감, 1961: 174, 176).

그러나 대미관계가 반드시 평탄한 것만은 아니었다. 미국의 한국 정부 예산편성 개입과 한국 국민들의 반발, 미국의 대한 원조와 '바이 아메리칸(Buy American)' 정책, 한미행정협정(SOFA) 문제를 하나씩 살펴보기로 한다.

① 미국의 한국 예산편성 개입, 한국민들의 반발

1960년 6월 29일 한미합동경제위원회에서 '환화(圜貨) 사용계획에 대한 합동검토안'이 통과됐다. 미국대외원조처의 한국지부(유솜: USOM)가 대충자금뿐만 아니라 일반회계 예산까지도 그 편성 과정에서 미국과 협의하도록 규정한 것이다(동아일보, 1960.6.30; 이정식, 1975: 63-64). 참고로, 당시 한국 정부의 예산은 국내 재원과 외국 원조에 의해 각각 절반씩 충당되고 있었다.

미국의 예산편성 개입에 대해 여론의 반발은 거셌다. 조세를 포함한 국내 재원의 사용계획은 엄밀히 국내문제에 속하는 것이며, 국회가 이의 심의결정권을 헌법에 의해 갖고 있는 만큼, 미국의 예산편성 과정에서의 개입은 예산심의권에 대한 침해이며, 이는 내정간섭이자 한국의 주권 침해라는 비판이었다. 과도정부 국무회의에서는 한미합동경제위원회에서 결의해 각의에 회부한 예산공동의안을 부결했다. 미국은 이에 대한 보복조치로서 대한 원조 특별 조치(특혜 조항)를 다음해부터 철폐하게 될 것임을 통고했다(동아일보, 1960.6.30; 이정식, 1975: 64; 합동연감, 1961: 177).

더구나 1961년 2월 8일 정식 체결된 한미경제원조협정과 한미경제기술원조협정, 소위 '2·8한미경제협정'은 한국인들의 반미감정에 불을 붙였다. 왜냐하면 이 협정은 원조자금 사용에 대한 미국의 감독권 허용, 주한 미국인들에 대한 면세특권과 면책특권 허용, 미국의 일방적인 원조계획 중단권 허용 등을 규정함으로써 미국에게 대한민국의 '주권 침해와 내정간섭'을 허용하는 불평등한 조약이었기 때문이다.

② 미국의 원조, '바이 아메리칸' 정책

장면 정부의 가장 큰 당면과제가 경제 발전 문제였기 때문에 자연히 미국 원조를 최대한 확보하는 것이 중요했다. 이러한 상황에 처해, 한국 국회가 1960년 8월 11일 민의원·참의원 합동으로 미국에 대해 '대한 경원(經援) 감사 및 경제원조 복구 요청에 관한 결의안'을 통과시켰다. 장면 총리는 1960년 8월 27일자 시정연설을 통해 당면한 긴급과제로서 미국의 원조자금 확보를 위해 최대한 노력하겠다고 약속했다(국회사, 1971:

319-320; 장면, 1960c: 191).

이승만 정부 말기인 1960년도 초, 미국의 대한 원조 규모가 1억 8천만 달러로 확정됐다. 이는 종래의 연간 약 2억 2천말 달러에 비해 약 4천만 달러, 즉, 약 18%가 삭감된 규모였다(합동연감, 1961: 174, 176, 185). 그런데 미국의 이러한 대한 원조의 축소는 미국의 대외원조정책의 전환에 기인한 것이었다. 미국은 1960년부터 종래의 무상증여 형태의 원조를 차관 형태의 원조로 전환한 것이었다(합동연감, 1961: 185).

설상가상으로, 미국이 자국 달러의 지나친 해외 유출을 막고 국내 산업을 보호하기 위해 1960년부터 실시한 '바이 아메리칸' 정책은 한국 등 저개발국에 큰 타격을 주었다. 미국은 또 1960년 11월 미 대통령의 국제수지 개선을 위한 특별 조처로서 7개 항의 경제계획 특별지시를 내렸다. 한국 정부는 이러한 미국의 정책 때문에, 종래 일본과 서독 등지에서 구매하던 비료, 산업기재 등을 전적으로 미국 상품으로 전환 구매를 해야 함에 따라 제품원가의 차이와 해상운송비의 차이 등으로 큰 손실을 입었다(합동연감, 1961: 174, 176, 185-186).

③ 한미행정협정(SOFA)

한편, 장면 정부 들어 1960년 9월 19일, 그린(Marshall Green) 미대사관 참사관이 외무부를 방문하고 외무차관과 주한미군의 주둔군 지위(status)에 대한 한미행정협정(SOFA) 문제를 논의했다. 그러나 1960년 말에 이르도록 실무회담은 개최되지 못했다. 전국 미군종업원노조가 전개한 '한미행정협정을 촉구하는 100만인 서명운동'은 적극적인 여론의 지지와 깊은 관심을 집중시켰는데도 불구하고, 한미행정협정 협상은 당장 이뤄지지 않았다(이정식, 1975: 380).

러스크(David Dean Rusk) 미 국무장관이 매카나기 주한 미대사에게 보낸 1961년 4월 5일자 전문을 보면, 그는 주한미군의 주둔군지위협정(SOFA)을 더 이상 거절할 수 없다는 결론에 다다랐다면서, 한국 총리에게 이제 공개적으로 협상할 준비가 돼 있다고 통지할 것을 훈령했다(LaFantasie, 1996: 440-442). 이에 대해 매카나기 대사가 미 국무장관에게 보낸 보고 4월 12일자 전문을 보면, 그는 4월 10일 자신과 매그루더(Carter B. Magruder) 유엔군 사령관이 장면 총리에게 미국이 완전한 한미행정협정을 위한 협상을 시작한다고 통지했더니, 장면 총리는 매우 기뻐하면서 "여태껏 최고의 뉴스(best news ever)"라고 했다고 보고했다. 매카나기 대사는 장면 총리에게 범죄인 관할권 문제의 민감성에 대해 강조했다고 보고했다(LaFantasie, 1996: 442).

(3) 대일관계

4·19혁명 이후 들어선 허정 과도정부와 7·29 총선을 통해 집권한 민주당 장면 정부는 일본과 관계 개선, 국교정상화를 추진했다. 4월혁명을 계기로 그 동안 철두철미 반일 원칙 위에 서 있었던 대일정책은 새로운 전기를 맞았던 것이다. 한일 국교정상화가 될 경우, 8억 달러 정도의 청구권자금을 확보할 수 있지 않겠느냐는 것이 당시의 중론이었다. 청구권자금을 받게 되면, 장면 정부는 이를 경제개발 재원으로 사용할 생각이었던 것이다(합동연감, 1961: 168; 정헌주, 1985: 621-622).

장면 총리는 1960년 8월 27일자 시정연설을 통해 당면한 긴급과제에 대해 언급하는 과정에서 한일 외교정상화를 위한 한일회담 재개, 재일교포의 경제적 지원 및 교육에 관한 지도 등의 적극화, 또 교포의 자본을 국내에 도입하는 길의 마련을 '급무의 하나'로 제시했다(장면, 1960c: 190; 합동연감, 1961: 168; 이정식, 1975: 369-370).

일본은 장면 정부를 '지일(知日)내각'이라고 부르면서 대대적으로 환영함과 동시에 특히 정일형 외무 장관에 대해 한일문제의 해결을 기대한다는 견해를 표명했다. 이케다 하야토(池田勇人) 내각의 고사카 젠타로(小坂善太郎) 외상이 9월 6일 방한했다. 해방 이후 처음으로 일본 고위관리가 공식적으로 한국을 방문한 것이다. 9월 7일 장면 총리와 고사카 외상은 "재일교포의 지위 향상과 보호 육성 그리고 북송의 중지에 특별한 노력을 경주한다"는 공동성명을 발표했다. 한국은 억류 일본인 어부의 전원 특사라는 은전을 베풀기로 약속했다. 또 경제협력에 대해 언급함으로써 그것이 중요하게 논의됐음을 시사했다(합동연감, 1961: 168, 171-172; 이정식, 1975: 371-372; 국회사, 1971: 323).

① 제5차 한일회담 예비회담

한일회담은 이승만 정부 하에서 1951년 10월 예비회담을 시작으로 1952년 2월 제1차 본회담을 개최한 이후 본회담이 세 차례 더 열렸다. 장면 정부 출범 후, 제5차 본회담을 위한 예비회담이 1960년 10월 25에 도쿄에서 개최됐다. 전례 없이 기대와 우호적인 분위기 속에서 쌍방 수석대표에 의해 '최대의 성의'가 표명됐다. 단지 한국 측에서는 교포 북송 중지를 강력히 요구했고, 일본 측에서는 회담 진행을 위해서 한국민을 '자극'하는 언동을 삼갈 것을 일본 국민들에게 요청했다(국회사, 1971: 323; 합동연감, 1961: 172- 173, 이정식, 1975: 66-67, 373).

양국은 결국 어로 및 평화선위원회, 재산권청구위원회, 선박위원회, 법적지위위원회의 4개 분과위원회 구성에 합의하고 각 위원회별로 본격적 교섭을 하기로 했다. 그러나 그동안 진행돼 오던 북일 양국의 적십자사 간에 북송 연장 회담이 본격화되고 한일회담 예비회담이 시작된 바로 다음날인 10월 26일에는 일본이 북한과 재일교포 북송 연장 합의를 정식 조인하는 일이 벌어졌다. 한국대표단과 한국 정부의 항의에도 불구하고 일본은 교포 북송 연장을 밀고 나갔고, 한국에서는 장면 내각의 '대일 구걸외교'가 또다시 논란이 됐다(합동연감, 1961: 173; 이정식, 1975: 373).

참고로, 제5차 예비회담에서 한국은 대일청구권 금액을 제시하지는 않았으나 8개 항목 원칙대로 최소한 8억 5천만 달러를 요구할 계획이었지만, 일본은 일정한 금액의 경제원조를 제기하는 방법을 견지해 난항을 거듭했다. 참고로, 박정희 군사정부는 1965년 한일국교 정상화에 합의하면서 무상 3억 달러, 유상 2억 달러를 받는 데 동의했다. 이는 장면 정부가 생각했던 8억 5천만 달러와는 매우 큰 차이가 나는 액수였다(정헌주, 1985: 622-623).

4월 26일 정일형-러스크 한미외상회담 후, 미국의 케네디 정부가 적극적으로 조정에 나서 다시 한일 교섭이 진전을 보았다. 5월 말이나 6월 초에 예비회담이 끝나면 3개월간의 휴회를 거쳐 9월부터 본회담을 개최하는 방향으로 의견이 모아지고 있었다. 그러나 5·16 군사 쿠데타로 장면 정권이 무너지고 말았다(합동연감, 1961: 173; 동아일보, 1961. 4.16; 이정식, 1975: 377-378).

(4) 유엔외교

장면 총리는 1960년 8월 27일자 첫 시정연설에서 당면한 긴급과제의 첫 번째로서 그해 9월 유엔총회에 유능한 대표단을 파견해 한국통일안과 한국의 국제연합 가입에 대해 노력하겠다는 것을 '급무의 하나'로 제시했다. 한국의 유엔 가입 노력은 이승만 정부 시에는 원칙만을 내세웠으나, 장면 정부 수립 후에는 실질적인 가능성을 모색하는 방향으로 전환돼 특히 유엔 내에서 사실상 다수파로 성장한 중립 진영, 특히 아시아·아프리카 블록을 설득하는 데 힘을 쏟았다(장면, 1960c: 190; 이정식, 1975: 380).

한편, 유엔정치위원회는 11월 12일 한국 문제 상정에 따르는 한국 대표 초청에 관해 미국이 제출한 결의안을 절대 다수로 통과시켰다. 이 결의 내용에 의하면, 한국 문제 토의에서 한국 대표를 초청하고, 북한에 대해서는 한국 문제에 관한 유엔의 권능과 권위를 명백히 수락하고 또한 대한민국이 한국 문제에 관해 취해온 바와 같은 행동을 취하는 것을 조건으로 초청하기로 했다(장면, 1961b: 203).

장면 총리는 1961년 3월 27일 '유엔정치위원회 결정에 대한 국무총리 특별담화문'을 통해, 대한민국은 누누이 표명한 바와 같이 한국 문제에 관한 권능과 권위를 시종일관 존중하고, 유엔감시 하에 인구 비례에 의한 남북총선거를 시행함으로써 통일을 성취하겠다는 원칙에 아무런 변동이 없었다고 밝혔다(장면, 1961b: 203-204).

장면 총리는 1961년 4·19혁명 1주년을 맞아 한 기념사에서 북한은 유엔총회 정치위원회가 통과시킨 그들의 조건부 참석에 대해 아직도 오만불손한 도전적 태도로 나오고 있다면서, 북한이 유엔정치위원회가 결의한 부대 조건을 말로써가 아니라 행동을 통해 엄격하게 실천하기 전에는 유엔기구에의 참여를 허용해서는 안 될 것이라고 했다. 그러면서 4월혁명 정신을 이북으로 파급시키자고 했다(장면, 1961d: 205-207).

2) 통일

7·29 총선에서 민주당은 '통일문제'를 중심 과제로 설정하지 않고 여러 공약 중의 하나인 '유엔외교'의 일부로 다뤘다. 장면 정부의 공식 통일 방안인 '유엔감시 하 남북총선거를 통한 통일'은 기본적으로 1954년 제네바회의에서 변영태 외무 장관에 의해 '14개조 통일 방안'으로 제시돼 1960년 4월혁명으로 붕괴될 때까지 이승만 정부가 공식적으로 내세운 '국제외교용' 통일 방안과 동일한 것이었다. 물론 장면 정부의 통일정책은 '무력통일 방법'을 배제했고, 이승만 정부 하에서 철저히 금기시됐던 통일 논의가 자유화되긴 했다. 그러나 4·19혁명의 덕으로 새로 들어선 장면 정부가 이승만 정부의 외교용 통일 방안을 지속함으로써 혁신계와 진보 학생들의 깊은 불신을 초래했고, 혁신계와 학생들이 강력히 통일운동에 나서자, 수세적 입장에 처할 수밖에 없었다. 더구나 민주당은 '선건설, 후통일'의 기조를 채택했기 때문에 통일이 우선순위가 높은 것도 아니었다(백학순, 2013: 83, 101, 104). 참고로, 장면 정부 하에서 통일문제는 형식상 외무부에서 관장했지만, 주무부처도 제대로 없었고, 필요에 따라 총리인 장면이 그때그때 처리했다(이용원, 1999: 214).

아래에서 우선 장면 정부를 탄생시킨 민주당이 7·29총선에서 내세운 통일정책 공약을 살펴보고, 그 다음 장면 정부의 통일정책을 살펴보기로 한다.

(1) 민주당의 총선 통일정책 공약

민주당의 통일정책 공약은 첫째, 유엔감시 하 남북한 완전한 자유선거로써 평화통일을 도모, 둘째, 유엔 선거감시단은 진정한 자유선거를 실시하는 회원 국가들로 구성, 셋째, 선거 이전에 남북연합위원회 등의 구성은 대한민국이 한국 판도 내의 유일 합법정부라는 유엔 결의와 배치되므로 이를 반대, 넷째, 통일 전 남북교류 문제는 공산 파괴공작이 진정으로 중단되리라는 보장이 없으므로 거부, 다섯째, 통일된 한국은 민주주의와 민권자유를 보유하는 국가가 돼야 하며 적색독재나 백색독재 국가가 돼서는 안 된다는 것이었다(노중선 편, 1985: 370-371, 371-372; 김학준, 1975: 82; 이용원, 1999: 213, 215).

민주당은 또한 "국제공산주의가 전 세계민족을 적색전제(赤色專制) 하에 정복하려는 음모를 획책하고 있다"고 경고하고, 그 대비책으로 세 가지를 지시했다. 그것은 첫째, 공산당이 선전하는 평화통일론, 남북협상론, 민족자결론의 기만성을 항상 폭로하고, 둘째, 통일된 정부 안에서 민주정치를 전복시키려는 공작을 막기 위해 공산정당을 불법화해야 하며, 셋째, 전 세계에서 공산당 전제(專制) 하에 신음하는 모든 민족의 민주적 해방을 원조해야 한다는 것이었다김학준, 1975: 82).

그런데 문제는 이러한 민주당의 통일정책은 '무력 북진통일'의 포기를 제외한다면, 그 '보수성'과 '소극성'이라는 본질에서 이승만 자유당정부의 통일정책과 대동소이한 것이라는 점이었다(김학준, 1975: 82). 나중에 자세히 살펴보겠지만, 장면 정부는 혁신계 정당들과 학생들이 내놓은 진보적인 대안정책들을 '용공적'인 것으로 보고, 그것들을 결코 받아들이지 않았다.

(2) 유엔감시 하 인구 비례에 의한 자유 총선거

장면 총리는 1960년 8월 27일 민의원에서의 첫 시정연설에서 9월에 유엔총회가 개최되므로 정부는 유능한 대표단을 파견해 한국통일안과 한국의 유엔 가입에 관해 국제여론을 환기시키겠는바, 통일안에서는 구정권의 태도와는 달리, 국제연합 자유국가들의 노선과 일치하도록 국제연합의 감시 하에 남북을 통한 자유선거에 의해 통일을 달성하겠다고 했다. 장면 총리는 또 9월 30일에 있었던 민의원에서의 연설에서도 그 주장을 반복했다(장면, 1960c: 189-190; 정일형, 1991: 278; 장면, 1960d: 193; 동아일보, 1960.11.3).

통일문제까지 관장하고 있던 정일형 외무 장관은 1960년 8월 24일 '7개항 외교정책 성명'과 9월 10일 최초의 기자회견을 통해 외교정책의 7대 목표를 발표했는데, 이미 살펴본 바와 같이, 그 첫 번째 목표가 국토통일이었다. 그는 '북진통일'과 같은 무모하고 무계획한 통일정책을 지양하고 유엔의 결의를 존중해 유엔감시 하에 남북한을 통한, 자유선거에 의한 통한정책(統韓政策)을 수행하는 것이라고 했다. 정일형 장관은 9월 19일 민의원에서 있었던 외교정책 관련 질의에 대한 답변을 통해, 민주당정부의 통일 방안은 이승만 정부의 '북진통일'도 진보당이 주장했던 '평화통일'도 아니며, "유엔의 결의를 존중"해서 유엔감시 하 남북한 총선거를 해서 반공통일, 민주통일을 하자는 것이라고 했다. 앞으로도 반공통일, 민주통일의 원칙에는 조금도 변함이 없을 것임을 천명했다(정일형, 1960a: 14-15; 정일형, 1991: 278; 심지연, 2001: 235-236).

(3) 선건설, 후통일

장면 정부는 '경제제일주의'를 천명하면서 통일문제에 대해서는 '선건설, 후통일' 기조를 추구했다. 제2공화국 대통령으로 선출된 윤보선도 8월 13일자 대통령 취임사에서 통일이나 통일정책에 대해서는 한 마디도 언급하고 있지 않고, '경제제일주의'를 강조했다. 윤보선은 그 후 대통령 취임 기자회견에서는 통일정책에 대해 언급했는데, 통일 이전이라도 제일 먼저 이 나라를 부강하게 만들고 그 국민을 애국적인 국민으로 만들지 않으면 안 된다면서, 그렇게 될 때에만 한국의 통일은 의의가 있을 것이며, 우리가 원하는 방식으로 통일될 것이라고 했다(경향신문, 1960.8.13.; 이정식, 1975: 248; 김학준, 1975: 85-86). 참고로, 장면 정부의 '선건설, 후통일' 정책은 박정희 군사정부에 의해 그대로 계승됐다.

(4) 국내외 통일 공세에 대한 대처

장면 총리는 우리가 원하는 남북통일은 자유로운 민주주의적 통일이며, 그러한 통일의 성취는 우리 자체의 모든 역량을 강화해 그들의 번영의 경쟁에서도 압도적으로 패배시킴으로써만 가능하다고 했다. 그러면서 통일을 갈망하는 심정이 너무 초조한 나머지 '용공도 무방하다'는 사람들에 대해 이런 생각은 위험천만한 것이라고 비판했다(장면, 1961c: 219-220).

서울대학교 학생들은 1961년 4월 4·19혁명 1주년을 맞아 4월혁명 '제2선언문'을 발표하고, 지난 1년간의 정치 기간은 치욕과 울분밖에 가져다준 것이 없다면서, 통일을 기피하고 민족통일 세력을 탄압하는 장면 정권은 피를 보기 전에 물러나라고 요구했다. 한편, 서울대 민족통일연맹(민통련)도 4·19 시국선언문을 통해 전 민족 자주 세력은 총집결해 남북한의 문화 교류, 서신 왕래, 경제 교류 및 학생회담을 포함하는 비정치적 인사 교류를 위해 제1차적 투쟁을 전개하고 외세에 의해 강제되는 분단 상태의 고정화와 군사기지에의 심화를 분쇄할 것을 천명했다. 한편, 서울대생의 4·19기념식에서는 '남북학생 판문점회담'을 주장하는 플래카드가 등장했다(이재오, 2011: 183; 노중선 편, 1985: 405-406, 412; 엄상윤, 2001: 189).

북한은 1960년 4월 26일 '정당·사회단체대표자연석회의의 공동성명'을 통해 남한의 잠정적 정부로서 임시행정기구의 수립을 요구하고, 어떠한 외국의 간섭 없는 전체 조선 인민의 자유로운 의사에 의한 남북조선선거의 실현을 주장했다. 민족자주통일협의회(민자통) 등 남한의 혁신계는 '남북 교류'와 '남북통일'을 통해 남한의 빈곤을 해소할 수 있다는 식으로 북한의 주장에 호응했다(김학준, 1975: 75-77). 북한은 그해 8월 14일에는 남북연방제 통일 방안을 제안했다.

한편, 유엔정치위원회가 한반도 문제 해결을 위해 남북한을 동시에 초청했다. 4월 20일 장면 총리는 참의원의 질의 답변 과정에서 '유엔감시 하 남북 총선거'가 유엔 결의라 하더라도 그것이 민주적이고 자유스럽고 공정한 선거라야 하며, 유엔감시 하라고 하더라도 대한민국의 존립에 위험성을 가져온다든지 앞으로 불리한 조건이 거기 부수돼 오는 경우에는 유엔 결의를 수용할 수 없다는 입장을 밝혔다. 그리고 통일에 대해서도 통일도 좋지만, 민주적으로 대한민국에 이익이 되지 않는 통일은 원치 않으며, 그럴 바에야 차라리 '이대로 나뉘어 있는 게 낫다'는 폭탄선언을 했다. 장면 총리는 신민당 의원들과 혁신계, 진보 학생들로부터 혹독한 비판을 받았다(엄상윤, 2001: 76-78).

3) 군사·국방

4월혁명 이후 들어선 장면 정부는 건국 이후 최초로 '군의 문민화'를 이룬 정부였다. 그런데 당시 상황은 몇 가지 요인으로 군에 대한 문민의 우위와 통제가 위협받는 상황이었다. 그 요인들은 첫째, 6·25전쟁 이후 1950년대부터 군부의 과도한 팽창과 강력한 이익집단으로서의 성장, 둘째, 군장교 구성에서의 일본군, 만주군, 광복군 등 다양한 배경으로 인한 파벌의 존재, 셋째, 초기에 6·25전쟁을 겪으면서 장교들의 급속한 승진과 정전 이후의 심한 진급 정체 발생, 넷째, 문민통제를 위한 이승만 정부의 군대 내의 복수적 파벌 조성과 그들 사이의 상호감시와 경계, 경쟁을 부추기는 군부통제 방식, 그리고 군부의 부패와 정치 관여 등이었다(홍준기, 2006: 258-260; 김세중, 2003: 75-84).

이러한 상황에서 정군(整軍)의 필요성이 대두됐고, 국방예산의 축소를 통한 경제살리기 재원의 확보를 위해 감군(減軍)이 요구됐다.

(1) 정군(整軍)

민주당은 7·29총선에서 '국방' 분야의 선거공약으로 병원(兵員)을 조정하고 복무 기한을 2년으로 정상화해 병무행정의 공정화를 기하고, 군납 기강의 확립, 국방예산의 합리적 절차, 직업군인제의 확충 및 대우 개선, 편제의 개혁, 장비의 현대화 등으로 국방정책을 일신하겠다고 약속했다(이정식, 1975: 322).

장면 총리는 1960년 8월 27일자 시정연설을 통해, 민주당 공약을 이행하는 맥락에서 감군 계획 외에, 국군의 군기를 확립하며 일부에 있었던 부패를 숙청하는 동시에 군의 정치적 중립을 확보하고 군내 파벌의 조성을 방지하기 위해 특별한 노력을 기울일 방침이며, 따라서 금후 인사행정에 신중과 공정을 기하고자 한다고 했다. 이른바 '정군'의 의지를 밝힌 것이었다(장면, 1960c: 191; 장면, 1999: 194; 이정식, 1975: 320).

장면 정부의 정군 의지의 발표의 배경에는, 6·25전쟁 이후 심각한 인사 적체로 정전 이후 7~8년 동안 겨우 1계급밖에 진급하지 못했고, 또 파벌 대립구조에서 주변화됐던 장교들 중에서 육사 8기생을 중심으로 한 영관급 장교들이 4·19 이후 두 차례나 '하극상'을 일으키면서까지 강력히 밀고나온 정군 요구가 자리 잡고 있었다(김세중, 2003: 78, 85). 그들이 정군을 요구하는 표면상의 가장 큰 이유는 고위 장성들의 축재와 3·15 부정선거 개입이었다.

장면 내각의 현석호 초대 국방부 장관과 권중돈 2대 국방 장관은 정군을 약속했고, 신임 최경록 육군참모총장은 취임사에서 자신의 임기 동안 철저한 정군을 달성할 것을 확언했고, 9월 21일 기자간담회에서 연내로 정군을 완료하겠다고 했다(합동연감, 1961: 161-163; 홍준기, 2006: 266, 271).

그러나 미군당국은 대폭적인 정군이 전력의 약화를 초래할 우려가 있다고 하여 중지를 요청했고, 9월 20일에는 내한했던 미 국방부 군사원조계획국장인 파머(Williston B. Palmer) 대장이 귀국 길에 정군과 감군에 반대하고, 매그루더 주한 미사령관도 파머 대장을 지지하는 입장을 밝힘으로써, 정군을 주장하고 있던 최경록 육군참모총장으로부터 주권국가에 대한 내정간섭이라는 비판을 받게 되는 등 한미 간에 알력을 일으켰다. 이러한 상황에서 장면 총리는 정군정책을 제대로 밀고 나갈 수가 없었다(합동연감, 1961: 163; 홍준기, 2006: 271-275).

결국 미국의 반대로 장면 정부는 제한된 폭으로 부패와 정치 중립을 위반한 일부 장군과 장교들을 예편시키면서 1960년 11월 중순에 개최된 주요 지휘관회의에서 '정군 완료 선언'을 했고, 1961년 2월 17일에는 정군론자인 최경록 육참총장을 장도영 장군으로 경질했다(홍준기, 2006: 275, 280). 이러한 상황 전개는 당시 군에 대한 문민의 우위와 통제를 더욱 어렵게 했다.

(2) 감군(減軍)

심각한 재정난을 겪고 있던 장면 정부가 경제제일주의로 나아가는 데서 가장 큰 장애물 중의 하나가 정부 일반예산의 41.6%를 차지하고 있는 과도한 국방예산이었다. 장면 총리는 1960년 8월 27일자 최초의 시정연설을 통해 경제 건설과 균형상 국방비의 과중한 부담을 경감시키기 위해 점차적 감군을 주장해온 민주당의 정책을 실현하고자 국제연합군 사령부와 협의해 신년도부터 약간 감군할 것을 계획 중에 있으며 동시에 새로운 장비를 도입하기 위한 계획도 이미 수립된 바 있다고 했다(홍준기, 2006: 260; 장면, 1960c; 191; 장면, 1999: 194). 장면 총리는 1960년 9월 20~22일에 참의원에서의 질의 응답을 통해 병력의 감원은 불필요한 기구의 통합으로 국방력에 손상이 없도록 하겠다고 했다(국회사, 1971: 432, 435). 또 동일한 맥락에서 1961년 1월 국방부는 선거공약을 이행하는 차원에서 육·해·공 3군 훈련을 일원화했고, 국군 장비현대화 3개년계획을 발표하기도 했다.

참고로, 장면 정부가 1960년 10월 4일 허터(Christian A. Herter) 미 국무장관에게 수교한 「한국의 경제개혁 각서」를 보면, '국방비의 과도한 부담' 문제를 호소하면서 60만 명이라는 비정상적인 숫자의 병력을 유지하는 비용의 70% 이상을 한국 정부가 부담하고 있고, 이는 국민총생산의 7.3%에 해당하며, 더구나 이것은 장비현대화 비용은 포함되지 않은 국방유지비라는 점을 지적했다(김기승, 2002: 474; 김기승, 2003: 143-144).

민주당은 7·29 총선에 즈음해 집권하면 군대를 연차적으로 40만 명까지 감축시켜 국방예산을 국가 재정수입에서 20%만 할당하겠다고 했다. 이는 20만 명 이상을 감축하겠다는 이야기였다. 참고로, 이승만 정부는 1958년 미국으로부터 한국군의 규모를 72만 명에서 10만을 감축하라는 통고를 받고 9만 명을 감축해 1959년 당시 한국군 병력은 총 63만 명이었다(조선일보, 1960.7.3.; 홍준기, 2006: 263-264).

장면 정부는 국방비 절감과 군의 감군 문제를 미국과의 공동방위 체제를 강화하는 방향에서 해결하려고 했다. 그리고 당시 북한은 군비 증강보다는 경제 건설에 주력하고 있었으므로 남침 걱정은 별로 없다는 정보도 있었다. 현석호 초대 국방 장관은 1961년 상반기에 5만, 하반기에 5만으로 감군을 할 계획을 밝혔다. 원래 민주당 선거공약에서 밝힌 20만 감군을 10만 감군으로 바꾼 것이었다. 그러나 장면 정부는 한미 양국의 군부로부터 거센 반대에 부딪쳐 집권한 지 2주일도 못된 9월 3일 감군 규모를 5만 명으로 줄였다. 미군부로서는 반공진영의 최전선에 나가 있는 한국의 국방력 약화는 절대로 용납할 수 없는 것이었다. 장면 정부가 허터 미 국무장관에게 수교한 「한국의 경제개혁 각서」에서도 5만 명 정도의 감군을 단행하겠다고 했다(김기승, 2002: 474; 김기승, 2003: 143-144; 합동연감, 1961: 163; 홍준기, 2006: 261-262, 269; LaFantasie, 1996: 426-427).

그런데 5만 명 감군계획은 한국 국방 당국의 요청으로 10월 중순에는 3만 명이 됐고, 11월 초에 국방 장관은 감군을 제한된 크기로 함으로써 60만 군을 유지할 것이라고 발표했다. 미국은 한국군의 3만 명 감군에 동의했다. 국방부는 사병의 33개월 만기제대를 32개월로 단축하고, 장기복무 하사관 중에 무능력자와 강제 지원 ST 장기복무 하사관 등을 전역시키고, 1960년 12월 27일에는 중사에서 대령까지 직업 군인 1,534명의 전역식을 치름으로써 3만 감군을 일단락지었다(김기승, 2002: 474; 김기승, 2003: 143-144; Han, 1974: 170-171; 홍준기, 2006: 267-268).

감군 조치를 통해 정부예산 대비 국방예산은 1960년도의 41.6%에서 1961년에는 32.9%로 감소했다(홍준기, 2006: 277). 참고로, 1961년도 국방비 중 97%에 해당하는 액수는 미국 원조에서 오는 대충자금 부담이며, 나머지 3%가 국내재원이었다(합동연감, 1961: 162-164).

(3) 군사 쿠데타에 의한 전복

장면 정부는 1961년 5월 16일 군사쿠데타에 의해 전복됐다. 쿠데타 세력은 쿠데타 성공 후 장면 정부는 자유당적인 부정과 부패의 연장에 불과했으며, 당시의 '혼란'을 그대로 방치해 두었더라면 "제2의 6·25"의 비극이 다시금 나타났을지 모르는 시기였다면서, 제2공화국을 "그 성립 자체가 탯속에서부터 병든 슬픈 운명을 타고"난 '병태아(病胎兒)'로 규정했다(박정희, 1969: 224-225).

집권 당시 장면 총리는 국민들에게 밀월(honeymoon) 기간으로 1년을 요구하곤 했다. 그러나 이승만의 장기 독재가 끝난 후 자유와 더 나은 삶에 대한 국민들의 요구, '4월혁명의 완수'와 '6대 사건의 해결'에 대한 요구가 봇물처럼 터져 나왔다. 장면 정부는 군사·국방 분야와 관련해 정군과 감군을 약속하고 나름대로 약속 이행을 위해 힘썼으나, 한국군을 반공전선의 최전선에 두고 있는 미국이 정군과 감군에 반대해 장면 정부는 원래 계획했던 수준의 정군과 감군을 실현하지 못했다.

이러한 상황에서 6·25전쟁 이후에 생겨난 극심한 군 인사 적체와 군 파벌주의로 인한 불이익 등에 큰 불만을 품고 있었던 일부 장교들이 두 차례의 '하극상'을 일으키면서까지 정군(整軍)을 요구했다. 특히, 이전에 비해 압도적으로 많은 임관자를 배출했던 육사 8기는 6·26전쟁의 정전 시 거의 대부분 소령까지 진급해 있었으나, 1960년 당시 그

동안 7~8년이라는 세월이 지났는데도 대개 중령에 머물고 있는 상황이었다(김세중, 2003: 78, 85). 육사 8기 일부 영관급 장교들과 박정희 소장은 1960년 9월 10일 군사 쿠데타를 최초로 모의했는데, 이는 장면 정부가 출범한 지 겨우 '18일'이 된 시점이었다. 장면 정부가 부정, 부패, 무능, 혼란을 드러내고 또 쿠데타 모의그룹이 그것을 정부 전복의 구실로 삼기 위해서는 18일보다 더 많은 시간이 필요했다고 보는 것이 객관적인 평가일 것이다.

한편, 미 국무부와 주한 미대사관이 1961년 3월 들어 4・19혁명 1주년을 맞이한 한국 상황과 그것이 미국의 이익에 미칠 영향에 대해 분석한 내용을 살펴보자. 미국 정부는 비록 한국 상황이 강력한 리더십의 결여, 심각한 도덕적 취약성, 이승만 정부 때보다 더 크지는 않지만 비슷한 규모로 수뢰와 부패의 허용 등으로 위험한 상황에 있다고 인정하면서도, 4・19혁명 1주기에 '큰 정치적 폭발' 같은 것은 없을 것이며, 이승만 정부에 대한 한국인들의 불만에 비해 장면 정부에 대한 불만은 '강력하거나 집중적이지 않다'고 판단했다. 그러나 한국은 경제적으로 허약하고 정치적으로 불안정해, 잘못하면, 위기가 일상화될 위험이 있기 때문에, 한국에 대한 새로운 미국의 정책이 필요하다고 생각했다. 따라서 미국 정부는 한국에 대한 장기적인 정책을 만들어내기 위해 한국에 특별팀을 보내, 대한정책에서의 개혁과 새 프로그램, 그리고 새로운 원조 프로그램을 만들어내고자 했다(LaFantasie, 1996: 424-435). 바로 이러한 맥락에서 미국은 장면 정부가 성안한 '경제개발 5개년계획'에 미국의 입장을 반영시키기 위해 1961년 3월에 울프 박사팀을 한국에 보냈던 것이다.

군사 쿠데타 세력은 장면 정부의 부정・부패를 문제삼아, 군사 쿠데타 후 김영선 재무부 장관을 재판정에 세웠다. 그의 죄목은 그가 출장 중에 어느 공무원이 선물한 중고품 냉장고 하나를 받았다는 것뿐이었다. 김영선 장관은 장면 정부의 경제사령탑으로서 경제제일주의를 실현하기 위해 국토개발사업, 미국 원조 확보, 경제개발 5개년계획 수립 등을 위해 애쓴 인물이었다(정헌주, 1985: 602-603).

또 군사 쿠데타 세력은 혁신계와 학생들의 과격한 '용공' 통일운동에 대해 장면 정부가 제대로 대응하지 못했다면서 '반공을 국시의 제일의'로 삼는다는 혁명공약을 발표했다. 그러나 장면 총리는 반공에 바탕을 둔 자유민주주의적 통일을 강조했고, 그런 통일이 아니라면 차라리 '이대로 나뉘어 있는 게 낫다'는 선언을 함으로써 신민당 의원들과 혁신계, 진보 학생들로부터 혹독한 비판을 받았다. 그리고 그는 1961년 봄 정치적인 대결을 불사하면서 반공법과 데모규제법을 제정하려고 했던 사람이다.

장면 정부는 당시 대내외적으로 혁신계 정당들과 사회단체, 진보적 학생들뿐만 아니라, 북한의 대남 공세, 유엔정치위원회에서 통과된 한국문제 결의안 등에 대해서도 대응해야 했다. 오랜만에 이승만 장기 독재에서 벗어나 각종 자유와 요구가 범람했던 당시 상황은 사실상 어떤 정부도 효과적으로 대응하기 어려운 상황이었다. 그러나 미국 정부와 주한 미대사관의 정세 판단 문서들이 보여주듯이, 제3자의 눈으로 볼 때, 당시는 이승만 정부 시기와는 달리 '큰 정치적 폭발' 같은 것이 일어나리라고는 생각되지 않던 상황이었다. 그러나 1961년 5월 16일 장면 정부는 오랫동안 쿠데타를 준비해온 박정희 쿠데타 세력에 의해 전복되고 말았다.

참고 문헌

경제조사월보 (1961). 2월호: 1~98.
과학기술처 (1987). 과학기술행정 20년사.
곽상훈 (1960). 민주당을 떠나면서. 동아일보. 9월 30일.
국회사 (1971). 제4대 국회 · 제5대 국회 · 제6대 국회. 대한민국 국회사무처.
김기승 (2002). 제2공화국의 경제개발계획에 관한 연구: 군사정부의 경제개발계획과의 비교를 중심으로. 한국민족운동사학회 한국민족운동사연구, 30: 459~516.
______(2003). 민주당 정권의 경제정책에 관한 연구. 조광 · 허동현 · 김기승 외. 장면 총리와 제2공화국. 서울: 경인문화사.
김성배 (2008). 건설 · 교통정책. 한국행정연구원 한국행정 60년 1948-2008: 3권, 공공정책. 서울: 법문사.
김세중 (2003). 2공 민군관계 역전의 구조와 과정: 국내적 행위자의 책임을 중심으로. 한국독립운동사연구, 34: 71~107.
김영선 (1960). 민주당 복안의 골자. 사상계, 1960년 6월호.
김입삼 (1988a). 빛바랜 청사진 '5개년계획'. 한국경제신문, 6월 15일.
______(1998b). 민주당의 경제발전 청사진. 한국경제신문, 7월 6일.
김학준 (1975). 제2공화국 시대의 '통일 논의': 그 내용과 정치적 평가. 국제정치논총, 제15호.
노중선 편 (1985). 민족과 통일 I: 자료편. 서울: 사계절.
박정희 (1969). 신범식 엮음. 박정희대통령선집 1: 길을 찾아서. 서울: 지문각.
배득종 (2008). 재정정책. 한국행정연구원. 한국행정 60년 1948-2008: 3권, 공공정책. 서울: 법문사.
백영철 편 (1996). 제2공화국과 한국민주주의. 서울: 나남.
백학순 (2013). 이승만 정부와 장면정부의 통일정책 비교. 성남: 세종연구소.
심지연 (2001). 남북한 통일방안의 전개와 수렴, 1948-2001: 자주화 · 국제화의 관점에서 본 통일방안

연구와 자료. 서울: 돌베개.
엄상윤 (2001). 제2공화국시대의 통일논쟁. 고려대학교 대학원 정치외교학과 박사학위 논문.
윤보선 (1960a). 대통령 취임사. 8월 13일.
______(1960b). 특별법 제정촉구 담화. 동아일보, 10월 10일.
______(1991). 윤보선회고록: 외로운 선택의 나날. 서울: 동아일보사.
이상록 (2011). 경제제일주의의 사회적 구성과 '생산적 주체' 만들기: 4.19~5.16 시기 혁명의 전유를 둘러싼 경합과 전략들. 역사문제연구, 25 (4월호): 115~158.
이용원 (1999). 제2공화국과 장면. 서울: 범우사.
이재오 (2011). 한국 학생운동사: 1945-1979. 개정판. 서울: 파라북스.
이정식 (1975). 한국사료연구소 편. 한국현대정치사: 제3권, 제2공화국. 서울: 성문각.
장 면 (1960a). 민주당 부통령후보 지방 유세 1 (대구). 장면 (1999). 한 알의 밀이 죽지 않고는: 장면 박사 회고록 (재판). 서울: 가톨릭출판사. 2월 28일.
______(1960b). 민주당 부통령후보 지방 유세 2 (부산). 장면 (1999). 한 알의 밀이 죽지 않고는: 장면 박사 회고록 (재판). 서울: 가톨릭출판사. 2월 26일.
______(1960c). 국무총리 국회에서의 시정방침 연설 1. 장면 (1999). 한 알의 밀이 죽지 않고는: 장면 박사 회고록 (재판). 서울: 가톨릭출판사. 8월 27일.
______(1960d). 국무총리 국회에서의 시정연설 2. 장면 (1999). 한 알의 밀이 죽지 않고는: 장면 박사 회고록 (재판). 서울: 가톨릭출판사. 10월 1일.
______(1961a). 국무총리 민의원에서의 시정연설 3. 장면 (1999). 한 알의 밀이 죽지 않고는: 장면 박사 회고록 (재판). 서울: 가톨릭출판사. 2월 9일.
______(1961b). 유엔정치위원회 결정에 대한 국무총리 특별담화문: 북괴 태도를 주시. 장면 (1999). 한 알의 밀이 죽지 않고는: 장면 박사 회고록 (재판). 서울: 가톨릭출판사. 3월 27일.
______(1961c). 제5회 신문주간 기념연설. 장면 (1999). 한 알의 밀이 죽지 않고는: 장면 박사 회고록 (재판). 서울: 가톨릭출판사. 4월 6일.
______(1961d). 4.19 기념사 요지. 장면 (1999). 한 알의 밀이 죽지 않고는: 장면 박사 회고록 (재판). 서울: 가톨릭출판사. 4월 19일.
______(1999). 자서(自敍). 한 알의 밀이 죽지 않고는: 장면 박사 회고록 (재판). 서울: 가톨릭출판사.
장준하 (1985). 사상계지 수난사. 장준하선생 10주기 추모문집 간행위원회 편 (1985). 장준하문집 3. 서울: 도서출판 사상.
정일형 (1960a). 남북 총선거로 반공・민주통일을. 민의원 회의록, 제37회 제15호. 9월 19일.
______(1960b). 유엔감시하에 반공통일. 민의원 회의록, 제37회 제17호. 9월 21일.
______(1991). 오직 한 길로: 항일・반독재 투쟁사. 서울: 을지서적.
정헌주 (1985). 민주당정부는 과연 무능했는가. 신동아, 5월호.
조 광 (1996). 한국 현대사에서 제2공화국 민주당정권의 의미: 장면 박사 30주기 기념 추모 강의. 혜화

동 성당. 6월 4일. 장면(1999). 한 알의 밀이 죽지 않고는: 장면 박사 회고록 (재판). 서울: 가톨릭 출판사.
한국민족운동사학회 편(2003). 장면과 제2공화국. 서울: 국학자료원.
한국재정 40년사: 제1권, 예산자료(1990). 한국개발연구원.
합동연감(1961). 서울: 합동통신사.
혁명정부 경제청서(1961). 한국 재정 40년사, 제3권 (1991. 7). 한국개발원.
홍순호(2001). 제2공화국 대외정책의 이상과 실제. 한국민족운동사연구, 29: 413~452.
홍순호(2003). 제2공화국 대외정책의 이상과 실제. 조광. 허동현. 김기승 외 (2003). 장면 총리와 제2공화국. 서울: 경인문화사.
홍준기(2006). 제2공화국의 국방정책 평가: 감군 및 정군정책을 중심으로. 軍史, 58: 253~285.

Han, Sungjoo (1974). *The Failure of Democracy in South Korea*. Berkeley, Los Angeles, London: University of California Press.
LaFantasie, Glenn W. Gen., Edward C., Keefer, David W. Mabon, & Harriet Dashiell Schwar, Eds. (1996). *Foreign Relations of the United States, 1961-1963, Vol. XXII: Northeast Asia*. Washington: United States Government Printing Office.

경향신문(1960.8.13). 윤대통령 취임사 전문.
경향신문(1960.8.26). 신정부의 대외정책.
동아일보(1960.6.30).
동아일보(1960.7.1).
동아일보(1960.7.3).
동아일보(1960.8.15). 일 특사 파한 내달 초순에.
동아일보(1960.8.28). 사설.
동아일보(1960.10.8). 공정성이 의문시되는 혁명재판(사설).
동아일보(1960.10.11). 흐지부지된 원흉재판의 책임소재(사설).
동아일보(1960.11.3).
동아일보(1960.11.11).
동아일보(1961.4.14). 탁한 고비의 중앙청: 경제제일주의는 어디로.
동아일보(1961.4.16).
동아일보(1961.4.29). 개각을 구성하는 장면총리에 대한 우리의 요망(사설).
조선일보(1960.5.14).
조선일보(1960.7.3). 국군 40만으로 감축.
한국일보(1961.5.7).

찾아보기

[ㅈ]

『대한민국 역대 정부 주요 정책과 국정운영』 편찬위원 및 참여 인력

발행인: **이은재**(한국행정연구원 원장)

자문위원(가나다순)

김석준(안양대 총장)
박영희(건국대 명예교수)
안병만(전 교육과학기술부 장관)
윤정길(건국대 명예교수)
이달곤(가천대 교수)
정정길(울산대학교 재단이사장, 전 대통령 실장)
정형근(전 국회의원)

편집위원(가나다순)

김성배(숭실대 교수)
박양호(홍익대 교수)
이대희(광운대 교수)
주재현(명지대 교수)
최흥석(고려대 교수)
하미승(건국대 교수)
한표환(충남대 교수)

집필위원

서론: **안병만**(전 교육과학기술부 장관)

이승만 정부

김종철 연세대학교 법학전문대학원 교수(jkim386@yonsei.ac.kr)
남정옥 군사편찬연구소 책임연구원(yalu5812@hanmail.net)
박태균 서울대학교 국제대학원 교수(tgpark3@gmail.com)
박희봉 중앙대학교 행정학과 교수(hbpark@cau.ac.kr)
신윤창 강원대학교 공공행정학과 교수(ycshin@kangwon.ac.kr)

이대희 광운대학교 행정학과 교수(nulbo@hanafos.com)
이서행 한국학중앙연구원 명예교수(leeslow@aks.ac.kr)
이주천 원광대학교 사학과 교수(jucheon@wonkwang.ac.kr)
최신융 숙명여자대학교 행정학과 교수(shinyung@sookmyung.ac.kr)

장면 정부
김정렬 대구대학교 도시행정학과 교수(jykim@daegu.ac.kr)
백학순 세종연구소 수석연구위원(hspaik@sejong.org)

박정희 정부
강 욱 경찰대학교 행정학과 교수(kangmsu@gmail.com)
김재훈 서울과학기술대학교 행정학과 교수(jhkim@snut.ac.kr)
배용수 공주대학교 행정학과 교수(ysbae@kongju.ac.kr)
소순창 건국대학교 행정학과 교수(sosoon74@kku.ac.kr)
소진광 가천대학교 행정학과 교수(sojk514@gachon.ac.kr)
이원희 한경대학교 행정학과 교수(wonheeldaum@daum.net)
이종수 한성대학교 명예교수(jlee@hansung.ac.kr)
임도빈 서울대학교 행정대학원 교수(tobin@snu.ac.kr)
임동진 순천향대학교 행정학과 교수(djlim@sch.ac.kr)
하미승 건국대학교 행정학과 교수(hms5555@konkuk.ac.kr)

전두환 정부
강일규 한국직업능력개발원 선임연구위원(kangig@krivet.re.kr)
권용수 건국대학교 행정학과 교수(yskwon@konkuk.ac.kr)
김현준 고려대학교 행정학과 교수(joonk@korea.ac.kr)
박진근 연세대학교 명예교수(pck@yonsei.ac.kr)
박치성 중앙대학교 행정학과 교수(csp7111@gmail.com)
오재록 전주대학교 행정학과 교수(jaerokoh@gmail.com)
임태성 한양대학교 예체능대학 생활스포츠학부 교수(limts@hanyang.ac.kr)
임혁백 고려대학교 정치외교학과 교수(hyugim@korea.ac.kr)
홍성걸 국민대학교 행정학과 교수(sghong@kookmin.ac.kr)

노태우 정부
김규륜 한국통일연구원 선임연구위원(krkim@kinu.or.kr)
김근세 성균관대학교 행정학과 교수(seogam@skku.edu)
김태룡 상지대학교 행정학과 교수(trkim@sangji.ac.kr)
박양호 홍익대학교 스마트도시과학경영대학원 교수(yhpark@gri.re.kr)

변병설 인하대학교 행정학과 교수(byun@inha.ac.kr)
심상용 국방대학교 교수(sysim60@hanmail.net)
서순탁 서울시립대학교 도시행정학과 교수(stsuh@uos.ac.kr)
이　송 서울시립대학교 명예교수(scugeo@uos.ac.kr)
하태수 경기대학교 행정학과 교수(taesooha@hanmail.net)

김영삼 정부
김병문 안동대 행정학과 교수(byungmk@andong.ac.kr)
금창호 한국지방행정연구원 선임연구위원(gch@krila.re.kr)
심익섭 동국대 행정학과 교수(shim@dongguk.edu)
이남국 부경대학교 행정학과 교수(namkuk@pknu.ac.kr)
이상록 국사편찬위원회 편사연구사(rok@mest.go.kr)
이창원 한성대 행정학과 교수(gosoo717@daum.net)
최진욱 고려대학교 행정학과 교수(jinchoi@korea.ac.kr)
한표환 충남대학교 국가정책대학원 교수(hph1234@cnu.ac.kr)
황지환 서울시립대학교 국제관계학과 교수(whang38@gmail.com)

김대중 정부
김병숙 건국대학교 행정대학원 교수(mishell572@hanmail.net)
김성재 연세대학교 김대중도서관 석좌교수(mooksan11@gmail.com)
문정인 연세대학교 정치외교학과 교수(cimoon@yonsei.ac.kr)
박종철 한국통일연구원 선임연구위원(pjc@kinu.or.kr)
서원석 한국행정연구원 선임연구위원(swonseok@kipa.re.kr)
송하중 경희대학교 행정학과 교수(hahzoong@khu.ac.kr)
이인실 서강대학교 경제학과 교수(insill723@sogang.ac.kr)
이주헌 서울시립대학교 행정학과 교수(jules529@uos.ac.kr)
최흥석 고려대학교 행정학과 교수(hschoi@korea.ac.kr)

노무현 정부
류석진 서강대학교 정치외교학과 교수(sjlew@sogang.ac.kr)
주재현 명지대학교 행정학과 교수(jhjoo61@mju.ac.kr)
변창흠 세종대학교 행정학과 교수(changbyeon@sejong.ac.kr)
성경륭 한림대학교 사회학과 교수(cosmos201@gmail.com)
안성호 대전대학교 행정학부 교수(shahn@dju.ac.kr)
이수훈 경남대학교 극동문제연구소 교수(leesh@kyungnam.ac.kr)
장지호 한국외국어대학교 행정학과 교수(jhufs@hufs.ac.kr)
장혜경 한국여성정책연구원 선임연구위원(hkchang@kwdimail.re.kr)

황혜신 한국행정연구원 선임연구위원(hwanghs@kipa.re.kr)

이명박 정부

김관보 가톨릭대학교 행정학과 교수(kwanbo@catholic.ac.kr)
김동욱 서울대학교 행정대학원 교수(dong@snu.ac.kr)
김상협 KAIST 경영대학원 교수(conanstory@gmail.com)
김성배 숭실대학교 행정학과 교수(graal@ssu.ac.kr)
김영한 성균관대학교 경제학과 교수(kimyh@skku.edu)
박정수 이화여대학교 행정학과 교수(parkj@ewha.ac.kr)
박천오 명지대학교 행정학과 교수(chpark@mju.ac.kr)
안형기 건국대학교 행정학과 교수(hkahn01@kku.edu)
윤창현 한국금융연구원 원장(jisun@kif.re.kr)
하혜수 경북대학교 행정학과 교수(hasoo@knu.ac.kr)

결론: **김석준**(안양대 총장)

사업총괄 책임

양현모 한국행정연구원 선임연구위원

정부별 간사

이승만/장면 정부: 조세현 한국행정연구원 부연구위원
박정희 정부: 황혜신 한국행정연구원 선임연구위원
전두환 정부: 김영록 한국행정연구원 부연구위원
노태우 정부: 윤종설 한국행정연구원 부연구위원
김영삼 정부: 임성근 한국행정연구원 부연구위원
김대중 정부: 오윤경 한국행정연구원 부연구위원
노무현 정부: 허준영 한국행정연구원 부연구위원
이명박 정부: 최순영 한국행정연구원 연구위원

사업총괄 지원

장지원 한국행정연구원 전문연구원

행정 지원

김두진 한국행정연구원 행정원
김유진 한국행정연구원 위촉연구원

대한민국 역대 정부 주요 정책과 국정운영
제1권 : 이승만 / 장면 정부

펴낸날: 제1판 제1쇄 2014년 12월 31일
엮은이: 한국행정연구원
펴낸이: 임춘환
펴낸곳: 도서출판 대영문화사
주소: 서울특별시 용산구 청파로 61길 5 (청파동 1가) 제일빌딩 2층
등록: 1975년 12월 26일 제3-16호
전화: (02)716-3883, (02)714-3062
FAX: (02)703-3839
홈페이지: http://www.dymbook.co.kr

ISBN 978-89-7644-505-6
ISBN 978-89-7644-513-1(세트)

[값 25,000원]